三國遺事의 綜合的 解釋(下)

- 興法·塔像·義解·神呪·感通·避隱·孝善 -

譯解 李範敎 / 監修 金源周·오향스님·宋錦梅

민족사
2005

三國遺事의 綜合的 解釋(下)

– 興法 · 塔像 · 義解 · 神呪 · 感通 · 避隱 · 孝善 –

머리말

『삼국유사』가 국보에 속하는 귀중한 사서라는 말만 믿고 아무런 준비 없이 읽는다면 대부분 실망할 뿐만 아니라 몇 쪽 읽지도 않고 책을 덮어버린다. 물론 내용도 어렵지만 어린 학생도 웃어버릴 허무맹랑한 소리를 비빔밥 · 잡탕식으로 엮었다고 생각하기 때문이다. 필자도 다섯 번 책을 덮은 후 불혹의 나이가 되어서야 체제와 의미의 일단을 이해할 수 있었다. 즉 귀신이야기는 거룩하고 성스러운 우리 조상들의 삶을 은유와 상징으로 표현한 것이며 잡탕식 편집인 듯이 보이는 것은 일연이 하고 싶은 이야기를 행간에 숨겼기 때문이라는 것을 알았다.

자연과 교감하며 살았던 일연의 시대에는 상징과 함축은 이해되었을 것이나, 그러나 합리주의에 젖은 현대인은 원문번역 자체만으로 그 의미 전체를 알기는 참으로 어렵다. 시판되고 있는 대부분의 『삼국유사』 역주본은 원문번역에 충실하여 그 나름대로의 역할은 다하였으나 항상 무엇인가 결핍감을 느끼게 한 것도 바로 이러한 이유일 것이다.

이 책은 이러한 점을 반영하여 전체와 각 편 및 조목별 체제를 분석하였으며, 설화와 신화가 내포하고 있는 은유와 상징의 의미 해석에 중점을 두어 학계에서 발표된 여러 학설을 제시했다. 또 이해의 편의를 위해 도표와 그림을 활용하였고 『삼국유사』와 관련된 유적지나 유물의 사진도 게재하여 역사현장과 연계되도록 편성하였다.

이처럼 『삼국유사』를 이해하는데 유용한 자료집이 되도록 미력이나마 최선을 다했다. 그러나 워낙 소견도 좁거니와 연구도 일천할뿐더러 참고문헌의 취합 편성도 한정적이었다. 이러한 과정에서 발생한 오류나 미흡한 점이 있다면 독자와 학계 여러분들의 비판을 바라마지 않는다.

이 책은 경주박물관회의 절대적인 지원에 의해서 이루어졌다. 2년에 걸친 김원주 고문님의 『삼국유사』 강독과 현장답사, 고현우 회장님의 지도와 격려, 그리고 박물관회 운영위원인 송금매 선생님과 오향스님의 참여가 없었다면 본고는 시작할 엄두조차 낼 수 없었을 것이다. 또 이근직 교수님의 철저한 감수와 수차에 걸쳐 번거로움을 무릅쓰고 교정을 한 이병헌 씨, 원고를 정리할 거처를 마련해준 테크노 코리아 윤상돈 소장님, 끝까지 관심을 보여준 진병길 신라문화원장에게도 감사드린다. 잘 다니던 직장도 그만두고 보잘것없는 글을 쓰는 것을 적극 지원해준 아내와 부모님 그리고 형제자매들에게도 고마움을 전한다. 끝으로 이 책의 원고 몇 쪽만 보고 출판을 쾌히 승낙해 주신 도서출판 민족사 윤재승 사장님과 편집을 해주신 김창현 차장님 그리고 이애란 님에게 감사드린다.

2004. 8.

이범교 씀

일러두기

1. 책의 구성 : 上 · 下 두 권으로 편성

- 上 : 왕력 · 기이편
- 下 : 흥법 · 탑상 · 의해 · 신주 · 감통 · 피은 · 효선편

2. 대본(臺本)과 원문의 구두점 및 오 · 탈자 처리

- 대본(臺本) : 하정룡 · 이근직의 『《삼국유사》교감연구』, 1997
- 원문의 구두점 : 최남선의 『증보삼국유사』
- 대본의 오 · 탈자 처리 : 『최남선증보삼국유사』 · 『이병도역주본』 · 『리상호역주본』 · 『삼국유사 고증본(미시나[三品])』을 중심으로 비교 판단하여 원문의 오른쪽에 교정 표기

3. 번역 · 역주 · 해설의 방향

- 번역
  - 번역의 완벽을 기하기 위해 2002년 이전에 발간된 주요 삼국유사 역주본 참고
  - 번역은 직역을 원칙으로 하되 직역의 의미가 불분명할 시 의역
  - 원문의 오 · 탈자는 정정하여 번역
  - 서기 연대는 독자의 편의를 위해 필자가 임의로 보충
- 역주 · 해설
  - 저명학자들의 의견 중심으로 편집하여 필자의 주관적 판단 최소화
  - 가능한 주장학자와 출전을 밝힘
  - 독자의 이해를 돕기 위해 도표와 그림을 최대한 활용
    - 도표 : 219개, 지도 · 그림 : 143개
  - 본문의 내용이 유적지 및 유물과 연계될 경우 사진 게재
    - 사진 : 332매

4. 부호 · 참고문헌 · 찾아보기

- 부호 : 원문 · 번역 · 역주 · 해설에 사용된 부호는 일반적으로 사용되는 원칙 준용
- 참고문헌 : 역주와 해설에 밝혔으므로 별도로 표기하지 않음

차 례

삼국유사 권 제3

흥법 제3

탑상 제4

삼국유사 권 제4

의해 제5

삼국유사 권 제5

신주 제6

감통 제7

차 례

삼국유사 권 제2

삼국유사 권 제3

흥 법 제 3

순도[1] 조려(순도 다음에도 법심 · 의연[2] · 담엄의 무리들이 서로 잇달아 불교를 일으켰으나 옛날부터 전해 내려오는 문헌이 없으므로 여기서도 마음대로 이들을 순서에 넣어 편찬할 수가 없다. 자세한 것은『승전』[3]에 있다.)

– 순도가 고구려에 불교를 처음으로 전하다. –

「고구려본기」[4]에 다음과 같은 기록이 있다.

「소수림왕[5]이 즉위한 지 2년 되는 임신(372)은 바로 동진[6] 함안[7] 2년으로 효무제[8]가 즉위한 해이다. 전진왕 부견[9]이 사신과 승려 순도를 시켜 불상과 경문[10]을 보냈다.(당시 부견은 관중[11] 즉 장안에 도읍했다.) 또 4년 갑술(374)에 아도[12]가 동진에서 왔다. 이듬해인 을해(375) 2월에 초문사[13]를 창건하여 순도를 머무르게 하고 또 이불란사[14]를 세워 아도를 모셨다. 이것이 고구려 불법의 시초였다.」

1) 순도(順道) : 1215년에 승려 각훈이 쓴『해동고승전』「석순도전(釋順道傳)」의 내용은 다음과 같다. 「승려 순도는 어디 사람인지 알 수 없다. 뛰어난 덕행과 고상한 인품을 지닌 자로서 자비와 인욕으로 중생을 제도했다. …… 고구려 17대 해미류왕(또는 소수림왕) 2년 임신 여름 6월에 진나라 부견이 사신과 승려 순도로 하여금 불상과 경문을 보내왔다. 이에 임금과 신하들이 예의를 갖추어 성문까지 나가 맞이하면서 진심으로 존경과 신뢰를 보내니 감동과 경사스러움이 흘러 넘쳤다. 이어 고구려왕이 사신을 보내면서 토산품을 바쳤다. 다른 이야기로는 '순도는 동진(東晋)에서 왔으니 이것이 불교 전래의 시초였다' 라 했다. 이런즉 前秦과 東晉 중에서 어느 것이 옳고 그른지 구분할 수 없다. 스님이 이미 다른 나라에서 와서 서역의 불교를 전하고 東夷에 지혜를 매달아, 인과의 법칙과 화를 물리치고 복을 끌어들이는 교리가 난향이 안개 스며들듯 점차 물들여져 친숙하게 되어갔다. 세상이 바르게 되고 민심은 순박해졌으나 어찌해서 그렇게 된 것인지는 알 수 없다. 스님은 비록 불법의 심오함을 간직하고 넓게 이해했지만 세상에 많은 것을 펴지 못하였다. 마등이 후한에 들어온 후 불교가 여기까지 오는 데 200여 년이 걸렸다. 그 후 소수림왕 4년에 신승 아도가 위나라로부터(고문에 있다.) 여기에 와서 처음으로 성문사를 창건하고 순도를 머물도록 했다. 기록에는 성문(省門)으로 절을 삼았으니 지금의 홍국사인데 뒤에 잘못 베껴 초문사(肖門寺)가 되었다. 또 이불란사도 세워서 아도를 기거하게 했으니 고기에서 말하는 홍복사가 바로 이것이다. 이것이 우리나라 불교의 시작이다. ……」

2) 의연(義淵) :『해동고승전』에「승려 의연은 고구려인인데 ……스스로 머리를 깎고 승복을 입고 계율을 잘 지켰다. …… 유교와 도교를 아울러 통달했다.」라 했음. 그는 평원왕 18년(576)에 대승상 왕고덕에 의해 진나라 업(鄴)에 보내어져 불법과 불리(佛理)를 닦았다고 전해짐.

三國遺事 卷第三

興法 第三

順道 肇麗(道公之次. 亦有法深, 義淵, 曇嚴之流. 相繼而興敎. 然古傳無文. 今亦不敢編次. 詳見僧傳.)

高麗本記云.

小獸林王卽位二年壬申. 乃東晉咸安二年・孝武帝卽位之年也. 前秦符堅遣使及僧順道. 送佛像經文.(時堅都關中. 卽長安.) 又四年甲戌. 阿道來自晉. 明年乙亥二月. 創肖門寺・以置順道. 又創伊弗蘭寺・以置阿道. 此高麗佛法之始.

肇 : 비로소 조
曇 : 날흐릴 담
流 : 무리 류
符 : 믿을 부
符 : 苻(성 부)의 오기
堅 : 굳을 견
肖 : 닮을 초

3) 승전(僧傳) : 『승전』이라는 별도의 서적이 있었는지 아래에 요약한 「고승전」인지 불명확.
*고승들의 전기를 뜻하는 「고승전」은 『삼국유사』 집필 당시 아래의 5종이 있었음.

구분	승 전 명	저 자	저술 시기
우리나라	고승전(高僧傳)	김 대 문	702~737
	해동고승전(海東高僧傳)	각 훈	1215
중 국	양고승전(梁高僧傳)	혜교(慧皎)	519
	당고승전(唐高僧傳)・속고승전(續高僧傳)	남산도선(南山道宣)	596~667
	송고승전(宋高僧傳)	찬녕(贊寧)	982

4) 고구려본기〔高麗本記〕: 『삼국사기』의 「고구려본기」.
5) 소수림왕(小獸林王) : 고구려 제17대 왕. 재위 371~384.
6) 동진(東晋) : 사마예가 317년에 건립한 나라로 420년에 남조의 송에게 멸망.
*중국 위・진 남북조의 변천

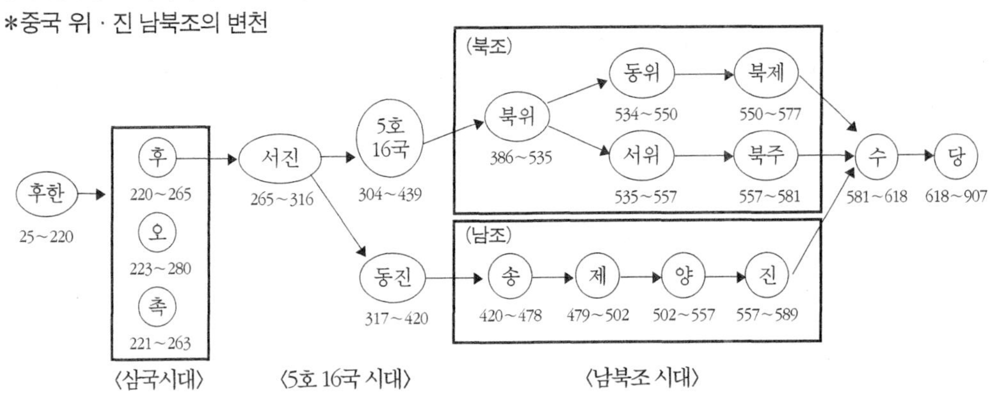

『승전』에는 순도와 아도가 위나라[15]에서 왔다고 했으나 잘못된 것이다. 실제로는 전진에서 왔다. 또 초문사는 지금의 흥국사[16]이며 이불란사는 지금의 흥복사[17]라 하는데 이 또한 틀렸다. 살펴보건대 고구려시대의 도읍은 안시성,[18] 다른 이름은 안정홀인데 요수의 북쪽에 있었다. 요수의 다른 이름은 압록[19]이다. 지금은 안민강이라고 하는데, 도읍지인 송도에 있는 흥국사의 이름이 어찌 여기에 있을 수 있겠는가!

다음과 같이 찬미한다.

압록강에 봄 깊어 물풀은 곱기도 한데,
백사장 갈매기와 백로는 한가로이 졸고 있네.
홀연히 깨어보니 멀리서 들리는 노 젓는 소리.
어드매 고깃밴가 안개 속에 길손 왔네.

7) 함안(咸安) : 동진(東晋) 간문제(簡文帝)의 연호(371~372).
8) 효무제(孝武帝) : 동진의 간문제가 372년에 죽자, 태자가 즉위하니 이가 효무제임.
9) 전진왕 부견〔前秦符堅〕 : 전진은 5호 16국 중 한 나라로 351년에 부건(苻健)이 건립하였으며 부건의 조카인 부견은 제3대 왕으로 357년에 등극하여 385년에 후진(後秦)의 요장(姚萇)에게 살해당함. 부견은 불교를 신봉하여 그 당시의 뛰어난 승려인 도안(道安) 한 사람을 얻기 위해 10만 대군으로 서역을 침공하였으며, 도안의 진언에 따라 구마라집(鳩摩羅什)을 맞이하기 위해 다시 7만 대병으로 침략함. 부견은 국가의 문화사업을 위해서는 국재(國財)를 아끼지 않았으며 민족을 희생해 가면서 도안과 구마라집을 얻으려 한 일대의 영주. 부견이 고구려에 불경과 불상을 전해준 것은 불교를 일종의 문화의 전달로 생각하였으며, 동시에 남쪽의 동진과 전쟁 중이어서 북쪽의 고구려와 선린우호 관계를 유지하기 위한 것으로 추정. 고구려는 서북방의 강대한 국가인 전진과 관계를 개선할 필요가 있어 불교라는 공식적 문화외교에 적극 응했을 것으로 봄.
10) 경문(經文) : 고구려에 불교가 도입된 372년에는 도안과 구마라집이 부견이 있던 장안에 오지 않았으므로 Dhamaraksa〔竺法護(축법호)〕에 의해 번역된 대승경전이나, 불도징(佛道澄)이 가져온 주술불교와 계율에 관한 불경으로 추정.
11) 관중(關中) : 지금의 서안(西安) 즉 장안(長安) 부근. 장안은 험준한 산으로 둘러싸여 있는 천험의 요새로서 여기에 들어올 수 있는 길은 동쪽의 함곡관(函谷關)과 서쪽 · 남쪽 · 북쪽에 각각의 관(關 : 중첩된 산 사이에 있는 길)뿐이므로 장안을 관중(關中)이라 함.
12) 아도(阿道) : 흥법편 아도기라(阿道基羅) 조목 참조.
13) 초문사(肖門寺) : 소재 불명. 『해동고승전』에 의하면 성문사(省門寺)이나 잘못 베껴 초문사(肖門寺)가 되었다고 함.
14) 이불란사(伊弗蘭寺) : 만주 즙안현 국내성 근방에 있었던 것으로 추정.

僧傳作二道來自魏云者誤矣. 實自前秦而來. 又云肖門寺今興國・伊弗蘭寺今興福者亦誤. 按麗時都安市城. 一名安丁忽. 在遼水之北. 遼水一名鴨淥. 今云安民江. 豈有松京之興國寺名.

遼 : 강이름 료
鴨 : 오리 압
淥 : 물맑을 록

讚曰.

鴨淥春深渚草鮮.
白沙鷗鷺等閑眠.
忽驚柔櫓一聲遠.
何處漁舟客到烟.

渚 : 물가 저
鷗 : 갈매기 구
鷺 : 백로 로
閑 : 한가할 한
驚 : 놀랄 경
柔 : 부드러울 유
櫓 : 노 로
客到烟 : 到客烟의 도치
烟 : 안개 연

15) 위나라〔魏〕 : 중국의 남북조 시대의 북위(北魏)를 지칭.
16) 흥국사(興國寺) : 개성에 있었던 절로 고려 태조 때인 925년에 창건. 『동국여지승람』에는 「흥국사의 절터가 평양부 성내에 있다.」고 기록됨.
17) 흥복사(興福寺) : 『동국여지승람』에 「흥복사는 평양부에서 남쪽으로 백 보 되는 곳에 있다.」고 기록됨.
18) 고구려 시대의 도읍은 안시성 : 안시성을 고구려의 수도라고 한 것은 『삼국사기』에서 「안시성은 옛 안수성(혹은 환도성)이다.」라 한 기록에서 안시성을 환도성으로 생각한 듯함.
19) 요수의 다른 이름은 압록 : 요수는 압록강이 아님.

■ **찬시(讚詩)의 의미**

순도에 의해 불교가 고구려에 전래되던 상황을 읊은 것이다. 起・承句의, 이 땅에 불교가 전해지지 않은 상태인 한가롭기 그지없는 강변 풍경의 고요한 배경 속에는 轉・結句의 새로운 세계를 잉태하는 은밀함이 내포되어 있다. 轉句의 노 젓는 소리는 불법의 새로운 세계를 열기 위해 구시대를 깨는 소리요, 순도가 외치는 전도의 소리이다. 結句의 길손〔客〕은 순도이며, 순도는 불법을 상징한다. 여기에 등장하는 배는 예토〔此岸〕와 정토〔彼岸〕를 오가는 배이며, 안개 속이란 불교 初傳의 어려움을 상징한 것이다.

난타[1] 벽제

– 난타가 백제의 불교를 열다 –

「백제본기」[2]에 다음과 같은 기록이 있다.

「제15대(『승전』에 14대라 한 것은 틀린 것이다.) 침류왕[3]이 왕위에 오른 갑신(384)(동진 효무제 태원[4] 9년이다.)에 서역[5]의 승려 마라난타가 동진에서 오니 그를 맞이하여 궁중에 머물게 하고 예로써 공경했다.

이듬해 을유(385)에 새로 도읍한 한산주에 절을 창건하고 도첩 승려[6] 열 사람을 두었으니 이것이 백제 불교의 시초였다. 또 아신왕[7]이 왕위에 오른 태원 17년(392) 2월에 왕명을 내려 불교를 숭상하여 믿고 복을 구하라고 했다.」

마라난타는 번역하면 동학이다.(그의 신이한 행적은 『승전』에 자세히 실려 있다.)

다음과 같이 찬미한다.

하늘이 우매한 백성을 창조[8]할 시기에는,
좀처럼 솜씨 부려 따르게 함이 어려운데,
노옹은 스스로 터득하여 노래와 춤 보여,
옆 사람 이끌어 눈뜨게 하네.

1) 난타(難陁) : 원 이름은 마라난타(摩羅難陀)이며 인도의 승려로 중국의 동진(317~420)을 거쳐 백제에 불교를 전래함.
2) 백제본기(百濟本紀) : 『삼국사기』의 「백제본기」.
3) 침류왕(沈流王) : 백제 제15대 왕. 재위 384~385. 침류왕 원년에 사신을 동진에 보내 조공.
4) 태원〔大元〕 : 동진 효무제의 연호.
5) 서역〔胡〕 : 호(胡)는 중국인들이 이민족을 부를 때 쓰는 호칭으로 진 · 한 시대에는 흉노를 胡라 했으나 그 후에는 서역의 여러 민족을 가리켜 胡라 칭하였음.
6) 도첩 승려〔度僧〕 : 관에서 허락한 승려로 추정.
7) 아신왕(阿莘王) : 백제 17대 왕. 재위 392~405.
8) 하늘이 우매한 백성을 창조〔天造從來草昧〕 : 『주역』 계사편의 「天造草昧 宜建侯(하늘이 우매한 백성을 창조하는 데는 마땅히 후왕을 세워야 한다.)」를 인용.

■ 『해동고승전』 「석마라난타(釋摩羅難陀)」 전의 내용

승려 마라난타는 서역의 승려이다. 신통한 이적과 감통은 정도를 헤아릴 수 없었다. 사방으로 돌아다니는 데 뜻을 두어 한곳에 머무르지 않았다. 옛 기록에 의하면 그는 본래 인도의 건(乾)에서 중국으로 들어와 재능에 의해 불법(法身)을 전하고 향의 연기로 벗을 불러들였다. 그는 위험에 부딪히고 험난한 일을 겪었지만 어려움과 괴로움을 무릅쓰고 인연이 있으면 따라나서, 아무리 먼 곳이라도 밟지 않은 곳이 없었다.

백제 제14대 침류왕 원년(384) 9월에 마라난타가 진나라에서 들어오니 왕은 교외까지 나가 그를 맞이하였으며, 궁중에 모시고 공경히 받들어 공양하면서 그의 설법을 들었다. 윗사람들이 좋아하니 아랫사람들도 교화되어, 크게 불사를 일으켜 함께 찬송하고 봉행하니 불법의 전파는 마치 파발을 두어 전하는 것과 같이 빨랐다. 2년(385) 봄에

難陁 闢濟

百濟本記云.

第十五(僧傳云 十四誤.) 沈流王卽位甲申.(東晉孝武帝 大元九年.) 胡僧摩羅難陁至自晉. 迎置宮中禮敬.

明年乙酉. 創佛寺於新都漢山州. 度僧十人. 此百濟佛法之始. 又阿莘王卽位大元十七年二月. 下敎崇信佛法求福.

摩羅難陁・譯云童學.(其異迹詳 見僧傳.)

讚曰.

天造從來草昧間. 大都爲伎也應難.

翁翁自解呈歌舞. 引得旁人借眼看.

陁 : 섬 타
闢 : 열 벽
沈 : 잠길 침
沈 : 枕(베개 침)의 오기
大 : 太의 오기
胡 : 오랑캐 호
摩 : 갈 마
莘 : 풀이름 신
大 : 太의 오기
草 : 비롯할 초
昧 : 어두울 매
伎 : 재주 기
翁 : 노인 옹
呈 : 보일 정
旁 : 곁 방
借 : 도울 차

한산에 절을 창건하고 승려 열 명을 출가시키니 그것은 왕이 법사를 존경했기 때문이다. 이로 말미암아 백제는 고구려 다음으로 불교를 일으켰으니, 거슬러 계산하면 마등(摩騰)이 후한(後漢)에 들어온 지 280여 년이 되는 셈이다.

『기노기(耆老記)』에 이르기를 「고구려의 시조 주몽이 고구려의 여자에게 장가들어 두 아들을 낳았는데 피류(避流)와 은조(恩祖)라 하였다. 두 사람이 뜻을 같이하여 남쪽으로 가서 한산에 도착하여 나라를 세웠다.」 라고 하였으니 지금의 광주(廣州)이다. 본래 100여 집이 강을 건넜으므로 백제라 이름하였다. 그 뒤 공주와 부여에서 차례로 도읍을 세웠다.

삼한의 동남쪽 귀퉁이의 바다 가운데 왜국이 있었으니 바로 일본국이었다. 왜국의 동북쪽에 모인국(毛人國)이 있었으며 그 나라 동북쪽에 문신국(文身國)이 있었고, 그 나라 동쪽 2천 리 밖에는 대한국(大漢國)이 있었으며, 그 나라 동쪽 2만 리에 부상국(扶桑國)이 있었다. 송나라 시대 천축의 다섯 승려가 돌아다니다가 이곳에 이르러 처음으로 불법을 전했으며 그 나라들은 모두 바다 가운데 있었다. 오직 일본국 승려만이 가끔 바다를 건너왔을 뿐 그 밖의 나라들은 자세히 알 수가 없다. 무릇 삼한이란 마한・변한・진한이 그것이다. 『보장경』에 쓰여 있기를 「동북방에 진단국(震旦國)이 있으니 혹은 지나(支那)라 하는데 여기서는 다사유(多思惟)라 하며, 이른바 이 나라 사람들이 생각을 많이 하기 때문이니, 바로 대당국(大唐國)이다.」라 했다. 그러므로 삼한은 염부제의 동북쪽에 있는 것이지 바다 가운데 섬이 아니다. 부처님이 열반하신 뒤 6백여 년만에 처음으로 일어났다. 삼한 가운데 성주산이 있으니 이름을 실리모달리라 하며 험준한 봉우리가 높이 솟았다. 관음보살의 궁전이 이 산 정상에 있으니 곧 월악이다. 이곳 성주에 대해서는 다 쓰기 어렵다. 그리고 백제는 마한을 말하는 것이다.

『송고승전』에 쓰여 있기를 「마라난타는 여환삼매를 얻어 물에 들어가도 젖지 않고 불에 들어가도 타지 않았으며, 능히 금이나 돌을 변화시키는 등 그 변화가 무궁하였다. 이때는 건중(建中 : 780~783)에 해당하므로 연대가 서로 어긋나 같지 않으니 아마 한 사람의 자취는 아닌 듯하다.」라 했다.

찬하여 말한다. 세상의 유민들은 거스르는 성질이 아주 많아 임금의 명령에 복종하지 않는 일도 있고 나라의 법령에 따르지 않는 일도 있다. 그러나 일단 들어 보지 못했던 일을 보았을 때는 곧 지금까지의 잘못된 것을 모두 고쳐 善으로 옮겨가고 眞을 닦아 내면으로 향하니 이것은 기의(機宜)를 따른 때문이다. 전에 이르기를 「무언가를 말했을 때 그것이 좋은 말이라면 천 리 밖의 먼 곳에 있는 사람까지도 그 말에 감동하고 호응한다.」라 하였으니 어찌 이것을 이름이 아니겠는가. 그러나 능력에 알맞게 포섭하는 방법은 반드시 그 때를 잘 타는 데 있으니 그러기에 일은 옛 사람의 절반만 하고도 공은 반드시 갑절이나 되는 것이다.

아도(阿道)[1] 기라 (我道 또는 阿頭로도 쓴다.)

– 아도가 신라 불교의 기반을 다지다 –

「신라본기」 제4에 이런 기록이 있다.

「제19대 눌지왕 시대에 사문[2] 묵호자가 고구려로부터 일선군[3]으로 오니 그 고을 사람 모례(모록이라고도 한다.)가 집[4] 안에 굴을 파고 방을 만들어 편안히 모셨다. 이때 양나라에서 사신을 시켜[5] 의복과 향(고득상이 역사를 읊은 시에는 양나라에서 원표라는 승려를 사신으로 보내면서 귀한 향과 불경 및 불상을 보내왔다고 했다.)을 보내왔는데 임금과 신하들이 그 향의 이름과 쓰는 곳을 몰랐다. 그래서 사람을 시켜 향을 가지고 다니면서 온 나라에 두루 묻게 했다. 묵호자가 이것을 보고 말하기를 "이것은 향이라고 하는 것입니다. 이것을 태우면 향기가 매우 강하게 풍기는데 이는 정성을 신성(神聖)에게 알리는 것이며 신성(神聖)으로서는 삼보[6]보다 나은 것이 없습니다. 만약 이것을 사르면서 소원을 빌면 반드시 신령스런 감응이 있습니다"(눌지왕 때는 중국의 진나라와 송나라 시대에 해당하므로 양에서 사신을 보냈다고 한 것은 잘못인 것 같다.)라 했다.

이때 왕녀가 병이 위중하여 묵호자를 불러 향을 사르면서 기도하게 하니 왕녀의 병이 곧 나았다. 왕이 기뻐서 예물을 후하게 주었는데, 얼마 후 그가 간 곳을 몰랐다.

그리고 21대 비처왕 때에 아도화상(我道和尙)[7]이 시중드는 사람 세 명과 함께 또한 모례의 집에 왔는데 모습이 묵호자와 비슷했다. 이곳에서 몇 해를 지내다가 병도 없이 생애를 마쳤으나 그의 시종 세 명은 머물러 살면서 불경과 계율을 강독하니 이따금 믿는 사람이 있었다.(주석에는 본비(本碑)의 내용과 여러 전기들의 내용이 전혀 다르다[8]고 하였다. 또 『고승전』[9]에는 서천축 사람이라 하기도 하고, 오나라[10]에서 왔다고도 했다.)」

모례정(毛禮井)

1) 아도(阿道) : 我道라고도 하며 阿頭라고도 함.
2) 사문(沙門) : 산스크리트어 슈라마나(Śrmaṇa)의 음역(音譯)으로 부지런히 닦아서 번뇌를 쉬게 한다는 뜻. 출가한 자 모두를 사문이라 함.
3) 일선군(一善郡) : 지금의 경북 선산.
4) 집〔家〕 : 지금의 선산군에 모례가라고 전해지는 곳에 毛禮井이라는 우물이 남아 있음.
5) 양나라에서 사신을 시켜 : 중국 남조의 양나라는 눌지왕 시대(417~458)가 끝난 뒤 45년이 지난 502년에 세워짐. 따라서 눌지왕 때 사신이 왔다는 것은 사료적으로 맞지 않음.

阿道基羅(一作我道. 又阿頭.)

新羅本記第四云.

第十九訥祇王時. 沙門墨胡子. 自高麗至一善郡. 郡人毛禮.(或作毛祿.) 於家中作堀室安置. 時梁遣使賜衣著香物.(高得相詠史詩云. 梁遣使僧曰元表. 宣送溟檀及經像.) 君臣不知其香名與其所用. 遣人齎香遍問國中. 墨胡子見之曰. 此之謂香也. 焚之則香氣芬馥. 所以達誠於神聖. 神聖未有過於三寶. 若燒此發願. 則必有靈應.(訥祇在晉宋之世. 而云梁遣使. 恐誤.)

時王女病革. 使召墨胡子焚香表誓. 王女之病尋愈. 王喜・厚加賚貺. 俄而不知所歸.

又至二十一毗處王時. 有我道和尙. 與侍者三人. 亦來毛禮家. 儀表似墨胡子. 住數年. 無疾而終. 其侍者三人留住. 講讀經律. 往往有信奉者.(有注云. 與本碑及諸傳記殊異. 又高僧傳云西竺人. 或云從吳來.)

訥 : 말더듬거릴 눌
祇 : 공경할 지
墨 : 먹 묵
堀 : 팔 굴
著 : 입을 착
宣 : 베풀 선
檀 : 향나무(단향목) 단
齎 : 지닐 재
芬 : 향기 분
馥 : 향기 복
燒 : 불사를 소
恐 : 아마도 공
革 : (병)심할 극
尋 : 이윽고 심
愈 : 나을 유
賚 : 하사품 뢰
貺 : 하사품 황
毗 : 도울 비
往 : 이따금 왕
竺 : 竺(나라이름 축)의 異體字

6) 삼보(三寶) : 불교에서 보물과 같이 귀중하게 여겨야할 세 가지를 말함.
 • 불보(佛寶) : 최고의 깨달음을 성취한 부처님을 귀중하게 여기는 것.
 • 법보(法寶) : 부처님의 가르침인 교법(敎法)을 귀중하게 여기는 것.
 • 승보(僧寶) : 부처님의 교법을 준수하고 화합을 이루는 스님을 귀중하게 여기는 것.
7) 화상(和尙) : 세속의 인간을 가르치는 지혜 있는 승려라는 뜻의 산스크리트어 Khosha의 음역(音譯). 和上이라고도 함.
8) 주석에는 본비의 내용과 여러 전기들의 내용이 다르다 : 주석이란 『삼국사기』「신라본기」 제4 법흥왕 조목에 「이는 김대문의 계림잡전에 의한 것인데 김용행이 찬한 아도화상비와는 다르다.」는 것을 말함. 여기서 본비(本碑)는 김용행이 찬한 아도화상비.
9) 고승전(高僧傳) : 고려 때 각훈이 편찬한 『해동고승전』.
10) 오나라〔吳〕 : 우리나라에서 중국의 양자강 남쪽에 있는 나라들을 오나라로 통칭.
11) 정시(正始) : 조조의 아들 조비가 세운 조위(曹魏) 제왕(齊王)의 연호.

아도본비를 살펴보면 다음과 같은 기록이 있다.

「아도는 고구려 사람으로 어머니는 고도령이다. 정시[11] 연간(240~248)에 조위 사람 아굴마(성이 我씨이다.)가 고구려에 사신으로 왔다가 고도령과 사통하고 돌아갔는데, 이로 인해 임신하게 되었다. 아도가 태어나 다섯 살이 되자 그의 어머니가 그를 출가[12]시켰다. 나이 16세에 위나라로 가서 아굴마를 찾아뵙고 현창화상의 문하로 들어가서 불법을 배웠다. 19세가 되어 다시 어머니에게 돌아와 문안을 드리니 어머니가 말하기를 "이 나라는 아직은 불법을 모르나 3천여 개월 후에 계림에 거룩한 임금이 나와 불교를 크게 일으킬 것이다. 그곳 서울 안에는 일곱 곳의 절터[13]가 있으니 첫째는 금교 동쪽의 천경림[14](지금의 홍륜사이다. 금교는 서천의 다리를 말하는데 세간에서는 솔다리[15]라고 잘못 부르고 있다. 절은 아도가 처음 터를 잡은 것인데 중간에 폐사가 되었다. 법흥왕 정미(527)에 새로 착수하여 을묘(535)에 크게 일으켜 진흥왕이 완성하였다.)이요, 둘째는 삼천기[16](지금의 영흥사로 흥륜사와 같은 시대에 세워졌다.)요, 셋째는 용궁[17]남(지금의 황룡사로 진흥왕 계유(553)에 착공했다.)이며, 넷째는 용궁북(지금의 분황사로 선덕왕 갑오(634)에 공사를 착공했다.)이요, 다섯째는 사천미[18](지금의 영묘사로 선덕왕 을미(635)에 공사가 시작되었다.)요, 여섯째는 신유림(지금의 천왕사로 문무왕 기묘(679)에 개창했다.)이며, 일곱째는 서청전(지금의 담엄사이다.)이다. 모두 석가모니 이전의 절터[19]로서 불법[20]이 길이 전해질 곳이다. 네가 그곳으로 가서 위대한 불교를 전파하여 드날리면 당연히 불교의 개조[21]가 될 것이다"라고 하였다.

도리사에 안치된 아도상

12) 출가(出家) : 세속의 생활을 떠나서 불문에 들어가 승려가 되는 것. 『석씨요람상(釋氏要覽上)』에 「집은 번뇌의 인연이다. 출가는 구루(垢累)를 없애기 위함으로 멀리 떠나야 하는 것이다.」라 기록됨.

13) 일곱 곳의 절터〔七處伽藍之墟〕 : 일곱 곳은 고유신앙의 성소로 추정. 원문의 伽藍(가람)은 여러 승려들이 거주하는 사원을 뜻하는 산스크리트어 Saṃghārama의 음역(音譯) 승가람마(僧伽藍摩)를 줄인 말.

14) 천경림(天鏡林) : 전통신앙의 성소로, 위치는 지금의 경주시 경주공고로 추정.

15) 솔다리〔松橋〕 : 금교(金橋)의 金은 우리말로 쇠이며 이것이 솔로 음전(音轉).

16) 삼천기(三川歧) : 동쪽에서 오는 문천(蚊川)과 서쪽에서 오는 모량천과 남쪽에서 오는 내남천(內南川)의 세 곳 냇물이 합류하는 지점.

17) 용궁(龍宮) : 월성 즉 지금의 반월성 및 안압지 일대로 추정.

按我道本碑云.

我道高麗人也. 母高道寧. 正始間. 曺魏人我(姓我也.)崛摩奉使句麗. 私之而還. 因而有娠. 師生五歲. 其母令出家. 年十六歸魏. 省覲崛摩. 投玄彰和尙講下就業. 年十九又歸寧於母. 母謂曰. 此國于今不知佛法. 爾後三千餘月. 雞林有聖王出. 大興佛教. 其京都內有七處伽藍之墟. 一曰金橋東天鏡林.(今興輪寺. 金橋謂西川之橋. 俗訛呼云松橋也. 寺自我道始基. 而中廢. 至法興王丁未草創. 乙卯大開. 眞興王畢成.) 二曰三川歧.(今永興寺. 与興輪開同代.) 三曰龍宮南.(今皇龍寺. 眞興王癸酉始開) 四曰龍宮北.(今芬皇寺. 善德甲午始開) 五曰沙川尾.(今靈妙寺. 善德王乙未始開.) 六曰神遊林.(今天王寺. 文武王巳卯開) 七曰婿請田.(今曇嚴寺.) 皆前佛時伽藍之墟. 法水長流之地. 爾歸彼而播揚大教. 當東嚮於釋祀矣.

曺 : 曹의 오기
崛 : 산높을 굴
摩 : 연마할 마
省 : 볼 성
覲 : 뵈올 근
投 : 投의 오기
投 : 칠 수
彰 : 밝을 창
伽 : 절 가
藍 : 절 람
墟 : 터 허
訛 : 그릇될 와
呼 : 부를 호
草 : 시작할 초
畢 : 마칠 필
歧 : 나뉠 기
妙 : 신비할 묘
巳 : 己의 오기
婿 : 사위 서
播 : 펼 파
嚮 : 향할(向) 향
祀 : 제사 사

18) 사천미(沙川尾) : 사천은 지금의 문천(蚊川)이므로 사천미는 문천의 끝을 뜻함. 남천은 상류를 사등이천 하류를 문천 또는 남천으로 불리어짐.
  *사천과 문천의 어원 관계 : 남천(南川)을 문천으로 부르며, 남천은 모래〔沙〕가 유명.
  - 모래 → 몰개 · 몰개이(모래의 경주 지방 사투리) → 모개이(모기의 경주 지방 사투리) → 蚊(모기 문) → 蚊川
19) 석가모니 이전의 절터〔皆前佛時伽藍之墟〕 : 과거불(過去佛) 시대를 말함.
  *삼세(三世) 부처

구 분	부 처
과거불	비바시 → 시기 → 비사부 → 구루손 → 구나함모니 → 가섭불
현재불	석 가 모 니
미래불	미 륵 부 처(석가모니 입멸 후 56억 7천만 년 뒤 출현)

  *신라에 석가모니 이전의 절터가 있다는 뜻은 석가모니 이전에 신라에 이미 불교가 들어왔다는 것을 의미. 이는 新羅佛國土 사상으로 볼 수 있으며, 성립 배경은 신라하대에 미륵하생신앙과 말법사상의 결합에 의한 것으로 추정.
20) 불법〔法水〕 : 원문의 法水는 불법이 중생의 번뇌를 씻어 정결하게 함을 물에 비유하여 표현한 것임.
21) 개조〔東嚮〕 : 사당에서 시조의 위치가 동쪽을 향하므로 원문의 東嚮(동향)은 시조(始祖) · 개조(開祖)를 뜻하는 것으로 추정.

아도는 어머니의 가르침을 받고 계림으로 가서 왕성의 서쪽 마을에 머무르니 지금의 엄장사로 이때가 미추왕이 왕위에 오른 지 2년 되는 계미(263)였다. 아도가 대궐로 들어가 불법 행하기를 청하니 세간에서는 전에 보지도 못한 것이라고 꺼리고 심지어는 그를 죽이려는 자까지 있었다. 이에 속림(지금의 일선군이다.)에 있는 모록의 집(祿과 禮의 글자 모양이 비슷하여 생긴 잘못이다. 『고기』에 법사가 처음 모록의 집에 오자 천지가 진동하였다고 한다. 이때 사람들은 승려의 이름을 모르고 아두삼마[22]라고 했다. 삼마란 것은 우리말로 승려라는 뜻이니 사미라는 말과 같다.[23])으로 도망하여 숨었다.

미추왕 3년에 성국공주가 병이 들어 무당과 의원에게 효험을 보지 못하고 사방에 사람을 보내 의원을 구하였다. 아도가 급히 대궐로 들어가 그 병을 낫게 해 주었다. 대왕이 크게 기뻐하여 그의 소원을 물으니 아도가 대답하기를 "소승[24]은 아무것도 바라는 것이 없사옵니다. 단지 천경림에 절을 짓고 불교를 크게 일으켜 나라의 복을 비는 것이 소원일 뿐이옵니다"라 하니 왕이 이를 허락하고 공사를 일으키도록 명령하였다. 그때 풍속이 질박하고 검소해서 띠풀을 엮어 지붕을 이어 거기에 머무르면서 강연하니 이따금 천화(天花)[25]가 땅에 내렸다. 그 절을 흥륜사라 했다.

모록의 누이동생의 이름이 사씨인데 법사[26]에게 귀의하여 여승이 되었다. 역시 삼천기에 절을 짓고 거처했는데 절 이름은 영흥사이다. 얼마 후 미추왕이 세상을 떠남에 나라 사람들이 그를 해하려 하니 법사가 모록의 집으로 돌아가 스스로 무덤을 만든 후 문을 닫아걸고 자진하여 마침내 다시 나타나지 않았다. 이로 인해 불교도 또한 없어져 버렸다.

23대가 되는 법흥대왕이 소량[27] 천감[28] 13년 갑오(514)에 왕위에 올랐다. 곧 불교를 일으키니 미추왕 계미(263)부터 252년이 된다. 고도령이 말한 바 3천여 개월이 들어맞았다 할 것이다.」

22) 아두삼마(阿頭彡麽) : 아기와 같은 까까머리에 몽당수염으로 사문스님〔沙門僧侶〕의 뜻.
 - 아두(阿頭) : 머리카락이 없는 아기들의 머리인 아두(兒頭)라는 의미와 음을 살린 것.
 - 삼마(彡麽) : 털이 짧거나 없는 형태.(彡은 터럭이 난 모습이며, 麽는 작거나 없는 형태)

23) 삼마란 것은 우리말로 승려라는 뜻이니 사미라는 말과 같다. : 사미(沙彌)란 비구가 되기 전의 출가수행자(出家修行者)를 뜻하는바 삼마와 음이 비슷하여 일연선사는 같다고 注를 붙임. 이것은 아두(阿頭)를 이름으로 보고 삼마(彡麽)를 승려의 향언(鄕言)으로 본 것임. 그러나 당시 사람들이 승명(僧名)을 몰라서 아두삼마로 불렀는데 注와 같이 아두는 이름이고 삼마는 사미〔僧侶〕라 하는 것이 모순이므로 注 22)와 같이 해석하는 것이 타당하다고 봄.

24) 소승〔貧道〕 : 원문의 貧道(빈도)는 승려가 도 닦는 것이 모자란다는 뜻으로 승려가 자기 자신을 스스로 낮추어 칭하는 말.

25) 천화(天花) : 天華라고도 하며, 하늘에서 내리는 꽃비. 하늘에서 내리는 꽃비의 의미를 『화엄경소』에서 설명하기를 「무상의 진리를 설하니 모든 하늘〔天〕이 감동하여 꽃 공양을 한 것인데 …… 이치로 말하면 하늘은 청정한 것이며, 사부대중의 마음이 이미 청정하였으므로 경을 듣자 바로 성불한 것이다.

道禀敎至雞林. 寓止王城西里. 今嚴莊寺. 于時末雛王卽位二年癸未也. 詣闕請行敎法. 世以前所未見爲嫌. 至有將殺之者. 乃逃隱于續林(今一善縣.)毛祿家.(祿与礼形近之訛. 古記云. 法師初來毛祿家. 時天地震驚. 時人不知僧名. 而云阿頭彡麽. 彡麽者乃鄕言之称僧也. 猶言沙弥也.)

三年時. 成國公主疾. 巫醫不效. 勑使四方求醫. 師率然赴闕. 其疾遂理. 王大悅. 問其所須. 對曰. 貧道百無所求. 但願創佛寺於天境林. 大興佛敎. 奉福邦家爾. 王許之. 命興工. 俗方質儉. 編茅葺屋. 住而講演. 時或天花落地. 号興輪寺.

毛祿之妹名史氏. 投師爲尼. 亦於三川歧. 創寺而居. 名永興寺. 未幾. 末雛王卽世. 國人將害之. 師還毛祿家. 自作塚・閉戶自絶. 遂不復現. 因此大敎亦廢.

至二十三法興大王. 以蕭梁天監十三年甲午登位. 乃興釋氏. 距末雛王癸未之歲二百五十二年. 道寧所言三千餘月驗矣.

寓 : 잠시머물러살 우
末 : 未의 오기
雛 : 새이름 추
詣 : 나아갈 예
嫌 : 싫어할 염
彡 : 터럭 삼
麽 : 가늘 마
猶 : 같을 유
彌 : 그칠 미
率 : 갑자기 솔
率然 : 갑작스런 모양
赴 : 다다를 부
須 : 기다릴 수
遂 : 성취할 수
理 : 고칠 리
境 : 鏡의 오기
茅 : 띠풀 모
葺 : 지붕일 즙
歧 : 두갈래길 기
末 : 未의 오기
卽 : 나아갈 즉
塚 : 무덤 총
復 : 다시 부
蕭 : 쓸쓸할 소
距 : 이를 거
末 : 未의 오기

꽃비는 바로 사부대중이 성불한 것을 나타낸 것이다.」라 함. 즉 꽃비는 부처님이 설법할 때 하늘이 감동하여 꽃을 뿌려 공양하는 것으로 사부대중이 성불하는 것을 상징.

26) 법사(法師) : 넓게는 불법에 정통하여 스승이 된 스님이며 좁게는 법맥을 전해준 스승으로 전법사(傳法師)의 준말.

27) 소량(蕭梁) : 중국 남조(南朝)의 양나라(502~567). 양나라의 창건자가 소연(蕭衍)이기 때문에 소량(蕭梁)이라 함.

28) 천감(天監) : 양나라 양왕(502~519)의 연호.

29) 양나라와 당나라의 두 승전〔梁唐二僧傳〕: 『양고승전』과 『당고승전』의 두 승전.
- 『양고승전』: 519년에 양나라의 혜교가 찬한 것으로 후한 명제(明帝) 영평 10년(67)부터 천감 18년(519)까지 453년 간 고승의 사적과 전기를 기록한 것.
- 『당고승전』: 『속고승전』이라고도 하며 남산도선율사(南山道宣律師)가 저술.

30) 진나라〔晉〕: 東晋(317~420).

31) 태원(太元) : 동진 효무제(孝武帝)의 연호(376~396).

32) 묵호자란 것도 진짜 이름이 아니고 그저 무엇을 지목하는 말 : 묵호자(墨胡子)는 검은 옷을 입은 외국인(서역인 · 인도인 · 오랑캐), 또는 얼굴이 검은 외국인을 뜻한다는 의미.

이것에 의거하면 『삼국사기』의 「신라본기」와 아도비의 두 가지 설이 서로 달라 이처럼 같지 않으므로, 잠시 시험삼아 논하여 본다. 양나라와 당나라의 두 승전[29]과 『삼국사기』의 본기에는 모두 고구려와 백제 두 나라의 불교의 시초는 진나라[30] 말년인 태원[31] 연간(376~396)으로 실려 있으니 순도 · 아도 두 법사가 소수림왕 갑술(374)에 고구려에 온 것은 명백하므로 이 전기는 틀리지 않았다. 만일 비처왕시대(479~500)에 처음 아도가 신라에 왔다면 이는 아도가 고구려에 백여 년이나 머물렀다 온 것이 된다. 비록 위대한 성인의 행동이란 나타나고 없어지는 것이 보통사람과는 다르다고 하지만 반드시 다 그렇지는 않을 것이다. 더군다나 신라에 불교전파가 이렇게까지 늦지는 않았을 것이다. 또 만일 미추왕시대(262~283)라 한다면 오히려 고구려에 들어온 갑술년(374)보다 백여 년이나 앞선다.

이때는 계림에 아직 문물(文物)이나 예교(禮敎)가 있지 않았으며 나라 이름까지도 정하여지지 않았는데 어느 겨를에 아도가 와서 불교를 받들자고 청하였겠는가? 또 고구려에 불교가 들어오지도 않았는데 고구려를 건너뛰어 신라에 들어왔다는 것은 이치에 맞지 않는다. 설사 불교가 잠시 일어났다 없어졌다 하더라도 어찌 그동안에 아무런 소리도 없이 잠잠해져서 향의 이름조차 모르고 있었겠는가?

하나는 어찌 그리 늦고 하나는 어찌 그리 앞선단 말인가? 생각해 보면 대체로 불교가 동방으로 차차 전파되던 형세는 필시 고구려와 백제에서 시작하여 신라에서 끝마쳤을 것이다. 그렇다면 눌지왕과 소수림왕의 시대가 서로 맞닿아 있으므로 아도가 고구려를 떠나 신라에 온 것은 마땅히 눌지왕의 시대였을 것이다. 또 왕녀의 병을 고친 일도 모두 아도가 한 일이라고 전하니 이른바 묵호자란 것도 진짜 이름이 아니고 그저 무엇을 지목하는 말[32]일 것이다. 마치 양나라 사람이 달마[33]를 가리켜 벽안호〔푸른 눈의 오랑캐〕라 하고, 진나라 시대에 승려 도안[34]을 조롱하여 검은 도인이라고 한 것과 같을 것이다. 즉 아도는 위험한 일을 했기 때문에 이름을 숨기고 성명을 말하지 않았던 것이다.

33) 달마(達摩) : 보리달마(菩提達摩 : ?~536)를 가리킴. 『낙양가람기(洛陽伽藍記)』에 의하면 달마는 페르시아인이라 했으며, 달마의 제자 담림(曇林)에 의하면 달마는 인도국왕의 셋째 아들로 대승의 도에 이끌려 출가하여 덕을 갖춘 뒤 중국으로 왔다고 함. 이후 중국의 선종은 달마를 시조로 혜가(2조) → 승찬(3조) → 도신(4조) → 홍인(5조) → 혜능(6조)으로 이어짐. 달마의 선은 공관(空觀)의 전통을 계승하면서도 구체적이고 현실적이며 벽관(壁觀 : 벽과 같이 되는 관법)을 선의 핵으로 함.

사명대사가 그린 달마도

據此. 本記與本碑. 二說相戾不同如此. 嘗試論之. 梁唐二僧傳・及三國本史皆載. 麗濟二國佛敎之始. 在晋末大元之間. 則二道法師. 以小獸林甲戌. 到高麗明矣. 此傳不誤. 若以毗處王時方始到羅. 則是阿道留高麗百餘歲乃來也. 雖大聖行止出沒不常. 未必皆爾. 抑亦新羅奉佛. 非晩甚如此. 又若在末雛之世. 則却超先於到麗甲戌百餘年矣.

據 : 의탁할 거
戾 : 어그러질〔乖〕 려
大 : 太의 오기
毗 : 도울 비
抑 : 발어사 억
末 : 未의 오기
却 : 도리어 각

于時雞林未有文物禮敎. 國号猶未定. 何暇阿道來請奉佛之事. 又不合高麗未到而越至于羅也. 設使暫興還廢. 何其間寂寥無聞. 而尙不識香名哉.

暇 : 틈 가
設使 = 設令
暫 : 잠시 잠
寂 : 고요할 적
寥 : 잠잠할 료

一何大後. 一何大先. 揆夫東漸之勢. 必始于麗濟而終乎羅. 則訥祇旣與獸林世相接也. 阿道之辞麗抵羅. 宜在訥祇之世. 又王女救病. 皆傳爲阿道之事. 則所謂墨胡者非眞名也. 乃指目之辭. 如梁人指達摩爲碧眼胡・晉調釋道安. 爲柒道人類也. 乃阿道危行避諱. 而不言名姓故也.

揆 : 헤아릴 규
漸 : 차차 점
抵 : 다다를 저
碧 : 푸를 벽
調 : 조롱할 조
柒(漆의 속자) : 검을 칠

34) 도안(道安) : 도안(312~385)은 중국 화북의 선비족 출신으로 12세에 출가하여 20세쯤에 불도징(佛圖澄)의 문하로 들어간 뒤 화북지방에 불교를 크게 전파함. 후조(後趙)가 멸망하자 문하를 이끌고 지방을 전전하다가 낙양의 백마사에서 전진왕 부견에 의하여 장안으로 모셔져 오중사에 머물면서 불교를 크게 일으킴. 도안은 격의불교(格義佛敎 : 불교의 空思想을 중국인들이 이해하기 쉽게 하기 위해 노장사상의 無로 해석)를 처음으로 비판했으니 그에 의하면 「無는 일체의 변화가 일어나기 전에 있으며 空은 모든 형상의 시작이다.」라 함.

아마도 나라 사람들이 들은 바에 따라 묵호 · 아도 두 가지 이름으로 불렀기 때문에 한 사람이 두 사람인 것처럼 전한 것일 뿐이다. 더군다나 아도의 모습이 묵호자와 비슷하다고 하였으니 이것으로도 그들은 한 사람임을 알 수 있다.

고도령이 말한 일곱 곳의 순서는 바로 절을 세운 선후(先後)를 가지고 예언한 것인데 전기에는 이것이 빠져 있으므로 여기에서 사천미를 다섯 번째로 올려놓았으며, 3천여 개월이라는 것도 그대로 다 믿을 수 없다. 눌지왕 때(417~458)부터 정미(527)까지 무려 1백여 년이나 되니 만약에 1천여 개월이라면 거의 비슷하다. 성을 '아' 라 하고 이름을 외자로 한 것이 거짓인 듯 하나 정확히 알 수 없다.

또 원위[35]의 승려 담시(혜시라고 도 한다.)의 전기에 쓰여 있는 것을 살펴보면 이러하다.

「담시는 관중 사람이다. 출가하여 승려가 된 후 신이한 행적이 많았다. 동진 효무제 태원 9년(384) 말에 경전과 율법 수십 부를 가지고 요동으로 가서 불교의 교화를 부르짖으며, 현장에서 삼승[36]을 가르쳐주고 그 자리에서 불교의 계율에 귀의하게 했다. 이것이 아마 고구려가 불교를 알게 된 시초일 것이다. 의희 초년(405)에 관중으로 다시 돌아와 삼보지방[37]에 불교를 열어 인도해 주었다. 담시는 발이 얼굴보다 더 희고, 비록 흙탕물을 건너도 젖지 않았으므로 천하의 모든 사람들이 백족화상이라고 불렀다.[38]

진나라[39] 말기에 북방의 흉노 혁련발발[40]이 관중을 쳐부수고 함락하여 수많은 사람을 죽였다. 이때 담시 또한 해를 당하게 되었으나 칼로 쳐도 그를 상하게 할 수 없게 되니 발발은 탄식하며 널리 승려를 놓아주고 한 사람도 죽이지 않았다. 이에 담시는 몰래 산골에 숨어서 동냥하며 수행[41]하였다.

35) 원위(元魏) : 북조의 북위(北魏 : 386~535). 북위는 본래 탁발(拓拔)씨가 세웠으나 효문제(孝文帝) 때 한화정책의 일환으로 성을 원(元)으로 고쳤기 때문에 원위(元魏)라 함.

36) 삼승(三乘) : 중생을 열반에 이르게 하기 위해 가르침을 받아들이는 사람의 능력에 따라 성문승 · 연각승 · 보살승의 셋으로 분류한 것을 삼승이라 하며, 그 특징은 아래 표와 같음.

구 분	특 징
성문승(聲聞乘)	가장 낮은 단계로, 연기설을 이해하기 위해 4성제(四聖諦)를 깨달음 *4성제 : 고(苦) · 집(集) · 멸(滅) · 도(道)
연각승(緣覺乘)	중간 단계로, 12연기설을 깨닫고 삼법인(三法印)에 이르는 것 *12연기 : 無明 · 行 · 識 · 名色 · 六入 · 觸 · 受 · 愛 · 取 · 有 · 生 · 老死 *삼법인 : 제행무상(諸行無常) · 제법무아(諸法無我) · 열반적정(涅槃寂靜)
보살승(菩薩乘)	가장 높은 단계로, 자비행인 6바라밀을 행하여 불과(佛果)를 성취 *6바라밀 : 보시(布施) · 지계(持戒) · 인욕(忍辱) · 정진(精進) · 선정(禪定) · 지혜(智慧)

蓋國人隨其所聞. 以墨胡·阿道二名. 分作二人爲傳爾. 況云阿道儀表似墨胡. 則以此可驗其一人也.

道寧之序七處. 直以創開先後預言之. 兩傳失之. 故今以沙川尾躋於五次. 三千餘月. 未必盡信. 書自訥祗之世·抵乎丁未. 无慮一百餘年. 若曰一千餘月. 則殆幾矣. 姓我單名. 疑贋難詳.

又按元魏釋曇始(一云惠始.)傳云.

始關中人. 自出家巳後. 多有異迹. 晉孝武大元※年末. 賫經律數十部. 往遼東宣化. 現授三乘. 立以歸戒. 蓋高麗聞道之始也. 義熙初復還開中. 開導三輔. 始足白於面. 雖涉泥水. 未嘗沾濕. 天下咸稱白足和尙云.

晉末. 朔方凶奴赫連勃勃. 破獲關中. 斬戮無數. 時始亦遇害. 刁不能傷. 勃勃嗟嘆之. 普赦沙門·悉皆不殺. 始於是潛遁山澤. 修頭陁行.

況 : 하물며 황
兩 : 而의 오기
躋 : 오를 제
書 : 蓋의 오기
抵 : 다다를 저
无 : 無의 古字
殆 : 거의 태
幾 : 거의 기, 가까울 기
贋 : 옳지않을 안
巳 : 已의 오기
大 : 太의 오기
※ : 九의 결락
賫 : 가질 재
復 : 다시 부
開 : 關의 오기
涉 : 건널 섭
沾 : 젖을 첨
濕 : 축축할 습
咸 : 모두 함
朔 : 북방 삭
勃 : 일어날 발
戮 : 죽일 륙
刁 : 刀의 오기
嘆 : 한숨쉴 탄
普 : 두루 보
悉 : 모두 실
潛 : 감출 잠
遁 : 숨을 둔

37) 삼보지방(三輔地方) : 한나라 때 수도인 장안 부근을 일컫던 말로 장안을 포함한 동부를 경조윤(京兆尹), 북부를 좌풍익(左馮翊), 서부를 우부풍(右扶風)으로 나누어 삼보라 함.
38) 담시는 발이 얼굴보다 더 희고, 비록 흙탕물을 건너도 젖지 않았으므로 천하의 모든 사람들이 백족화상이라고 불렀다. : 이 설화는 불법을 뜻하는 연꽃을 상징하는 것으로, 『법화경』「종지용출품(從地湧出品)」에 '세간법에 물들지 않음이 연꽃이 물에 있는 것처럼 땅으로부터 용출한다.'는 것을 은유적으로 표현한 것. 즉 연꽃이 더러운 연못에서 자라나 더러움에 물들지 않고 청정한 꽃을 피우듯이 보살행도 오염된 현실에 몸을 맡기고 거기에 물들지 않으면서 인간을 구제하는 것임.
설화에서 담시의 발이 얼굴보다 희고 흙탕물을 건너도 젖지 않았다는 것은 더러운 세간에 발을 담갔으나 거기에 물들지 않고 세속의 인간을 청정한 세계로 인도하였다는 의미로 추정.
39) 진나라〔晉〕: 동진(304~439).
40) 혁련발발(赫連勃勃) : 5호 16국의 하나인 하(夏 : 407~431)의 세조 무열제(武列帝).
41) 동냥하며 수행〔頭陁〕: 원문의 頭陁(두타)는 산스크리트어 Dhūta의 음역(音譯)으로 두다(杜多)·두타(杜陁)·두다(杜茶)라고도 함. 의식주의 번뇌에서 벗어나 청정하게 불도를 수행하는 것. 그 방편으로 민간에 돌아다니면서 걸식하며 수도하는 것임.

탁발도[42]가 또 장안을 쳐서 이기고 관중과 낙양에서 마음껏 위세를 떨치고 있었다. 이때 박릉[43]에 최호[44]란 자가 있어 도교를 조금 배워 불교를 시기하고 미워하였다. 그가 재상의 자리에 올라[45] 탁발도의 신임을 받게 되었다. 이에 도교의 교주[46] 구겸지[47]와 함께 탁발도를 설득하기를 "불교는 아무런 이익도 없고 백성들의 복리를 해치는 것입니다"라면서 이를 폐지하기를 권하였다고 한다.

태평[48] 말년(450)에 담시가 비로소 탁발도를 불교로 귀화시킬 때가 온 것을 알았다. 이에 정월 초하룻날 대궐에서 조회할 때에 홀연히 지팡이를 짚고 대궐 문에 당도하였다. 탁발도가 이를 듣고 그를 베어 죽이라고 명령했으나 아무리 베어도 베어지지 않자 탁발도 자신이 베었지만 역시 상하지 않았다. 이에 후원에 기르는 호랑이에게 주었으나 호랑이도 역시 가까이 하지 못하였다. 탁발도가 매우 부끄러워하고 두려워하더니 드디어는 나쁜 병에 걸리고 말았다. 최호 · 구겸지 두 사람도 잇달아 나쁜 병에 걸렸다. 탁발도는 그 죄과가 이들 때문에 생겼다 하여 이에 두 사람의 가문 일족을 베어 죽여 없애고 전국에 선포하여 불법을 크게 퍼뜨리게 했다.」

담시는 그 후에 어디에서 생을 끝마쳤는지 알 수 없다.

논평하여 말하면 담시가 태원 말년(396)에 해동으로 왔다가 의희 초년(405)에 관중으로 돌아갔다. 그렇다면 여기에 10여 년이나 머물러 있었는데 어찌하여 우리나라 역사에는 기록이 없는 것인가? 담시는 매우 괴이하여 헤아릴 수 없는 사람으로 아도 · 묵호 · 난타와 연대와 사적이 서로 같으니 세 사람 중 한 사람은 필시 그의 이름을 바꾼 것이 아닌가 한다.

다음과 같이 찬미한다.

금교에 눈 쌓이고, 얼음은 풀리지 않았으니,
계림의 봄빛은 완연히 돌아오지 않았네.
어여뻐라, 봄의 신 재주 많아서,
모랑의 집 매화꽃 먼저 피게 했네.

42) 탁발도(拓拔燾) : 북조 북위(北魏 : 386~535)의 제3대 태무제(太武帝, 재위 423~452)로 양자강 이북을 완전히 통일한 뒤 널리 인재를 등용하고 상벌을 공평하게 하여 북위의 전성시대를 연 군주. 444년에는 왕을 비롯한 귀족이 그들의 집에서 승려를 두는 것을 금하면서 위반하면 승려는 사형, 감추어 준 자는 그 일문을 주살하는 영을 내림. 승려들을 살해하고 불상을 훼손한 이 사건은 불교 최초의 법난(法難)임.
43) 박릉(博陵) : 지금의 하북성 안평현(安平縣) 지방.

拓拔燾復剋長安. 擅威關洛. 時有博陵崔皓. 小習左道. 猜嫉釋敎. 旣位居僞輔. 爲燾所信. 乃與天師寇謙之說燾・佛敎無益・有傷民利. 勸令廢之云云.

大平之末. 始方知燾將化時至. 乃以元會之日. 忽杖錫到宮門. 燾聞令斬之. 屢不傷. 燾自斬之亦無傷. 飼北園所養虎. 亦不敢近. 燾大生慙懼. 遂感癘疾. 崔寇二人. 相次發惡病. 燾以過由於彼. 於是誅滅二家門族. 宜下國中. 大弘佛法.

始後不知所終.

議曰. 曇始以大元末到海東. 義熙初還關中. 則留此十餘年. 何東史無文. 始旣恢詭不測之人. 而與阿道・墨胡・難陁. 年事相同. 三人中疑一必其變諱也.

拔 : 跋의 오기
燾 : 비칠 도
擅 : 마음대로할 천
陵 : 언덕 릉
皓 : 빛날 호
猜 : 시기할 시
嫉 : 시샘할 질
寇 : 벼슬이름 구
大 : 太의 오기
屢 : 여러 루
飼 : 먹일 사
慙 : 부끄러워할 참
懼 : 두려워할 구
癘 : 염병 려
宜 : 宣의 오기
大 : 太의 오기
恢 : 클 회
詭 : 괴이할 궤

讚曰.

雪擁金橋凍不開.

雞林春色未全廻.

可怜青帝多才思.

先著毛郞宅裏梅.

擁 : 안을 옹
廻 : 돌아올 회
怜 : 영리할 령
著 : 다다를 착
裏 : 속 리

44) 최호(崔皓) : 북위의 재상. 태무제가 즉위하자 도사 구겸지를 추천하여 도교를 신봉토록 하는 한편 불교를 금하도록 함. 그 후 태무제의 신임을 잃어 주살됨.

45) 재상의 자리에 올라〔僞輔〕: 원문에 僞(거짓 위)를 쓴 것은 역신 탁발도의 재상이라는 뜻.

46) 교주〔天師〕: 원문의 天師는 도교 교주의 명칭. 후한의 장도릉(張道陵)이 천사라고 자칭한 데서 기인.

47) 구겸지(寇謙之) : 생몰 365~448. 후한의 귀족 출신으로 도교에 들어가 20여 년 간 수도한 뒤 태무제의 신임을 얻어 442년에 도교를 국교로 하는 등 도교를 널리 편 인물.

48) 태평(太平) : 도교의 태평진군(太平眞君)을 줄인 것으로 북위의 태무제가 최호의 권유로 구겸지를 천사로 숭배하면서 440년부터 태무제가 살해되기 1년 전인 451년까지 태평진군의 연호 사용.

■ 찬시의 의미

신라에 처음 불교가 전래되는 상황을 형상화한 것으로, 불법의 혜택을 받지 못하는 어두운 신라에 불법의 세계가 열리는 모습을 상징. 기구(起句)는 前佛七處伽藍 중 첫째인 금교에 아직 절이 세워지지 않았음을 나타낸 것이며, 승구(承句)의 봄빛은 불교를 상징한 것으로 아직 신라에 불교가 들어오지 않음을 표현. 전구(轉句)에서 봄의 신(靑帝)은 부처를 상징한 것이며, 결구(結句)는 최초의 여승이 된 모례의 누이를 비유한 것임.

아도기라(阿道基羅) 조의 구성과 의미

<table>
<tr><th colspan="2">『삼국사기』: 묵호자와 아도가 불법 전래</th></tr>
<tr><td>• 묵호자가 일선군 모례가에 머물다.</td><td>• 일선군은 신라로 들어오는 길목이며, 모례는 절을 뜻하는 듯함
- 절의 어원: 모례(毛禮) → 털[毛]례 → 절
＊일본의 절 데라[寺]의 어원도 모례</td></tr>
<tr><td>• 향을 사르고 삼보에 빌면 감응이 있다.
- 왕녀의 병을 묵호자가 기도하여 고치다.</td><td>• 묵호자가 전한 불교사상 : 숭불(崇佛) · 영응(靈應)의 초보불교
- 삼보사상 : 불타(佛陀) · 달마[佛法] · 승가(僧伽)
- 신이하고 영험한 이적(異蹟)의 사상</td></tr>
<tr><td>• 아도(阿道)가 모례가에 와서 몇 년 뒤 죽다.
- 3인의 시종이 불경과 계율을 강독하니 믿는 사람이 있었다.</td><td>• 아도가 전한 불교사상 : 경과 율에 의한 진보된 불교
- 아도와 3인의 시종 : 승가의 표본적인 수
- 단순한 신이나 영험이 아닌 경과 율의 강독
• 신자 발생 : 진심으로 이해되어 묘법으로 인정하여 신봉</td></tr>
</table>

↓

<table>
<tr><th colspan="2">『아도본비』: 아도가 263년에 신라로 와서 불법을 전하고 흥륜사 창건</th></tr>
<tr><td colspan="2">• 傳法僧 전설을 토대로 후대에 만들어진 설화 : 신라 불국토 사상의 표현
- 전불 시부터 불연 있는 신성한 땅으로 고구려보다 불교가 앞선다는 것을 주장하기 위함</td></tr>
<tr><td>• 我굴마와 고道령이 정분을 맺어 아도를 낳다.</td><td>• 두 사람의 성명을 결합하여 我[성] 道[명]로 함
- 출신과 개성이 뚜렷한 인물을 등장시켜 傳法聖者像 확립</td></tr>
<tr><td>• 아도의 母가 신라의 前佛七處伽藍之墟를 일러주다.</td><td>• 칠처가람설의 배경은 미륵하생신앙과 말법사상의 결합으로 추정
- 미륵하생신앙 : 미륵불의 교화를 받기 위해 전세칠불의 처소에 공덕을 쌓아야 함
- 말법사상의 차단 : 정치적으로 불안하고 지방에서 선종이 성행하자 신라의 왕기가 지방에 있다는 인식을 차단하기 위함
＊7처는 고유신앙의 성소 → 무 · 불 융합으로 발전</td></tr>
<tr><td>• 아도가 신라에서 불법을 행하자 그를 해하려 하니 숨다. 사람들은 그를 아두삼마라 하다.</td><td>• 전법승 전설의 阿頭彡摩와 我道의 관련성 부각
- 아두삼마 : 까까머리에 몽당수염 혹은 사문스님의 의미
· 阿頭彡摩(불교 초전자로 정착) → 阿頭로 줄여서 호칭
· 어색한 이름의 阿頭에서 불교적인 색체가 뚜렷한 阿道로 호칭</td></tr>
<tr><td>• 아도가 성국공주의 병을 고치고 흥륜사를 짓고 사씨가 여승이 되다.</td><td>• 불 · 법 · 승 삼보가 갖추어진 불교로 발전</td></tr>
</table>

<table>
<tr><th colspan="4">찬자가 『삼국사기』와 『아도본비』 기사의 진위 여부 검토</th></tr>
<tr><td colspan="4">• 초전시기</td></tr>
<tr><td>구 분</td><td colspan="2">삼 국 사 기</td><td>아 도 본 비</td></tr>
<tr><td>전래자</td><td>묵호자(墨胡者)</td><td>아도(阿道)</td><td>아도(我道)</td></tr>
<tr><td>전래시기</td><td>19대 눌지왕(417~458)</td><td>21대 비처왕(479~500)</td><td>13대 미추왕(262~284)</td></tr>
<tr><td colspan="4">* 초전시기 : 눌지왕 때가 합리적이라 주장
- 미추왕은 너무 빠르며, 비처왕은 너무 늦음
• 墨胡者와 阿道와의 관계 : 동일인</td></tr>
</table>

↓

<table>
<tr><th colspan="2">고구려에 불교를 처음 전한 담시의 사적</th></tr>
<tr><td colspan="2">담시가 마라난타 · 묵호자 · 아도 특히 아도와 동일인물로 추정하여 아도기라 조목 끝에 기록</td></tr>
<tr><td>• 담시가 初傳이라고 한 기록 : 『양고승전』
-내용 : 북위에서 담시가 태원(376~396) 말에 고구려에 와서 불경과 율법으로 三乘을 가르치고 계율에 귀의하게 하니 이것이 고구려 불교의 시초이다.</td><td>• 초전 : 대승불교가 처음 전래된 것을 의미
- 4세기 말의 중국불교사상의 변천
· 380년 이전 : 格義불교 · 소승불교
· 〃 이후(도안의 영향) : 격의타파 · 대승불교
- 담시가 가르친 三乘 : 보살사상의 대승불교</td></tr>
<tr><td>• 담시의 발은 얼굴보다 희고 흙탕물을 건너도 젖지 않다.</td><td>• 더러운 세속에 발을 담고 있으나 거기에 물들지 않고 인간을 구제하니 이는 大乘의 보살사상임</td></tr>
<tr><td>• 담시의 이적</td><td>• 북위지방에서의 대승불교의 시련과 정착 과정</td></tr>
</table>

도리사

원종[1] 흥법(눌지왕 시대로부터 백여 년 지났다.) 염촉[2] 멸신

– 법흥왕이 불법을 일으키고 이차돈이 순교하다 –

「신라본기」에 쓰여 있기를 「법흥대왕이 왕위에 오른 지 14년에 하급관리인 이차돈이 불법을 위해 몸을 희생하였다.」고 했다. 곧 소량[3] 보통[4] 8년 정미(527)로서, 서천축의 달마대사가 금릉[5]에 왔던 해이다. 이 해에 낭지법사[6]가 또한 영취산[7]에 머물면서 처음으로 설법을 열었으니 불교가 홍하고 쇠퇴하는 것은 멀고 가깝고 간에 반드시 같은 시간에 감응한다는 것을 이것으로써도 믿을 수 있다.

원화[8] 연간(806~820)에 남간사[9]의 승려 일념이 『촉향분예불결사문』[10]이라는 글을 지었는데 여기에 이 사건이 매우 상세히 실려 있다. 그 대략은 다음과 같다.

「옛날에 법흥대왕이 자극전에서 왕위에 올라 동방[11]을 굽어살피고 말하기를 "예전에 한나라 명제가 꿈에 감응을 받자 불법이 동쪽으로 흘러 들어왔다.[12] 과인도 왕위에 오르고 나서부터 백성을 위하여 복을 빌고 죄를 소멸시킬 곳을 만들고자 한다"고 했다. 이에 조정신하들(우리나라에서 전래되는 문헌에는 공목·알공 등이라 했다.)이 깊은 뜻을 헤아리지 못하고 다만 나라를 다스리는 대의(大義)만을 준수할 뿐 절을 세우려고 한 신령스런 생각에는 따르지 않았다. 대왕이 탄식하며 말하기를 "오호라![13] 과인은 덕 없이 왕업을 크게 이어 받았으나 위로는 음양의 조화를 잃고 아래로는 백성[14]들의 기쁨이 없었다. 바쁘게 정사를 보는 중에도 틈을 내어 불교에 뜻을 두었지만 누가 나와 함께 일을 할 것인가"라 했다.

1) 원종(原宗) : 신라 제24대 법흥왕의 이름.
2) 염촉(猒髑) : 이차돈.
3) 소량(蕭梁) : 중국 남조 양나라(502~557)의 옹주자사로 있던 소연(蕭衍)이 세운 나라여서 소량이라 함. 양나라를 세운 소연이 무제(武帝)가 되어 48년 간 남조의 전성기를 이룩했으며, 특히 불교가 융성하였음.
4) 보통(普通) : 양무제의 연호. 보통 연호는 520~526년으로 7년간만 사용.
5) 금릉(金陵) : 중국 남경(南京)의 옛 이름.
6) 낭지법사(朗智法師) : 피은편 낭지승운 보현수 조 참조.
7) 영취산(靈鷲山) : 기이편 처용랑 망해사 조 참조.
8) 원화(元和) : 당나라 헌종의 연호.

原宋興法(距訥祗世 一百餘年.) 猒髑滅身

宋 : 宗의 오기
猒 : 아름다울 염
距 : 지낼 거, 이를 거
髑 : 해골 촉
訥 : 말더듬거릴 눌

新羅本(記法.)

※興大王卽位十四年. 小臣異次頓爲法滅身. 卽蕭梁普通八年丁未. 西竺達摩來金陵之歲也. 是年朗智法師. 亦始住靈鷲山開法. 則大敎興衰. 必遠近相感一時. 於此可信.

元和中. 南澗寺沙門一念撰. 髑香墳禮佛結社文. 載此事甚詳. 其略曰.

昔在法興大王垂拱紫極之殿. 俯察扶桑之域. 以謂. 昔漢明感夢. 佛法東流. 寡人自登位. 願爲蒼生·欲造修福滅罪之處. 於是朝臣(鄕傳云. 工目·謁恭等.)未測深意. 唯遵理國之大義. 不從建寺之神略. 大王嘆曰. 於戱, 寡人以不德. 丕承大業. 上虧陰陽之※化. 下無黎庶之歡. 萬機之暇. 留心釋風. 誰與爲伴.

新羅本(記法.) → 新羅本記

※ → (記法.) → 法

十四 : 『삼국사기』에는 十五
蕭 : 쑥 소
竺 : 竺의 異體字
鷲 : 독수리 취
澗 : 산골물 간
撰 : 지을 찬
墳 : 무덤 분
拱 : 손맞잡을 공
俯 : 굽힐 부
扶 : 도울 부
蒼 : 대빛푸를 창
遵 : 따를 준
於 : 탄식할 오
戱 : 탄식할 희
丕 : 클 비
虧 : 어그러질 휴
※ : 造의 결락

9) 남간사(南澗寺) : 신주편 혜통항룡 조 참조.
10) 촉향분예불결사문(髑香墳禮佛結社文) : 염촉의 무덤에 불공하는 단체를 모은 취지의 글. 헌덕왕 9년(817)에 혜륭과 효원이 이차돈의 옛 무덤에 세운 비문으로 글은 남간사 승려 일념이 씀.
11) 동방〔扶桑〕 : 원문의 부상은 도교의 신선사상에 나오는 낙원으로 동쪽에 있다고 함.
12) 명제가 꿈에 감응을 받자 불법이 동쪽으로 흘러 들어왔다. : 『양고승전』의 「후한의 영평 연간(58~75)에 명제가 금인이 하늘을 날아서 황국으로 들어오는 꿈을 꾼 뒤 군신에게 점치게 하였더니, 박식한 부의(傅毅)가 말하기를 "서역에 佛이라는 신이 계신다고 들었습니다. 폐하께서 꿈에 보신 것은 바로 그 神이었을 것입니다"라 했다. 그래서 명제가 사신을 인도에 보내어 섭마등(攝摩騰)을 모시고 낙양에 도착하니 명제가 뜨겁게 그를 환대했다. 이것이 중국에 사문이 들어온 시초이다.」라는 기록을 의미.
13) 오호라!〔於戱〕 : 원문의 於戱(오희)는 오호(嗚呼)와 의미가 동일. 『시경』, 周頌에 「於戱前王不忘(아아! 전 임금을 잊지 마시기를!)」
14) 백성〔黎〕 : 원문의 黎(여)는 원래 묘족(苗族)을 가리킨 말로, 한족은 성이 있으나 묘족은 성이 없어 그 머리털이 새까만〔黎 : 검을 여〕 것을 보고 구별지어 여민(黎民)이라 한 데서 유래.

이때 내양자[15]가 있었는데 성은 박씨이며 자는 염촉[16](혹은 이차라고도 하고 이처라고도 하니 방언의 음이 다르기 때문이다. 번역하면 염(猒 : 이쁘다)이다. 촉(髑)·돈(頓)·도(道)·도(覩)·독(獨) 등은 모두 글 쓰는 사람의 편의에 따른 것이니 이는 조사이다. 여기서 위의 글씨만 한자로 번역하고 아래 글자는 번역하지 않았기 때문에 염촉 또는 염도 등으로 불렀다.)이다. 그의 아버지는 자세히 알 수 없으나 할아버지는 아진종이니 바로 습보갈문왕의 아들이다.[17] (신라의 관작은 모두 17등급인데 그 넷째를 파진찬 또는 아진찬이라고 한다. 종(宗)은 그의 이름이며 습보 역시 이름이다. 신라 사람들은 추봉한 왕을 모두 갈문왕으로 불렀는데 그 실상은 역사를 담당하는 관리도 그 뜻을 자세히 모른다 하였다. 또 김용행[18]이 지은 아도비를 살펴보면 사인은 그때 나이 26세이며 아버지는 길승, 할아버지는 공한, 증조 할아버지는 걸해대왕이라 하였다.)

그는 대나무와 잣나무 같은 절개로 자질을 삼고 수경[19] 같은 통찰력의 심지를 품었다. 좋은 일을 많이 한 집안의 증손[20]으로 대궐 내의 경호원[21]이 되기를 희망하였고 신성한 왕조의 충신으로 태평한 시절[22]에 시종으로 오를 것을 기대했다. 그의 나이 22세 때에 사인[23](신라 관직에 대사·소사가 있는데 대체로 낮은 벼슬 등급이다.)의 벼슬에 임명되어 왕의 얼굴을 우러러보고 눈치로 왕의 사정을 알아차리고 말씀드리기를 "신이 듣기로는 옛 사람은 꼴 베는 사람이나 나무꾼[24] 같은 천한 사람에게도 계책을 물었다고 하옵니다. 원하옵건대 죄를 짓는 위험을 무릅쓰고 계책을 말씀드릴까 하나이다"라 하니, 왕이 말하기를 "네가 할 바가 아니다"라 했다. 사인이 말하기를 "나라를 위해 몸을 희생하는 것은 신하의 큰 절개이며, 임금을 위해 목숨을 바치는 것은 백성의 곧은 의리이옵니다. 거짓으로 임금의 말씀을 전한 죄로 신을 형벌하여 목을 베시면 만백성이 모두 복종하여 감히 왕의 말씀을 어기지 못할 것이옵니다"라 했다.

15) 내양자(內養者) : 궁중에서 동궁〔太子〕과 함께 생활하는 동궁과 같은 또래.
16) 성은 박씨이며 자는 염촉〔姓朴字猒髑〕: 기이편 신라시조 혁거세왕 조 참조.
17) 그의 아버지는 자세히 알 수 없으나 할아버지는 아진종이니 바로 습보갈문왕의 아들이다.

*염촉과 법흥왕의 관계 : 염촉은 법흥왕의 5촌 조카

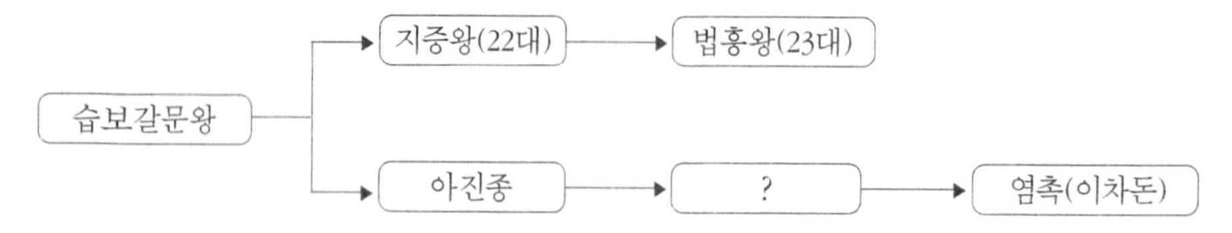

粵有內養者. 姓朴字猒髑(或作異次. 或云伊處. 方音之別也. 譯云猒也. 髑頓道覩獨等皆隨書者之便. 乃助辭也. 今譯上不譯下. 故云猒髑・又猒覩等也.) 其父未詳. 祖阿珎宋・卽習寶葛文王之子也(新羅官爵凡十七級. 其第四曰波珎喰. 亦云阿珎喰也. 宋其名也. 習寶亦名也. 羅人凡追封王者. 皆称葛文王. 其實史臣亦云未詳. 又按金用行撰阿道碑. 舍人時年二十六. 父吉升. 祖功漢. 曾祖乞解大王.)

粵 : 어조사 월
覩 : 볼 도
宋 : 宗의 오기
宋 : 宗의 오기

挺竹柏而爲質. 抱水鏡而爲志. 積善曾孫・望宮內之爪牙. 聖朝忠臣・企河淸之登侍. 時年二十二. 當充舍人(羅爵有大舍小舍等. 盖下士之秩.) 瞻仰容顏. 知情擊目. 奏云. 臣聞古人問策蒭蕘. 願以危罪啓諮. 王曰. 非爾所爲. 舍人曰. 爲國亡身・臣之大節. 爲君盡命・民之直義. 以謬傳辭・刑臣斬首. 則萬民咸伏. 不敢違敎.

挺 : 곧을 정
爪 : 손톱 조
牙 : 어금니 아
瞻 : 우러러볼 첨
蒭(芻의 속자) : 꼴벨 추
蕘 : 나무할 요
諮 : 계책 자
謬 : 그릇될 류
咸 : 모두 함

18) 김용행(金用行) : 『삼국사기』에 김용행의 벼슬이 한나마(韓奈摩) 즉 대나마(大奈摩)인 것으로 보아 신라 중기 이후 사람으로 추정.
19) 수경(水鏡) : 거울같이 물체의 그림자를 비추는 물을 말하며, 이는 통찰력이 밝은 것을 뜻함.
20) 좋은 일을 많이 한 집안의 증손〔積善曾孫〕 : 원문의 積善(적선)은 『주역』 문언전의 「積善之家 必有餘慶 積不善之家 必有餘殃(좋은 일을 많이 한 집안에는 반드시 남은 경사가 있고 불선을 쌓은 집안에는 반드시 남은 재앙이 있다.」를 인용.
21) 경호원〔爪牙〕 : 발톱과 어금니는 새와 짐승들이 제 몸을 방비하는 무기이므로 경호원을 조아라 함. 『시경』 소아편에 「祈父 予王之爪牙(기보여! 나는 임금님의 발톱이여 이빨이거늘.)」
22) 태평한 시절〔河淸〕 : 황하〔河〕가 맑아지면 세상이 태평해진다는 고사에서 인용.
23) 사인(舍人) : 왕 또는 중앙의 높은 관리의 비서격 되는 관직.
24) 꼴 베는 사람이나 나무꾼〔蒭蕘〕 : 비천한 사람을 말함. 『시경』 대아편에 「先民有言 詢于芻蕘(옛 분들 말씀에 꼴 베는 사람이나 나무꾼에게도 물어라 하였네.)」

왕이 말하기를 "(옛날에 시비왕은) 살을 베어 저울에 달아서[25] 한 마리의 새를 살리려 하였고 피를 뿌려 생명을 끊으면서까지 일곱 마리의 짐승을 스스로 가련하게 여겼노라. 짐의 뜻은 사람들을 이롭도록 함에 있거늘 어찌 죄 없는 사람을 죽이겠는가. 너는 비록 공덕을 이루는 것이 되지만 죽음을 피하는 것만 못할 것이니라"고 했다. 사인이 말하기를 "모든 버리기 어려운 것들 가운데 목숨보다 더한 것이 있겠사옵니까? 그러나 하찮은 제가 저녁에 죽는다면 불교가 이튿날 아침에 행해져 불법[26]은 다시 중천에 떠올라 대왕께서는 길이 평안하실 것이옵니다"라 했다. 왕이 말하기를 "난새와 봉새[27]의 새끼는 어려도 하늘을 뚫을 듯한 마음이 있고 큰기러기와 고니[28]의 새끼는 나면서부터 물결을 헤칠 기세를 품는다고 하는데 너야말로 이와 같으니 가히 보살[29]의 행동이라 할 것이로다"고 했다.

이에 대왕은 일부러 위엄스런 모습을 갖추고 위풍 있는 형구를 동서에 벌여 놓고 서릿발 같은 병장기를 남북으로 늘이고 여러 신하들을 불러 묻기를 "경들은 내가 절[30]을 지으려고 하는데 어찌하여 주저하며 머뭇거리고 있는가?(『향전』에서는 「염촉이 거짓 왕명으로 신하들에게 공사를 일으켜 절을 세우라는 뜻을 전하니 여러 신하들이 와서 간하였다. 왕이 노하여 염촉에게 책임을 지우고 거짓 왕명을 전했다 하여 처형했다.」고 했다.) 이에 여러 신하들이 벌벌 떨면서 두려워하며 재빨리 맹세하고 손으로 동서를 가리켰다.

25) 살을 베어 저울에 달아서〔解肉枰軀〕: 『대지도론』에 기록된 내용으로 시비왕(尸毗王)이 고행할 때의 아래의 고사에서 인용.
 「시비왕이 고행할 때 제석천왕은 매로 둔갑하고 석제환인은 메추리로 둔갑해서 메추리가 매에 쫓겨 시비왕의 품속에 들었는데, 왕은 메추리를 살려야 하겠고 매도 굶게 할 수 없으므로 메추리의 몸뚱이만큼 자기의 살을 베어 저울에 달아 매에게 먹였다.」
26) 불법〔佛日〕: 불타의 존칭. 해〔日〕가 세상을 두루 비추듯이 불법도 해처럼 온 천지를 비춘다는 의미. 『수서』에 「佛日也 道月也 儒五星也(불법은 태양이요, 도는 달이며, 유학은 다섯 개의 별이다.)」
27) 난새와 봉새〔鸞鳳〕: 신조(神鳥)인 난새와 봉새는 영준한 선비를 의미. 난새는 봉황새를 보좌하며, 닭의 몸뚱이에 붉은 색의 털로 다섯 가지 빛이 나며, 울 때도 다섯 가지 음을 내는 신비로운 새. 봉새는 날 때 양쪽 날개로 물을 후려치면 바닷물이 3천 리나 진동을 하고 한번 날면 9만 리 상공을 오른다는 神鳥.
28) 큰기러기와 고니〔鴻鵠〕: 큰 인물을 의미. 『사기』 진섭세가에 「陳涉太息曰 嗟乎 燕雀安知 鴻鵠之志哉(진섭이 크게 탄식하며 말하기를 "아아! 연작이 어찌 큰기러기와 고니의 뜻을 알랴!)」

王曰. 解肉枰軀·將贖一鳥. 洒血摧命·自怜七獸. 朕意利人. 何殺無罪. 汝雖作功德. 不如避罪. 舍人曰. 一切難捨·不過身命. 然小臣夕死. 大敎朝行. 佛日再中·聖主長安. 王曰. 鸞鳳之子·幼有凌霄之心. 鴻鵠之兒·生懷截波之勢. 爾得如是. 可謂大士之行乎.

枰 : 秤(저울 칭)의 오기인 듯
軀 : 몸 구
贖 : 바꿀 속
洒 : 뿌릴 쇄
摧 : 꺾을 최
捨 : 버릴 사
鸞 : 난새 란
凌 : 능가할 릉
霄 : 하늘기운 소
鴻 : 큰기러기 홍
鵠 : 고니 곡
截 : 끊을 절

於焉大王權整威儀. 風刀東西. 霜仗南北. 以召郡臣. 乃問卿等於我欲造精舍. 故作留難. (鄕傳云 髑僞以王命傳下興工創寺之意. 羣臣來諫. 王乃責怒於髑. 刑以僞傳王命.) 於是羣臣戰戰兢懼. 傯侗作誓. 指手東西.

權 : 모사할 권
風 : 위풍 풍
霜 : 서리 상
仗 : 의장 장
郡 : 群의 오기
兢 : 두려워할 긍
懼 : 두려울 구
傯 : 바쁠 총
侗 : 거짓없을 동

29) 보살〔大士〕: 원문의 대사(大士)는 산스크리트어 Mahā sattva의 뜻, 즉 보살의 통칭. 관음보살을 관음대사(觀音大士)로 부름.

30) 절〔精舍〕: 원문의 精舍(정사)란 정련(精鍊)하는 행자가 거처하는 곳이라는 뜻. 사원 즉 절의 이명(異名)으로 기원정사(祇園精舍) 또는 죽림정사(竹林精舍)에서 유래.

인도 僧園의 기원이 된 죽림정사

왕이 사인을 불러 꾸짖으니 사인은 얼굴빛이 변하면서 아무 말도 하지 못했다. 대왕이 크게 노하여 그의 목을 베라고 명령하니 관원들이 그를 묶어 관아로 끌고 갔다. 사인이 맹세하자 사형을 집행하는 자가 그의 목을 베니 흰 젖이 한 길이나 솟아올랐다.(『향전』에는 사인이 맹세하여 말하기를 "큰 성인이신 법왕께서 불교를 일으키려 하시니 저는 목숨을 돌보지 않고 속세에 맺은 인연을 모두 버리나니 하늘이시여 상서로운 징조를 내리어 두루 백성에게 보여 주소서"라 했다. 이에 그의 머리가 날아가 금강산[31] 꼭대기에 떨어졌다고 한다.) 하늘은 사방이 시커멓게 껌껌해지는 것이 석양에 어둠이 깔리듯 하고 온 천지의 땅[32]은 진동하며 하늘에서 꽃비[33]가 휘날리며 떨어져 내렸다.

대왕은 애통해하며 비통한 눈물이 곤룡포를 적시었고 재상은 근심하고 슬퍼하여 진땀이 머리에 쓴 관에서 흘렀다. 샘물이 별안간 마르니 물고기와 자라가 서로 다투다시피 뛰어오르고, 곧은 나무가 먼저 부러지니 원숭이들이 떼지어 울었다. 동궁[34]에서는 함께 벼슬하던 동료들이 피눈물을 흘리며 서로 바라보고 대궐 뜰에서 소매를 맞잡던 친구들은 창자가 끊어지는 듯 관을 바라보며 곡을 하는 소리가 마치 부모가 죽은 것 같았다. 모두들 말하기를 "개자추[35]가 허벅지 살을 벤 것도 그의 뼈아픈 충절에 미치지 못하고 홍연이 배를 가른 일[36]도 어찌 그의 장렬함에 견줄 수 있겠는가. 이것은 바로 대왕이 불교를 믿고자 하는 힘을 도와주는 것이고 아도의 본심을 이룬 것이니 성자로다"라 했다. 그러고는 마침내 북산의 서쪽 고개(바로 금강산이다. 전하는 말로는 「머리가 떨어진 곳에 장사지냈다.」고 하였는데 여기서는 그런 말이 없으니 무슨 까닭인가.)에 장사지냈다.

31) 금강산(金剛山) : 경주 시청에서 동북쪽으로 1km 떨어진 곳에 있는 해발 177m의 평범한 산. 원래의 이름은 북악이었으나 이차돈 순교 후 지혜의 또 다른 표현인 금강을 산 이름으로 채택. 근세에 와서는 소금강산으로 불리어지는데 이것은 강원도의 금강산과 혼돈되지 않게 하기 위함. 소금강산은 신라 네 군데 영산 중의 하나로 신라 육촌 중 양산촌의 촌장 알평공과 고야촌의 촌장 호진공이 이 산에서 탄강.

32) 온 천지의 땅〔地六〕: 六은 동서남북과 上下이므로 원문의 地六은 온 천지의 땅이 됨.

33) 하늘에서 꽃비〔雨花〕: 『무량수경』에 「만약 간절한 기원이 극치에 이르면 삼천대천이 모두 감동하여 허공에서 제천(諸天)이 진묘한 꽃을 흩뿌린다.」라고 함.

34) 동궁〔春宮〕: 태자가 거처하는 궁의 별칭.

35) 개자추〔子推〕: 중국 춘추시대 진나라 사람. 『사기』에 기록된 다음의 고사에서 인용. 「진나라 문공이 망명하던 어려운 시절에 개자추는 그를 따라 함께 고난을 겪었다. 문공이 몹시 굶주리자 개자추가 자기의 다리의 살을 베어 문공에게 먹였다. 후에 문공이 등극하였으나 개자추는 괄시를 받게 되어 면산에 숨어버렸다. 문공이 뉘우치고 그가 산에서 나오도록 면산에 불을 질렀으나 끝내 나오지 않고 타 죽고 말았다. 불을 사용하지 않고 찬밥만 먹는 한식(寒食)은 개자추를 추모하기 위한 것이다.」

36) 홍연이 배를 가른 일〔弘演剖腹〕: 홍연은 춘추시대 위나라 사람. 위나라 의공 때 오랑캐가 쳐들어와

王喚舍人而詰之. 舍人失色. 無辭以對. 大王忿怒. 勑令斬之. 有司縛到衙下. 舍人作誓. 獄吏斬之. 白乳湧出一丈.(鄉傳云. 舍人誓曰. 大聖法王. 欲興佛教. 不顧身命. 多却結緣. 天垂瑞祥. 遍示人庶. 於是其頭飛出. 落於金剛山頂云云.) 天四黯黲・斜景爲之晦明. 地六震動・雨花爲之飄落.

喚 : 부를 환　詰 : 꾸짖을 힐
忿 : 노할 분　縛 : 묶을 박
衙 : 관청 아　湧 : 솟을 용
却 : 물리칠 각　黯 : 시꺼멀 암
黲 : 검푸르죽죽할 참
斜 : 경사질 사　晦 : 어두울 회
飄 : 나부낄 표

聖人哀戚・沾悲淚於龍衣. 冢宰憂傷・流輕汗於蟬冕. 甘泉忽渴・魚鼈爭躍. 直木先折・猿猱群鳴. 春宮連鑣之侶・泣血相顧. 月庭交袖之朋・斷腸惜別. 望柩聞聲. 如喪考妣. 咸謂子推割股・未足比其苦節. 弘演刳腹・詎能方其壯烈. 此乃扶丹墀之信力・成阿道之本心・聖者也. 遂乃葬北山之西嶺. (即金剛山也. 傳云. 頭飛落處. 因葬其地. 今不言何也.)

戚 : 슬플 척　沾 : 젖을 첨
淚 : 눈물 루　冢 : 맏 총
蟬 : 매미 선
冕 : 대부이상이쓰는관 면
渴 : 마를 갈　鼈 : 자라 별
躍 : 뛸 약　猿 : 원숭이 원
猱 : 원숭이 노　鑣 : 번성할 표
侶 : 벗할 려　袖 : 소매 수
膓(腸의 속자) : 창자 장
柩 : 널 구　考 : 죽은아비 고
妣 : 죽은어미 비　股 : 다리 고
刳 : 가를 고　詎 : 어찌 거
扶 : 도울 부　墀 : 섬돌 지

의공을 죽이고 그 살은 다 먹고 간만 남겨 놓았다. 이때 홍연이 사신으로 갔다 돌아와 간 앞에 복명하고 자기의 배를 갈라 의공의 간을 배 속에 집어넣고 죽었다는 고사.

금강산 전경

대궐 사람들이 이를 슬퍼하며 좋은 땅을 잡아서 절[37]을 세우고 이름을 자추사[38]라 하였다. 이때부터 어떤 집이나 예불을 드리면 반드시 대대로 영화를 얻게 되고 누구나 불도를 행하면 반드시 불법을 깨닫게 되는 이익을 얻었다.

진흥대왕이 왕위에 오른 지 5년 되는 갑자(544)에 대흥륜사[39]를 세웠다.(『삼국사기』나 『향전』에는 「실은 법흥왕 14년 정미(527)에 처음으로 터를 닦고 21년 을묘(535)에 천경림의 나무를 대대적으로 베어 처음으로 공사를 시작했다. 대들보와 용마룻대에 쓸 재목은 모두 천경림에서 가져다 써도 충분하였다. 그리고 계단돌과 주춧돌 및 감실의 돌도 모두 여기에 있었다. 진흥왕 5년 갑자(544)에 절이 완성되었다.」고 하였다. 그래서 甲子라고 한 것이며 『승전』에 7년이라고 한 것은 잘못이다.)

태청[40](547~548) 초년에 양나라 사신 심호가 사리[41]를 가져왔고 천가[42] 6년(565)에는 진나라 사신 유사와 승려 명관이 함께 불경을 받들고 뒤를 이어 오니 절들이 별처럼 벌여져 있었으며 탑들은 기러기 행렬같이 늘어져 있었다. 법당[43]을 세우고 범종도 달았다. 뛰어난 승려들은 서울 주위의 사람들에게 복을 낳게 하는 밭[44]이 되었고 대승과 소승의 불법[45]은 자비로운 구름처럼 나라를 덮게 되었다. 타방(他方)의 보살이 세상에 출현하고(분황사의 진나[46]와 부석사의 보개 및 낙산사의 오대 등이 이것이다.) 서역의 이름난 승려들이 이 땅에 강림하니 이로 말미암아 삼한이 합하여 한 나라가 되고 온 세상을 아울러 한 집안을 만들었다.

37) 절〔蘭若〕: 원문의 蘭若(난야)는 산스크리트어 Aranya의 음역인 아란야(阿蘭若)의 약칭. 한가롭고 조용하여 비구의 수행에 적당한 곳으로 절을 말함.
38) 자추사(刺楸寺) : 경주 금강산에 있는 지금의 백률사.
39) 대흥륜사(大興輪寺) : 위치는 지금의 흥륜사라는 설과 경주공고라는 설이 있음.
40) 태청〔大淸〕: 중국 남조의 양나라(502~557) 무제의 연호.

지금의 흥륜사

內人哀之. 卜勝地·造蘭若. 名曰刺楸寺. 於是家家作禮·必獲世榮. 人人行道·當曉法利. 眞興大王卽位五年甲子. 造大興輪寺(按國史與鄉傳. 實法興王十四年丁未始開. 二十一年乙卯, 大伐天鏡林. 始興工. 梁棟之材. 皆於其林中取足. 而階礎石龕皆有之. 至眞興王五年甲子寺成. 故云甲子. 僧傳云七年誤.)

大淸之初. 梁使沈湖將舍利. 天壽六年陳使劉思幷僧明觀. 奉內經幷次. 寺寺星張. 塔塔鴈行. 竪法幢. 懸梵鏡. 龍象釋徒·爲寰中之福田. 大小乘法. 爲京國之慈雲. 他方菩薩出現於世.(謂芬皇之陳那浮石寶蓋. 以至洛山五臺等是也.) 西域名僧降臨於境. 由是倂三韓而爲邦. 掩四海而爲家.

內 : 대궐 내
卜 : 가릴 복
刺 : 찌를 자
楸 : 가래나무 추
曉 : 깨달을 효
梁 : 대들보 량
棟 : 용마룻대 동
龕 : 감실 감
大 : 太의 오기
壽 : 嘉(아름다울 가)의 오기
鴈 : 기러기 안
竪 : 세울 수
幢 : 깃발 당
懸 : 걸 현
鏡 : 鐘의 오기
寰 : 경기고을 환
倂 : 아우를 병
掩 : 담을 엄

41) 사리(舍利) : 산스크리트어 Sāri의 음역. 좁은 의미로는 불타나 고승들을 화장한 후에 나오는 작은 구슬 모양을 일컬음. 넓은 의미는 아래 표와 같음

구 분	내 용
진신사리(眞身舍利)	석가모니불에서 나온 사리
법신사리(法身舍利)	大乘·小乘의 일체의 경전
전신사리(全身舍利)	다보부처와 같이 전신이 그대로 사리인 것

42) 천가〔天壽〕 : 원문의 天壽(천수)는 天嘉의 오기. 천가(560~565)는 남조 진나라(557~589) 무제(武帝)의 연호.

43) 법당(法幢) : 불법이 높이 솟은 것이 당(깃발)이 우뚝 솟은 것과 같다는 의미.

44) 복을 낳게 하는 밭〔福田〕 : 부처님이나 승려 등 공양을 받을 만한 법력이 있는 이에게 공양하면 복이 된다는 것을 농부가 밭에 씨를 뿌려 다음에 수확하여 거두는 것에 비유한 것.

45) 대승과 소승의 불법〔大小乘法〕 : 대승과 소승의 비교.

구 분	대 승	소 승
자 세	利他主義 : 적극적 · 진보적 · 현실참여적	自利主義 : 소극적 · 보수적 · 현실도피적
戒律觀	선을 행하자는 적극적 태도	악을 행하지 말자는 소극적 태도
수행법	• 실천을 중히 여기는 重行主義 • 깨달음을 얻어 불타가 되는 것이 목표로 열반에 머무르지 아니함(不住涅槃)	• 아는 것을 위주로 하는 主知主義 • 열반을 얻어 아라한이 되는 것을 최종목표로 하여 생사에 머무르지 아니함(不住生死)

46) 진나(陳那) : 산스크리트어 Dinnāga의 음역으로 보살의 이름.

그러므로 그의 공덕은 천구(天鎭)의 나무에 새겨지고 그의 신성한 행적은 은하수의 물에 그림자를 비쳤으니 이것이 어찌 세 성인의 위력으로 이루어진 것이 아니랴. (세 성인이란 아도 · 법흥왕 · 염촉을 말한다.) 그 뒤에 국통[47] 혜륭과 법주[48] 효원 · 김상랑 · 대통[49] 녹풍 · 대서성[50] 진노 · 파진찬 김억 등이 옛 무덤을 축조하고 큰 비석을 세웠다.[51]

원화 12년 정유(817) 8월 5일은 바로 제41대 헌덕대왕 9년인데 홍륜사의 영수선사(이때 유가의 여러 스님들을 모두 선사라고 했다.)가 이 무덤에 예불을 드릴 신도들을 모아 매월 5일에 영혼의 신묘한 발원을 위해 단을 쌓고 불경을 읽었다.」

또 향전에는 「고을 노인들이 그의 제삿날 아침에 언제나 홍륜사에서 모임을 가졌다.」고 했다. 즉 이달 초닷새는 바로 사인이 몸을 희생하여 불법에 따르던 시각이다. 아아! 이러한 임금이 없으면 이러한 신하가 없고 이러한 신하가 없으면 이러한 공덕이 없을 것이니 이야말로 유비라는 물고기가 제갈량이라는 물을 만나고[52] 구름과 용이 감응하여 만난 것[53]과 같은 아름다움이라고나 할까?

법흥왕이 이미 폐지된 불법을 일으켜 절을 세웠다. 절이 완성되자 면류관을 벗어버리고 승려의 옷[54]을 입었으며 궁중의 친척을 절의 노비로 바치고(이 절의 노비는 지금도 왕손이라고 불린다. 그 뒤 태종왕 때 재상 김양도가 불법을 믿었는데 그에게는 두 딸이 있었다. 이름이 화보 · 연보인데 이들을 바쳐 절의 노비로 삼았다. 또 역적인 신하 모척의 가족을 절로 몰입시켜 노비로 삼았으니 두 가족의 자손들이 지금도 끊어지지 않고 있다.) 그 절의 주지가 되어 몸소 불법의 교화를 넓게 펴는 것을 임무로 삼았다.

이차돈 순교비

47) 국통(國統) : 신라 때 제일 높은 승직. 고구려에서 온 혜량법사를 국통에 임명한 데서 비롯.
48) 법주(法主) : 한 종파의 주장되는 승려로 추정.
49) 대통(大通) : 승직(僧職)의 하나로 승려를 통괄하는 지위.
50) 대서성(大書省) : 승직의 하나.
51) 큰 비석을 세웠다.[樹豊碑] : 이차돈 순교비.
- 경주 소금강산 백률사에 전해오던 비로 이차돈을 기리기 위해 817년(헌덕왕 9)에 건립.
- 화강암을 깎아 6면 기둥을 만들고 제1면에는 이차돈의 순교 장면을 돋을새김 하였음.
  · 비에서 아래쪽 왼편은 금강산으로 날아간 머리이며, 목에서 솟는 5개의 줄은 한 길이나 솟은 흰 젖이며, 5개의 줄 양쪽에 9개의 무늬는 하늘에서 떨어지는 꽃비임.
  · 순교 장면에서 그 당시의 조각 및 복식을 살필 수 있음.

故書德名於天鋇之樹. 影神迹於星河之水. 豈非三聖威之所致也.(謂我道法興猷髑也.) 降有國統惠隆·法主孝圓·金相郎·大統鹿風·大書省眞怒·波珍喰金嶷等. 建舊塋. 樹豊碑.

元和十二年丁酉八月五日. 卽第四十一憲德大王九年也. 興輪寺永秀禪師(于時瑜伽諸德皆称禪師.)結湊斯塚禮佛之香徒. 每月五日. 爲魂之妙願. 營壇作梵.

又鄕傳云. 鄕老每當忌旦. 設社會於興輪寺. 則今月初五. 乃舍人捐軀順法之晨也. 嗚呼. 無是君無是臣. 無是臣無是切. 可謂劉葛魚水·雲龍感會之美歟.

法興王旣擧廢立寺. 寺成. 謝冕旒披方袍. 施宮戚爲寺隷.(寺隷至今称王孫. 後至大宗王時. 宰輔金良圖信向佛法. 有二女曰花宝·蓮寶. 捨身爲此寺婢. 又以逆臣毛尺之族. 沒寺爲隷. 二族之裔至今不絶.) 主住其寺. 躳任弘化.

鋇 : 구
嶷 : 높을 억
豊 : 클 풍
塋 : 무덤 영
湊 : 모일 주
塚 : 무덤 총
梵 : 불경 범

捐 : 버릴 연　　軀 : 몸 구
晨 : 새벽 신　　嗚 : 鳴의 오기
切 : 功의 오기
冕 : 대부이상쓰는관 면
旒 : 면류관끈 류　　披 : 입을 피
袍 : 두루마기 포
大 : 太의 오기
戚 : 친척 척
宝 : 寶의 약자
躳 : 몸 궁

- 주요내용 : 법흥왕의 불교 홍포(弘布) 의도와 이차돈과 법흥왕의 대화 그리고 이차돈의 죽음 등으로 구성.

52) 유비라는 물고기가 제갈량이라는 물을 만나고〔劉葛魚水〕: 임금과 신하가 마음이 서로 합쳐짐을 뜻하는 말. 소설『삼국지』에 나오는 것으로 원문의 劉葛은 유비와 제갈공명을 가리킴.『삼국지』에「유비와 제갈공명의 다정함이 날이 갈수록 더하자 관우와 장비가 불쾌히 여겼다. 이에 유비가 달래면서 말하기를 외로운 나에게 제갈공명은 물고기에게 물과 같은 것이다.」

53) 구름과 용이 감응하여 만난 것〔雲龍感會〕: 성주(聖主)가 현신(賢臣)을 얻은 것을 의미.『주역』문언전에「雲從龍 風從虎(구름은 용을 따르고, 바람은 범을 따른다.)」

54) 승려의 옷〔方袍〕: 승려가 입는 가사가 네모졌기 때문에 방포라 함.

55) 왕위〔袞職〕: 임금의 직책이란 말.『시경』대아편에「袞職有闕 維仲山甫補之(임금님의 일에 잘못이 있으면 중산보는 잘못을 보완하네.)」

56) 임금의 자리〔九五〕:『주역』건위천(乾爲天) 괘의 九五 효(爻)는 임금을 상징.

57) 법흥왕은 김씨이며 출가하여 이름을 법운, 자는 법공 :『해동고승전』석법공조(釋法空條)에「승려 법공은 신라 제23대 법흥왕으로 이름은 원종이며, 지증왕의 원자이다.……왕위를 물려주고 승려가 되어 이름을 고쳐 법공이라 했다.……왕비 또한 불법을 숭상해 비구니가 되어 영흥사에 머물렀다.……아도비를 살펴보면 법흥왕이 출가하여 이름을 법운, 자를 법공이라 했다.……」로 기록됨.

진흥왕은 바로 위대한 성군인 법흥왕의 덕행을 계승한 임금이다. 그가 왕위[55]를 이어 임금의 자리[56]에 올라 위엄으로 모든 신하들을 통솔하여 그의 명령대로 이루어졌으므로 대왕흥륜사라고 절 이름을 내려 주었다.

진흥왕 앞의 왕인 법흥왕은 김씨이며 출가하여 이름을 법운, 자는 법공[57]이라 하였다.(『승전』과 여러 가지 설에서는 왕비 또한 출가하여 이름을 법운이라 하였다. 또 진흥왕도 법운이며 진흥왕의 비도 법운이니 의심스럽고 혼동된 것이 많다.)

『책부원귀』[58]에 이르기를 「왕의 성은 모씨요 이름은 진이다. 처음 역사를 일으켰던 을묘년(535)에 왕비도 또한 영흥사[59]를 창건하고 사씨(모록의 누이동생)의 유풍을 사모하여 왕과 같이 머리를 깎고 여승이 되어 이름을 묘법이라 하였다. 그러고는 영흥사에 머물러 있다가 몇 해만에 세상을 떠났다.」라 하였다.

『삼국사기』에 「건복[60] 31년(614)에 영흥사의 소상이 저절로 허물어지고 얼마 안 되어 진흥왕의 비인 여승[61]이 세상을 떠났다.」고 쓰여 있다.

살펴보면 진흥왕은 바로 법흥왕의 조카이고 왕의 비 사도부인 박씨는 모량리 영실각간의 딸로서 역시 출가하여 여승이 되었지만 영흥사의 창건주는 아니다. 그렇다면 마땅히 (『삼국사기』에 기록된) 進興王의 「進」자를 法興王의 「法」자로 고쳐야 될 듯하다. 법흥왕의 비 파도부인이 여승이 되어 죽은 것을 말함이니 그가 바로 절을 창건하고 불상을 세운 주인공이기 때문이다.

58) 책부원귀(冊府元龜) : 중국 송나라의 왕흠약(王欽若) · 양억(楊億) 등이 진종의 명을 받아 1005년에 시작하여 1013년에 완성한 책. 역대 군신의 사적을 기록한 것임. 중국에서 신라의 성씨를 언급한 것은 『남사』에서 법흥왕을 성은 募(모) 이름은 秦(진) 즉 姓募名秦이라 한 것이 처음임. 이것을 『책부원귀』에서 인용한 것으로 추정.
59) 영흥사(永興寺) : 정확한 위치는 알 수 없으나 경주공고를 포함한 남서쪽 일대로 추정.
60) 건복(建福) : 제26대 진평왕의 연호. 진평왕 6년인 584년부터 건복이라는 연호 사용.
61) 여승〔比丘尼〕: 여자 비구를 비구니라 함.

ㅇ비구와 보살의 어원과 특징

구 분	비 구(比 丘)	보 살(菩 薩)
어 원	• 바라문의 Bhiku의 음역 - 뜻 : 걸사(乞士) → 밥을 빌어 육신을 기르고 법을 빌어 정신을 기름	• Bodhi〔菩提〕 Sattva〔薩埵〕의 음역 - 뜻 : 위로는 보리〔菩提〕를 구하고 아래로는 중생〔薩埵〕을 구제
특 징	自利主義의 小乘佛敎	利他主義의 大乘佛敎

眞興乃繼德重聖. 承袞職處九五. 威率百僚. 号令畢備. 因賜額大王興輪寺.

前王姓金氏. 出家法雲. 字法空.(僧傳与諸說, 亦以王妃出家名法雲. 又眞興王爲法雲. 又以爲眞興之妃名法雲. 頗多疑混.)

重 : 높일 중
袞 : 임금입는옷 곤
僚 : 관리 료
畢 : 마칠 필
額 : 현판이름 액
頗 : 자못 파

冊府元龜云. 姓募. 名秦. 初興役之乙卯歲. 王妃亦創永興寺. 慕史氏之遺風. 同王落彩爲尼. 名妙法. 亦住永興寺. 有年而終.

國史云. 建福三十一年. 永興寺塑像自壞. 未幾眞興王妃比丘尼卒.

按眞興乃法興之姪子. 妃思刀夫人朴氏. 牟梁里英失角于之女. 亦出家爲尼. 而非永興寺之創主也. 則恐眞字當作法. 謂法興之妃巴刁夫人爲尼者之卒也. 乃創寺立像之主故也.

冊 : 책봉할 책
龜 : 거북 구
慕 : 사모할 모
塑 : 흙으로만든인형 소
壞 : 무너질 괴
姪 : 조카 질
刁 : 바랄 조
刁 : 刀의 오기

흥륜사터라는 설이 있는 지금의 경주공고

법흥 · 진흥 두 왕이 왕위를 버리고 출가한 것을 사관이 기록하지 않은 것은 세상을 다스리는 교훈이 되지 못하기 때문이었다. 또 대통[62] 원년 정미년(527)에 양나라의 황제를 위해 웅천주에 절을 세우고 절 이름을 대통사라 하였다.(웅천은 바로 공주인데 당시에 신라에 소속되었기 때문이다. 그러나 정미년은 아닐 것이니 바로 중대통[63] 원년인 기유(529)에 세운 것이다. 흥륜사를 처음 세우던 정미(527)에는 다른 고을에까지 절을 세울 틈이 없었을 것이다.)

다음과 같이 찬미한다.

성인의 지혜는 원래 만세를 도모하나니,
구구한 여론은 터럭같이 하찮아라.
법륜[64]이 풀려 금륜[65]이 따라 구르니,
요순의 시절이 바야흐로 불교로 이루어지려 하네.

이것은 원종을 찬미하여 지은 것이다.

대의 좇아 가볍게 버린 생명 놀라기에 족하거늘,
천화(天花)와 젖빛 흰 피 더욱 깊이 사무치네.
문득 한 칼에 몸은 비록 죽었어도,
절마다 울리는 종소리 서울을 뒤흔드네.

이것은 염촉을 찬미하여 지은 것이다.

62) 대통(大通) : 남조 양나라 무제(재위 502~549)의 연호(527~528).
63) 중대통(中大通) : 〃 〃 〃 〃 (529~534).
64) 법륜(法輪) : 산스크리트어 Dharmacakra의 의역(意譯). 부처님이 설법으로 중생의 악을 없애버리는 것이 윤왕(輪王)의 윤보(輪寶)가 산악과 바위를 부수는 것과 같으며, 부처의 설법이 한 사람이나 한 곳에 머물러 있지 않고 전전(展轉)하여 사람에게 전해지는 것이 차륜(車輪)이 구르는 것과 같으므로 법륜이라 함.
65) 금륜(金輪) : 우주의 밑바탕을 이룬다는 금강(金剛)으로 된 바퀴. 여기서는 왕권을 의미.

二興捨位出家. 史不書. 非經世之訓也. 又於大通元年丁未. 爲梁帝創寺於熊川州. 名大通寺.
(熊川卽公州也. 時屬新羅故也. 然恐非丁未也. 乃中大通元年巳酉歲所創也. 始創興輪之丁未. 未暇及於他郡立寺也.)

讚曰.

聖智從來萬世謀.
區區輿議謾秋毫.
法輪解逐金輪轉.
舜日方將佛日高.

右原宋.

徇義輕生已足驚.
天花白乳更多情.
俄然一釰身亡後.
院院鍾聲動帝京.

右猒髑.

巳 : 己의 오기
暇 : 한가할 가
輿 : 무리 여
謾 : 업신여길 만
毫 : 긴털끝 호
宋 : 宗의 오기
徇 : 따라죽을 순
釰 : 劒의 오기
院 : 사찰 원

법륜

법왕[1] 금살

– 법왕이 살생을 금하다 –

백제 제29대 임금인 법왕의 이름은 선인데, 효순이라고도 했다. 개황[2] 19년 기미(599)에 왕위에 올랐다. 이해 겨울에 살생을 금하는 조서를 내려 일반 백성들이 기르는 새매나 매의 따위들을 놓아주게 했으며 고기 잡고 사냥하는 도구들도 불사르게 하여 일체의 살생을 금지시켰다.

이듬해인 경신(600)에는 도승(度僧) 30명을 두고 당시의 도읍인 사비성(지금의 부여이다.)에 왕흥사[3]를 세우려고 터를 닦기 시작하다가 세상을 떠났다. 무왕이 왕위를 계승하여 아버지가 닦아 놓은 터에 절을 일으켜 수십 년이 지나서 완성했다. 그 절 이름을 또한 미륵사[4]라고 했는데, 산을 등지고 물가에 임하였으며 화초와 수목이 수려하니 사철의 아름다움을 다 갖추었다. 왕은 항상 배를 타고 강을 따라 절에 들어와 장엄하고 아름답기가 이를 데 없는 경치를 구경했다.(『고기』의 기록과는 약간 다르다. 무왕은 가난한 어머니가 못의 용과 상관하여 낳은 이로 어릴 때의 이름은 서여이다. 즉위한 뒤에 시호를 무왕이라 했다. 이 절은 당초 왕비와 함께 이룩한 것이다.)

다음과 같이 찬미한다.

> 너그러운 명령으로 짐승 보호하니 그 은혜 천구에 미치고,
> 은혜로운 혜택이 돈어까지 흡족[5]하니 어짊이 사해에 다다르네.
> 덧없이 떠난 성군(聖君) 말하지 마오.
> 상계 도솔천[6]에는 이제 바로 꽃다운 봄이라네.

1) 법왕(法王) : 백제 29대 왕. 재위 599~600. 28대 혜왕의 맏아들.
2) 개황(開皇) : 수나라(581~618) 문제(文帝)의 연호(581~600).
3) 왕흥사(王興寺) : 충남 부여군 규암면에 있었던 절. 지금은 황량하게 변한 빈 터만 남아 있음.
4) 미륵사(弥勒寺) : 미륵사는 익산에 있으며 왕흥사가 아님.
5) 돈어까지 흡족〔澤洽豚魚〕: 동물 중에서도 가장 감동시키기 어려운 돼지와 물고기까지 흐뭇하게 만든다 함은 덕이 깊음을 의미.
6) 도솔천〔兜率〕: 수미산 위에 있는 미륵불이 주관하는 천계(天界)로서 일종의 극락세계.

황량한 왕흥사지

法王 禁殺

百濟第二十九主法王諱宣. 或云孝順. 開皇十年己未卽位. 是年冬. 下詔禁殺生. 放民家所養鷹鸇之類. 焚漁獵之具. 一切禁止.

明年庚申. 度僧三十人. 創王興寺於時都泗泚城.(今扶餘.) 始立栽而升遐. 武王繼統. 父基子構. 歷數紀而畢成. 其寺亦名弥勒寺. 附山臨水. 花木秀麗. 四時之美具焉. 王每命舟. 沿河入寺. 賞其形勝壯麗.(与古記所載小異. 武王是貧母与池龍通交而所生. 小名薯蕷. 卽位後謚号武王. 初与王妃草創也.)

讚曰.

詔寬毱狨千丘惠.
澤洽豚魚四海仁.
莫道聖君輕下世.
上方兜率正芳春.

十 : 十九의 오기
鷹 : 매 응
鸇 : 새매 전
焚 : 태울 분
獵 : 사냥할 렵
泚 : 沘의 오기
栽 : 심을 재
遐 : 멀 하
構 : 집세울 구
紀 : 열두해 기
畢 : 끝낼 필
麗 : 고울 려
附 : 기댈 부
沿 : 물따라내려갈 연
賞 : 구경할 상
薯 : 마 서
蕷 : 마 여
草創 : 일의 처음
毱 : 날짐승 휼
狨 : 산짐승 융
洽 : 윤택하게할 흡
輕 : 갑자기 경
兜 : 투구 두(도)
芳 : 꽃다울 방

백제불교의 전래와 전개

불교의 전래와 정착		계율에 의한 왕권강화		민중신앙으로 발전
384(침류왕)~392(아신왕)		524(성왕)~600(법왕)		600(무왕)~
• 침류왕 6년(384)에 胡僧 마라난타가 동진에서 불교 전래 - 東晋 : 格義 · 소승불교 성행 • 침류왕 환영 : 불교 이해 및 통치기구 강화에 불교 활용 - 385년 최초의 사찰 건립 - 392년 아신왕 불교숭상토록 하교	➡	• 왕권강화에 계율 활용 - 통치기반인 유교의 禮(律令)와 불교의 戒가 조화 • 성왕 때 겸익이 인도에서 율종 계통의 불경 도입 • 법왕이 살생금지 및 기르던 짐승 방생 - 止惡門에서 적극적인 修善門으로 발전	➡	• 귀족계층의 미륵상생신앙과 민중 중심의 미륵하생신앙의 결합 • 찬시에서 법왕이 도솔천에 올라감 : 미륵상생신앙 - 미륵상생신앙 : 계율이 근본(법왕금살과 상통) • 무왕의 미륵사 창건 : 미륵하생신앙으로 진전

보장[1] 봉노 보덕[2] 이암

– 보장왕이 도교를 숭상하고 보덕이 암자를 옮기다 –

「고구려본기」에 이런 말이 있다.

「고구려 말기인 무덕[3] 정관[4] 연간(618~649)에 나라 사람들이 다투다시피 오두미교[5]를 신봉하였다. 당나라 고조가 이를 듣고 도사에게 천존상[6]을 가지고 가서 도덕경을 강의하게 했다. 왕과 나라 사람들이 그것을 들으니 바로 제27대 영류왕[7]이 왕위에 오른 지 7년 되는 무덕 7년 갑신(624)이었다. 이듬해 사신을 당나라에 보내 불교와 도교 배우기를 청하자 당나라 황제(고조를 가리킨다.)가 이를 허락하였다.

보장왕이 즉위(정관 16년 임인(642)이다.)하기에 이르러서도 세 개의 교(유·불·도)를 함께 일으키려 하였다. 당시 신임 받던 재상 개소문[8]이 왕을 설득하기를 "유교와 불교는 함께 융성하고 있으나 도교[9]는 일어나지 못하고 있으니 특별히 당나라에 사신을 보내 도교를 청해야 합니다"라 했다. 당시 반룡사[10]에 머물고 있던 보덕화상이 좌도인 도교가 정도인 불교에 맞서면 나라가 위태로워질 것을 염려하여 여러 번 간했으나 왕이 듣지 아니하므로 그만 신통력으로 그가 거처하던 암자[11]를 날려 남쪽에 있는 완산주(지금의 전주이다.) 고대산[12]으로 옮겨 머물렀으니 바로 영휘[13] 원년 경술(650) 6월이다.(또 『본전』[14]에는 건봉[15] 2년 정묘(667) 3월 3일이라 했다.) 그 후 얼마 되지 않아 나라가 망하였다.(총장[16] 원년 무진(668)에 나라가 망한즉 헤아려 보면 경술년에서 19년 후가 된다.) 지금의 경복사[17]에 날아온 암자가 있는데 바로 이것이라 한다.」(이상은 『국사』[18]에 있는 글이다.)

진락공[19]이 그를 위해 시를 지어 당에 남겨 두었고 문열공[20]이 그의 전기를 써서 세상에 전했다.

1) 보장[寶藏王] : 고구려의 마지막 임금인 제28대 보장왕. 재위 642~668.
2) 보덕(普德) : 생몰 연대 미상. 탑상편의 고구려 영탑사 조 참조.
3) 무덕(武德) : 중국 당나라 고조의 연호(618~626).
4) 정관(貞觀) : 〃 〃 태종의 〃 (627~649).
5) 오두미교(五斗米敎) : 중국 후한 말기(2세기 중엽)에 사천성에서 장도릉(張道陵)이 창시한 도교. 이 당시 도교신자는 다섯 말의 쌀을 교단에 바쳐서 오두미교라는 말이 생겼음. 장도릉의 사후 그의 아들 장형(張衡)과 손자 장로(張魯)가 발전시켰으며, 창시자인 장도릉을 천사(天師)라 하여 이 교를 천사교라고도 함. 북위(北魏)의 구겸지(寇謙之)에 이르러서 도교의 명칭·조직·내용이 정비됨.
6) 천존상(天尊像) : 도교에서 모시는 최고의 신.

寶藏奉老 普德移庵

高麗本記云.

麗季武德貞觀間. 國人爭奉五斗米敎. 唐高祖聞之. 遣道士・送天尊像來. 講道德經. 王與國人聽之. 卽第二十七代榮留王卽位七年・武德七年甲申也. 明年遣使往唐. 求學佛老. 唐帝(謂高祖也.)許之.

季 : 끝 계
併 : 아우를 병

及寶藏王卽位.(貞觀十六年壬寅也.) 亦欲併興三敎. 時寵相蓋蘇文. 說王以儒釋並熾・而黃冠未盛. 特使於唐求道敎. 時普德和尙住盤龍寺憫左道匹正・國祚危矣. 屢諫不聽. 乃以神力飛方丈. 南移于完山州.(今全州也.) 孤大山而居焉. 卽永徽元年庚戌六月也.(又本傳云. 乾封二年丁卯三月三日也.) 未幾國滅.(以摠章元年戊辰國滅. 則計距庚戌十九年矣.) 今景福寺有飛來方丈是也云云.(巳上國史.)

寵 : 임금께총애받을 총
熾 : 불성할 치
盤 : 서릴 반
憫 : 딱할 민
匹 : 맞설 필
祚 : 지위 조
方丈 : 고승의 처소
距 : 이를 거

眞樂公留詩在堂. 文烈公著傳行世.

巳 : 已의 오기

7) 영류왕(榮留王) : 고구려 제27대 왕. 재위 618~642. 연개소문에 의해 살해당함.
8) 개소문(蓋蘇文) : 성은 연(淵), 이름은 개소문. 정변을 일으켜 영류왕을 죽이고 스스로 재상인 막리지가 되어 보장왕 3년(644)에 당나라에 사신을 보내 도교를 받아들임.
9) 도교〔黃冠〕 : 원문의 黃冠(황관)은 도교의 도사(道士)들이 쓰던 관. 관의 색깔이 황색이어서 황관이라 하며, 후한 말의 황건적(黃巾賊)도 같은 의미. 여기서는 도교를 가리킴.
10) 반룡사(盤龍寺) : 寺地가 불명확하나 탑상편 고구려 영탑사 조에 의하면 평양에 있었음.
11) 암자〔方丈〕 : 승려가 거처하는 곳. 유마힐거사가 사방 10자 되는 방에 3만 2천 사자좌(獅子座)를 벌여 놓았다는 고사에서 유래.
12) 고대산(孤大山) : 전북 완주군에 있는 산.
13) 영휘(永徽) : 당나라 고종의 연호(650~655).
14) 본전(本傳) : 김부식이 전기를 써서 세상에 전했다는 책.
15) 건봉(乾封) : 당나라 고종의 연호(666~667).
16) 총장(摠章) : 당나라 고종의 연호(668~669).
17) 경복사(景福寺) : 전북 완주군의 경복사지에는 폐허가 된 재실만 있음.

경복사지

또 『당서』에는 이런 글이 있다.

「이보다 앞서 수나라 양제[21]가 요동을 정벌할 때 양명이라고 하는 그의 부장이 있었는데 전쟁에 불리하게 되자 죽으면서 맹세하여 말하기를 "나는 반드시 고구려의 총신이 되어 그 나라를 멸망시킬 것이다"라 했다. 개(盖)씨가 조정을 마음대로 휘둘렀으니 개(盖)라는 성씨는 바로 양명(羊皿)이 합하여진 글자이니 이것이 그의 말대로 된 것이다.」

또 『고구려고기』를 살펴보면 이런 글이 있다.

「수나라 양제가 대업[22] 8년 임신(612)에 30만의 군사를 거느리고 바다를 건너 쳐들어오므로 10년 갑술(614) 10월에 고구려왕(이때는 제26대 영양왕[23]이 왕위에 오른 지 25년 되는 해이다.)이 글을 올려 항복을 청했다. 이때 어떤 한 사람이 작은 활을 몰래 가슴 속에 감추고 표문을 가지고 가는 사신을 따라 양제가 탄 배 안으로 갔다. 양제가 표문을 들고 읽을 때에 활을 쏘아 양제의 가슴에 적중시켰다. 양제가 군사를 돌리려 하면서 주위의 신하들에게 말하기를 "짐이 천하의 군주가 되어 작은 나라를 친히 정벌하려 했으나 이익을 보지 못하였으니 만대의 웃음거리가 되었구나"라 했다. 이 당시의 우상(右相) 양명이 말씀드리기를 "신이 죽어서 고구려의 대신이 되어 반드시 고구려를 멸망시켜 황제의 원수를 갚겠나이다"라 했다.

양명은 황제가 죽은 후 고구려에 태어났다. 그의 나이 15세가 되니 총명하고 신기한 무용이 있었다. 이때 무양왕이 그가 현명하다는 소문을 듣고 (『국사』에서는 영류왕의 이름을 건무 혹은 건성이라 했다. 여기에서는 무양이라 했는데 자세히 알 수 없다.) 그를 불러 들여 신하로 삼았다. 그는 스스로 성을 개씨라 하고 이름을 금이라 하였으며 지위가 소문에까지 이르니 이는 바로 시중의 벼슬이다. (『당서』에는 개소문 스스로 막리지[24]라 칭하였으니 이는 중국의 중서령과 같은 것이라 했다. 또 『신지비사』[25]서문에는 소문 대영홍이 서문과 아울러 주를 썼다고 했다. 그렇다면 소문은 바로 관직명이라는 것이 문헌으로 증명된 것이나 전(傳)에는 문인 소영홍이 서문을 썼다고 했는데 어느 것이 옳은지 자세하게 알 수 없다.)

수나라 양제

18) 국사(國史) : 『삼국사기』.
19) 진락공(眞樂公) : 고려 예종 때의 학자 이자현(李資玄)의 시호.
20) 문열공(文烈公) : 『삼국사기』를 지은 김부식의 시호.
21) 양제(煬帝) : 수나라(581~618)의 제2대 왕. 양제는 611년부터 2차에 걸쳐 대규모의 병력(1차 : 113만 8천 명, 2차 : 30만)으로 고구려를 침략했으나 실패.
22) 대업(大業) : 중국 수나라 양제의 연호(605~616).
23) 영양왕(嬰陽王) : 고구려 제26대 왕. 재위 590~618. 영양왕이 표를 올려 항복을 청했다는 것은 『삼국사기』「고구려본기」의 기록임.

又按唐書云.

先是隋煬帝征遼東. 有裨將羊皿·不利於軍. 將死有誓曰. 必爲寵臣滅彼國矣. 及蓋氏擅朝. 以盖爲氏. 乃以羊皿是之應也.

煬 : 쇠녹일 양
羊 : 가축양 양
皿 : 그릇 명
擅 : 마음대로할 천

又按高麗古記云. 隋煬帝以大業八年壬申. 領三十萬兵. 渡海來征. 十年甲戌十月. 高麗王(時第三十六代嬰陽王立二十五年也.)上表乞降. 時有一人·密持小弩於懷中. 隨持表使,到煬帝舡中. 帝奉表讀之. 弩發中帝胸. 帝將旋師. 謂左右曰. 朕爲天下之主. 親征小國而不利. 萬代之所嗤. 時右相羊皿奏曰. 臣死爲高麗大臣. 必滅國. 報帝王之讎.

三 : 二의 오기
嬰 : 어릴 영
弩 : 쇠뇌(활의 일종) 노
懷 : 품을 회
舡 : 배 선
旋 : 돌이킬 선
嗤 : 비웃을 치
讎 : 원수 수

宰崩後·生於高麗. 十五聰明神武. 時武陽王聞其賢.(國史榮留王名建武. 或云建成. 而此云武陽. 未詳.) 徵入爲臣. 自稱姓盖名金. 位至蘇文. 乃侍中職也(唐書云. 盖蘇文自謂莫離支. 猶中書令. 又按神誌秘詞序云. 蘇文大英弘序并注. 則蘇文乃職名. 有文證. 而傳云, 文人蘇英弘序. 未詳孰是.)

盖(蓋의 속자) : 덮을 개

24) 막리지(莫離支) : 고구려의 최고관직. 『구당서』「고구려전」에 의하면 막리지는 중국의 병부상서와 중서령의 직을 겸한 것이라 함.
*막리지의 어원 : 말 · 마루의 차자(借字)로 상인(上人) · 대인(大人)의 뜻.
- 막리(莫離) → ᄆᆞᄅᆞ → 말 · 마루 → 마루 종(宗 : 上 · 首). 지(支) : 虛字
〈양주동, 『고가연구』〉
*연개소문(淵蓋蘇文) : 당에서는 연개(淵蓋)를 천개(泉蓋)로 기록한바 이것은 당고조 이연(李淵)의 이름을 피하기 위한 것이라는 설이 통설. 淵(연)의 우리말은 얼인데 『일본서기』에 소문을 伊梨柯須彌(이리가수미)라 기록함. 伊梨는 얼 → 연, 蓋 · 柯는 邊〔갓 → 개〕의 뜻. 蘇文 · 須彌는 쇠〔金〕의 뜻으로 추정. 따라서 蓋蘇文은 蓋金이 되기도 함. 〈이병도, 『고구려사상의 제문제』〉
25) 신지비사(神誌秘詞) : 고려시대 초기에 유포된 도참서. 단군의 문교관리였던 신지선인(神誌仙人)이 쓴 책으로 알려짐.

개금이 왕께 말씀드리기를 "솥에는 발이 세 개 있듯이 나라에는 세 개의 종교가 있어야 합니다. 제가 우리나라를 볼 때 오직 유교와 불교만 있을 뿐 도교가 없으므로 나라가 위태롭사옵니다"라 했다. 왕이 이를 옳게 여겨 당나라에 알리어 도교를 청하니 태종이 숙달[26] 등 도사 8명을 보내 주었다.(『국사』에 「무덕 8년 을유(625)에 사신을 당나라에 보내 불교와 도교를 청하자 당나라 황제가 이를 허락하였다.」라 했다. 이 기록에 의하면 양명이 갑술년(614)에 죽어서 고구려에 태어났다고 했는데 나이가 겨우 열 살에 총애 받는 재상이 되어 왕을 설득하여 사신을 당나라에 보내 도교를 청했다는 것은 그 연월이 필시 한쪽이 틀린 것이 있을 것이니 여기에 두 가지를 모두 기록한다.)

왕이 기뻐하여 불교의 절을 도교의 도관으로 만들고 도사를 존중하여 유가 선비의 위에 앉게 했다. 도사들이 돌아다니며 나라 안의 유명한 산천을 진압하는데 옛 평양성의 지세가 신월성이라 하여 도사들이 주문을 외워 남쪽 하천의 용을 시켜 성을 증축토록 하여 만월성으로 만들었다. 그래서 그 이름을 용언성이라 하였으며 예언서를 만들어 용언도 또는 천년보장도라 불렀다. 또한 신령스런 돌을 뚫어 깨뜨려 버렸다.(세속에서는 신령스런 돌을 도제암(都帝嵓) 또는 조천석(朝天石)이라 불렀다. 대개 옛날에 성제〔고구려의 동명성제〕가 이 돌을 타고 상제께 올라가 뵈었으므로 이렇게 불렀다.)

개금은 또 왕에게 말씀을 드려 긴 성을 동북쪽과 서남쪽에 쌓게 하니 이때에 남자는 성 쌓는 부역을 하고 여자는 농사를 지었다. 이 공사는 16년만에 끝이 났다. 보장왕 시대에 이르러 당나라 태종이 친히 6군을 거느리고 쳐들어 왔지만 또 불리하여 돌아갔다. 고종 총장 원년 무진(668)에 우상(右相) 유인궤, 대장군 이적, 신라 김인문이 공격하여 쳐부수어 나라를 멸망시키고 왕을 사로잡아 당나라로 돌아가니 보장왕의 서자[27]가 4천여 가(家)를 인솔하여 신라에 항복했다.」(『국사』와는 조금 다르므로 함께 기록하여 둔다.)

대안[28] 8년 신미(1092)에 우세승통[29]이 고대산 경복사의 비래방장에 가서 보덕성사의 영정에 예를 올렸다.

그리고는 다음과 같이 시를 지었다.

> 열반[30]의 대승(大乘)[31] 가르침은, 우리 스승으로부터 전해 받았다고 하네.
> 애석해라 승방이 날아간 후에, 동명왕의 옛 나라가 위태로웠네.

26) 숙달〔叙達〕: 원문은 서달(叙達)이나 『삼국사기』에 叔達로 기록되어 있어 숙달로 해석.
27) 보장왕의 서자〔寶藏王庶子〕: 안승(安勝)으로 추정.
28) 대안(大安): 중국 요나라 도종(道宗)의 연호.
29) 우세승통(祐世僧統): 고려의 대각국사 의천(義天). 우세승통은 승호(僧號)이며 대각국사는 그의 시호.

金奏曰. 鼎有三足. 國有三教. 臣見國中. 唯有儒釋. 無道教. 故國危矣. 王然之. 奏唐請之. 大宋遣叙達等道士八人.(國史云. 武德八年乙酉. 遣使入唐永佛老. 唐帝許之. 據此則羊血自甲戌年死. 而托生于此. 則才年十餘歲矣. 而云寵宰說主遣請. 其年月必有一誤. 今兩存.)

王喜以佛寺爲道館. 尊道士・坐儒士之上. 道士等行鎭國內有名山川. 古平壤城勢新月城也. 道士等呪勅南河龍. 加築爲滿月城. 因名龍堰城. 作讖曰龍堰堵. 且云千年寶藏堵. 或鑿破靈石.(俗云都帝嵓. 亦云朝天石. 盖昔聖帝騎此石. 朝上帝故也.)

奏 : 아뢸 주
鼎 : 솥 정
大宋 : 太宗의 오기
叙 : 叔의 오기
永 : 求의 오기
血 : 皿의 오기
才 : 겨우 재
主 : 王의 오기
托 : 託(의탁할 탁)과 동일
館 : 객사 관
堰 : 방죽 언
讖 : 장래예언 참
堵 : 담 도
鑿 : 뚫을 착

盖金又奏築長城東北西南. 時男役女耕. 役至十六年乃畢. 及寶藏王之世. 唐大宋親統以六軍來征. 又不利而還. 高宋總章元年戊辰右相劉仁軌・大將軍李勣・新羅金仁問等攻破國滅. 擒王歸唐. 寶藏王庶子率四千餘家・投于新羅.(与國史小殊. 故幷錄.)

大宋 : 太宗의 오기
宋 : 宗의 오기
軌 : 바퀴자국 궤
勣 : 공 적
擒 : 사로잡을 금
祐 : 귀신이도울 우
涅 : 열반 녈
惜 : 애석할 석

大安八年辛未. 祐世僧統到孤大山景福寺飛來方丈. 禮普聖師之眞.

有詩云.

涅槃方等教. 傳受自吾師云云.

至可惜飛房後. 東明古國危.

30) 열반(涅槃) : 산스크리트어 Nirvana의 음역.
*열반경에는 소승과 대승의 열반경이 있음.
• 소승 열반경 : 불타 입멸 후 그의 사적 기록.
• 대승 열반경 : 불타의 열반은 회신(灰身) 멸지(滅智)한 것이 아니고 상주불멸(常住不滅)함을 설한 것.

31) 대승〔方等教〕: 원문 方等(방등)의 方은 方正을, 等은 平等을 뜻함. 즉 中道의 理는 方正하여 佛의 平等을 말하니, 方等은 일체 대승경전의 총칭.

그 발문[32]에서 말하기를

「고구려 보장왕은 도교에 현혹되어 불법을 믿지 않으니 보덕법사가 그만 승방을 날려 남쪽의 이 산으로 옮겨 놓았다. 그 후 신령스런 사람이 고구려 마령에 나타나서 사람들에게 말하기를 "너희 나라는 망할 날이 얼마 남지 않았다"고 했다.」

라고 했으니 이는 모두가 『국사』에 있는 내용과 같고 나머지는 『본전』과 『승전』에 실려 있다.

보덕법사에게는 11명의 덕이 높은 제자가 있으니 무상화상과 그의 제자 김취 등이 금동사를 세웠고 적멸 · 의융 두 법사는 진구사를 세웠으며 지수는 대승사를 세웠다. 일승은 심정 · 대원 등과 함께 대원사를 세웠으며, 수정은 유마사를 세웠고, 사대는 계육 등과 함께 중대사를 세웠고 개원화상은 개원사를 창건했다. 명덕은 연구사를 세웠으며 개심과 보명도 전기가 있으니 모두 『본전』과 같다.

다음과 같이 찬미한다.

불교는 양양한 바다처럼 끝이 없어,
백 가닥의 유교 · 도교 물이 여기로 모여드는데,
가소로운 고구려왕 웅덩이만 막았을 뿐,
와룡이 바다로 옮겨 감을 알지 못하네.

32) 발문〔跋〕: 『대각국사문집』의 발문.

■ **찬시의 의미**

起句와 承句에서 유교 · 도교는 百川으로 불교는 汪洋海로 비유된다. 수천 갈래의 하천과 강은 종국에는 바다로 모인다. 바다는 그것들의 청탁을 가리지 아니하고 다 받아들인다. 불교가 그러하다. 제자백가의 모든 사상 철학과 잡다한 신앙을 다 받아 하나로 모아내는 것이 곧 불교다. 轉 · 結句에 오면 보장왕이 신봉했던 도교는 저여(沮洳) 즉 웅덩이에 불과한 것이 되고 불교는 큰바다〔滄溟〕로 표현된다. 그러니 창명을 보지 못하고 한낱 저여를 신봉하는 고구려왕이 가소로운 것이다. 또한 저여〔道敎〕에 빠져 창명과 와룡을 살피지 못하는 왕의 나라가 망하는 것도 당연하다.

〈이승철, 『삼국유사 찬 연구』〉

跋云.

高麗藏王. 感於道敎. 不信佛法. 師乃飛房, 南至此山. 後有神人. 現於高麗馬嶺. 告人云. 汝國敗亡無日矣.

跋 : 글 발
感 : 惑의 오기

具如國史. 餘具載本傳與僧傳.

師有高弟十一人. 無上和尙與弟子金趣等・創金洞寺. 寂滅・義融二師創珎丘寺. 智藪創大乘寺. 一乘與心正大原等・創大原寺. 水淨創維摩寺. 四大與契育等・創中臺寺. 開原和尙創開原寺. 明德創燕口寺. 開心與普明亦有傳. 皆如本傳.

寂 : 고요할 적
藪 : 큰늪 수
窮 : 다할 궁
汪 : 깊고넓을 왕
宋 : 宗의 오기
沮 : 낮고습한땅 저
洳 : 물이름 여
滄 : 푸를 창
溟 : 바다 명
徒 : 徙(옮길 사)의 오기

讚曰.
釋氏汪洋海不窮.
百川儒老盡朝宋.
麗王可笑封沮洳.
不省滄溟徒臥龍.

중국 소주 사자림에 있는 三仙人像

동경 흥륜사 금당[1] 십성

– 동경[慶州] 흥륜사 법당에 모신 열 분의 성인 –

동쪽 벽에 앉아서 서쪽[庚][2]으로 향한 소상은 아도 · 염촉 · 혜숙 · 안함 · 의상이고, 서쪽 벽에 앉아서 동쪽[甲][3]으로 향한 소상은 표훈 · 사파 · 원효 · 혜공 · 자장이다.

1) 금당(金堂) : 본존불을 안치한 당(堂). 부처를 금인(金人)이라 하므로 불전을 금당이라 함.
2) 서쪽[庚] · 3) 동쪽[甲] : 干支에 의한 방위표.

방 위	東	南	西	北
간 지	甲	丙	庚	任

동경 흥륜사 금당 십성 조의 의미

1. 흥륜사의 의의

흥륜사는 법흥왕 22년(535)에 공사를 시작하여 진흥왕 5년(544)에 완성한 신라 최초의 사찰이다. 설화일 수도 있으나 사서에 의하면 미추왕 2년(263)에 아도가 신라로 와서 국왕의 허락으로 토착신앙의 성소인 천경림에 절을 짓고 흥륜사라 했으나 오래지 않아 폐지되었고 법흥왕 때 다시 개창한 뒤 우여곡절 끝에 이차돈의 순교를 거쳐 완성한 절이다. 전불칠가람터 중의 하나이며, 불교의 공인 훨씬 전에 절이 세워졌고 불교 공인 과정에서도 결정적인 역할을 한 흥륜사는 신라 불교에 있어서 비중이 가장 큰 사찰 중의 하나이다.

『삼국유사』 기록에 의하면 법흥왕과 진흥왕이 만년에 흥륜사의 승려가 되었으며, 진지왕 때에는 진자라는 승려가 흥륜사에 머무르며 미륵상 앞에 나아가 미륵보살이 화랑으로 출현할 것을 발원하였다. 그밖에 김현감호 조와 경문왕 때 범교사, 흥륜사벽화 보현 조 등은 모두 흥륜사를 배경으로 한 설화이다. 이렇듯 법륜을 일으키는 사찰이요, 국왕의 원찰인 흥륜사에 신라의 10성을 모신 것은 지극히 당연하다 하겠다.

2. 십성상(十聖像) 봉안(奉安)의 의의

흥륜사의 금당에 석가모니의 10대 제자를 연상할 수 있는 십성상을 모셨다. 이들 열 분은

東京興輪寺 金堂十聖

東壁坐庚向泥塑. 我道・猒髑・惠宿・安含・義湘. 西壁坐甲向泥塑. 表訓・虵巴・元曉・惠空・慈藏.

泥 : 진흙 니
塑 : 흙으로만든인형 소
湘 : 물이름 상
虵(蛇의 속자) : 뱀 사
巴 : 뱀 파

홍륜시리는 하나의 사원에만 국한된 십성이 아니라 신라를 대표하고 상징하는 성자이며 신라사상계의 지도자이고, 정신적 지주이었으며, 신라인의 스승이었다.

수많은 고승 · 대덕들과 뛰어난 불교인 가운데 특히 이들이 십성으로 추앙 받게 된 특별한 연유가 있을 것이다. 즉 이들은 신라불교를 일으켰으며 신라불교를 발전시키고 완성한 선각자들이다. 아래의 표에 십성의 행적과 그 특성을 기록하였다.

구 분	이름	특 성
신라불교의 始創者	아도	출생과 행적이 설화적이나 신라에 불교를 처음 전한 것으로 알려져 있으며 興法三聖의 한 분이니 십성으로 추앙
	염촉	신라 홍법의 직접적 원인이 되게 한 순교자
신라불교의 건설자	혜숙	大寺院의 귀족적 생활을 버리고 서민 대중으로 뛰어든, 불교대중화의 실천적 선각자
	안함	뛰어난 지혜와 맑은 성품으로 세상을 두루 다니며 대중교화에 힘씀
	혜공	生死自在의 신승으로 허식과 격식을 떠나 서민 대중의 교화만을 위해 최선의 방편을 행한 대승보살
	자장	신라의 대국통으로 승려들의 기강을 바로잡고, 10여 가구 중 8, 9가구가 불법을 믿도록 하였으며 호국불사를 크게 일으킴
민족불교의 완성자	원효	신라의 성사로 활발한 저술활동과 방편을 통한 민중 교화의 실천가
	의상	통일 직후의 정신적 지주로 국가사상을 확립
	사파	천민 출신으로 원효 이상의 불력을 가짐. 승려 여부는 알 수 없음
	표훈	성사 표훈의 뒤에는 성인이 나지 않았다는 기록에 의해서 신라인들은 그를 성인으로 받들었음을 알 수 있음

위의 표에서 보듯이 귀족을 중심으로 한 수직적 골품제도 하에서 서민 대중적 승려(혜숙 · 혜공 · 원효)와 재가의 신자(염촉 · 사파)도 십성 중에 들었다는 사실을 통해 신라불교의 특성과 성격을 엿볼 수 있다. 〈김영태, 『新羅十聖巧』를 참고하여 편집〉

홍법편의 구성과 삼국의 불교 전래

1. 홍법편의 구성

기이편이 『삼국유사』의 총론적 · 서론적인 내용으로 구성되었다면 홍법편부터는 본론이요 각론이다. 불국토 구현이라는 『삼국유사』의 주제가 홍법편에서부터 본격적으로 펼쳐지는 것이다.

홍법편은 모두 일곱 개의 조목으로 구성되어 있다. 먼저 세 개의 조목은 불교가 고구려 · 백제 · 신라에 전해진 내용을 시대 순으로 기록하였다. 즉 삼국에 불교가 전래되었을 때 왕을 비롯한 지배층이 어떻게 공인하였으며, 그 후의 승려의 활동과 사찰 건립 등이 어떤 형태로 전개되었는가를 나타낸 것이다.

다음의 네 개 조목은 불교 공인 이후 고구려 · 백제 · 신라에서 불법이 전개되는 과정을 기록했다. 언뜻 보면 불법을 일으킨다는 뜻의 홍법과는 거리가 있는(원종홍법 · 염촉멸신 조 제외) 듯하나 불교의 흥망과 국가의 흥망이 일치한다는 의미가 함축되도록 치밀하게 일연은 편성했다. 즉 신라에 전해진 불교가 고구려 · 백제보다 훨씬 늦었으나 법흥왕과 염촉의 지극한 노력과 흥륜사 금당에 모신 열 분 성인들의 활약으로 불국토를 만들었을 뿐 아니라 삼국을 통일했다는 의미가 내포되어 있다.

그러나 고구려는 불교가 처음 전래되었을 때 적극적으로 수용하였으나 보장왕 시대에 연개소문이 도교를 받아들여 불교를 탄압하자 보덕화상이 거처하던 암자를 남쪽으로 옮겼다. 이는 불교를 억압하고 도교를 신봉한 지배층의 은일과 퇴폐로 민심이 이반하여 멸망에 이르게 되었다는 것이다. 백제도 불교 도입에는 적극적이었으나 법왕 금살 조에서 보았듯이 민심과는 거리가 있는 계율 중심이었다. 일반백성은 계율로 묶어두고 왕과 지배층은 배를 타고 왕흥사에 와서 아름답고 장엄한 경치를 구경할 뿐이었으니 불국토와는 거리가 있는 것이다. 결국 홍법편은 불국토를 지향하는 본론의 첫 편으로 서론이면서 동시에 결론까지 제시하고 있다.

2. 삼국의 불교 전래

불교가 인도에서 중국으로 전래된 최초의 시기를 정확히 알 수는 없으나 전한(前漢) 때라는 것은 확실하다. 즉 한무제 시대에 장건의 서역 원정(기원전 139~126)으로 전한의 세력이 서역

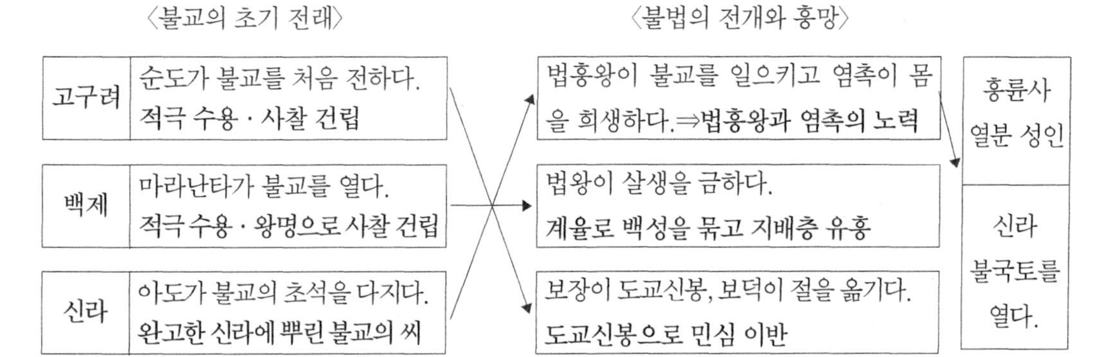

〈그림1〉 흥법편의 구성

전역에 미치면서 동시무역을 담당하는 상인에 의해 불교가 알려졌을 것이다. 또 『위지』에 인용된 『위략』의 「전한의 애제 원년(기원전 2)에 경로(景盧)가 대월씨국(大月氏國)의 이존(伊存)으로부터 『부도경(浮圖經)』에 대한 이야기를 직접 전해 들었다.」는 기록은 연대나 객관성, 시대적 배경을 고려할 때 사실일 가능성이 높다. 다만 그 사실이 중국불교의 초전(初傳)을 의미한다고 할 수 없고 단지 초전으로 알려진 후한 명제 영평 연간(58~75)이 초전이 아니라는 것을 알려준다.

이렇게 전달된 중국불교가 4세기 경에 우리나라로 전해진다. 『삼국사기』에, 고구려는 소수림왕 2년(372)에 순도가 전진의 왕 부견의 명으로 불경과 불상을 가져온 것이 우리나라 불교의 시작이며, 백제는 침류왕 원년(384)에 최초로 호승 마라난타가 동진으로부터 왔고, 신라는 눌지왕 때(417~458) 사문 묵호자가 고구려에서 신라 일선군에 왔다고 했다. 그러나 이것은 사서에 기록된 내용일 뿐이며 『양고승전』과 『해동고승전』에 의하면 동진의 고승 지림 도둔(314~366)이 고구려의 이름을 알 수 없는 도인에게 보낸 편지에서 축법심(竺法深)의 덕행을 칭찬하고 있다. 이것으로 보아 고구려에는 소수림왕 2년 이전부터 불도를 공부하려고 중국의 강남으로 유학한 승려가 있었던 것으로 생각된다. 따라서 소수림왕 2년에 들어온 불교는 국가 간의 공식적인 불교 전래일 뿐 실질적인 初傳이라고 볼 수는 없다.

이러한 불교의 전파 관계를 〈그림2〉에 나타냈다.

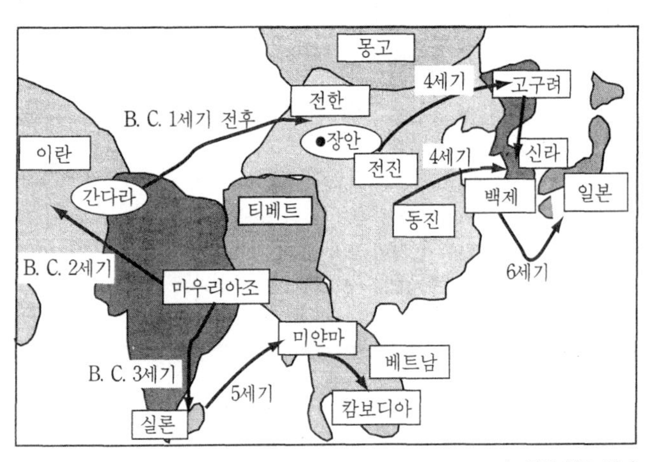

〈그림2〉 불교 전파

탑 상 제4

가섭불[1] 연좌석

– 가섭불이 좌선하던 돌 –

『옥룡집』[2]과 『자장전』 그리고 여러 사람들의 전기에 모두 다음과 같이 쓰여 있다.

「신라의 월성 동쪽 용궁의 남쪽에 가섭불이 좌선하던 돌이 있다. 이 터는 바로 석가모니 이전 시대의 절터인데 지금의 황룡사 자리이니, 곧 일곱 개의 절 중에서 하나이다.」

살펴보건대 『국사』[3]에는 「진흥왕이 왕위에 오른 지 14년 되는 개국[4] 3년 계유(553) 2월에 월성 동쪽[5]에 새로운 궁을 짓는데 그 터에 황룡이 나타났다. 왕이 이를 의아하게 여겨 궁을 고쳐서 황룡사로 만들었다.」고 했다. 연좌석은 불전[6]의 후면에 있다. 전에 한 번 본 일이 있는데 돌의 높이가 5~6자가량 되고 둘레는 겨우 3주[7]밖에 안 되니 깃대처럼 서 있고 그 위는 평평했다. 진흥왕이 절을 세운 이래 두 번이나 화재를 겪으니 돌이 갈라진 곳이 있어 절의 승려가 쇠를 붙여서 보호했다.[8]

찬미하는 시가 있는데 이러하다.

> 부처님의 빛 침체함이 아득하여 기억할 수 없는데,
> 오직 좌선하던 돌만이 의연히 남아 있네.
> 뽕밭은 몇 번인가 푸른 바다로 변했음에도
> 아아! 우뚝한 채 변함 없이 제자리에 서 있네.

1) 가섭불(迦葉佛) : 산스크리트어 Kāśyapa의 음역 가섭파(迦葉波)의 약칭. 석가불 이전의 여섯 부처 중 제6위의 부처로 현세인(現世人)의 수명이 2만세 때에 출세(出世)하여 깨달음〔正覺〕을 이룬 부처.
2) 옥룡집(玉龍集) : 우리나라의 고대 기록.
3) 국사(國史) : 『삼국사기』「신라본기」 진흥왕 14년 봄 2월 조의 내용.
4) 개국(開國) : 신라 진흥왕의 연호. 진흥왕 12년(551)부터 개국으로 연호를 고쳐 사용.
5) 월성 동쪽〔月城東〕 : 월성은 지금의 반월성을 포함하여 안압지와 그 북쪽도 월성의 영역이라는 것이 통설. 따라서 황룡사는 월성의 동쪽이 됨.
6) 불전(佛殿) : 탑상편 황룡사 장육 조 참조.

塔像※

※ : 第四 결락

迦葉佛 宴坐石

玉龍集及慈藏傳・與諸家傳紀皆云.

新羅月城東龍宮南. 有迦葉佛宴坐石. 其地卽前佛時伽藍之墟也. 今皇龍寺之地卽七伽藍之一也.

按國史. 眞興王卽位十四・開國三年癸酉二月. 築新宮於月城東. 有皇龍現其地. 王疑之. 改爲皇龍寺. 宴坐石在佛殿後面. 嘗一謁焉. 石之高可五六尺來・圍僅三肘. 幢立而平頂. 眞興創寺巳來. 再經災火. 石有拆裂處. 寺僧貼鐵爲護.

墟 : 터 허
謁 : 뵈올 알
僅 : 겨우 근
肘 : 팔꿈치 주
幢 : 깃대 당
巳 : 已의 오기
經 : 지날 경
拆 : 터질 탁
裂 : 터질 렬
貼 : 붙일 첩

乃有讚曰.

惠日沈輝不記年.

唯餘宴坐石依然.

桑田幾度成滄海.

可惜巍然尙未遷.

輝 : 빛날 휘
桑 : 뽕나무 상
幾 : 얼마 기
巍 : 높을 외
遷 : 옮길 천

7) 3주(三肘) : 주(肘)는 팔꿈치에서 촌구맥(팔목의 맥박을 재는 위치)까지의 거리로 약 한 뼘 정도의 길이. 둘레 세 뼘의 좌대는 가섭불이 좌선하기에는 너무 작아 肘의 길이를 한 아름으로 보는 견해도 있음.

8) 돌이 갈라진 곳이 있어 절의 승려가 쇠를 붙여서 보호했다. : 肘의 길이를 한 아름으로 했을 때 3주는 장육존상좌대의 둘레와 같으며, 또한 좌대에 갈라진 곳이 있으며 쇠를 붙여서 보호한 흔적이 있어서 장육존상이 안치되었던 좌대가 연좌석이라는 설도 있음.

장육존상좌대(연좌석이 열에 의해 터졌다면 이런 모습일까?)

얼마 후 몽고의 대대적인 침략[9]이 있은 후에 불전과 불탑이 모두 불타 버렸다. 이 돌 역시 흙에 파묻혀서 거의 지면과 같이 평평하게 되었다.

『아함경』[10]을 살펴보면 이런 글이 있다.

「가섭불은 바로 현겁[11]의 세 번째 부처로서 사람의 나이로 쳐서 2만 세 때 세상에 나타나셨다.」

이것에 의하여 증감법으로 계산하면 언제나 성겁의 시초에는 모두 한없는 수명을 누리다가 차차 수명이 감하여져 8만 세가 되면 주겁의 시초가 된다. 이때부터 1백 년마다 1세씩 감하여져 10세 될 때까지가 1감의 기간이 된다. 또 여기서부터 나이가 증가하여 사람의 나이 8만 세가 될 때까지의 기간이 1증이다. 이렇게 하여 20감하고 20증하는 기간이 1주겁이 된다. 이 1주겁 동안에 1천의 부처가 세상에 나타나셨는데 지금의 근본 되는 스승인 석가모니불은 네 번째 부처이다.

9) 몽고의 대대적인 침략〔西山大兵〕: 고려는 1231년에 처음 몽고의 공격을 받은 이래 수 차례에 걸쳐 침략을 받던 중 1238년(고종 25년)에 경주까지 함락당함. 이때 황룡사의 모든 것이 불타버림.

10) 아함경(阿含經): 산스크리트어 아아가마(āgama)의 음역으로 스승으로부터 제자에게 전해지고 계승된 것을 의미. 경(經)이란 불타가 설한 교법을 정리한 것으로 이들 경전을 집대성한 것이 경장(經藏)임. 경장은 초기에는 아래의 표와 같이 4아함(四阿含) 5부(五部)로 조직됨. 산스크리트어에서는 아아가마 대신 집합·모음을 의미하는 니카야(nikāya)라는 말이 사용됨.

〈4부 4아함의 분류와 특징〉

아함경의 분류		특 징
한 역(漢譯)	산스크리트어	
장아함경(長阿含經)	디가 니카야(Dīgha nikāya)	긴 경전을 모은 것
중아함경(中阿含經)	마지히마 니카야(Majjhima nikāya)	중간 정도의 경전을 모은 것
증일아함경(增一阿含經)	잉구타라 니카야(Aṅguttara nikāya)	法門을 순서에 따라 편집한 경전
잡아함경(雜阿含經)	상유타 니카야(Saṃyuta nikāya)	타 아함경에 속하지 않는 것을 모은 경

*불교의 부파 중에는 법구경(法句經) 등과 같은 제5의 경이 전해오는바 이를 합쳐 5부 4아함이라 하며, 이것은 대체로 기원전 2세기에 성립된 것으로 추정.

11) 현겁(賢劫): 4겁(四劫) 중 주겁(住劫)의 현재를 말함(69쪽의 도표 참조).

旣而西山大兵已後. 殿塔煨燼. 而此石亦夷沒. 而僅與地平矣.

已 : 已의 오기
煨 : 구울 외
燼 : 탄나머지 신
夷 : 멸할 이

按阿含經.

迦葉佛是賢劫第三尊也. 人壽二萬歲時. 出現於世.

據此以增減法計之. 每成劫初. 皆壽無量歲. 漸減至壽八萬歲時. 爲住劫之初. 自此又百年減一歲. 至壽十歲時爲一減. 又增至人壽八萬歲時爲一增. 如是二十減二十增爲一住劫. 此一住劫中. 有千佛出世. 今本師釋迦是第四尊也.

迦 : 부처이름 가
劫 : 무한시간 겁

*4겁(四劫)의 구성

성겁(成劫) : 24 중겁(中劫) 동안 천지 창조(중생들이 생활할 공간 성립)

주겁(住劫) : 중생[有情]이 사는 기간	
과 거 [莊嚴劫]	• 주겁의 시초 : 8만 4천세(무량세의 성겁에서 나이가 감하여짐.) 인간의 나이 1백 년에 1세씩 감소 • 1감겁(一減劫) 10세 (인간의 나이 839만 9천 세 경과) 인간의 나이 1백 년에 1세씩 증가 • 1증겁(一增劫) : 8만 4천세 ⋮ ⋮ • 9감겁(九減劫) : 구류손 · 불구나함모니불 · 가섭불 출세
현 재 [賢劫]	석가모니불 출세 • 9증겁(九增劫) • 10감겁(十減劫) 미륵불 출세
미 래 [星宿劫]	⋮ ⋮ 20감겁(二十減劫) : 사자불(獅子佛) 등 994불 출세 20증겁(二十增劫) : 누지불(樓至佛) 출세 *합계 1천불 출세

↓

괴겁(壞劫) : 20증감 동안 천지간의 모든 것이 업인(業因)에 따라 소멸

↓

공겁(空劫) : 20증감 동안 공허(空虛)한 무의 상태

4명의 부처는 모두 제9감 중에 나타나게 된다. 석가세존이 1백 세가 될 때부터 가섭불이 2만 세가 될 때까지는 이미 2백만여 세나 된다. 만약 현겁 시초의 첫째 부처인 구류손불[12] 때에 이르면 또 몇 만 세가 된다. 구류손불 때부터 위로 올라가 세상이 처음 생길 때의 무량수 시기까지는 또 얼마나 될 것인가. 석가세존으로부터 아래로 지금의 지원[13] 18년 신사(1281)까지가 이미 2230년이나 된다. 구류손불부터 가섭불 시기를 거쳐 지금까지 친다면 거의 몇 만 년이나 된다.

고려조의 이름 있는 선비인 오세문이 지은 『역대가』에 의하면 「금나라 정우[14] 7년 기묘(1219)로부터 거꾸로 거슬러 계산하여 4만 9,600여 년이 반고씨[15]가 천지를 개벽한 무인년이다.」라 하였다. 또 벼슬이 연희궁 녹사이던 김희녕이 지은 『태일역법』[16]에는 「개벽한 상원 갑자[17]로부터 원풍[18] 갑자(1084)까지가 193만 7,641세」라고 했다. 또 『찬고도』에서는 「천지 개벽한 때부터 획린[19] 때(B.C.477)까지는 276만 세」라 했다. 여러 경전을 보면 가섭불 때부터 지금까지를 바로 이 연좌석의 나이로 삼으나 오히려 겁초의 개벽한 때의 시간으로 봐서는 어린애 나이에 불과하다. 세 명의 천지개벽 설이 이 어린 돌의 나이에도 미치지 못하니 그들의 천지 개벽설은 소홀하기가 짝이 없다.

12) 구류손불(拘留孫佛) : 산스크리트어 Krakucchanda의 음역. 과거칠불 중 제4불이며, 주겁 1천불 중 제1불. 인간의 수 4만세 때 성불하고 제1회 설법에 4만 비구를 교화함.

13) 지원(至元) : 원나라 세조의 연호(1264~1294).

14) 정우(貞祐) : 금나라 선종(宣宗)의 연호(1213~1223).

15) 반고씨(盤古氏) : 중국에서 천지가 개벽할 때 처음으로 세상에 나왔다고 전하는 제왕.

16) 태일역법〔大一歷法〕 : 원문의 大一歷法은 太一曆法이란 의미인 듯하며, 太一이란 혼돈 상태에서 천지 창조의 원기를 뜻함. 태일역법은 역술가 또는 도참가가 태일에 가탁하여 만든 역법으로 추정.

17) 상원갑자(上元甲子) : 음양가들이 주장하는 것으로 개벽 후 제일 첫 번째 갑자.

18) 원풍(元豐) : 송나라 신종(神宗)의 연호(1078~1085).

19) 획린(獲麟) : 공자가 저술한 『춘추』 「公羊傳」에 기록된 내용. 노나라 애공 14년(B.C. 477)에 서쪽으로 사냥 나가 기린을 잡자〔獲麟〕 공자가 "나의 도가 이제 다 하였다"라는 구절을 이용하여 연대를 표시한 것.

천지를 개벽한 반고

四尊皆現於第九減中. 自釋尊百歲壽時. 至迦葉佛二萬歲時. 巳得二百萬餘歲. 若至賢劫初第一尊拘留孫佛時. 又幾萬歲也. 自拘留孫佛時. 上至劫初無量歲壽時. 又幾何也. 自釋尊下至于今至元十八年辛巳歲. 巳得二千二百三十矣. 自拘留孫佛. 歷迦葉佛時至于今. 則直幾萬歲也.

巳 : 已의 오기
巳 : 已의 오기

有本朝名士吳世文. 作歷代歌. 從大金貞祐七年巳卯. 逆數至四萬九千六百餘歲. 爲盤古開闢戊寅. 又延禧宮錄事金希寧所撰大一歷法. 自開闢上元甲子. 至元豊甲子. 一百九十三萬七千六百四十一歲. 又纂古圖云. 開闢至獲麟. 二百七十六萬歲. 按諸經. 且以迦葉佛時至于今. 爲此石之壽. 尙距於劫初開闢時爲兒子矣. 三家之說. 尙不及玆兒石之年. 其於開闢之說・踈之遠矣.

巳 : 已의 오기
闢 : 열 벽
禧 : 복(福) 희
撰 : 지을 찬
大 : 太의 오기인 듯
歷 : 曆의 오기 또는 異體字
纂 : 편찬할 찬
獲 : 잡을 획
麟 : 기린 린
玆 : 이 자
踈 : 疎(성길 소)의 異體字

가섭불 연좌석 조의 구성과 의미

가섭불 연좌석으로 유구한 역사를 가진 신라 불국토를 증명하다.	
가섭불 연좌석의 증명과 찬미	• 석가모니 이전의 부처인 가섭불이 신라에서 좌선 -『삼국유사』 집필 당시의 원나라의 침략에 대한 초월적・관념적 극복의 소산 ・ 원나라와 비교할 수 없는 문명국
가섭불의 출세 시기	• 불교의 세계관인 사겁(四劫)과 가섭불의 출세 시기의 유구함 - 2백만 년 전 황룡사에서 좌선한 가섭불로 신라 불국토의 유구함을 과시
불교개벽 사상의 유구함	• 유교 등 타 종교보다 불교세계관의 우수성 강조

요동성 육왕탑[1)]

– 요동성의 아육왕탑 –

『삼보감통록』[2)]에 다음과 같이 실려 있다.

「고구려의 요동성 옆에 있는 탑에 대해서 옛날 노인들이 다음과 같이 전했다. '옛날 고구려 동명성왕이 국경지방을 순행하다가 이 성에 도착했다. 이때 5색 구름이 땅을 덮고 있는 것을 보고, 가서 구름 속을 살펴보니 승려가 지팡이를 짚고 서 있는데 가까이 가면 홀연히 사라지고 멀리서 보면 다시 나타나곤 하였다. 옆에는 흙으로 쌓은 삼층탑이 있었는데 위는 가마솥을 덮은 것 같았으나 무엇인지는 알 수 없었다. 다시 가서 승려를 찾았으나 단지 풀만 황량하게 있었다. 땅을 한 길 파자 지팡이와 신이 나오고 또 땅을 파니 글자가 새겨진 명패가 나왔는데 그 위에는 고대 인도글자[3)]가 있었다. 시종 하던 신하가 그 글을 알아보고 말하기를 "이 글자는 '불탑' 이옵니다"라 했다. 왕이 자세히 물으니 답하기를 "한나라에 이것이 있었는데 그 이름을 포도왕[4)](본래는 휴도왕인데 하늘에 제사 지내는 부처[5)]이다.)이라 합니다"라 했다.

이로 인해 왕은 신앙심이 생겨 7층 목탑을 세웠다. 그 후 불법이 전해 와서야 비로소 그 전말을 자세히 알게 되었다. 근래 다시 탑 높이를 줄였으나 이 탑은 썩어서 무너져 버렸다. 아육왕이 통일한 염부제주[6)]에는 곳곳에 탑을 세웠으니 이는 괴이할 것이 없다.

또 당나라 용삭[7)] 연간(661~663)에 요수 오른쪽 지역에 전쟁이 있었다. 장군 설인귀[8)]가 수나라 양제가 침략한 요동의 옛 땅에 왔다가 산에서 불상을 보았다. 그 터는 텅 하니 비어 있고 매우 쓸쓸하여 사람의 왕래가 끊어져 있었다. 그곳 늙은이에게 물었더니 "이 불상은 선대에 나타난 그대로입니다"라 하자 그 불상을 그대로 그려 가지고 서울로 왔다'」(모두가 「약자함」[9)]에 있다.)

아소카 탑

1) 육왕탑(育王塔) : 육왕(育王) 즉 아육왕은 산스크리트어 Aśoka왕의 음역. 기원전 2세기 경에 전 인도를 통일하여 대제국을 세움. 아육은 부왕이 죽자 형을 죽이고 왕위에 올랐으며 원래 성질이 사납고 강폭하여 신하와 여자들을 쉽게 죽임. 그러나 전쟁에서 대살육을 목격한 후 어떤 승려의 설법을 듣고 불법에 귀의하여 8만 4천 개의 절과 보탑을 건립하는 등 널리 불교를 전파함.

遼東城 育王塔

三寶感通錄載.

高麗遼東城傍塔者. 古老傳云. 昔高麗聖王按行國界次. 至此城. 見五色雲覆地. 往尋雲中. 有僧執錫而立. 旣至便滅. 遠看還現. 傍有土塔三重. 上如覆釜. 不知是何. 更往覓僧. 唯有荒草. 掘尋一丈. 得杖幷履. 又掘得銘. 上有梵書. 侍臣識之. 云是佛塔. 王委曲問詰. 答曰. 漢國有之. 彼名蒲圖王.(本作休屠王祭天金人.)

因生信. 起木塔七重. 後佛法始至. 具知始末. 今更損高. 本塔朽壞. 育王所統一閻浮提洲. 處處立塔. 不足可怪.

又唐龍朔中. 有事遼左. 行軍薛仁貴. 行至隋主討遼古地. 乃見山像. 空曠蕭條絶於行往. 問古老. 云是先代所現. 便圖寫來京師.(具在若函.)

傍 : 곁 방
覆 : 덮을 부
尋 : 찾을 심
便 : 문득 변
覆 : 뒤집을 복
更 : 다시 갱
覓 : 찾을 멱
掘 : 팔 굴
履 : 신 리
銘 : 금석에새긴글 명
委 : 자세할 위
曲 : 곡절 곡
詰 : 물을 힐
蒲 : 부들 포
屠 : 죽일 도
重 : 거듭 중
損 : 낮출 손
朽 : 썩을 후
壞 : 무너질 괴
閻 : 땅이름 염
左 : 右의 오기
曠 : 빌 광
蕭 : 쓸쓸할 소
條 : 사무칠 조
蕭條 : 쓸쓸한 모양, 한적한 모양

2) 삼보감통록(三寶感通錄) : 당나라 도선(道宣 : 596~667)이 찬한 『집신집삼보감통록(集神集三寶感通錄)』을 가리킴.

3) 고대 인도글자[梵書] : 원문의 梵(범)은 브라만(Brahman)의 음역. 즉 범천(梵天 : 브라만)으로부터 받은 언어여서 범어(梵語)라 함. 기원전 4~5세기 경부터 사용된 언어.

4) 포도왕(蒲圖王) : 원문의 蒲圖王의 王 자는 뒷문장의 因生信 앞에 붙어 王因生信으로 해석할 수도 있음.

*포도(蒲圖)는 부도(浮屠)를 의미하며 浮圖 · 浮頭 · 佛圖 등으로 불리어지기도 함. 그 어원은 Buddha(불타) 또는 무덤을 뜻하는 Stupa 즉 탑파의 음역으로 추정. 불타가 부도이므로 불상 · 불탑 · 승려 등을 부도라고 불렀으나 지금은 승려를 화장한 후 사리를 모신 탑을 말함.

우리나라에서 가장 오래된 염거화상 부도

『서한서』[10]와 『삼국지』의 「지리지」를 살펴보면 「요동성은 압록강 밖에 있으며 한나라 유주에 속한다.」라 했다. 고구려의 성왕은 어떤 임금인지 알 수 없다. 혹은 동명성제라고 하는데 아닌 듯하다. 동명왕은 전한 원제 건소[11] 2년(B.C. 37)에 즉위하여 성제 홍가[12] 임인(B.C. 19)에 세상을 떠났다. 이때 한나라도 아직 불경[13]을 볼 수 없었는데 해외의 변방 신하로 어찌 벌써 인도어를 알아본단 말인가? 그러나 부처를 포도왕이라고 한 것을 보아서는 서한 때에도 필경 서역[14] 문자를 아는 자가 있어서 인도어라고 했을 것이다.

고전(古傳)을 살펴보면 「아육왕이 귀신의 무리들에게 명령하여 9억 명의 사람이 사는 곳마다 한 개의 탑을 세우도록 하였다. 이렇게 하여 8만 4천 개를 염부 경내에 세워서 큰 돌 속에 감추어 두었다.」고 했다. 지금 곳곳에 나타나는 상서로움이 한 둘이 아니니 대체로 진신사리는 그 감응을 헤아리기가 어려운 것이다.

다음과 같이 찬미한다.

아육왕의 보탑이 티끌 세상 곳곳에 세워져,
비에 젖고 구름에 묻히어 이끼마저 아롱졌네.
회상하노니 그 당시 길 가던 사람들의 눈길,
몇 사람이나 신령스런 탑 찾아 기도했을꼬.

염부수 나무

5) 부처〔金人〕: 원문의 金人(금인)은 '부처의 32길상 중 부처의 몸에서 금빛이 난다'에서 연유한 것으로 금인은 부처 또는 불상을 일컬음.
6) 염부제주(閻浮提洲) : 불교에서 말하는 4대주의 하나. 수미산의 남쪽에 있다는 섬으로 인간이 사는 곳 또는 인도를 말하기도 함. 염부제는 산스크리트어 Jambudvipa의 음역. 염부(閻浮)란 신칭섬부(新稱贍部)라 하는 나무 이름이며, 제(提)는 제비파(提鞞婆)의 약칭으로 의미는 주(洲)임. 이 주의 중심에 염부수의 숲이 있으므로 주의 이름이 됨. 따라서 염부제주는 염부제 또는 염부주라는 명칭이 적합할 것임.
7) 용삭(龍朔) : 당나라 고종의 연호(661~663).
8) 장군 설인귀〔行軍薛仁貴〕: 원문의 行軍은 행군대총관의 약칭일 것이며, 설인귀는 당 태종의 고구려 침입 때 종군한 무장.
9) 약자함〔若函〕: 대장경은 많은 경문을 모아 함 속에 넣어 보관하는데 함이 많으므로 함의 번호를 천자문의 글자 순으로 부여. 若(약)은 천자문의 283번째 글자.

按西漢與三國地理志. 遼東城在鴨綠之外. 屬漢幽州. 高麗聖王・未知何君. 或云東明聖帝. 疑非也. 東明以前漢元帝建昭二年卽位. 成帝鴻嘉壬寅升遐. 于時漢亦未見具葉. 何得海外陪臣巳能識梵書乎. 然稱佛爲蒲圖王. 似在西漢之時. 西域文字或有識之者. 故云梵書爾.

遐 : 멀 하
具 : 貝의 오기 또는 異體字
陪 : 신하 배
巳 : 已의 오기
瑞 : 상서 서

按古傳. 育王命鬼徒. 每於九億人居地立一塔. 如是起八萬四千於閻浮界內. 藏於巨石中. 今處處有現瑞非一. 蓋眞身舍利. 感應難思矣.

蘚 : 이끼 선
纈 : 맺을 힐
班 : 斑(얼룩질 반)의 오기 또는 異體字
眼 : 눈 안
墦 : 무덤 번

讚曰.

育王寶塔遍塵寰.

雨濕雲埋蘚纈班.

想像當年行路眼.

幾人指點祭神墦.

패다라 나무〔多羅樹〕

10) 서한서〔西漢〕: 원문의 西漢(서한)은 전한을 의미. 여기서 西漢(서한)은 『서한서』 즉 『한서』를 뜻함.
11) 건소(建昭) : 전한 원제(元帝)의 연호(B.C. 38~B.C. 32).
12) 홍가(鴻嘉) : 〃 〃 〃 (B.C. 20~B.C. 17).
13) 불경〔貝葉〕: 원문의 貝葉(패엽)은 산스크리트어 Pattra의 음역 패다라(貝多羅)에서 유래. 패(貝)는 소리를 내는 기구인 법라(法螺)로서 이를 불어 법사(法事)의 때를 알려 대중을 소집하는 것이나 여기서는 불법을 의미. 다라는 나무의 잎〔葉〕을 뜻함. 패엽은 고대인도에서 불경을 쓰는 다라의 나뭇잎으로 여기서는 불경을 의미.
14) 서역(西域) : 넓은 의미로는 중앙아시아와 인도지방을 말하며, 좁은 의미로는 신강지방을 가리킴. 여기서는 인도를 뜻함.

금관[1]성 파사석탑[2]

금관에 있는 호계사[3]의 파사석탑은 옛날 이 고을이 금관국이였을 때 시조 수로왕의 비이며 이름이 황옥인 허황후가 동한 건무[4] 24년 무신(48)에 서역의 아유타국에서 싣고 온 것이다. 처음에 공주가 부모의 명령을 받들어 바다를 건너 동쪽으로 향하다가 파도의 신에게 노여움을 사서 가지 못하고 돌아왔다. 아버지인 왕에게 그 까닭을 말씀드렸더니 부왕이 이 탑을 싣고 가라고 명했다. 이에 그것을 싣고 무사히 바다를 건너 남쪽 해안에 도착하여 배를 정박시켰다. 그 배는 붉은 돛과 붉은 깃발을 단 것이 주옥처럼 아름다웠기 때문에 지금 그곳을 주포라고 한다. 처음에 언덕 위에서 비단 바지를 벗었던 곳을 능현[5]이라 하고 붉은 깃발이 처음으로 들어간 해안을 기출변[6]이라 하였다.

수로왕이 그를 아내로 맞아서 함께 150여 년 간 나라를 다스렸지만 그 당시 이 땅에는 절을 세워 불법을 신봉하는 일이 없었다. 대체로 불교[7]가 아직까지 전래되지 않아 이곳 사람들이 믿지 않았던 것이다. 그래서 『가락국본기』[8]에도 절을 세웠다는 기록이 없다. 제8대 질지왕 2년 임진(452)이 되어서야 그곳에 절을 세웠다. 또 왕후사[9]를 창건하여(아도와 눌지왕 시대에 해당되니 법흥왕 이전의 일이다.) 지금까지 복을 빌고 있으며 겸해서 남쪽 왜구까지 진압하였다. 이러한 모든 것들은 『가락국본기』에 자세히 실려 있다.

1) 금관(金官) : 지금의 김해.
2) 파사석탑(婆娑石塔) : 김해시 구산동에 있는 파사석탑은 허황후가 아유타국에서 올 때 항해의 안전을 기원했던 것이므로 해상 활동이 많은 김해지방에 있어서는 항해 안전의 수호신적 존재로 신앙되었을 것임. 한국의 문인 이종기는 파사와 마조(媽祖)는 음이 서로 통하기 때문에 파사를 마조에 비정(比定)함. 중국 복주(福州)의 해안이나 대마도에서 항해 안전을 보호해 주는 여신이 마조이므로 호계사에 안치된 석탑이 항해자의 수호신이 된 것으로 추정

〈미시나〔三品〕, 『三國遺事考證』〉
3) 호계사(虎溪寺) : 김해의 호계천변에 있었던 사찰로 1873년에 폐사.

파사석탑

金官城 婆娑石塔

婆 : 할미 파
娑 : 춤출 사

金官虎溪寺婆娑石塔者. 昔此邑爲金官國時. 世祖首露王之妃・許皇后名黃玉. 以東漢建武二十四年甲申. 自西域阿踰陁國所載來. 初公主承二親之命. 泛海將指東. 阻波神之怒. 不克而還. 白父王. 父王命載玆塔. 乃獲利涉・來泊南涯. 有緋帆茜旗珠王之美. 今云主浦. 初解綾袴於岡上處曰綾峴. 茜旗初入海涯曰旗出邊.

首露王聘迎之. 同御國一百五十餘年. 然于時海東末有創寺奉法之事. 蓋像敎未至. 而土人不信伏. 故本記無創寺之文. 逮第八代銍知王二年壬辰. 置寺於其地. 又創王后寺. (在阿道訥祗王之世. 法興王之前.) 至今奉福焉. 兼以鎭南倭. 具見本國本記.

甲申 : 戊申의 오기
泛 : 뜰 범
阻 : 막힐 조
白 : 아뢸 백
涉 : 물건널 섭
泊 : 배정박할 박
涯 : 물가 애
緋 : 붉은빛 비
帆 : 돛대 범
茜 : 꼭두서니 천
旗 : 깃발 기
王 : 玉의 오기
綾 : 비단 릉
峴 : 고개 현
袴 : 바지 고
岡 : 산등성이 강
聘 : 장가들 빙
末 : 未의 오기
土 : 남자 사
伏 : 공경할 복
逮 : 미칠 체
銍 : 벼베는낫 질

4) 동한 건무(東漢建武) : 유방에 의해서 세워진 한나라를 前漢 또는 서쪽에 도읍〔長安〕이 있다 해서 西漢이라 하며, 왕망의 신나라 후 광무제에 의해 세워진 나라를 後漢 또는 동쪽에 도읍〔洛陽〕이 있다 해서 東漢이라 함. 건무는 후한〔東漢〕 광무제의 연호(25~55).
5) 능현(綾峴) : 지금의 부산 강서구 미음동 와룡마을의 태정고개로 추정. 〈김태식, 『미완의 문명 7백년 가야사』〉
6) 기출변(旗出邊) : 지금의 김해 동쪽 조만포 나루터로 추정. 〈김태식, 『미완의 문명 7백년 가야사』〉

능현으로 추정되는 태정고개

기출변으로 추정되는 조만포 나루터

탑은 사각형이며 5층으로 그 새겨진 조각이 매우 기묘하다. 돌은 희미한 붉은색 무늬가 있고 그 성질이 조금 무른데 이 지방에서 나는 것이 아니다.[10] 『본초』[11]에서 말하는 「닭벼슬의 피를 찍어서 시험했다.」[12]고 한 것이 바로 이것이다. 금관국을 또한 가락국이라 하니 자세한 것은 『가락국본기』에 실려 있다.

다음과 같이 찬미한다.

석탑[13] 실은 붉은 돛배 깃발도 가벼운데
거친 파도 잠자도록 신령님께 빌었네.
어찌 황옥만을 도와 해안에 닿았으리.
천 년을 남쪽 왜국 침략[14] 막고자 함일세.

수로왕 초상

허황후 초상

7) 불교〔像敎〕: 원문의 像敎(상교)는 불상(佛像)과 경교(經敎) 즉 경전(經典)으로 불교를 의미.
8) 가락국본기〔本紀〕: 가락국기를 가리킴.
9) 왕후사(王后寺) : 수로왕과 허황후가 혼례를 치른 2차 행궁. 즉 왕후사 터는 김해시 장유면 응달리 태정마을로 추정됨. 그곳에는 조선 후기 정조 연간에 임강사(臨江寺) 또는 태장사(苔長寺)라는 절이 있었음.
10) 탑은 사각형이며 5층으로……이 지방에서 나는 것이 아니다. : 유실되고 깨어지고 마모가 심해 탑 또는 탑의 부재로도 보여지지 않지만 자줏빛 도는 색깔이나 부드럽게 보이는 돌의 질감은 우리나라의 일반적인 석탑의 계보를 따르지 않음.
11) 본초(本草) : 후한(後漢) 때 저술된 『신농본초(神農本草)』를 말함. 약의 이름 365종을 상 · 중 · 하 3품(品)으로 분류했으며, 약중에서 초(草)류가 많기 때문에 『본초(本草)』라 함.
12) 닭벼슬의 피를 찍어서 시험했다 : 『본초강목』의 「파사석은 녹색에 반점이 있으며 갈면 유즙과 같이 되는 것을 으뜸으로 여긴다. 파사석의 진위(眞僞) 여부를 시험하는 데에는 돌을 갈아서 닭벼슬의 피를 찍어서 바르면 물이 되는 것이 진물(眞物)이다.……또 이것을 태우면 유황 냄새가 난다.」에서 인용.

塔方四面五層. 其彫鏤甚奇. 石微赤班色. 其質良脆. 非此方類也. 本草所云點雞冠血爲驗者是也. 金官國亦名駕洛國. 具載本記.

鏤 : 새길 루
班 : 斑(얼룩질 반)의 오기 또는 異體字
脆 : 연할 취

讚曰.

載厭緋帆茜旆輕.
乞靈遮莫海濤驚.
豈徒到岸扶黃玉.
千古南倭遏怒鯨.

厭 : 누를 엽
旆 : 깃발 패
遮 : 막을 차
濤 : 큰물결 도
徒 : 다만 도
遏 : 막을 알
鯨 : 고래 경

13) 석탑〔厭〕: 원문의 厭(엽)은 주술로 사람을 굴복시킨다는 뜻의 엽승(厭勝)의 의미. 여기서는 탑을 가리킴.
14) 침략〔怒鯨〕: 원문의 怒鯨(노경)은 경탄(鯨呑) · 경예(鯨鯢)와 같은 말로 작은 물고기를 삼키는 고래를 의미. 여기서 고래는 작은 나라를 삼키려는 침략자 즉 일본의 침략성을 뜻함.

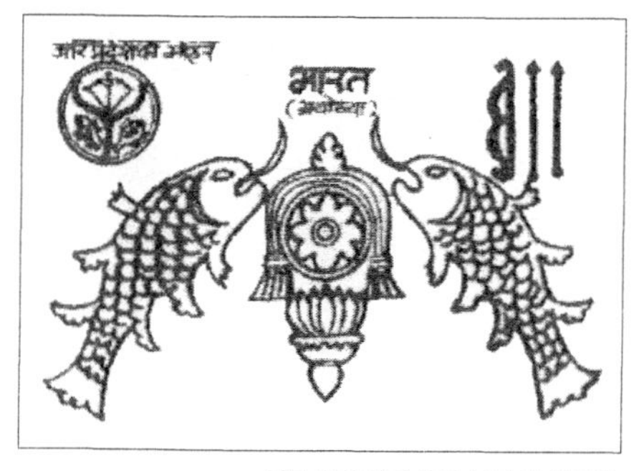
인도 아요디아시의 상징인 쌍어문

수로왕릉 정문에 있는 쌍어문(자료원 : 김태식, 『미완의 문명 7백년 가야사』)

고구려 영탑사

– 고구려의 영탑사 –

『승전』[1]에 기록되어 있기를

「승려 보덕의 자는 지법으로 예전 고구려 용강현[2] 사람이다.」

라고 했으니 자세한 것은 다음에 나올 『본전』에 나타나 있다. 그는 항상 평양성에 머물고 있었는데 암자의 노승이 와서 불경을 강의해 주기를 청했다. 보덕스님이 굳이 사양했으나 어쩔 수 없이 가서 『열반경』[3] 40여 권을 강의했다. 강의를 마치고 성의 서쪽 대보산 바위굴 밑에 와서 참선[4]하는데 신인(神人)이 와서 청하기를 "이곳에 머무르는 것이 좋겠습니다"라 했다. 그러고는 바로 지팡이를 앞에 놓고 땅을 가리키면서 말하기를 "이 땅속에 8면으로 된 7층 석탑이 있을 것이오"라 하므로 땅을 파보니 과연 그러했다. 이로 인해 절을 세워 영탑사라 부르고 여기에서 살았다.

1) 승전(僧傳) : 『해동고승전』을 지칭한 것이나 현재 일부 남아 있는 『해동고승전』에는 보덕의 기록이 없음.
2) 용강현(龍岡縣) : 지금의 평안남도 용강군.
3) 열반경(涅槃經) : 대승적인 열반경에는 대체로 다음 표와 같이 3종으로 분류됨. 보덕이 강의한 열반경 40권은 담무참(曇無讖)이 번역한 대반열반경(大般涅槃經)임.

열 반 경 종 류	번 역 자	대반열반경 40권의 주요 교리
대반열반경(大般涅槃經) 40권	담무참(曇無讖)	• 佛身常住 無有變易 • 一切衆生 悉有佛性 • 諸佛法界 諸佛甚深禪定 常樂我淨
대반니원경(大盤泥洹經) 6권	법현(法顯)	
〃 〃 20권	지맹(智猛)	

4) 참선〔禪觀〕 : 원문의 禪觀(선관)은 좌선(坐禪)하여 진리를 관념(觀念)하는 것으로 여기서는 참선을 의미.

高麗 靈塔寺

僧傳云. 釋普德字智法. 前高麗龍岡縣人也. 詳見下本傳. 常居平壤城. 有山方老僧. 來請講經. 師固辭不免. 赴講涅槃經四十餘卷. 罷席・至城西大寶山嵓穴下禪觀. 有神人來請. 宜住此地. 乃置錫杖於前. 指其地曰. 此下有八面七級石塔. 掘之果然. 因立精舍. 曰靈塔寺. 以居之.

岡 : 언덕 강
免 : 피할 면
方 : 房의 오기
赴 : 다다를 부
嵓 : 바위 암
涅槃(열반) : 범어 Nirvana의 음역
錫 : 주석 석
掘 : 팔 굴

열반경(涅槃經) 개요

1. 경전의 의미와 종류

1-1. 열반경(涅槃經) 의 의미

- 정식 이름은 대반열반경(大般涅槃經)으로 산스크리트어 Mahã-parinirvãṇa-sũtra에서 Mahã는 大의 뜻이며, parinirvãṇa는 반열반으로 음사되며, sũtra는 經을 의미.
- parinirvãṇa에서 **pari**(파리)는 **완전**이라는 뜻이며, **nir**(니르)는 **부정사**이며, **vãṇa**(바나)는 **불다**의 뜻이므로 **니르바나**는 **불어서 끄다**의 의미. 즉 타오르던 번뇌의 불꽃이 완전히 꺼지고 없어졌음을 나타낸 것으로 **멸(滅)** · **적(寂)** · **적멸(寂滅)** 등으로 번역. 이것은 고요한 깨달음의 경지를 나타낸 것임.

1-2. 소승(小乘)과 대승(大乘) 열반경

- **소승열반경** : 석가모니불의 입멸 전후에 걸친 행적(行蹟)으로 석존이 병이 들어 최후의 설법을 한 후 입적과 대중들의 비탄 및 사리8분(舍利八分) 등에 대한 기록.
- **대승열반경** : 석가모니불의 入寂을 소재로 하면서 죽음과 영원에 대한 철학적 의미부여. 즉 부처의 본질은 상주불멸(常住不滅)의 法身이며, 80세에 죽음을 맞이한 것은 인간 석가가 죽은 것이 아니라 법신으로 돌아감을 해설. 이 법신은 중생 모두에게도 존재하여 중생의 成佛을 가능하게 하는 佛性으로 작용한다는 것이 열반경의 중심주제.

1-3. 대표적인 한역 열반경

소승(小乘) 열반경	대승(大乘) 열반경
· 불반니원경(佛般泥洹經) : 西晋의 白法祖 번역 · 대반열반경(大般涅槃經) : 東晋의 法顯 번역	· 불설방등반니원경(佛說方等般泥洹經) : 축법호 번역 · 대반니원경(大般泥洹經) : 法顯 번역 · 대반열반경(大般涅槃經) : 유송(劉宋)의 慧嚴 번역 · 대반열반경(大般涅槃經) : 북량(北凉)의 담무참(曇無讖) 번역

* parinirvãṇa(파리니르바나)는 般泥洹(반니원)으로 음사되기도 함.

2. 대승열반경의 주요 내용

임종 직전의 석가모니불은 쿠시나가라 사라쌍수 아래에서 순타가 공양을 바치자 운집한 제자·신자 앞에서 열반과 죽음 그리고 영원한 존재에 대한 최후의 설법을 시작.

2-1. 죽음과 열반 → 방편과 깨달음

- **석가모니불의 죽음** : 중생들로 하여금 죽음으로 모든 것이 무상(無常)하다는 것을 보여 세상에 대한 집착을 버리고 정진하게 하려는 **방편**으로서의 죽음.
- **열반** : 깨달음의 세계로 **유여열반**(有餘涅槃)과 영원의 **무여열반**(無餘涅槃)이 있음.
  - **유여열반**(有餘涅槃) : 중생을 위해 **應身·化身**으로 드러내는 것.
  - **무여열반**(無餘涅槃) : 生死에 자유자재한 근본 즉 法身으로 돌아가는 것.

2-2. 열반의 세계 → 法身·佛性

- **生死의 相關** : 생에 집착하거나 죽음에 빠지는 것과 같은 한쪽을 선택하는 것이 아니라 생사를 함께 버리고 이를 초월하는 곳에 깨달음의 세계 즉 열반의 세계가 있음.
- **열반세계의 특성** → 三德(법신·반야·해탈)과 四德(常·樂·我·淨)이 충족된 세계.
  - **三德**의 **법신**은 영원한 진리의 몸을, **반야**는 생사를 해명하는 지혜를, **해탈**은 생사의 초월을 뜻함.
  - **四德**의 **常**은 **常住**로 영원한 法身의 세계를, **樂**이란 **행복**으로 열반을 뜻하며, **我**는 존재로 **佛**의 뜻이며, **淨**은 **순수·청정**으로 영원한 세계인 法을 규정한 것.

  *常·無常, 樂·不樂, **我·無我**, 淨·不淨의 대립을 초월한 곳이 영원한 세계[涅槃]임. **我·無我**를 예로 들면 **我**는 아집·아욕·我相을 뜻하며, **無我**는 아집·아욕·아상을 초월하는 것이나, 석가가 **無我**를 주장하는 것은 범부들의 **我**에 대한 집착을 깨기 위한 것이며, **佛性**으로서의 **我**는 **我·無我**를 초월하는 無分別의 세계임. 常·無常, 樂·不樂, 淨·不淨도 대립을 초월한 무분별의 세계.

- **佛性** : 깨달음의 성질이 우리[我] 안에 간직되어 있는 것으로 **我·無我**를 초월한 것이 불성.

  *붓다는 우주의 영원한 진리[法]를 깨달아 그것과 하나[如]가 되고[如去], 그것을 몸으로

하고 있는 사람[法身]이어서, 거기[眞理]에서 이 세상에 나왔다[如來]는 뜻. 붓다와 동일한 의미로 사용되는 如來는 우주의 진리와 일체가 된 사람이 진리의 세계에서 현실세계로 나와 진리에 입각해서 중생들을 구제하는 것을 뜻함. 그러므로 석가는 본래부터 영원한 우주의 진리와 일체인 붓다[法身]로서 중생을 구제하기 위해 이 세상에 생사의 모습[化身 · 應身]을 나타낸 것이며, 구제의 방편으로 열반[法身]으로 돌아가는 것임.

2-3. 열반의 세계와 인간의 세계 → 죽음의 극복을 통한 영원으로의 회귀

● **中道佛性** : 범부는 현실의 거짓 즉 아름답다 · 추하다, 선하다 · 악하다, 산다 · 죽는다 등의 분별현상[假]에 집착하여 假가 연기[空]라는 것을 알지 못함. 그 때문에 萬法이 평등하다는 空이 강조되었으나 이번에는 성문 · 연각승이 空에 집착하여 假(현실세계)를 망각하게 되자 대승이 일어나 假 속으로 들어감. 그러나 대승도 假에 깊이 빠져들면 空을 망각하게 되므로 假에 있어서도 空을 망각하지 않는다는 中 즉 中道가 강조됨. 『열반경』「사자후보살품」에 「中道는 生死를 깬다. 그러기에 中이라 한다. 이런 뜻에서 中道의 法을 佛이라 한다. 佛이란 곧 涅槃이다. 그러므로 佛性은 常 · 樂 · 我 · 淨이라 한다.」고 설함.

● **죽음과 영원의 생명** : 현실에 집착하는 범부[生生 → 不死]가 깨달음을 얻고자 不生에 집착하여 허무공견(虛無空見)에 빠져[生不生 → 死] 不生의 도리를 망각한 끝에 원래의 범부로 돌아와 生과 死의 집착을 초월한 것이 진정한 영원인 대열반[不生不死]임. 즉 不生不滅의 영원이 인간세상에 가득 차 있다는 것으로 생사의 문제로 고뇌하는 인간을 不生不滅의 열반으로 인도하기 위해 『열반경』은 어떻게 살아야 영원의 세계로 들어갈 수 있는가에 대해서 설함.

2-4. 涅槃을 위한 보살행 → 방편에 의한 佛性 啓發

● **佛性의 發心과 啓發** : 일체의 중생은 불성이 있으나 이를 실증하기 위해서는 붓다의 가르침을 믿고 부단히 수행해야 함.

● **미래지향** : 업(業)은 본래 행위라는 의미인데, 숙명론 즉 현재의 삶은 전생의 業의 결과이므로 어떻게 할 수 없다는 것처럼 이해되기도 하지만, 불교에서 業의 진정한 의미는 현실에서 방편을 다하여 과거의 業을 끊어버리고 현실을 타개하여 영원하고 참된 행복

을 추구하는 미래지향적인 데 있음. 또 현세에서 善한 공덕을 쌓아도 불행하고 악한 공덕을 쌓아도 행복한 것은 그 결과가 미래일 수도 있으며, 행·불행은 개인적인 행·불행이 아닌 사회전체의 행·불행인 公業일 수도 있기 때문임.

● **방편에 의한 보살행** : 『열반경』「영아행품」에서 마음의 크기가 어린애 같은 사람에 대해 어른처럼 꾸짖지 않고 그 사람의 입장에서 귀 기울이라고 설했듯이 차별적인 인간계에 방편의 대기(對機)설법이 필요.

- 「성행품」에서 「인연에 따라 계를 깨뜨릴 수도 있다.」고 했으며, 「금강신품」에서는 「정법을 지키기 위해서는 무기를 써도 좋다. 그것은 계율에 위배되지 않는다.」라 했듯이 방편을 통해 열반의 세계로 인도.
- 성불하지 못할 흉악한 인간상으로 자주 등장하는 **일천제**(一闡提)에 대해서도 「범행품」에서 「부모가 자식의 죽음을 슬퍼해서 죽음을 같이 하려는 것과 같이 보살도 일천제가 지옥에 떨어지는 것을 보면 역시 지옥에 함께 태어나고자 원한다.」고 한 것을 보면 일천제는 성불하지 못한다고 설하는 것도 교화하기 위한 방편이었을 것임.

쌍림열반상(雙林涅槃相) : 통도사

황룡사[1] 장육[2]

– 황룡사의 장육부처 –

신라 제24대 진흥왕이 왕위에 오른 지 14년 되는 계유(553) 2월에 용궁 남쪽에 장차 궁궐을 지으려 하는데 황룡이 그 터에 나타나자 그만 고쳐서 절을 만들어 황룡사라 불렀다. 기축년(569)이 되어서 주위에 담을 쌓으니 17년만에 완공한 것이다.

얼마 후 남쪽 바다로부터 큰 배 한 척이 와서 하곡현의 사포[3](지금의 울주 곡포[4]이다.)에 정박했다. 이 배를 조사해보니 첩문이 있었는데 거기에 쓰여 있기를 「인도[5] 아육왕이 황철 5만 7천 근과 황금 3만 푼[6](다른 책에는 철 4십만 7천 근, 금이 1천 냥이라고 했으나 잘못인 듯하다. 혹 3만 7천 근이라고도 한다)을 모아 장차 석가삼존상[7]을 주조하려다 이루지 못하고 배에 실어 바다에 띄우면서 축원하기를 '부디 인연 있는 나라에 가서 장육의 존귀한 모습을 이루소서'라 하였다.」고 하였다. 아울러 부처상 하나와 보살상 둘의 견본도 함께 실려 있었다.

1) 황룡사(皇龍寺) : 皇은 黃(황)과 뜻이 동일. 『시경』 국풍편의 「之子于歸 皇駁其馬(아내가 시집을 왔는데 누런 말 갈색 말이 수레 끌었었지.)의 注에 黃白曰皇(黃白은 皇이다.)」

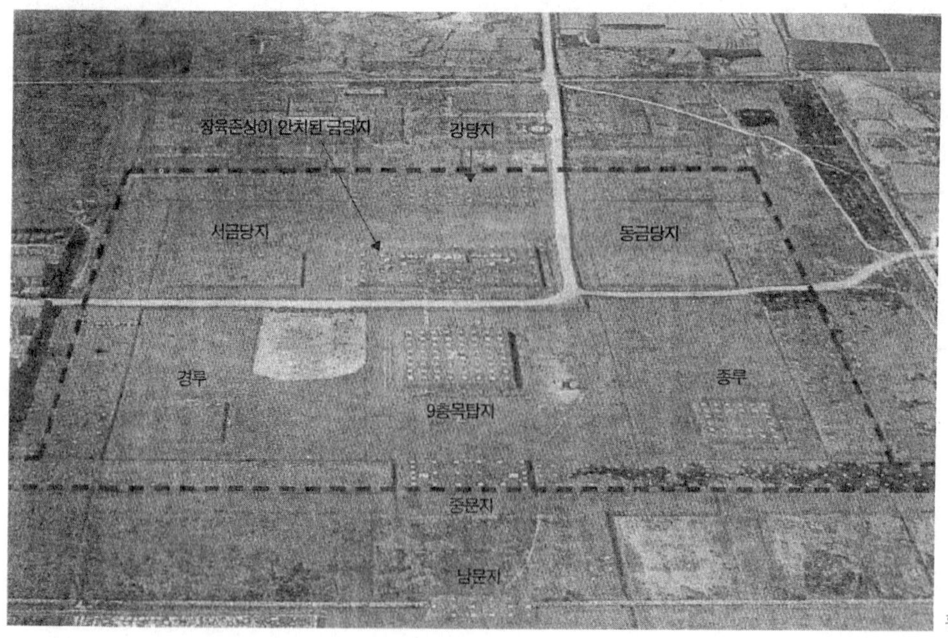

황룡사지

皇龍寺 丈六

新羅第二十四眞興王卽位十四年癸酉二月. 將築紫宮於龍宮南. 有黃龍現其地. 乃改置爲佛寺. 号黃龍寺. 至巳丑年. 周圍墻宇. 至十七年方畢.

未幾. 海南有一巨舫. 來泊於河曲縣之絲浦.(今蔚州谷浦也.). 撿看有牒文云. 西竺阿育王. 聚黃鐵五萬七千斤·黃金三萬分.(別傳云. 鐵四十万七千斤. 金一千兩. 恐誤. 或云三万七千斤.) 將鑄釋迦三尊像. 未就. 載舡泛海而祝曰. 願到有緣國土. 成丈六尊容. 幷載摸樣一佛二菩薩像.

紫 : 天帝사는곳 자
巳 : 己의 오기
墻 : 담장 장
畢 : 끝낼 필
舫 : 배 방
泊 : 배머무를 박
絲 : 실 사
撿 : 조사할 검
牒 : 서찰 첩
竺 : 竺의 異體字
鑄 : 쇳물부어만들 주
摸 : 본뜰 모
樣 : 본보기 양

2) 장육(丈六) : 장육부처를 줄여서 장육(1장 6척)이라 했으며 1장(10자) 6척(6자), 즉 16자의 높이는 학설에 따라 3.1~4.7m로 차이가 있음. 한량없이 크다는 의미로도 사용.
3) 하곡현의 사포〔河曲縣之絲浦〕: 지금의 울산시 합포(合浦) 즉 현대조선이 위치한 미포.
4) 곡포(谷浦) : 谷과 絲의 우리말이 실이어서 사포를 곡포로 한 듯함.
5) 인도〔西竺〕: 원문의 西竺(서축)은 서역의 천축 즉 인도를 가리킴.
6) 황철 5만 7천 근과 황금 3만 푼〔黃鐵五萬七千斤·黃金三萬分〕: 실제의 무게.

*주(周)·한(漢)나라의 형량(衡量) 단위

구분	푼(分)	수(銖)	량(兩)	근(斤)	균(鈞)	석(石)
관계	수수〔粟〕 12알 무게	12푼(分)	24수(銖)	16량(兩)	30근(斤)	4균(鈞)
무게(g)	0.1	1.1	13.6	218.0	6,540	26,160

〈박홍수, 『중국 상고 때 도량형제도에 관하여』〉

*위의 표를 기준으로 할 경우
- 황철 5만 7천 근의 무게 : 12.4 톤
- 황금 3만 푼의 무게 : 3kg

7) 석가삼존상(釋迦三尊像) : 중앙에 석가모니부처를 모시고 좌협시에 문수보살을, 우협시에 보현보살을 안치한 것을 석가삼존상이라 함. 협시보살은 중앙에 모신 부처의 덕성을 상징적인 입장에서 더욱 드러내기 위함. 즉 문수보살은 부처의 지혜를, 보현보살은 부처님의 행원(行願)을 상징.

석가삼존상 대좌

고을의 관리가 모든 것을 글로 써서 왕에게 보고하니 왕이 칙사를 보내 그 고을의 성 동쪽에 높고 밝은 땅[8]을 골라 동축사[9]를 세우고 세 불상을 모셔 안치했다. 금과 철은 서울로 실어 가 태건[10] 6년 갑오(574) 3월(『사중기』에는 계사년(573) 10월 17일이라고 했다.)에 장육존상의 주조가 단 한 번에 이루어졌다. 무게가 3만 5,007근으로 여기에 황금이 1만 198푼이 들었고 두 보살은 철 1만 2천 근, 황금 1만 136푼이 들었다. 황룡사에 모시자 이듬해 불상에서 눈물이 발뒤꿈치까지 흘러 땅이 한 자나 젖었으니 대왕이 세상을 떠날 징조였다. 더러는 말하기를 불상이 이루어진 것은 진평왕 시대라고 하나 틀린 것이다.

다른 책에는 다음과 같이 쓰여 있다.

「아육왕이 인도 대향화국[11]에서 석가가 입멸한 후 1백 년만에 태어났다. 그는 석가모니에게 공양하지 못한 것을 한스럽게 여겨 금과 철을 조금 모아 세 번이나 부처의 상을 주조하였으나 성공하지 못했다. 이때 왕의 태자가 홀로 이 일에 참여하지 않으므로 왕이 그를 힐책하자 태자가 말씀드리기를 "혼자 힘에 의해 될 일이 아니므로 벌써 저는 안 될 줄 알았사옵니다"라 했다. 왕이 그 말을 옳게 여겨 즉시 그것을 배에 실어 바다에 띄워 남염부제[12] 16개의 큰 나라와 5백의 중간 크기의 나라와 1만의 작은 나라, 8만이나 되는 촌락[13]을 두루 돌아다니지 아니한 곳이 없었으나 모두 성공하지 못했다. 마지막으로 신라국에 도착하여 진흥왕이 문잉림[14]에서 주조하여 불상을 완성하니 좋은 모습이 다 갖추어졌다. 이로써 아육왕의 근심은 없어지게 되었다.[15]

8) 높고 밝은 땅〔爽塏〕: 원문의 爽塏(상개)는 고조(高燥)란 뜻으로 높고 밝은 땅이란 의미.
9) 동축사(東竺寺) : 지금의 울산시 방어진 남목 초등학교 부근에 있는 절로 진흥왕 34년(573)에 처음 세움. 서축(西竺)에 대한 동축으로 절 이름을 지은 듯하며, 이는 신라가 인도와 대등한 문화를 보유했다는 뜻으로 신라불국토를 상징.
10) 태건〔大建〕: 중국 남조 진(陳)나라 선제(宣帝)의 연호(569~582).
11) 대향화국(大香華國) : 향화는 불교를 상징하는 듯하며, 아소카 왕의 실제 나라 이름은 기원전 317년에 성립된 마우리아왕조임.

지금의 동축사

縣吏具狀上聞. 勑使卜其縣之城東爽塏之地. 創東竺寺. 邀安其三尊. 輸其金鐵於京師. 以大建六年甲午三月.(寺中記云. 癸巳十月十七日.) 鑄成丈六尊像. 一鼓而就. 重三萬五千七斤. 入黃金一萬一百九十八分. 二菩薩入鐵一萬二千斤. 黃金一萬一百三十六分. 安於皇龍寺. 明年像淚流至蹱. 沃地一尺. 大王升遐之兆. 或云像成在眞平之世者謬也.

別本云.

阿育王在西竺大香華國. 生佛後一百年間. 恨不得供養眞身. 歛化金鐵若干斤. 三度鑄成無功. 時王之大子獨不預斯事. 王使詰之. 大子奏云. 獨力非功. 曾知不就. 王然之. 乃載舡泛海. 南閻浮提十六大國・五百中國・十千小國・八萬聚落. 靡不周旋. 皆鑄不成. 最後到新羅國. 眞興王鑄之於文仍林. 像成. 相好畢備. 阿育此飜無憂.

狀 : 문서 장
卜 : 가릴 복
爽 : 밝을 상
塏 : 높고밝은땅 개
爽塏 : 높아서앞이확트인 땅
竺 : 竺의 異體字
邀 : 맞을 요
大 : 太의 오기
鼓 : 북 고
一鼓 : 진군할 때 처음에 북을 한 번 친다는 말
蹱 : 어린애걸을 종
蹱 : 踵(발뒤꿈치 종)의 오기
沃 : 물댈 옥
遐 : 멀 하
謬 : 그릇될 류
竺 : 竺의 異體字
歛 : 바랄 감
大 : 太의 오기
預 : 참여할 예
大 : 太의 오기
詰 : 꾸짖을 힐
曾 : 일찍 증
靡 : 없을 미
旋 : 돌아다닐 선
飜 : 뒤칠 번

12) 남염부제(南閻浮提) : 수미산 남방에 있는 대륙. 수미산을 중심으로 인간세계를 동서남북의 4주(州)로 나누며, 이때 남쪽대륙을 남염부제 또는 염부제라 함.
13) 5백의 중간 크기의 나라와 1만의 작은 나라, 8만이나 되는 촌락 : 이러한 나라가 실제로 있었던 것이 아니라 불경에 의미 있게 실려 있는 숫자를 인용해서 붙인 것임.
14) 문잉림(文仍林) : 신유림(神遊林)이나 천경림(天鏡林)처럼 전통신앙의 성소로 추정.
15) 아육왕의 근심은 없어지게 되었다.〔阿育此飜無憂〕: 아육은 산스크리트어 Aśoka의 음역 아수가(阿輸伽)에서 유래한 말로, 그 의미는 무우(無憂) 즉 근심이 없음을 뜻함.

동축사 삼층석탑

그 후에 대덕[16] 자장이 중국에 유학하여 오대산[17]에 갔더니 문수보살[18]이 감응하여 현신[19]해 비결을 주었다. 그리고 부탁하여 말하기를 "너희 나라의 황룡사는 바로 석가와 가섭불이 강연하시던 곳으로 연좌석이 아직도 거기에 있다. 이 때문에 인도의 아육왕이 황철을 조금 모아 바다에 띄워서 1천 3백 년이 지난 후에 그것이 너희 나라에 닿아 불상이 이루어지고 그 절에 모시게 되었으니 대개 부처님의 위엄과 인연으로 그렇게 된 것이다"라 했다.(별기에 기록된 것과 꼭 같다.) 불상이 완성된 후에 동축사의 삼존불상도 이 절로 옮겨 모셨다.」

절 기록에는 다음과 같이 쓰여 있다.

「진평왕 6년 갑진(584)에 금당이 세워졌다. 선덕왕 시대에 이 절의 초대 주지는 진골 환희사였고 제2대 주지는 자장국통이다. 그 다음은 국통 혜훈이며 그 다음은 상률사이다.」

지금은 몽고가 침략한 이래 큰 불상과 두 보살상은 모두 불에 녹아 없어지고 작은 석가상만이 여기에 남아 있을 뿐이다.

다음과 같이 찬미한다.

이 세상 어느 곳인들 참고향 아니랴만,
부처님 모실 인연 우리나라가 으뜸일세.
그것은 아육왕이 착수하기 어려웠던 것이 아니라,
월성 옛터를 찾아오느라 그랬던 것일세.

16) 대덕(大德) : 산스크리트어 Bhadanta(婆檀陀 : 파단타)의 음역. 본래 부처를 일컫던 말인데 뒤에 사문(沙門)의 존칭으로 됨. 고려 때는 승과에 급제하면 주어졌던 승려의 직명.
17) 오대산(五臺山) : 중국 산서성(山西省) 오대현(五臺縣)의 동북쪽에 있는 산. 불경에 문수보살이 인도의 동북쪽에 있다 하여 중국의 동북쪽에 있는 오대산이 문수보살의 성지로 믿어지게 됨.
18) 문수보살〔文殊〕 : 문수는 산스크리트어 Manjuśri의 음역 문수사리(文殊師利)의 약칭. 석가모니불의 왼쪽(오른쪽은 보현보살)에 협시하며 지혜를 상징. 바른 손에는 지혜의 칼을 들고 있기도 하며, 왼손에는 지혜를 뜻하는 청련화(青蓮花)를 쥐고 있음. 사자를 타고 있는 것은 위엄과 용맹을 나타낸 것.
19) 문수보살이 감응하여 현신〔感文殊現身〕 : 진리에 대한 각성과 자비의 체험을 형상화한 것. 진리를 깨우친 사람이라면 변화 응신한 불 · 보살의 실체도 꿰뚫어 볼 수 있다는 의미.

後大德慈藏西學到五臺山. 感文殊現身 授訣. 仍囑云. 汝國皇龍寺. 乃釋迦與迦葉佛講演之地. 宴坐石猶在. 故天竺無憂王. 聚黃鐵若干斤泛海. 歷一千三百餘年. 然後乃到而國. 成安其寺. 蓋威緣使然也.(与別記所載符同.) 像成後. 東竺寺三尊亦移安寺中.

囑 : 부탁할 촉
仍 : 인할 잉
猶 : 지금도역시 유
竺 : 竺의 異體字
而 : 爾의 오기 또는 異體字
符 : 부합할 부
竺 : 竺의 異體字

寺記云.

眞平五年甲辰. 金堂造成. 善德王代. 寺初主眞骨歡喜師. 第二主慈藏國統. 次國統惠訓. 次廂律師云.

今兵火巳來. 大像與二菩薩皆融沒. 而小釋迦猶存焉.

五 : 六의 오기
廂 : 행랑 상
巳 : 已의 오기
塵 : 속세 진
匪 : 아닐 비
舊 : 옛 구

讚曰.

塵方何處匪眞鄕.
香火因緣最我邦.
不是育王難下手.
月城來訪舊行藏.

문수보살

황룡사 9층탑

신라 제27대 선덕왕이 왕위에 오른 지 5년 되는 정관 10년 병신(636)에 자장법사가 중국에 유학 가서 바로 오대산에서 감응하여 문수보살로부터 불법을 전수 받았다.(자세한 것은 『본전』[1]에 실려 있다.) 문수보살이 또 말하기를 "너희 나라 왕은 바로 인도의 크샤트리아 계층[2]의 왕족으로서 이미 불기(佛記)[3]를 받았기 때문에 특별한 인연이 있으므로 동쪽의 오랑캐나 공공[4]의 족속과는 다르다. 그러나 산천이 험하기 때문에 사람들의 성격이 거칠고 사나우며 많은 사람들이 미신을 믿어서 이따금 천신이 화를 내린다. 하지만 다문비구[5]가 나라 안에 있기 때문에 임금과 신하들이 매우 편안하고 모든 백성들도 평화롭다"고 하였다. 말을 마치자 보이지 않으니 자장은 이것이 바로 보살의 화신임을 알고 감격의 눈물을 흘리며 물러나왔다.

자장이 중국 태화지[6] 옆을 지나는데 홀연히 신인이 나와 묻기를 "어찌하여 이곳에 왔소?" 라 했다. 자장이 대답하기를 "깨달음[7]을 구하려고 왔습니다"라 하자 신인이 그에게 절하며 다시 묻기를 "그대의 나라에 무슨 어려운 일이 있소?"라 하니 자장이 말하기를 "저의 나라는 북쪽으로는 말갈에 닿아 있으며 남쪽으로는 왜나라 사람들과 접해 있고 고구려와 백제 두 나라가 번갈아 국경을 침범하여 이웃나라 적들이 함부로 날뛰니 이것이 백성들의 걱정입니다"라 했다. 신인이 말하기를 "그대의 나라는 여자를 왕으로 삼았기 때문에 덕은 있으나 위엄이 없소. 그래서 이웃 나라가 침략을 도모하는 것이니 속히 본국으로 돌아가야 할 것이오"라 했다.

자장이 묻기를 "본국으로 돌아가 무엇을 해야 이익이 되겠습니까?"라 하니 신인(神人)이 말하기를 "황룡사의 불법을 옹호하는 용이 나의 맏아들로 범천왕[8]의 명령을 받고 가서 이 절을 보호하고 있소. 본국에 돌아가 절 안에 9층 탑을 세우면 이웃 나라들은 항복할 것이고 9한이 와서 조공할 것이며 왕위가 길이 편안할 것이오. 탑을 세운 후에는 팔관회[9]를 열고 죄인들을 용서하여 석방하여 주면 외국의 적들이 침해할 수 없을 것이요. 또 나를 위해 서울 부근 지방의 남쪽 언덕에 절 한 채를 지어 내 복을 빌면 나 역시 그 은덕에 보답하겠소" 하고 말을 마치자 드디어 옥을 받들어 바치고 홀연히 사라져 보이지 않았다.(절 기록에는 종남산[10] 원향선사의 처소에서 탑을 세워야 하는 이유를 들었다고 했다.)

1) 본전(本傳) : 『삼국유사』 의해편 자장정률 조를 지칭하는 듯함.
2) 크샤트리아 계층(刹利種) : 원문의 刹利(찰리)는 산스크리트어 Kṣatriya의 음역인 찰제리의 약칭으로 인도의 4개의 계급 중 두 번째로 왕족 또는 무사계급.

皇龍寺 九層塔

新羅第二十七善德王卽位五年. 貞觀十年丙申. 慈藏法師西學. 乃於五臺感文殊授法.(詳見本傳.) 文殊又云. 汝國王是天竺刹利種王. 預受佛記. 故別有因緣. 不同東夷共工之族. 然以山川崎嶮. 故人性麤悖. 多信邪見. 而時或天神降禍. 然有多聞比丘・在於國中. 是以君臣安泰・萬庶和平矣. 言巳不現. 藏知是大聖變化. 泣血而退.

竺 : 竺의 異體字
刹 : 절 찰
預 : 미리 예
崎 : 산길험할 기
嶮 : 험준할 험
麤 : 거칠 추
悖 : 어그러질 패
巳 : 已의 오기

經由中國大和池邊. 忽有神人出問. 胡爲至此. 藏答曰. 求菩提故. 神人禮拜. 又問. 汝國有何留難. 藏曰我國北連靺鞨. 南接倭人. 麗濟二國. 迭犯封陲. 隣寇縱橫. 是爲民梗. 神人云. 今汝國以女爲王. 有德而無威. 故隣國謀之. 宜速歸本國.

大 : 太의 오기
胡 : 어찌 호
迭 : 번갈아 질
封 : 지경 봉
陲 : 변방 수
寇 : 도둑 구
梗 : 근심 경

藏問歸鄕將何爲利益乎. 神曰. 皇龍寺護法龍. 是吾長子. 受梵王之命. 來護是寺. 歸本國成九層塔於寺中. 隣國降伏. 九韓來貢. 王祚永安矣. 建塔之後. 設八關會・赦罪人. 則外賊不能爲害. 更爲我於京畿南岸 置一精廬. 共資予福. 予亦報之德矣. 言已遂奉王而獻之. 忽隱不現(寺中記云. 於終南山圓香禪師處. 受建塔因由.).

祚 : 복 조
廬 : 거처할 려
共 : 공경 공
資 : 의뢰할 자
王 : 玉의 오기 또는 略體字

3) 불기(佛記) : 불기에는 현기(懸記)와 기별(記別)의 두 가지가 있는데 현기는 부처가 미래의 일을 예언한 것이며, 기별은 부처가 제자의 신상에 따라 미래의 과보를 분별하는 것.
4) 공공(共工) : 공공은 순(舜)나라 시대에 4흉(四凶)의 하나인 동이(東夷)로 야만의 뜻.

정관 17년 계묘(643) 16일에 자장법사는 당나라 황제가 준 불경 · 불상 · 승려가 입는 옷 · 비단 등을 가지고 본국으로 돌아와 임금에게 탑 세울 일을 말씀드렸다. 선덕왕이 여러 신하들과 의논하니 신하들이 말하기를 "백제에 기술자들을 청한 후에만 비로소 세울 수가 있을 것입니다"라 했다. 이에 보물과 비단을 가지고 백제로 가서 기술자를 청했다. 아비지라는 기술자가 명을 받고 와서 재목과 돌을 다듬고[11] 벼슬이 이간인 용춘(용수라고 도 한다.)[12]이 일을 주관[13]하여 하급 기술자 2백 명을 통솔하였다. 처음에 절의 기둥을 세우던 날 아비지는 꿈에 본국인 백제가 멸망하는 것을 보고서는 의심이 생겨 공사를 정지하였다. 그러자 갑자기 대지가 진동하면서 컴컴해지는 가운데 노승 한 사람과 장사 한 사람이 금전문으로부터 나와 바로 그 기둥을 세우고 승려와 장사는 모두 사라져 없어져 버렸다. 아비지는 이를 뉘우치고 그 탑을 완성했다.

찰주기(刹柱記)[14]에는 이렇게 적혀 있다.

「철로 된 기반 위의 높이가 42자이고 그 밑의 높이가 183자[15]이다.」

5) 다문비구(多聞比丘) : 법문을 많이 들어 박학(博學)한 비구.
6) 태화지(太和池) : 의해편 자장정률 조 참조.
7) 깨달음〔菩提 : 보리〕 : 원문의 菩提〔보리〕는 산스크리트어 Bodhi의 음역. 道 또는 覺으로 무상지혜(無上智慧) · 정각무상(正覺無上)을 의미.
8) 범천왕〔梵王〕 : 원문의 梵王(범왕)은 산스크리트어 Brahma의 음역. 불교에서 제석(帝釋)과 함께 정법을 수호하는 신이며, 항상 부처님의 오른편에서 부처님을 모시면서 손에 흰 拂子를 들고 있음.
9) 팔관회(八關會) : 관(關)은 금지한다는 뜻으로 팔관회란 여덟 가지 금해야 할 계율. 속인(俗人)이 하루 밤낮 동안 지켜야 할 계율로 이와 연관된 불교의식.
10) 종남산(終南山) : 당나라 수도 장안에서 남쪽으로 20km에 있는 산.
11) 다듬고〔經營〕 : 원문의 經營(경영)은 건축의 의미. 『시경』 대아편에 「經始靈臺 經之營之(영대를 이룩하기 시작하여 재고 짓고 하시니)」
12) 용춘(용수라고 도 한다.) : 여기서는 용춘과 용수를 동일 인물로 보았으나 김대문의 『화랑세기』 필사본에 의하면 용춘과 용수는 형제간임.
13) 주관〔幹蠱〕 : 원문 幹蠱(간고)의 원래 뜻은 잘못을 바로잡는다는 의미이나 여기서는 주관한다는 뜻. 『주역』 계사편에 「幹父之蠱 意承考也(아버지의 잘못을 바로잡는다라는 뜻은 그 돌아가신 아버지를 이어받는다는 것이다.)」
14) 찰주기(刹柱記) : 찰주는 탑의 중심에 세워지는 기둥. 황룡사 찰주석 밑에 있던 찰주기는 1960년대에 도굴범에 의해 세상에 알려지게 됨. 이 찰주기는 경문왕 12년(872)에 황룡사를 중창하면서 금동사리함의 안팎에 74행 700여 자를 새겼음. 찬자는 박거물(朴居勿)이고 글쓴이는 요극일(姚克一)임. 내용은 9층목탑의 창건에 관한 기사를 적은 것으로 자장의 창건 연기, 탑의 규모, 건립 의의와 중수에 관한 사항이 기록됨.

貞觀十七年癸卯十六日. 將唐帝所賜·經像袈裟幣帛而還國. 以建塔之事聞於上. 善德王議於群臣. 群臣曰. 請工匠於百濟. 然後方可. 乃以寶帛請於百濟. 匠名阿非知. 受命而來. 經營木石. 伊于龍春(一作龍樹.)幹蠱. 率小匠二百人. 初立刹拄之日. 匠夢本國百濟滅亡之狀. 匠乃心疑停手. 忽大地震動. 晦冥之中. 有一老僧一壯士. 自金殿門出. 乃立其拄. 僧與壯士皆隱不現. 匠於是改悔. 畢成其塔.

刹柱記云.

鐵盤巳上高四十二尺·巳下一百八十三尺.

幣 : 비단 폐
帛 : 비단 백
匠 : 직공 장
于 : 干의 오기
幹 : 주관할 간
蠱 : 일 고
拄 : 柱의 오기 또는 異體字
拄 : 버틸 주
柱 : 기둥 주
匠 : 장인 장
晦 : 어두울 회
冥 : 어두울 명
拄 : 柱의 오기 또는 異體字
悔 : 후회할 회
巳 : 已의 오기

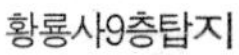

황룡사9층탑지

찰주석

찰주석 밑에서 발견된 금동사리 외함

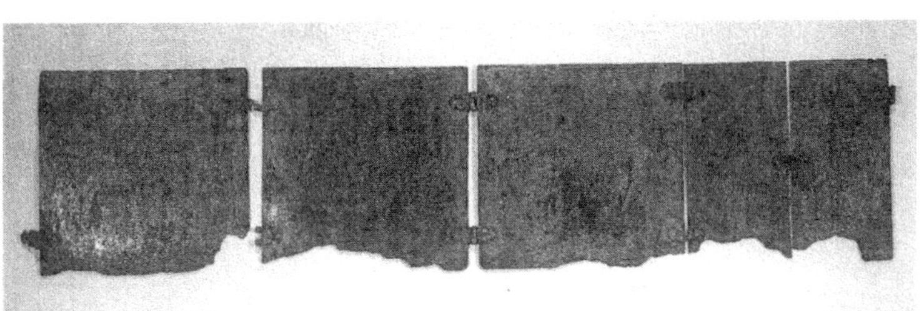

금동사리함 안팎에 기록된 찰주본기

15) 철로 된 기반 위의 높이가 42자이고 그 밑의 높이가 183자 : 총 225자의 높이는 학설에 따라 최대 79.9m, 최소 43.7m임.

자장이 오대산에서 받은 사리 1백 알을 이 탑의 찰주 속과 통도사 계단[16] 및 태화사 탑[17]에 나누어 모셨으니 이로써 지룡의 청에 부응한 것이다.(태화사는 아곡현 남쪽에 있으니 지금의 울주인데 역시 자장법사가 세웠다.)

탑을 세운 후에 천지가 비로소 태평하고 삼한이 통일되었으니 어찌 탑의 영험이 아니겠는가. 그 후에 고려왕이 장차 신라를 치려고 하다가 말하기를 "신라에는 세 가지 보물이 있어서 침범할 수 없다고 하는데 이는 무엇을 말하는 것인가?"라 했다. 황룡사 장육존불과 9층탑 그리고 진평왕의 천사옥대라 하자 할 수 없이 그 계획을 중지하였다. 주나라에는 9정[18]이 있어 초나라 사람들이 북방을 감히 넘보지 못했다고 하니 이와 같은 것이다.

다음과 같이 찬미한다.

귀신의 도움으로 서울에 우뚝 서니
휘황한 금벽[19] 처마 날아갈 듯하여라.
여기에 올라 어찌 9한의 항복만 보랴.
천하가 유달리 태평한 것을 비로소 깨닫겠네.

또 우리나라의 이름난 학자인 안홍[20]이 지은 『동도성립기』[21]에 다음과 같은 기록이 있다.

「신라 제27대는 여왕을 임금으로 삼으니 비록 도(道)는 갖추었으나 위엄이 없어 9한이 침략하게 되었다. 만일 용궁 남쪽에 있는 황룡사에 9층탑을 건립하면 이웃 나라가 침략하는 재앙을 진압할 수 있을 것이니, 제1층은 일본, 제2층은 중화, 제3층은 오월, 제4층은 탐라, 제5층은 응유,[22] 제6층은 말갈, 제7층은 단국,[23] 제8층은 여적,[24] 제9층은 예맥이다.」

태화사십이지상부도

16) 통도사 계단(通度寺戒壇) : 의해편 자장정률 조 참조.
17) 태화사(太和寺) : 울산시 학성동에 있었던 절. 울산시 학성공원에는 태화사십이지상부도가 남아 있음.

慈藏以五臺所授舍利百粒. 分安於拄中. 幷通度寺戒壇·及大和寺塔. 以副池龍之請.(大和寺在阿曲縣南. 今蔚州. 亦藏師所創也.)樹塔之後. 天地開泰. 三韓爲一. 豈非塔之靈蔭乎. 後高麗王將謀伐羅. 乃曰新羅有三寶. 不可犯也. 何謂也. 皇龍丈六·幷九層塔·與眞平王天賜玉帶. 遂寢其謀. 周有九鼎. 楚人不敢北窺. 此之類也.

粒 : 쌀알 립
拄 : 柱의 오기 또는 異體字
大 : 太의 오기
副 : 알맞을 부
大 : 太의 오기
蔭 : 그늘 음
寢 : 그칠 침
窺 : 엿볼 규

讚曰.

鬼拱神扶壓帝京.
輝煌金碧動飛甍.
登臨何啻九韓伏.
始覺乾坤特地平.

又海東名賢安弘撰東都成立記云.

新羅第二十七代. 女王爲主. 雖有道無威. 九韓侵勞. 若龍宮南皇龍寺建九層塔. 則隣國之災可鎭. 第一層日本. 第二層中華. 第三層吳越. 第四層托羅. 第五層鷹遊. 第六層靺鞨. 第七層丹國. 第八層女狄. 第九層穢貊.

拱 : 손맞잡을 공
扶 : 도울 부
壓 : 누를 압
輝 : 빛날 휘
煌 : 빛날 황
碧 : 푸를 벽
甍 : 대마루 맹
啻 : 다만~뿐아니라 시
托 : 밀 탁
鷹 : 매 응
狄 : 북녘오랑캐 적

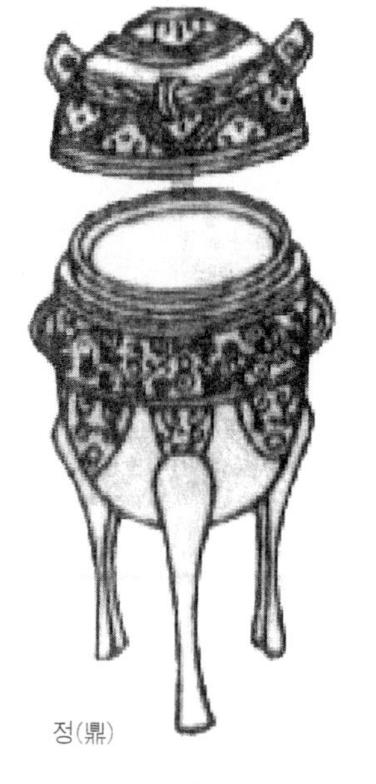
정(鼎)

18) 9정(九鼎) : 중국 하(夏)나라 우왕(禹王) 때 9주의 쇠를 모아 9주(州)를 상징하는 9개의 솥을 만든 뒤, 9개의 솥 각각에 각 주의 여러 가지 물건의 그림을 그려 넣어 그 지방의 공물과 세금을 걷는 데 편리하게 함. 은나라 탕(湯)왕은 이것을 상읍(商邑)으로 옮겼고, 주(周)나라 무왕은 이것을 낙읍(洛邑)에 옮겼으니 그 후 나라로 전해 내려오는 중요한 보물이 됨.
19) 금벽(金碧) : 금색과 청색으로 화려한 색채를 의미.

또 『국사』[25]와 절의 옛 기록에 다음과 같은 기록이 있다.

「진흥왕 계유(553)에 절을 세운 뒤 선덕왕 대인 정관 19년 을사(645)에 탑이 처음으로 완성되었다. 32대 효소왕이 왕위에 오른 지 7년 되는 성력[26] 원년 무술(698) 6월에 벼락을 맞았다.(절에서 내려오는 옛 기록에는 성덕왕 때라고 했으나 잘못이다. 성덕왕 때는 무술년이 없다.) 제33대 성덕왕 대인 경신(720)에 중수하여 완성시켰고 제48대 경문왕 대인 무자(868) 6월에 두 번째 벼락을 맞자 그 임금 때에 세 번째 중수를 하였다. 고려 광종이 왕위에 오른 지 5년 되는 계축(953) 10월에 세 번째 벼락을 맞고 현종 12년 신유(1021)에 네 번째 중수하여 완공시켰다. 또 정종 2년 을해(1035)에 네 번째 벼락을 맞았는데 다시 문종 갑진(1064)에 다섯 번째로 중수했고, 또 헌종 말년인 을해(1095)에 다섯 번째 벼락을 맞고 숙종 병자(1096)에 여섯 번째 중수했다. 다시 고종 25년 무술(1238) 겨울에 몽고의 침략으로 탑과 장육존상 및 절의 전각들이 모두 불탔다.」

20)~24) : 기이편 마한 조 참조.
25) 국사(國史) : 『삼국사기』.
26) 성력(聖曆) : 중국 당나라 측천무후의 연호(698~699).

황룡사 장육 · 황룡사 9층탑 조의 구성과 의미

1. 황룡사 창건의 의의

신라 왕경에 수많았던 사찰들 중에서 가장 중요한 절인 황룡사는 신라사를 이해하는 데 절대적인 위치를 차지한다. 왜냐하면 황룡사의 창건은 삼국 중 후진성을 면치 못하였던 신라가 비약적인 발전을 하게 된 진흥왕대에 시작하여 통일 직전의 선덕왕 대에 걸쳐 모든 국력을 들여 건립한 사찰일 뿐 아니라 그 건립 과정에 투영된 신라인들의 사상이 다양하게 반영되었기 때문이다.

황룡사의 창건연기(創建緣起)와 그 경영에서 투영된 사상은 크게 세 가지로 나눌 수 있다. 첫째는 신라문화가 뛰어나다는 것을 강조하는 것이다. 석가모니가 태어나기도 전에 가섭불이 이 절터에서 좌선을 했다던가 아육왕도 이루지 못한 장육존상을 만들었다는 것은 신라인의 우월한 문

又按國史及寺中古記.

眞興王癸酉創寺後. 善德王代・貞觀十九年乙巳. 塔初成. 三十二孝昭王卽位七年・聖曆元年戊戌六月霹靂. (寺中古記云. 聖德王代. 誤也. 聖德王代無戊戌.) 第三十三聖德王代庚申歲重成. 四十八景文王代戊子六月. 第二霹靂. 同代第三重修. 至本朝光宗卽位五年癸丑十月. 第三霹靂. 現宗十三年辛酉. 第四重成. 又靖宗二年乙亥. 第四霹靂. 又文宗甲辰年. 第五重成. 又憲宗末年乙亥. 第五霹靂. 肅宗丙子. 第六重成. 又高宗十六年戊戌冬月. 西山兵火. 塔寺丈六殿宇皆災.

霹 : 벼락 벽
靂 : 벼락 력
現 : 顯의 오기
三 : 二의 오기
靖 : 다스릴 정
憲 : 獻의 오기
十六 : 二五의 오기
災 : 재앙 재

화의식의 표출로 볼 수 있다. 물론 이 사상은 『삼국유사』가 쓰여질 당시 몽고 침략에 대한 정신적 극복을 위한 것일 수 있다. 즉 신라의 전통을 이어받은 고려의 문화는 야만족인 몽고에 비할 바가 아니며, 중국은 물론 인도보다도 불연(佛緣)이 깊다는 대단한 자부심을 나타낸 것이다.

둘째는 불교와 토착신앙과의 융합이다. 『삼국유사』 전편에 흐르고 있는 것은 사상의 통합이다. 황룡사 창건 부분에서도 고유의 재래신앙과 불교의 융합이 두드러지게 나타난다. 이를테면 왕궁을 지으려다 황룡이 나타나 황룡사를 지었다던가 신라인들은 미신을 믿어 천신이 화를 내나 다문비구가 있어 모두들 편안하다고 하는 것은 토착신앙과 불교의 융합을 의미하는 것이다.

셋째는 정치집단 간 대립관계의 극복을 들 수 있다. 즉 여자인 덕만이 선덕왕으로 즉위하자 백제와 고구려가 빈번히 침략해 오고, 당태종은 선덕여왕 등극에 대한 문제를 제기했다. 이리하여 위기의식이 높아진 신라인들은 그 모든 원인이 여왕의 권위 부족에 기인한 것이라 생각했을 것이다. 이에 자장을 비롯한 여왕의 측근들은 황룡사9층탑이라는 대형 건축물을 지어 선덕왕은 비록 여자이나 남성 이상의 능력이 있다는 것을 보여주어 왕권을 강화하여 정치집단 간 대립관계를 극복할 필요가 있었을 것이다.

불교에서 통합의 원리를 제시하는 것은 화엄사상이다. 화엄을 한마디로 요약한다면 일체(一體)・일심(一心)이다. 즉 화엄만다라는 중심에 있는 대일여래에서 주변의 불・보살로 전개된 후 다시 대일여래 하나로 통합된다. 대일여래는 석가모니불로 대치할 수 있으니 찰리종인 석가모니불과 불기를 받은 찰리종 선덕여왕은 동일하게 된다. 따라서 화엄만다라의 정점인 국왕을 중심으로 샤먼을 포함한 모든 사상이 포용되며, 헐벗은 민중과 귀족뿐만 아니라 9한까지도 포용된다. 이러한 화엄사상에 의한 가람배치를 보여준 것이 황룡사이다.

2. 황룡사 장육 · 황룡사 9층탑 조의 구성과 의의

● 황룡사 및 장육존불 건립

창건가람 진흥왕 14년(553)~진흥왕 30년(569)	→	중건 가람 진흥왕 35년(574)~진평왕 6년(584)
신궁을 지으려할 때 황룡이 나타나 황룡사로 고쳐 짓다.		아육왕이 바다에 띄운 황철로 어느 나라도 만들지 못한 장육존상을 만들다.
• 불교 수용을 통한 왕권의 강화 왕즉룡(王卽龍) → 왕즉불(王卽佛) - 황룡의 출현 : 종래의 용신앙(龍信仰)이 불교의 호법룡신앙(護法龍信仰)으로 승화		• 세계사적 입장에서 신라불교문화의 우월성 강조 • 진흥왕의 불교홍포(佛敎弘布)가 아육왕의 불교홍포를 능가

● 황룡사 9층탑 건립 사상(최종 가람 : 선덕여왕 14년인 645년)

불교와 토착신앙과의 대립	국내외 정치집단 간 대립
• 문수보살이 자장에게 말하기를 - 너희 나라 왕은 佛記를 받아서 동쪽의 오랑캐와는 다르다. → 신라는 불교를 수용하여 높은 문화의식을 지녔다는 의미 - 불교가 도입되었으나 많은 사람들이 미신을 믿어서 이따금 천신이 화를 내린다.→ 불교와 토착신앙과의 대립	• 태화지의 神人이 자장에게 말하기를 - 신라는 여왕이어서 덕은 있으나 위엄이 없다. → 선덕여왕의 권위 부족으로 고구려 · 백제 · 왜 등의 주변국 침략 및 반정 세력 등장

↓

화엄사상에 의한 9층탑 건립으로 사상 및 정치세력 통합

↓

사상의 통합 (一心)	정치세력 통합(一體)
• 천신이 자장에게 말하기를 "황룡사의 호법룡은 나의 맏아들이다" → 호법룡은 재래의 용신앙을 수용한 불교 형태의 용이나 아직 양자 간의 대립 상존 • 9층탑 건립으로 화엄만다라의 완성 - 화엄만다라 : 個와 全, 般若와 方便, 理想과 現實의 통일 → 토착신앙과 불교의 통합 - 만다라의 중심인 국왕을 정점으로 각 계층에의 무한한 전개 후 다시 하나로 통일	• 왕실의 권위와 국력 과시 → 정치집단 간 대립 관계 극복 - 황룡사 건립으로 남자 이상의 능력 보유 - 여자이기 때문에 위엄이 없다는 국내외 여론 무마 • 9층탑 건립 후 귀족 측의 합리주의를 왕실 측의 신비주의적 체계로 수용 → 왕권강화 • 황룡사에 9층탑을 건립하면 일본 · 중국 등 9나라의 침해를 막을 수 있다. → 화엄사상 수용으로 九韓을 누를 만한 문화능력을 지니고 있음을 표현

3. 황룡사의 창건 · 중건 · 최종 가람 배치도

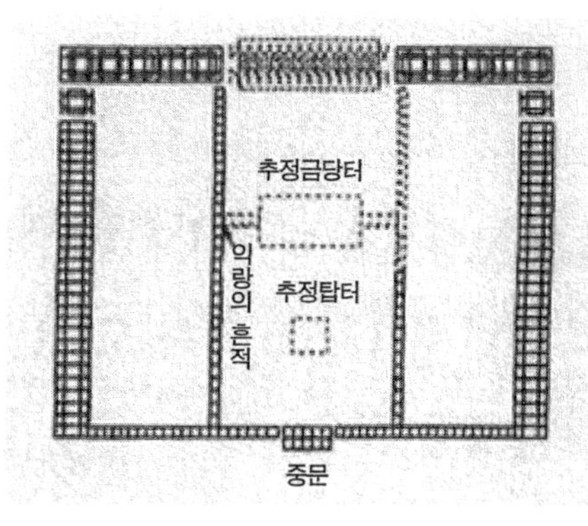

창건가람 배치도

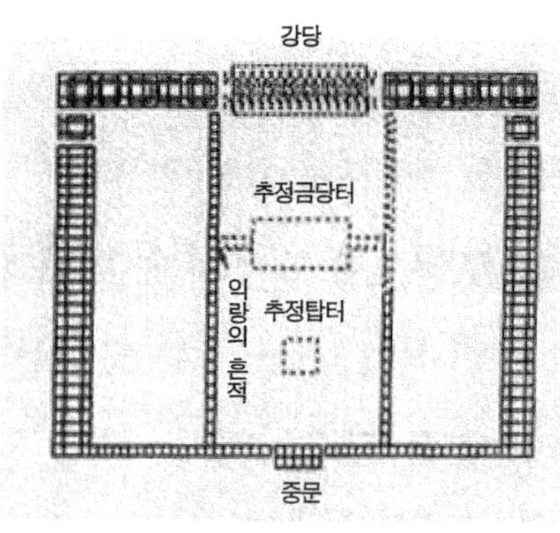

중건가람 배치도

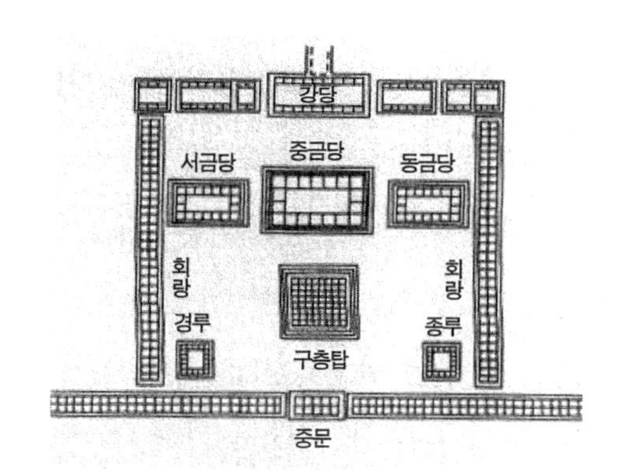

최종가람 배치도

황룡사 복원 모형도

황룡사종 분황사약사[1] 봉덕사종

– 황룡사종과 분황사의 약사여래상과 봉덕사종 –

신라 제35대 경덕대왕이 천보[2] 13년 갑오(754)에 황룡사종을 주조했다. 길이가 1장 3치이며 두께는 9치이고 무게가 49만 7,581근[3]이었다. 시주한 분은 효정이왕 삼모부인[4]이며 종을 만든 기술자는 이상택 노복[5]이었다. 당나라 숙종[6] 때에 다시 새로운 종을 만드니 길이가 6자 8치였다. 또 이듬해 을미(755)에 분황사의 약사여래동상을 주조했는데 무게가 30만 6,700근이었다. 만든 기술자는 본피부의 강고내말[7]이었다.

또 황동 12만 근[8]을 희사하여 돌아가신 아버지인 성덕왕을 위해 커다란 종 한 개를 만들려다가 성취하지 못하고 세상을 뜨니 그의 아들 혜공대왕 건운[9]이 대력[10] 경술(770) 12월에 관리에게 명하여 기술자들을 모아서 기어이 완성하여 봉덕사에 안치했다. 이 절은 바로 효성왕이 개원[11] 26년인 무인(738)에 그의 돌아가신 아버지인 성덕대왕의 명복을 빌기 위해 세운 것이다. 그 때문에 종에 새기기를 「성덕대왕신종지명(聖德大王神鍾之銘)」이라 했다.(성덕대왕은 바로 경덕대왕의 돌아가신 아버지 홍광대왕이다. 종은 본래 경덕대왕이 그의 아버지를 위해서 시주한 금이므로 성덕대왕종이라고 한 것이다.)

조산대부 겸 태자사의랑 한림랑 김필해가 임금의 명령을 받들어 종의 글을 지었는데 글이 번거로워 여기에 기록하지 않는다.

조선조 때 만들어진 분황사 약사여래

1) 약사(藥師) : 약사유리광여래(藥師瑠璃光如來)의 약칭. 서방의 극락세계인 아미타와 유사한 개념인 동방정유리국(東方淨瑠璃國)의 교주(敎主). 일체의 중생을 구하겠다는 12서원(誓願)을 발하여 모든 중생의 질병을 치료하고 수명을 연장하며, 불행을 없애고, 의복 · 음식 등을 충족시켜주며, 깨달음[無上菩堤]을 얻게 해줌. 형상은 큰 연꽃 위에 서 있으며 왼손에 약병을 들고 오른손으로 시무외인을 함. 또는 오른손을 들고 왼손을 내리는 모습도 있음.

2) 천보(天寶) : 당나라 현종(玄宗 : 712~755)의 연호(742~755).

3) 49만 7,581근[重四十九万七千五百八十一斤] : 1근을 218g으로 추정하면 약 108.5 Ton.

皇龍寺鍾　芬皇寺藥師　奉德寺鍾

新羅第三十五景德大王．以天寶十三甲午．鑄皇龍寺鍾．長一丈三寸．厚九寸・入重四十九万七千五百八十一斤．施主孝貞伊王三毛夫人．匠人里上宅下典．肅宗朝重成新鍾．長六尺八寸．又明年乙未．鑄芬皇藥師銅像．重三十万六千七百斤．匠人本彼部强古乃末．

芬 : 향기 분
施 : 베풀 시

又捨黃銅一十二万斤．爲先考聖德王．欲鑄巨鍾一口．未就而崩．其子惠恭大王乾運．以大曆庚戌十二月．命有司鳩工徒．乃克成之．安於奉德寺．寺乃孝成王開元二十六年戊寅・爲先考聖德大王奉福所創也．故鍾銘曰．聖德大王神鍾之銘．(聖德乃景德之考典光大王也．鍾本景德爲先考所施之金．故称云聖德鍾尒．) 朝散大夫前大子司議郎翰林郎金弼粤奉敎撰鍾銘．文煩不錄

捨 : 베풀 사
鳩 : 모일 구
銘 : 새길 명
典 : 興의 오기
尒 : 爾의 略體字
前 : 兼의 오기
大 : 太의 오기
粤 : 奚의 오기
敎 : 임금이명령내릴 교

4) 삼모부인(三毛夫人) : 경덕왕의 왕비 사량부인(沙梁夫人). 사(沙)와 삼(三)은 음이 서로 통함. 梁의 음은 도・돌・닥・탁으로 발음되어 모(毛)의 음과 서로 통함.
5) 이상택 노복〔里上宅下典〕: 이상택은 신라 39금입택 중 하나. 원문의 下典(하전)은 上典에 대한 말로 노복을 의미한 듯함.
6) 숙종(肅宗) : 당나라 현종의 아들. 재위기간 756~762.
7) 강고내말(强古乃末) : 强古(강고)는 이름이며, 乃末(내말)은 신라 제12위의 관위 柰末(내말)로 추정.
8) 12만 근(十二万斤) : 1근을 218g으로 추정하면 26.2 ton.
9) 건운(乾運) : 신라 제36대 혜공왕의 이름.
10) 대력(大曆) : 당나라 代宗(763~779)의 연호(766~779).
11) 개원(開元) : 당나라 현종(712~755)의 연호(713~741).

성덕대왕신종

영묘사[1] 장육

– 영묘사의 장육부처상 –

선덕왕이 절을 세우고 불상을 만든 인연은 모두 『양지[2]법사전』에 실려 있다. 경덕왕이 왕위에 오른 지 23년(764)에 장육존상에 금칠을 다시 했는데 벼가 2만 3,700석[3]이 들었다.(『양지전』에는 불상을 처음 만들 때의 비용이라고 했다. 여기에 두 설을 모두 싣는다.)

1) 영묘사(靈妙寺) : 전불(前佛)시대 칠처가람(七處伽藍) 중의 하나로 사천미(沙川尾)에 세워졌음. 오릉에서 경주 시내로 진입하는 금성로 동편에 위치한 현재의 흥륜사를 영묘사로 추정. 1481년 발간된 『동국여지승람』에 「부의 서쪽 5리에 있으며 선덕여왕 원년에 세웠는데 …… 어제 만든 것처럼 완연하다.」라 했으나 언제 무슨 까닭으로 사라졌는지 알 수 없음.

傳영묘사지

靈妙寺 丈六

善德王創寺塑像因緣. 具載良志法師傳.
景德王卽位二十三年. 丈六改金. 租二万三千七百碩.(良志傳. 作像之初成之費. 今兩存之.)

租 : 벼 조

2) 양지(良志) : 의해편 양지사석 조 참조.
3) 2만 3700석(二万三千七百碩) : 지금의 단위로 2만 1천 가마로 추정.

현재의 흥륜사지에서 발견된 「大令妙寺造瓦」銘암키와

현재의 흥륜사지에서 발견된 「靈廟之寺」銘암키와

사불산 굴불산 만불산

- 사불산과 굴불산과 만불산 -

죽령 동쪽 백여 리쯤 되는 곳에 우뚝하게 솟은 높은 산이 있다. 진평왕 9년 정미(587)에 4면이 한 길이며 4방여래[1]의 상이 새겨지고 전체가 붉은 비단으로 싸여진 커다란 돌 하나가 홀연히 하늘로부터 그 산꼭대기에 떨어졌다. 왕이 이 소문을 듣고 친히 행차하여 돌을 쳐다보며 절을 하고는 드디어 그 돌 옆에 절을 세우고 절 이름을 대승사[2]라 했다. 『법화경』[3]을 염송하는 이름이 알려지지 않은 비구승을 청해 주지로 삼아 깨끗이 쓸고 그 돌에 공양을 하여 분향이 끊어지지 않게 했다. 그 산 이름을 역덕산 또는 사불산이라 했다. 비구승이 죽어 장사를 치르고 나니 그 무덤 위에 연이 돋았다.[4]

또 경덕왕이 백률사[5]로 행차했을 때 산 밑에 도착하였더니 땅속에서 염불하는 소리가 들렸다. 사람을 시켜 땅을 파서 커다란 돌을 얻었는데 4면에 4방불[6]이 새겨져 있었다. 이로 인해 절을 세우고 절 이름을 굴불사로 했으나 지금은 잘못 전달되어 굴석사라 한다.

경덕왕은 또 당나라 대종황제가 불교를 매우 숭상한다는 말을 듣고 기술자에게 명하여 다섯 가지 색깔의 양탄자를 만들고, 또 침단목을 조각하여 맑은 구슬과 아름다운 옥으로 높이가 한 길 남짓 되는 산 모양을 만들어 양탄자 위에 놓았다. 산에는 뾰족한 바위와 괴상한 돌, 그리고 계곡과 동굴이 있는데 구역이 나누어져 있고 각 구역마다 그 안에는 노래하고 춤추며 음악을 연주하는 모습과 여러 나라들의 산과 강의 형상이 꾸며져 있었다.

사불산 사방여래

1) 4방여래(四方如來) : 사방여래는 밀교에서 나온 것으로 대일여래(大日如來)를 중심으로 사방에 안치된 여래.
- 동쪽의 아축여래(阿閦如來) : 무동(無動)·부동(不動)·무진양(無瞋恚)을 뜻하는 여래.
- 서쪽의 아미타여래 : 무량수(無量壽)를 뜻하며 서방 극락세계를 주관.
- 남쪽의 보생여래(寶生如來) : 일체의 재물과 보배를 담당하는 여래.
- 북쪽의 불공성취여래(不空成就如來) : 자리(自利)와 이타(利他)의 사업을 이루어주는 부처.

*동서남북의 네 부처는 대일여래가 변신한 것으로 여래가 가지고 있는 성질의 네 부분을 나타내며 그에 따른 역할을 수행. 사방불 부처 중 신앙의 대상이 되는 부처는 아미타뿐임.

四佛山 掘佛山 萬佛山

許 : 곳 허
屹 : 산모양 흘
峙 : 산우뚝할 치
甲申 : 丁未의 오기
紗 : 비단 사
墜 : 떨어질 추
瞻 : 볼 첨
誦 : 외울 송
洒 : 씻을 쇄
掃 : 쓸 소
塚 : 무덤 총
唱 : 부를 창
刻 : 새길 각
優 : 넉넉할 우
氍 : 담요 구
毹 : 담요 유
氍毹 : 양탄자
巉 : 높을 참
澗 : 산골물 간
冗 : 穴의 略體字
隔 : 막힐 격
伎 : 배우 기

竹嶺東百許里. 有山屹然高峙. 眞平王九年甲申. 忽有一大石. 四面方丈. 彫四方如來. 皆以紅紗護之. 自天墜其山頂. 王聞之命駕瞻敬. 遂創寺嵓側. 額曰大乘寺. 請比丘亡名誦蓮經者主寺. 洒掃供石. 香火不廢. 号曰亦德山. 或曰四佛山. 比丘卒既葬. 塚上生蓮.

又景德王遊幸栢栗寺. 至山下聞地中有唱佛聲. 命掘之. 得大石. 四面刻四方佛. 因創寺. 以掘佛爲号. 今訛云掘石.

王又聞唐代宗皇帝優崇釋氏. 命工作五色氍毹. 又彫沈檀木・與明珠美玉爲假山. 高丈餘. 置氍毹之上. 山有巉嵓怪石澗冗區隔每一區內. 有歌舞伎樂列國山川之狀.

2) 대승사(大乘寺) : 경북 문경시 산북면 산두리 사불산에 있는 절. 지금의 사찰은 1862년에 불탄 것을 의운(意雲) · 취월(就越) · 덕산(德山) 등의 스님이 다시 세움.
3) 법화경〔蓮經〕 : 묘법연화경(妙法蓮華經)을 줄인 말.
4) 무덤 위에 연이 돋았다.〔塚上生蓮〕 : 죽은 비구승이 蓮과 관련이 깊은 『법화경』을 외웠다는 것을 상징.
5) 백률사(栢栗寺) : 탑상편 백률사 조 참조.
6) 4방불(四方佛) : 경주 금강산 기슭 백률사 바로 밑에 굴불사지에 있는 사면석불(四面石佛). 굴불사지가 있는 산 이름이 금강산이니 금강계 사방불일 것이나 통일시대 이후로는 미륵신앙과 함께 약사여래신앙이 널리 퍼짐에 따라 신라의 사방불 형식이 변함. 즉 동방에 약사불, 남방에 미륵불, 서방에 아미타불, 북방에 석가불을 배치하는 형태로 변화됨. 굴불사지 사방불은 동방에 약사불, 서방에는 아미타삼존불이 안치되어 있으며, 남방과 북방은 심한 마멸로 정확한 판별이 어려우나 미륵불과 석가불로 추정됨.
7) 백모(白毛) : 부처의 미간에서 빛을 발하는 것으로 무량세계(無量世界)를 비추는 털.
8) 깃발이 달린 일산〔流蘇幡蓋 : 유소번개〕 : 다섯 가지 색깔의 실로 만든 깃발과 일산.

대승사 극락전(위), 굴불사지 사방불(아래)

미풍이 창으로 불어 들어오면 벌과 나비가 나풀거리고 제비와 참새가 춤추듯 훨훨 나니 얼핏 봐서는 진짜와 가짜를 분별할 수 없었다. 가운데는 무수한 부처를 모셔 놓았는데 큰 부처는 사방 한 치가 넘고 작은 부처는 8~9푼으로 더러는 그 머리가 큰 기장 낟알만 하고 더러는 콩 반쪽만 했다. 소라 모양의 상투와 백모[7] 그리고 눈썹과 눈은 희고 깨끗하여 모든 형상이 다 갖추어져 그저 비슷하게 말할 수 있어도 자세히 설명할 수는 없다. 이 때문에 산 이름을 만불산이라 했다.

다시 거기에 금과 옥을 새겨 깃발이 달린 일산[8]이며 망고와 치자꽃, 꽃과 과일로 장엄하게 하고 1백 보 누각과 전망대처럼 지은 불전과 정자처럼 지은 사당을 만들었다. 모두가 대체로 작기는 하지만 그 형세는 살아서 움직이는 것 같았다. 앞에는 주위를 돌고 있는 1천여 개의 승려상이 있고 아래에는 자줏빛 금으로 만든 세 개의 종을 벌여 놓았는데 모두 종각이 있고 포뢰가 있으며 고래 모양의 종치는 방망이[9]도 만들었다. 바람이 불어 종이 울리면 주위를 돌고 있던 승려들은 모두 엎드려 머리가 땅에 닿도록 절하였다. 은은하게 염불하는 소리가 났으니 대개 활동의 중심체는 종에 있었다. 비록 만불이라고 하지만 그 참모습은 이루 다 기록할 수 없다.

만불산이 완성되자 사신을 보내 이것을 당나라에 바쳤다. 대종이 이를 보고 탄복하여 말하기를 "신라의 재간은 하늘의 솜씨이지 사람의 재주가 아니다"라 하고는 즉시 구광선이라는 부채를 바위 사이에 두고 이름을 불광이라 하였다. 대종이 4월 초파일에 두 길거리의 스님에게 명하여 대궐 내의 도량에 있는 만불산에 예배하게 하고 삼장법사 불공[10]에게 명하여 『밀부[11]진전』을 천 번 외우게 하여 경축하니 보는 사람들이 모두 그 교묘한 솜씨에 탄복했다.

다음과 같이 찬미한다.

하늘은 부처님을 단장시켜 사방불을 마련했고,
땅도 하룻밤에 부처님의 명호를 솟아내었네.
교묘한 솜씨로 다시 힘써 만불 만들어,
부처님 풍도를 삼재(三才)에 널리 펴리라.

9) 포뢰가 있으며 고래 모양의 종치는 방망이 : 양신(楊愼)이 쓴 『단연총록(丹鉛總錄)』에 의하면 「용이 새끼 아홉 마리를 낳았는데 모두 용이 되지 못했다. 그중 첫째인 비희는 거북같이 생겨 무거운 짐을 잘 지는데 지금의 비석 바탕 돌로 만든 것이 이것이다. 둘째인 이문은 바라보기를 좋아하므로 지붕의 용마루가 되었고, 셋째인 포뢰(蒲牢)는 울기를 잘하므로 종을 매는 끈이 되었고……」 여기서 바다에 살고 있는 포뢰는 고래를 두려워하여 고래만 보면 크게 울부짖음. 따라서 종을 치는 방망이는 고래 형상으로 제작.

微風入戶. 蜂蝶翶翔. 鸞雀飛舞. 隱約視之. 莫辨眞假. 中安萬佛. 大者逾方寸. 小者八九兮. 其頭或巨黍者. 或半菽者. 螺髻白毛. 眉目的歷. 相好悉備. 只可髣髴. 莫得而詳. 因号萬佛山.

更鏤金玉爲流蘇幡蓋菴羅薝蔔花果莊嚴. 百步樓閣. 臺殿堂榭. 都大雖微. 勢皆活動. 前有旋遶比丘像千餘軀. 下列紫金鍾三簴. 皆有閣有蒲牢. 鯨魚爲撞. 有風而鍾鳴. 則旋遶僧皆仆拜頭至地. 隱隱有梵音. 盖關棙在乎鍾也. 雖号萬佛. 其實不可勝記.

旣成. 遣使獻之. 代宗見之. 嘆曰. 新羅之巧. 天造非巧也. 乃以九光扇加置嵓岫間. 因謂之佛光. 四月八日. 詔兩街僧徒. 於內道場・禮万佛山. 命三藏不空. 念讚密部眞詮千遍以慶之. 觀者皆嘆伏其巧.

讚曰.

天糚滿月四方裁.
地湧明毫一夜開.
妙手更煩彫萬佛.
眞風要使遍三才.

蜂 : 벌 봉 蝶 : 나비 접
翶 : 노닐 고 翔 : 날 상
鸞 : 제비 연 雀 : 참새 작
逾 : 넘을 유 兮 : 分의 오기
黍 : 기장 서
菽 : 콩 숙 螺 : 소라 라
髻 : 상투 계 眉 : 눈썹 미
歷 : 皪(희고깨끗할 력)의 오기
好 : 互의 오기
髣 : 비슷할 방 髴 : 비슷할 불
幡 : 깃발 번 薝 : 치자꽃 담
菴羅 : 果樹의 이름
蔔 : 메꽃 복
薝蔔 : 치자 꽃
榭 : 정자 사
簴 : 북다는틀 거
蒲 : 부들 포 牢 : 물짐승 뢰
撞 : 두드릴 당
棙 : 비파타는기구 려
巧 : 훌륭한솜씨 교
扇 : 부채 선
岫 : 바위구멍 수
讚 : 기릴 찬 詮 : 진리 전
糚 : 분단장할 장
糚 : 粧(단장할 장)의 오기
裁 : 만들 재
湧 : 솟을 용
毫 : 잔털 호
煩 : 수고로울 번
遍 : 두루 편
才 : 바탕 재

경어를 상징하는
선암사 물고기 모양의 당

10) 삼장법사 불공[三藏不空] : 삼장법사(三藏法師 : 705~774)의 호는 불공(不空). 불공은 중국에 밀교를 전한 금강지의 뒤를 이어 밀교를 한층 더 선양한 당대 불교의 일인자.
11) 밀부(密部) : 밀교 즉 진언종. 7세기 후반에 일어난 불교의 한 종파.

사불산 굴불산 만불산 조의 구성과 의미

불교가 토착신앙을 수용, 신라불국토를 이룩하여 주변 국가에 홍포하다.

사불산	굴불산
토착신앙인 天神이 사방불로 전환	토착신앙인 地神이 사방불로 전환
• 붉은 비단에 쌓인 사방여래가 하늘에서 떨어지다. → 천신과 불교의 융합 - 붉은색 : 태양 · 불 등을 상징 - 사방불 : 밀교 요소로 토착신앙과 성격 유사 • 사방여래상 옆에 대승사를 세우고 『법화경』을 외우게 하다. → 최고의 대승사상으로 꽃피움	• 땅에서 염불하는 소리가 들려 땅을 파서 사방불을 얻다. → 지신과 불교의 융합 - 굴불사 사방불 : 전통적인 밀교 사방불에서 변화 · 발전된 사방불로 전환

만 불 산
• 경덕왕이 만불산을 만들어 당나라에 바쳤더니 대종이 "이것은 하늘의 솜씨다"라 하다. 신라불국토의 뛰어난 불법을 중국에 홍포(弘布)

법화경 개요

1. 경전의 성립과 의미

- 성립시기 : A.D. 1세기 경
- 한역(漢譯) : 286년 축법호(竺法護) 『정법화경』, 406년 구마라집(鳩摩羅什) 『묘법연화경』, 601년 사나굴다(闍那掘多) 『첨품법화경(添品法華經)』 중 묘법연화경이 널리 유통
- 묘법연화경(妙法蓮華經)이란?
  - 묘법(妙法) : 우주의 통일적 진리
  - 연화(蓮華) : 연꽃이 더러운 연못에 자라 청정한 꽃을 피우듯이 보살은 탁한 현실의 생활 속에서 묘법을 구현하여야 하며, 연꽃은 꽃과 열매를 함께 가져 인과로써 근본을 삼음.
  - 경(經) : 묘법이 추상적인 理法이 아닌 말이나 문자로 표현된 것.

2. 구성과 중심 사상

품(品) 분류	사 상	의 의	내용의 구성
서품 제1~ 수학무학인기품 제9	• 회삼귀일(會三歸一) - 성문·연각·보살을 방편과 비유로 부처의 세계에 인도	• 불경 중 최고의 경전 (천태사상가의 견해) - 교판 : 『아함경』→『방등경』→『반야경』→『법화경』 *불경의 마무리로서 모든 경전들의 의의를 총괄적으로 제시	산문과 운문[詩句]으로 구성 - 품 또는 단락별 앞부분은 산문이며, 이 산문을 뒷부분에서 운문으로 표현
법사품 제10~ 촉루품 제22	• 구원본불(久遠本佛) - 부처의 영원함		
약왕보살본사품 제23~ 보현보살권발품 제28	• 보살행도(菩薩行道) - 上求菩提 下化衆生		

● 천태대사 지의에 의해 확립된 전통적인 品의 분류는 적문(迹門)과 본문(本門)임.

- 적문 : 제1품(서품)~제13품(권지품)
- 본문 : 제14품(안락행품)~제28품(보현보살권발품)

3. 주요 내용

3-1. **불타의 설법 전 모습** : 마가다국의 수도 왕사성의 영취산에서 부처의 백호에서 빛이 발하자 문수가 과거세에 일월등명불(日月燈明佛)이 여러 번 설했을 때 이와 같은 현상이 나타났다고 이야기하다. → 불법의 영원회귀사상(永遠回歸思想)

3-2. **회삼귀일**(會三歸一) : 일승사상(一乘思想)과 방편사상(方便思想)

● 불타 전생의 성문 · 연각 · 보살을 구제하기 위함. → **공간의 확대**

● 회삼귀일이란 성문(聲聞) · 연각(緣覺) · 보살(菩薩)의 **삼승**(三乘)이 **일승**(一乘)으로 귀착한다는 사상. 일승(一乘)의 一은 유일하다는 의미로 제법실상(諸法實相 : 일체 존재의 참다운 모습)을 뜻하며, 乘은 법계에 두루 있는 교법(敎法)으로 一乘이란 제법의 실상을 바라보는 유일한 법.

*회삼귀일이란 성문(聲聞) · 연각(緣覺) · 보살(菩薩)이라는 세 개의 가르침은 방편일 뿐이며 실제로 부처님은 일승의 가르침만 주었다는 것.

***불타는 집의 비유** : 어떤 장자[佛陀]의 허술한 큰집[人間世界]에 불이 났다. 이 집에 장자의 아들들이 노느라 나오지 않자 방편으로 소수레 · 양수레 · 사슴수레를 준다 하자 모두 나왔다. 그러자 장자는 아이들에게 크고 흰 소수레를 주었다. 여기서 세 수레는 성문 · 연각 · 보살이며,

큰 수레는 일승임.

*궁자비유(窮子譬喩) : 어려서 떠난 아들은 거지[衆生]가 되고 아버지는 큰 부자[佛陀]가 되었다. 아버지는 그의 아들을 후계자(깨우침)로 삼기 위한 방편으로 거름 푸는 일부터 시작하여 창고를 관리토록 한 후 아들임을 알려주었다. 이 의미는 일승을 얻기 위해서 처음부터 『법화경』을 설하는 것이 아니라, 『아함경』 → 『방등경』 → 『반야경』 → 『법화경』의 순서로 설함을 의미.

*화성(化城)의 비유 : 보물[一乘]을 찾는 무리들이 피로에 지치자, 방편으로 화성(4제 · 12인연)이란 성을 만들어 놓고 휴식하자고 한다. 피로가 풀리자 보물이 멀지 않다. 이 성은 쉬게 하기 위해 임시로 만든 것이라 했다. 즉 4제 · 12인연 등은 일승을 얻기 위한 하나의 방편이라는 것.

*옷 속에 숨겨둔 보물[衣裏繫珠] : 친구의 옷(마음)에 값진 보물[一乘]을 넣었으나 친구는 타국을 떠돌아다니며 노고에 시달렸다. 그 후 보물을 넣은 사람[佛陀]을 만나 생활고에 대해서 말하자 "그대는 소매 속에 값진 보배가 있는 줄 모르는가?" 라 함.

3-3. 구원본불(久遠本佛) : 『법화경』의 가르침이 영원함을 제시

- 불타 입멸 후 보살승을 구제하기 위함. → 시간적 영원성
- 과거에 대한 영원성 : 영원한 과거불인 다보여래가 현재불인 석가불에 의해 부활됨과 동시에 현재불인 석가불이 과거불인 다보여래에 의해 영원성을 인증받음. → 현재와 영원한 과거의 만남.

  「석가모니불이 오른쪽 손가락으로 7보탑의 문을 여시니……그때 다보여래는 보탑 안에서 자리를 반으로 나누어 석가모니불에게 드리고 "석가모니불이시여, 이 자리에 앉으소서" 라고 말하신다. 그러자 석가모니불은 그 탑 가운데 드시어 그 반으로 나눈 자리에 가부좌를 틀고 앉으셨다.」라 설함.
- 미래를 향한 영원성 : 무량한 시간 동안 나는 이 사바세계에서 법을 설해왔다. 나는 영원불인 것이다. 내가 죽은[涅槃] 듯이 보이는 것은 다만 죽은 듯이 보일 뿐 인간에게 오만한 마음이나 태만을 없애기 위한 것이다. 죽음은 방편에 불과하며 나는 영구히 여기에서 이와 같이한다라 설함.

3-4. 보살행도(菩薩行道) : 위로는 자기를 위해 깨달음을 구하는 동시에 아래로는 남들을 구제하는 생활태도[上求菩提 下化衆生].

석가모니부처님이 영축산에서 법화경을 설법하는 모습의 영산회상도 : 통도사(上)
법화경 설법의 무대였던 영축산(下)

생의사 석미륵

– 생의사의 돌미륵 –

선덕왕대에 승려 생의는 언제나 도중사에 머물렀다. 꿈에 한 승려가 그를 데리고 남산으로 올라가서 풀을 묶어 표를 하게 해 놓고 산의 남쪽 골짜기에 와서 말하기를 "내가 이곳에 묻혀 있으니 스님은 나를 파내어 고개 위에 안치하여 주시오"라 했다. 꿈을 깨어 친구들과 함께 표한 자리를 찾아 그 골짜기에 와서 땅을 파보니 돌로 된 미륵[1]이 나오므로 삼화령[2] 위로 옮겨 놓았다. 선덕여왕 13년 갑진(644)에 절을 세우고 머물렀다. 후에 절 이름을 생의사라 했다.(지금은 잘못 전해져서 성의사라고 한다. 충담사가 해마다 3월 3일과 9월 9일에 차를 달여 바치는 부처가 바로 이 부처다.)

1) 돌로 된 미륵〔石弥勒〕 : 경주 남산의 장창골에서 부처골로 넘어가는 고갯마루에서 북쪽으로 50m가량 떨어진 곳에 자연석으로 쌓은 돌기둥이 있었는데 그 안에서 불상이 발견됨. 이 불상은 의자에 앉아 있는 모습의 의좌형(倚坐形)으로 미륵상일 가능성이 높음. 또 탑동 남간리의 한 민가에서 석조보살상 2구가 발견되어 이 삼존불이 삼화령미륵삼존상(三花嶺彌勒三尊像)으로 전하여짐.

2) 삼화령(三花嶺) : 기이편의 경덕왕 충담사 표훈스님 조 참조.

남산 전경

生義寺 石弥勒

善德王時. 釋生義常住道中寺. 夢有僧引上南山而行. 今結草爲標. 至山之南洞. 謂曰. 我埋此處. 請師出安嶺上. 旣覺. 與友人尋所標. 至其洞掘地. 有石弥勒出. 置於三花嶺上. 善德王十二年甲辰歲. 創寺而居. 後名生義寺.

(今訛言性義寺. 忠淡師每歲重三重九. 烹茶獻供者. 是此尊也.)

今 : 命의 오기
埋 : 묻을 매
十二 : 十三의 오기
淡 : 談의 오기
烹 : 달일 팽

傳삼화령미륵삼존상

흥륜사 벽화 보현[1]

– 흥륜사 벽에 그린 보현보살 –

제54대 경명왕대에 흥륜사의 남문과 좌우 회랑이 불탔으나 아직 수리를 하지 못하고 있었다. 정화와 홍계 두 승려가 시주를 받아서 장차 수리를 하려고 했다. 정명[2] 7년 신사(921) 5월 15일에 제석천이 이 절의 왼쪽 경루에 내려와 열흘 동안 머무르니 전각과 탑 그리고 풀 · 나무 · 흙 · 돌들이 모두 신이한 향기를 풍기고 오색 구름이 절을 뒤덮었으며 남쪽 연못의 고기와 용은 기뻐서 춤추듯 뛰어올랐다. 나라 사람들이 모여서 이것을 구경하며 이전에 없던 일이라고 감탄했다. 옥과 비단[3]과 기장 및 벼 등의 시주가 산더미처럼 쌓이고, 장인들도 스스로 와서 며칠이 못 되어 완성되었다.

공사가 끝나 천제가 돌아가려 하자 두 승려가 말씀드리기를 "천제께서 만일 궁중으로 돌아가시려거든 거룩하신 얼굴 모습을 그려 지극한 정성으로 공양하여 천제의 은혜를 갚게 하시고 또한 이로 인하여 진영을 여기에 모셔 두게 하여 길이 인간세상을 보호해 주기를 청하나이다"라 했다. 천제가 말하기를 "나의 원력은 저 보현보살이 오묘한 교화를 두루 펴는 것만 못하니 이 보살상의 화상을 그려 경건하게 공양하여 끊이지 않는 것이 좋을 것이다"라 했다. 두 승려는 가르침을 받들어 경건하게 보현보살의 상을 벽에다 그렸으니 지금까지도 그 상이 남아 있다.

보현보살

1) 보현(普賢) : 산스크리트어 Samantabhara의 음역은 삼만다발타라(三曼多跋陀羅)이며, 의역이 보현(普賢) 또는 편길(徧吉)임. 문수보살과 함께 석가여래의 우협시 보살로 부처님의 지덕(智德)과 함께 중생들의 목숨을 길게 하는 덕을 가졌으므로 보현연명보살(普賢延命菩薩)이라고도 함. 형상은 여러 가지가 있으나 대개 흰 코끼리를 탄 모양과 연화대에 앉은 모양의 2종류가 있음.

석굴암의 제석천상

興輪寺 壁畫 普賢

第五十四景明王時. 興輪寺南門・及左右廊廡. 災焚未修. 靖和・弘繼二僧募緣將修. 貞明七年辛巳五月十五日. 帝釋降于寺之左經樓. 留旬日. 殿塔及草樹土石・皆發異香. 五雲覆寺. 南池魚龍喜躍跳擲. 國人聚觀. 嘆未曾有. 玉帛梁稻施積丘山. 工匠自來. 不日成之.

工既畢. 天帝將還. 二僧白曰. 天若欲還宮. 請圖寫聖容. 至誠供養. 以報天恩. 亦乃因玆留影. 永鎭下方焉. 帝曰. 我之願力・不如彼普賢菩薩遍垂玄化. 畫此菩薩像. 虔設供養而不廢宜矣. 二僧奉敎. 敬畫普賢菩薩於壁間. 至今猶存其像.

廊 : 곁채 랑
廡 : 행랑 무
焚 : 불사를 분
靖 : 편안할 정
覆 : 덮을 부
躍 : 뛸 약
跳 : 뛸 도
擲 : 던질 척
曾 : 일찍 증
梁 : 粱의 오기
粱 : 기장 량
稻 : 벼 도

白 : 아뢸 백
寫 : 모뜰 사
虔 : 경건할 건
猶 : 한가지 유

2) 정명(貞明) : 중국 5대 최초의 왕조인 후량(後梁) 말제(末帝)의 연호.
3) 옥과 비단〔玉帛〕 : 옛날 중국에서 회맹(會盟)이나 천자를 알현할 때 가지고 가던 예물.

■ **제석천이 흥륜사의 중수를 도운 의미**

도리천에 있는 제석천은 신라에서 가장 강력하고 권위가 있는 호법천신(護法天神)으로 받아들여졌다. 특히 신라의 성장기에 해당하는 진평왕부터 나타나기 시작해서 쇠퇴기에 접어드는 혜공왕부터는 나타나지 않는다. 그러다가 신라말기인 경명왕 때 흥륜사의 중수를 도왔다는 것이 흥륜사 벽화보현 조이다. 이것은 아마도 제석이 신라를 버리지 않았다는 것으로 풀이할 수 있다. 그러나 제석이 흥륜사의 중수만 도왔을 뿐 나라의 어려움을 도왔다는 내용은 전혀 없다. 이것은 제석이 불법을 보호하는 역할은 수행해도 나라를 보호하는 호국은 외면했다는 의미로 볼 수 있겠다.

삼소관음 중생사[1]

– 세 곳에 나타난 관음보살과 중생사 –

『신라고전』에 다음과 같은 기록이 있다.

「중국의 천자에게 총애하는 여자가 있었다. 아름답고 예쁘기가 천하에 둘도 없었다. 천자가 말하기를 "예나 지금 할 것 없이 그림으로도 이같이 아름다운 미녀는 없을 것이다"라 했다. 이에 그림 잘 그리는 사람에게 명하여 실제 모습을 그리도록 하였다. (화공의 이름은 전해지지 않으나 혹 장승요라고도 하는데 바로 오나라[2] 사람이다. 양나라 천감[3] 연간(502~519)에 무릉왕[4]국의 그림을 담당하는 시랑[5] 직비각[6] 지화사[7]가 되었고 우장군 오홍태수[8]를 역임하였는데 여기의 천자는 양나라나 진나라 무렵의 천자이다. 그런데 『신라고전』에는 당나라 황제라고 한 것은 우리나라 사람들이 모든 중국을 당이라고 하기 때문이다. 그 실상은 어느 시대의 황제인지 알 수 없어서 두 가지 그대로 써 둔다.) 그 사람이 천자의 명을 받들어 그림을 다 그렸으나 실수하여 붓을 떨어뜨려 배꼽 밑에 붉은 점이 찍혔다. 그것을 고쳐보려 했으나 잘 되지 않았다. 그는 마음속으로 붉은 점은 필시 날 때부터 생긴 것으로 생각하여 그림을 다 그려서 황제에게 바쳤다. 황제가 그것을 보고 말하기를 "모습은 참으로 똑같으나 배꼽 밑의 점은 속에 감추어진 것인데 어떻게 알고 이것까지 그렸느냐?" 하며 진노하여 화공을 옥에 가두고 형벌을 가하려고 하였다. 승상이 말씀드리기를 "그 사람의 마음이 정직하다고 말들을 하는 바이오니 그를 용서하여 주옵소서"라 하자 황제가 말하기를 "그가 원래 어질고 정직하다면 간밤의 꿈에 내가 본 형상을 그려서 바치게 하여 틀리지 않으면 용서해 줄 것이다"라 했다.

화공이 즉시 십일면관음[9]보살을 그려 황제에게 바치니 꿈꾼 바와 들어맞았다. 황제가 그제야 마음이 풀어져 그를 용서해 주었다. 그가 화를 면하게 되자 즉시 박사 분절과 약속하여 말하기를 "신라라는 나라가 불법을 공경하고 신봉한다고 하니 그대와 함께 배를 타고 바닷길로 그곳까지 가서 함께 불교의 일을 수행하여 어진 나라를 널리 이롭게 하는 것이 또한 좋은 일이 아니겠소"라 했다.

1) 중생사(衆生寺) : 선덕여왕이 있는 낭산의 안쪽 깊숙이 있는 절터를 중생사로 추정.
2) 오나라〔吳〕 : 중국의 양자강 이남을 통상 오나라로 호칭.
3) 양나라 천감〔梁天監〕 : 천감은 중국 남조의 양나라 무제의 연호(502~519).
4) 무릉왕(武陵王) : 양무제(梁武帝)가 여덟째 아들 소기(蕭紀)를 무릉왕에 봉함.
5) 시랑(侍郎) : 차관직.
6) 직비각(直秘閣) : 관직명.

三所觀音 衆生寺

新羅古傳云.

中華天子有寵嫛. 美艶無雙. 謂古今圖畫・尠有如此者. 乃命善畫者寫眞.(畫工傳失其名. 或云張僧繇. 則是吳人也. 梁天監中. 爲武陵王國侍郞直秘閣知畫事. 歷右將軍吳興大守. 則乃中國梁陳間之天子也. 而傳云唐帝者. 海東人凡諸中國爲唐爾. 其實未詳何代帝王. 兩存之.) 其人奉勑圖成. 誤落筆汚赤. 毁於臍下. 欲改之而不能. 心疑赤誌必自天生. 功畢獻之. 帝目之曰. 形則逼眞矣. 其臍下之誌・乃所內秘. 何得知之并寫. 帝乃震怒. 下圓扉・將加刑. 丞相奏云. 所謂伊人其心且直. 願赦宥之. 帝曰彼旣賢直. 朕昨夢之像. 畫進不差則宥之.

其人乃畫十一面觀音像呈之. 恊於所夢. 帝於是意解赦之. 其人旣免. 乃與博士芬節約曰. 吾聞新羅國敬信佛法. 與子乘桴于海. 適彼同修佛事. 廣益仁邦. 不亦益乎.

寵 : 총애받을 총
嫛 : 姬의 異體字 또는 오기
嫛 : 기쁠 이
艶 : 고울 염
尠 : 적을 선
繇 : 우거질 요
大 : 太의 오기
臍 : 배꼽 제
毁 : 헐어질 훼
誌 : 표지 지
逼 : 가까울 핍
扉 : 문짝 비
圓扉(원비) : 감옥
宥 : 죄사할 유
呈 : 드릴 정
恊 : 協(맞을 협)의 오기
協(㛠과 동일) : 위협할 협
桴 : 뗏목 부

7) 지화사(知畫事) : 그림을 담당하는 관직명.
8) 오흥태수(吳興太守) : 지금의 절강성(浙江省) 호주(湖州) 지역의 장관.
9) 십일면관음(十一面觀音) : 6관음의 하나로 11개의 얼굴을 가진 관음.

석굴암 11면관음상

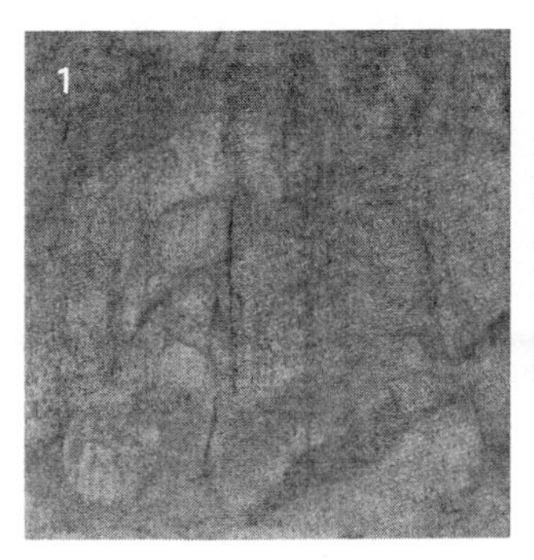

1 傳중생사의 협시신장상
2 傳중생사의 지장보살상
3 傳중생사의 석조보살입상

드디어 함께 신라국에 도착하여 중생사에서 관세음보살상을 만들었다. 나라 사람들이 우러러 공경하며 기도를 드려 복을 받는 자가 이루 다 기록할 수 없었다.」

신라 말년인 천성[10] 연간(926~929)에 벼슬이 정보[11]인 최은함이 오랫동안 자식이 없어 이 절의 관음보살 앞에 나아가 기도를 드렸더니 (부인이) 임신을 해서 아들을 낳았다. 낳은 지 석 달도 안 되어 백제의 견훤이 신라 서울을 습격하여 성안이 크게 어지러워지자 은함이 아기를 안고 이 절에 와서 고하기를 "이웃나라 군사가 졸지에 쳐들어와서 일이 급박합니다. 어린 자식으로 해서 누가 겹친다면 모두 화를 면할 수가 없습니다. 정말로 관세음보살님이 주신 자식이라면 원하옵건대 큰 자비의 힘을 빌려주시어 이 아이를 길러서 우리 부자가 다시 볼 수 있도록 해 주소서" 하고는 눈물을 뿌리고 슬피 한탄하며, 세 번 울면서 세 번 고한 뒤 포대기에 싸서 관음보살이 앉은 사자좌[12] 밑에 감추고 몇 번이나 뒤를 돌아보면서 갔다.

반달이 지나 적병이 물러가자 와서 찾아보니 살결은 갓 목욕을 한 것과 같고 얼굴과 몸뚱이가 산뜻하게 좋은데 입에는 아직도 젖 냄새가 나고 있었다. 아이를 안고 돌아와 길렀더니 자라면서 총명하고 지혜롭기가 보통 사람보다 뛰어났다. 이 사람이 승로인데 벼슬이 정광[13]에 이르렀다. 승로가 낭중[14] 최숙을 낳고 최숙이 낭중 제안을 낳았다. 이후로도 자손이 계속되어 끊이지 않았다. 은함은 경순왕을 따라 고려에 들어와 가문이 융성했다.

또 통화[15] 10년(992) 3월에 주지인 승려 성태가 보살상 앞에 꿇어앉아 말하기를 "제자가 오랫동안 이 절에 머무르면서 정성껏 부지런히 예불을 드려 밤낮으로 게으르지 않았으나 이 절에는 토지에서 나는 것이 없으므로 향을 사르는 것도 계속할 수가 없어 이제 다른 곳으로 옮기고자 이렇게 와서 하직 인사드리옵니다"라 했다. 이날 성태가 잠깐 조는 사이에 꿈에 관음보살이 말하기를 "대사는 아직 머물러 있고 멀리 떠나지 말라. 내가 시주를 받아서 재에 쓸 비용을 충당하리라"라고 했다. 성태가 기뻐하면서 마음에 깊이 느끼고 깨달아, 마침내 가지 않고 머물러 있었다.

10) 천성(天成) : 후당(後唐) 명종(明宗)의 연호.

遂相與到新羅國. 因成此寺大悲像. 國人瞻仰. 禳禱獲福. 不可勝記.

瞻 : 볼 첨
禳 : 푸닥거리하여빌 양
禱 : 빌 도

羅季天成中. 正甫崔殷諴・久無胤息. 詣玆寺大慈前祈禱. 有娠而生男. 未盈三朔. 百濟甄萱襲犯京師. 城中大潰. 殷諴抱兒來告曰. 隣兵奄至・事急矣. 赤子累重. 不能俱免. 若誠大聖之所賜. 願借大慈之力覆養之. 令我父子再得相見. 涕泣悲惋. 三泣而三告之. 裹以襁褓. 藏諸猊座下. 眷眷而去.

諴 : 화할 함
胤 : 대이을 윤
詣 : 나아갈 예
盈 : 찰 영
襲 : 습격할 습
潰 : 흩어질 궤
覆 : 덮을 부
涕 : 눈물 체
泣 : 소리없이울 읍
惋 : 탄식할 완
裹 : 속 리
襁 : 포대기 강
褓 : 포대기 보
猊 : 사자 예
眷 : 돌아볼 권

經半月寇退. 來尋之. 肌膚如新浴. 皃軆嬛好. 乳香尙痕於口. 抱持歸養. 及壯聰惠過人. 是爲丞魯. 位至正匡. 丞魯生郎中崔肅. 肅生郎中齊顔焉. 自此繼嗣不絶. 殷諴隨敬順王入本朝爲大姓.

寇 : 도적 구
肌 : 살 기
膚 : 피부 부
皃 : 용모 모
軆 : 體의 속자
嬛 : 산뜻할 현
痕 : 흔적 흔
聰 : 총명할 총
跪 : 꿇어앉을 궤

又統和十年三月. 主寺釋性泰. 跪於菩薩前. 自言弟子久住玆寺. 精勤香火. 晝夜匪懈. 然以寺無田出. 香祀無繼. 將移他所. 故來辭爾. 是日. 假寐夢大聖謂曰. 師且住無遠離. 我以緣化充齋費. 僧忻然感寤. 遂留不行.

匪 : 아닐 비
懈 : 게으를 해
寐 : 잠잘 매
齋 : 재계할 재
忻 : 기쁠 흔
寤 : 悟(깨달을 오)의 오기
竈 : 부엌 오

11) 정보(正甫) : 고려 초의 5품 지방 관직명.
12) 사자좌〔猊座(예좌)〕 : 인간세상에서 부처의 지위가 동물세계에서의 사자의 지위와 같다는 점에서 부처가 앉는 자리를 사자좌라 부름. 후세에는 고승의 좌석을 지칭하기도 함.
13) 정광(正匡) : 고려 때의 관직으로 2품 재상의 지위.
14) 낭중(郎中) : 고려 때 정5품의 관직명.
15) 통화(統和) : 요(遼)나라 6대 성종(聖宗)의 연호.

그 후 13일만에 문득 어떤 두 사람이 말과 소에 짐을 싣고 절 문 앞에 당도했다. 절의 승려가 나가 "어디서 오셨소이까?" 하고 물으니 대답하기를 "우리들은 금주[16] 지역 사람입니다. 얼마 전에 한 분의 스님이 저희에게 오셔서 말씀하시기를 '나는 서라벌의 중생사에 오랫동안 있었는데 네 가지 물건[17]이 없어 공양이 어려워 시주를 받고자 여기에 왔소이다'라 하므로 이웃 마을에서 시주를 거두어 쌀 여섯 섬과 소금 넉 섬을 싣고 왔습니다"라 했다. 승려가 말하기를 "이 절에서는 시주를 구하러 나간 사람이 없는데 그대들이 아마 잘못 들은 듯하오"라 하자 그 사람들이 말하기를 "요전에 오셨던 스님이 우리들을 데리고 이 신현정 우물가까지 와서 말하기를 '절이 얼마 떨어지지 않았으니 내가 먼저 가서 기다리겠소'라 해서 우리들은 뒤쫓아 온 것입니다"라 했다. 절의 승려가 그들을 인도하여 법당 앞으로 가니 그들이 관음보살을 쳐다보고는 서로 말하기를 "이분이 시주를 구하러 왔던 스님의 모습이지" 하고 놀라 탄복을 금치 못했다. 이 때문에 절에 바치는 쌀과 소금이 해마다 끊이지 않았다.

또 하루 저녁은 절 문에 불이 나서 마을 사람들이 달려와 불을 끄는데 법당에 올라가 보니 관음상이 간 곳이 없어졌다. 찾아보니 이미 뜰 가운데 서 있었다. 관음상을 누가 꺼내놓았는지 물었으나 모두들 모른다고 말했다. 그제야 이는 관음보살의 신령스런 위력인줄 알았다.

또 대정[18] 13년 계사(1173) 연간에 점숭이라는 승려가 이 절의 주지가 되었는데 글은 알지 못했으나 성정은 순수하여 정성스럽게 부지런히 예불을 올렸다. 어떤 중 하나가 그 절을 빼앗으려고 친의천사에게 호소하기를 "이 절은 나라의 은덕과 복을 비는 곳이니 마땅히 글을 할 줄 아는 자를 뽑아서 주지로 삼아야 할 것입니다"라 했다. 천사가 이를 옳게 여겨 점숭을 시험하려고 즉시 글을 거꾸로 주니 점숭이 받아 펴들고 물 흐르듯이 읽었다. 천사가 감복[19]하고 방안으로 물러 나와 다시 그에게 읽어 보라 하였더니 점숭은 입을 봉하고 말을 못했다. 천사가 말하기를 "대사님[20]은 참으로 관음보살이 보살펴 주시는 분입니다"라며 끝내 이 절을 빼앗지 않았다. 당시 점숭과 함께 머물던 처사 김인부가 이 이야기를 마을의 노인들에게 전해 주고 전기로도 써 두었다.

後十三日. 忽有二人·馬載牛馱. 到於門前. 寺僧出問何所而來. 曰我等是金州界人. 向有一比丘到我云. 我住東京衆生寺久矣. 欲以四事之難·緣化到此. 是以歛施隣閭. 得米六碩·鹽四碩. 負載而來. 僧曰. 此寺無人緣化者. 爾輩恐聞之誤. 其人曰. 向之比丘率我輩而來. 到此神見井邊曰. 距寺不遠. 我先往待之. 我輩隨逐而來. 寺僧引入法堂前. 其人瞻禮大聖. 相謂曰. 此緣化比丘之像也. 驚嘆不巳. 故所納米鹽. 追年不廢.

馱 : 馱의 異體字 또는 오기
馱 : 짐실을 태
歛 : 무엇을달라고빌 감
閭 : 이웃 려
鹽 : 소금 염
負 : 업을 부
載 : 실을 재
輩 : 무리 배
隨 : 따를 수
逐 : 쫓을 축
瞻 : 우러러볼 첨
巳 : 已의 오기

又一夕寺門有火災. 閭里奔救. 升堂見像. 不知所在. 視之巳立在庭中矣. 問其出者誰. 皆曰不知. 乃知大聖靈威也.

奔 : 빨리갈 분
閭 : 동리 려
巳 : 已의 오기

又大定十三年癸巳閒. 有僧占崇·得住玆寺. 不解文字. 性本純粹. 精勤火香. 有一僧欲奪其居. 訴於襯衣天使曰. 玆寺所以國家祈恩奉福之所. 宜選會讀文䟽者主之. 天使然之. 欲試其人. 乃倒授䟽文. 占崇應手披讀如流. 天使服膺. 退坐房中. 俾之再讀. 崇鉗口無言. 天使曰. 上人良由大聖之所護也. 終不奪之. 當時與崇同住者· 處士金仁夫. 傳諸鄕老. 筆之于傳.

粹 : 순수할 수
襯 : 베풀 친, 속옷 친
䟽 : 疏(주석낼 소)의 異體字
䟽 : 疏(주석낼 소)의 異體字
披 : 헤칠 피
膺 : 받을 응
俾 : 하여금 비
鉗 : 다물 겸
奪 : 빼앗을 탈

16) 금주(金州) : 지금의 김해 지역.
17) 네 가지 물건〔四事〕 : 공양에 필요한 음식 · 의복 · 침구 · 탕약을 말함.
18) 대정(大定) : 금나라 세종(世宗)의 연호.
19) 감복〔服膺〕 : 마음속에 간직하여 잊지 아니한다는 말. 『중용』에 「得一善 則拳拳服膺 而弗失之矣(한 가지 선을 얻으면 꼭꼭 가슴에 간직하여 그것을 잃지 않았다.)」
20) 대사님〔上人〕 : 안으로는 덕스런 지혜가 있고 밖으로는 자비로운 행동을 하여 사람 위에 있으니 上人(상인)이라 함. 여기서는 덕행이 높은 고승.

삼소관음 중생사 조의 구성과 의미

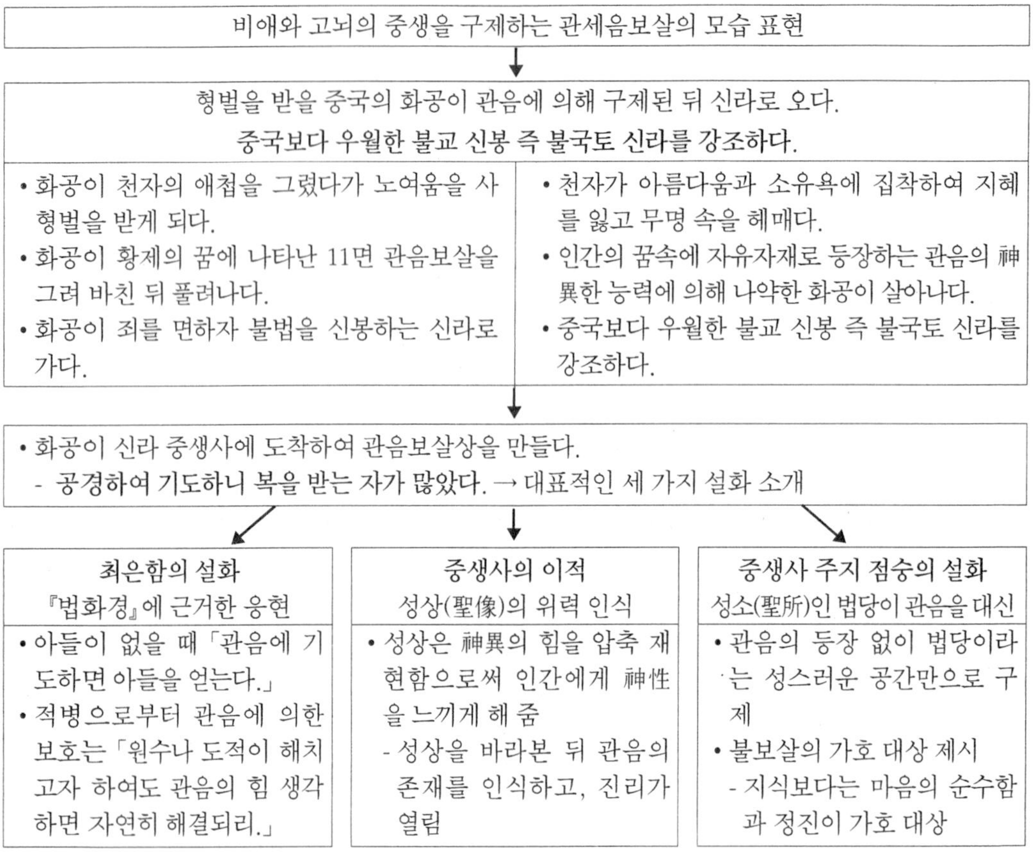

비애와 고뇌의 중생을 구제하는 관세음보살의 모습 표현

↓

형벌을 받을 중국의 화공이 관음에 의해 구제된 뒤 신라로 오다.
중국보다 우월한 불교 신봉 즉 불국토 신라를 강조하다.

• 화공이 천자의 애첩을 그렸다가 노여움을 사 형벌을 받게 되다. • 화공이 황제의 꿈에 나타난 11면 관음보살을 그려 바친 뒤 풀려나다. • 화공이 죄를 면하자 불법을 신봉하는 신라로 가다.	• 천자가 아름다움과 소유욕에 집착하여 지혜를 잃고 무명 속을 헤매다. • 인간의 꿈속에 자유자재로 등장하는 관음의 神異한 능력에 의해 나약한 화공이 살아나다. • 중국보다 우월한 불교 신봉 즉 불국토 신라를 강조하다.

↓

• 화공이 신라 중생사에 도착하여 관음보살상을 만들다.
- 공경하여 기도하니 복을 받는 자가 많았다. → 대표적인 세 가지 설화 소개

최은함의 설화 『법화경』에 근거한 응현	중생사의 이적 성상(聖像)의 위력 인식	중생사 주지 점숭의 설화 성소(聖所)인 법당이 관음을 대신
• 아들이 없을 때 「관음에 기도하면 아들을 얻는다.」 • 적병으로부터 관음에 의한 보호는 「원수나 도적이 해치고자 하여도 관음의 힘 생각하면 자연히 해결되리.」	• 성상은 神異의 힘을 압축 재현함으로써 인간에게 神性을 느끼게 해 줌 - 성상을 바라본 뒤 관음의 존재를 인식하고, 진리가 열림	• 관음의 등장 없이 법당이라는 성스러운 공간만으로 구제 • 불보살의 가호 대상 제시 - 지식보다는 마음의 순수함과 정진이 가호 대상

신라 관음신앙(觀音信仰)의 전개

1. 관음신앙의 개요

● **관음신앙의 성립 시기** : 인도에서 『법화경』 성립 시기 이전에 관음신앙이 있었을 것으로 추정되며, 중국에서는 286년 축법호(竺法護)에 의해 번역된 『정법화경(政法華經)』 광세음보문품(光世音譜門品)에 관음신앙 등장.

● **관음(觀音)의 어의(語義)** : 산스크리트어 Avalokiteśvara의 의역으로 **살펴보아진**(Avalokita) **세간 중생의 음성**(Iśvara)의 뜻. 즉 대자대비(大慈大悲)를 근본 서원으로 중생이 괴로울 때 그 이름을 외우면 그 음성을 듣고 곧 구제한다는 보살.

● **관음의 분류** : 6관음(聖 · 千手 · 馬頭 · 11面 · 準提 · 如意輪)으로 분류되며, 성관음(聖觀音)이 본신이고 나머지는 변화신임.

● 관음의 호칭

古譯 : 축법호 번역	舊譯 : 구마라집 번역	新譯 : 현장법사 번역
광세음(光世音)	관세음 · 관음	관자재(觀自在)

2. 관음신앙의 소의경전(所衣經典)과 관음상

소의경전	내 용	관음상의 형태
『법화경』 보문품	• 중생 고통의 구제 • 관음보살의 공덕과 應現	시무외인(施無畏印)
『화엄경』 입법계품	• 중생 교화의 방편 • 관음보살의 서원 • 중생의 서원 실행 방법	백의관음(白衣觀音) 수월관음(水月觀音) 죽림관음(竹林觀音)
『정토삼부경』	• 정토에 왕생하는 자들 인도 - 아미타불의 협시보살	아미타불의 좌협시
밀교 千手계통의 경전	• 폭넓은 중생 구제	천수관음상 천수천안관음상

3. 신라 관음신앙의 전개

3-1. 관세음보살의 신라화

● 신라에 있어서 관음신앙의 최초 사례는 자장의 출생에 얽힌 이야기임. 『삼국유사』 자장정률조에 의하면 그의 부친이 아들을 얻기 위해 관음상 천부를 조성하고 誓願하여 자장을 낳았다는 기록임. 이것은 『법화경』 보문품에서 설하고 있는 「아들 얻기를 바라고 관세음보살에게 예배공양하면 아들을 낳게 된다.」는 순수한 관음신앙과 그 應驗으로, 일찍부터 관음신앙이 성행한 것으로 추정.

● 『삼국유사』에 전해지는 낙산사 창건 연기를 보면 신라 관음신앙이 화엄경적인 요소를 반영하여 신라 땅 낙산의 해변 굴에 관음의 주처를 설정함으로 아미타의 협시보살도 아니고, 인도의 보타락가산에 머무르고 있는 관음도 아닌 海東에 상주하는 신라의 보살로 간주.

3-2. 관음신앙의 신라적 특수성

● 신라 중심적 현실이익

- 관음보살의 住處 : 신라의 북쪽에 있는 낙산 해변의 굴.
- 관음보살의 顯現 : 벼 베고 빨래하는 여인 등 신라인과 함께 생활하는 모습으로 나타남.
- 현실이익 : 신라의 관음이므로 新羅僧이 되어 異國까지 가서 이 땅의 젊은이를 데리고 왔으며, 눈먼 아이의 눈을 뜨게 하고, 수도자의 자세를 일깨워 주었으며, 아들을 낳게 해주고, 亂中에의 갓난애를 보살펴 주었으며, 淨土業을 닦는 이에게는 왕생을 도와주고, 성불을 위한 沙門에게는 이 땅의 부처님으로 聖道하게 함.

● 자발적 應現救濟 : 『삼국유사』에 기록된 관음설화 사례의 대부분은 관음의 자발적 應現임. 이것은 관음보살의 무한한 자비와 자유자재로운 능력을 상징한 것으로 볼 수 있음. 신라인들은 그들 앞에 나타나는 관음은 적극적이고 자발적이어서 무조건적으로 관음보살을 믿으려했던 것이라고 추정됨.

백 률 사[1]

계림의 북쪽 산을 금강령이라고 한다. 산의 남쪽에 백률사가 있다. 이 절에는 관음보살상[2]이 하나 있는데 언제 만들었는지 알 수 없으나 영험하고 신이함이 자못 뚜렷하다. 어떤 사람이 말하기를 「이는 중국의 귀신 같은 솜씨를 가진 장인이 중생사의 불상을 빚어 만들 때 함께 만든 것이다.」라 했다. 또 세간에서 말하기를 「이 보살님이 언젠가 도리천에 올라갔다가 돌아와 법당으로 들어갈 때 밟았던 돌 위의 발자국[3]이 지금까지도 깎여지지 않았다.」고 했다. 혹은 또 말하기를 「부례랑을 구하여 돌아올 때 보였던 자취다.」라고 말했다.

천수[4] 3년 임진(692) 9월 7일에 효소왕이 벼슬이 살찬[5]인 대현의 아들 부례랑을 받들어 국선으로 삼으니 그를 따르는 무리[6]가 1천 명이나 되었는데 안상과는 매우 친했다. 천수 4년(장수 2년이라고 한다.) 계사(693) 늦봄에 무리들을 거느리고 금란[7]에 놀러가 북명[8]의 경계까지 갔을 때 말갈족에게 붙잡혀 갔다. 문객들 모두가 어쩔 줄 모르고 돌아왔으나 안상만이 그를 좇았다. 이때가 3월 11일이었다.

대왕이 이를 듣고 놀라움을 금치 못하면서 말하기를 "선대 임금께서 신령한 피리를 얻어 이 몸에게 전하여 지금도 가야금과 함께 궁중의 창고에 보관해 두었는데 어찌하여 국선이 갑자기 포로로 잡혔단 말인가. 이 일을 어쩌면 좋겠는가?"라고 하였다.(가야금과 피리에 대한 이야기는 다른 기록에 자세히 실려 있다.)

신라 삼대 금동불 중의 하나인
백률사 불상

1) 백률사(栢栗寺) : 경주시 북쪽 금강산 중턱에 있는 절. 이차돈의 목을 베었을 때 머리가 떨어진 곳에 절을 세워 자추사(刺楸寺)라 했다고 전해짐. 자추사는 백률사와 이름이 서로 통함. 즉 자(刺)는 잣[柏 → 백]의 음을 한자로 적은 것이며, 추(楸)는 밤의 일종으로 율(栗)과 통함. 따라서 백률사는 이차돈이 순교한 527년에서 멀지 않은 해에 건립한 것으로 추정.

2) 관음보살상[大悲之像] : 원문의 大悲(대비)는 모든 불 · 보살에 통하나 관음보살이 자비의 주가 되기 때문에 주로 관음보살로 통칭.

栢栗寺

雞林之北岳曰金剛嶺. 山之陽有栢栗寺. 寺有大悲之像一軀. 不知作始. 而靈異頗著. 或云. 是中國之神匠塑衆生寺像時幷造也. 諺云. 此大聖曾上忉利天. 還來入法堂時. 所履石上脚迹至今不刓. 或云. 救夫禮郎還來時之所視迹也.

天授三年壬辰九月七日. 孝昭王奉大玄薩喰之子夫禮郎爲國仙. 珠履千徒. 親安常尤甚. 天授四年(※長壽二年)癸巳暮春之月. 領徒遊金蘭. 到北溟之境. 被狄賊所掠而去. 門客皆失措而還. 獨安常追迹之. 是三月十一日也.

大王聞之. 驚駭不勝曰. 先君得神笛. 傳于朕躬. 今與玄琴藏在內庫. 因何國仙忽爲賊俘. 爲之奈何.(琴笛事具載別傳.)

栗 : 밤 률
陽 : 산남쪽 양
軀 : 몸 구
頗 : 자못 파
諺 : 속된말 언
忉 : 근심할 도
履 : 밟을 리
刓 : 깎을 완
脚 : 발 각
喰 : 湌과 혼용
尤 : 더욱 우
※ : 云의 결락
暮 : 저물 모
溟 : 바다 명
狄 : 북녘오랑캐 적
賊 : 도적 적
掠 : 노략질할 략
措 : 조치할 조
駭 : 놀랄 해
躬 : 몸 궁
俘 : 사로잡을 부
奈 : 어찌 내

3) 돌 위의 발자국〔履石上脚迹〕: 지금도 자국이 있음.
4) 천수(天授) : 당나라 측천무후의 연호(690~691). 당나라에서 683년에 고종이 죽자 측천무후가 실권을 장악한 후 690년 황제라 칭하고 국호를 주(周)로 고치고 연호를 천수라 함. 692년 4월에 천수를 여의(如意)라 고친 뒤 그해 9월에 다시 장수(長壽)로 바꿈.
5) 살찬〔薩喰〕: 신라 17관위 중 제8위인 사찬(沙湌)의 별칭. 沙(사)와 薩(살)은 서로 음이 통함.
6) 따르는 무리〔珠履〕: 원문의 珠履(주리)는 구슬 장식을 한 신발인데 이 신은 주로 상객(上客)이 신는 것임. 여기서는 화랑의 무리를 지칭.
7) 금란(金蘭) : 지금의 통천(通川).
8) 북명(北溟) : 지금의 원산.
9) 50냥(五十兩) : 약 653g. (1근 : 218g=16兩)
〈박홍수, 『중국상고 때 도량형 제도에 관하여』〉

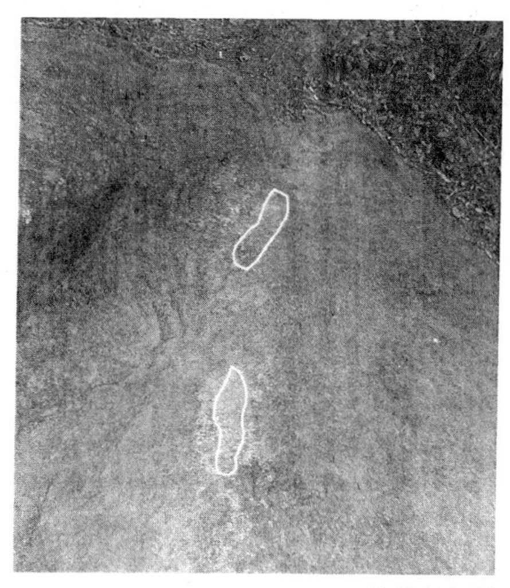

돌 위의 발자국

이때 상서로운 구름이 천존고를 덮었다. 왕이 다시 두려워하여 떨면서 사람을 시켜 조사하니 천존고 안에 있던 가야금과 피리 두 보물이 없어졌다. 이에 왕이 말하기를 "내가 얼마나 불행하기에 어제는 국선을 잃고 다시 또 가야금과 피리를 잃었을꼬!" 하면서 즉시 창고를 담당하던 관리 김정고 등 다섯 사람을 가두었다.

4월에는 나라 사람들을 모아 놓고 말하기를 "가야금과 피리를 찾아오는 사람에게는 1년 간의 세금을 상으로 주겠다"라 했다.

5월 15일에 부례랑의 부모가 백률사의 관세음보살상 앞으로 나아가 여러 날 정성 어린 저녁 기도를 드리자 홀연히 향을 피우는 탁자 위에 가야금과 피리 두 보물이 놓여져 있고 부례랑과 안상 두 사람도 불상 뒤에 와 있었다. 부례랑의 부모가 넘어질 듯 기뻐하며 돌아오게 된 사연을 물었다. 낭이 말하기를 "저는 붙잡혀서부터 그 나라의 대도구라의 집에서 짐승을 기르는 목자가 되어 대오라니 들에서(다른 책에는 도구의 집 종이 되어 대마의 들에서 가축을 길렀다고 했다.) 가축을 기르고 있었습니다. 홀연히 용모가 단정한 스님 한 분이 손에 가야금과 피리를 들고 와서 위로하여 말하기를 '고향 생각이 나는가?' 라 하자 저도 모르게 그의 앞에 무릎을 꿇고 말하기를 '임금과 부모를 그리는 마음을 어찌 다 말하겠습니까?' 라 하니 스님이 말씀하시기를 '그러면 나를 따라오면 좋을 것이다' 하고는 나를 데리고 마침내 해변까지 와서 다시 안상을 만났습니다. 이에 스님은 피리를 둘로 쪼개서 우리 두 사람에게 주면서 각기 한 짝씩 타게 하고, 그 자신은 가야금을 타고 둥실 떠서 돌아오는데 잠깐 동안에 이곳에 도착했습니다"라 했다.

이에 자세한 사정을 왕에게 급히 말씀드리자 왕이 크게 놀라며 사람을 보내 낭을 맞이하니 부례랑이 가야금과 피리를 가지고 대궐로 들어왔다. 왕이 각각 무게가 50냥[9] 되는 금 · 은 그릇 다섯 개씩 두 벌 , 비단으로 된 승려 옷[10] 다섯 벌, 비단 3천 필과 밭 1만 경[11]을 절에 시주하여 자비로운 부처님의 은덕에 보답했다. 나라 안의 많은 죄인을 용서해 풀어주고, 관리들에게는 벼슬 3급을 높여 주고 백성들에게는 3년 간의 세금을 면제해 주었다. 그 절의 주지를 봉성사로 옮겨 머무르게 하고 부례랑을 봉하여 대각간(신라 재상의 벼슬 이름이다.)으로 삼고, 아버지인 대현아찬을 태대각간으로 삼았으며 어머니 용보부인은 사량부의 경정궁주로 삼았다. 안상법사를 대통으로 삼았으며 창고를 담당했던 관리 다섯 명 모두 석방하면서 각각 벼슬 5급을 올려주었다.

時有瑞雲覆天尊庫. 王又震懼使撿之. 庫內失琴笛二寶. 乃曰. 朕何不予. 昨失國仙. 又亡琴笛. 乃囚司庫吏金貞高等五人.

四月. 募於國曰. 得琴笛者・賞之一歲租.

五月十五日. 郎二親就栢栗寺大悲像前. 禋祈累夕. 忽香卓上得琴笛二寶. 而郎常二人來到於像後. 二親顚喜. 問其所由來. 郎曰. 予自被椋爲波國大都仇羅家之牧子. 放牧於大烏羅尼野.(一本作都仇家奴. 牧於大磨之野.) 忽有一僧・容儀端正. 手携琴笛來慰曰. 憶桑梓乎. 予不覺跪于前曰. 眷戀君親. 何論其極. 僧曰. 然則宜從我來. 遂率至海壖. 又與安常會. 乃批笛爲兩分. 與二人各乘一隻. 自乘其琴. 泛泛歸來. 俄然至此矣.

於是具事馳聞. 王大驚使迎郎. 隨琴笛入內. 施鑄金銀五器二副各重五十兩・摩衲袈裟五領・大綃三千疋・田一萬頃納於寺. 用答慈庥焉. 大赦國內. 賜人爵三級. 復民租三年. 主寺僧移住奉聖. 封郎爲大角干.(羅之冡宰爵名.) 父大玄阿喰爲大大角干. 母龍寶夫人爲沙梁部鏡井宮主. 安常師爲大統. 司庫五人皆免. 賜爵各五級.

震 : 떨 진, 두려워할 진
懼 : 두려워할 구
撿 : 檢(조사할 검)과 동일
予 : 弔의 오기
弔 : 불쌍히여길 조
不弔 : 불행
租 : 세금 조
禋 : 정성스럽게제사지낼 인
祈 : 기도할 기
顚 : 넘어질 전
被 : 미칠 피
椋 : 掠(빼앗을 략)의 오기
椋 : 박달나무 량
波 : 彼의 오기
携 : 잡을 휴
憶 : 생각할 억
梓 : 노나무 재
跪 : 꿇어앉을 궤
眷 : 돌아볼 권
壖 : 틈서리 연
批 : 손으로칠 비
隻 : 외짝 척
泛 : 뜰 범
馳 : 말달릴 치
內 : 대궐 내
副 : 찢을 복
衲 : 장삼 납
袈 : 가사 가
裟 : 가사 사
領 : 옷깃 령
綃 : 비단 초
頃 : 백이랑 경
庥 : 음덕 휴
復 : 제할 복
疋 : 옷길이재는단위 필
冡 : 冢의 오기
冡 : 덮을 몽
冢 : 벼슬이름 총
喰 : 湌과 혼용
大 : 太의 오기

10) 비단으로 된 승려 옷〔摩衲袈裟〕: 법복의 한 종류. 원문의 摩는 磨로 비단.

11) 1만 경(一萬頃) : 頃은 結과 같은 단위로 1頃은 주척(周尺) 기준 4,764평. 1만 경은 과장 또는 오기인 듯함.

6월 12일에 혜성[12]이 동쪽에 나타나더니, 17일에 다시 서쪽에 혜성이 나타나자 일관이 말씀드리기를 "가야금과 피리의 상서로움에 대해서 작위를 봉하지 않아서 그러하옵니다"라 했다. 이에 피리를 만만파파식적으로 책명하자 혜성이 곧 사라졌다. 그 후에도 신령스럽고 기이한 일이 많았으나 글이 너무 복잡하여 다 싣지 않는다.

세상에서는 안상을 준영랑의 무리라고 했으나 자세히 알지 못함이다. 영랑의 무리에는 오로지 진재·번완 등의 이름만 알려졌으나 이들도 역시 알 수 없는 사람들이다.(자세한 것은 별전에 있다.)

12) 혜성(彗星) : 살별 또는 장성. 옛날부터 동양에서는 이 별이 나타나면 불길한 징조로 여김.

백률사 조의 구성과 의미

<table>
<tr><td colspan="2">재래신앙(在來信仰)의 수호신적(守護神的) 권능이 불교적 권능으로 전환
용과 천신(天神)이 바친 만파식적이 불교 신앙으로 위력 발휘</td></tr>
<tr><td colspan="2">도입[起] : 재래신앙의 성소 북악에 신령스런 관음보살이 모셔지다.
토착신앙이 불교를 받아들임</td></tr>
<tr><td>• 계림의 북악 금강산의 백률사에 영험하고 신이한 관음상이 모셔지다.
- 중생사의 불상과 같이 만들다.
• 돌 위의 발자국은 관음보살이 도리천에서 돌아올 때 또는 부례랑을 구하여 돌아올 때 발자국이라 하다.</td><td>• 재래신앙의 성소인 북악 금강산에 불교의 관음상이 모셔짐
- 6세기 초로 불교 공인 전후에 만들어짐
• 원시불교 당시 석가모니 발자국을 숭배의 대상으로 한 것과 동일한 개념이며, 부례랑을 구한 것은 재래신앙의 영이력(靈異力)을 표현한 것</td></tr>
<tr><td colspan="2">전개[承] : 부례랑이 말갈에 잡혀가고 만파식적도 사라지다.
토착신앙의 약화</td></tr>
<tr><td>• 풍류도의 국선 부례랑이 말갈에 잡혀가니 천여 명의 무리 중 한 명만 그를 좇다.
• 대왕이 만파식적과 거문고가 있는데도 국선이 잡혀간 것에 대해 한탄하다.
• 만파식적과 가야금이 사라지다.</td><td>• 전성기를 벗어난 국선과 그 집단의 무력(無力)과 무능력(無能力)한 모습 표현
• 만파식적의 능력에 대해 왕이 의심
- 용·천신과 연관된 토착신앙의 약화
• 새로운 탄생(불교와 융합)을 위한 준비</td></tr>
</table>

六月十二日．有彗星孛于東方．十七日．又孛于西方．日官奏曰．不封爵於琴笛之瑞．於是册号神笛爲萬萬波波息．彗乃滅．後多靈異．文煩不載．世謂安常爲俊永郞徒．不之審也．永郞之徒．唯眞才・繁完等知名．皆亦不測人也.(詳見別傳.)

孛 : 혜성 패
審 : 알 심

천전리 서석에 쓰여진 永郞

<table>
<tr><td colspan="2">전환[轉] : 스님이 만파식적으로 부례랑과 안상을 구하다.
불교가 토착신앙을 흡수</td></tr>
<tr><td>• 왕이 보배를 찾아오면 1년의 조세를 상으로 준다고 하다.</td><td>• 매우 큰 상을 준다 함은 왕과 신라인들의 밑바탕에 재래신앙을 믿고 의지하는 마음이 강함을 상징</td></tr>
<tr><td>• 부례랑의 부모가 백률사 불상 앞에 기도하니 부례랑과 안상 및 만파식적과 가야금이 돌아오다.
- 스님이 만파식적을 둘로 쪼개어 부례랑과 안상에게 타고 가게 하다.</td><td>• 재래신앙의 영이력(靈異力)이 불교의 힘에 의해 발휘
- 재래신앙의 상징인 만파식적을 스님이 둘로 쪼갰다 함은 토착신앙이 불교에 흡수됨을 의미</td></tr>
<tr><td colspan="2">결론[結] : 왕이 부처님의 은덕에 보답하고, 만파식적을 새롭게 책명하다.
일방적 불교 편향 경계 및 조화로운 사상 통합</td></tr>
<tr><td>• 왕이 백률사에 밭 1만 경 등 매우 큰 은덕을 베풀다.
• 만파식적을 만만파파식적으로 책명하자 나타났던 혜성이 사라지다.</td><td>• 일방적인 불교 편향을 의미
• 재래신앙과 불교의 융합을 통한 사상의 승화(昇華)</td></tr>
</table>

민장사[1]

우금리에 보개라고 하는 가난한 여자가 장춘이라고 하는 아들을 두었는데 해외로 다니는 장사꾼을 따라 가더니 오랫동안 소식이 없었다. 그의 어머니가 민장사(이 절은 바로 민장 각간이 집을 회사하여 절을 만든 것이다.)의 관음보살 앞에서 7일 동안 정성스럽게 기도를 드리자 장춘이 홀연히 돌아왔다.

그동안의 연유를 묻자 장춘이 말하기를 "바다에서 회오리바람이 일어 배는 부서지고 동료들은 모두 죽음을 면하지 못했습니다. 저는 널판쪽을 타고 오나라 바닷가에 닿았습니다. 오나라 사람이 저를 데려다가 들에서 농사를 짓게 했는데 기이한 스님 한 분이 마치 고향에서 온 것처럼 은근히 위로하더니 저를 데리고 같이 가다가 앞에 깊은 도랑이 나타나자 스님이 저를 겨드랑이에 끼고 그 도랑을 뛰어 넘었습니다. 정신이 혼미한 가운데 고국의 말소리와 함께 우는 듯한 소리가 들리기에 보니 바로 여기에 이미 와 있었습니다. 신시[2](오후 3~5시)에 오나라를 떠나 여기에 도착한 것은 겨우 술시[3](오후 7~9시)였습니다"라 했다. 이때가 바로 천보[4] 4년 을유(745) 4월 8일이었다.

경덕왕이 이를 듣고 절에 밭을 시주하고 또 재물과 패물을 바쳤다.

1) 민장사(敏藏寺) : 정확한 절의 위치는 알 수 없으나 각간의 집이었으므로 경주 시내에서 가까운 위치로 추정.

2) 신시(申時), 3) 술시(戌時) : 12지지(支持)의 시간.

지지(支持)	자시(子時)	축시(丑時)	인시(寅時)	묘시(卯時)	진시(辰時)	사시(巳時)	오시(午時)	미시(未時)	신시(申時)	유시(酉時)	술시(戌時)	해시(亥時)
시간	23~01	01~03	03~05	05~07	07~09	09~11	11~13	13~15	15~17	17~19	19~21	21~23

4) 천보(天寶) : 중국 당나라 현종(玄宗)의 연호.

*관음은 이 설화에서 스님으로 화현(化現)하였다. 여기서 관음의 화신인 스님은 신라와 중국을 공간의 제약 없이 자유롭게 넘나드는 존재로 묘사되었다. 시·공의 분별이 없다는 것은 속세의 굴레를 벗어났다는 것을 의미하며 역설적인 방식으로 시간을 부정하는 것이나 다름없다. 이것은 분별된 시간에서 벗어나야 한다는 불교적 가르침에서 기인하는 것이다. 〈김승호, 『한국승전문학의 연구』〉

敏藏寺

禺金里貧女寶開. 有子名長春. 從海賈而征. 久無音耗. 其母就敏藏寺(寺乃敏藏角干捨家爲寺.)觀音前克祈七日. 而長春忽至.

問其由緖. 曰. 海中風飄舶壞. 同侶皆不免. 予乘隻板歸泊吳涯. 吳人收之. 俾耕于野. 有異僧如鄕里來. 吊慰勤勤. 率我同行. 前有深渠. 僧掖我跳之. 昏昏間如聞鄕音與哭泣之聲. 見之乃巳屆此矣. 日晡時離吳. 至此纔戌初. 卽天寶四年乙酉四月八日也.

景德王聞之. 施田於寺. 又納財幣焉.

從 : 따를 종
賈 : 장사 고
征 : 갈 정
耗 : 아무것도없을 모
捨 : 버릴 사
緖 : 실마리 서
壞 : 무너뜨릴 괴
飄 : 회오리 표
舶 : 큰배 박
侶 : 짝 려
隻 : 물건하나 척
涯 : 물가 애
俾 : 하여금 비
吊 : 불쌍히여길 조
渠 : 도랑 거
昏昏 : 정신이 없는 모양
掖 : 겨드랑이 액
跳 : 건널 도
巳 : 已의 오기
屆 : 도착할 계
晡 : 신시 포, 저녁때 포
纔 : 겨우 재

여러 모습의 관음보살

전후 소장 사리

– 앞(신라)과 뒤(고려)에서 가지고 온 사리 –

『국사』에 다음과 같이 기록되어 있다.

「진흥왕 때인 태청[1] 3년 기사(549)에 양나라에서 심호를 시켜 사리 몇 알을 보내왔고, 선덕왕 때인 정관 17년 계묘(643)에 자장법사가 부처의 머리뼈 · 부처의 치아 · 불사리 1백 알 그리고 부처가 입던 붉은 비단에 금색 점이 있는 가사 한 벌을 가져왔다. 그 사리는 셋으로 나누어 한 몫은 황룡사탑에, 한 몫은 태화사탑[2]에, 한 몫은 가사와 함께 통도사 계단[3]에 두었다. 그 나머지는 어디에 있는지 알 수 없다. 통도사 계단은 두 층으로 되어 있는데 위층 가운데의 돌 뚜껑은 마치 가마솥을 엎어놓은 모양으로 안치되어 있다.」

세간에서는 다음과 같이 이야기하고 있다.

「옛날 고려조에서 두 명의 안렴사[4]가 연달아 와서 예를 올리고 계단의 돌 뚜껑을 열어 경배하였는데 처음에는 긴 구렁이가 돌함 속에 있는 것을 보았고, 그 뒤에는 큰 두꺼비가 돌 위에 웅크리고 앉아 있는 것을 보았다. 이로부터는 감히 이것을 들어보지 못하였다가 근래에 상장군 김이생[5]공과 시랑 유석[6]이 고종의 명을 받아 강동[7]지방을 지휘할 때 부절[8]을 가지고 이 절에 와서 돌을 들고 예를 올리고자 했다. 절의 승려가 예전의 일로 꺼리는지라 두 사람이 군사들을 시켜 기어이 이것을 들게 했더니 그 속에는 돌로 된 작은 함이 있는데 함 속에는 유리통이 들어 있고[9] 통 속에는 단지 네 개의 사리가 있을 뿐이었다. 이것을 서로 돌려보며 경배를 올렸는데 통이 조금 상하여 터진 곳이 있었으므로 유공이 마침 가지고 있던 수정함 하나를 시주하여 함께 간직하도록 하고 이 일을 기록해 두었다. 이 해가 강화도로 수도[10]를 옮긴 지 4년이 되는 을미(1235)였다.

1) 태청(太淸) : 남조 양나라 무제의 연호(547~549).
2) 태화사탑〔太和塔〕 : 태화사는 울산시 태화동 반탕골 산기슭에 있었던 사찰이나, 언제 어떻게 없어졌는지 알 수 없음.
3) 통도사 계단(通度寺戒壇) : 의해편 자장정률 조 참조.
4) 안렴사〔廉使〕 : 원문의 염사(廉使)는 고려 때 지방장관 안렴사(按廉使)를 말함.
5) 김이생〔金公利生〕 : 고려 고종 때 상장군으로 동남도지휘사가 되어 반란군을 막음.

前後 所將 舍利

國史云.

眞興王大淸三年巳巳. 梁使沈湖送舍利若干粒. 善德王代貞觀十七年癸卯. 慈藏法師所將佛頭骨·佛牙·佛舍利百粒. 佛所著緋羅金點袈裟一領. 其舍利分爲三. 一分在皇龍塔. 一分在大和塔. 一分幷袈裟在通度寺戒壇. 其餘未詳所在. 壇有二級. 上級之中. 安石蓋如覆鑊.

大 : 太의 오기
巳 : 己의 오기
粒 : 낟알 립
將 : 가질 장
牙 : 어금니 아
著 : 입을 착
緋 : 붉은빛 비
領 : 벌(의류를세는단위) 령
大 : 太의 오기
覆 : 뒤집을 복
鑊 : 가마솥 확

諺云.

昔在本朝. 相次有二廉使禮壇. 擧石鑊而敬之. 前感脩蟒在函中. 後見巨蟾蹲石腹. 自此不敢擧之. 近有上將軍金公利生·庾侍郎碩. 以高廟朝受旨. 指揮江東. 仗節到寺. 擬欲擧石瞻禮. 寺僧以往事難之. 二公令軍士固擧之. 內有小石函. 函襲之中. 貯以瑠璃筒. 筒中舍利只四粒. 傳示瞻敬. 筒有小傷裂處. 於是庾公適蓄一水精函子. 遂奉施兼藏焉. 識之以記. 移御江都四年乙未歲也.

擧 : 들 거
感 : 느낄 감
脩 : 길 수
蟒 : 이무기 망
蟾 : 두꺼비 섬
蹲 : 웅크릴 준
瞻 : 쳐다볼 첨
擬 : 적용할 의
襲 : 상자 습
瑠 : 유리 류
璃 : 유리 리
只 : 다만 지

6) 유석(庾碩) : 고려 고종 때 충청 · 전라 두 도의 안렴사와 동남도지휘부사를 지냄.
7) 강동(江東) : 낙동강의 동쪽 지역.
8) 부절〔仗節〕 : 원문의 仗節(장절)은 왕명을 받은 장군이나 외국에 가는 사신에게 주던 신표(信標)인 부절(符節)로 추정.

사리란 인체를 화장하고 난 뒤에 남겨진 뼈 전체 또는 가루가 된 뼛조각을 말함.

『고기』에는 다음과 같이 기록하고 있다.

「사리 1백 과를 세 곳에 나누어 보관했는데 이제는 다만 네 과뿐이다. 그것은 사람에 따라 보이지 않기도 하고 보이기도 하니 수효가 많고 적은 것은 괴이할 것이 없다.」

또 세간에서는 이렇게 말하고 있다.

「황룡사탑이 불타던 날 돌함의 동쪽 면에 커다란 얼룩이 생겼는데 지금까지도 그러하다.

이때가 곧 요나라 응력[11] 3년 계축(953)이니 고려 광종 4년으로 탑이 세 번째 화재를 당하던 때이다. 조계[12]의 무의자[13]가 남긴 시에

말을 듣건대 황룡사탑이 불타던 날

연이어 불에 탄 한쪽 면은 무간지옥을 보여주네.」

라 한 것이 바로 이것이다.

지원[14] 갑자(1264) 이래로 원나라의 사신[15]과 본국의 사신들이 다투어 와서 돌함에 예를 올리고 사방의 행각승려[16]들이 모여들어 참례를 하는데 더러는 이 돌을 들어보기도 하고 혹은 들지 않기도 했다. 진신사리 네 과 이외에 변신사리[17]가 모래같이 부서져 돌함 밖으로 나타났는데 기이한 향기가 진동하여 여러 날 동안 없어지지 않은 일이 종종 있었다. 이는 말세의 기이한 일 중의 하나였다.

9) 돌로 된 작은 함이 있는데 함 속에는 유리통이 들어 있고 : 통도사 계단의 사리는 돌 뚜껑 밑에 돌함이 있고 그 안에 유리 사리통이 있음. 통일신라시대의 舍利器는 외함 → 외합 → 내합 → 사리병의 구조로 됨.

금동사리외함 → 은사리외합 → 은사리내합 → 녹색 유리 사리병

불국사 석가탑의 사리함 · 합 · 병의 형태

10) 수도[江都] : 지금의 강화도.

古記稱

稱 : 일컬을 칭
枚 : 개수 매

百枚分藏三處. 今唯四爾. 旣隱現隨人. 多小不足怪也.

又諺云.

其皇龍寺塔災之日. 石鑊之東面始有大斑. 至今猶然. 卽大遼應曆三年癸丑歲也. 本朝光廟五載也. 塔之第三災也. 曺溪無衣子留詩云.

聞道皇龍災塔曰

連燒一面示無間

是也.

自至元甲子已來. 大朝使佐. 本國皇華・爭來瞻禮. 四方雲水. 輻湊來參. 或擧不擧. 眞身四枚外. 變身舍利. 碎如砂礫. 現於鑊外. 而異香郁烈. 旀日不歇者. 比比有之. 此未季一方之奇事也.

斑 : 얼룩점 반
五 : 四의 오기
曺 : 曹의 오기
道 : 道의 오기
日 : 日의 오기
道 : 貧道의 약자
燒 : 불탈 소
輻 : 다투어모일 복
湊 : 모일 주
碎 : 부술 쇄
礫 : 조약돌 력
郁 : 성할 욱
烈 : 맹렬할 열
鑊 : 鑊의 오기인 듯
旀 : 弥의 異體字
歇 : 그칠 헐
比 : 빽빽할 비
比比 : 흔히, 자주
未 : 末의 오기

11) 응력(應曆) : 요나라 목종의 연호(951~968).
12) 조계(曺溪) : 불교의 조계종(曹溪宗). 원문의 曺는 曹의 오기.
13) 무의자(無衣子) : 생몰 1178~1234. 성은 최, 자는 영을(永乙), 호는 무의자이며 시호는 진각국사. 보조국사를 이어 조계종의 2대 조사가 됨.
14) 지원(至元) : 원나라 세조(世祖)의 연호(1264~1294).
15) 사신[皇華] : 원문의 皇華(황화)는 사신이란 뜻. 『시경』 소아편의 「皇皇者華(황황자화 : 화려한 꽃)」라는 시는 임금이 사신을 보낼 때 부르는 노래. 시의 내용은 사신으로 가는 사람이 도중의 감탄을 노래한 것이나 뒤에 사신을 보낼 때 부르게 된 것.
16) 행각승려[雲水] : 원문의 雲水(운수)는 행각승(行脚僧)의 의미로 구름이나 물처럼 정처 없이 돌아다니며 깨닫는 승려를 의미.
17) 변신사리(變身舍利) : 법상종에서 주장하는 삼신(三身)인 자성신(自性身 : 법신)・수용신(受用身 : 보신・응신)・변화신(變化身 : 응신) 중 변화신의 사리.
*변화신 : 부처님이 모든 중생을 제도하기 위해 여러 가지로 변현(變現)하는 불신(佛身).

당나라 대중[18] 5년 신미(851)에 당나라에 갔던 사신 원홍이 부처의 어금니(지금은 어디에 있는지 알 수 없으나 신라 문성왕 대의 일이다.)를 가지고 왔다. 후당[19] 동광[20] 원년 계미(923), 즉 고려 태조가 왕위에 오른 지 6년 되는 해에 중국에 들어갔던 사신 윤질이 가져온 5백 나한[21]상은 지금 북숭산 신광사에 있다. 송나라 선화 원년(1119) 기해(예종 14년이다.)에 조공을 바치러 갔던 사신 정극영[22]·이지미 등이 가지고 온 부처의 어금니를 궁중에 모셔둔 것이 바로 이것이다.

서로 전해오는 말에 따르면 「옛날 의상법사가 당나라에 들어가 종남산 지상사의 지엄스님[23]이 계시는 곳에 이르렀는데, 이웃에 선율스님[24]이 있어 언제나 하늘에서 먹을 것을 받았다. 매번 재를 올릴 시간에는 하늘 주방으로부터 음식이 보내졌다. 하루는 선율스님이 의상스님을 청하여 재를 드리는데 의상이 와서 자리잡고 앉은 지 이미 오래되었건만 하늘에서 내리는 음식은 때가 지나도 오지 않았다. 의상이 이 때문에 빈 밥그릇을 가지고 돌아가매 천사가 그때야 내려왔다. 선율스님이 "오늘은 어째서 이렇게 늦었습니까?"라 묻자 천사가 대답하기를 "온 동네에 신들의 병사가 꽉 들어차 막고 있어서 들어올 수가 없었습니다"라 했다. 이때야 선율은 의상법사가 신병의 호위를 받고 있음을 알았다.

곧 그의 도가 자기보다 나은 것에 탄복하고 하늘에서 가져온 음식을 그대로 두었다가 이튿날 또 지엄과 의상 두 스님을 청하여 재를 올리면서 자세히 그 전말을 이야기했다. 의상이 조용히 선율에게 말하기를 "율사께서는 이미 천제의 존경을 받고 계십니다. 일찍이 들으니 제석궁[25]에는 부처님의 치아 40개 중에 어금니 하나가 있다고 합니다. 우리들을 위해서 천제께 이것을 인간에게 내려주기를 청하여 복되게 함이 어떻겠습니까?"라 했다. 선율스님이 뒤에 천사와 함께 이 뜻을 상제께 전하니 상제는 7일 기한으로 이것을 보내주었다. 의상이 경의를 표한 뒤에 이를 맞아서 (당나라)대궐에 모셨다.」라 했다.

18) 대중(大中) : 당나라 선종(宣宗)의 연호(847~859).
19) 후당(後唐) : 후량(後梁)에 이어 중국 5대(五代)의 두 번째 왕조(923~935).
20) 동광(同光) : 후량(後梁)의 시조인 장종(莊宗)의 연호(923~925).

唐大中五年辛未．入朝使元弘所將佛牙．(今未詳所在．新羅文聖王代．) 後唐同光元年癸未．本朝大祖卽位六年．入朝使尹質所將五百羅漢像．今在北崇山神光寺．大宋宣和元年巳卯．(睿廟十五年．) 入貢使鄭克永・李之美等所將佛牙．今內殿置奉者是也．

大 : 太의 오기
巳卯 : 己亥의 오기
十五 : 十四의 오기

相傳云．昔義湘法師入唐．到終南山至相寺智儼尊者處．隣有宣律師．常受天供．每齋時天廚送食．一日律師請湘公齋．湘至坐定既久．天供過時不至．湘乃空鉢而歸．天使乃至．律師問今日何故遲．天使曰．滿洞有神兵遮擁．不能淂入．於是律師知湘公有神衛．

儼 : 공경할 엄
齋 : 재계할 재
廚 : 주방 주
湘 : 물이름 상
鉢 : 그릇 발
遲 : 늦을 지
遮 : 막을 차
擁 : 가릴 옹
淂 : 得의 異體字

乃服其道勝．仍留其供具．翌日又邀儼湘二師齋．具陳其由．湘公從容謂宣曰．師既被天帝所敬．嘗聞帝釋宮有佛四十齒之一牙．爲我等輩・請下人間爲福如何．律師後與天使傳其意於上帝．帝限七日送與湘公．致敬訖．邀安大內．

服 : 탄복할 복
勝 : 나을 승
邀 : 맞을 요
具 : 그릇 구
從容 : 조용히 부드럽게 말하는 모양
訖 : 마칠 글

21) 5백 나한(五百羅漢) : 존경과 공양을 받을 만한 5백의 성자(聖者). 5백 나한은 석가모니의 제자라고 도 하며, 부처님 열반 후 불경을 만들기 위해 처음 참여한(제1 결집) 5백의 비구를 의미하기도 함. 후세에 중국・한국・일본 등에서 5백 나한의 숭배가 성행.
22) 정극영(鄭克永) : 1067~1127. 고려 예종 때의 학자로 송나라에 가서 문명(文名)을 떨침.
23) 종남산 지상사의 지엄스님 : 의해편 의상전교 조 참조.
24) 선율스님〔宣律師〕 : 당나라 때 남산율종(南山律宗)의 개조인 도선율사(道宣律師)의 道를 생략하고 선율사라 한 듯함.
25) 제석궁(帝釋宮) : 범왕(梵王)과 더불어 불법을 지키며 불교의 33천을 주재하는 제석이 있는 곳.

그 후 송나라 휘종 조에 이르러 도교를 숭상하여 받들자 이 당시의 나라 사람들이 예언하여 말하기를 "금인(金人)[26]이 나라를 망칠 것이다"라 했다. 도교의 무리들이 일관(日官)을 충동하자 일관이 임금에게 말씀드리기를 "금인이란 불교를 말하는 것이니 장차 나라에 이롭지 못할 것이옵니다"라 하였다. 나라에서 의논하여 앞으로 불교를 없애고 승려들은 모두 땅에 묻어 죽이고 경전을 불사르기로 했다. 그리고 작은 배를 따로 만들어 부처의 어금니를 실어 큰 바다에 띄워 인연이 닿는 데로 흘러가게 했다. 그때 마침 송나라에 갔던 고려 사신이 이 사실을 듣고 천화용[27] 50령과 저포[28] 3백 필을 배의 책임자인 관리에게 뇌물로 주고 몰래 부처의 어금니를 받고는 빈 배만 띄워보냈다.

사신들이 이미 부처의 어금니를 얻어 가지고 와서 왕에게 말씀드렸다. 이에 예종[29]이 크게 기뻐하며 십원전 왼쪽에 있는 작은 전각에 모셔 두게 하고 항상 전각의 문을 잠그고 밖에는 향을 피우고 등불을 밝혔다. 왕이 친히 행차하는 날에만 전각 문을 열고 공손히 예를 올렸다.

임진년(1232)이 되어 수도를 강화로 옮길 때 내관들이 경황 중에 잊어버리고 거두지 못하였다. 병신(1236) 4월에 임금을 위하여 세운 절인 신효사[30]의 승려 온광이 부처의 어금니에 치성 올릴 것을 청했다. 이를 왕에게 말씀드리자, 왕이 대궐 안의 신하에게 명령하여 궁중을 두루 찾아보도록 했으나 찾지 못했다. 이때 어사대[31] 시어사[32] 최충[33]이 설신에게 명하여 여러 알자[34] 방에 서둘러 물어 보았으나 어디에 두었는지 다들 알지 못했다. 내신 김승로가 왕에게 말씀드리기를 "임진(1232)에 수도를 옮길 때의 궁중일기인 『자문일기』를 조사해 보소서" 해서 그 말대로 따랐다.

『자문일기』에 쓰여 있기를 「궁중에 들어와 시종하던 대부경 이백전이 부처님 치아 넣은 함을 받다.」고 했다. 이백전을 불러 힐문하니 대답하기를 "집으로 돌아가 다시 제가 기록한 것을 찾아보게 해 주소서"라고 하였다. 그러고는 집에 가서 좌번 알자 김서룡이 부처님 치아가 든 함을 확실히 받았다는 기록을 찾아내 가지고 와서 보였다. 김서룡을 불러와 물어보았으나 대답을 하지 못했다. 다시 김승로가 말씀드린바와 같이 임진(1232)부터 지금의 병신(1236)까지 5년 간 대궐 내의 불당과 경령전에 근무한 자[35]들을 잡아 가두고 심문했으나, 서로 말이 달라 결말을 내지 못하였다.

26) 금인(金人) : 부처 또는 불상으로 부처님의 몸이 금빛인 데서 이름한 것. 여기서는 불교를 의미.
27) 천화용(天花茸) : 눈과 같이 흰 모직물.

後至大宋徽宗朝. 崇奉左道. 時國人傳圖讖曰. 金人敗國. 黃巾之徒・諷日官奏曰. 金人者佛敎之謂也. 將不利於國家. 議將破滅釋氏・坑諸沙門・焚燒經典. 而別造小舡・載佛牙泛於大海. 任隨緣流泊. 于時適有本朝使者・至宋聞其事. 以天花茸五十領・紵布三百疋・行賂於押舡內史. 密授佛牙. 但流空舡.

使臣等既淂佛牙來奏. 於是睿宗大喜. 奉安于十員殿左掖小殿. 常鑰匙殿門. 施香燈于外. 每親幸日. 開殿瞻敬.

至壬辰歲移御次. 內官悤遽中忘不收撿. 至丙申四月. 御願堂神孝寺釋薀光請致敬佛牙. 聞于上. 勑令內臣遍撿宮中. 無淂也. 時栢臺侍御史崔冲命薛伸. 急徵于諸謁者房. 皆未知所措. 內臣金承老奏曰. 壬辰年移御時紫門日記推看. 從之.

記云. 入內侍大府卿李白全受佛牙函云. 召李詰之. 對曰. 請歸家更尋私記. 到家撿看. 得左番謁者金瑞龍・佛牙函准受記來呈. 召問瑞龍. 無辭以對. 又以金承老所奏云. 壬辰至今丙申五年間. 御佛堂及景靈殿上守等囚禁問當. 依違未決.

讖 : 비결 참
諷 : 넌지시말하여깨우칠 풍
坑 : 묻을 갱
焚 : 불사를 분
燒 : 불사를 소
舡 : 배 선
泊 : 머물 박
茸 : 녹용 용
紵 : 모시풀 저
賂 : 뇌물 뢰
押 : 관리할 압
淂 : 得의 異體字
掖 : 곁들 액
鑰 : 잠글 약
匙 : 열쇠 시
悤 : 바쁠 총
遽 : 급할 거
撿 : 검속할 검
薀 : 蘊(쌓일 온)의 異體字
淂 : 得의 異體字
冲 : 화할 충
薛 : 다북쑥 설
謁 : 아뢸 알
措 : 둘 조
推 : 힐난하여물을 추
侍 : 시종할 시
詰 : 물을 힐
准(準의 속자) : 준거할 준
呈 : 보일 정
依 : 말미암을 의
違 : 다를 위

- 천화(天花) : 눈[雪]의 별칭.
- 용(茸) : 모직 실을 뜻하는 융(絨)의 오기. 〈미시나[三品], 『三國遺事考證』〉

28) 저포(紵布) : 모시.
29) 예종(睿宗) : 고려 16대 왕. 재위 1105~1122. 학문을 좋아하여 학교를 세우고 육경을 강론하여 학자와 문인을 많이 배출하여 유학을 크게 융성시킴.
30) 신효사(神孝寺) : 경기도 개풍군 광덕산에 있던 절. 고려 태조 4년(921)에 창건.
31) 어사대[栢臺] : 원문의 栢臺(백대)는 어사대(御史臺)의 별칭.
32) 시어사(侍御史) : 고려 때 어사대에 근무하던 종5품 벼슬.
33) 최충(崔冲) : 984~1068. 고려 목종 때부터 문종 때의 유학자로 해동공자로 불림.
34) 알자(謁者) : 고려의 관직명. 내시부(內侍府)의 종7품 벼슬.
35) 근무한 자[上守] : 원문의 上守(상수)는 上守吏이나 여기서는 수직자(守直者)를 뜻함.

그로부터 3일이 지난 날 밤에 서룡의 집 담장 안으로 물건을 던지는 소리가 나서 대대적으로 조사해 보니 바로 부처님 치아가 든 함이었다. 함은 본래 제일 안쪽의 한 겹은 침향합이고 다음 한 겹은 순금으로 된 합이며 그 다음 바깥 겹은 흰 은으로 된 함이었다. 다음 바깥 겹은 유리함이고 그 다음 바깥 겹은 나전함이며 각 함의 폭은 서로 꼭 맞게 되어 있었다. 지금은 단지 유리함뿐이었다.

얻은 것을 기뻐하여 대궐로 들어가 보고했다. 담당 관원들이 의논하여 김서룡과 두 전각에 근무한 자들 전부를 죽이려 하였더니 진양부[36]가 말씀드리기를 "불교에 관한 일로 여러 사람을 상하게 하는 것은 옳지 않습니다"라 하여 모두 죽음을 면했다.

다시 명령을 내려 십원전 안뜰에 특별히 불아전(佛牙殿)을 지어 부처님 어금니를 넣은 함을 모셔두고 장병들로 하여금 지키게 하였다. 좋은 날을 택하여 신효사의 주지[37] 온광을 청하여 승려 30명을 데리고 궁중에 들어가 재를 정성스럽게 드렸다. 그날 근무하던 승선[38] 최홍과 상장군 최공연 · 이영장과 내시다방들이 대궐 뜰에 시립하여 차례대로 머리에 이고 정성을 드렸다. 부처님 어금니를 모셔둔 함의 구멍 사이에 나타나는 사리는 부지기수이니 진양부에서 그것을 흰 은으로 된 합에 담아서 안치했다.

그때 임금이 신하들에게 말하기를 "짐이 부처님의 어금니를 잃어버린 이래 네 가지의 의문이 생겼다. 첫째 의문은 천궁의 7일 기한이 다 차서 하늘로 올라간 것이 아닐까 하는 것이었고, 두 번째 의문은 나라가 이토록 어지러우니 부처님의 어금니는 신령스런 물건이라 그만 인연 있고 평온한 나라로 옮겨간 것이 아닐까 하는 것이었다. 세 번째 의심은 재물을 탐낸 못된 자가 겉함만 훔쳐가고 어금니는 구렁에 버린 것이 아닐까 하는 것이고 네 번째 의문은 도둑이 보물을 탐하여 훔쳤다가 자백할 길이 없어 집 안에 감추어 둔 것이 아닐까 하였더니, 지금 네 번째 의문이 맞았구나" 하고는 목놓아 큰 소리로 우니 뜰 안에 가득 있던 모든 사람들이 눈물을 흘리며 축하를 올렸다. 심지어 이마를 불로 지지고 팔을 태우는 자[39]도 있었는데 그 수를 헤아릴 수가 없었다. 이 사실의 기록은 그 당시 대궐 안에서 예불을 올리던 전 기림사의 대선사 각유에게서 얻었는데 친히 눈으로 본 것이라 하면서 나에게 기록하게 한 것이다.

隔三日. 夜中瑞龍家園墻裏. 有投擲物聲. 以大撿看. 乃佛牙函也. 函本內一重沉香合. 次重純金合. 次外重白銀函. 次外重瑠璃函. 次外重螺鈿函. 各幅子如之. 今但瑠璃函爾.

喜得之. 入達于內. 有司議. 金瑞龍及兩殿上守皆誅. 晉陽府奏云. 因佛事・不合多傷人. 皆免之.

更勅十員殿中庭特造佛牙殿安之. 令將士守之. 擇吉日. 請神孝寺上房藴光. 領徒三十人. 入內設齋敬之. 其日入直承宣崔弘・上將軍崔公衍李令長・內侍茶房等侍立于殿庭. 依次頂戴敬之. 佛牙區冗間. 舍利不知數. 晉陽府以白銀合貯而安之.

時主上謂臣下曰. 朕自亡佛牙巳來. 自生四疑. 一疑天宮七日限滿而上天矣. 二疑國亂如此・牙旣神物・且移有緣無事之邦矣. 三疑貪財小人・盜取函幅・弃之溝壑矣. 四疑盜取珎利・而無計自露・匿藏家中矣. 今第四疑當之矣. 乃放聲大哭. 滿庭皆洒涕獻壽. 至有煉頂燒臂者. 不可勝計. 得此實錄於當時內殿焚修前祗林寺大禪師覺猷. 言親所眼見. 使予錄之.

隔 : 멀 격
擲 : 던질 척
沉 : **沈**(빠질 침)의 속자
螺 : 소라 라
幅 : 가로넓이 폭
鈿 : 자개박을 전

藴 : **蘊**(쌓일 온)의 異體字
衍 : 넘칠 연
戴 : 머리에일 대
區 : 거처 구
冗 : 穴의 略體字
巳 : 已의 오기
幅 : 걸치장할 폭
弃 : 버릴 기
溝 : 도랑 구
壑 : 구렁 학
利 : 탐할 리
露 : 드러낼 로
匿 : 숨길 닉
洒 : 뿌릴 쇄
涕 : 눈물 체
煉 : 야금할 련
燒 : 태울 소
臂 : 팔뚝 비
焚 : 불사를 분
祗 : 공경할 지
猷 : 길 유

36) 진양부(晉陽府) : 고려 고종 때의 권신 최우(崔瑀)의 관부(官府).
37) 주지[上房] : 원문의 上房(상방)은 산상의 절을 일컫던 말인데 주지가 거처하는 곳이 가장 높은 곳이어서 上房이 주지의 뜻으로 됨.
38) 승선(承宣) : 고려 때 왕명의 출납을 맡아보던 관직.
39) 이마를 불로 지지고 팔을 태우는 자[煉頂燒臂] : 부처에게 기도하는 일종의 의식으로 촛불로 이마와 팔을 태우는 행위로 추정.

또 경오(1270)에 강화도에서 나와 개경으로 수도를 옮길 때 난리의 허둥지둥[40]함은 임진년보다 더 심하였다. 십원전을 책임지고 있던 선사 심감이 일신의 위험도 잊고 부처님 어금니가 든 함을 몸에 지니고 나와 도적의 난리[41]를 면하여 대궐까지 가져다 바치매 그 공로를 크게 표창하고 이름난 절로 옮겨주었으니 지금의 빙산사에 머무르게 한 것이다. 이것도 역시 각유에게 친히 들은 것이다.

진흥왕대인 천가[42] 6년 을유(565)에 진나라에서 사신 유사와 승려 명관이 불경과 논장 1천 7백여 권을 실어왔다. 정관 17년(643)에 자장법사가 삼장[43] 4백여 상자를 싣고 와서 통도사에 안치했다.

흥덕왕대인 태화[44] 원년 정미(827)에 당나라에 유학하였던 고구려[45]의 승려 구덕이 불경 몇 상자를 가지고 오자 왕이 여러 사찰의 승려들과 함께 흥륜사 앞길까지 나아가 맞이하였다. 대중 5년(851)에 당나라에 갔던 사신 원홍이 불경 몇 질을 가지고 왔다. 신라 말년에 보요선사가 두 번째 오월국에 가서 대장경을 싣고 왔으니 바로 해룡왕사를 창건한 시조[46]이다.

송나라 원우[47] 갑술(1094)에 어떤 사람이 보요선사의 진영을 기려 다음과 같이 찬미하였다.

> 거룩하도다 우리 절 창건한 시조스님.
> 우뚝 빼어났도다 저 참모습이여!
> 오월나라 두 번 가서
> 대장경을 가져왔네.
> 이름을 보요라 하사하시고,
> 네 번이나 조서를 내리셨네.
> 만일 그 덕을 물으면,
> 밝은 달 맑은 바람이라 하리.

40) 허둥지둥[顚沛] : 엎어지고 자빠진다는 뜻. 『시경』 대아편 「顚沛之揭 枝葉未有害 本實先撥(넘어지고 자빠져 뿌리 드러나매 가지와 잎새엔 害가 없다 해도 뿌리가 實은 먼저 끊긴 거라네.」

41) 도적의 난리[賊難] : 삼별초의 항쟁을 말함.

42) 천가(天嘉) : 남조(南朝) 진(陳)나라 문제(文帝)의 연호(560~565).

又至庚午出都之亂. 顚沛之甚. 過於壬辰. 十員殿監主禪師心鑑. 亡身佩持. 獲免於賊難. 達於大內. 大賞其功. 移授名刹. 今住氷山寺. 是亦親聞於彼.

眞興王代天嘉六年乙酉. 陳使劉思與釋明觀. 載送佛經論一千七百餘卷. 貞觀十七年. 慈藏法師載三藏四百餘函來. 安于通度寺.

顚 : 엎드러질 전
沛 : 자빠질 패
佩 : 찰 패
持 : 가질 지
獲 : 얻을 획
內 : 대궐 내
嘉 : 아름다울 가

興德王代大和元年丁未. 入學僧高麗釋丘德・賫佛經若干函來. 王與諸寺僧徒出迎于興輪寺前路. 大中五年. 入朝使元弘. 賫佛經若干軸來. 羅末普耀禪師再至吳越. 載大藏經來. 卽海龍王寺開山祖也.

大 : 太의 오기
賫 : 가져올 재
軸 : 두루마리 축
耀 : 빛날 요
偉 : 거룩할 위
巍 : 높을 외
銜 : 관의직함 함

大宋元祐甲戌. 有人眞讚云.

偉哉初祖. 巍乎眞容.
再至吳越. 大藏成功.
賜銜普耀. 鳳詔四封.
若問其德. 白月淸風.

43) 삼장(三藏) : 경장(經藏)・율장(律藏)・논장(論藏)을 말함.
- 경장(經藏) : 수트라(Sūtra)라 하며, 불타가 설한 교법을 듣는 사람이 용이하게 이해할 수 있도록 간단하게 압축해서 정리한 것.
- 율장(律藏) : 비나야(Vinaya)라 하며, 악행을 제거하는 훈련이나 규율을 뜻하는 것으로 악행을 금지함과 동시에 악행에 대한 응분의 벌칙이 모여져서 율장이 됨.
- 논장(論藏) : 아비달마(Abidharma)라 하며, 불타가 말한 교법에 대한 연구와 해석을 말함. 주요 논으로 용수가 만든 『중론』(中論 : 유무를 초월한 중도) 및 『대지도론』(大智度論 : 『반야경』의 풀이)과 무착(無着)이 지은 『섭대승론』과 마명(馬鳴)이 지은 『대승기신론』 등이 있음.

44) 태화(太和) : 당나라 문종(文宗)의 연호(827~835).

45) 고구려〔高麗〕 : 원문의 高麗는 고구려이나 이때는 고구려가 멸망한 지 오래되므로 여기서는 고구려 계통이라는 뜻인 듯함.

46) 창건한 시조〔開山祖〕 : 원문의 開山祖(개산조)는 山門(산문) 시조의 뜻으로, 사찰이나 종파를 새로 세운 사람.

47) 원우(原祐) : 송나라 철종의 연호 중 하나이나, 원우 연호는 계유년(1093)에 끝나고 갑술년(1094)은 소성(紹聖 : 1094~1097) 원년임.

또 대정[48] 연간(1161~1189)에 한남관기[49] 팽조적[50]이 다음과 같이 시를 남겼다.

수운(水雲) 어린 암자[51]는 부처님 계시는 곳.

더군다나 이곳은 신룡이 평온하게 하네.

마침내 이 좋은 절 그 누가 이어 받을까?

처음 불교는 남방에서 전해 왔네.

발문[52]은 이러하다.

「옛날 보요선사가 처음으로 『대장경』[53]을 남월에서 구하여 돌아오는 길에 바다에서 갑자기 바람이 불어 작은 배가 파도 사이에 잠겼다 떴다 했다. 선사가 즉시 말하기를 "아마도 신령스런 용이 『대장경』을 여기에 머무르게 하려는 것이 아닐까?"라 하고 드디어 주문으로 축원하여 신룡(神龍)과 함께 받들어 돌아가기를 기원했다. 그제야 바람은 잠잠해지고 파도도 멎게 되었다. 본국으로 돌아와서 산천을 두루 돌아다니면서 『대장경』을 안치할 만한 곳을 구하다가 이 산에 이르러 홀연히 상서로운 구름이 산 위에서 일어나는 것을 보았다. 즉시 그의 수제자인 홍경과 함께 절[54]을 지었다. 이것으로 보아 불교가 동방으로 전해 온 것은 실로 이때부터이다.

한남관기 팽조적이 씀」

절에는 용왕당이 있는데 자못 영험과 이적이 많았으니 바로 그 당시에 용이 『대장경』을 따라와서 머물러 있었던 것으로 지금까지도 용왕당이 남아 있다.

또 천성[55] 3년 무자(928)에 묵화상이 당나라에 들어가서 역시 『대장경』을 싣고 왔다. 고려 예종 때에 혜조국사가 조서를 받들고 중국으로 유학하여 『요본대장경』[56] 세 부를 사 가지고 왔는데 그 한 부가 지금 정혜사에 있다. (해인사에 한 본이 있고 허참정 댁에 한 본이 있다.)

48) 대정(大定) : 금(金)나라 세조(世祖)의 연호(1161~1189).

49) 한남관기(漢南管記) : 한남(漢南)은 남쪽의 송(宋)나라로 추정되며, 관기(管記)는 문서를 관리하던 직책.

50) 팽조적(彭組逖) : 이병도는 『역주 삼국유사』에서 '『고려사』 「선거지(選擧志)」에 보이는 인종 18년에 급제한 팽희밀(彭希密)의 별명' 으로 봄.

51) 암자〔蘭若〕: 원문의 蘭若(난야)는 산스크리트어 Aranya의 한역 약칭으로 고요한 산속 암자를 의미.

52) 발문(跋文) : 책의 끝에 본문 내용의 대강이나 간행에 관계된 사항을 간략하게 적은 글.

53) 대장경〔大藏〕: 경장(經藏)·율장(律藏)·논장(論藏)의 삼장(三藏)의 여러 경전을 총칭한 것.

54) 절〔蓮社〕: 원문의 蓮社(연사)는 사찰을 의미. 중국 동진(東晋)의 혜원(慧遠)이 동림사(東林寺)를 세

又大定中. 漢南管記彭祖逖留詩云.

水雲蘭若住空王.
況是神龍穩一場.
畢竟名藍誰淂似.
初傳像敎自南方.

彭 : 성 팽
逖 : 멀 적
穩 : 편안할 온
淂 : 得의 異體字
似 : 이을 사

有跋云.

昔普耀禪師始求大藏於南越. 洎旋返次. 海風忽起. 扁舟出沒於波間. 師卽言曰. 意者神龍欲留經耶. 遂呪願乃誠·兼奉龍歸焉. 於是風靜波息. 旣淂還國. 遍賞山川. 求可以安邀處. 至此山. 忽見瑞雲起於山上. 乃與高第弘慶經營蓮社. 然則像敎之東漸. 實始乎此.

漢南管記彭祖逖題.

寺有龍王堂. 頗多靈異. 乃當時隨經而來止者也. 至今猶存.

又天成三年戊子. 默和尙入唐. 亦載大藏經來. 本朝睿廟時. 慧照國師奉詔西學. 市遼本大藏三部而來. 一本今在定惠寺.(海印寺有一本. 許參政宅有一本.)

跋 : 글이름 발
洎 : 미칠 계
旋 : 돌 선
扁 : 작을 편
耶 : 그런가 야
淂 : 得의 異體字
遍 : 두루 편
邀 : 맞을 요
第 : 弟의 오기
漸 : 차차 점
題 : 글 제
頗 : 자못 파
猶 : 지금도역시 유
默 : 잠잠할 묵
睿 : 지혜스러울 예
市 : 살〔買〕 시

우고 현사들을 모아 수행할 때 못을 파고 백련을 심었기 때문에 그 결사(結社)를 연사(蓮社)라고 한 데서 연유.

55) 천성(天成) : 중국 후당(後唐) 명종의 연호(926~929).

56) 요본대장경〔遼本大藏〕 : 거란 즉 남쪽의 송나라와 대립하였던 북쪽의 요나라에서 만든 대장경. 불법을 숭상하였던 요나라의 흥종(興宗)(1031~1054)이 25년 간에 걸쳐 대장경판을 완성함.

57) 대안(大安) : 중국 요나라 도종(道宗)의 연호(1085~1094).

58) 우세승통 의천(祐世僧統 義天) : 고려의 뛰어난 승려 의천(1055~1101). 이름은 후(煦), 자는 의천이며, 시호는 대각국사. 고려 천태종의 중흥조. 문종의 넷째 아들로 15세에 우세(祐世)라 호하여 승통이 되고, 송나라에 들어가 천태종을 수업하고 돌아와 4,740권의 장경을 간행함.

59) 천태교(天台敎) : 전후소장사리 조의 천태사상 개요 해설 참조.

60) 교상과 관심〔敎觀〕 : 교상(敎相)은 석가 일대의 교법(敎法)을 천태종의 종의(宗義)에 따라 분별 판단하여 서열화 한 것이며, 관심(觀心)은 종의에서 내세운 진리를 관념하는 것.

대안[57] 2년(1086) 고려 선종 때에는 우세승통 의천[58]이 송나라에 들어가 천태교[59]의 교상(教相)과 관심(觀心)[60]에 관한 서적을 많이 가지고 왔다. 이밖에 문헌[61]에 기록되지는 않았으나 이름 높은 승려와 신자들이 왕래하면서 가지고 온 것은 자세히 기록할 수도 없다. 불교가 동방으로 널리 퍼진 것은 경사스런 일이라 할 것이다.

다음과 같이 찬미한다.

중화와 동방은 연진으로 막혔으나,
부처님[62] 열반[63]한 지 2천 년 되어,
동방에 전해 오니 참으로 경하롭다.
이로써 동방[64]과 서방[65]은 한 세상이 되었네.

여기에 기록된 의상전을 살펴보면 「의상은 영휘[66] 초년(650)에 당나라에 들어가 지엄을 찾아뵈었다.」라고 했다. 부석사 본비[67]에 의하면 「의상은 무덕[68] 8년(625)에 태어나 어린 나이에 승려가 되었다. 영휘 원년 경술(650)에 원효와 함께 당나라에 들어가려고 고구려까지 갔다가 어려움이 있자 되돌아왔다. 용삭[69] 원년 신유(661)에 당나라에 들어가 지엄의 문하에서 배웠다. 총장[70] 원년(668)에 지엄이 죽자[71] 함형 2년(671)에 신라로 돌아와 장안 2년 임인(702)에 죽으니 나이 78세였다.」고 했다.

61) 문헌〔方冊〕: 원문의 方冊(방책)은 서책 또는 문헌.
62) 부처님〔鹿園〕: 원문의 鹿園(녹원)은 鹿野園(녹야원)으로 석가모니가 깨달은 후 다섯 비구를 위해서 맨 처음으로 설법한 곳. 여기서는 부처님을 의미.
63) 열반〔鶴樹〕: 원문의 鶴樹(학수)는 학림(學林)이라고도 하며, 석가모니가 이 숲 속에서 입적. 후세에 와서는 석가모

녹야원

大安二年. 本朝宣宗代. 祐世僧統義天入宋. 多將天台敎觀而來. 此外方册所不載. 高僧信士往來所賷. 不可詳記. 大敎東漸. 洋洋乎慶矣哉.

讚曰.

華月夷風尙隔煙.
鹿園鶴樹二千年.
流傳海外眞堪賀.
東震西乾共一天.

華 : 나라이름 화
隔 : 막힐 격
煙 : 연기 연
堪 : 매우 감
據 : 의거할 거
丱 : 어릴 관
遷 : 오를 천

按此錄義湘傳云. 永徽初. 入唐謁智儼. 然據浮石本碑. 湘武德八年生. 丱歲出家. 永徽元年庚戌. 與元曉同伴欲西入. 至高麗有難而廻. 至龍朔元年辛酉入唐. 就學於智儼. 總章元年. 儼遷化. 咸亨二年. 湘來還新羅. 長安二年壬寅示滅. 年七十八.

니의 열반을 학수라 함.
64) 동방〔東震〕 : 우리나라.
65) 서방〔西乾〕 : 서천축(西天竺) 즉 인도.
66) 영휘(永徽) : 당나라 고종(高宗)의 연호(650~655).
67) 부석사 본비〔浮石本碑〕 : 부석사의상본비(浮石寺義湘本碑)로 일찍이 없어져 전해지지 않음.
68) 무덕(武德) : 당나라 고종의 연호 중 하나.
69) 용삭(龍朔) : 〃 〃 〃 〃
70) 총장(總章) : 〃 〃 〃 〃
71) 죽자〔遷化〕 : 원문의 遷化(천화)는 부처나 보살이 이 세상의 교화를 끝마치고 다른 세상의 중생들을 교화시키러 간다는 뜻. 즉 고승의 죽음을 뜻함.

그렇다면 의상이 지엄과 함께 선율스님의 처소에서 재를 올리고 부처님 어금니를 청하던 일은 신유(661)에서 무진(668)까지의 7, 8년 사이가 될 것이다. 고려 고종이 강화도를 들어가던 임진년(1232)이 천궁에서 7일 기한이 다 찼다고 의심하는 것은 틀린 것이다. 도리천의 하루 밤낮은 인간 세상에서는 1백 세에 해당하는데, 의상이 처음 당나라에 들어 간 신유(661)에서부터 고종 임진(1232)까지 계산하면 693년[72]이며 경자년(1240)이 되어야 비로소 7백 년이 차서 7일 기한의 만기가 되는 것이다. 개경에 환도하던 지원 7년 경오(1270)까지는 730년이니, 만약 천제의 말처럼 7일 후에 천궁으로 돌아갔다면 심감선사가 환도할 때 가지고 나와 바친 것은 아마도 진짜 부처님 어금니가 아닐 것이다.

이해 봄 왕이 강화도를 나오기 전에 대궐에서 여러 종파의 명망이 있는 스님들을 모아 놓고 부처님 어금니와 사리를 얻기에 온갖 정성과 근면을 다했지만 한 개도 얻지 못한 것으로 보아서는 7일 기한이 되어 하늘로 올라간 듯하다.

21년 갑신(1284)에 국청사[73]의 금탑을 보수하니 임금이 장목황후와 함께 묘각사[74]에 행차하였다. 대중[75]을 모아 경하와 찬미를 마치자 앞에서 말한 부처님 어금니와 낙산사[76]의 수정염주와 여의주를 임금과 신하 그리고 대중들이 모두 머리에 이고 떠받들어 경배한 후 함께 금탑 속에 넣어 두었다.

나 역시 이 회합에 참여하여 이른바 부처님 어금니라는 것을 친히 보았는데 길이는 세 치가량 되고 사리는 없었다. 무극[77]이 씀.

72) 신유(661)에서부터 고종 임진(1232)까지 계산하면 693년 : 이 연수 계산은 착오로서 693년이 아니라 571년이며, 뒤에 나오는 경자년까지의 700년과 지원 7년 경오까지 730년도 모두 계산 착오임.

73) 국청사(國淸寺) : 경기도 개풍군에 있던 절. 1089년(선종 6)에 인예태후(仁睿太后)의 원(願)에 의하여 지은 천태종의 큰 사찰. 고려 말기에 몽고의 침입으로 건물은 불타 없어지고 그 터가 개성에 남아 있음.

74) 묘각사(妙覺寺) : 경기도 개성에 있던 절로 고려 태조 9년(926)에 창건.

75) 중(衆) : 산스크리트어 상가(Saṃgha)를 음역하여 그 첫 글자만 취한 것. 상가의 원뜻은 세 사람 이상의 단체를 일컫는 것이므로 화합중(和合衆) 또는 중(衆)이라고 의역하기도 함. 즉, 이해와 주장이 상반되는 모임이 아니라 모든 것이 화합 일치하는 단체를 의미함. 그러므로 불교에 귀의하여 믿고 행하는 재가(在家)·출가(出家)의 모든 사람을 상가 즉, 중(衆=僧)이라 함.

76) 낙산사〔洛山〕: 강원도 양양군 낙산에 있는 절.

77) 무극(無極) : 일연의 제자로 호가 무극이며, 이름은 혼구(混丘). 고려 고종(高宗) 38년(1251)에 출생하여 충숙왕 9년(1322)에 72세로 세상을 떠남. 『삼국유사』에는 무극의 기록이 이 전후소장사리 조(條) 이외에도 의해편 관동풍악발연수석기(關東楓岳鉢淵藪石記) 조(條)에 있음. 이와 같은 무극의 부기(附記)로 인해 『삼국유사』는 일연이 세상을 떠나고 20여 년이 지난 뒤 무극에 의해서 출간된 것으로 추정.

則疑與儼公齋於宣律師處．請天宮佛牙．在辛酉至戊辰七八年間也．本朝高廟入江都壬辰年．疑天宮七日限滿者誤矣．忉利天一日夜當人間一百歲．且從湘公初入唐辛酉．計至高廟壬辰．六百九十三歲也．至庚子年．始滿七百年．而七日限巳滿矣．至出都至元七年庚午．則七百三十年．若如天言．而七日後還天宮．則禪師心鑑出都時・佩持出獻者．恐非眞佛牙也．

於是年春出都．前於大內集諸宗名德．乞佛牙舍利．精勤雖切．而不得一枚．則七日限滿．上天者幾矣．

二十一年甲申．修補國淸寺金塔．國主與莊穆王后・幸妙覺寺．集衆慶讚訖．右佛牙與洛山水精念珠如意珠．君臣與大衆・皆瞻奉頂戴．後幷納金塔內．予亦預斯會．而親見所謂佛牙者．長三寸許．而無舍利焉．無極記．

巳 : 已의 오기
穆 : 화할 목
訖 : 마칠 글
預 : 참여할 예

• 전(前) · 후(後)에 가져온 사리(舍利) · 불아(佛牙) · 불전(佛典)의 전래 내역

<table>
<tr><th rowspan="2">구 분</th><th colspan="3">전(前) : 신라시대</th><th colspan="3">후(後) : 고려시대</th></tr>
<tr><th>시 기</th><th>가져온 사람</th><th>보 관</th><th>시 기</th><th>가져온 사람</th><th>보 관</th></tr>
<tr><td rowspan="3">사리
·
불아</td><td>549(진흥왕)</td><td>양나라의 심호</td><td>—</td><td rowspan="3">1119
(예종)</td><td rowspan="3">정극영
이미지</td><td rowspan="3">자장이 선율에 의뢰 천제에게 빌림 → 당나라 궁중 보관 → 송나라 때 정극영이 가져옴 → 몽고와 삼별초의 난을 거쳐 국청사에 보관</td></tr>
<tr><td>643(선덕왕)</td><td>자장율사</td><td>황룡사
태화탑
통도사</td></tr>
<tr><td>851(문성왕)</td><td>入唐使 원홍</td><td>불명</td></tr>
<tr><td rowspan="5">불전
·
대장경</td><td>565(진흥왕)</td><td>진나라 사신 유사와 승려 명관이 1,700권 가져옴</td><td>—</td><td>928
(태조)</td><td>묵화상</td><td>—</td></tr>
<tr><td>643(선덕왕)</td><td>자장율사 불경 400권 가져옴</td><td>통도사</td><td>고려 예종</td><td>혜조국사
(대장경)</td><td>정혜사</td></tr>
<tr><td>827(흥덕왕)</td><td>유학승 구덕</td><td>—</td><td rowspan="3">1086
(선종)</td><td rowspan="3">의천
(요본
대장경)</td><td rowspan="3">—</td></tr>
<tr><td>851(문성왕)</td><td>入唐使 원홍</td><td>—</td></tr>
<tr><td>신라말기</td><td>보요선사</td><td>백련사</td></tr>
</table>

천태사상의 개요

1. 천태사상의 성립과 전파

1-1. 중국 천태사상의 계보

초조(初祖)	2대조(二代祖)	3대조(三代祖)	4대조(四代祖)	5대조(五代祖)	6대조(六代祖)
지의(智顗) 538~597	관정(灌頂) 561~632	지위(智威) ?~680	혜위(慧威) 634~713	현명(玄明) 673~754	담연(湛然) 711~782

*天台란 중국의 浙江省 台州府 天台縣에 있는 산 이름으로 지의대사가 천태산에 계시다고 하여 산명을 따서 천태대사라 하고 대사의 宗旨를 **천태종**이라 부름.

1-2. 천태종의 우리나라 전파

● 제6조 담연에게 사사한 신라의 법융(法融)·이응(理應)·순영(純英) 등에 의해 전해졌으나 종파로 인정받지 못함.

● 의천(1055~1101)이 중국으로 가 종간(從諫)에게 사사한 뒤 귀국하여 海東 천태교학의 開祖가 됨.

2. 천태사상의 요지 : 법화경에 의해 宗旨를 세움

2-1. 진리관 : 우주만유의 관찰법

● **삼제원융(三諦圓融) : 일심삼관(一心三觀)**

삼제원융(三諦圓融)은 용수(龍樹) 『중론』의 「緣起라는 것은 空性이라 말하며 그것은 假名이며, 中道이다.」에서 출발함. 삼제(三諦)란 **공(空)·가(假)·중(中)**의 진리로서, 모든 존재하는 것을 空이라고 觀하는 것을 공제(空諦)라고 함. 空諦의 입장은 모든 존재의 입장을 부정하고 그 부정에서 모든 것을 동일한 것으로 간주. 그러나 그것만으로는 소극적인 삶을 살게 되므로 가제(假諦)가 필요하게 되며, 假諦란 空諦에 의해 일단 부정된 것을 한층 고차원의 입장에서 긍정하는 것임. 그리고 다시 이 假諦에 집착하여 현실의 전면적인 긍정에 머무르는 위험을 경계하여 假諦와 空諦를 상호 부정하게 되는데 이를 중제(中締)라고 함. 또한 이 삼제(三諦)는 서로 互具하고 있으니 세 가지 존재의 자각이 혼연하여 일체가 된 곳에 삼제원융(三諦圓融)의 경지가 전개되는 것임. 이렇게 인간의 한 마음이 그대로 원융삼제(圓融三諦)라고 觀하는 것을 일심삼관(一心三觀)이라고 함.

모든 존재가 있는 그대로 제법실상(諸法實相)의 진리라고 보는 근거는 여기에 있는 것이며 천태사상의 기본이 되는 실천의 요체임.

2-2. 세계관 : 존재의 상태와 가치

● **일념삼천설(一念三千說) : 색심실상론(色心實相論)**

이는 천태의 독자적인 세계관으로 一念三千의 一念은 일찰나(一刹那)의 한 마음을 의미하는데, 그 一念 가운데는 三千의 우주만유(宇宙萬有)가 갖추어져 있다는 뜻임. 또한 모든 세계는 그 내면에 모든 다른 세계를 갖추어 있다는 것임. 이 의미에서 우리 인간은 무한하고 다양한 가능성을 갖고 있다는 것을 밝히고 있음.

● 三千의 法 = 十如是×百界(十界×十界)×三世

존재의 상태[十如是]		존재의 위치[百界] 十界		존재의 위치[百界] 十界互具		三 世 間		
1.如是相(외적 양상)		1. 佛		1. 佛		1. 主體 : 衆生世間 十界의 중생이 활동하는 것.		
2.如是性(내적 성질)		2. 보살		2. 보살		2. 구성 : 五陰世間 色·受·想·行·識으로 이루어진 중생의 개체		
3.如是體(상과 성의 합)		3. 연각		3. 연각		3. 환경 : 國土世間 十界의 중생이 거주하는 장소		
4.如是力(잠재 능력)		4. 성문		4. 성문				
5.如是作(나타나는 작용)	×	5. 천상	×	5. 천상	×		=	三千의 法
6.如是因(사물 발생 원인)		6. 인간		6. 인간				
7.如是緣(인을 돕는 원인)		7. 아수라		7. 아수라				
8.如是果(연에 의한 결과)		8. 축생		8. 축생				
9.如是報(결과 표출)		9. 아귀		9. 아귀				
10.如是本末究竟(1의 相으로부터 9의 報까지 연관하여 일관되게 존재하는 것)		10. 지옥		10. 지옥				

- 존재의 상태를 나타내는 **十如是**는 **제법의 실상**을 나타낸 것임.
- 존재의 위치는 지옥에서 佛까지 10단계를 가치적으로 배열한 것이며, 그중 지옥에서 천상까지는 미혹과 욕망의 세계이며, 성문에서 보살까지는 色界이며, 佛은 無色界 즉 깨달음의 세계임.

* **十界互具**란 지옥 · 아귀 · 중생 또는 佛의 세계에도 또한 각각 지옥 · 아귀에서 佛까지 十界가 있다는 것임. 즉 중생 안에도 부처가 있고 축생도 있으므로 중생의 일념 중에서 부처도 될 수 있고 축생도 될 수 있음. [迷悟不二] · [善惡一如] · [色心不二]
* **色心實相論** : 인간은 육체[色]와 정신[心] 사이의 이중성으로부터 성립되었으나 **色 · 心**은 둘이 아닌 것에 의해[空觀] 육체와 정신은 분열되지 않음. 그러나 육체와 정신이 둘[假觀]이라는 인간계 현실상은 **空觀**이 활발하게 활동하는 모습임. 따라서 육체를 버리고 정신만을 추구할 때 구원이 달성되는 것이 아니라 정신과 육체가 서로 관계[相卽]하는 곳에 영원한 깨달음과 구원이 존재함[中道]. **善 · 惡** 및 **迷 · 悟** 관계에서도 **善 · 悟** 한쪽만 추구하는 것이 아니라 서로 관계하는 곳에 진실한 영원상이 수립됨.

2-3. 천태사상의 실천론 : 지관법(止觀法)

천태사상의 실천론은 止觀 두 글자로 요약됨. **止**란 주체의 확립으로 모든 현상에 마음이 산란 · 동요하는 것을 멈추고 참는 것을 뜻하며, **觀**이란 모든 현상을 전체적 · 객관적으로 관찰하고 적확하게 판단을 내려 자유자재하게 대처하는 것을 의미.

지관은 점차(漸次) · 부정(不定) · 원돈(圓頓)의 세 종류로 구분됨. 점차지관은 얕은 곳에서 깊은 곳으로 점차적으로 지관을 實修하는 것이며, 부정지관이란 때와 경우에 따라 심천(深淺) · 전후(前後)가 서로 호응하는 것을 말하며, 원돈지관이란 전체적 · 총합적으로 곧바로 실상의 구극을 체득 · 체현하는 것으로 마하지관이라고도 함.

미륵선화[1] 미시[2]랑 진자사

– 미륵선화와 미시랑과 진자사 –

제24대 진흥왕의 성은 김씨이고 이름은 삼맥종인데 심맥종이라고도 한다.

양나라 대동[3] 6년 경신(540)에 왕위에 올랐다. 그의 백부인 법흥왕의 뜻을 사모하여 한결같은 마음으로 불교를 신봉하고 널리 절을 세우고 사람들을 제도하여 승려가 되게 했다. 또 천성이 멋스러워 신선[4]을 매우 숭상하여 민가의 아름답고 어여쁜 처녀를 골라 원화[5]로 높이 받들었다. 이것은 무리를 모으고 사람을 뽑아 효도 · 우애 · 충신 · 신의를 가르치는 것으로서 이 또한 나라를 다스리는 커다란 근본으로 삼았다.

이에 남모랑과 교정[6]랑 두 원화를 뽑으니 모여든 무리가 3, 4백 명이었다. 교정랑이 남모랑을 질투하여 술자리를 만들어 남모랑에게 술을 많이 먹여 취하게 하고 몰래 북천 가운데로 메고 가서 돌을 들어 묻어 죽여버리니, 그의 무리들이 그가 간 곳을 몰라 슬피 울면서 흩어졌다. 그 음모를 아는 어떤 사람이 노래를 지어 동네 아이들을 꾀어 거리에서 노래 부르게 했다. 남모의 무리들이 듣고 그 시체를 북천에서 찾아내고는 즉시 교정랑을 죽여버렸다. 그러자 대왕이 명령을 내려 원화제도를 폐지하였다.

여러 해가 지나자 왕이 다시 나라를 흥성하게 하려면 반드시 풍월도[7]를 먼저 해야 한다 해서 다시 명령을 내려 좋은 집안의 남자 중에서 덕행이 있는 자를 뽑아 이름을 고쳐 화랑이라 하였다. 처음으로 설원랑을 국선으로 삼으니 이것이 화랑국선의 시초이다.

1) 미륵선화(弥勒仙化) : 의미에 관한 학설.

내　　용	주장학자, 『저서』
• 미륵선화(弥勒仙化) : 미륵 화현(化現) 화랑을 강조하는 同義重複語 – 선화(仙花) : 대성(大聖 → 仙)이 화현(化現 → 花)한 화랑	김영태, 『彌勒仙花巧』
• 미륵이 화랑으로 화현(왕권과 귀족세력과의 상호관계에 근거) – 석가모니 : 국왕,　미륵 : 화랑	이기백, 『신라초기 불교와 귀족세력』
• 화랑이 지닌 종교적 요소가 미륵신앙과 습합(習合) – 미륵신앙은 화랑 위에 걸친 겉옷	미시나〔三品〕, 『新羅花郎の研究』

2) 미시(未尸) : 어원 및 의미에 관한 학설.

내　　용	주장학자, 『저서』
• 미시(未尸) : 미륵(彌勒) · 용(龍)의 의미 – 미(未)+r · *l*(尸 → 향찰로 ㄹ) → 미르〔彌勒〕 · 미리〔龍〕	미시나〔三品〕, 『三國遺事考證』
• 未尸 : 믿의 음차로 중매인을 의미 – 증보(證保)의 고훈(古訓) 믿	양주동, 『古歌研究』

弥勒仙花 未尸郎 眞慈師

未 : 未의 오기

第二十四眞興王. 姓金氏. 名彡夌宗. 一作深夌宗. 以梁大同六年庚申卽位. 慕伯父法興之志. 一心奉佛. 廣興佛寺. 度人爲僧尼. 又天性風味. 多尙神仙. 擇人家娘子美艷者. 捧爲原花. 要聚徒選士・教之以孝悌忠信. 亦理國之大要也.

彡 : 성(姓) 삼
夌 : 언덕 릉
夌 : 麥(보리 맥)의 오기
夌 : 麥의 오기
捧 : 받들 봉
悌 : 공경할 제
理 : 고려 성종의 이름 治의 避諱

乃取南毛娘峧貞娘兩花. 聚徒三四百人. 峧貞者嫉妬毛娘. 多置酒飮毛娘. 至醉潛舁去北川中. 擧石埋殺之. 其徒罔知去處. 悲泣而散. 有人知其謀者. 作歌誘街巷小童・唱於街. 其徒聞之. 尋淂其尸於北川中. 乃殺峧貞娘. 於是大王下令. 廢原花.

累年. 王又念欲興邦國. 須先風月道. 更下令選良家男子有德行者. 改爲花娘. 始奉薛原郎爲國仙. 此花郎國仙之始.

峧(姣와 같은 글자) : 아름다울 교
嫉 : 시샘할 질
妬 : 시샘할 투
醉 : 술취할 취
潛 : 감출 잠
舁 : 마주들 여
罔 : 없을 망
巷 : 마을 항
尋 : 찾을 심
淂 : 得의 異體字
更 : 다시 갱
娘 : 郎의 오기인 듯

3) 대동(大同) : 양(梁)나라 무제(武帝)의 연호(535~545).
4) 신선(神仙) : 신라의 현묘(玄妙)한 도(道)인 풍월도를 의미.
5) 원화(原花) : 화랑의 전신으로 진흥왕 37년(576)에 세운 청소년 수련 단체.
6) 교정(峧貞) : 『삼국사기』에는 준정(俊貞)으로 기록됨.
7) 풍월도(風月道) : 의미 및 어원에 관한 학설.

내 용	주장학자, 『저서』
• 풍월(風月) : 광명세계(光明世界)를 뜻하는 우리나라 고유의 말 - 뉘(밝다는 뜻의 우리나라 고유의 말) → 부루 → 풍월	최남선, 『조선상식문답』
• 태양 · 광명 등을 신앙 대상으로 하는 종교인 불道 - 풍 → ㅂ 월(월) · 류(류) → ㄹ * 팔관회(八關會) · 동맹(同盟)도 불의 제전(祭典)	양주동, 『고가연구』
• 한자적 뜻과 역사적 의미를 포함한 용어 - 풍월(風月)을 즐기며 풍류(風流) 행하는 것	김상현, 『화랑의 여러 명칭에 대하여』

그래서 명주에 설원랑의 비를 세웠다. 이로부터 사람들로 하여금 악을 고쳐 다시 선을 행하게 하고 윗사람을 공경하고 아랫사람에게 순하게 하니 오상(五常)[8] · 육예(六藝)[9] · 삼사(三師)[10] · 육정(六正)[11]이 이 왕대에 널리 시행되게 되었다. (『국사』[12]에는 진지왕 태건[13] 8년 병신(576)에 처음으로 화랑을 받들었다고 했으나 역사가 잘못 전한 듯하다.[14])

진지왕 대에 와서 흥륜사의 승려 진자(정자[15]라고도 한다.)가 늘 법당의 주 부처인 미륵상 앞에 나아가 발원하며 맹세하기를 "원컨대 우리 부처님〔大聖〕[16]께서 화랑으로 화신하여 세상에 나타나시어 내가 항상 부처님의 얼굴[17]을 가까이 뵙고 받들어 시중 들게 해 주옵소서!"라 했다. 그처럼 정성스럽고 간절하게 기도하는 마음이 날로 더욱 두터워지더니, 어느 날 밤에 한 승려가 나타나 말하기를 "네가 웅천(지금의 공주이다.) 수원사[18]로 가면 미륵선화를 볼 수 있을 것이다"라 했다.

진자가 꿈에서 깨어 놀라고 기뻐서 그 절을 찾아갔다. 열흘 걸리는 길을 걸어가는데 걸음마다 한 번씩 절하면서 그 절에 도착했다. 절 문 밖에 한 소년이 있는데 복스럽고 섬세하게 생겼다. 어여쁜 눈매와 입맵시[19]로 그를 맞이해서 작은 문으로 모시고 들어가 객실로 안내하였다. 진자가 올라가면서 읍하며 말하기를 "그대는 평소에 조금도 알지 못하는 터에 어찌하여 이같이도 은근하게 대접하는가?"라 하니 그 소년이 말하기를 "저 역시 서울 사람입니다. 덕이 높은 스님께서 먼 길을 걸어 이곳까지 오시는 것을 보고 위로했을 뿐입니다"라 했다. 이윽고 소년은 문 밖으로 나가더니 어디로 갔는지 알 수 없었다.

8) 오상(五常) : 오상에는 두 종류의 의미가 있음.
① 인(仁) · 의(義) · 예(禮) · 지(智) · 신(信).
② 父의 信義〔父義〕 · 母의 자애〔母慈〕 · 형의 우정〔兄友〕 · 아우의 공순〔弟恭〕 · 자식의 효도〔子孝〕
9) 육예(六藝) : 고대 중국의 여섯 가지 필수 교과목으로 예(藝) · 악(樂) · 사(射) · 어(御) · 서(書) · 수(數).
10) 삼사(三師) : 제왕의 보좌 또는 스승인 태사(太師) · 태부(太傅) · 태보(太保)를 의미.
11) 육정(六正) : 올바른 여섯 종류의 신하.
– 성신(聖臣) · 양신(良臣) · 충신(忠臣) · 지신(智臣) · 정신(貞臣) · 직신(直臣).
12) 국사(國史) : 『삼국사기』를 지칭.
13) 태건(太建) : 중국 진(陳)나라 선제(宣帝)의 연호(569~582).
14) 역사가 잘못 전한 듯하다. : 『삼국사기』「신라본기」에는 진흥왕 37년(576)에 화랑제도를 신설한 것처럼 기록되어 있으나 진흥왕 23년에 화랑 사다함이 가야 정벌에 큰 공을 세운 것으로 되어 있어 화랑제도는 이보다 앞선다는 의미인 듯함.

故竪碑於溟州. 自此使人悛惡更善. 上敬下順. 五常六藝. 三師六正. 廣行於代(國史. 眞智王大建八年庚申始奉花郞. 恐史傳乃誤.)

及眞智王代. 有興輪寺僧眞慈.(一作貞慈也.)每就堂主弥勒像前發原誓言. 願我大聖化作花郞. 出現於世. 我常親近睟容. 奉以□周旋. 其誠懇至禱之情. 日盆弥篤. 一夕夢有僧謂曰. 汝往熊川(今公州.)水源寺. 得見弥勒仙花也.

慈覺而驚喜. 尋其寺・行十日程. 一步一禮. 及到其寺. 門外有一郞. 濃纖不爽. 盼倩而迎. 引入小門. 邀致賓軒. 慈且升且揖曰. 郞君素昧平昔. 何見待殷勤如此. 郞曰. 我亦京師人也. 見師高蹈遠屆. 勞來之尒. 俄而出門. 不知所在.

竪 : 세울 수
悛 : 고칠 전
更 : 다시 갱
大 : 太의 오기
庚 : 丙의 오기
原 : 願의 오기
睟 : 윤택할 수
睟 : 晬의 오기인 듯
晬 : 임금얼굴 쉬
懇 : 정성 간
盆 : 益의 오기
盆 : 동이 분
篤 : 돈독할 독
濃 : 짙을 농
纖 : 가늘 섬
爽 : 어길 상
盼 : 눈예쁠 반
倩 : 예쁠 천
軒 : 집 헌
揖 : 읍할 읍
昧 : 어두울 매
蹈 : 밟을 도
屆 : 이를 계
尒 : 爾의 약체자
俄 : 이윽고 아

15) 정자(貞慈) : 중매(中媒)의 옛 뜻 거추의 향찰.
- 貞慈 → 고자 · 곧자 · 거자 · 걷자 → 거추
(향찰의 해석에서 앞의 글자는 뜻으로, 뒤의 글자는 음으로 한다는 원칙에 따름)
〈강헌규, 『삼국유사에 나타난 이른바 未尸郞, 眞慈師에 대하여』〉
16) 부처님〔大聖〕 : 원문의 大聖은 석가모니불을 말하기도 하고 덕이 높은 보살을 일컫기도 하나 여기서는 미륵불을 가리킴.
17) 부처님의 얼굴〔睟容〕 : 원문의 睟容(쉬용)은 높은 분의 화상(畫像)을 지칭한 것이나 여기서는 미륵불의 화상을 뜻함.
18) 수원사(水源寺) : 충남 공주시 옥룡동 수원골에 있었던 사찰로 지금은 탑의 지대석과 석재의 일부만 남아 있음.

수원사지

진자는 그저 우연한 일이라고 여겼을 뿐 크게 이상하다고 생각하지 않았다. 다만 절의 승려들에게 지난밤의 꿈과 여기까지 온 뜻만 이야기했다. 또 말하기를 "잠시 이 절에 머무르면서 미륵선화를 기다리고자 하는데 어떻습니까?"라 했다. 절의 승려들은 그가 말하는 정황이 허황하다고 생각했으나 활달하고 은근한 정성을 보고 말하기를 "여기서 남쪽 부근으로 가면 멀지 않은 곳에 천산이 있는데, 옛날부터 현인과 철인들이 머물러 살았으므로 은미한 감응이 많다고 하는데 그곳에 가보는 것이 어떻겠습니까?"라 했다. 진자가 그의 말을 좇아 천산 아래에 도착하니 산신령이 노인으로 변하여 나와서 맞이하며 말하기를 "여기에 무엇 하러 왔느냐?"라 했다. 진자가 대답하기를 "미륵선화를 보고자 합니다"라 하니 노인이 말하기를 "얼마 전에 수원사의 문 밖에서 이미 미륵선화를 보았는데 다시 누구를 더 찾고자 왔는가?"라 했다. 진자가 이 말을 듣고 깜짝 놀라서 급히 달려 즉시 원래의 절로 돌아왔다.

한 달쯤 있자 진지왕이 이를 듣고 조서를 내려 진자를 불러 그 사유를 묻고 말하기를 "소년이 스스로 서울 사람이라고 했는데 성인은 빈말을 하지 않는다. 왜 성안을 찾아보지 않는가?"라 했다. 진자가 왕의 뜻[20]을 받들어 많은 사람들을 모아 두루 동리와 거리를 돌아다니면서 그를 찾았더니 단정하게 화장[21]을 한 미목이 수려한 어떤 어린 소년이 영묘사의 동북쪽 길 옆 나무 아래에서 돌아다니면서[22] 놀고 있었다. 진자가 그를 보자 깜짝 놀라며 말하기를 "이 분이 미륵선화이시다" 하고는 즉시 나아가 묻기를 "낭의 집은 어디입니까? 성은 어떻게 되는지 듣고 싶습니다"라 했다. 낭이 대답하기를 "저의 이름은 미시입니다. 어릴 적에 부모를 모두 잃어 성이 무엇인지 모릅니다"라 했다. 이에 가마[23]로 모시고 대궐에 들어가 왕을 뵈었다. 왕이 그를 존경하고 사랑하여 받들어 국선으로 삼았다. 그가 여러 자제들과 화목하고 예의와 풍속을 교화시키는 것이 보통 사람과 달랐다. 그의 풍류가 세상에 빛난 지 거의 7년이 되자 홀연히 간 곳이 없어졌다.

진자가 애타게 그리워함이 매우 심했으나 미륵선화의 자비로운 혜택을 흠뻑 입었고[24] 맑은 교화를 받아서 스스로 뉘우치고 정성을 다하여 도를 닦더니 만년에는 그 또한 끝마친 데를 몰랐다.

19) 어여쁜 눈매와 입맵시〔盼倩〕: 원문의 반(盼)은 눈매가 어여쁨을 뜻하고 천(倩)은 입맵시가 예쁜 것을 말함.

慈謂偶爾. 不甚異之. 但與寺僧敍曩昔之夢興來之之意. 且曰暫寓下榻. 欲待弥勒仙花何如. 寺僧欺其情蕩然. 而見其懃恪. 乃曰. 此去南隣有千山. 自古賢哲寓止. 多有冥感. 盍歸彼居. 慈從之. 至於山下. 山靈變老人出迎曰. 到此奚爲. 答曰. 願見弥勒仙花尒. 老人曰. 向於水源寺之門外. 巳見弥勒仙花. 更來何求. 慈聞卽驚汗. 驟還本寺.

偶 : 우연 우
敍 : 펼 서
曩 : 지난번 낭
興 : 輿의 오기인 듯
寓 : 잠시머무를 우
榻 : 자리 탑
欺 : 업신여길 기
蕩 : 클 탕
恪 : 정성 각
盍 : 어찌아니할 합
居 : 이를 계
奚 : 어찌 해
向 : 지난번 향
巳 : 已의 오기
更 : 다시 갱
驟 : 별안간 취

居月餘. 眞智王聞之. 徵詔問其由. 曰郞旣自稱京師人. 聖不虛言. 盍覓城中乎. 慈奉宸旨. 會徒衆. 遍於閭閻間物色求之. 有一小郞子. 斷紅齊具. 眉彩秀麗. 靈妙寺之東北路傍樹下. 婆娑而遊. 慈迓之驚曰. 此弥勒仙花也. 乃就而問曰. 郞家何在. 願聞芳氏. 郞答曰. 我名未尸. 兒孩時爺孃俱沒. 未知何姓. 於時肩輿而入見於王. 王敬愛之. 奉爲國仙. 其和睦子弟. 禮義風敎. 不類於常. 風流耀世幾七年. 忽亡所在.

慈哀壞殆甚. 然飮沐慈澤. 昵承淸化. 能自悔改. 精修爲道. 晩年亦不知所終.

覓 : 찾을 멱
宸 : 대궐 신
閭 : 마을 여
閻 : 마을 염
眉 : 눈썹 미
迓 : 맞을 아
婆 : 춤추는모양 파
娑 : 춤추는모양 사
爺 : 아비 야
孃 : 어미 양
芳 : 이름빛날 방
沒 : 歿(죽을 몰)의 오기
輿 : 가마 여
肩輿 : 두사람이 메는 가마
耀 : 빛날 요
壞 : 懷(생각할 회)의 오기
壞 : 무너뜨릴 괴
殆 : 거의 태
沐 : 머리감을 목
昵 : 친할 닐

20) 왕의 뜻〔宸旨〕: 원문의 宸旨(신지)는 임금의 뜻을 의미하는 성지(聖旨)와 같은 말.
21) 단정하게 화장〔斷紅〕: 원문의 斷紅(단홍)은 단정한 화장을 의미.
22) 돌아다니면서〔婆娑〕: 원문의 婆娑(파사)는 이리저리 배회하는 것.
23) 가마〔肩輿〕: 원문의 肩輿(견여)는 가마의 일종인 교자(轎子).
24) 흠뻑 입었고〔飮沐〕: 원문의 飮沐(음목)은 많이 입었다는 의미.

설명하는 자가 이렇게 말했다.

「미(未)와 미(彌)는 서로 발음이 근사하고 시(尸)와 력(力)은 글자 모양이 서로 비슷하여 각각 그 근사한 것을 따서 서로 바꾸어 부른 것이다.(미륵을 미시로 불렀다는 의미) 부처님이 유독 진자의 정성에 감동된 것만이 아니라 이 땅에 인연이 있었기 때문에 때때로 나타났던 것이다.」

지금까지도 나라 사람들이 신선을 가리켜서 미륵선화라 하며 무릇 남에게 중매 서는 것을 미시라고 부르는데 모두 진자가 남긴 유풍이다. 노방수를 지금까지도 견랑[25]수라 부르고, 또 우리말로 사여수[26](인여수라고도 한다.)라고 한다.

다음과 같이 찬미한다.

선화 찾아 걸음마다 우러러 본 그 풍도,
곳곳마다 재배[27]함은 한결같은 공로일세.
홀연히 가버린 봄[28] 찾을 곳 없었더니,
누가 알았으리, 상림원 한때의 봄을.[29]

25) 견랑(見郎) : 미륵의 향찰식 표현. 견랑(見郎)의 見은 미루어 보다는 미루에서 미륵과 연결된 것으로 추정.
26) 사여수(似如樹) : 불교의 상징적 나무인 사라수(娑羅樹)의 향찰식 표기.
- 見郎을 사여수라 함은 見의 뜻 중 살피다의 살에서 사여가 된 것으로 추정.
27) 재배(栽培) : 풍류도에 의한 인재 배양은 대자연이 초목을 재배함과 같다는 말.
28) 홀연히 가버린 봄〔驀地春歸〕: 자비로운 혜택과 맑은 덕화를 베풀던 미륵선화의 현신인 미시가 문득 사라졌음을 은유한 것.
29) 누가 알았으리, 상림원 한때의 봄을.〔誰知頃刻上林紅.〕: 상림원의 봄은 경각(頃刻)이었음을 누가 알았으랴라고 묻는 것임. 상림원은 중국 진(秦)·한(漢) 시대의 궁원(宮苑).

說者曰.

未與弥聲相近. 尸與力形相類. 乃託其近似而相謎也. 大聖不獨感慈之誠款也. 抑有緣于玆土. 故比比示現焉. 至今國人稱神仙曰弥勒仙花. 凡有媒係於人者曰未尸. 皆慈氏之遺風也. 路傍樹至今名見郞. 又俚言似如樹.(一作印如樹.)

謎 : 바꿀 미
款 : 정성스러울 관
比比 : 흔히
冪 : 연기모양 멱
覓 : 찾을 멱

讚曰.
尋芳一步一瞻風.
到處栽培一樣功.
冪地春歸無覓處.
誰知頃刻上林紅.

1. 국보 제83호
2. 국보 제78호
미륵반가사유상

彌勒思想의 개요

1. 彌勒菩薩 및 관계경전

1-1. 彌勒菩薩이란?

- **彌勒**은 산스크리트어 Maitreya의 音譯이며, 뜻은 자비롭다[慈]여서 미륵을 **慈氏** 또는 **慈尊**으로 번역함. 마이트레야는 계약 · 약속을 상징하는 인도의 神 미트라(Mitra)에서 유래.
- 미륵은 석가모니의 제자였으나 사후에 도솔천에 태어나 그곳에서 天衆을 위하여 설법하고 있는 보살로, 인간들이 많은 선행을 쌓을 때 도솔천으로부터 下生하여 龍華樹 아래에서 成佛하고 釋迦佛 때 濟度 못한 중생 모두를 濟度할 미래의 부처.
- 미륵신앙은 B.C. 2세기경에서 A.D. 2세기 사이에 성행하기 시작한 것으로 추정.

1-2. 彌勒 關係經典

구 분		經 典 名	추정 등장시기(A.D.)	漢 譯 者	飜譯年度(년)
미륵 6 부경	미륵 3부경	彌勒下生成佛經 [下生經]	3~4세기	구마라집	402
		彌勒大成佛經 [成佛經]	〃	〃	〃
		觀彌勒菩薩上生兜率天經 [上生經]	3~4세기 후	沮渠京聲	455
	—	彌勒來時經	—	미상	동진시대
	—	彌勒下生經	—	竺法護	303
	—	彌勒下生成佛經	—	義淨	701

1-3. 미륵3부경의 내용

- 彌勒下生成佛經[下生經] : 세존이 기수급고독원(祇樹給孤獨園)에서 아난의 물음에 설한 법.

세존께서 아난에게 이르기를 "미래 이 세상에 양거라는 법왕이 바른 법으로 나라를 다스려 나라가 풍성하여 보물이 가득할 때, 도솔천의 미륵보살이 양거의 대신인 수범마(修梵摩)와 그의 처 범마월(梵摩越)의 아들로 태어나 용화수 아래에서 정각을 이루어 불타가 된다. 그리고 첫 번째 법회 시에 96억의 많은 중생을 제도하는 미륵불은 석가 멸후에도 열반에 들지 않고 교화 임무를 띠고 있던 가섭의 가사를 받아 입을 것이다. 그리고 연이은 二會의 설법으로 말법시대의 무량한 사람들을 깨닫도록 할 것이다"라 했다.

●彌勒大成佛經[成佛經] : 세존이 마가다국 바사산에서 사리불의 물음에 대해 설한 법.

내용은 下生經과 같으나 수식적인 문장으로 쓰여졌으며, 大乘的 정신으로 고쳐져 있어서 내용상에 변화와 발달이 보인다. 즉 미륵이 下生하는 때는 이 국토가 황금과 보배로 장엄하게 장식된 청정한 국토가 되며, 양거라는 전륜성왕이 출현하여 온 세상이 평화롭고 황금과 보배가 넘쳐난다. 이때 심신을 훌륭하게 갖춘 수범마(修梵摩)와 범마월(梵摩越)의 아들로 태어난 미륵이 용화수 아래에서 성불하여 三會의 설법으로 382億 人에게 번뇌의 때를 여의고 진리의 눈을 얻게 하여 아라한(阿羅漢)이 되게 한다는 내용이다.

●觀彌勒菩薩上生兜率天經[上生經] : 세존이 기수급고독원(祇樹給孤獨園)에서 우바리의 물음에 대해 설한 법.

이 땅의 미륵보살이 선정에 들어 목숨을 마치면 절묘한 보배와 빛깔, 그리고 미묘하고 거룩한 즐거움으로 장엄된 도솔천에 태어날 것이다. 그는 보배궁전에 일곱 가지 보배로 된 獅子座에 三十二相 八十種好를 갖추고 化生하여 밤낮으로 설법하여 수많은 天衆을 제도한다. 또 이를 觀하는 자나 미륵보살의 이름을 듣고 歡喜恭敬하거나 형상을 조성 예배하는 자는 도솔천에 왕생한다는 것을 설하고 있다. 왕생을 못한다 해도 未來世에 龍華樹의 법회에 참여하면 성불할 것임을 설하였다.

2. 미륵신앙의 특징

2-1. 未來佛思想

10善의 공덕이 성취된 먼 미래의 세상에 미륵불이 석가모니불의 뒤를 이어 下生하여 중생을 구원한다는 것이 未來佛思想이다. 下生의 시기는 56億7千萬年설과 8萬4千歲설로 나누어져 있다. 이 숫자는 세속적인 教化方便으로서 많은 수를 의미하는 듯하다. 8만 4천이란 것도 인도에서 많은 수를 의미한다. 즉 인간이 착한 행동[十善業]을 많이 하여 인간의 수명이 점차 늘어 8만 4천 세가 되면 미륵불이 출현한다는 것이다. 그러나 고통받는 중생들은 하루빨리 구세주가 나타나서 자기들을 구원해 주기를 바랄 것이다. 실제로 미륵신앙이 성행하던 시기는 사회혼란기 · 사회전환기이다. 이때에 새로운 세상을 요구하는 민중들의 열망에 부응해서 정치적 야심가들은 명분을 내세우거나 민중들을 끌어 모으기 위한 수단으로 이용하기도 하였다.

2-2. 地上天國思想

불교에서 미래를 밝힐 未來佛로서 이 지상의 인간을 구제할 부처는 미륵불이다. 彌勒下生의 시기가 바로 이때라고 생각하면 미륵신앙은 현세의 정토를 실현하게 되어 현세적인 신앙이 된다. 이런 이유로 많은 사람들이 미륵신앙을 신봉했던 것이다. 경전에 묘사된 彌勒淨土는 바로 佛國土요, 지상천국의 모습이다. 미륵신앙에 의해 나타난 지상천국인 불국정토의 모습은 아주 평화롭고 아름다우며, 물질적 풍요가 넘치는 세계로서 현세에 고통을 받고 있는 사람들에게 새로운 희망을 제시해 줄 수 있는 이상사회이다.

3. 『삼국유사』를 통해 본 新羅 彌勒思想의 특징

3-1. 미륵신앙의 초기적 수용

『삼국유사』에 보이는 미륵신앙의 자취에서는 上生과 下生信仰보다도 독특한 신라적인 신앙 형태를 보여주고 있다. 미륵선화 미시랑 진자사 조에서도 미륵신앙의 특수성을 살펴볼 수 있다. 즉 진자는 彌勒大聖이 화랑이 되어 세상에 출현하도록 기도한 정성으로 미륵선화 미시랑을 만나게 되고 국왕이 미시랑을 사랑하고 공경하여 國仙으로 받들었다. 여기에서 신라사람들은 미륵을 도솔천에 상주 설법하는 보살로 머물러 있도록 하지 않고 신라라는 사회로 청해 내려서 國仙花郎으로 현실화하여 신라의 사회에 참여케 하고 있는 것을 볼 수 있다.

이러한 미륵신앙의 현실적 수용은 진흥왕의 왕자들의 이름인 銅輪 · 金輪에서 볼 수 있다. 동륜 · 금륜은 轉輪聖王思想에서 따온 바, 이는 진흥왕이 불교의 이상적인 나라의 轉輪聖王思想을 이 땅에 실현하기 위한 것이라고 볼 수 있다. 이 전륜성왕사상은 미륵사상과 밀접한 관계가 있으니, 미륵이 下生할 국토에 전륜성왕이 올바른 법으로 나라를 다스려 이상국토가 이루어졌을 때 미륵보살이 도솔천에서 下生하여 성불한다는 것이다. 또 진흥왕 시대 미륵사상에 바탕을 둔 국선 · 화랑의 제도가 마련되었다는 사실도 진흥왕이 미륵신앙을 현실적으로 받아들이고 국가사회의 실리적인 면에서 적응시켰다고 볼 수 있다.

또 효소왕 대 죽지랑 조에서 술종공이 죽지령에서 길을 닦던 거사가 꿈에 나타난 뒤 거사가 죽자 "필경 거사는 내 집에 태어날 것이다" 하고는 시체를 묻어주고 그 무덤 앞에 석미륵을 만들어 세웠다. 이는 다시 태어날 새 생명을 위하여 세워진 미륵상일 것이다. 이것은 미륵선화에서 본 것처럼 미륵은 젊고 새롭고, 미완을 보완하는 희망과 이상의 상징이다. 때문에 자기 집에 태어날 거사의 새로운 생명이 훌륭하게 태어나기를 희구하여 미륵상을 무덤 앞에 세운 것이리라.

3-2. 미륵신앙의 실현

생의사 석미륵 조와 낙산이대성 관음 정취 조신 조에서 꿈을 꾸고 石彌勒을 발굴했다는 것은 꿈이 꿈으로만 그치지 않고 현실화되었다는 것을 보여준다. 이것은 신라인들이 꿈을 현실화한 것으로 볼 수 있다. 그리고 미륵을 현재 도솔천에 있는 천상의 보살로만 우러러 받들어 모시지 않고 현실생활로 끌어들인 것임을 알 수 있다.

월명의 도솔가에서는 좀 더 적극적이고 靈應的神仰이 나타난다. 경덕왕 때 두 해가 함께 열흘 동안 나타나자 월명사를 청해 도솔가를 지어 산화공덕을 짓는 의식을 행했다. 도솔가의 내용은 산화하면서 꽃으로 하여금 도솔천에 계시는 미륵님을 맞아 모셔라는 뜻이다. 이에 두 해가 없어져서 왕이 월명에게 차와 水精念珠를 주자 童子로 現身한 彌勒이 나타나 가져갔다. 이 설화에서 국가적인 행사에서 신앙의 대상이 미륵이었다는 데서 미륵의 위치를 짐작할 수 있다. 또 미륵이 동자로 나타난 것은 天上의 보살을 신라의 현실로 끌어들인 것이다.

진표전간 조에서 미륵이 진표에게 "너는 이것으로 세상에 불법을 전하여 사람들을 구제하는 방편으로 삼아라"라고 한 것도 現世利益的인 면을 보여주고 있다. 또 용장사의 丈六彌勒尊像이 그 주위를 도는 대현대덕을 향해 얼굴을 따라 돌렸다는 것도 당시의 現世利益的 미륵신앙이 성하여 항상 생활의 주변을 떠나지 않았다는 것을 보여주는 상징으로 볼 수 있다.

이와 같은 미륵신앙은 신라의 미륵불이 이 땅에 現身成道한다는 사상을 낳기에 이르렀다. 즉 백월산의 노힐부득이 낭자로 현신한 관음보살의 도움으로 미륵불이 되었다는 것은 彌勒下生信仰의 新羅化이다. 노힐부득이 現身成道하였다는 때는 인수 8萬4千歲도 아니고, 양거전륜성왕이 나라를 다스리는 시대도 아니며, 용화수 밑에서의 성불도 아니다. 다만 창원의 백월산에서 수도하던 한 승려가 신라라는 현실에서 미륵불로 現身成道했다는 것이다. 이는 지금까지 전개되어온 신라미륵신앙의 필연적인 귀결이며, 현실적인 新羅佛國土를 실현하고자 한 신라인들의 표현이며, 現實淨土思想의 한 결과라고 할 것이다.

단석산 신선사 마애불(미륵불로 추정)

남백월[1] 이성 노힐부득[2] 달달박박[3]

– 남백월산의 두 성인 노힐부득과 달달박박 –

백월산 두 성인의 『성도기』에 다음과 같이 기록되어 있다.

「백월산은 신라 구사군[4](옛날의 굴자군이며 지금은 의안군이다.)의 북쪽에 있었다. 산봉우리는 기이하고 빼어났으며 동서남북[5]으로 수백 리까지 뻗쳐 있어서 참으로 그 지방을 수호하는 큰 산이다.

옛 노인들이 다음과 같이 서로 전하고 있다.

'옛날에 당나라 황제[6]가 언젠가 못을 하나 팠다. 매월 보름 전에 달빛이 휘황하게 밝으면 못 가운데 산이 하나 비쳐있는데 사자처럼 생긴 바윗돌이 꽃 사이로 은은하게 비쳐서 못 가운데 그림자를 나타냈다. 황제가 화공에게 명령하여 그 모양을 그려 사람을 보내 온 천하를 돌아다니면서 찾게 했더니 우리나라에 이르러 이 백월산에 큰 사자암이 있는 것을 보았다. 산의 서남쪽으로 2천 보쯤 되는 곳에 세 산이 있었는데 그 이름이 화산[7](그 산은 몸체가 하나에 봉우리가 셋이므로 삼산이라 한다.)으로서 그림과 서로 비슷하였다. 그러나 참인지 아닌지를 알 수 없어서 신 한 짝을 사자암의 꼭대기에 걸어 놓고 돌아와 황제에게 말씀드렸더니 신 그림자도 또한 못에 비치어 나타났다. 황제가 기이하게 여겨 그 산의 이름을 백월산이라고 했다.(보름 전에는 흰 달빛 그림자가 나타나므로 이렇게 이름을 지었다.) 그러나 그 후로는 못 가운데 그림자가 없어졌다.'

1) 남백월(南白月) : 남쪽 백월산이라는 의미로, 백월산은 경상남도 창원시 북면 월촌리에 있는 산. 해발 400m로 산봉우리에 커다란 바위 세 개가 있어 삼산(三山)이라 불리며, 삼산의 동쪽 끝 봉우리에 커다란 바위가 있는데 하늘을 향해 울부짖는 듯한 모양을 하고 있어 사자암이라 불림.

2) 노힐부득(努肹夫得) : 노힐(努肹)은 높다는 등등(騰騰)의 뜻. 부득(夫得)은 이름.
 • 노(努) : 등등(騰騰)의 우리말 노프들(높도리).
 • 힐(肹) : 부(夫)를 유기음화하기 위한 첨가어. 〈양주동, 『고가연구』〉

3) 달달박박(怛怛朴朴) : 달달(怛怛)은 고절(苦節)의 뜻인 담담(淡淡)의 의미로 본 듯하며, 박박(朴朴)은 이름. 〈양주동, 『고가연구』〉

4) 구사군(仇史郡) : 지금의 경상남도 창원시.

5) 동서남북[延袤] : 연(延)은 횡(橫)의 뜻으로 동서이며, 무(袤)는 종(縱)의 뜻으로 남북을 의미. 즉 연무는 동서남북을 뜻함.

6) 당나라 황제[唐皇帝] : 우리나라에서 중국을 통상 당나라라 함. 어느 황제인지 불분명.

南白月二聖 努肹夫得 怛怛朴朴

白月山兩聖成道記云.

白月山在新羅仇史郡之北.(古之屈自郡. 今義安郡.) 峰巒奇秀. 延袤數百里. 眞巨鎭也.

古老相傳云.

昔唐皇帝嘗鑿一池. 每月望前. 月色滉朗. 中有一山. 嵓石如師子. 隱映花間之影・現於池中. 上命畫工圖其狀. 遣使搜訪天下. 至海東見此山有大師子嵓. 山之西南二※步許有三山. 其名花山.(其山一体三首. 故云三山.) 與圖相近. 然未知眞僞. 以隻履懸於師子嵓之頂. 使還奏聞. 履影亦現池. 帝乃異之. 賜名曰白月山.(望前白月影現. 故以名之.) 然後池中無影.

肹 : 클 힐
怛 : 깜짝놀랄 달, 슬퍼할 달
巒 : 산봉우리 만
延 : 뻗칠 연
袤 : 뻗칠 무

鑿 : 뚫을 착
滉 : 깊고넓을 황
朗 : 밝을 랑
搜 : 찾을 수
※ : 千의 결락인 듯
履 : 가죽신 이

백월산

7) 화산(花山) : 화산은 주와 같이 三山이라 불림. 또 삼화산은 경덕왕 충담사 표훈대덕 조에 나오는 삼화령과 같은 의미로 화랑의 무리가 숭배한 산임. 화랑은 미륵의 화신이므로 결국 화산이란 미륵신앙과 습합(習合)된 것. 〈미시나〔三品〕, 『新羅の浄土教』〉

이 산의 동남쪽 3천 보쯤에 선천촌이 있었다. 그 마을에는 두 사람이 살았는데, 한 사람은 노힐부득(득을 등이라 고도 한다.)으로 아버지의 이름은 월장이며 어머니의 이름은 미승이다. 또 한 사람은 달달박박으로 그의 아버지 이름은 수범이고 어머니 이름은 범마[8]라 했다.(『향전』에 치산촌이라 한 것은 잘못이다. 두 사람의 이름은 방언이니 두 집에서 두 사람이 각각 마음 수행을 하는 데 있어서 기세가 등등하며 더 할 수 없이 높고, 뛰어나다는 두 가지 뜻에서 이렇게 이름지은 것이다.) 두 사람이 다 풍채와 골격이 범상치 않았고 속세를 벗어난 큰 포부가 있어서 서로 좋은 친구가 되었다.

나이 모두 20이 되어 그 마을의 동북쪽 고개 너머에 있는 법적방[9]에 가서 머리를 깎고 승려가 되었다. 얼마 안 되어 서남쪽에 있는 치산촌 법종곡 승도촌에 옛 절이 있는데 수행할 만하다는 말을 듣고 함께 가서 대불전 · 소불전의 두 마을에 각각 살았다. 부득은 회진암에서 살았는데 혹 양사[10](지금도 회진동에는 옛 절터가 있으니 바로 이곳이다.)라고도 했다. 박박은 유리광사[11](지금의 梨山 위에 절터가 있으니 바로 이곳이다.)에 살았다. 두 사람은 모두 처자를 데리고 와서 살면서 농사를 짓고 서로 왕래하면서 정신을 수양하고 편안히 마음을 길러 속세를 떠나려는 뜻을 잠시라도 잊어본 적이 없었다.

그들은 자신들의 육신과 세상살이가 덧없음을 보고 서로 말하기를 "기름진 밭과 풍년이 든 해는 참으로 좋으나 옷과 음식이 마음먹은 대로 생겨 절로 배부르고 따뜻함을 얻는 것만 못하며, 부녀와 집이 좋긴 하나 연화장[12]세계에서 여러 부처님과 함께 놀고 앵무새 · 공작새와 서로 즐기는 것만 못하다. 더구나 불도를 공부하면 마땅히 부처가 되고, 참된 것을 닦으면 반드시 참된 것을 얻어야 하거늘, 우리들은 이미 머리를 깎고 중이 되었으니 마땅히 모든 장애와 구속을 벗어버리고 무상의 도[13]를 이루어야 할진대 어찌 세속에 골몰하여 속물이나 다름 없어서야 되겠는가?" 하고는 드디어 인간세상을 버리고 장차 깊은 산골에 숨어 살려 했다. 밤이 되어 꿈에 백호[14]의 빛이 서쪽으로부터 왔는데 그 빛 속에서 금색 팔이 내려와 두 사람의 이마를 쓰다듬었다. 깨어나서 서로 꿈 이야기를 하였더니 두 사람의 꿈이 조금도 틀림이 없이 맞았다.

8) 노힐부득으로 아버지의 이름은 …… 어머니의 이름은 범마 : 『아미타고음성왕다라니경(阿彌陀鼓音聲王陀羅尼經)』에 의하면 미타의 父는 월상전륜성왕(月上轉輪聖王)이고 母는 수승묘안(殊勝妙顔)이고, 『미륵하생경』에 미륵의 父名이 수범마(修梵摩)이고 母名이 범마월(梵摩越)로 기록된 것으로 보아 두 사람의 부모 이름은 불경에서 따온 것으로 보임. 이로 보면 박박이 미륵이 되고 부득이 미타가 되어야 하나 본 기록에는 다른바 이는 父母의 이름이 서로 바뀐 것으로 보여짐.

山之東南三千步許・有仙川村. 村有二人. 其一曰努肹夫得.(一作等.) 父名月藏. 母味勝. 其一曰怛怛朴朴. 父名修梵. 母名梵摩.(鄕傳云雉山村. 誤矣. 二士之名方言. 二家各以二士心行騰騰苦節二義名之尒.) 皆風骨不凡. 有域外遐想. 而相與友善.

年皆弱冠. 往依村之東北嶺外法積房. 剃髮爲僧. 未幾聞西南雉山村法宋谷僧道村有古寺. 可以栖眞. 同往大佛田・小佛田二洞各居焉. 夫得寓懷眞庵. 一云壤寺.(今懷眞洞有古寺基. 是也.) 朴朴居瑠璃光寺.(今梨山上有寺基是也.)皆挈妻子而居. 經營産業. 交相來往. 捿神安養. 方外之志. 未常暫廢.

觀身世無常. 因相謂曰. 腴田美歲良利也. 不如衣食之應念而至・自然得飽煖也. 婦女屋宅情好也. 不如蓮池華藏千聖共遊・鸚鵡孔雀以相娛也. 況學佛當成佛・修眞必得眞. 今我等旣落彩爲僧. 當脫略纏結・成無上道. 豈宜汨沒風塵. 與俗輩無異也. 遂唾謝人間世. 將隱於深谷. 夜夢白毫光自西而至. 光中垂金色臂. 摩二人頂. 及覺說夢. 與之符同.

雉 : 꿩 치
騰 : 오를 등
尒 : 爾의 略體字
遐 : 멀 하
依 : 그 의
剃 : 깎을 체
髮 : 머리털 발
宋 : 宗의 오기
栖 : 栖(쉴 서)의 오기 또는 약체자
栖 : 옮길 천
壤 : 고운흙 양
挈 : 거느릴 설
捿=棲 : 쉴 서, 깃들일 서
暫 : 잠시 잠
腴 : 기름질 유
美 : 좋을 미
飽 : 배부를 포
煖 : 따뜻할 완
鸚 : 앵무새 앵
鵡 : 앵무새 무
娛 : 즐길 오
纏 : 얽을 전
汨 : 골몰할 골
唾 : 버릴 타
毫 : 터럭 호
臂 : 팔 비
摩 : 문지를 마
符 : 증거 부(죽간을 둘로 쪼개 나중에 붙였을 때 일치하는 것.)

9) 법적방(法積房) : 경남 창원에 있던 절.
10) 양사(壤寺) : 회진암(懷眞庵)이나 회진동(懷眞洞)이라는 명칭으로 보아 원문의 壤(양)은 懷(회)의 오기인 듯함.
11) 유리광사(瑠璃光寺) : 경남 창원에 있던 절.
12) 연화장〔蓮池華藏〕 : 불보살(佛菩薩)이 거주하는 청정한 세계 즉 정토(淨土)를 의미. 정토 중에서도 『화엄경』에 바탕을 둔 것으로 타방(他方)에 있는 것이 아니라 깨달으면 중생이 거주하는 예토(穢土)가 정토인 화엄장 세계가 되며, 이 화엄장 세계는 비로자나불이 주관.
13) 무상의 도〔無上道〕 : 불도(佛道)를 의미.
14) 백호(白毫) : 부처의 32상의 하나. 부처님의 눈썹 사이에 있는 희고 빛나는 긴 터럭. 백호에서 나온 광명으로 무량세계(無量世界)를 비춘다고 함.

두 사람 모두 오랫동안 감탄하다가 드디어 백월산 무등곡(지금의 남수동이다.)으로 들어갔다. 박박스님은 북쪽 고개에 있는 사자암에 자리를 잡고 판자로 여덟 자 되는 방을 만들어 머물렀으므로 판자방이라 불렀다. 부득스님은 동쪽 고개의 돌무더기 아래 물이 있는 곳에 역시 사방 열 자 되는 방을 만들어 거처했다. 그러므로 돌무더기 방〔磊房(뇌방)〕이라 했다. (『향전』에는 부득이 산 북쪽 유리동에 있었다고 하니 곧 지금의 판자방이다. 박박은 산 남쪽 법정동 뇌방에서 살았다고 하니 이 기록과는 서로 반대된다. 지금 살펴보면 『향전』이 잘못되었다.)

이들은 각각 암자에 거처하면서 부득은 미륵[15]을 부지런히 구하고 박박은 아미타[16]를 정성스레 염불하였다. 3년이 못 되는 경룡[17] 3년 기유(709) 4월 8일 즉 성덕왕이 왕위에 오른 지 8년 되는 때이다. 해질 무렵에 나이가 스무 살쯤 된, 자태가 매우 절묘한 낭자가 난초와 사향 향기를 풍기면서 홀연히 북쪽 암자(『향전』에는 남쪽 암자라 했다.)에 와서 묵겠다고 청하면서 글을 지어 바쳤다.

길 가는 나그네 해 지니 천 산이 저물고,
길은 막히고 성도 멀어 사방이 적막하오.
오늘은 이 암자 아래서 묵고자 하오니,
자비로운 스님은 성가시다 하지 마오.

박박이 말하기를 "암자란 깨끗하게 하기를 힘써야 하므로 그대가 가까이 올 곳이 아니오. 이곳에 머무를 수 없으니 가시오" 하고는 문을 닫고 들어가 버렸다.(『성도기』에 쓰여 있기는 "나는 모든 잡념이 재처럼 식어졌으니 육색[18]으로 나를 시험하지 말라"고 했다.)

뇌방으로 추정되는 지금의 백운사

15) 미륵(弥勒) : 미륵보살.

皆感嘆久之. 遂入白月山無等谷.(今南藪洞也.)朴朴師占北嶺師子嵓. 作板屋八尺房而居. 故云板房. 夫得師占東嶺磊石下有水處. 亦成方丈而居焉. 故云磊房(鄉傳云. 夫得處山北瑠璃洞. 今板房. 朴朴居山南法精洞磊房. 與此相反. 以今驗之. 鄉傳誤矣)

嘆 : 탄식할 탄
藪 : 큰숲 수
磊 : 돌무더기 뢰
驗 : 살필 험

各庵而居. 夫得勤求弥勒. 朴朴禮念弥陁. 未盈三載. 景龍三年巳酉四月八日. 聖德王卽位八年也. 日將夕. 有一娘子年幾二十. 姿儀殊妙. 氣襲蘭麝. 俄然到北庵.(鄉傳云南庵.) 請寄宿焉. 因投詞曰.

載 : 해〔年〕 재
巳 : 己의 오기
麝 : 사향노루 사

行逢日落千山暮.
路隔城遙絶四隣.
今日欲投庵下宿.
慈悲和尙莫生嗔.

暮 : 저물 모
遙 : 멀 요
嗔 : 성낼 진
淨 : 淨과 통함
無 : 말 무
滯 : 머무를 체
灰 : 재 회
囊 : 주머니 낭

朴朴曰. 蘭若護淨爲務. 非尒所取近. 行矣. 無滯此處. 閉門而入(記云. 我百念灰冷. 無以血囊見試.)

16) 아미타〔弥陀〕 : 아미타(阿弥陀)부처.
17) 경룡(景龍) : 당나라 중종(中宗)의 연호(707~709).
18) 육색〔血囊〕 : 원문의 血囊(혈낭)은 여자의 옥문이나, 여기서는 육색(肉色).
19) 고요함〔湛然〕 : 원문의 湛然(잠연)은 정적(靜寂)한 상태
20) 태허(太虛) : 공허 적막의 경지로 우주의 근원.
21) 깨달음〔菩提〕 : 산스크리트어 Bodhi의 음역. 의미는 도(道) 또는 각(覺). 붓다의 바른 깨달음〔正覺〕의 지혜를 얻기 위해 닦아야 할 道를 말함.
22) 게(偈) : 산스크리트어 Gatha의 음역. 부처님의 공덕과 교리를 노랫말로 찬미한 것.
23) 보살행(菩薩行) : 위로는 깨달음〔菩提〕을 구하고 아래로는 중생을 구제하는 덕행(上求菩提 下化衆生).

낭자가 남암(『향전』에는 북암이라고 했다.)으로 가서 또 전과 같이 청하니 부득이 말하기를 "그대는 어디에서 밤을 무릅쓰고 왔는가?" 하니 낭자가 대답하기를 "저의 고요함[19]이 태허[20]와 한 몸이 되었으매 어찌 오고 감이 있겠습니까? 다만 어지신 어른의 바라는 뜻이 깊고 무거우며 덕행이 높고 견고하다는 말을 듣고 장차 깨달음[21]을 성취하시는 데 도와드릴까 합니다" 하고는 게[22] 하나 주었다.

해 저문 깊은 산길에,	가도 가도 사방이 적막하네.
송죽의 그늘은 더더욱 그윽하고,	계곡의 물소리 더욱 새로워라.
잘 곳을 청함은 길 잃음이 아니라,	스님을 인도하려 함일세.
원컨대 나의 청만 들어 주시고,	길손이 누구인가 묻지를 마오.

부득스님은 이 말을 듣고 몹시 놀라면서 말하기를 "이곳은 부녀들로써 더럽힐 곳이 아니나 중생의 뜻을 따르는 것도 또한 보살행[23]의 하나인데, 하물며 깊은 골짜기인 데다 해 저문 밤에 어찌 소홀히 대접할 수 있겠는가?"라 하며 즉시 친절하게 암자 안으로 맞아서 모셨다. 밤이 깊어지자 마음을 맑게 하고 지조를 가다듬어 어설픈 벽에 희미한 등불을 걸고 가만가만히 염불을 하였다.

밤이 이슥하여 낭자가 부득을 불러 말하기를 "내가 불행하게도 마침 해산할 기미가 있으니 스님께서 짚자리를 준비해 주세요"라 하니 부득은 불쌍한 생각이 들어 거절하지 못하고 촛불을 은은하게 밝혔다. 낭자는 벌써 해산하고는 또 목욕을 시켜달라고 청하였다. 노힐은 일변 부끄럽고 일변 두려웠으나 불쌍히 여기는 정이 더할 뿐이었다. 다시 목욕통을 준비하여 낭자를 그 안에 앉히고 물을 데워 목욕을 시키니, 이미 목욕통 속의 물에서 향기가 진동하며 물이 금빛 색깔로 변하였다. 노힐이 깜짝 놀라자 낭자가 말하기를 "우리 스님께서도 이 물에 목욕하시는 것이 좋겠습니다"라 하여 노힐이 마지못해 그 말대로 따랐더니 갑자기 정신이 맑아지는 것을 느끼게 되고 피부 색깔도 금빛이 되었다. 그 옆을 보니 홀연히 연화대좌[24] 한 자리가 생겼다. 낭자가 앉기를 권하면서 말하기를 "나는 관음보살인데 대사를 도와서 큰 깨달음을 이루게 하려고 왔노라" 하고 말을 마치자 사라졌다.

娘歸南庵.(傳曰北庵.) 又請如前. 夫得曰. 汝從何處・犯夜而來. 娘答曰. 湛然與太虛同體. 何有往來. 但聞賢士志願深重・德行高堅. 將欲助成菩提※.

因投一偈曰.

日暮千山路. 行行絶四隣.

竹松陰轉邃. 溪洞響猶新.

乞宿非迷路. 尊師欲指津.

願惟從我請. 且莫問何人.

師聞之驚駭. 謂曰. 此地非婦女相汚. 然隨順衆生. 亦菩薩行之一也. 況窮谷夜暗. 其可忽視歟. 乃迎揖庵中而置之. 至夜淸心礪操. 微燈半壁. 誦念猒猒.

及夜將艾. 娘呼曰. 予不幸適有産憂. 乞和尙排備苫草. 夫得悲矜莫逆. 燭火殷勤. 娘旣産. 又請浴. 弩肹慚懼交心. 然哀憫之情有加無巳. 又備盆槽. 坐娘於中. 薪湯以浴之. 旣而槽中之水香氣郁烈. 變成金液. 弩肹大駭. 娘曰. 吾師亦宜浴此. 肹勉强從之. 忽覺精神爽凉. 肌膚金色. 視其傍忽生一蓮臺. 娘勸之坐. 因謂曰我是觀音菩薩. 來助大師・成大菩提矣. 言訖不現.

犯 : 다닥칠 범
湛 : 가득히찰 잠
※ : 耳의 결락

邃 : 깊을 수
猶 : 오히려 유
駭 : 놀랄 해
汚 : 더럽힐 오
歟 : 그러하지아니한가 여
揖 : 읍힐 읍
礪 : 갈 려
猒 : 조용할 염
猒猒 : 편하고 고요한 모양
將 : 나아갈 장
艾 : 기를 애
排 : 벌여놓을 배
苫 : 거적자리 점
殷 : 많을 은
弩 : 努의 오기 또는 통용
慚 : 부끄러울 참
懼 : 두려울 구
憫 : 불쌍할 민
巳 : 已의 오기
盆 : 동이 분
槽 : 목욕통 조
薪 : 땔나무 신
郁 : 성할 욱
烈 : 맹렬할 렬
弩 : 努의 오기 또는 통용
肌 : 살가죽 기
爽 : 맑을 상
膚 : 피부 부

24) 연화대좌〔蓮臺〕: 불・보살(佛・菩薩)이 앉는 연꽃으로 된 대좌(臺座). 연꽃은 더러운 진흙 속에 나서도 물들지 않고 깨끗한 꽃을 피우듯이 불・보살이 더러운 세속에 발을 담그고 중생을 구제하는 것이 연꽃과 같다는 것을 상징함.

박박은 노힐이 밤에 틀림없이 계율을 범했을 것이니 가서 비웃어 주리라 하고 와서 보니 노힐이 연화대좌 위에 앉아 미륵부처님이 되어 환한 빛을 뿜으면서 몸은 금빛으로 채색되어 있었다. 박박은 자기도 모르게 머리를 조아리고 예를 드리면서 말하기를 "어떻게 하여 이렇게 되었는가?"라 하자 노힐이 그 사유를 자세히 말해 주었다. 박박이 탄식하며 말하기를 "내가 그만 장애가 많이 겹쳐서 다행히 관음보살님을 만났는데도 도리어 기회를 놓쳤네. 큰 덕이 있고 지극히 어진 그대가 나보다 먼저 뜻을 이루었네. 원컨대 옛날의 인연을 잊지 말고 꼭 일을 함께하기 바라네"라 하였다. 노힐이 말하기를 "통 속에는 아직 물이 남아 있으니 목욕을 하면 좋겠네"라고 하자 박박이 또한 목욕을 했다. 그러자 전과 같이 아미타불이 되어 두 분이 엄연히 마주 대하였다.

산 아래 마을 사람들이 이 소문을 듣고 다투다시피 와서 우러러 쳐다보고 감탄하여 말하기를 "참으로 희한한 일이로구나!" 하니 두 분 성인이 불법의 요지를 설법하고 몸체는 구름을 타고 가버렸다.

천보[25] 14년 을미(755)에 신라 경덕왕이 왕위에 올라(『고기』에는 천감[26] 14년 을미(515)에 법흥왕이 즉위했다고 했다. 어쩌면 이렇게도 앞뒤가 뒤바뀐 것이 이토록 심할까.) 이 일을 듣고 정유년(757)에 사람을 보내서 큰절을 세우고 절 이름을 백월산 남사[27]라 했다. 광덕[28] 2년(『고기』에 대력[29] 원년이라 한 것은 역시 잘못이다.) 갑진(764) 7월 15일에 절이 완성되자 다시 미륵존상을 만들어 금당에 모시고 현판에다가 「현신성도미륵지전(現身成道彌勒之殿)」이라 했다. 또 아미타상을 만들어 강당에 모셨는데 남았던 물이 부족하여 몸에 다 바르지 못하여 아미타상은 역시 얼룩진 흔적이 있다. 현판에는 「현신성도무량수전(現身成道無量壽殿)」이라 했다.」

25) 천보(天寶) : 당나라 현종(玄宗)의 연호(742~755).
26) 천감(天鑑) : 양나라 고조(高祖)의 연호(502~519).
27) 남사(南寺) : 백월산에 있었던 절로 지금은 빈 터만 남아 있음.

건립 계획인 옛 남사(성불사)

朴朴謂肹今夜必染戒. 將歸听之. 旣至. 見肹坐蓮臺・作弥勒尊像. 放光明・身彩檀金. 不覺扣頭而禮曰. 何得至於此乎. 肹具叙其由. 朴朴嘆曰. 我乃障重. 幸逢大聖. 而反不遇. 大德至仁. 先吾著鞭. 願無忘昔日之契. 事須同攝. 肹曰. 槽有餘液. 但可浴之. 朴朴又浴. 亦如前成無量壽. 二尊相對儼然. 山下村民聞之. 競來瞻仰. 嘆曰希有希有. 二聖爲說法要. 全身躡雲而逝.

今 : 말머리에 쓰이는 어조사 금
听 : 벙긋거릴 은
扣 : 두드릴 구
著 : 입을 착
鞭 : 채찍 편
契 : 연분 계
攝 : 당길 섭
儼 : 엄연할 엄
躡 : 오를 섭
逝 : 갈 서

天寶十四年乙未. 新羅景德王卽位. (古記云. 天鑑二十四年乙未法興卽位. 何先後倒錯之甚如此.) 聞斯事. 以丁酉歲遣使創大伽藍. 号白月山南寺. 廣德二年(古記云大曆元年. 亦誤.)甲辰七月十五日. 寺成. 更塑弥勒尊像. 安於金堂. 額曰. 現身成道弥勒之殿. 又塑弥陁像安於講堂. 餘液不足. 塗浴未周. 故弥陁像亦有斑駁之痕. 額曰現身成道無量壽殿.

二十四 : 十四의 오기
倒 : 거꾸로될 도
錯 : 어긋날 착
更 : 다시 갱
額 : 현판 액
塗 : 바를 도
斑 : 얼룩질 반
駁 : 얼룩얼룩할 박
痕 : 흔적 흔

28) 광덕(廣德) : 당나라 대종(代宗)의 연호(763~764).
29) 대력(大曆) : 〃 〃 〃 (766~779).
30) 교화[攝化] : 원문의 攝化(섭화)는 섭취화익(攝取化益)의 약칭. 중생을 교화하고 인도하여 이익을 주고, 구제하여 정토에 왕생하게 하는 것.
31) 화엄경(華嚴經) : 의해편 의상전교 조의 화엄사상 개요 참조.
32) 마야부인(摩耶夫人) : 석가모니의 어머니. 구도자인 선재동자(善財童子)가 53인의 선지식(善知識)에게 법문을 들을 때, 마흔 한 번째 선지식이 마야부인임.
33) 선지식(善知識) : 부처님이 말씀한 교법을 말하여 중생들로 하여금 고통의 세계를 벗어나 피안의 세계로 인도하는 분들을 말함.

논하여 말한다.

낭자는 부녀의 몸으로 응신하여 중생을 교화[30]했다 할 만하다. 『화엄경』[31]에 마야부인[32] 선지식[33]이 십일지[34]에 살며 부처를 낳아 해탈문[35]을 보인 것[36]과 같다. 이제 낭자가 해산한 은근한 뜻이 여기에 있으며 낭자가 준 시를 보면 애처롭고 간곡하며 사랑스러워 완연히 하늘에 있는 선녀의 자취가 있다. 아아! 낭자가 중생을 따라서 다라니를 말할 줄 몰랐다면 어찌 이와 같이 할 수 있었을 것인가? 그 시의 끝에 마땅히 '맑은 바람이 한자리함을 성가시다 말아주오' 했을 터인데 그렇게 하지 않은 것은 대개 세속의 말과 같이 하고 싶지 않았던 것이다.

다음과 같이 찬미한다.

푸른 물방울 떨어지는 바위 앞에 문 두드리는 소리,[37]
해 저문데 어느 누가 구름 사립 두드리나?
남암이 가까우니 그곳으로 찾아가고,
푸른 이끼 밟아 내 뜰 더럽히지 마오.
- 윗글은 북암을 찬미한 것이다.

골짜기 어두운데 어찌 아득한 길 가리,
남창(南窓)에 대자리 있으니 머물다 가오.
밤 깊어 은은히 백팔염주[38] 세고 있으니,
이 소리 시끄러워 길손 깰까 두렵네.
- 위는 남암을 찬미한 것이다.

솔그늘 십리 길에 길 잃고 헤매다가,
깊은 밤 스님 시험하러 절간[39]을 찾았네.
세 차례 목욕하니 날 새려 하는데,
두 아이 낳아 놓고 서쪽 향해 떠났네.
- 위는 관음보살인 낭자를 찬미한 것이다.

議曰.

娘可謂應以婦女身攝化者也. 華嚴經摩耶夫人善知識. 寄十一地生佛如幻解脫門. 今娘之桷産微意在此. 觀其投詞. 哀婉可愛. 宛轉有天仙之趣. 嗚呼. 使娘婆不解隨順衆生語言陁羅尼. 其能若是乎. 其末聯宜云. 淸風一榻莫予嗔. 然不爾云者. 盖不欲同乎流俗語爾.

讚曰.

滴翠嵓前剝啄聲. 何人日暮扣雲扃.
南庵且近宜尋去. 莫踏蒼苔汚我庭.
- 右北庵.

谷暗何歸已瞑煙. 南窓有蕈且流連.
夜闌百八深深轉. 只恐成喧惱客眠.
- 右南庵.

十里松陰一徑迷. 訪僧來試夜※提.
三槽浴罷天將曉. 生下雙兒擲向西.
- 右聖娘.

攝 : 이끌 섭 幻 : 변화할 환
桷 : 서까래 각
微 : 은미할 미
投 : 줄 투 詞 : 글 사
婉 : 완곡할 완
宛 : 어슴푸레할 완
趣 : 뜻 취
榻 : 자리 탑
嗔 : 성낼 진
滴 : 물방울떨어질 적
翠 : 비취색 취
剝 : 두드릴 박
啄 : 두드릴 탁
扃 : 출입문 경
踏 : 밟을 답
蒼 : 푸를 창
苔 : 이끼 태
瞑 : 어두울 명
蕈 : 簟(대자리 점)의 오기
蕈 : 버섯 심
且 : 여기에 차
闌 : 저물 란
喧 : 떠들썩할 훤
眠 : 잠잘 면
徑 : 작은길 경
※ : 招의 결락
曉 : 새벽 효
擲 : 던질 척

34) 십일지(十一地) : 가장 높은 보살의 길이며 가장 밝고 깨끗한 진리의 문인 십지(十地)와 등각(等覺)의 단계를 말함. 보살이 수행하는 단계인 52위 중 41위부터 50위까지를 십지(十地)라 함. 십일지는 십지와 등각(等覺)을 이루니 보살의 지혜가 부처님과 거의 같으므로 등각이라 함. 여기서는 보살을 마야부인과 비교하고 있음.

35) 해탈문(解脫門) : 해탈이란 번뇌와 속박에서 벗어나 자유로운 경계에 이르는 것. 즉 열반(涅槃)에 이르는 문.

36) 보인 것〔如幻〕: 원문의 如幻(여환)은 여러 가지 인연이 모여서 생긴 것으로 실체도 자성도 없이 이름만 있는 것.

37) 문 두드리는 소리〔剝啄聲〕: 원문의 박탁성(剝啄聲)은 문을 똑똑 두드리는 소리. 한유의 시에 「剝剝啄啄 有客至門」

38) 백팔염주〔百八〕: 작은 구슬(원래는 목환자 나무의 열매) 108개를 꿰어서 만든 염주. 108은 세속에 존재하는 번뇌의 종류. 염주로 삼보의 이름을 외우면 죄가 없어지고 생사를 면한다 함.

39) 절간〔招提〕: 원문의 招提(초제)는 산스크리트어 Caturdesa의 음역 招鬪提舍(초투제사)의 약칭. 뜻은 사방(四方)에서 모이는 승려들을 쉬어가게 하는 절. 위나라 태무제(太武帝)가 가람을 지어 초제라 이름한 뒤부터 초제는 사원의 별칭이 됨.

남백월 이성 노힐부득 달달박박 조의 구성과 의미

서(序) : 본질은 신라에 있고 그 그림자는 중국 당나라에 있다. **불국토 신라의 우월성과 자주성 강조**	
• 중국 황궁의 못에 달빛이 휘황하게 밝으면 사자처럼 생긴 바윗돌이 비치다. • 중국 황제가 사람을 보내 바윗돌을 찾게 했다. 신라의 백월산 사자암이 바윗돌과 비슷하여, 신[履]을 사자암에 걸었더니 못에 신까지 비치었다.	• 달은 불법을, 사자는 부처를 상징하는바, 중국에는 불법이 융성해야(달빛이 휘황하게 밝으면) 부처가 못에 비칠 뿐임 • 불법의 본질인 사자암 즉 부처는 신라에 있고 그 그림자는 중국에 있음을 상징. 신[履]의 의미는 원시불교시대에 부처의 발자국[佛跡]을 숭배의 대상으로 한 것을 상징하거나, 달마대사의 설화에서 연유한 듯함

↓

도입[起] : 노힐부득과 달달박박이 승려가 되다.	
• 부득의 父名은 월장이며, 母名은 미승이다. 박박의 父名은 수범이고 母名은 범마이다. • 두 사람은 승려가 되어 대불전과 소불전의 두 마을에 각각 살았다.	• 두 사람의 부모 이름이 불경의 미타와 미륵의 부모 이름과 같다는 것은 이미 태어날 때부터 미타와 미륵불로 성도할 수 있는 부모에게서 태어났다는 것을 의미 • 불전이란 부처님을 이루게 한 근원이 되었던 장소란 의미. 성불의 선후 개념으로 대불전(부득이 살던 곳) · 소불전(박박이 살던 곳)이라 부른 것으로 추정

↓

전개[承] : 부득은 미륵불을 구하고 박박은 아미타부처를 구하다.	
• 두 사람의 꿈에 금색 팔이 내려와 이마를 쓰다듬었다. 꿈에서 깨어 무등곡에 가서 거처했다. • 부득은 미륵불을 구하고 박박은 아미타부처를 구하다.	• 금색의 팔은 부처님의 팔을 상징하는 것이며, 이마를 쓰다듬는 것은 부처가 되기를 약속하는 수기를 주는 의식[摩頂]임. 그들이 살았던 無等은 부처님의 존호 또는 큰 깨달음을 뜻하는 無等正覺을 의미 • 미륵불 : 현재는 보살로서 도솔천의 天人을 위하여 설법하나 56억 7천만 년 뒤 이 세상에 하생하여 성불하고 설법을 할 부처 • 아미타불 : 현재 서방정토인 극락세계에서 대중을 위해 설법하고 있는 부처

↓

전환[轉] : 미륵을 믿던 부득이 먼저 성불하고 아미타를 구하던 박박이 부득의 도움으로 성불하다. • **미륵을 믿는 부득은 利他의 보살행이나 아미타를 구하는 박박은 自利의 小乘獨修를 취함** **- 머나먼 서쪽 정토인 아미타보다 신라에 정토를 설정한 미륵을 우위에 둔 것을 상징**	
• 해질 무렵 박박의 처소에 낭자[觀音菩薩]가 나타나 자고 가기를 청하자 박박이 거절하다.	• 불경의 「여색을 보지도 말고 같이 말도 하지 말라.」는 데 얽매여 홀로 깨달음[小乘獨修]을 취하여 낭자의 곤란함을 외면
• 낭자가 미륵을 간구하는 부득의 처소로 가 잠자기를 청하면서 깨닫는 데 도움이 될 게를 주다.	• 박박과는 다른 게를 준 것은 이 당시 신라의 신앙 사상의 특징을 반영한 것임. 즉 머나먼 서방 극락정토보다는 이 땅에 미륵이 下生하여 신라를 이상국토로 만든다는 신라인들의 사상을 나타낸 것임
• 부득이 낭자의 곤란함을 생각해 머무르게 하다.	• 자리(自利)의 수행보다는 타리(他利)의 보살행을 행함
• 산부가 되어 해산하고 부득이 낭자를 목욕시키니 물에서 향기가 진동하고 물이 금색으로 변하다. • 낭자가 부득에게 금색 물에 목욕토록 하여 그에 따랐더니 그도 금색의 미륵존상이 되어 연화대좌에 앉다.	• 관음이 부득의 근기에 맞추어 산부로 응현(應現)하여 信行力을 시험하자 부득이 대승보살행을 행함. 불신은 금색이며, 무상묘향(無上妙香)으로 충만하다는 불경의 내용을 나타낸 것임 • 목욕을 시킨 것은 세속의 악취와 예토(穢土)의 더러움을 씻고 새로운 몸으로 재생하라는 의미. 연화대좌에 앉은 것은 청정한 부처가 되었다는 것임
• 박박이 남은 금색 물에 목욕하고 아미타상이 되어 엄연히 마주 대하다. 마을 사람들에게 설법을 하고 가버렸다.	• 부득이 먼저 부처가 된 것은 신라인들이 미륵신앙을 더 신봉한 결과일 것임. 박박이 남은 금색 물에 목욕했다 함은 아직 마음속에 남아 있는 미혹을 씻어 없애고 眞如의 본래 면목인 청정함을 표현한 것.

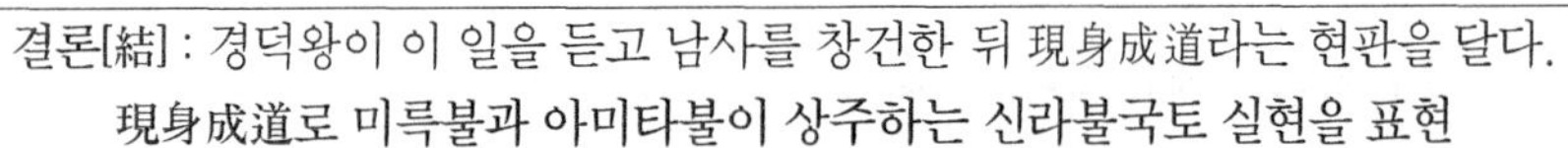

결론[結] : 경덕왕이 이 일을 듣고 남사를 창건한 뒤 現身成道라는 현판을 달다. **現身成道로 미륵불과 아미타불이 상주하는 신라불국토 실현을 표현**	
• 절이 완성되자 금당에 미륵존상을 모시고 강당에는 아미타상을 모셨다.	• 금당에 미륵상을 강당에 아미타상을 모신 것도 신라인의 정토관(淨土觀)을 반영한 것임.
• 현신성도미륵지전(現身成道彌勒之殿)과 현신성도무량수전(現身成道無量壽殿)이라는 현판을 달다.	• 현신성도한 두 부처님을 미륵불과 미타불이라 한 것은 경전의 참뜻을 신라의 신앙으로 활용한 것. 비록 구름을 타고 갔다 했으나 신라에 남아 있을 수밖에 없으니 이는 법신화하여 온 신라에 가득 차 있을 것임

〈김영태, 『신라불교의 현실성불관』 · 『신라 백월산 이성 설화의 연구』를 참고하여 작성〉

정토삼부경(淨土三部經)과 신라 미타신앙의 전개

Ⅰ. 정토삼부경(淨土三部經)

1. 개념

1-1. **정토삼부경** : 무량수경(無量壽經) · 관무량수경(觀無量壽經) · 아미타경(阿彌陀經).

1-2. **중심사상** : 아미타불신앙에 의하여 어리석은 중생을 구원하여 극락정토에 왕생토록하는 것.

1-3. **정토삼부경의 등장** : 정확한 성립 연대는 알 수 없으나 기원전 2세기에 他力염불사상이 불교 안에 들어 왔고, 1세기경에 미타신앙이 인도에 있었으며, 기원 후 2세기에 경전의 존재가 확인됨.

1-4. **정토삼부경의 관계** : 독립된 경전이나 아래와 같이 연결하여 해석도 함.

무량수경(無量壽經)		관무량수경(觀無量壽經)		아미타경(阿彌陀經)
서 론 부		본 론 부		결 론 부
아미타불의 48가지의 發願 · 정토의 장엄 · 왕생하는 사람의 因果를 설함	→	서방정토의 장엄을 마음으로 보는 법[觀佛三昧]과 염불의 의미를 설함	→	세속의 범부가 아미타가 서원한 염불을 하면 아미타불이 주관하는 극락에 왕생함을 증명

2. 무량수경(無量壽經)의 개요

2-1. **서론[序分]** : 석가모니가 영축산에서 1만 2천 명의 대중에게 무량한 대비로써 三界의 중생을 구하고 진실한 이익을 베풀려고 상서로운 모습을 나타냄.

2-2. 본론[正宗分]

● **48가지의 발원과 수행** : 석가모니불이 설하기를 아미타불의 전생인 법장비구가 48원을 세우고 무량의 행을 수행한 뒤 願行을 성취.

- 48원 중 염불왕생원(念佛往生願)과 내영인접원(來迎引接願)이 가장 중요한 發願임.
  - 염불왕생원 : 중생이 염불을 하면 구제할 것을 서원한 것.

• 내영인접원 : 삿된 업[邪業]이 있어도 염불을 하면 부처님이 영접하겠다고 서원한 것.

● 정토장엄(淨土莊嚴) : 법장보살의 원행이 성취된 데 만족해서 석가모니가 설하기를 「법장보살이 옛날에 정각을 이루시고 서방에서 정토를 만들었는데 칠보(금 · 은 · 유리 · 산호 · 호박 · 마노 · 자거) 등으로 장엄하여 시방세계에서 제일 좋은 국토이며, 마침내 정각을 이루게 하는 무위열반의 경계이다.」라 함.

• 왕생행업(往生行業) : 염불 등의 행에 의해서 정토에 왕생함을 설함.

2-3. 결론[流通分] : 석존께서 미륵보살에게 다른 모든 경이 멸한 후에도 염불의 일법만이 남아서 다음 세대에도 믿게된다는 것을 설한 내용.

3. 관무량수경(觀無量壽經) 개요

3-1. **내용의 개략** : 석가모니불이 영축산에서 3만 3천여 대중들에게 설법한 것으로 그 내용은 이러하다. 「어느 때 아사세라고 하는 태자가 제바달다의 꼬임에 빠져 부왕인 빈비사라왕을 가두고 국왕이 되었다. 그의 모친인 위제희가 빈비사라왕을 구하려 하니 아사세가 위제희를 죽이려 했으나 여의치 않아 왕궁에 가두었다. 비탄에 빠진 위제희가 석가모니에게 구원을 청하자 석존이 영축산에서 왕궁에 출현했다. 석존이 서방의 정토를 보여주자 위제희는 서방 극락에 왕생하고 싶다고 발원하였고 그 정토를 관상(觀想)하는 방법을 배웠다. 원에 따라 부처님께서 부처님을 관하는 13종류를 설하셨다. 13관(산선구품 포함 시 16관)은 日想觀 · 水想觀 · 寶地觀 · 寶樹觀 · 寶池觀 · 寶樓觀 · 華座觀 · 想像觀 · 眞身觀 · 觀音觀 · 勢至觀 · 普觀 · 雜像觀이다. 또 범부를 위해 산선구품(散善九品)을 설하고 정토왕생을 권하면서 부처님의 본래의 뜻은 오로지 아미타불 부처님의 이름을 부르는 것에 있다고 가르치고 아난존자에게 부처님의 명호를 널리 유통하라고 하셨다.」

3-2. 13관 중 4관의 요지

● **꽃 좌대를 생각하는 관[華座觀]** : ……아미타불이 공중에서 나타나시고 관세음보살과 대세지보살이 각각 좌우에 서서 모시고 계셨다. ……석존이 말씀하셨다. "아미타불과 두 보살을 관하고 싶으면 ……하나하나의 구슬, 하나하나의 광명, 하나하나의 연화대, 하나하나의 보당을 차례로 순서에 따라 명료하게 관찰하여 마치 거울에 자신의 얼굴을 비추는 것처럼 뚜렷이 관찰하라."

● **형상을 생각하는 관[想像觀]** : 다음은 부처님을 생각할지니라. 모든 부처님은 법계신(法界身)이시고 일체 중생의 마음 가운데 들어 계시기 때문에 그대들이 마음으로 부처님을 생각할 때 그 마음이 32상과 80종호이며, 이 마음으로 부처를 이루고 이 마음이 곧 부처이니라.…… 이 불상 좌우의 연꽃을 생각하고 왼쪽에 관세음보살, 오른쪽에 대세지보살이 앉아 계시는 것을 생각해야 한다.……

● **관세음보살을 생각하는 관[觀音觀]** : 관세음보살의 몸은 자금색으로 빛나고, 머리에는 육계를 갖고 계신다. 이 보살은 머리에 비릉가마니로 만든 천관(天冠)을 쓰고 계시고, 그 보배관 속에 한 분의 화신불이 서 계신다. 관세음보살의 얼굴은 염부단금색으로 빛나고 있으며 눈썹 사이의 백호상은 칠보로 빛나고 팔만 사천 가지의 광명을 발하고 있다. 또 광명으로 빛나는 영락을 차고 계시고, …… 부처님과 다른 것은 육계상과 무견정(無見頂)의 모습만이 부처님에게 미치지 못할 뿐이다. 이와 같은 관법을 관음관이라 한다.

● **대세지보살을 생각하는 관[勢至觀]** : ……대세지보살의 키는 관세음보살과 같고……머리 위에는 붉은 연꽃과 같은 육계가 있고 그 육계 속에 한 개의 보배 병이 있어 모든 광명이 그 속에 들어간다.

1. 대세지보살
2. 아미타여래
3. 관음보살
아미타삼존불

3-3. 산선구품(散善九品) : 정토왕생을 이루는 9종류의 모습

구 분	구 품	구품의 요지	수 인
상배관(上輩觀)	상품상생(上品上生)	대승을 닦는 上善의 왕생을 밝힌 것으로 아미타삼존불 등이 칠보궁전과 금강대를 가지고 수행자 앞에 이르러 모든 보살과 함께 손을 내밀어 영접	
	상품중생(上品中生)	空의 진리를 아는 사람이 왕생하는 것으로 아미타삼존불 등이 자금대를 갖고 수행자 앞에 이르러 일천의 화신불과 함께 손을 내밀어 영접	
	상품하생(上品下生)	大乘下善의 왕생으로 아미타삼존불 등 5백 화신불이 금련대를 갖고 손을 내밀어 영접	
중배관(中輩觀)	중품상생(中品上生)	小乘上善의 왕생으로 아미타불이 비구 권속들과 연화대를 갖고 이르니 수행자는 연화대에 앉아 왕생	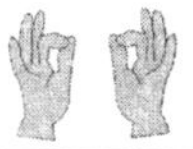
	중품중생(中品中生)	小乘中善의 왕생으로 아미타불이 모든 권속과 같이 칠보연꽃을 갖고 이르니 수행자가 연꽃에서 왕생	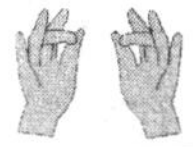
	중품하생(中品下生)	小乘下善의 왕생으로 선지식과 법장비구의 48원을 듣고 순식간에 서방극락세계에 왕생	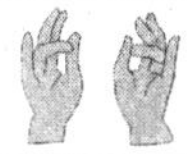
하배관(下輩觀)	하품상생(下品上生)	십악경죄(十惡輕罪)를 저지른 범부의 왕생으로 아미타불이 화신불과 화신보살을 보내 보련화를 타고 왕생토록 함	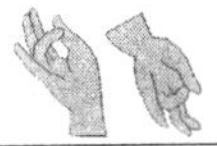
	하품중생(下品中生)	지옥에 떨어질 악업을 지은 범부의 왕생으로 지옥에 떨어질 때 선지식을 만나니 천화가 피고 그 위에서 화신불과 화신보살이 이 사람을 영접	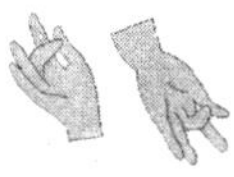
	하품하생(下品下生)	오역(五逆)의 무거운 죄를 범한 범부의 왕생으로 임종시에 선지식을 만나 금련화 앞에서 왕생	

*산선구품에 이르는 길 : 아미타불의 명호를 염불하는 것.

4. 아미타경(阿彌陀經)

4-1. 서론[序分] : 석가모니가 사위국(舍衛國)의 기수급고독원 즉 기원정사에서 1천 2백 5십인의 비구들과 무수한 하늘의 대중들에게 설법.

4-2. 본론[正宗分]

● 극락정토의 모습[依報正報]

- 극락은 서쪽으로 십만 억 불국토를 지나 아미타 부처님이 계시는 곳.
- 그 나라는 괴로움이 없고 즐거움만 있어서 극락이라 함.
- 극락은 일곱 겹의 난간 · 일곱 겹의 그물 · 일곱 겹의 가로수로 된 안락한 곳이며, 금 ·

은 · 유리 등의 칠보로 된 신비한 연못이 있고 오색으로 빛나는 연꽃이 피어 있음. 대지는 황금으로 만들어져 있고 하늘에서 항상 묘한 음악이 들려오며, 여기의 교주인 아미타불은 어떠한 것에도 장애 받지 않는 무량한 광명을 갖추어 계시고 부처님과 성중의 수명도 무량하니 모두 이 국토에 왕생해야 한다고 권함.

- **염불왕생** : 아미타불의 설법을 듣고 아미타불 염불을 하되 혹은 하루 · 혹은 이틀 · 혹은 사흘 · 혹은 나흘 · 혹은 닷새 · 혹은 엿새 · 혹은 이레 동안 일심으로 마음이 흐트러지지 아니하고 임종 시에 마음이 변하지 아니하면 극락에 왕생.
- **증명과 호념(護念)** : 염불하면 왕생한다는 가르침이 진실이고 거짓이 아님을 석가모니불 및 육방의 모든 부처님께서 증명하시고 더불어 염불하는 사람에게 현재 모든 부처님이 호념하는 이익이 있음을 말함.

4-3. **결론[流通分]** : 부처님이 이 경을 설하여 마치심에 사리불 및 모든 비구와 일체 세간의 천인 등은 부처님의 말씀하신 바를 듣고 기뻐하여 받아 지니고 예배하고 물러감.

II. 신라 미타신앙의 전개

1. 신라 미타신앙의 성립

- 신라불교의 초기에 지배층에는 眞種說과 미륵신앙이, 기층민중에게는 미타신앙이 중요한 역할을 담당.
  - 미타신앙의 흔적으로 『삼국유사』 욱면비 염불서승 조의 「……아간의 집은 혜숙법사가 창건한 미타사에 멀지 않은 곳에 있었다.……」에서 혜숙이 미타를 신봉했음을 알 수 있음. 또 이혜동진 조에서 미타신앙자인 혜숙은 지배층으로 미륵신앙과 관련된 화랑 구참공을 날카롭게 비판. 이것은 미륵신앙에 대한 비판의 의미가 내포된 듯함. 원래 미타신앙은 중생의 고통에 자비심을 내어 극락왕생을 성불보다 우선시하여 기층민들에게 추앙을 받아옴.
  - 초기에는 미타신앙이 약세였으나 원효에 의해 불교가 대중화되면서 미타신앙은 기층민중에게 널리 전파됨. 원효에 의해 민중들이 부처의 호를 알고 나무[南無]를 할 줄 알았다고 한 것으로 보아 그가 전파한 신앙은 아미타신앙이었을 것임. 원효와 인연이 깊은 승려인 惠空 · 大安 등도 基層民으로 추정됨.

2. 통일 전후의 미타신앙

- 6두품으로 보여지는 원효가 진골의 공주와 결혼했다 함은 원효가 중대 왕권강화와 불교계를 주도할 새 세력으로 등장함을 의미. 즉 김춘추와 대립관계에 있던 자장이 오대산에서 쓸쓸한 최후를 맞이한 반면 원효는 득세하여 황룡사에서 금강삼매경을 설함.
- 의상대사에 의해서 창건된 부석사는 마땅히 화엄사찰이어야 하나 미타사찰임. 국가의 명으로 지어진 부석사가 미타를 주불로 한 것은 당시 불교계의 조류가 반영된 듯함. 즉 중대 왕권이 안정되면서 민중의 지원을 받는 아미타신앙이 화엄적 사상체계 속에 흡수된 듯함.
- 『삼국유사』에 등장하는 미타신앙
  - 광덕 엄장 조 : 가족을 거느린 현실 생활에의 왕생신앙이기는 하나 내세적인 의미가 중심.
  - 문무왕 법민 조 : 인용사 미타도량은 김인문의 극락왕생을 기원하는 미타신앙.
  - 남백월 이성 노힐부득 달달박박 조 : 서방정토가 아닌 신라 땅에서 現身成佛했다는 것으로 미타신앙의 신라적 특성을 보임.
  - 포천산 5비구 조 : 5비구가 동시에 왕생함과 왕생 도중에 설법했다는 특이함이 있음.
  - 욱면비 염불서승 조 : 당시 신라는 미타신앙이 대중적이었으며 염불수행이 생활화됨.
  - 무장사 미타전 조 : 망자를 위한 극락왕생신앙의 한 형태.
  - 염불사 조 : 당시 신라에 미타신앙이 매우 성함을 나타낸 것으로 추정.

불국정토를 상징하는 닫집
(완주 화암사)

분황사[1] 천수대비[2] 맹아득안

– 분황사의 천수대비가 눈먼 아이의 눈을 뜨게 하다. –

경덕왕 대에 한기리에 사는 여인인 희명에게 아이가 태어나서 다섯 살이 되어 갑자기 눈이 멀었다. 하루는 그의 어머니가 아이를 안고 분황사로 가서 왼쪽 전각 북쪽 벽에 그려진 천수대비 앞에서 아이를 시켜 노래를 부르면서 빌게 했더니 마침내 눈을 뜨게 되었다.

그 노래는 다음과 같다.

김 완 진	신 재 홍	황 패 강
무릎을 낮추며 두 손바닥 모아, 천수관음 앞에 기구(祈求)의 말씀 두노라. 千 개의 손엣 千 개의 눈을 하나를 놓아 하나를 덜어, 두 눈 감은 나니 하나를 숨겨 주소서 하고 매달리누나. 아아, 나라고 알아 주실진댄 어디에 쓸 慈悲라고 큰고.	무릎을 대며 두 손바닥 모아들여 천수관음 앞에 빌어 사뢺(기도의 말씀)도 드리노라. "천 개의 손에 천 개의 눈을! 하나를 놓아 하나를 덜어 둘 없어진 내[吾]라, 하나만은 줄까" 라고 드리는도다. 아아…, 나에게 끼치어 준다면 어디에 쓸 자비의 뿌리(는)일까?	무릎을 구부리고 두 손바닥을 모아 천수관음 전에 빌어 사뢺을 두나이다. 천 손의 천 눈을 하나를 놓아 하나를 덜으옵기 둘 먼 내라, 하나라도 은밀히 고칠네라, 아야야 나에게 끼쳐 주신다면 놓아 주시고 베푼 자비야말로 뿌리 되오리라.
무릎 꿇고 두 손 모아 합장하여 천수관음전에 비옵나이다. 천 개의 손과 천 개의 눈 중에서 손 하나를 놓아 눈 하나를 덜어내어 두 눈 다 먼 나에게 하나쯤은 슬그머니 주셔서 꽂아주소서. 아아! 그렇게만 해 주신다면 천수대비야말로 자비심이 큰 부처가 될 것이옵니다. 〈필자 해석〉		

다음과 같이 찬미한다.

죽마 타고 파피리 불며 항간에서 놀던 벗, 하루아침에 푸른 두 눈 잃어 버렸네.

대사의 자비로운 보살핌이 없었던들, 버들꽃 피는 좋은 봄을 언제나 헛되이 보낼 것을.

1) 분황사(芬皇寺) : 선덕여왕 3년(634)에 건립된 후 몽고의 침략과 임진왜란 등으로 없어지고 1915년에 일부 수리한 분황사 모전석탑과 우물 등이 남아 있음.

2) 천수대비(千手大悲) : 천수천안관세음(千手千眼觀世音)으로 6관음 중 하나. 온몸이 황금색이며, 천수상은 두 손 두 눈 외에 양쪽에 각각 20개의 손이 있고 손바닥마다 하나의 눈이 있음. 40개의 손은 한 손마다 각기 25유계(有界)가 배치되어 千手(40×25)가 되며, 눈도 天眼이 됨.

芬皇寺 千手大悲 盲兒得眼

景德王代. 漢歧里女希明之兒. 生五稔而忽盲. 一日其母抱兒. 詣芬皇寺左殿北壁畫千手大悲前. 令兒作歌禱之. 遂得明.

明 : 明의 異體字
詣 : 나아갈 예
遂 : 마침내 수
肹 : 클 힐
稔 : 해〔年〕 임
禱 : 빌 도
膝 : 무릎 슬
旀 : 하며 며

其詞曰.

膝 肹 古 召 旀. 二 尸 掌 音毛乎支 內 良.
① 김완진 → 무릎 흘 놁 초며 두블ㄹ 손ᄇᆞ롬 음몬오攴 ᄂᆡ 랑
② 신재홍 → 무룹 〃 고 됴며 〃 〃 〃 〃바담 ㅁ 모호 기 들이 어
③ 황패강 → 무루 플 고브르며 둘 손바 담〃〃 누 아

千手觀音 叱 前良中. 祈以支白 屋尸 置 內 乎多.
① 천수관음 ㅅ 앒랑히 빌이 ᄉᆞᆲ 옥ㄹ 두 ᄂᆡ 오다.
② 〃 〃 〃아ᄒᆡ 빌1기〃 오ㄹ 〃 들이 〃〃.
③ 〃 〃 전〃〃 비 ᄉᆞᆯ 블 두 누 호다.

千 隱手□叱 千隱目肹. 一 等下叱 放. 一 等 肹除惡支.
① 즈믄 은손(랑)ㅅ 즈믄 눈흘 ᄒᆞᄃᆞᆫ 등하 ㅅ 놓 ᄒᆞ ᄃᆞᆫ 흘덜악攴
② 〃〃 ㄴ〃 ᄋᆡ 〃 즈믄ㄴ 〃〃 ᄒᆞᄃᆞᆫ ᄃᆞᆫ하 ㅅ 노하ᄒᆞᄃᆞᆫ ᄃᆞᆫ 홀 덜아 ㄱ
③ 즈믄 손 ㅅ 즈믄 〃〃 ᄒᆞ ᄃᆞᆫ홀 노하 ᄒᆞ ᄃᆞᆫ 홀덜옵기

二 于萬隱吾羅. 一 等沙 隱 賜 以 古只 內 乎 叱等邪
① 두블 가만은나라 ᄒᆞ ᄃᆞᆫ사 숨기 주시셔 놁리 ᄂᆡ 오 ㅅ등야
② 〃〃 우문ㄴ내라 ᄒᆞᄃᆞᆫ ᄃᆞᆫ사ㄴ 주 이 고ㄱ 들이 오 ㅅᄃᆞ라
③ 두 우 먼 내라, ᄒᆞ ᄃᆞᆫ 그ᅀᅳ ᅀᅵ 고티 누 옷 다라

阿邪也. 吾良 遺 知支賜尸等焉. 放 冬矣用屋尸 慈悲也 根 古.
① 아야여 나랑 고 알攴시ㄹ등은 어 돌의ᄡᅳ옥ㄹ 자비여 큰 고
② 아야야 나아 기디 디기주ㄹ둔ㄴ 어 ᄃᆞᄋᆡ ᄡᅳ오ㄹ 자비야 불휘고
③ 아야야 나애 기티 샬 ᄃᆞᆫ 노ᄒᆞ ᄃᆡ ᄡᅳ올 자비야 불휘고

讚曰.

竹馬葱笙戲陌塵. 一朝雙碧失瞳人.
不因大士廻慈眼. 虛度楊花幾社春.

葱 : 파 총
陌 : 저잣거리 맥
笙 : 생황 생
瞳 : 눈동자 동

낙산 이대성[1] 관음 정취[2] 조신

– 낙산의 두 성인인 관음 · 정취 두 보살과 조신 –

옛날 의상법사가 당나라에서 처음 돌아와, 관음보살의 진신이 이 해변의 굴속에 머무르고 있다는 말을 들었다. 이 때문에 이곳을 낙산이라고 이름을 지었다. 낙산은 아마도 서역의 보타락가산[3]으로, 여기서는 소백화라고 부르는데, 이는 백의대사〔白衣觀音〕[4]의 진신이 머무르는 곳이기 때문에 이 뜻을 따서 이름을 지은 것이다.

의상이 7일 간 재계하고 앉았던 자리를 새벽에 물에 띄웠더니 용천팔부[5]의 시종들이 굴 안으로 인도해 들어갔다. 굴속에서 하늘[6]에 예를 올리자 수정염주 한 꾸러미를 내주므로 의상이 그것을 받아서 나오니 동해의 용이 또한 여의보주[7] 한 알을 바쳤다. 의상이 받들고 나와 다시 재계한 지 7일 만에 바로 진신의 모습을 친견하자, 관음보살이 말하기를 "내가 앉은 산꼭대기에 한 쌍의 대나무가 솟을 것인 즉 마땅히 그곳에 불전을 지어야 할 것이다"라 했다. 의상이 이 말을 듣고 굴을 나오자 과연 대나무가 땅으로부터 솟아났다. 바로 금당을 짓고 관음상을 만들어 모시니 원만한 얼굴과 수려한 모습이 엄연하여 마치 하늘에서 만들어 낸 듯 하였다. 대나무가 도로 없어지고 나서야 이곳이 바로 관음의 진신이 머무르는 곳임을 알았다. 이 때문에 절 이름을 낙산사라 했다. 의상법사는 받은 두 가지 구슬을 성전에 모셔두고 떠났다.

1) 이대성(二大聖) : 관세음보살과 정취보살.

2) 정취(正趣) : 대세지보살이라고도 하나, 여기서는 『화엄경』 입법계품에서 선재동자가 선지식을 찾아 가르침을 구할 때 관음보살 다음에 찾아간 보살인 정취를 의미하는 듯함.

3) 보타락가산(寶陁洛伽山) : 산스크리트어 Potalaka의 음역으로 뜻은 광명(光明). 인도의 남해안에 있는 8각의 산으로 관음이 항상 머무르고 있다는 산.

낙산사 관음굴

백의대사

洛山 二大聖 觀音 正趣 調信

昔義湘法師. 始自唐來還. 聞大悲眞身住此海邊崛內. 故因名洛山. 盖西域寶陁洛伽山. 此云小白華. 乃白衣大士眞身住處. 故借此名之.

趣 : 뜻 취
崛 : 산높을 굴
崛 : 窟(동굴 굴)의 오기인 듯

齋戒七日. 浮座具晨水上. 龍天八部侍從. 引入崛內. 叅禮空中. 出水精念珠一貫※之 湘領受而退. 東海龍亦獻如意寶珠一顆. 師捧出. 更齋七日. 乃見眞容. 謂曰. 於座上山頂雙竹湧生. 當其地作殿宜矣. 師聞之出崛. 果有竹從地湧出. 乃作金堂. 塑像而安之. 圓容麗質. 儼若天生. 其竹還沒. 方知正是眞身住也. 因名其寺曰洛山. 師以所受二珠. 鎭安于聖殿而去.

晨 : 새벽 신
崛 : 窟의 오기인 듯
叅 : 참여할 참
※ : **給**의 결락으로 추정
顆 : 낱알 과
捧 : 받들 봉
更 : 지날 경
齋 : 재계할 재
湧 : 솟을 용
崛 : 窟의 오기인 듯
從 : 부터 종
儼 : 엄전할 엄

4) 백의대사(白衣大士) : 33관음의 하나로 백의관음(白衣觀音) · 대백의(大白衣) · 백처관음(白處觀音)이라고도 함. 항상 흰옷을 입고 흰 연꽃에 앉으신 관세음보살.
5) 용천팔부(龍天八部) : 불법을 수호하는 여덟 신장 중에 신험(神驗)이 가장 강한 용(龍) 또는 천(天)을 우두머리로 한다는 의미로 용천팔부 또는 천룡팔부라 함.

*팔부신중(八部神衆)의 내역

팔 부 신 중	산스크리트어	특 징
천신(天神)	Deva	범천(梵天) · 제석천(帝釋天) 등 일체의 천중(天衆)
용(龍)	Nāga	축생류(畜生類)로 물에 사는 것 중의 왕
야차(夜叉)	Yaksa	공중을 날아다니는 귀신
건달바(乾達婆)	Candharva	제석천의 음악신[樂神]으로 향이 그의 영양분임
아수라(阿修羅)	Asura	용모가 추악하며 술은 없고[無酒] 주위에 미녀만 있는 신
가루라(伽樓羅)	Garuḍa	용을 잡아먹는다는 매우 큰 새
긴나라(緊那羅)	Kiṁnara	제석천의 음악신으로 사람과 같으나 머리에 뿔이 있음
마후라가(摩睺羅迦)	Mahoraga	몸은 사람 같고 머리는 뱀인 사신(蛇神)

6) 하늘[空中] : 욕계(欲界) 6천(六天) 중 제일 위의 천(天).
7) 여의보주(如意寶珠) : 영묘한 구슬. 이것을 가지면 원하는 대로 뜻이 이루어진다고 하며, 여의주(如意珠) 또는 마니주(摩尼珠)라고도 함.

그 후에 원효법사가 의상의 뒤를 이어 와서 예를 올리고자 하였다. 처음 남쪽 교외에 왔을 때 논 가운데에 흰옷을 입은 여인이 벼를 베고 있었다. 법사가 농담 삼아 벼를 달라고 하자 여인도 장난삼아 벼가 잘 영글지 않았다고 답했다. 다시 다리 밑에 왔더니 어떤 여인이 월경 수건을 세탁하고 있었다. 법사가 물을 달라고 하자 여인은 더러운 물을 떠서 그에게 바쳤다. 법사가 그 물을 엎질러 버리고 다시 냇물을 떠서 마셨다. 이때 들 가운데 선 소나무 위에서 파랑새 한 마리가 말하기를 "휴제호[8]화상" 하고는 홀연히 모습을 감추어 보이지 않았다. 그 소나무 밑에는 신[9] 한 짝이 벗겨져 있었다. 법사가 절에 도착했더니 관음보살 자리 밑에 또 앞에서 본 신 한 짝이 있었다. 그제야 전에 만났던 여인이 성녀 즉 관음의 진신[10]임을 알았다. 이 때문에 당시 사람들은 그 소나무를 관음송이라 했다. 법사가 그 신성한 굴에 들어가 관음의 진신 모습을 보려 했으나 풍랑이 크게 일어나 들어가지 못하고 떠났다.

그 후에 굴산조사 범일[11]이 태화[12] 연간(827~835)에 당나라로 들어가 명주[13] 개국사에 갔더니 왼쪽 귀가 떨어진 어떤 나이 어린 승려가 여러 승려들의 끝자리에 앉아 있었다. 그가 굴산조사에게 말하기를 "저 역시 신라 사람으로 집은 명주 지역인 익령현[14] 덕기방에 있습니다. 조사께서 후일 본국으로 돌아가시거든 반드시 저의 집을 지어 주소서"라 했다. 이러고 나서 조사는 큰 설법하는 곳을 두루 유람하다가 염관[15]에게 불법을 받고(이 일은 『본전』에 자세히 실렸다.) 회창[16] 7년 정묘(847)에 본국으로 돌아오자 먼저 굴산사[17]를 창건하고 불교를 전파했다.

8) 휴제호(休醍醐) : 원문의 결자는 醐로 추정. 『열반경』에 「제호란 세간에서 가장 맛이 좋으며, 모든 약 가운데 제호가 제일이다.」로 기록됨. 여기서는 불성 또는 훌륭한 인품을 표시한 것. 휴제호화상이란 불성을 깨닫지 못하는 승려구나라는 뜻으로 추정.

9) 신〔鞋〕 : 원시불교시대 부처의 발자국〔佛跡〕이 숭배의 대상이었던 것을 상징하거나, 달마의 설화에서 연유한 듯함.

10) 진신(眞身) : 진리의 몸 즉 보신(報身)·법신(法身)을 총칭하는 말. 『대지도론』에 「부처의 진신은 허공에 두루 계시며, 광명이 十方을 비추고 설법의 음성 또한 미치지 않는 곳이 없다.」라고 함.

의상대(그 당시의 관음송도 이러했을까?)

後有元曉法師. 繼踵而來. 欲求瞻禮. 初至於南郊水田中. 有一白衣女人刈稻. 師戲請其禾. 女以稻荒戲答之. 又行至橋下. 一女洗月水帛. 師乞水. 女酌其穢水獻之. 師覆弃之. 更酌川水而飮之. 時野中松上有一靑鳥. 呼曰休醍※和尙. 忽隱不現. 其松下有一隻脫鞋. 師旣到寺. 觀音座下又有前所見脫鞋一隻. 方知前所遇聖女乃眞身也. 故時人謂之觀音松. 師欲入聖崛. 更覩眞容. 風浪大作. 不得入而去.

後有崛山祖師梵日. 大和年中入唐. 到明州開國寺. 有一沙彌截左耳. 在衆僧之末. 與師言曰. 吾亦鄕人也. 家在溟州界翼嶺縣德耆坊. 師他日若還本國. 須成吾舍. 旣而遍遊叢席. 得法於鹽官.(事具在本傳)以會昌七年丁卯還國. 先創崛山寺而傳敎.

踵 : 발뒤꿈치 종
刈 : 벨 예
稻 : 벼 도
禾 : 벼 화
戲 : 희롱할 희
帛 : 비단 백
酌 : 잔질할 작
穢 : 더러울 예
覆 : 뒤집을 복
弃 : 버릴 기
更 : 다시 갱
醍 : 맑은술 제
※ : 醐(약주술 호)의 결락
鞋 : 신발 혜
崛 : 窟의 오기인 듯
覩 : 볼 도
大 : 太의 오기
截 : 끊을 절
耆 : 늙은이 기
坊 : 고을이름 방
叢 : 모일 총
鹽 : 소금 염

11) 굴산조사 범일(崛山祖師 梵日) : 신라 때의 고승(810~889). 9산선문(九山禪門) 중 강릉의 사굴산파의 개조 스님으로 선을 널리 일으킴.

12) 태화(太和) : 당나라 문종(文宗)의 연호(827~835).

13) 명주(明州) : 지금의 중국 절강성 영파시(寧波市) 부근.

14) 익령현(翼嶺縣) : 강원도 양양군(陽襄郡).

15) 염관(鹽官) : 중국 항주(杭州) 염관현(鹽官縣) 진국해창원(鎭國海昌院)에 있었던 제안선사(齋安禪師).

16) 회창(會昌) : 당나라 무종(武宗) 의 연호(841~846). 847년은 회창에서 대중으로 연호가 바뀌어 대중 원년이기도 함.

17) 굴산사(崛山寺) : 강원도 강릉시 구정면 학산리에 있었던 절. 강릉 김씨의 후손인 범일선사가 김주원 후손의 지원으로 굴산사를 짓고 선풍을 떨침. 지금은 반경이 300m에 이르는 빈 터에 우리나라에서 가장 큰 당간지주, 그리고 부도 및 석조 비로자나불이 남아 있음.

굴산사터 당간지주

대중[18] 12년 무인(858) 2월 15일 밤 꿈에 전일에 보았던 어린 승려가 창 아래에 와서 말하기를 "옛날 명주 개국사에서 스님과 약속하여 이미 승낙까지 받았는데 어찌 그리 지체하십니까?"라 하였다. 조사가 놀라 꿈에서 깨어나 수십 명을 데리고 익령 지역에 도착하여 그의 거처를 찾았다. 낙산 아래의 마을에 한 여인이 살고 있었는데, 그 여자의 이름을 물었더니 덕기라고 하였다. 그 여자에게는 겨우 여덟 살 된 아들 하나가 있었는데 항상 마을 남쪽의 돌다리 주변에 나가 놀았다. 그의 아들이 어머니에게 말하기를 "나하고 같이 노는 아이 가운데 금빛 나는 아이가 있습니다"라 했다.

그의 어머니가 이를 조사에게 알리자 조사가 놀라고 기뻐하며 그 아이와 함께 놀았다던 다리 밑에까지 가서 찾아보니, 물 속에 돌부처 하나가 있어서 그것을 꺼냈다. 왼쪽 귀가 떨어진 것이 전에 보았던 나이 어린 승려와 같았다. 이것이 바로 정취보살의 불상이었다. 이에 간자[19]를 만들어 절 지을 곳을 점쳐보니 낙산 위가 좋다고 나왔다. 이에 불전 세 칸을 짓고 그 불상을 모셨다. (『고본』에 범일의 일이 앞에 실려 있고 의상과 원효 두 법사의 일은 뒤에 있다. 그러나 살펴보건대 의상과 원효 두 법사의 일은 당나라 고종 때이고 범일은 회창 후의 일이어서 서로 170년의 차이가 있다. 여기서는 앞과 뒤를 바꾸어 편집을 했다. 혹은 범일이 의상의 제자라고 하지만 이것은 확실히 틀린 말이다.)

그 후 1백여 년이 지나 들에 불이 나 이 산까지 번져 왔으나 오직 두 성인을 모신 전각만이 화재를 면하고 나머지는 모두 타 버렸다. 몽고의 침략 이후 계축(1253) · 갑인(1254) 연간에 두 성인의 진용과 두 보주를 양주[20]성으로 옮겼다.

몽고 군사가 매우 급히 침공해 와서 성이 함락되려 하자 주지인 선사 아행(옛 이름은 희현이다.)이 은으로 된 합에 두 보주를 담아서 몸에 지니고 도망치려 하자, 이름이 걸승인 절의 종이 이것을 빼앗아 땅 속 깊이 묻고 발원하기를 "내가 만일 병란에서 죽음을 면치 못한다면 두 보주는 끝내 인간 세상에 나타나지 않아 이것을 아는 자가 없을 것이고 만약 내가 죽지 않는다면 마땅히 두 보주를 받들어 나라에 바칠 것이다"라 했다.

의상대

18) 대중(大中) : 당나라 선종(宣宗)의 연호(847~859).
19) 간자(簡子) : 점치는 데 쓰는 대나무로 만든 패쪽.
20) 양주(襄州) : 지금의 강원도 양양(陽襄).

大中十二年戊寅二月十五日. 夜夢昔所見沙彌到窓下. 曰. 昔在明州開國寺. 與師有約. 旣蒙見諾. 何其晩也. 祖師驚覺. 押數十人 · 到翼嶺境. 尋訪其居. 有一女居洛山下村. 問其名. 曰德耆. 女有一子年才八歲. 常出遊於村南石橋邊. 告其母曰.

吾所與遊者. 有金色童子. 母以告于師. 師驚喜. 與其子尋所遊橋下. 水中有一石佛舁出之. 截左耳. 類前所見沙彌. 卽正趣菩薩之像也. 乃作簡子 · 卜其營構之地. 洛山上方吉. 乃作殿三間安其像(古本載梵日事在前. 相曉二師在後. 然按湘曉二師尒於高宗之代. 梵日在於會去之後. 相昌一百七十餘歲. 故今前却而編次之. 或云. 梵日爲相之門人. 謬妄也.)

蒙 : 받을 몽
諾 : 허락할 낙
押 : 거느릴 압
尋 : 찾을 심
才 : 겨우 재
舁 : 마주들 여
卜 : 가릴 복
載 : 실을 재
却 : 반대로 각
去 : 昌의 오기
昌 : 去의 오기
謬 : 어긋날 류

後百餘年. 野火連延到此山. 唯二聖殿獨免其災. 餘皆煨燼. 及西山大兵巳來. 癸丑甲寅年間. 二聖眞容及二寶珠. 移入襄州城.

大兵來攻甚急. 城將陷時. 住持禪師阿行(古名希玄.)以銀合盛二珠. 佩持將逃逸. 寺奴名乞升奪取. 深埋於地. 誓曰. 我若不免死於兵. 則二寶珠終不現於人間. 人無知者. 我若不死. 當奉二寶獻於邦家矣.

煨 : 불에묻어구울 외
燼 : 불에탄깜부기 신
煨燼 : 타서 재가 됨
巳 : 已의 오기
陷 : 무너질 함
佩 : 찰 패
合 : 그릇 합
逃 : 도망갈 도
逸 : 달아날 일

낙산사 해수관음

갑인년(1254) 10월 22일에 성이 함락되자 아행은 죽음을 면치 못했으나 걸승은 살게 되었다. 적병이 물러가자 두 보주를 파내어 명주도 감창사[21]에게 바쳤다. 이때 낭중[22] 이녹수가 감창사로서 이것을 받아 감창고 안에 간직하고 교대할 때마다 물려받았다. 무오년(1258) 11월이 되어 불교의 장로인 기림사의 주지 대선사 각유가 임금께 말씀드리기를 "낙산사의 두 보주는 나라의 신성한 보물로 양주성이 함락될 때 절의 종 걸승이 성 안에 묻었다가 적병이 물러간 뒤 파내어 감창사에게 바쳐서 명주 관아의 창고에 있습니다. 지금 명주성이 위태로워 지킬 수 없으니 마땅히 대궐로 옮겨 두는 것이 좋을 것입니다"라 했다.

임금이 이를 허락하여 야별초[23] 10인을 보내 걸승을 데리고 명주성에서 찾아 대궐 안에 안치했다. 그 당시 심부름하던 관원 열 명에게 각각 은 한 근과 쌀 다섯 섬을 주었다.

옛날 신라[서라벌]가 서울이었을 때 세규사[24](지금의 흥교사[25]이다.) 농장의 막사가 명주 날리군(『지리지』[26]를 살펴보면 명주에는 날리군은 없고 오직 날성군만 있다. 이것도 본래는 날생군인데 지금의 영월이다. 또 우수주 영현에 날령군이 있는데 본래는 날이군이며 지금의 강주[27]이다. 우수주는 지금의 춘주이다. 여기서 말한 날리군은 어느 것이 옳은지 알 수 없다.)에 있었는데 본사에서 승려 조신을 보내어 농장을 관리하도록 했다. 조신이 장원에 올라왔는데 태수 김흔공의 딸을 좋아하게 되어 깊이 미혹되었다. 그는 여러 번 낙산사 관음보살 앞으로 나아가 그녀를 얻을 수 있도록 남몰래 빌었다. 이로부터 수년 사이에 그 여인에게 그만 배필이 생겼다. 그는 또 불당에 가서 관음보살이 자기의 뜻을 들어주지 않는다고 원망하며 날이 저물도록 슬피 울다가 그리운 정에 지쳐서 잠시 졸았다.

갑자기 꿈에 김흔공의 딸이 기쁜 얼굴로 문으로 들어와서 환히 웃으면서[28] 말하기를 "저는 언젠가 스님을 잠깐 뵙고 마음속으로 사랑하며 잠시라도 잊은 적이 없습니다. 부모님의 명령을 어기지 못하고 억지로 다른 사람에게 시집갔습니다만, 이제 부부[29]가 되고자 이렇게 왔습니다"라 했다. 이에 조신이 기뻐 어쩔 줄 모르며 그녀와 함께 고향으로 돌아갔다.

21) 명주도 감창사(溟州道 監倉使) : 명주도는 고려 때의 5도(五道 : 운중도 · 홍화도 · 명주도 · 삭방도 · 연해도) 중 하나. 감창사는 고려 때 도(道)의 재정을 담당하던 관리.

22) 낭중(郎中) : 처음 당나라 관직명으로 쓰였으나 신라 경덕왕 때 중앙관청의 제3위의 관명으로 사용됨. 고려 때에도 중앙관청 및 지방관청에서 관직명으로 사용됨.

23) 야별초(夜別抄) : 고려 고종 때 최우가 도적을 막기 위하여 특별히 조직한 군대. 후에 삼별초로 발전함.

甲寅十月二十二日城陷. 阿行不免而乞升獲免. 兵退後掘出. 納於溟州道監倉使. 時郎中李祿綏爲監倉使. 受而藏於監倉庫中. 每交代傳受. 至戊午十一月. 本業老宿祇林寺住持大禪師覺猷奏曰. 洛山二珠. 國家神寶. 襄州城陷時. 寺奴乞升埋於城中. 兵退. 取納監倉使. 藏在溟州營庫中. 今溟州城殆不能守矣. 宜輸安御府.

主上允可. 發夜別抄十人・率乞升. 取於溟州城. 入安於內府. 時使介十人各賜銀一斤・米五石.

昔新羅爲京師時. 有世逵寺.(今興教寺也.)之莊舍. 在溟州㮈李郡.(按地理志. 溟州無㮈李郡. 唯有㮈城郡. 本㮈生郡. 今寧越. 又牛首州領縣有㮈靈郡. 本㮈巳郡. 今剛州. 牛首州今春以. 今言㮈李郡. 未知孰是.) 本寺遺僧調信爲知莊. 信到莊上. 悅※守金昕公之女. 惑之深. 屢就洛山大悲前. 潛祈得幸. 方數年間. 其女巳有配矣. 又往堂前怨大悲之不遂巳. 哀泣至日暮. 情思倦憊. 俄成假寢.

忽夢金氏娘. 容豫入門. 粲然啓齒而謂曰. 兒早識上人於半面. 心乎愛矣. 未嘗暫忘. 迫於父母之命. 强從人矣. 今願爲同穴之友. 故來爾. 信乃顚喜. 同皈鄉里.

掘 : 팔 굴
綏 : 편안할 수
猷 : 옳을 유
殆 : 위태로울 태
允 : 윤허할 윤
逵 : 큰길 규
巳 : 已의 오기
以 : 州의 오기
遺 : 遣의 오기
知 : 다스릴 지
※ : 太의 결락
昕 : 새벽 흔
幸 : 바랄 행
巳 : 已의 오기
遂 : 뜻과같을 수
巳 : 已의 오기
暮 : 저녁 모
倦 : 피로할 권
憊 : 고달플 비
倦憊 : 싫증나고 고달픔
豫 : 기쁠 예
粲 : 껄껄웃을 찬
啓 : 열 계
兒 : 아이가어른에대한자칭 아
半 : 조금 반
暫 : 잠시 잠
迫 : 핍박할 박
顚 : 자빠질 전
皈 : 歸의 略體字

24) 세규사(世逵寺) : 영월에 있던 절인 듯함. 혹설에는 원문의 逵(규)는 達의 오기로 부석사의 별칭인 세달사라고도 함.

25) 흥교사(興教寺) : 흥교사는 2개가 전해지는데 지금의 개풍군에 있는 세달사와 강원도 영월군 하동면에 있던 흥교사가 있었으나, 거리 상으로 영월에 있던 절인 듯함.

26) 지리지(地理志) : 『삼국사기』 지리지를 가리킴.

27) 날이군이며 지금의 강주〔㮈巳郡. 今剛州〕 : 날이군과 강주는 경북 영주의 옛 이름.

28) 환히 웃으면서〔啓齒〕 : 『장자』에 「吾君未嘗啓齒(우리의 군은 아직까지 환히 웃지를 않았다.)」

29) 부부〔同穴之友〕 : 원문의 同穴(동혈)은 한 구덩이에 묻히는 것을 뜻함이니 동혈지우는 곧 부부를 의미. 『시경』 국풍편에 「死則同穴(죽어서는 같은 구덩이에 묻힌다.)」

그녀와 40여 년을 같이 살며 자식 다섯을 두었으나 집은 단지 네 벽뿐이며 명아주 국이나 콩잎[30]도 넉넉지 못하였다. 마침내 완전히 망하게 되어 서로 이끌고 사방으로 다니며 입에 풀칠을 할 뿐이었다. 이렇게 10년 동안 초야를 두루 헤매니 갈가리 찢어진 옷[31]은 몸뚱이조차 가리지 못했다. 때마침 명주 해현령을 지날 때 열 다섯 된 큰아이가 갑자기 굶어 죽으니 통곡하며 길가에 묻었다. 남은 네 식구를 데리고 우곡현(지금의 우현이다.)에 도착하여 길가에 움집을 엮어 살았다. 그들 부부는 늙고 병들고 굶주려 일어나지도 못하였다. 10살 난 계집아이는 돌아다니며 구걸하다가 마을의 사나운 개에게 물려 아프다고 울부짖으며 부모의 앞에 와 쓰러지니 부모도 목이 메어 눈물을 줄줄 흘렸다.

부인이 눈물을 닦고 갑자기 말하기를 "내가 처음 당신을 만났을 때는 얼굴도 아름답고 나이도 젊었으며 옷차림도 깨끗했습니다. 한가지 맛난 음식도 당신과 나누어서 먹고 몇 자 되는 따뜻한 옷도 당신과 함께 입어가며 집을 나온 지 50년 동안에 맺어진[32] 정은 끊을 수 없고 은혜와 사랑은 한없이 깊어 참으로 두터운 인연이라 할 수 있습니다. 근년에 와서 쇠약하여 병은 해마다 더하고 굶주림과 추위가 날로 심해지는데 남의 집 곁방살이나 하찮은 음식도 사람들이 주지 않아 얻을 수 없습니다. 문전마다 걸식하는 부끄러움은 산더미보다 더 무겁고, 아이들이 추위에 떨고 굶주려도 도와줄 겨를이 없는 터에 어찌 한가하게 부부의 정을 즐길 수 있겠습니까? 붉은 얼굴에 예쁘던 웃음도 풀잎에 이슬이요, 지초와 난초 같던 꽃다운 약속도 바람에 흩날리는 버들솜과 같습니다. 당신은 나로 하여 누가 되고 나는 당신 때문에 더욱 걱정이 됩니다. 옛날의 기쁨을 곰곰이 생각해 보면 그것은 참으로 우환의 시작이었습니다. 당신이나 나나 어찌 이 지경에 이르렀습니까? 여러 마리의 새가 함께 굶주리는 것보다는 짝 잃은 난새가 거울을 보고 짝을 그리워하는 것[33]이 낫지 않겠습니까? 추우면 버리고 따뜻하면 따르는 것은 인정상 차마 할 수 없는 노릇이지만, 가고 멈추는 것은 사람 마음대로 할 수 없는 것이고 헤어지고 만나는 것도 정해져 있으니 청컨대 여기서 헤어집시다"라 했다. 조신이 이를 듣고 매우 기뻐하며 각각 아이 둘씩을 나누어 헤어지려 하는데 여자가 말하기를 "나는 고향으로 가겠으니 당신은 남쪽으로 가오"라고 했다.

計活四十餘霜. 有兒息五. 家徒四壁. 藜藿不給. 遂乃落魄扶携. 糊其口於四方. 如是十年. 周流草野. 懸鶉百結. 亦不掩体. 適過溟州蟹縣嶺. 大兒十五歲者忽餧死. 痛哭收瘞於道. 從率餘四口. 到羽曲縣.(今羽縣也.) 結茅於路傍而舍. 夫婦老且病. 飢不能興. 十歲女兒巡乞. 乃爲里獒所噬. 號痛臥於前. 父母爲之歔欷. 泣下數行.

婦乃□澁拭涕. 倉卒而語曰. 予之始遇君也. 色美年芳. 衣袴稠鮮. 一味之甘・㝵與子分之. 數尺之煖・得與子共之. 出處五十年. 情鍾莫逆. 恩愛綢繆. 可謂厚緣. 自比年來. 衰病歲益深. 飢寒日益迫. 傍舍壺漿. 人不容乞. 千門之耻. 重似丘山. 兒寒兒飢. 未遑計補. 何暇有愛悅夫婦之心哉. 紅顔巧笑・草上之露. 約束芝蘭・柳絮飄風. 君有我而爲累. 我爲君而足憂. 細思昔日之歡. 適爲憂患所階. 君乎予乎. 奚至此極. 與其衆鳥之同餧. 焉知隻鸞之有鏡. 寒弃炎附. 情所不堪. 然而行止非人・離合有數. 請從此辭. 信聞之大喜. 各分二兒將行. 女曰. 我向桑梓. 君其南矣.

霜 : 세월 상　　藜 : 명아주 려
藿 : 콩 곽　　携 : 끌 휴
糊 : 풀칠할 호　　懸 : 걸 현
鶉 : 옷해질 순　　掩 : 가릴 엄
懸鶉 : 옷이 해져서 너덜너덜한 것이 메추라기의 꽁지깃이 빠진 것과 같다는 뜻
蟹 : 게 해　　餧 : 주릴 뇌
瘞 : 묻을 예　　茅 : 띠풀 모
舍 : 집 사　　飢 : 주릴 기
獒 : 사나운개 오
噬 : 물 서　　號 : 엉엉울 호
歔 : 흐느낄 허　　欷 : 흐느낄 희
澁(澀의 속자) : 목메일 삽
拭 : 씻을 식　　倉 : 갑자기 창
芳 : 꽃다울 방　　袴 : 바지 고
稠 : 화할 조
㝵 : 得의 異體字
鍾 : 모을 종　　繆 : 얽을 무
比 : 근래 비　　衰 : 약해질 쇠
壺 : 병 호　　漿 : 미음 장
耻(恥의속자) : 부끄러울 치
遑 : 한가할 황　　暇 : 틈 가
巧 : 어여쁠 교　　芝 : 지초 지
絮 : 솜 서　　飄 : 나부낄 표
柳絮 : 봄날에 날리는 버들 솜
餧 : 주릴 뇌　　知 : 如의 오기
鸞 : 난새 난　　弃 : 버릴 기
堪 : 견딜 감　　數 : 운수 수
梓 : 가래나무 재　　分 : 헤어질 분
殘 : 쇠잔할 잔　　燈 : 등불 등

30) 명아주 국이나 콩잎〔藜藿〕 : 가난한 사람이 먹는 거친 음식.
31) 갈가리 찢어진 옷〔懸鶉百結〕 : 『荀子』「子夏貧 衣若懸鶉(자하는 가난하여 옷은 누더기와 같다.)」
32) 맺어진〔綢繆〕 : 굳게 맺어져 풀리지 않는다는 뜻. 『詩經』 國風에 「綢繆束薪 三星在天(땔나무를 묶어 놓고 나니 삼성이 하늘에 반짝이네.)」
33) 짝 잃은 난새가 거울을 보고 짝을 그리워하는 것〔隻鸞之有鏡〕 : 짝 잃은 난새가 거울에 비친 제 그림자를 보고 제 짝을 생각해서 슬피 울었다는 고사. 『異苑』에 「罽賓王一鸞三年不鳴 夫人曰 聞見影則鳴 懸鏡照之 鸞覩影悲鳴(계빈왕의 한 마리 난새가 삼 년 간 울지 않자 그의 부인이 말하기를 "거울에 비친 그림자를 보면 운다는 이야기를 들은 일이 있습니다"라 해서 거울을 걸어서 그의 그림자를 보게 했다. 난새는 그림자를 보고 슬피 울었다.)」

바야흐로 작별하고 떠나려 하는데 꿈을 깼다. 타다 남은 등불은 가물거리고 밤도 새려 하였다. 아침이 되니 수염과 머리털은 모두 하얗게 세었다. 정신이 멍하니[34] 인간 세상에 뜻이 없어지고 이미 괴롭게 살아가는 것도 싫어졌다. 마치 한평생의 괴로움을 다 겪고 난 것과 같아 재물을 탐하는 마음도 얼음이 녹듯이 깨끗이 없어졌다. 이에 부끄러운 마음으로 관음보살상을 바라보며 참회하는 마음[35]이 끝이 없었다. 돌아와 해현에 묻었던 아이 무덤을 파보니 바로 석미륵이었다. 물로 깨끗이 씻어 근처의 절에 모시고 서울로 돌아가서 장원을 맡은 책임을 그만두고 사재를 털어 정토사를 짓고 부지런히 착한 일[36]을 했다. 그 후 그의 죽음에 대해서는 알 수 없다.

다음과 같이 논한다.

이 전기를 읽은 후 책을 덮고 지난 일을 생각해 보면 어찌 반드시 조신의 꿈만 그렇다 하겠는가? 지금 모든 사람들이 인간세상의 즐거움을 알아 기뻐하면서 애를 쓰지만 특별히 깨닫지 못한 까닭이다.

이에 글을 지어 경계한다.

잠깐의 즐거움으로 마음이 한가롭더니,
근심 속에 어느덧 늙어버렸네.
좁쌀밥[37]이 다 익기도 전에,
바야흐로 괴로운 인생이 일순간의 꿈임을 깨달았네.
수행이 잘 되고 못됨은 먼저 성의에 달렸거늘
홀아비는 미인을 꿈꾸고 도적은 창고를 꿈꾸는 것과 같도다.
어찌해야 가을이 와 청량한 밤 꿈꾸나,
때때로 눈감아 청량[38]에 이르네.

34) 정신이 멍하니〔惘惘〕: 원문의 惘惘(망망)은 기대에 어그러져 맥이 풀린 모양.
35) 참회하는 마음〔懺滌〕: 원문의 懺滌(참척)은 죄악을 깨닫고 마음을 깨끗이 함.
36) 착한 일〔白業〕: 불교에서 선업(善業)은 백업(白業), 악업(惡業)은 흑업(黑業)이라 함.

方分手進途而形開. 殘燈翳吐. 夜色將闌. 及旦鬢髮盡白. 惘惘然殊無人世意. 巳猒勞生. 如飫百年辛苦. 貪染之心. 洒然氷釋. 於是慚對聖容. 懺滌無巳. 歸撥蟹峴所埋兒塚. 乃石弥勒也. 灌洗奉安于隣寺. 還京師・免莊任. 傾私財・創淨土寺. 懃修白業. 後莫知所終.

議曰.

讀此傳. 掩卷而追繹之. 何必信師之夢爲然. 今皆知其人世之爲樂. 欣欣然役役然. 特未覺尒.

乃作詞誡之曰.

快適須臾意巳閑.
暗從愁裏老蒼顔.
不須更待黃粱熟.
方悟勞生一夢間.

治身臧否先誠意.
鰥夢蛾眉賊夢藏.
何似秋來淸夜夢.
時時合眼到淸凉.

翳 : 가릴 예　吐 : 토할 토
闌 : 다할 란
鬢 : 귀밑에난머리털 빈
髮 : 머리 발
惘 : 멍할 망　巳 : 已의 오기
猒 : 싫을 염　飫 : 배부를 어
洒 : 씻을 쇄　釋 : 풀릴 석
慚 : 부끄러울 참　懺 : 뉘우칠 참
滌 : 씻을 척
巳 : 已의 오기
撥 : 파낼 발
灌 : 물댈 관　懃 : 수고로울 근
白業 : 착한 일　掩 : 덮을 엄
卷 : 책 권　繹 : 풀 역
欣 : 기쁠 흔　役 : 골몰할 역
尒 : 爾의 略體字

誡 : 경계할 계　須 : 잠깐 수
臾 : 잠깐 유　閑 : 한가로울 한
巳 : 已의 오기　愁 : 근심 수
裏 : 속 리　蒼 : 푸를 창
粱 : 粱의 오기
粱 : 기장 량
臧 : 숨길 장　否 : 아닐 부
鰥 : 홀아비 환　蛾 : 누에나방 아
藏 : 곳집 장
蛾眉 : 미인의 눈썹
眼 : 볼 안

37) 좁쌀밥〔黃粱熟〕 : 부귀영화의 덧없음을 비유한 것. 『침중기(沈中記)』에 나오는 고사. 중국 당나라 노생(盧生)이 한단(邯鄲)의 주막에서 도사 여옹(呂翁)의 베개를 빌려 잠이 들어 부귀영화를 누리며 여든 살까지 잘사는 꿈을 꾸었는데, 깨어본즉 아까 주인이 짓던 좁쌀밥이 아직 익지도 않았더라는 이야기에서 나온 말.

38) 청량(淸凉) : 불경에 나오는 산 이름. 『화엄경』 보살주처품(菩薩住處品)에 「東北方有菩薩住處 名淸凉山 過去諸菩薩常於中住 彼現有菩薩 名文殊師利 有一萬菩薩眷屬 常爲說法(동북방에 보살들이 사는 곳이 있는데, 산 이름을 청량산이라고 한다. 과거에 많은 보살들이 그곳에 살고 있었는데, 지금은 문수사리보살이 1만의 권속들과 함께 살면서 그들을 위해 항상 법을 설하고 있다.)」라고 함.

낙산 이대성 관음 정취 조신 조의 구성과 의미

<table>
<tr><td colspan="2">관음신앙의 신라적 전개
불국토 신라에 관음이 상주하며, 어리석은 중생[調信]을 교화하다.</td></tr>
<tr><td colspan="2">도입[起] : 의상법사가 신라 낙산 해변의 성굴에 관음의 주처를 설정 확립하다.</td></tr>
<tr><td>• 의상이 관음의 진신이 해변에 머무른다 하여 낙산이라 이름짓고 소백화라 부르다.</td><td>• 신라에 상주하는 관음보살의 주처를 설정 확립
- 낙산에 상주하는 관음은 서방극락세계의 아미타 협시보살도 아니고, 『화엄경』의 광명산에 머물고 있는 관음도 아닌 신라의 관음보살임
* 불경에서는 관음의 주처가 인도 남해의 산 위에 있다 했으나 신라는 서라벌의 동북쪽 해변으로 설정
* 소백화(小白華)는 작은 백화라는 뜻이 아니라 만다라화(曼陀羅華)를 번역한 이름</td></tr>
<tr><td>• 의상이 7일 간 재계하고 굴에 들어가 예를 올리고 염주를 받고, 용으로부터 여의주를 받다.</td><td>• 7일 간 재계했다는 것은 인간인 의상이 신(神)에 해당하는 관음을 만나는 절차로 인간적인 때를 벗겨내는 작업이며, 염주와 여의주를 받은 것은 관음진신을 친견할 수 있다는 가능성을 보여준 것으로 추정</td></tr>
<tr><td>• 다시 7일 간 재계한 후 진신을 만나서 진신이 일러준 대로 낙산사를 짓다.</td><td>• 14일 간의 자기수련과 인고로 의상 자신의 개인적인 성취인 관음의 성역으로 들어갈 수 있었고, 불교 홍포의 이상 실현을 위해 관음보살은 의상에게 신탁을 통해 굴 위의 산정에 낙산사를 창건토록 함</td></tr>
<tr><td colspan="2">전개[承] : 의상이 설정한 낙산의 관음보살 상주처를 원효가 증명하다.</td></tr>
<tr><td>• 원효가 관음에게 예를 올리려고 왔을 때 흰옷 입은 여인에게 농담하고, 월경 수건을 세탁하고 있는 여인에게 물을 달라 하자 더러운 물을 떠서 바치니 엎질러 버리고 냇물을 마시다. 파랑새가 휴제호화상이라 말하고, 사라진 뒤 신발을 보고 그 여인들이 관음의 진신임을 알다.</td><td>• 원효는 관음의 진신을 친견하지는 못했으나 여인들이 관음이라는 것을 알았음. 이는 관음이 신라에 상주한다는 것을 원효가 증명함
- 보살은 성스러운 존재로 나타나는 것이 아니라 벼를 베는 농부나 세탁하는 여인의 모습 등으로 일상의 생활에서 나타남
* 원효는 벼를 베는 여인을 비속하게 생각하여 농담을 했으며, 해골물을 마셨던 원효가 물이 더럽다고 버리는 것은 분별심을 보인 것임. 나중에 여인들이 관음임을 깨닫는 것은 관음이 원효에게 아직도 남아 있는 성스러움과 비속함, 더러움과 깨끗함의 분별심을 사그러들도록 자기 각성에 이르도록 한 것임
- 관음이 화현한 파랑새가 말한 것은 「불성을 깨닫지 못한 승려구나.」 또는 「훌륭한 스님은 관음의 친견을 그만 두시게나」로 해석됨</td></tr>
<tr><td>• 법사가 신성한 굴에 들어가 관음의 진신을 친견하려 했으나 풍랑으로 실패하다.</td><td>• 원효가 끝내 진신을 친견하지 못한 것은 의상과 같은 통과의례를 무시한 결과라는 설과 일상생활 속에서 중생을 깨우치고 시험하기 위해 나타나는 관음의 화신을 만나 그것의 실상을 깨우치고 자비를 체험하였으므로 친견 못지 않은 의미가 있다는 견해가 있음</td></tr>
</table>

<table>
<tr><th colspan="2">전환[轉] : 관음의 후신 정취보살도 신라불국토에 상주함을 범일이 증명하다.</th></tr>
<tr><td>• 범일이 당나라에서 끝자리에 앉은 외귀스님(정취보살)을 만나다. 그가 고향사람이라 말하며 향리에 가거든 집을 지어 달라는 부탁을 하다. 범일은 그 사실을 잊어버린 뒤 꿈에서 그의 독촉을 받다.
• 범일이 덕기라는 여인의 아들과 같이 노는 금빛나는 아이를 알게 되었는데, 그 아이가 돌부처이며, 바로 외귀승 즉 정취보살이었다.</td><td>• 범일이 중국에서 만난 정취보살이 스스로 신라 사람이라 한 것은 정취보살이 신라불국토에 상주함을 의미
*정취보살은 『화엄경』 입법계품에서 선재동자가 53명의 선지식을 만날 때 28번째 관음보살 다음으로 29번째 만난 보살로, 이 조목은 『화엄경』의 구성에 따라 편성한 듯함
*중국 큰 절에서 끝자리에 앉은 외귀승이 범일의 고향 사람이라 함은 중국은 큰 나라이고 신라는 왜소한 나라로 인식한 것을 상징하며, 왼쪽 귀가 없다는 것은 비속하다는 것을 뜻하는 듯함. 즉 범일은 큰 것과 작은 것, 고귀한 것과 비속한 것에 대한 분별심을 갖고 있다는 의미로 추정. 꿈에 외귀승이 나타난 것은 범일에게 분별심을 자각하도록 기회를 준 것임
• 범일조사가 정취보살이 낙산 부근, 즉 신라불국토에 있음을 확인
*범일이 확인한 보살이란 8살 난 아이와 함께 어울려 놀 만큼 천진하다는 것과, 아이처럼 천진하면 언제든지 보살을 만날 수 있다는 것을 상징</td></tr>
<tr><th colspan="2">결론[結] : 신라불국토에 상주하는 관음이 조신을 교화하다.</th></tr>
<tr><td>• 승려 조신이 장원의 관리인이 되어 낙산사의 관음보살상에게 태수의 딸과 혼인하게 해달라고 기도하다.
• 조신이 꿈속에서 결혼하여 인생고를 체험토록 하다. 조신이 깨닫고 참회하며, 정토사를 짓다.</td><td>• 승려의 몸으로 세속의 여인과 결혼한다는 것은 파계이며, 그 당시 엄격한 신분의 차를 뛰어넘는 결혼을 관음에게 요구한다는 것은 이 당시 관음보살의 이미지를 나타내주는 것임. 즉 승려이면서도 자신의 욕망을 허심탄회하게 고백할 수 있을 정도로 당시 신라의 관음은 중생의 어떠한 것도 받아들이는 관용적인 존재로 인식
• 관음이 꿈을 통하여 인생이란 남가일몽이요, 일장춘몽임을 보여줌으로써 조신으로 하여금 제행무상을 체득토록 함</td></tr>
</table>

낙산사 홍련암

어산[1]불영

– 만어산의 부처 그림자 –

『고기』에 다음과 같이 쓰여 있다.

「만어산[2]은 옛날에 자성산 또는 아야사산[3](마땅히 마야사(摩耶斯)[4]라 해야 할 것이다. 이것은 물고기[魚]를 말함이다.)이라고 했는데, 그 이웃에는 가라국[5]이 있었다. 옛날 하늘에서 알이 바닷가로 내려와 사람이 되어 나라를 다스렸으니 바로 수로왕이다. 이 당시 나라 안에는 옥지라는 연못이 있었는데 그 못 안에는 독룡이 있었다.

만어산에는 나찰녀[6] 다섯 명이 있어서 독룡과 서로 오가며 교접을 했다. 이 때문에 때때로 번개가 치고 비가 내려 4년 동안이나 모든 곡식이 익지 않았다. 왕이 주술로써 이를 제지하려 했으나 하지 못하고 머리를 조아려 부처에게 설법을 청했다. 그 후에 나찰녀는 그녀가 지켜야 할 다섯 가지 계율[7]을 받고서 폐해가 없어졌다. 이 때문에 동해의 고기와 용이 돌로 변하여 골짜기에 가득 차서 저마다 쇠북과 경쇠의 소리를 냈다.」(이상은 『고기』에 있다.)

또 살펴보면 대정[8] 20년 경자(1180)는 바로 명종 11년이다 이때 처음으로 만어사를 창건했다. 동량[9]의 직위에 있던 보림이 임금께 산중의 기이한 사적에 관해 글을 올려 말씀드리기를 "북천축 가라국[10] 부처의 그림자에 관한 일과 서로 맞는 것이 세 가지가 있사옵니다. 첫째는 산 근처의 양주[11] 땅의 옥지에 역시 독룡이 살고 있다는 것이며, 둘째는 때때로 강가에서 구름의 기운이 떠올라 산꼭대기에 닿으면 그 구름 속에서 음악소리가 나는 것이고, 셋째는 부처 그림자의 서북쪽에 반석이 있어 항상 물이 고여 마르지 않는데 이곳이 부처가 가사를 세탁한 곳[12]이라고 한 것이 이것이옵니다"라 했다. 위의 말은 전부 보림의 이야기다.

1) 어산(魚山) : 중국 산동성 동아현에 있는 산으로 위나라 조식이 여기에 놀면서 바위 골짜기에서 흘러나오는 아름다운 소리를 본받아 범패(梵唄)를 만들었으며, 이로 인해 불교음악인 범패를 어패(魚唄) 또는 어범(魚梵)이라 함. 여기서 어산은 만어산을 가리킴.

2) 만어산(萬魚山) : 경남 밀양시 삼랑진읍 용전리에 있는 해발 670m의 산.

3) 아야사산(阿耶斯山) : 김사엽은 아얏산의 음사(音寫)로 낮은 산[低山]의 의미로 추정.
• 얏 → 얄 · 옅으로 얕은[淺]의 뜻. 〈김사엽, 『완역 삼국유사』〉

4) 마야사(摩耶斯) : 산스크리트어 Mataya의 음역 마사(麼沙)로 뜻은 물고기[魚]임.
일연은 아야사와 마야사는 음이 통한다고 본 듯하나 김사엽은 일연의 오역으로 추정.

魚山佛影

古記云.

萬魚寺者古之慈成山也. 又阿耶斯山.(當作摩耶斯. 此云魚也.) 傍有呵囉國. 昔天夘下于海邊. 作人御國. 卽首露王. 當此時. 境內有玉池. 池有毒龍焉.

万魚山有五羅刹女. 往來交通. 故時降電雨. 歷四年・五穀不成. 王呪禁不能. 稽首請佛說法. 然後羅刹女受五戒而無後害. 故東海魚龍遂化爲滿洞之石. 各有鍾磬之聲.(巳上古記.)

寺 : 山의 오기인 듯함
呵 : 기운낼 가
夘 : 卵의 약체자
囉 : 말많을 라
電 : 번개 전
稽 : 머리숙일 계
鍾 : 쇠북 종
磬 : 돌경쇠 경
巳 : 已의 오기

又按. 大定十二年庚子. 卽明宗十一年也. 始創萬魚寺. 棟梁宝林狀奏所稱山中奇異之迹. 與北天笁訶羅國佛影事. 符同者有三. 一. 山之側近地梁州界玉池. 亦毒龍所蟄是也. 二. 有時自江邊雲氣始出. 來到山頂. 雲中有音樂之聲是也. 三. 影之西北有盤石. 常貯水不絶. 云是佛浣濯袈裟之地是也. 巳上皆寶林之說.

十二 : 二十의 오기
棟 : 집의중심기둥 동
梁 : 대들보 량
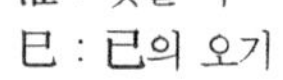
宝 : 寶의 略體字
笁 : 竺의 異體字
訶 : 꾸짖을 가
蟄 : 벌레움츠릴 칩
浣 : 씻을 완
濯 : 씻을 탁
巳 : 已의 오기

5) 가라국(呵羅國) : 가락국을 가리키며, 가라(呵羅)와 가락(駕洛)은 음이 서로 통함.
6) 나찰녀(羅刹女) : 나찰은 산스크리트어 Rākṣasa이며, 여나찰은 Rākṣasi로 악귀(惡鬼). 야차(夜叉)와 함께 비사문천(毘沙門天)의 권속인 지옥의 악신. 나찰녀 다섯 명은 『관불삼매경』에 실려 있으나 이름은 없음.
7) 다섯 가지 계율〔五戒〕 : 불교에 귀의하는 남녀가 지켜야할 5개의 계율. ① 살생하지 말 것. ② 훔치지 말 것. ③ 음행하지 말 것. ④ 거짓말하지 말 것. ⑤ 술 마시지 말 것.
8) 대정(大定) : 금나라 세종(世宗)의 연호.
9) 동량(棟梁) : 고려 때의 고위급 승직(僧職).
10) 북천축 가라국(北天竺 訶羅國) : 북천축은 인도의 북부지역이며, 가라국은 뒤에 나오는 야건가라국을 말함. 고대 인도에 있었던 나라의 하나.

부처가 세탁한 곳으로 전해지는 만어사의 샘

지금 와서 친히 예를 올리고 보니 역시 분명히 공경하고 믿을 만한 것이 두 가지가 있다. 골짜기의 돌 중에서 거의 3분의 2는 모두 금과 옥소리가 나는 것이 그 하나이며, (바위의 부처 모습이) 멀리서 바라보면 나타나고 가까이서 바라보면 보이지 않는다. 혹 보이기도 하고 보이지 않기도 하는 것이 그 하나이다. 북천축의 글은 모두 뒤에 실었다.

가자함[13](可字函)의 『관불삼매경』[14] 제7권에 다음과 같이 쓰여 있다.

「부처님이 야건가라국 고선산에 오셨다. 그곳은 악독한 용이 사는 담복화 숲의 옆이며 청련화 샘의 북쪽이고, 나찰의 동굴이 있는 아나사산의 남쪽이다. 이때 그 동굴 안에는 다섯 나찰이 암컷용이 되어 독룡들과 사통했다. 독룡은 때때로 우박을 내리고 나찰은 난폭한 행동을 하므로 기근이 들고 전염병이 돌았다. 이렇게 4년이 지나니 왕이 놀라고 두려워 천지신명[15]에게 기도하며 제사를 올렸으나 아무런 도움이 되지 않았다. 그때 총명하고 지혜가 많은 바라문[16]이 대왕에게 말씀드리기를 "가비라국 정반왕[17]의 왕자가 지금 도를 이루어 이름을 석가문이라 합니다"라 했다. 왕이 이 말을 듣고 마음속으로 크게 기뻐하여 부처가 계시는 곳을 향하여 예를 올리며 말하기를 "오늘날 불교가 이미 일어났다고 하는데 어찌하여 이 나라에는 이르지 않고 있습니까?"라 했다.

이때 석가는 여러 비구에게 명령을 내려 육신통[18]을 얻은 자에게 뒤를 따르게 하여 야건가라국의 왕인 불파부제의 청을 받아 들였다. 이때 석가부처의 이마에서 광명이 솟아 나와 1만이나 되는 여러 천신과 화불[19]을 만들어 그 나라로 갔다. 이때 용왕과 나찰녀는 오체투지[20]하여 부처님께 계율 받기를 원하니 부처가 즉시 삼귀[21]와 오계를 설법했다. 용왕이 다 듣고 무릎을 꿇고 합장하여 석가부처님이 늘 여기에 머물러 있기를 청하면서 만약 부처가 여기 계시지 않으면 자기는 악한 마음이 있어 아뇩보리[22]를 얻게 될 수 없노라고 했다.

11) 양주(梁州) : 지금의 경남 양산.
12) 둘째는 때때로 강가에서 ……부처가 가사를 세탁한 곳 : 당나라의 현장이 지은 『대당서역기』에도 기록됨.
13) 가자함〔可函〕: 『고려대장경』을 보관하는 함의 순서를 매기는 부호.
14) 관불삼매경(觀佛三昧經) : 『관불삼매해경(觀佛三昧海經)』의 약칭. 일심으로 부처님의 상호(相好)와 형상을 관찰하고 상념하면 삼매(三昧)가 이루어져 깨닫게 됨. 이에 따라 부처님이 현신(現身)함. 여기서 해(海)는 삼매의 공덕이 크고

만어사 앞에 있는 옥소리가 나는 너덜바위

今親來瞻禮. 亦乃彰彰可敬信者有二. 洞中之石. 凡三分之二皆有金玉之聲. 是一也. 遠瞻卽現・近瞻不見. 或見覔等. 是一也. 北天之文・具錄於後.

可函觀佛三昧經第七卷云.

佛到耶乾訶羅國古仙山・薝蔔花林毒龍之側・青蓮花泉北・羅刹穴中・阿那斯山南. 尒時彼穴有五羅刹. 化作女龍. 與毒龍通. 龍復降雹. 羅刹亂行. 飢饉疾疫. 巳歷四年. 王驚懼. 禱祀神祗. 於事無益. 時有梵志聰明多智. 白言大王伽毗羅淨飯王子. 今者成道号釋迦文. 王聞是語. 心大歡喜. 向佛作禮曰云. 何今日佛日巳興. 不到此國.

彰 : 나타날 창
覔 : 찾을 멱
見 : 보일 현
覔 : 不見의 오기
訶 : 꾸짖을 가
薝 : 치자꽃 담
蔔 : 순무 복
復 : 되풀이할 복
雹 : 우박 박
疫 : 염병 역
歷 : 지날 력
巳 : 已의 오기
神 : 천신 신
祗 : 祇(땅맡은귀신 기)의 오기
祗 : 공경할 지
白 : 아뢸 백
巳 : 已의 오기

尒時如來勑諸比丘・得六神通者. 隨從佛後. 受那乾訶羅王弗婆浮提請. 尒時世尊. 頂放光明. 化作一萬諸大化佛. 往至彼國. 尒時龍王及羅刹女. 五體投地. 求佛受戒. 佛卽爲說三歸五戒. 龍王聞己. 長跪合掌. 勸請世尊常住此間. 佛若不在. 我有惡心. 無由得成阿耨菩提.

勑 : 천자가글로명령내릴 칙
訶 : 꾸지람 가
己 : 已의 오기
跪 : 꿇어앉을 궤
耨 : 호미 누
長跪 : 엉덩이를 들고 허리를 펴 무릎을 꿇는 자세. 경의를 표하는 禮

만어사 부처바위

넓은 것을 바다에 비유한 말.

15) 천지신명〔神祇〕 : 원문의 神(신)은 천신(天神), 祇(기)는 지신(地神). 『논어』 술이편에 「禱爾于上下神祇(그대를 위하여 천지신명에게 비노라.)」

16) 바라문〔梵志〕 : 원문의 범(梵)은 산스크리트어 Brahman으로 적정(寂靜) 즉 열반을 뜻하며, 지(志)는 Cārind로 구한다는 의미. 여기서 원문의 梵志(범지)는 梵을 구하는 성직자인 바라문이라는 뜻.

17) 가비라국 정반왕〔伽毗羅 淨飯王〕 : 가비라국은 석가모니가 탄생한 나라. 정반왕은 석가의 아버지.

18) 육신통(六神通) : 신묘불측(神妙不測 → 神)하고 무애자재(無礙自在 → 通)한 여섯 가지 지혜. 즉 천안통(天眼通) · 천이통(天耳通) · 타심통(他心通) · 숙명통(宿命通) · 신족통(神足通) · 누진통(漏盡通)을 말함.

이때 범천왕[23]이 다시 와서 부처에게 예를 드리며 청하기를 "석가모니[24]께서는 미래 세상의 모든 중생들을 위하셔야 하므로 편벽되게 이 작은 하나의 용만을 위해서는 안 됩니다"라 하자 수많은 범왕[25]들이 모두 이 같은 청을 했다. 이때 용왕이 칠보로 꾸민 대를 내어 석가여래에게 바치니 부처가 용왕에게 말하기를 "나는 이 대가 필요 없으니 너는 지금 나찰 석굴을 가져다가 나에게 시주하라"라 하자 용왕이 크게 기뻐했다고 한다. 이때 석가여래가 용왕을 위로하여 말하기를 "내가 너의 청을 받아들여 너의 동굴 속에서 1천 5백 년을 지내겠다"라 하며 몸을 솟구쳐 돌 속으로 들어가니, 그 돌이 밝은 거울과 같았으므로 사람들이 그 얼굴을 볼 수 있었으며 여러 용들도 모두 부처의 모습을 보았다. 부처가 돌 속에 있으면서 밖으로 형상을 나타내니 여러 용들이 합장하면서 기뻐하여 그 곳을 떠나지 않고 언제나 부처님을 친견하게 되었다.

이때 석가세존이 석벽 안에서 결가부좌[26]를 하고 있었는데 중생들이 멀리서 보면 나타나고 가까이서 보면 나타나지 않았다. 여러 범천[27]이 부처의 영상〔佛影〕에 공양하니 부처의 그림자가 역시 설법을 했다.」

또 말하여지기를 「부처가 바위 위를 밟으니 문득 금과 옥소리가 났다.」고 했다.

『고승전』[28]에는 다음과 같이 기록하고 있다.

「혜원[29]이 천축에 부처의 그림자〔佛影〕가 있다는 말을 들었는데, 이는 옛날에 용을 위하여 남겼던 그림자로서 북천축 월지국[30] 나갈가성의 남쪽 옛 선인의 석실 속에 있었다.」(라고 한다.)

19) 화불(化佛) : 부처나 보살이 신통력으로 변해 나타나는 부처.

20) 오체투지(五體投地) : 두 무릎, 두 팔꿈치, 이마의 오체를 땅에 붙여 예배하는 것. 인도 사람의 최고의 경배로 오륜투지(五輪投地) · 거신투지(擧身投地)라고도 함.

21) 삼귀(三歸) : 삼귀는 삼귀의(三歸依)를 줄인 말. 삼귀의란 불 · 법 · 승의 삼보에 귀의함을 뜻함.

22) 아뇩보리〔阿耨菩提〕 : 산스크리트어 Anuttara-samyak-saṁbodhi의 음역인 아뇩다라삼먁삼보리〔阿耨多羅三藐三菩提〕를 줄인 것. 아는 無, 뇩다라는 上, 삼먁은 正, 삼은 徧 또는 等, 보리는 道 또는 正覺임. 즉 無上正徧道 또는 無上正等覺으로 최상의 깨달음을 뜻함.

23) 범천왕(梵天王) : 산스크리트어 Brahma의 음역 범마(梵摩)로 불림. 불교에서는 제석과 함께 정법을 수호하는 신이라 하여 부처님이 세상에 나올 때마다 제일 먼저 설법하기를 청한다 함. 항상 부처님의 오른편에서 부처님을 모시면서 손에는 흰 불자(拂子)를 들고 있음.

時梵天王復來禮佛. 請婆伽婆爲未來世諸衆生故. 莫獨偏爲此一小龍. 百千梵王皆作是請. 時龍王出七寶臺. 奉上如來. 佛告龍王. 不須此臺. 汝今但以羅刹石窟持以施我. 龍歡喜.(云云) 尒時如來安慰龍王. 我受汝請. 坐汝窟中. 經千五百歲. 佛湧身入石. 猶如明鏡. 人見面像. 諸龍皆現. 佛在石內. 映現於外. 尒時諸龍合掌歡喜. 不出其地. 常見佛日.

復 : 다시 부
須 : 필요할 수
窟 : 동굴 굴
歡 : 기쁠 환
慰 : 위로할 위
經 : 지낼 경
湧 : 솟을 용
猶 : 같을 유

尒時世尊結伽趺坐在石壁內. 衆生見時. 遠望卽現. 近則不現. 諸天供養佛影. 影亦說法.

又云. 佛蹴嵓石之上. 卽便成金玉之聲.

高僧傳云.

惠遠聞天竺有佛影. 昔爲龍所留之影. 在北天竺月支國那竭呵城南古仙人石室中.(云云)

趺 : 책상다리할 부
蹴 : 밟을 축
便 : 문득 변
竺 : 竺의 異體字
竭 : 다할 갈
呵 : 꾸짖을 가

24) 석가모니〔婆伽婆〕: 원문의 婆伽婆〔바가바〕는 산스크리트어 Bhagavāt의 음역. 바가〔婆伽〕는 덕(德)을 의미하고 바〔婆〕는 유(有)를 뜻하여 덕이 있다는 의미. 여기서는 석가모니의 이칭.
25) 범왕(梵王) : 범천왕(梵天王)의 약칭.
26) 결가부좌(結跏趺坐) : 앉는 방법의 한 가지로 오른발을 왼편 넓적다리 위에 놓고, 왼발을 오른쪽 넓적다리 위에 놓고 앉는 것.
27) 범천〔天〕: 산스크리트어 Brahma-deva에서 Brahma의 음역 범(梵)과 deva의 의역 천(天)이 합쳐진 말.
28) 고승전(高僧傳) : 『양고승전(梁高僧傳)』.
29) 혜원(惠遠) : 원문의 惠遠은 慧遠으로 동진(東晋)시대의 승려. 334~416. 도안 · 구마라집과 함께 중국불교의 확립자로 평가됨.
30) 월지국(月支國) : 중국의 진(秦) · 한(漢) 시대에 중앙아시아에서 번성했던 나라.
31) 법현의 『서역전』〔法現西域傳〕: 法現은 法顯으로 동진(東晋)시대의 승려. 법현은 혜경 · 혜달과 함께 장안을 출발하여 서역을 거쳐 인도에 들어가 14년 간 성지를 순례한 뒤 지금의 스리랑카에서 배를 타고 412년에 동진에 도착. 416년에 그의 여행기 『서역전』을 완성함.
32) 나갈국(那竭國) : 고대 북부 인도로 지금의 파키스탄에 있었던 나라.

또 법현의 『서역전』[31]에는 다음과 같이 쓰여 있다.

「나갈국[32]의 경계에 있는 나갈성에서 남쪽으로 반 유순[33] 되는 곳에 석실이 있다. 이곳은 박산 서남쪽에 있는데 그 석실 안에 부처가 영상을 남겼다. 10여 보 떨어진 곳에서 그것을 보면 부처의 참모습처럼 광명이 밝게 빛나지만 가까워질수록 희미하게 보였다. 여러 나라의 왕들이 그림 그리는 사람을 보내어 그것을 본떠 그리려 했으나 비슷하게도 그리지 못했다. 나라 사람들이 전하기로는 현겁 1천의 부처[34]가 모두 여기에 마땅히 영상을 남겼다 했다. 그 영상의 서쪽 백 보쯤에 부처님이 세상에 계실 때 머리를 깎고 손톱을 자르던 곳이 있었다.」(라고 한다.)

성자함[星函][35]의 『서역기』[36] 제2권에 다음과 같이 쓰여 있다.

「옛날에 석가여래가 세상에 계실 때 용이 소 기르는 목자가 되어 왕에게 우유를 바쳤다. 우유 진상을 잘못하여 견책을 받으니 마음속으로 원한을 품고 돈을 주어 꽃을 사서 공양을 하면서 솔도파[37]에 수기[38]하기를 "악독한 용이 되어 나라를 파멸시키고 왕을 해치게 해 주소서"라 발원하고는 바로 석벽으로 달려가 몸을 던져 죽었다. 이리하여 이 굴에 살면서 대용왕이 되어 마침내 악한 마음을 일으켰는데 여래가 이를 알고 신통력의 조화로 여기에 오게 되었다. 이 용이 부처님을 친견하게 되자 악독한 마음이 그만 가라앉게 되어 생물을 죽이지 않는다는 계율을 받았다. 이로 인해 여래에게 이 동굴에 항상 머물면서 늘 자기의 공양 받기를 청하니 부처가 말하기를 "나는 장차 열반할 것인데 너를 위하여 나의 영상을 남길 터이니 만약 독하고 분한 마음이 생길 때 언제나 내 영상을 보면 독한 마음이 반드시 그치게 될 것이다"라 했다. 그리고 부처는 정신을 가다듬고[39] 홀로 석실로 들어가니 멀리서 보면 나타나고 가까이서 보면 나타나지 않았다. 또 돌 위의 발자취를 칠보로 삼았다.」(라고 한다.)

이상은 모두 경문으로 대략 이와 같이 되어 있었다. 우리나라 사람들은 이 산 이름을 아나사(阿那斯)라 불렀는데 마땅히 마나사(摩那斯)라고 해야 할 것이다. 마나사를 번역하면 물고기가 되니 대개 저 북천축의 이야기를 취하여 이렇게 부르는 것이다.

33) 유순(由旬) : 산스크리트어 Yojana의 음역. 유순은 인도에서 거리의 단위로 1유순은 제왕이 하루 행군하는 거리. 소유순은 40리, 중유순은 60리, 대유순은 80리.
34) 현겁 1천의 부처[賢劫千佛] : 탑상편 가섭불 연좌석 조 참조.

又法現西域傳云.

至那竭國界. 那竭城南半由旬有石室. 博山西南面. 佛留影此中. 去十餘步觀之. 如佛眞形. 光明炳著. 轉遠轉微. 諸國王遣工摹寫. 莫能髣髴. 國人傳云. 賢劫千佛・皆當於此留影. 影之西百步許. 有佛在時剃髮剪爪之地.(云云.)

星函西域記第二卷云.

昔如來在世之時. 此龍爲牧牛之士. 供王乳酪. 進奏失宜. 旣獲譴嘖. 心懷恚恨. 以金錢買花供養. 授記窣堵婆. 願爲惡龍破國害王. 特趣石壁・投身而死. 遂居此窟爲大龍王. 適起惡心. 如來鑑此. 變身通力而來至. 此龍見佛. 毒心遂止. 受不殺戒. 因請如來常居此穴. 常受我供. 佛言. 吾將寂滅. 爲汝留影. 汝若毒忿. 常觀吾影. 毒心當止. 攝神獨入石室. 遠望卽現. 近則不現. 又令石上蹴爲七寶.(云云.)

巳上皆經文. 大略如此. 海東人名此山爲阿那斯. 當作摩那斯. 此飜爲魚. 盖取彼北天事而稱之爾.

法現과 **法顯**(現과 顯은) 혼용
炳 : 밝을 병
著 : 드러날 저
遠 : 近이 타당
摹 : 본뜰 모
寫 : 본뜰 사
髣 : 비슷할 방
髴 : 비슷할 불
劫 : 부처의한세대 겁
剃 : 털깎을 체
爪 : 손톱 조
剪 : 벨 전
酪 : 소젖 락
奏 : 奉의 오기인 듯함
譴 : 꾸짖을 견
嘖 : 다툴 책
恚 : 성낼 에
窣 : 率과 통용
窣 : 느릿느릿걸을 솔
堵 : 담 도
鑑 : 알아낼 감
寂 : 고요할 적
忿 : 노할 분
攝 : 잡을 섭
巳 : 已의 오기
飜 : 翻(번역할 번)의 오기

35) 성자함[星函] : 『고려대장경』을 보관하는 함의 순서를 매기는 부호.
36) 서역기(西域記) : 중국 당나라의 삼장법사 현장이 저술한 책.
37) 솔도파(窣堵婆) : 산스크리트어 Stūpa의 음역. 불사리나 진신사리를 봉안하거나 절의 장엄을 나타내기 위해 세우는 건축물. 탑 또는 탑파로 불림.
38) 수기(授記) : 부처가 그 제자들에게 미래의 증과(證果)에 대하여 예언한 설교나 그러한 예언을 주는 것.
39) 정신을 가다듬고[攝神] : 원문의 攝神(섭신)은 정신을 한곳에 집중하는 것.

부처바위를 모신 미륵전

대산 오만진신[1)]

－ 오대산에 있는 5만 부처의 진신 －

『산중고전』을 살펴보면 「오대산에 문수보살〔眞聖〕[2)]이 머무르던 곳이라고 기록된 것은 자장법사로부터 시작되었다.」고 했다. 처음으로 자장법사가 중국 오대산[3)]의 문수보살 진신을 친견하려고 선덕왕 대인 정관 10년 병신(636)(『당승전』[4)]에는 정관 12년이라 했으나 여기에서는 『삼국본사』를 따른다.)에 중국으로 들어갔다. 처음 중국의 태화지 못가에 있는 문수보살 석상에 이르러 경건하게 7일 동안 기도했더니, 꿈에 홀연히 문수보살이 네 구절로 된 게[5)]를 주었다. 자장이 꿈에서 깨어나 게를 기억할 수는 있었으나 모두 범어인지라 그 뜻을 전혀 알 수 없었다.

그 다음날 아침 홀연히 승려 한 분이 붉은 비단에 금빛 점이 있는 가사 한 벌과 부처가 사용하던 밥그릇[6)] 한 벌 및 부처의 머리뼈 한 조각을 가지고 법사의 곁으로 와서 "무엇 때문에 수심에 잠겨 있느냐?"라 물었다. 법사가 대답하기를 "꿈에 게 네 구절을 받았는데 범어라서 그 뜻을 풀 수 없기 때문입니다"라 했다. 그 스님이 번역하여 말하기를 "「가라파좌낭(呵囉婆佐曩)」이란 일체의 법을 깨달았다는 것이며, 「달예치구야(達啸哆佉嘢)」란 자성은 무소유라는 말이고, 「낭가희가낭(曩伽呬伽曩)」은 이와 같은 법성을 알았다는 것이며, 「달예노사나(達啸盧舍那)」란 노사나불[7)]을 곧 친견한다는 말이다"라 했다.

1) 대산 오만진신(臺山 五萬眞身) : 오대산에 있는 5만의 진신. 진신은 허공에 두루 존재하는 법신.
2) 문수보살〔眞聖〕 : 문수는 산스크리트어 Mañjuśri의 음역 문수시리(文殊尸利) · 문수사리(文殊師利)의 약칭. 석가모니 좌협시보살로 부처님의 지혜를 상징하여, 지혜를 나타내는 여의주나 칼 · 청련화를 들고 청사자를 탄 모습으로 표현.
3) 중국 오대산(中國五臺山) : 중국 산서성에 있는 산. 일명 청량산이라 하는데 이 산에는 동 · 서 · 남 · 북 · 중의 다섯 봉우리가 있으며, 그 봉우리는 누대처럼 되어 오대산이라 불리어짐. 418년 동진 때 번역된 『화엄경』 보살주품처를 보면 「동북방의 청량산에는 옛날부터 모든 보살이 거주하고 있었는데, 현재는 문수사리보살이 1만의 권속들과 함께 살면서 그들을 위해 항상 설법하고 있다.」는 기록이 있으며 이후 중국인들은 『화엄경』 속의 청량산과 조건이 비슷한 오대산을 청량산으로 의정.
4) 당승전(唐僧傳) : 당나라 도선(道宣)이 645년에 찬술한 『속고승전(續高僧傳)』. 502~645년에 걸쳐 고승 약 500명의 행적을 기록한 책. 중국불교사의 중요 사료로 평가됨.
5) 게(偈) : 산스크리트어 Gāthā의 음역. 송(頌)의 뜻으로 三言 · 四言 등으로 글자의 수를 정하여 반드시 사구(四句)로 된 것.

臺山 五萬眞身

按山中古傳. 此山之署名・眞聖住處者. 始自慈藏法師. 初法師欲見中國五臺山文殊眞身. 以善德王代. 貞觀十年丙申(唐僧傳云十二年. 今從三國本史.)入唐. 初至中國大和池邊石文殊處. 虔祈七日. 忽夢大聖授四句偈.

覺而記憶. 然皆梵語. 罔然不解. 明旦忽有一僧. 將緋羅金點袈裟一領・佛鉢一具・佛頭骨一片. 到于師邊. 問何以無聊. 師答以夢所受四句偈・梵音不解爲辭. 僧譯之云. 呵囉婆佐囊. 是曰了知一切法. 達𠼝哆佉嘢. 云自性無所有. 囊伽呬伽囊. 云如是解法性. 達𠼝盧舍那. 云卽見盧舍那.

傳 : 傳의 오기
傳 : 스승 부
署 : 쓸 서
傳 : 傳의 오기
大 : 太의 오기
虔 : 경건할 건
祈 : 빌 기
偈 : 글귀 게
罔 : 흐릴 망
將 : 가질 장
緋 : 붉을 비
羅 : 비단 라
聊 : 즐길 료
無聊 : 근심이 있어 아무 즐거움이 없음
呵 : 꾸짖을 가
囉 : 소리뒤섞일 라
佐 : 도울 좌
囊 : 지난번 낭
𠼝 : 예
哆 : 입딱벌릴 치
佉 : 나라이름 구(거)
嘢 : 야
呬 : 숨쉴 희

6) 밥그릇〔鉢〕 : 산스크리트어 Pātra의 음역 발다라(鉢多羅)・파다라(波多羅)의 약칭으로 발(鉢)이라 함. 비구가 사용하는 밥그릇으로 통상 사용되는 바리때는 발다라(鉢多羅)의 이칭.
7) 노사나불〔盧舍那〕 : 산스크리트어 Vairocana의 음역. 비로자나불(毘盧遮那佛)의 약칭. 천태종에서는 비로자나불을 법신, 노사나불을 보신, 석가불을 응신으로 구분. 보신 노사나불은 화관을 쓴 보살의 모습인데 두 손은 양쪽으로 들어 올려 석가모니부처의 최초 설법인을 짓고 있음. 이는 석가모니부처의 장엄보살로의 역할과 설법 교화에 그 뜻을 맞추었기 때문.

원만보신 노사나불

그러고는 가지고 온 가사[8] 등을 주면서 부탁하여 말하기를 "이것은 우리 스승이신 석가세존이 쓰시던 도구이니 그대가 잘 보관하도록 하라"라고 했다. 또 말하기를 "그대 본국의 동북방[9]에 있는 명주 땅 오대산에 1만의 문수보살이 그곳에 상주하고 계시니 그대는 가서 뵙도록 하라" 하고 말을 마치자 사라졌다.

법사가 영험 있는 유적을 두루 찾아보고 본국으로 돌아오려 하는데 태화지의 용이 나타나서 재[10]를 청하므로 7일 동안 공양을 올렸다. 그러자 용이 법사에게 말하기를 "지난번에 게를 전한 노승이 바로 진짜 문수보살입니다"라고 했다. 또 절을 짓고 탑을 세울 것을 간곡하게 부탁하였는데 그것은 『별전』에 자세히 실려 있다.

자장법사는 정관 17년(643)에 강원도 오대산에 와서 문수보살의 진신을 보려고 했으나 3일 동안이나 날이 어두워 뜻을 이루지 못하고 돌아갔다. 다시 원녕사에 머물면서 비로소 문수보살을 뵈었다고 한다. 그 후 칡넝쿨이 얽혀 있는 곳[11]으로 갔으니 지금의 정암사[12]이다.(역시 『별전』에 실려 있다.)

그 뒤에 범일의 제자인 승려[13] 신의가 자장이 휴식하던 곳으로 찾아와서 암자를 세우고 거처했다. 신의가 죽자 암자 또한 오랫동안 버려져 못쓰게 되었는데 수다사[14]의 장로[15] 유연이 다시 암자를 세우고 거처했으니 지금의 월정사[16]가 바로 이 절이다.

8) 가사(袈裟) : 산스크리트어 Kasāy의 음역으로 탁하다는 뜻. 부정색(不正色)·염색(染色)이라고도 하며, 승려가 입는 법의(法衣). 청·황·적·백·흑색 이외의 잡색으로만 물들이므로 이렇게 이름 붙여짐.

9) 동북방〔艮方〕: 『주역』 8괘에서 간(艮)의 방위는 동북쪽.

10) 재(齋) : 원래의 뜻은 정오(正午) 이전에 먹는 것이었으나, 후일에는 육식을 하지 않는 것으로 변함. 자전(字典)에는 「재(齋)란 경(敬)이며, 계(戒)다.」라 했는데 이는 산스크리트어 Upavasatha의 음역 포살(布薩)의 뜻. 포살이란 승려들이 한 달에 두 번 모여서 계경(戒經)의 독송을 듣고 각자 계율을 범한 것을 반성하고 대중 앞에 고백하며, 재가의 신자들은 한 달에 6일 동안 8재〔八關齋〕를 시행함. 여기서 재(齋)란 포살의 의미.

11) 칡넝쿨이 얽혀 있는 곳〔葛蟠處〕: 갈반(葛蟠)이란 칡넝쿨이나 등나무넝쿨이 마구 얽혀 어디가 어딘지 분간할 수 없는 모양을 뜻하는데 선가(禪家)에서는 인간의 언어를 가리킴. 『섭대승론석(攝大乘論釋)』에 의하면 「언어에 의한 분별에 의해 모든 인식 현상이 일어난다.」고 한바 갈반처(葛蟠處)란 분별을 일으키는 곳의 의미가 있는 듯함. 자장정률 조에서 자장이 아상(我相)에 의한 분별심을 가져 이곳에 찾아온 문수보살을 쫓아버림.

12) 정암사(淨嵒寺) : 자장율사가 645년에 창건. 숲과 골짜기는 해를 가리고 멀리 세속의 티끌이 끊어져 정결하기 짝이 없다 하여 정암사라는 이름을 붙였다 함. 오대산 적멸보궁·양산 통도사·영월 법흥

仍以所將袈裟等. 付而囑云. 此是本師釋伽尊之道具也. 汝善護持. 又曰. 汝本國艮方溟州界有五臺山. 一萬文殊常住在彼. 汝往見之. 言巳不現.

遍尋靈迹. 將欲東還. 大和池龍現身請齋. 供養七日. 乃告云. 昔之傳偈老僧. 是眞文殊也. 亦有叮囑創寺立塔之事. 具載別傳.

仍 : 인할 잉
付 : 줄 부
囑 : 부탁할 촉
巳 : 已의 오기
大 : 太의 오기
叮 : 단단히부탁할 정
叮囑 : 단단히 부탁함

師以貞觀十七年來到此山. 欲覩眞身. 三日晦陰. 不果而還. 復住元寧寺. 乃見文殊云. 至葛蟠處. 今淨嵓寺是.(亦載別傳.)

覩 : 볼 도
晦 : 어두울 회
葛 : 칡넝쿨 갈
蟠 : 서릴 반
陁 : 비탈 타
憩 : 쉴 게

後有頭陁信義. 乃梵日之門人也. 來尋藏師憩息之地. 創庵而居. 信義旣卒. 庵亦久廢. 有水多寺長老有緣. 重創而居. 今月精寺是也.

사 · 설악산 봉정암과 더불어 석가의 정골사리를 모시고 있는 5대 적멸보궁의 하나.

13) 승려〔頭陁〕: 원문의 頭陁(두타)는 산스크리트어 Dhūta의 음역. 의미는 모든 번뇌의 티끌을 없애고 의 · 식 · 주에 탐착(貪着)하지 않으며 청정하게 불도를 수행하는 것.

14) 수다사(水多寺) : 강원도 평창군 진부면 수항리에 있었던 절로 지금은 원형을 찾아보기 힘든 석탑 1기와 건물 초석만이 남아 있는 폐사지.

15) 장로(長老) : 지혜와 덕이 높은 비구. 젊은 비구가 연배가 높은 비구를 높여 부르는 이름.

16) 월정사(月精寺) : 대산 월정사 오류성중조 참조.

정암사 수마노탑

자장법사가 신라로 돌아온 후 정신대왕의 태자인 보천 · 효명 두 형제 (『국사』를 살펴보면 신라에는 정신 · 보천 · 효명의 세 부자에 대해 분명한 글이 없다. 그러나 이 기록의 다음 글에는 신룡[17] 원년(705)에 터를 닦고 절을 세웠다고 했다. 신룡이란 성덕왕이 왕위에 오른 지 4년 되는 을사이다. 왕의 이름은 흥광이고, 본 이름은 융기로서 신문왕의 둘째 아들이다. 성덕왕의 형 효조의 이름은 이공인데, 이홍이라고도 하며 또한 신문왕의 아들이다. 신문왕 정명의 자는 일조이니 정신은 아마도 정명 · 신문이 잘못 전해진 것 같다. 효명은 효조 또는 효소가 잘못 전해진 것이다. 기록에 효명이 왕위에 올라 신룡 연간에 터를 닦고 절을 세웠다고 한 것도 역시 분명치 못한 말이다. 신룡 연간에 절을 세운 이는 바로 성덕왕이다.)가 하서부(지금의 명주에 역시 하서군이 있으니 바로 이곳이다. 혹은 하곡현이라고도 한다. 지금의 울주는 이곳이 아니다.)에 와서 각간 세헌의 집에서 하룻밤을 묵었다. 그 다음날 큰 고개를 넘어 각각 무리 천 명을 거느리고 성오평으로 가서 여러 날 동안 유람하였다.

갑자기 어느 날 저녁에 두 형제는 속세를 벗어날 뜻을 두고 은밀하게 약속한 후 아무도 모르게 도망하여 오대산(『고기』에 쓰여 있기는 「태화[18] 원년 무신(648) 8월 초에 왕이 산중에 숨었다.」라고 되어 있으니 아마도 이 글은 크게 잘못된 듯하다. 생각건대 효조 또는 효소는 천수[19] 3년 임진(692)에 왕위에 올랐는데, 그때 나이 열여섯이며 장안[20] 2년 임인(702)에 죽었으니 나이 스물여섯이었다. 성덕왕이 이해에 왕위에 올랐으니 나이 스물두 살이었다. 만약 이해가 태화 원년 무신이라면 효조왕이 즉위한 갑진년보다 45년이나 앞서니 이는 바로 태종과 문무왕 대이다. 이로써 이 글이 잘못된 것임을 알 수 있으므로 이것을 취하지 않았다.)으로 들어가 숨어 버렸다. 모시고 호위하던 자들은 태자들이 간 곳을 알지 못하여 서울로 돌아왔다.

두 태자가 산속에 이르자 푸른 연꽃[21]이 갑자기 땅 위에 피었다. 형이 그곳에 암자를 짓고 머무르니 이것을 보천암이라 했다. 여기서 동북쪽을 향하여 6백여 걸음을 가면 북대의 남쪽 기슭에 역시 푸른 연꽃이 핀 곳이 있어 아우 되는 태자 효명이 또 암자를 짓고 머무르면서 저마다 부지런히 불도를 닦았다.

17) 신룡(神龍) : 당나라 중종(中宗)의 연호(705~706).
18) 태화(太和) : 신라 진덕여왕의 연호(647~653).
19) 천수(天授) : 당나라 측천무후의 연호이나 천수는 2년으로 끝나고 임진(692)은 측천무후의 또 다른 연호인 장수(長壽) 원년임.
20) 장안(長安) : 당나라 측천무후의 연호(701~704).
21) 푸른 연꽃〔靑蓮〕 : 청색의 연꽃인 청련(靑蓮)은 연꽃 중에서 가장 아름다운 꽃. 그 잎은 윤택하고 넓고 청백이 분명하여 대인(大人)의 눈〔眼目〕과 같으므로 부처의 눈〔眼〕에 비유.

염불암
(보천과 효명이 오대산에 입산했을 때 이곳에 머물렀다고 권근이 기록)

藏師之返新羅. 淨神大王大子寶川・孝明二昆弟(按國史. 新羅無淨神寶川孝明三父子明文. 然此記下文云神龍元年開土立寺. 則神龍乃聖德王卽位四年乙巳也. 王名興光. 本名隆基. 神文之第二子也. 聖德之兄孝照名理恭. 一作洪. 亦神文之子. 神文政明字日照. 則淨神恐政明神文之訛也. 孝明乃孝照一作昭之訛也. 記云孝明卽位. 而神龍年開土立寺云者. 亦不細詳言之尒. 神龍年立寺者乃聖德王也.)到河西府.(今溟州亦有河西郡是也. 一作河曲縣. 今蔚州非是也.) 世獻角干之家留一宿. 翌日過大嶺. 各領千徒. 到省烏坪. 遊覽累日.

大 : 太의 오기
昆 : 맏 곤

忽一夕昆弟二人・密約方外之志. 不令人知. 逃隱入五臺山.(古記云. 大和元年戊申八月初. 王隱山中. 恐此文大誤. 按孝照一作昭. 以天授三年壬辰卽位. 時年十六. 長安二年壬寅崩. 壽二十六. 聖德以是年卽位. 年二十二. 若曰大和元年戊申. 則先於孝照卽位甲辰巳過四十五歲. 乃太宗文武王之世也. 以此知此文爲誤. 故不取之.)侍衛不知所歸. 於是還國.

二太子到山中. 靑蓮忽開地上. 兄大子結庵而止住. 是日寶川庵. 向東北行六百餘步. 北臺南麓亦有靑蓮開處. 弟大子孝明又結庵而止. 各懃修業.

令 : 하여금 령
大 : 太의 오기
大 : 太의 오기
巳 : 已의 오기
大 : 太의 오기
日 : 曰의 오기
麓 : 산기슭 록
大 : 太의 오기

22) 지장보살〔地藏〕: 산스크리트어 Kṣitigarbha의 뜻을 따 지장이라 함. 지장은 안인(安忍)하여 움직이지 않음이 대지(大地)와 같이 깊고 신비스러움이 비장(秘藏)과 같으므로 지장이라 명명. 도리천에서 석가여래의 부탁을 받고 석존 입멸 후부터 미륵불의 출세까지 부처 없는 세상에 머물면서 천상에서 지옥까지 일체 중생을 교화하는 대자대비한 보살로 반드시 모든 중생을 제도해야만 성불할 것을 서원함. 형상은 천관을 쓰고, 가사를 입고 왼손에 연꽃을 들었으며, 오른손은 시무외인을 함. 혹은 왼손에 연꽃을 들고 오른손에 보주를 들기도 함.

23) 대세지보살〔大勢至〕: 아미타불의 우협시보살로 아미타의 지혜문을 상징. 형상은 정수리에 보배병을 얹고 염불하는 수행자를 맞이하기 위해 합장하는 것이 통례.

1. 지장보살과 협시
2. 대세지보살

하루는 형제가 함께 다섯 봉우리에 올라 예를 올리려 하던 차에 동쪽 대인 만월산에 1만의 관음보살 진신이, 남쪽 대인 기린산에는 여덟 분의 큰 보살을 우두머리로 한 1만의 지장보살[22]이, 서쪽 대인 장령산에는 무량수여래를 우두머리로 한 1만의 대세지보살[23]이, 북쪽 대인 상왕산에는 석가여래를 우두머리로 한 5백의 대아라한[24]이, 중앙의 대인 풍로산은 혹은 지로산이라고도 하는데 비로자나부처를 우두머리로 한 1만의 문수보살이 나타나 있었다. 이와 같은 5만이나 되는 보살의 진신께 일일이 예를 올렸다.

매일 새벽이면 문수보살이 진여원,[25] 즉 지금의 상원에 와서 서른여섯 가지 형상으로 변하여 나타났다. 때로는 부처의 얼굴 모양으로 나타나기도 하고, 혹은 보주 모양이 되기도 하며, 어떤 때는 부처의 눈 모습으로도 된다. 또는 부처의 손 모습으로도 되고, 때로는 보탑 모양이 되며, 혹은 수많은 부처의 머리 모양으로, 혹은 만 가지 등 모양으로도 된다. 때로는 금으로 된 다리 모양이 되고, 또는 금으로 된 북 모양으로 되기도 하며, 혹은 금종 모양, 또는 신통 모양, 또는 금으로 된 누각 모습이 되기도 한다. 또 금륜형 모양, 혹은 금강저[26] 모양, 혹은 금으로 된 항아리 모양, 혹은 금비녀 모양, 혹은 오색 광명 모양, 혹은 오색 원광 모양, 혹은 길상초 모양, 혹은 푸른 연꽃 모양, 혹은 금전[27]〔祇圓精寺〕 모양, 혹은 은전[28]〔사찰 또는 전각〕 모양, 혹은 부처의 발 모양, 혹은 번개 모양, 혹은 여래가 솟아오르는 모양, 혹은 지신(地神)이 솟아오르는 모양으로도 되었다.

24) 대아라한(大阿羅漢) : 아라한 중 나이가 많고 덕이 높은 분. 아라한은 산스크리트어 Arhān의 음역으로 소승불교에서 인간이 수행을 통해 도달할 수 있는 최고의 경지.
25) 진여원(眞如院) : 강원도 평창군 진부면에 있는 지금의 상원사로 그 이전의 건물들은 불타고 1946년에 건립한 청량선원과 통일신라시대의 동종과 문수동자상이 유명.

청량선원

청량선원 내에 안치된 문수동자상

一日同上五峰瞻禮次. 東臺滿月山. 有一萬觀音眞身現在. 南臺騏驎山. 八大菩薩爲首一萬地藏. 西臺長嶺山. 無量壽如來爲首一萬大勢至. 北臺象王山. 釋迦如來爲首五百大阿羅漢. 中臺風盧山亦名地盧山. 毗盧遮那爲首一萬文殊. 如是五萬眞身一一瞻禮.

每日寅朝. 文殊大聖到眞如院・今上院. 變現三十六種形. 或時現佛面形. 或作寶珠形. 或作佛眼形. 或作佛手形. 或作寶塔形. 或萬佛頭形. 或作萬燈形. 或作金撟形. 或作金鼓形. 或作金鍾形. 或作神通形. 或作金樓形. 或作金輪形. 或作金剛柝形. 或作金甕形. 或作金鈿形. 或五色光明形. 或五色圓光形. 或吉祥草形. 或靑蓮花形. 或作金田形. 或作銀田形. 或作佛足形. 或作雷電形. 或※來湧出形. 或地神湧出形.

峰 : 봉우리 봉
瞻 : 우러러볼 첨
騏 : 기린 기
驎 : 기린 린
藏 : 감출 장
盧 : 검은빛 로
毗 : 도울 비
寅 : 인시(새벽 3~5시) 인
眼 : 눈 안
燈 : 등잔 등
撟 : 橋의 오기
撟 : 바로잡을 교
鼓 : 북 고
柝 : 杵(절구공이 저)의 오기
甕 : 항아리 옹
鈿 : 비녀 전
※ : 如의 결락

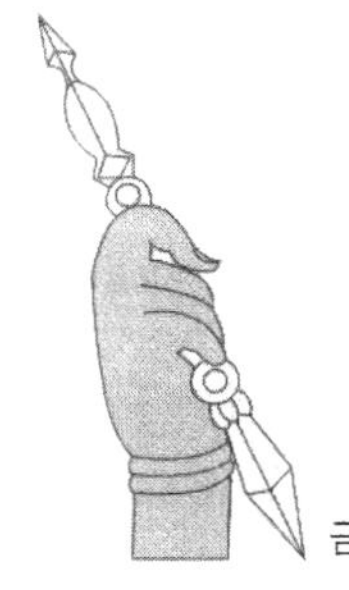
금강저

26) 금강저(金剛杵) : 스님들이 수법(修法)할 때 쓰는 도구의 하나. 쇠나 돌로 만들고 그 양끝을 동일하게 만듦. 금강저는 본래 인도 재래의 무기로 불퇴전의 보리심을 상징.

27) 금전(金田) : 기원정사를 의미. 석가모니가 소속되어 있던 코살라왕국 즉 사위국(舍衛國)의 급고독(給孤獨) 대부호 수달(須達)이 가람을 짓기 위해 기타(祇陀)태자의 숲〔祇樹〕에 금을 깔고 그 금으로 기타에게 땅을 사려 함. 그러자 기타가 땅을 부처님께 바치고 그 금으로 정사(精舍)를 건립하니 이것이 기원정사(祇園精舍)임. 이 고사에서 금전은 절의 별칭이 됨.

기원정사
(촬영 이난희)

혹은 금으로 된 봉황 모양, 혹은 금으로 된 까마귀 모양, 혹은 말이 낳은 사자 모양, 혹은 닭이 낳은 봉황 모양, 혹은 청룡 모양, 혹은 흰 코끼리 모양, 혹은 까치 모양, 혹은 소가 낳은 사자 모양, 혹은 놀고 있는 돼지 모양, 혹은 푸른 뱀 모양 등으로 나타났다.

두 태자가 매일 골짜기의 물을 길어와 차를 달여 올리고 밤이 되면 각자 암자에서 수도하였다. 이때 정신왕의 아우가 왕과 왕위를 다투자 나라 사람들이 왕을 폐위시키고 장군 네 사람을 산으로 보내 두 태자를 맞아오게 하였다. 먼저 효명암 앞에 와서 만세를 부르니, 이때 오색구름이 7일 동안 드리워 덮여 있었다. 나라 사람들이 그 구름을 찾아 마침내 여기에 이르러 임금의 의장을 벌여서 열을 짓고 두 태자를 맞이하러 가니 보천이 울면서 이를 사양했다. 이에 효명을 받들어 모시고 돌아와서 왕위에 오르게 했다. 나라를 다스린 지 몇 해 뒤인(〔기〕에 쓰여 있기는 왕위에 오른 지 20여 년이라 했다. 아마 죽을 때 나이가 26세였다는 것이 잘못 전해진 것이다. 왕위에 있었던 것은 단지 10년뿐이다. 또 신문왕의 아우와 왕위를 다투던 일은 〔국사〕에 없으므로 자세히 알 수 없다.) 신룡 원년(바로 당나라 중종이 다시 왕위에 오른 해로서 성덕왕이 왕위에 오른 지 4년 되는 해이다.) 을사(705) 3월 초나흘에 비로소 진여원을 고쳐 지었다. 대왕이 모든 신하들을 친히 거느리고 이 산에 와서 불전과 불당을 세우고 아울러 문수보살의 소상을 만들어 불당에 모셨으며 지식 · 영변 등 다섯 명으로 하여금 『화엄경』을 계속 읽도록 했다. 그리고 화엄사를 결사하고 여러 해 동안 그 비용을 대었으며 해마다 봄가을이면 이 산에서 가까운 고을의 창고에서 벼 1백 석과 맑은 기름 한 섬씩 바치는 것을 규칙으로 삼았다.

진여원에서 서쪽으로 6천 보를 지나 모니점과 고이현 밖에 이르기까지의 땔나무를 채취하는 땅 15결과 밤나무 밭 6결과 위토전(位土田) 2결을 주어 여기에다 농장의 막사를 세웠다. 보천은 언제나 영험이 있는 골짜기의 물을 길어 먹었다. 그래서 만년에는 육신이 허공을 날아서 유사강[29] 밖에 있는 울진국 장천굴에 머물러 있으면서 수구다라니경[30] 외우는 것을 하루의 일과로 삼았다. 장천굴의 신이 몸을 나타내 말하기를 "나는 이 굴의 신이 된 지 2천 년이 되었지만 오늘에야 처음으로 수구다라니경의 진리를 들었습니다"라 하면서 보살계 받기를 청했다. 계를 받고 나자 그 이튿날 굴 또한 형체가 없어져 버렸다.

28) 은전(銀田) : 은지(銀地)라고도 하는바 불법을 닦는 장소인 도량(道場)의 통칭.
29) 유사강(流沙江) : 경북 영해에 유사정(流沙亭)이 있으므로 유사강도 그곳에 있을 것으로 추정.

或作金鳳形. 或作金烏形. 或馬産師子形. 或雞産鳳形. 或作青龍形. 或作白象形. 或作鵲烏形. 或牛産師子形. 或作遊猪形. 或作青蛇形.

二公每汲洞中水. 煎茶獻供. 至夜各庵修道. 淨神王之弟與王爭位. 國人廢之. 遣將軍四人到山迎之. 先到孝明庵前呼萬歲. 時有五色雲・七日垂覆. 國人尋雲而畢至. 排列鹵薄. 將邀兩太子而歸. 寶川哭泣以辭. 乃奉孝明歸即位. 理國有年.(記云. 在位二十餘年. 盖崩年壽二十六之訛也. 在位但十年尒. 又神文之弟爭位事國史無文. 未詳.) 以神龍元年(乃唐中宗復位之年. 聖德王即位四年也.)乙巳三月初四日. 始改創眞如院. 大王親率百寮到山. 營搆殿堂. 幷塑泥像文殊大聖安于堂中. 以知識靈卞等五員. 長轉華嚴經. 仍結爲華嚴社. 長年供費. 每歲春秋. 各給近山州縣倉租一百石・淨油一石. 以爲恒規.

自院西行六千步・至牟尼岾・古伊峴外. 柴地十五結・栗枝六結・坐位二結. 創置莊舍焉. 寶川常汲服其靈洞之水. 故晩年肉身飛空. 到流沙江外・蔚珎國掌天窟停止. 誦隨求陁羅尼. 日夕爲課. 窟神現身白云. 我爲窟神巳二千年. 今日始聞隨求眞詮. 請受菩薩戒. 旣受巳. 翌日窟亦無形.

師 : 獅의 오기
鵲 : 까치 작
師 : 獅의 오기
猪 : 돼지 저
蛇 : 뱀 사
汲 : 물길을 급
煎 : 끓일 전
畢 : 다할 필
排 : 벌여놓을 배
鹵 : 천자의장 로
薄 : 簿의 오기
簿 : 천자가타는수레 부
鹵簿 : 천자가 거동할 때의 행렬
理 : 治의 避諱代字

尒 : 爾의 약체자
薄 : 문서 부
搆 : 얽어맬 구
幷 : 아우를 병
卞 : 법 변
轉 : 돌릴 전
社 : 단체 사
石 : 120근 석

牟 : 클 모
岾 : 고개 점
峴 : 고개 현
柴 : 땔나무 신
窟 : 구멍 굴
珎 : 珍의 약체자
白 : 아뢸 백
巳 : 已의 오기
詮 : 법 전
巳 : 已의 오기

30) 수구다라니경〔隨求陁羅尼〕: 당나라 불공(不空)이 번역한 다라니. 파계비구가 병이 들었을 때 바라문이 신주(神呪)를 써서 병든 승려의 머리에 매면 죽어서 지옥에 가나 신주의 공덕에 의해 지옥의 고통을 면하고 도리천에 태어난다는 내용.

보천이 놀라고 이상히 여겨서 20일 동안 머물렀다가 오대산 신성굴로 돌아왔다. 그러고는 50년 동안 참된 수도에 정진하니 도리천의 신이 삼시(三時)로 불법을 듣고, 정거천[31]의 무리들이 차를 달여 바치고 40명의 성인이 허공에 열 자나 날아 올라 언제나 호위했다. 그가 가지고 있던 지팡이가 하루에 세 번 소리를 내면서 방 주위를 세 바퀴씩 돌아다니므로 이것으로 쇠북과 경쇠로 삼아 시간에 맞추어 수업했다.

문수보살이 때로는 보천의 이마에 물을 부어주는 의식으로 성도기별[32]을 주기도 했다. 보천이 세상을 떠나는 날, 후에 이 산중에서 시행할 행사로서 국가에 도움이 될 일들을 기록하여 남겨 놓았는데 거기에 다음과 같이 씌어져 있다.

「이 산은 바로 백두산의 큰 줄기로서 각 대에는 보살의 진신이 상주하고 있다. 청색방위인 동쪽 대의 북쪽 귀퉁이 아래, 북쪽 대의 남쪽 기슭 끝에 마땅히 관음방을 설치하여 원만하신 모습의 관음보살상과 푸른 바탕에 1만의 관음보살상을 그려 모시도록 하라. 법력이 높은 승려 다섯 명으로 하여금 낮에는 여덟 권의 『금경』과 『인왕반야경』과 『천수다라니』[33]를 읽고 밤에는 『관음예참』을 외우게 하며 그곳을 원통사[34]로 하라.

적색방위인 남대 남쪽면에는 지장방을 설치하여 원만한 모습의 지장보살과 붉은 바탕에 8대보살을 우두머리로 한 1만의 지장보살을 그려 모시도록 하라. 법력이 높은 승려 다섯 명으로 하여금 낮에는 『지장경』[35]과 『금강반야경』[36]을 읽고 밤에는 『점찰경』 예참을 외우게 하며 그곳을 금강사[37]라 하라.

31) 정거천(淨居天) : 성인이 산다는 5종류의 천국.
32) 기별(記莂) : 부처님이 제자에게 미래에 성불할 것을 낱낱이 구별하여 예언하는 것.
33) 천수다라니 : 탑상편 대산오만진신 조 천수경 개요 참조.
34) 원통사(圓通社) : 원통은 관음의 별칭. 지금의 오대산 동대에는 1970년대 초에 중창된 관음암이 있음.
35) 지장경(地藏經) · 36) 금강반야경〔金剛般若〕: 탑상편 대산오만진신 조 지장경 및 금강경 개요 참조.

寶川驚異. 留二十日乃還五臺山神聖窟. 又修眞五十年. 忉利天神三時聽法. 淨居天衆烹茶供獻. 四十聖騰空十尺. 常時護衛. 所持錫杖一日三時作聲. 遶房三匝. 用此爲鍾磬. 隨時修業.

文殊或灌水寶川頂. 爲授成道記莂. 川將圓寂之日. 留記後來山中所行輔益邦家之事云.

烹 : 삶을 팽
騰 : 오를 등
遶 : 두를 요
磬 : 경쇠 경
匝 : 돌 잡
灌 : 물댈 관
莂 : 중의글 별
寂 : 고요할 적

此山乃白頭山之大脉. 各臺眞身常住之地. 青在東臺北角下・北臺南麓之末. 宜置觀音房. 安圓像觀音・及青地畫一万觀音像. 福田五員. 晝讀八卷金經・仁王・般若・千手呪. 夜念觀音礼懺. 称名圓通社.

赤任南臺南面. 置地藏房. 安圓像地藏・及赤地畫八大菩薩爲首一萬地藏像. 福田五員. 晝讀地藏經・金剛般若. 夜※察禮懺. 稱金剛社.

脉 : 줄기 맥
麓 : 산기슭 록
懺 : 뉘우칠 참
称 : 稱의 약체자
任 : 在의 오기
※ : 占의 결락

37) 금강사(金剛社) : 지금의 오대산 남대에는 1995년에 중창된 지장암이 있음. 원래는 기린산 정상 가까이 있었으나 조선조 말에 지금의 자리에 터를 잡음.
38) 법화경〔法華〕: 탑상편 사불산 굴불사 만불산 조 법화경 개요 참조.
39) 아미타경〔弥陁〕: 탑상편 남백월 이성 노힐부득 달달박박 조 정토삼부경 참조.
40) 나한당(羅漢堂) : 나한을 응진(應眞)이라고도 부르며 부처님의 제자들인 나한을 모신 전각. 나한당에 지금은 미륵암이 있음.
41) 불보은경(佛報恩經) : 부처님이 일찍이 부모의 은혜를 갚은 사실을 기록한 것.
42) 열반경(涅槃經) : 탑상편 고구려 영탑사 조 열반경 개요 참조.
43) 화엄경(華嚴經) : 의해편 의상전교 조 화엄사상의 개요 참조.

백색방위인 서대의 남쪽 면에는 미타방을 설치하여 원만하신 모습의 무량수여래와 흰 색 바탕에 무량수여래를 우두머리로 1만의 대세지보살을 그려 모시도록 하라. 법력이 높은 승려 다섯 명으로 하여금 낮에는 여덟 권의 『법화경』[38]을 읽고 밤에는 『아미타경』[39] 예참을 외우게 하며 그곳을 수정사라 하라.

흑색방위인 북대의 남면에는 나한당[40]을 설치하고 원만하신 석가여래상과 검은 바탕에 석가여래를 우두머리로 5백 나한을 그려 모시도록 하라. 법력이 높은 승려 다섯 명으로 하여금 낮에는 『불보은경』[41]과 『열반경』[42]을 읽도록 하고 밤에는 『열반경』 예참을 외우게 하며 그곳을 백련사라 하라.

황색방위인 중대의 진여원에는 가운데에 문수보살과 부동명왕의 소상을 모시고 뒷벽에는 황색 바탕에 비로자나불을 우두머리로 한 서른여섯 가지로 변화하는 형상을 그려서 모시도록 하라. 법력 있는 승려 다섯 분으로 하여금 낮에는 『화엄경』[43]과 『육백반야경』[44]을 읽고 밤에는 「문수예참」을 외우게 하며 그곳을 화엄사[45]로 하라.

보천암을 고쳐 화장사라 하고 원만하신 모습의 비로자나삼존과 『대장경』을 모셔라. 법력 있는 승려 다섯 분으로 하여금 오랫동안 『대장경』을 읽고 밤에는 『화엄신중』[46]을 외우게 하라. 해마다 1백일 동안 화엄회를 베풀고 그곳을 법륜사라 하라. 이 화장사를 오대사의 본사로 삼아 굳게 지키도록 하라. 행실이 깨끗하고 법력이 높은 승려로 하여금 경건하게 길이 공양을 하게 하면 국왕이 천추를 누릴 것이며 백성이 평안할 것이고 문무가 모두 화평하며 온갖 곡식이 풍성할 것이다.

또 하원에 문수갑사[47]를 더 배치하여 결사의 본산으로 삼고 법력 있는 승려 일곱 분으로 하여금 밤낮으로 항상 「화엄신중」의 예참을 행하게 할 것이다. 이상 승려 37명이 재에 쓰는 비용과 의복의 비용은 하서부의 도내 여덟 고을의 조세로써 네 가지의 일에 들어가는 자금으로 충당할 것이다. 이렇게 대대의 임금이 잊지 않고 받들어 행한다면 다행한 일이겠다.」

44) 육백반야경〔六白般若〕: 지혜를 의미하는 반야(般若)를 설명한 여러 경전을 집성한 것.
45) 화엄사(華嚴社) : 진여원으로 지금의 상원사.
46) 화엄신중(華嚴神衆) : 『화엄경』에 나오는 신중(神衆).
47) 문수갑사(文殊岬寺) : 오대산에 있었던 절.

曰方西臺南面. 置弥陁房. 安圓像無量壽·反白地畫無量壽如來爲首一萬大勢至. 福田五員. 晝讀八卷法華. 夜念弥陁禮懺. 稱水精社.

曰 : 白의 오기
反 : 及의 오기

黑地北臺南面. 置羅漢堂. 安圓像釋迦·及黑地畫釋迦如來爲首五百羅漢. 福田五員. 晝讀佛報恩經·涅槃經. 夜念涅槃禮懺. 稱白蓮社.

黃處中臺·眞※院. 中安泥像文殊不動. 後壁安黃地畫毗盧遮那爲首三十六化形. 福田五員. 晝讀華嚴經·六百般若. 夜念文殊禮懺. 稱華嚴社.

寶川庵改創華藏寺. 安圓像毗盧遮那三尊及大藏經. 福田五員. 長門藏經. 夜念華嚴神衆. 每年設華嚴會一百日. 稱名法輪社. 以此華藏寺爲五臺社之本寺. 堅固護持. 命淨行福田. 鎭長香火. 則國王千秋. 人民安泰. 文虎和平. 百穀豊穰矣.

※ : 如의 결락
晝 : 낮 주
門 : 閱(열람할 열)의 오기인 듯
鎭 : 무거울 진
虎 : 고려 혜종의 이름 武의 避諱代字
穰 : 풍년 양
排 : 벌여놓을 배
岬 : 산기슭 갑
遵 : 지킬 준

又加排下院文殊岬寺爲社之都會. 福田七員. 晝夜常行華嚴神衆禮懺. 上件三十七員齋料衣費. 以河西府道內八州之稅. 充爲四事之資. 代代君王. 不忘遵行幸矣.

대산 오만진신 조의 구성과 의미

1. 자장이 화엄신앙을 오대산신앙으로 수용

자장이 중국에서 돌아올 때 신라의 당면 과제는 두 가지였다. 첫째는 사상적인 문제로 불교와 토착신앙인 샤먼과의 대립이었으며, 둘째는 정치·사회적인 문제로 국가간·계층간 대립이었다. 자장은 이러한 대립을 해소하기 위해서 통합의 원리를 내포한 화엄사상을 도입하여 오대산신앙으로 수용하였다.

중국에서 시작된 오대산신앙의 교학적 근거는 『화엄경』 보살주품처에 「동북방의 청량산에는 옛날부터 모든 보살이 거주하고 있었는데, 현재는 문수사리보살이 1만의 권속들과 함께 살면서 그들을 위해 항상 설법하고 있다.」라 한 것과 밀교 경전인 『문수사리법보장다라니경(文殊師利法寶藏多羅尼經)』에 「그때 세존께서 금강밀적주보살에게 말하기를 내가 멸도한 후에 이 염부주 동북면에 대진나국이라는 나라가 있고 그 나라 안에 오정(五頂)이라는 산이 있으니, 문수사리동자가 유행 거주하면서 모든 중생을 위하여 설법한다.」라고 한 교설에 그 뿌리를 두고 있다. 즉 현교(顯敎)의 청량산과 밀교(密敎)의 五頂(오정 : 오대산)의 융합으로부터 오대산신앙이 출발한다.

자장이 중국에서 화엄의 설주인 문수보살을 만났을 때 오대산에 문수보살이 있으니 만나보라고 했다고 하였다. 이것은 자장이 화엄밀교에 의해 신라의 현안이었던 사상적 · 정치적 대립을 통합하려는 의도일 것이다. 그 뒤 자장은 문수보살을 만나기도 하나 최후에는 자신의 분별심으로 인해 문수보살은 떠나가고 자장은 입적하게 된다. 그 의미는 자장에 의해 오대산신앙이 도입되기는 하나 크게 발전하거나 정착되지 못하고 정신대왕과 그 두 태자인 보천과 효명에 의해 발전되었다는 것으로 추정된다.

2. 보천에 의한 오대산신앙의 사회적 전개

오대산신앙이란 현교인 화엄과 밀교가 융합한 화엄밀교사상이다. 서윤길의 『한국밀교 사상사연구』에서 「중앙에 비로자나와 문수보살을 모시고 이를 중심으로 사방불(四方佛)이 배치되고 있다. 뿐만 아니라 그에 상응되는 경전과 참법(懺法)이 주야로 구분되어 정연한 일대 만다라를 형성하고 있다. 이러한 체계 정비가 보천 대에 와서 이루어진 것인데 이 오대산은 공간적으로 5방(동 · 서 · 남 · 북 · 중앙)」에 상하(上院 · 下院)를 연결하여 전 우주를 상징하고 시간적으로는 그 우주의 핵에 법신비로자나불을 안치하여 영원을 상징하고 있다. ……특히 복전(福田)의 三十七員은 금강계만다라의 三十七尊을 상징한 것으로 보인다.」라 했다.

대산 오만진신 조의 만다라에서 사방불의 배치는 금강계 밀교와 다르다. 밀교에서는 중앙에 비로자나불, 동쪽에 아축(阿閦)여래, 서쪽에 아미타여래, 남쪽에 보생(寶生)여래, 북쪽에 불공성취(不空成就)여래를 배치하고 있다. 여기서 불공성취여래의 경우 밀교에서는 석가여래와 동체(同體)로 생각하고 있다. 그러나 오대산신앙은 아축여래 대신 관음보살을, 보생여래 대신에 지장보살을 택했다. 이렇게 변화된 것은 그 당시의 교계 형편과 신앙의 태도가 고려

된 듯하다.

서윤길은「당시에 중요시되던 신앙사상들을 화엄의 입장에서 포섭하고 밀교적으로 재정립한 것이 오대산신앙이다. 그 당시 존중되었거나 상당한 세력을 갖고 사회적으로 실천되고 있던 신앙 중에서 관음과 지장신앙은 무시할 수 없었다. 오대산신앙을 처음으로 개진한 자장이 관음상을 조성한 공덕으로 관음신앙이 탄생했고, 화엄학계의 주류였던 의상이 낙산에서 관음도량을 전개시켰다. 또한 신라에서 진평왕대의 원광 이래로 지장신앙의 일환으로 행해졌던 점찰교법이 9세기 초에는 매우 융성했던 일련의 사실들을 감안할 때 관음과 지장이 오대산신앙의 한 위치를 갖게 되었던 것은 당연한 일이다.」라 했다. 오대산신앙의 사방불뿐만 아니라 굴불사지나 칠불암의 사방불이 각기 틀린 것도 그 당시 신앙을 제각기 반영한 것으로 볼 수 있다.

사방불은 만다라의 표현이다. 만다라란 우주의 삼라만상을 한눈으로 통일하여 볼 수 있다. 만다라의 이 같은 원리로 불교와 토착신앙 및 다양한 사회 계층이 통일의 원리에 의해 체계적 수용을 기하는 것이다. 만다라의 또 다른 원리는 우주를 체계적이고도 다양하게 전개하여 보는 것이다. 이것에 의해 다양한 사상과 정치세력의 인정뿐만 아니라 적재적소의 배치와 활용이 가능하다는 것이다.

보천이 나라에 도움이 될 방안을 기록한 연대는 대체로 경덕왕 때이다. 경덕왕 시대는 신라사의 문물 면에서 최전성기를 이루었으나 귀족세력간의 반목으로 사회적인 분열이 일어나던 시기이다. 또 사상적으로는 선불교와 화엄의 대립이 일어나던 때이기도 하다. 이 시기에 보천은 자장계의 화엄사상을 부흥시켜 왕권을 중심으로 사상의 통일을 기하고 대립되는 세력을 일체화하는 방안을 제안하였던 것으로 보인다. 이를 위해 보천은 오대산신앙을 전개해 나갔다고 볼 수 있다.

천수경(千手經) 개요

1. 천수경의 성립과 전래

1-1. 『천수경』이란 千手千眼觀世音菩薩과 관련된 신앙의궤(信仰儀軌)로서 그 핵심은 千手陀羅尼呪임.

● 우리나라에서의 원명 : 千手千眼觀自在菩薩廣大圓滿無碍大悲心大陀羅尼經

1-2. 경전의 성립 : 인도에서 3~7세기경 만들어졌을 것으로 추정.

1-3. 경전의 전래

● 중국 전래 : 당나라 武德(618~626)에게 인도 승려 구다제파(瞿多提婆)가 전한 것으로 추정되며, 658년 가범달마(伽梵達磨)에 의해 번역되기 시작하여 8세기경부터 金剛智 · 不空 등에 의해 『천수경』류 경전들이 대대적으로 번역됨.

● 우리나라의 전래 : 밀교승 명랑(635년 귀국?)과 혜통(665년 귀국?)에 의해 전래되었을 것으로 추측되며, 671년 귀국한 의상에 의해 확산된 것으로 추정.

- 『삼국유사』 탑상편 대산오만진신 條로 본 통일신라의 『천수경』류 유통

· 보천이 울진국 장천굴에 머물러 있으면서 **『隨求陀羅尼』** 외우는 것을 일과로 삼았다. …… 보천이 기록하기를 …… 법력이 높은 승려 다섯 명으로 하여금 …… **『千手呪[천수다라니]』**를 읽고 밤에는 **『觀音禮懺(관음예참)』**을 외우게 하며 그곳을 원통사로 하라.

* **『隨求陀羅尼』** 및 **『千手呪[천수다라니]』**는 『천수경』 중 다라니 부분만을 의미한 듯함.

2. 현행 천수경의 구성

구분	구 성
서론부	• 서두 : 염불을 위한 서두로 4개의 진언으로 됨 • 經題目 提示 : 千手千眼觀自在菩薩廣大圓滿無碍大悲心大陀羅尼
본론부	• 誓願을 세움 : 稽首文 · 十願文과 六向文 · 관세음보살과 아미타불 호칭 • 『천수경』의 핵심인 **神妙章句大陀羅尼** 제시
결론부	• 結界 및 請神 : 본론인 **神妙章句大陀羅尼**를 외운 후 사방을 깨끗하게 하여 삼보와 옹호성중들이 道場에 내려와 우리를 옹호할 것을 기원
添附 眞言	① 죄의 장애를 소멸하기 위한 참회문 ② 관음신앙에 관련된 진언 독송 ③ 발원 및 귀의 ④ 또 다른 의식을 위한 진언

3. 천수경의 주요 내용

3-1. 서론부의 서두 진언

구 분	眞言 및 偈頌 內容
淨口業眞言(입에 의한 업을 깨끗이 하는 참된 말)	修里修里 摩訶修里 修修里 娑婆訶 (깨끗하고 깨끗하다 참으로 깨끗하다. 그렇듯 깨끗하니 원만히 성취되어지이다.)
五方內外安慰諸神眞言(온 시방의 모든 신들을 위로하고자 하는 진언)	나무 사만다 몯다남 옴 도로도로 지미 사바하(일체의 覺者들에게 귀의합니다. 아! 달리소서! 달리소서! 내려오시도다! 신에게 영광을!)
開經偈(경전을 여는 게송)	**無上甚深微妙法**(위 없이 심히 깊은 미묘법이여) **百千萬劫難遭遇**(백천만 겁인들 어찌 만나리) **我今聞見得受持**(내 이제 보고 듣고 받아지니니) **願解如來眞實意**(부처님의 진실한 뜻 알아지이다.)
開法藏眞言(법의 창고를 여는 진언)	옴 아라남 아라다(아! 깊은 진리에 통달하게 함을!)

3-2. 본론부

- **계수문**(稽首文) : 천수천안관음보살이 자비로운 마음으로 중생들의 죄업을 멸하시고 보호하심에 머리 숙여 귀의하며, 다라니를 받아 지녀 깨달음에 이르도록 誓願.
- **十願文**과 **六向文** : 관음보살에게 歸依함과 동시에 중생을 위한 우리의 發願 제시.
  - **十願文** : 大慈悲이신 관음보살에게 귀의하오니, ①일체의 법, ②지혜의 눈, ③중생의 제도, ④훌륭한 방편, ⑤반야의 배, ⑥괴로움의 해결, ⑦持戒와 禪定의 道, ⑧열반의 산, ⑨ 無爲의 집, ⑩부처님 몸과 같이 되기 바라나이다.
  - **六向文** : 내가 ①칼로 만든 산, ②뜨거운 불길, ③지옥, ④아귀의 세계, ⑤아수라의 세계, ⑥ 축생의 세계 등에 이르면 모든 것이 해결되도록 誓願.
- 『천수경』의 핵심인 **神妙章句大陀羅尼** → **열반의 목표 성취를 위해 聖觀自在 찬탄.**

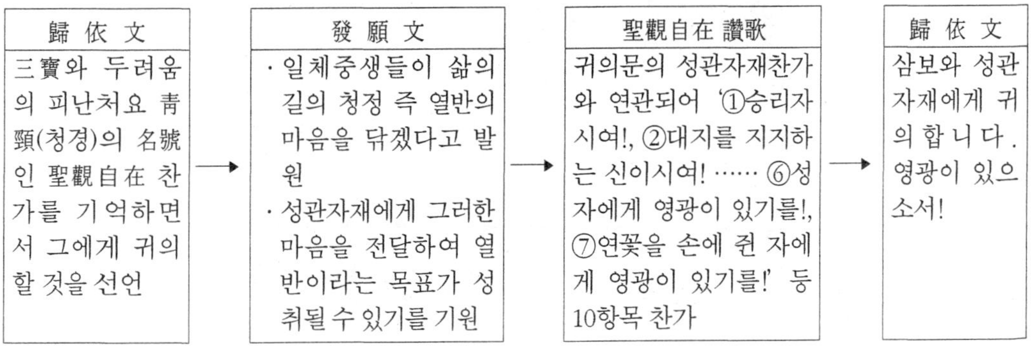

歸依文	→	發願文	→	聖觀自在 讚歌	→	歸依文
三寶와 두려움의 피난처요 青頸(청경)의 名號인 聖觀自在 찬가를 기억하면서 그에게 귀의할 것을 선언	→	· 일체중생들이 삶의 길의 청정 즉 열반의 마음을 닦겠다고 발원 · 성관자재에게 그러한 마음을 전달하여 열반이라는 목표가 성취될 수 있기를 기원	→	귀의문의 성관자재찬가와 연관되어 '①승리자시여!, ②대지를 지지하는 신이시여! …… ⑥성자에게 영광이 있기를!, ⑦연꽃을 손에 쥔 자에게 영광이 있기를!' 등 10항목 찬가	→	삼보와 성관자재에게 귀의합니다. 영광이 있으소서!

3-3. 결론부 : 神妙章句大陀羅尼의 3회 독송으로 형성된 정토에 신들이 내려 옹호해 주기를 기원.

- 결계(結界)와 사방찬(四方讚) : 결계란 정토 형성의 방법을 뜻하며, 사방찬이란 물을 뿌려 동 · 서 · 남 · 북 사방이 청정하여 서방정토와 같이 되었음을 찬탄.
- 청신(請神) 및 도량찬(道場讚) : 다라니를 외움과 함께 깨끗한 물을 뿌려 도량을 청정하게 하였으니, 삼보 및 옹호성중들께서는 이곳 도량에 내리시어 자비로써 호념하여 주시기를 기원하는 게송(偈頌).

3-4. 첨부진언(添附眞言)

- 참회문(懺悔文) : 일체의 죄를 소멸하기 위해 참회하기 위한 偈와 眞言으로 ①참회게(口 · 身 · 意로 생긴 貪 · 嗔 · 癡를 참회), ②懺悔業障十二尊佛(악업을 참회할 12분의 부처님), ③十惡懺悔, ④참회 후의 게송과 진언으로 구성.
- 관음신앙에 관련된 진언 독송 : 청정함을 찬탄하고 귀의하는 准提眞言讚과 歸依准提, '아! 청정하게 되어지이다' 라고 誓願하는 淨法界眞言, '옴 치림' (아! 부처님의 마음은 너무나도 깊습니다.)을 독송하는 護身眞言, '옴 마니 반메 훔' (아! 연꽃의 보주시여 생 · 로 · 병 · 사의 원인이 되는 業을 멸해주소서.)을 독송하는 觀世音菩薩本心微妙六字大明王眞言으로 구성.
- 發願 및 歸依 : 이 신비한 주문을 지녀 독송하고자 하는 자는 크나큰 보리의 마음을 일으켜 일체 중생을 제도할 서원을 세우고, 상주하는 삼보에게 歸依함.
- 또 다른 의식을 위한 진언 : 供養 및 施食을 위한 예비절차용 진언.

〈정각, 『천수경연구』를 참고하여 편집〉

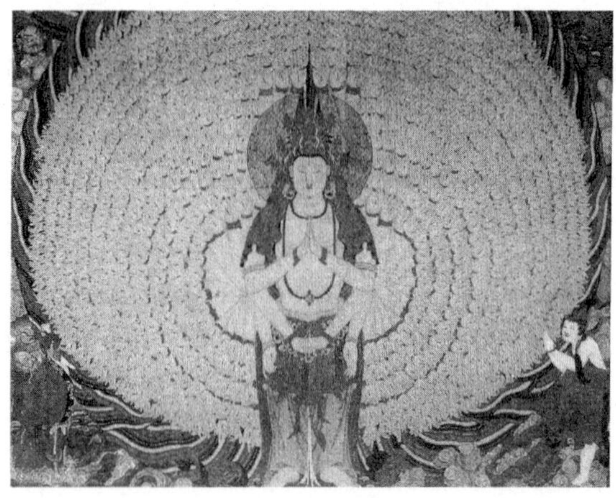

천수천안관음탱화(표충사)

지장경 개요

1. 지장경의 의미와 정신

1-1. **지장**(地藏) : 지장은 산스크리트어 Kṣitigarbha(크쉬티가르바)로 **지지**(持地), **묘동**(妙幢), **무변심**(無邊心)으로 해석됨. 지장(地藏)에서 지(地)는 **대지처럼 흔들림이 없음을 뜻하**고, 장(藏)은 **비밀스럽게 감추고 있다는 뜻**으로 지장(地藏)은 **대지의 깊은 곳에 심오하고 은밀하게 감추어진 보물의 뜻.**

1-2. **지장경**(地藏經) : 지장보살의 서원과 사상을 담고 있는 경전으로 본래의 이름은 당나라의 실차난타(實叉難陀)가 한역한 **지장보살본원경**(地裝菩薩本願經)임.

1-3. 지장보살의 정신

● 사대보살(四大菩薩) 중 지장보살의 위치

관음보살 : 현세의 삶
慈 悲
• 현실의 고통 구제 • 낮과 밝음의 세계 주관

보현보살 : 지혜의 실천
用
• 육체적인 면을 상징 • 오른쪽이며, 낮 • 집 밖의 일을 다스림

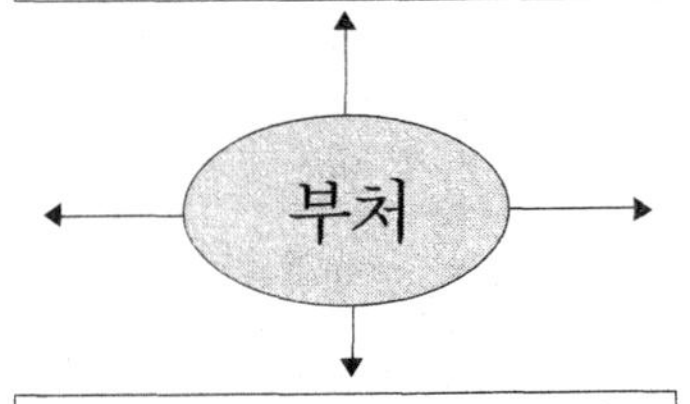

문수보살 : 지혜
體
• 정신적인 면을 상징 • 왼쪽이며, 밤 • 집 안의 일을 다스림

지장보살 : 유명(幽冥)의 삶
願 力
• 죽은 뒤 영혼의 고통 구제 • 밤과 어둠의 세계 주관

● 지장보살의 정신

- 중생들을 모두 구원한 후 깨달음을 이루겠다.
- 지옥이 텅 비지 않으면 결코 성불하지 않겠다.
- 스스로 지옥에 들어가 지옥의 중생들을 구원하겠다.

2. 지장경의 주요 내용

2-1. 『지장경』의 구성

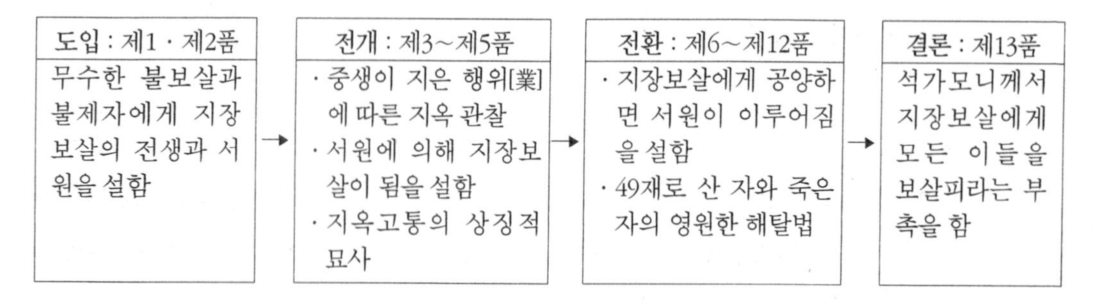

2-2. 주요 내용

● **도입 : 지장보살의 본생담(本生譚)과 서원(誓願)**

- 본생담 1 : 석가모니불께서 문수보살에게 지장보살은 무한한 過去世에 장자의 아들로 태어나 '죄로 지옥에서 고생하는 중생을 해탈하게 하고 나서 성불하겠다' 는 서원으로 보살이 되었다고 말함.
- 본생담 2 : 그 후 지장은 죄를 지어 지옥에 떨어진 바라문의 딸이 되어 무독귀왕(無毒鬼王)의 안내로 지옥을 돌아보면서 어머니를 위해 공양하여 지옥에 있던 죄인들이 구원을 받음. 그러자 바라문의 딸은 '원컨대 저는 미래겁(未來劫)이 다하도록 죄가 있는 중생을 위하여 해탈하게 할 것이다' 라고 서원함으로써 지장보살이 됨.

● **전개 : 지장보살이 석가모니불의 중생구제의 부탁을 받고 지옥에 온 중생들의 業 관찰**

- 지장보살이 마야부인의 물음에 답하기를 '지옥은 일정한 장소에 있는 것이 아니라 스스로 지은 업에 따라 지옥세계를 느낄 때 그것이 지옥이라' 라고 함.
- 지장의 본생담(3 · 4)을 통하여 지장보살이 서원하기를 '남을 위해 자기를 희생하는 것이 지장정신이며, 인간은 윤회를 거듭하므로 모든 여인은 우리의 어머니며, 부부 또는 자매간이니, 지옥이 텅 비지 않으면 성불하지 않겠으며, 자신이 지옥에 들어가지 않으면 누가 지옥에 들어가겠는가?'라 함.
- 지옥의 여러 모습은 죄업에 대한 果報이나, 果報는 고정적인 실체가 있는 것이 아니라 마음으로 지어서 마음이 받는 것에 불과하므로, 地藏精神은 지장보살의 願力으로 지옥의 삶을 극복하여 극락의 삶으로 바꾸는 데 의미가 있음.

● 전환 : 지장보살에게 歸依하여 구원을 받음

- 지장보살에게 귀의 · 공양하면 죄업(罪業)과 고통은 모두 소멸하고 원하는 것이 성취되나 지장보살을 비방하고 헐뜯으면 아비지옥에서 극심한 벌을 받을 것임.
- 임종하는 사람의 귀에 경문과 염불을 들려주면 이 인연으로 죄가 소멸되어 좋은 곳에 태어나게 됨.
- 사람이 죽은 후 염라대왕이 업의 과보를 판정하는 49일 이내에 법문과 염불을 드림으로써 망자가 그 소리를 듣고 지혜가 열리어 좋은 과보를 받게 됨. 또 죽은 사람을 위해 49재를 해주면 죽은 사람의 이로움이 1/7이라면 49재를 해주는 사람은 6/7의 이로움이 있음.
- 한 번의 구제로 영원한 해탈을 얻기 위해서는 끊임없는 수련과 선행 그리고 부처님의 명호(名號)를 외워야 함. 명호는 그 자체 심오한 상징적 의미를 가지고 있으며, 명호를 외운다는 것은 부처의 삶을 사는 것으로 그 순간 순간은 곧 부처님이 되는 것임. 이를 반복하면 실제로 부처가 될 것임.
- 고통은 미혹과 탐욕에 있는데 탐욕은 나라는 관념[我相] 즉 자기에게 집착하기 때문임. 따라서 수행이란 나 자신을 비우는 데서 출발하므로 성불의 기본은 보시(布施)임.

● 결론 : 석가모니불이 지장보살에게 중생들과 천상세계의 神들을 보살피라고 부탁[咐囑]

- 세존께서 게송으로 지장에게 설하기를 '현재와 미래의 천인과 인간들을 내 지금 간절히 그대에게 부촉하노니 大神通力과 방편으로 제도하여 모든 악도에 떨어지지 않게 하라' 고 하니 지장보살이 모든 방편으로 이들을 제도시켜 생사 중에서 해탈을 얻도록 하겠다고 서원함.

〈무비스님, 『지장경 강의』를 참고로 작성〉

지장시왕탱화 중 염라대왕 : 통도사

금강경(金剛經) 개요

1. 개관

1-1. 『금강경』(원 이름은 金剛般若波羅蜜多經)의 의미

다이아몬드처럼 견고하며 날카롭고 빛나는 지혜에 의해서 四相의 집착을 끊어버리고 부처님의 세계인 저 언덕에 도달하게 하는 경전

- **금강**(金剛) : 산스크리트어 원명은 Vajra(바즈라)-cchedikā(쩨디카)로 **다이아몬드**[金剛 : 바즈라]로 **집착을 끊어버린다**(쩨디카)는 의미.
- **반야바라밀다경**(般若波羅蜜多經) : 원광서학 조의 반야심경 참조.

1-2. 『금강경』의 역사적 위치와 종류

- 역사적 위치 : 반야심경 참조.
- 종류 : 한역 금강경은 대체로 6종이 있는데, 구마라집이 402년 번역한 것과 현장법사가 660~663년에 번역한 두 종류가 대표적이며, 역사적으로 유통된 것은 구마라집의 번역 본임.

2. 금강경의 핵심 사상과 구조

2-1. 핵심 사상

- 인식의 주체인 **我**와 주체가 인식하는 **삼라만상**[法]은 실체가 없는 인연[空]에 의함.
- 四相(我相 · 人相 · 衆生相 · 壽者相)의 집착을 끊어 體 · 相 · 用을 갖춘 法身으로 인도.
  - **아상**(我相) : 실체로서의, 혹은 남과 독립된 단독자로서의 나를 상정하는 인식.
  - **인상**(人相) : 내가 인간이라는 자만심, 또는 나와 남이라는 이원적 구분에 의한 차별심.
  - **중생상**(衆生相) : 나는 살아있는 생명체로서 죽어있는 무생물보다 위대하다는 자만심.
  - **수자상**(壽者相) : 수명(壽命)과 복락(福樂)을 갖춘 존재로서의 나에 대한 인식.

2-2. 『금강경』의 구조

● 전체의 구성(정종분의 기승전결은 일반독자의 이해를 돕기 위해 필자가 임의로 구분)

서분[序論部]	정 종 분[本論部]				유통분[結論部]
	도 입[起]	전 개[承]	전 환[轉]	결 론[結]	
제1 · 제2分 경을 설하게 된 경위	제3~제10分 기존 가치관의 부정	제11~제20분 깨달음을 얻는 길	제21~제25분 중생을 제도하는 길	제26~제31분 『금강경』이 펼치는 신세계의 모습	제32분 세존이 경을 칭송하자 대중이 환희하며 信受奉行

● 연기론[世俗諦]과 성기론[勝義諦]적 구조 : 화엄사상 참조.

- **연기론[世俗諦]** : 『금강경』 전체 중 절반의 문장이 **卽非~是名의 구조로 되어 있는바, 卽非**는 '곧 무엇 무엇이 아니다' 라는 의미임. 즉 중생이 인식하는 현상계는 **연기[空]**에 의해 나타나는 허망한 분별상[有爲法]으로, 실체가 없다는 것을 표현한 것.
- 성기론[勝義諦] : **卽非~是名** 중 **是名**은 '~라고 이름하는 것이다' 라는 의미로, 분별이 끊어진 상태에서 산은 산이요, 물은 물인 것처럼 모든 것이 명명백백하게 드러나는 인식현상[無爲法]을 표현한 것. 이것은 승의제 또는 성기론(性起論)으로, 인연이 끊어진 진여의 세계를 뜻함.

3. 금강경의 주요 내용

3-1. 서분(序分) : 사위국(舍衛國) 기수급고독원(祇樹給孤獨園)에서 수보리가 세존에게 불심을 낸 사람은 어떻게 살아야 하며, 어리석은 마음을 어떻게 다스려야 하는가를 여쭙자 세존이 1천 2백여 대중에게 금강경을 설법.

3-2. 정종분(正宗分)

● 도입[起] : 기존 가치관의 부정

- 중생이 해탈하는 것은 四相을 끊고, 우리들 안에 있는 부처를 찾는 것임.
- 우리가 인식하는 萬象의 본질은 空한 것이니 집착하거나 安住하지 말아야 함.
- 깨달으면[法相] 깨달았다는 집착에서도 벗어나야 하며[無法相], 깨달음의 집착에서 벗어났다는 것조차 없어야 함[亦無非法相]. 강을 건너면 뗏목을 짊어지지 않고 버려야 함.
- 성현들은 깨달음의 세계인 無爲眞如로써 현현(顯現)함.

- 깨달음은 금강경[佛法]에서 나왔으나 불법은 고정된 실체가 있는 定法이 아니니, 정해진 불법에 집착하지 않을 때 불법의 반야가 생기게 됨.
- 수다원 · 사다함 · 아나함 · 아라한 · 보살 · 부처는 반야의 현현(顯現)임. 그러므로 깨달음을 얻은 형체가 없으며, 얻었다는 마음의 흔적도 없음. 相對의 개념을 뛰어넘은 不二의 세계.
- 분별에 의한 정토는 연기이므로 장엄하지 않으나, 무분별에 의해 펼쳐지는 청정한 세계인 정토는 장엄이라고 이름할 뿐이니 보살은 마땅히 청정한 마음을 내어야 함.

● **전개[承]** : 깨달음을 얻는 길.
- 다른 사람을 위해 금강경을 설하는 것이 가장 큰 공덕이니, 마음의 문을 열고 부처님과 함께 하기를!
- 언어와 문자로 표현 못하는 무분별의 세계를 굳이 말로 나타내면 금강반야바라밀이나, 깨달음이란 체득으로만 구할 수 있음. 손가락을 보지 말고 저 달을 보라.
- 세존의 전신이 인욕바라밀을 수행하여 四相을 끊고 깨달음을 얻은 것처럼 보살의 길에 들어선 자는 四相을 없애고 어디에도 머무르지 말고 금강경을 受持讀誦하여 지혜를 체득해야 함.
- 보살이 되는 길은 집착이 없어야 하니, 四相의 妄念을 버려야 함. 깨달음도 실체가 없는 인연이므로 깨달음도 없다고 자각할 때 깨달음의 세계로 들어감.
- 妄念만 벗겨내면 어디에도 걸림 없는 금강반야를 갖추어 중생을 교화할 진정한 보살이 됨.

● **전환[轉]** : 중생제도의 길
- 부처의 실체 · 깨달음 · 설법 · 중생 모두가 분별심에 의한 緣起이나, 깨달은 눈으로 보면 설법 · 설법을 듣는 중생은 그 마음 자체에 있음이 여실하게 드러남.
- 說함과 說하여질 것이 아니며, 깨달음을 구할 수도 얻을 것도 없으니, 깨끗한 마음으로 선을 행할 뿐임.
- 남을 위해 금강경을 독송하여 주는 것이 가장 큰 福德임.
- 眞如의 法界에선 중생과 부처가 따로 없으니 四相이 끊어진 상태에서 중생을 제도함.

● **결론[結]** : 금강경이 펼치는 眞如의 세계 모습
- 眞如 法界에 충만한 法身은 형상이 없어 볼 수도 들을 수도 없으니, 일체의 상이 끊어

져 적멸(寂滅)하나, 거기에 집착해도 안 됨.

- 無常 · 無我를 깨달은 사람은 福德을 구하거나 탐하지 않으며, 眞如는 우주에 가득 차 오고 감도 치우침도 없음. 또한 三千大千 세계의 본질은 현상이요, 현상이 본질임.
- 四相을 끊어 구함이 없고 집착함이 없으면 生死가 없는 영원한 세계로 들어갈 수 있음.

3-3. 유통분(流通分) : 세존이 수보리에게 금강경을 다른 사람에게 전해주는 것이 가장 큰 보시라고 말하자, 여러 대중들이 환희심을 내어 금강경의 가르침을 굳게 믿고 받들어 수행함.

세존께 금강경 강설을 청한 수보리 : 석굴암

명주(옛날의 하서부이다.) 오대산 보질도[1] 태자 전기

– 명주 오대산에서 도를 닦은 보질도태자 전기 –

신라 정신왕의 태자 보질도가 그의 아우 효명태자와 함께 하서부에 있는 각간 세헌의 집에 가서 하룻밤을 자고 이튿날 큰 재를 넘었다. 그들은 각기 1천 명을 거느리고 성오평으로 가서 며칠을 유람하다가 태화[2] 원년(648) 8월 5일에 형제가 함께 오대산에 들어가 숨어버렸다. 무리들 가운데 시중들고 호위하던 자들이 샅샅이 찾았으나 만나지 못하고 모두 서울로 돌아왔다.

형인 태자는 오대산 중대의 남쪽 아래에 있는 진여원 터 아래 산 가장자리에 푸른 연꽃이 핀 것을 보고 그곳에 풀을 엮어 암자를 짓고 거처했다. 아우인 효명은 오대산 북대의 남쪽 산 가장자리에 푸른 연꽃이 핀 것을 보고 역시 풀을 엮어 암자를 짓고 거처했다. 두 형제는 예불과 염불로 수행하며 오대[3]에 나아가 삼가 예배를 드리니 푸른색 방위인 동쪽 대의 보름달 모양의 산에는 관음보살의 진신 1만이 항상 머무르고, 붉은색 방위인 남쪽 대의 기린산에는 8대보살을 우두머리로 1만의 지장보살이 항상 머물렀다. 흰색 방위인 서쪽 대의 장령산에는 무량수여래를 우두머리로 1만의 대세지보살이 항상 머무르고 검은색 방위인 북쪽 대의 상왕산에는 석가여래를 우두머리로 5백의 대아라한이 항상 머물렀다. 황색 방위가 차지하고 있는 중앙 대의 풍로산은 한편 지로산이라고도 하는데 비로자나를 우두머리로 1만의 문수보살이 항상 있었다. 진여원 터에는 문수보살이 매일 이른 아침이면 서른여섯 가지 형상(서른여섯 가지 형상은 「대산 오만 진신전」에 기재되어 있다.)으로 변화하여 현신하니 두 태자가 함께 예배했다. 매일 아침 일찍 골짜기의 물을 길러 차를 달여 1만의 문수보살 진신에 공양했다.

1) 보질도(寶叱徒) : 보천(寶川)의 이칭(異稱).
 • 질(叱) : 연사(連辭 : 말을 연결해 주는 조사).
 • 도(徒) : 천(川)의 훈(訓)과 동일한 내.
 * 도(徒)의 뜻 내는 현대어 우리네 · 그네의 네가 그 유흔(遺痕). 〈양주동 · 미시나〔三品〕〉
2) 태화(太和) : 이 연대는 잘못 되었음. 탑상편 대산오만진신 조 참조.
3) 오대(五臺) : 오대산의 중대 · 남대 · 북대 · 동대 · 서대의 오대를 말함.

溟州(古河西府也.) 五臺山 寶叱徒 太子傳記

新羅淨神太子寶叱徒. 與弟孝明太子. 到河西府世獻角干家一宿. 翌日踰大嶺. 各領一千人到省烏坪. 累日遊翫. 大和元年八月五日. 兄弟同隱入五臺山. 徒中侍衛等推覓不得. 並皆還國.

兄太子見中臺南下眞如院基下山末靑蓮開. 其地結草菴而居. 弟孝明見北臺南山末靑蓮開. 亦結草菴而居. 兄弟二人禮念修行. 五臺進敬禮拜. 靑在東臺滿月形山. 觀音眞身一萬常住. ※南臺騏麟山. 八大菩薩爲首一萬地藏菩薩常住. 白方西臺長嶺山. 無量壽如來爲首一萬大勢至菩薩常住. 黑掌比臺相王山. 釋迦如來爲首五百大阿羅漢常住. 黃處中臺風爐山・亦名地爐山. 毗盧遮那爲首一萬文殊常住. 眞如院地. 文殊大聖. 每日寅朝化現三十六形.(三十六形見臺山五萬眞身傳.) 兩太子並禮拜. 每日早朝汲于洞水. 煎茶供養一萬眞身文殊.

叱 : 꾸짖을 질
傳 : 傳의 오기
傅 : 스승 부
翌 : 다음 익
踰 : 넘을 유
翫 : 구경할 완
大 : 太의 오기
基 : 堪(터 기)와 통용
菴 : 암자 암
※ : 赤在의 결락
騏 : 기린 기
麟 : 기린 린
掌 : 맡을 장
比 : 北의 오기
爐 : 풍로 로
毗 : 밝을 비
盧 : 검은빛 로
寅 : 인시(새벽 3~5시) 인
煎 : 차달일 전

현존하는 동종 가운데 가장 오래된
오대산 상원사동종

정신왕의 태자이며 아우인 부군[4]이 신라에서 왕위를 다투다가 죽임을 당하자 나라 사람들이 장군 네 명을 보냈다. 그들이 오대산으로 가서 효명태자 앞에서 만세를 부르니 즉시 오색구름이 오대산으로부터 신라의 서울까지 뻗쳐 7일 밤낮 동안 광명이 떠돌았다. 나라 사람들이 빛을 찾아 오대산으로 가서 두 태자를 모시고 서울로 돌아가려 했으나 보질도태자가 울면서 돌아가지 않으므로 효명태자를 모시고 서울로 돌아와 왕위에 오르게 했다. 왕위에 있은 지 10여 년[5]인 신룡[6] 원년(705) 3월 8일에 진여원을 처음 세웠다.(라고 한다.)

보질도태자는 골짜기의 영험한 물[7]을 항상 마시더니 육신이 허공으로 올라가 유사강에 도착하여 울진대국에 있는 장천굴에 들어가 도를 닦다가, 다시 오대산 신성굴에 돌아와 50년 동안이나 도를 닦았다.(라고 한다.) 오대산은 백두산의 큰 줄기로서 각 대에는 진신이 항상 머무르고 있다.(라고 한다.)

4) 부군(副君) : 상대등으로 추정.
5) 10여 년〔二十餘年〕 : 원문의 二十餘年은 十餘年의 오기. 효소왕은 재위기간이 10년임.
6) 신룡(神龍) : 당나라 중종의 연호(705~706).
7) 골짜기의 영험한 물〔于洞靈水〕 : 지금의 오대산의 서대 염불암 부근에 있는 우통수(于筒水)로 추정.

한강의 발원지로 알려지기도 한 우통수

淨神太子弟副君. 在新羅. 爭位誅滅. 國人遣將軍四人. 到五臺山. 孝明太子前呼萬歲. 卽是有五色雲. 自五臺至新羅. 七日七夜浮光. 國人尋光到五臺. 欲陪兩太子還國. 寶叱徒太子涕泣不歸. 陪孝明太子・歸國卽位. 在位二十餘年. 神龍元年三月八日始開眞如院.(云云.)

國 : 고향 국　陪 : 모실 배
二十 : 十의 오기

寶叱徒太子常服于洞靈水. 肉身登空. 到流沙江. 入蔚珎大國掌天窟修道. 還至五臺神聖窟. 五十年修道.(云云.) 五臺山是白頭山大根脈. 各臺眞身常住.(云云.)

服 : 마실 복　珎 : 珍의 略體字
脈 : 脈(줄기 맥)의 속자

보질도[寶川] 태자 당시의 정세

31대 신문왕(681~691)은 665년 세자 책봉을 받고 소판 김흠돌의 딸과 결혼한 후 681년 8월에 왕으로 등극하였다. 김흠돌의 반란(681) 이후 신문왕은 왕비를 폐하고 김흠운의 딸을 왕비[神穆王后]로 삼았다. 신문왕의 사후 신목왕후 소생의 아들을 왕으로 모시니 그가 효소왕(692~702)이다. 오대산의 도량불사(道場佛事)의 주인공들인 보천과 효명은 신문왕의 전비인 김흠돌의 딸의 소생들이다. 효소왕은 보천과 효명태자를 옹호하는 오대산 세력과의 왕위 쟁탈 싸움의 휴유증으로 702년 병사하게 되는데 이때 33대 신라왕으로 등극하게 되는 분이 다름 아닌 효명태자 곧 성덕왕이다. 밀교종파 총지종의 개종자 혜통은 김흠돌의 난을 진압한 공적으로 효소왕의 즉위와 함께 국사로 추대된 것이라 생각한다.

〈서윤길, 『밀교의 수용과 그것의 한국적 전개』〉

대산 월정사 오류성중[1]

– 오대산 월정사의 다섯 성자 –

절에 전해오는 옛 기록을 살펴보면 자장법사가 처음 오대산에 와서 진신을 친견하고자 이 산 기슭에 움집을 짓고 머물렀다. 7일이 되어도 나타나지 않아서 묘범산으로 가서 정암사를 세웠다.

그 후에 신효거사란 사람이 있었는데, 혹은 유동보살[2]의 화신이라고도 한다. 그의 집은 공주에 있었는데 어머니 봉양을 지극히 효성스럽게 했다. 어머니가 고기가 없으면 식사를 하지 않으므로 거사가 고기를 구하러 산과 들로 돌아다니다가 길에서 학 다섯 마리를 보고 활을 쏘았더니 그중 한 마리가 깃 하나를 떨어뜨리고 날아갔다. 거사가 그 깃을 주워 눈을 가리고 사람을 보았더니 사람이 모두 짐승으로 보여서 고기를 얻지 못하고 자기의 넓적다리 살을 베어 어머니께 드렸다.

그 후에 그는 승려가 되어 그의 집을 희사하여 절을 만들었으니 지금의 효가원[3]이다. 거사가 경주 땅에서 하솔[4]로 가서 (깃으로) 사람들을 보니 모두 사람의 형상으로 보였다. 그래서 그곳에 머물러 살 마음이 생겨 길에서 나이 많은 아낙을 보고 어디가 살 만한 곳인가 물었다. 아낙이 대답하기를 "서쪽 고개를 넘으면 북쪽으로 향한 골짜기가 있는데 그곳이 살 만한 곳입니다"라 하고 말을 마치자 간 곳이 없었다. 거사는 그 말이 관음보살의 가르침임을 알고 곧 성오평을 지나 자장이 처음 움집을 지었던 곳에 머물렀더니 문득 다섯 명의 승려가 와서 말하기를 "그대가 가지고 온 가사 한 폭은 지금 어디에 있는가?"라 했다. 거사가 어리둥절해 하자, 승려가 말하기를 "그대가 쥐고서 사람을 보는 깃이 바로 가사이다"라 하였다. 거사가 즉시 내어주자 승려는 곧 깃을 가사의 폭이 찢어진 곳에 가져다 대었는데 꼭 맞았다. 그것은 깃이 아니라 바로 베였다. 거사는 다섯 명의 승려와 작별하고 나서야 비로소 그들이 다섯 분 성자들의 화신임을 알았다.

1) 오류성중(五類聖衆) : 탑상편의 대산오만진신 조와 명주 오대산 보질도 태자전기 조에 등장하는 관음보살 · 지장보살 · 대세지보살 · 5백 나한 · 문수보살을 의미하는 듯함.

臺山月精寺 五類聖衆

按寺中所傳古記云. 慈藏法師初至五臺. 欲覩眞身. 於山麓結茅而住. 七日不見. 而到妙梵山創淨岩寺.

覩 : 볼 도
麓 : 산기슭 록
遮 : 가릴 차
割 : 가를 할
股 : 넓적다리 고

後有信孝居士者. 或云幼童菩薩化身. 家在公州. 養母純孝. 母非肉不食. 士求肉出行山野. 路見五鶴射之. 有一鶴落一羽而去. 士執其羽. 遮眼而見人. 人皆是畜生. 故不得肉. 而因割股肉進母.

後乃出家. 捨其家爲寺. 今爲孝家院. 士自慶州界至河率. 見人多是人形. 因有居住之志. 路見老婦. 問可住處. 婦云過西嶺有北向洞可居. 言訖不現. 士知觀音所教. 因過省烏坪. 入慈藏初結茅處而住. 俄有五比丘到云. 汝之持來袈裟一幅今何在. 士茫然. 比丘云. 汝所執見人之羽是也. 士乃出呈. 比丘乃置羽於袈裟闕幅中相合. 而非羽乃布也. 士與五比丘別. 後方知是五類聖衆化身也.

捨 : 베풀 사
訖 : 마칠 글
幅 : 옷감너비 폭
茫 : 망망할 망
呈 : 드릴 정
闕 : 결핍할 궐

2) 유동보살(幼童菩薩) : 유동보살에 관한 학설.

내　　용	주장학자, 『저서』
석가모니가 전세에 보살로서 연등불에 공양하던 때의 이름	조명기 등, 『불교대사전』
문수보살 : 문수는 지혜 제일로, 지혜는 동자의 청순한 특성을 가지므로 동자상으로 표현	미시나〔三品〕, 『三國遺事考證』

3) 효가원(孝家院) : 충청남도 공주에 있던 절.
4) 하솔(河率) : 강릉의 옛 이름.

이 월정사[5]는 자장법사가 처음으로 움집을 지었으며, 그 다음에 신효거사가 와서 머물렀고, 그 다음에는 범일의 제자인 신의두타가 와서 암자를 세우고 머물렀다. 후에 수다사의 법력이 높은 승려 유연이 와서 살면서 점차 큰절이 되었다.

절의 다섯 성자와 9층석탑[6]은 모두 성스러운 유적이다. 풍수가 말하기를 "나라 안의 이름난 산 가운데 이곳이 가장 좋으니 불교가 길이 번창할 곳이다"라 했다.

5) 월정사(月精寺) : 지금의 강원도 오대산에 있는 절. 고려 및 조선조에 몇 차례의 화재와 중건 뒤 6 · 25 때 소실된 것을 1964년에 적광전을 중건하면서부터 대가람으로 변모.

6) 9층석탑(九層石塔) : 고려시대 초기인 10세기 경에 세워진 것으로 추정됨. 세련된 조형미와 하늘을 향해 솟아오르는 듯한 상승감이 일품. 고려시대 가장 대표적인 석탑으로 국보 제48호.

◀ 월정사 9층석탑

▲ 월정사 9층석탑 옆에 있는 석조보살상

此月精寺. 慈藏初結茅. 次信孝居士來住. 次梵日門人信義頭陁來. 創庵而住. 後有水多寺長老有緣來住. 而漸成大寺.

漸 : 점차 점
相 : 상볼 상
勝 : 뛰어날 승

寺之五類聖衆・九層石塔皆聖跡也. 相地者云. 國內名山. 此地最勝. 佛法長興之處云云.

대산 월정사 오류성중 조의 의미

<table>
<tr><td colspan="2">깃털에 의한 인식의 전환으로 깨달음에 이르다.</td></tr>
<tr><td colspan="2">도입[起] : 신효거사가 학의 깃을 통해 사람을 보니 축생으로 보이다. → 불법의 체득</td></tr>
<tr><td>• 신효거사가 어머니를 위해 학을 쏘니, 학이 깃털을 떨어뜨리다.
• 깃으로 사람을 보니 모두 축생으로 보였다.
• 고기를 못 얻자, 자기의 넓적다리를 베어 드리다.
• 거사가 출가하여 자기 집을 절로 삼았다.</td><td>• 학은 오류성중이며, 깃은 불법을 상징. 오류성중이 축생인 학으로 보인 것은 신효가 깨닫지 못한 상태임을 의미
• 불법인 깃은 존재의 본질을 인식하게 하는바 축생으로 보인 것은 사람답지 못하거나, 사람의 전생을 의미
• 종교적 계율과 사회 윤리인 효가 충돌하자 자기 자신을 희생
• 학의 깃을 통해 불법을 체득한 후 자기 집을 희사하여 절로 삼음</td></tr>
<tr><td colspan="2">전개[承] : 깃으로 사람을 보았더니 사람으로 보이다. → 깨달은 결과로 인식 전환</td></tr>
<tr><td>• 하솔지방에서 깃으로 보니 사람이 사람으로 보였다.
• 관음보살이 현신함을 알다.</td><td>• 하솔지방의 사람들은 인간의 도를 실현
신효거사가 존재의 본질을 인식
• 신효거사는 인식의 전환이 완전히 이루어짐</td></tr>
<tr><td colspan="2">전환[轉] : 학의 깃은 가사의 한 부분이라는 것을 보여주다. → 깃이 불법임을 인식</td></tr>
<tr><td colspan="2">결론[結] : 승려들과 작별하고 나서야 그들이 성자들의 화신임을 알다.
→ 보살의 진신이나 화신의 인식 → 높은 수행의 경지에 도달</td></tr>
</table>

남월산[1](감산사[2]라 고도 한다.)

이 절은 서울에서 동남쪽으로 20리쯤 되는 곳에 있다. 금당의 주 부처인 미륵존상의 화광[3] 후면에 다음과 같이 기록되어 있다.

「개원[4] 7년 기미(719) 2월 15일에 벼슬이 중아찬인 김지성이 돌아가신 아버지 인장일길찬과 돌아가신 어머니 관초리부인을 위해서 공경스런 마음으로 감산사 절 한 채와 석미륵 하나를 만들었다. 아울러 개원이찬과 아우 양성[5]소사와 현도법사와 누이 고파리, 전처 고로리와 후처 아호리 및 서형 급한일길찬과 일당살찬, 총민대사와 누이동생 수힐매리 등을 위하여 좋은 일을 다했다. 어머니 관초리부인이 고인이 되자 동해 흔지[6]가에 뼈를 뿌렸다.」(고인성지(古人成之) 이하는 글 뜻을 잘 알 수 없어 옛글 그대로 적어둔다. 아래도 마찬가지다.)

미타불의 광배 뒷면에 다음과 같이 기록되어 있다.

「중아찬 김지전[7]은 일찍이 상사봉어와 집사시랑으로 있다가 67세에 벼슬을 그만두고 한가히 지내면서 나라의 주인인 대왕과 이찬 개원, 그리고 돌아가신 아버지인 인장일길찬과 돌아가신 어머니, 죽은 아우, 소사 양성, 사문 현도, 죽은 처 고로리, 죽은 누이 고파리, 그리고 처 아호리 등을 위하여 감산의 농장을 희사하여 절을 세웠다. 또 돌로써 미타상 하나를 만들어 돌아가신 아버지 인장일길찬을 위해 받들어 모셨다. 그가 고인이 되자 동해 흔지가에 뼈를 뿌렸다.」(임금의 계보를 보면 김개원은 바로 태종 김춘추의 여섯째 아들 개원각간이니 곧 문희가 낳았다. 김지전은 인장일길찬의 아들이다. 동해흔지는 아마 법민을 동해에 장사 지냈다는 말인 듯하다.)

1) 남월산(南月山) : 경주시 양북면에 있는 기림사의 주산인 함월산(含月山)을 북월산(北月山)이라 하며, 남쪽에 있는 감산은 남월산(南月山)이라 명명. 月山 → 달뫼 = 甘山이 되어 월산을 감산이라고도 함.
＊甘 : 달 감

2) 감산사(甘山寺) : 경주시 외동읍 신계리에 있는 절. 절터에는 삼층석탑 1기와 석불좌상이 남아 있고 미륵불과 아미타불은 중앙박물관에 있음. 법상종에서는 금당의 주 부처가 미륵불임.

1. 금당의 주존인 미륵불
2. 아미타불(강당)

南月山(亦名甘山寺.)

오·탈자는 감산사 미륵·아미타존상 광배의 명문(朝鮮金石總覽)을 교감한 것임.

寺在京城東南二十許里. 金堂主弥勒尊像火光後記云.

開元七年巳未二月十五日. 重阿喰全忘誠. 爲亡考仁章一吉王·亡妃觀肖里夫人. 敬造甘山寺一所·石彌勒一軀. 兼及愷元伊喰·第懇誠小舍·玄度師·姊古巴里·前妻古老里·後妻阿好里. 兼庶族及漠一吉喰·一幢薩喰·聰敏七舍·妹首肹買※等. 同營玆善. 亡妣肖里夫人. 古人成之東海攸友邊散也.(古人成之以下. 文未詳其意. 但存古文而巳下同.)

弥陁佛火光後記云.

重阿喰金志全. 曾以尚衣奉御. 又執事侍郎年六十七·致仕閑居. 奉爲國主大王·伊喰愷元·亡考仁章一吉王·亡妃亡弟·小舍梁誠·沙門玄度·亡妻古路里·亡妹古巴里. 又爲妻阿好里等. 捨甘山莊田. 建伽藍. 仍造石彌陁一軀. 奉爲亡考仁章一吉王. 古人成之東海攸反邊散也.(按帝系. 金愷元乃太宗春秋之弟大子愷元角干也. 乃文熙之所生也. 誠志全乃仁章一吉王之子. 東海攸反恐法敏葬東海也.)

喰 : 먹을 손.
喰과 **湌**(먹을 찬) 혼용
巳 : **己**의 오기.
全忘誠 : **金志誠**의 오기
肖 : 닮을 초 　　**于** : 명문에는 **湌**
愷 : 즐거울 개 　　**第** : **弟**의 오기
懇 : **良** 또는 **梁**의 오기
族 : **兄**의 오기 　　**漠** : **漢**의 오기
七 : **大**의 오기
※ : **里**의 결락. 　　**玆** : **具**의 오기
妣 : 죽은어미 비 　　**攸** : 바 유
攸友 : 명문에는 **欣支**
也 : **之**의 오기 　　**巳** : **已**의 오기
喰 : 광배의 명문에는 **湌**
全 : **全**과 **誠**이 통용된 듯함.
衣 : 명문에는 **舍** 　　**曾** : 일찍 증
喰 : 광배의 명문에는 **湌**
于 : 명문에는 **湌**
巴 : 명문에는 **寶**로 **巴**와 **寶**가 통용된 듯
于 : 명문에는 **湌**
攸反 : 명문에는 **欣支**
大 : **太**의 오기
弟大子 : **第六子**의 오기
熙 : **姬**의 오기 　　**誠** : **全**의 오기
全 : **誠**과 통용
于 → **湌** 　　**攸反** → **欣支**

지금의 감산사와 석탑

3) 화광(火光) : 미륵존상의 뒤에 있는 광배에 그린 화광을 의미.
4) 개원(開元) : 당나라 현종(顯宗)의 연호(713~741).
5) 양성(良誠) : 미륵존상화광후기에는 良誠(양성)으로 기록되어 있고, 미타불화광후기에는 梁誠(양성)으로 기록됨. 良과 梁은 음이 서로 통하여 혼용한 듯함.
6) 흔지(欣支) : 欣支는 斧支(부지)와 통하며, 부지는 도끼의 의미로 도기(都祈)와 통하여 도기야 즉 영일(迎日)을 가리킨다고 아유가이[鮎貝]는 주장.
7) 김지전(金志全) : 미륵존상화광후기에는 金志誠(김지성)으로 기록되어 있고, 미타불화광후기에는 金志全(김지전)으로 기록됨. 誠과 全의 음이 서로 통하여 혼용한 것으로 추정.

천룡사[1]

경주의 남산 남쪽에 봉우리 하나가 우뚝 솟아 있는데 세상에서는 고위산[2]이라 한다. 산의 남쪽에 절이 있는데 세속에서는 고사 또는 천룡사라고 한다.

『토론삼한집』에는 다음과 같이 기록되어 있다. 「계림 땅 안에는 딴 곳에서 발원하여 흘러 들어온 강물이 두 줄기가 있고 거슬러 오르는 강물이 한 줄기가 있다. 그 역수와 객수[3]의 두 근원이 하늘의 재앙을 진압하지 못하면 천룡사가 뒤집혀 무너져 앉는 재앙이 있게 되리라.」

또 세속에는 다음과 같이 전해지고 있다. 「역수란 것은 고을[4]의 남쪽 마등오촌[5]의 남쪽을 흐르는 시내가 바로 이것이다라 하였고 또 이 물의 근원이 천룡사로 되어 있다라고 하였다. 중국의 사신 악붕귀[6]가 와서 보고 말하기를 "이 절이 파괴되면 며칠 못 가서 나라가 망할 것이다"라 했다.」

또 다음과 같이 서로 전하는 말이 있다. 「옛날에 한 신자의 집[7]에 천녀 · 용녀라고 불리는 두 딸이 있었다. 부모가 두 딸을 위해서 절을 지으니, 절의 이름은 여기서 연유한다.」

1) 천룡사(天龍寺) : 고위산 정상 부근에서 남쪽으로 경사진 대지 위에 절터가 있으며, 석재와 석등의 일부가 남아 있음. 이 절은 계림 땅에 흐르는 두 줄기의 객수와 한 줄기의 역수의 근원지에 있으면서 객수와 역수의 조화를 담당한다고 함.

2) 고위산(高位山) : 해발 494m의 남산 최고봉. 高位(고위)가 上을 뜻하는 수리 · 술의 한자어로 수리산이라고도 함.

3) 역수와 객수〔逆水客水〕: 객수는 딴 곳에서 흘러들어 온 물이며, 역수는 거슬러 흐르는 물.

고위산과 천룡사지 삼층석탑

天龍寺

東都南山之南. 有一峰屹起. 俗云高位山. 山之陽有寺. 俚云高寺. 或云天龍寺.

討論三韓集云.

雞林土內有客水二條·逆水一條. 其逆水客水二源. 不鎭天災. 則致天龍覆沒之災.

俗傳云.

逆水者州之南馬等烏村南流川是. 又是水之源致大龍寺. 中國來使樂鵬龜來見云. 破此寺則國亡無日矣.

又相傳云.

昔有檀越. 有二女. 曰天女龍女. 二親爲二女創寺因名之.

屹 : 의연한모양 흘
俚 : 속될 리
覆 : 뒤집힐 복
大 : 天의 오기
鵬 : 새 붕
越 : 넘을 월

4) 고을〔州〕: 원문의 州(주)는 慶州(경주).
5) 마등오촌(馬等烏村) : 지금의 경주시 갈곡(葛谷)으로 추정.
6) 악붕귀(樂鵬龜) : 기이편 문무왕 법민 조에 사천왕사가 중국 황제의 만수를 비는 사찰인가를 확인하기 위해 온 당나라 사신 예부시랑 악붕귀를 말함.
7) 신자의 집〔檀越〕: 원문의 檀越(단월)은 산스크리트어 Dānapati의 음역 陀那鉢底(타나발저)의 약칭. 檀(단)은 陀那(타나)의 약칭. 越(월)은 발저의 약칭. 단월의 의미는 보시를 행하는 시주(施主).
8) 내사시랑(內史侍郞) : 문하성(門下省)의 차관직.
9) 동 내사문하평장사(同內史門下平章事) : 同(동)은 같다는 의미. 내사시랑과 내사문하평장사는 같은 직책.
10) 지장사(地藏寺) : 위치 불명.
11) 도선사(道仙寺) : 위치 불명.

천룡사지에 남아 있는 천룡사 잔재

천룡사는 경내가 신이하여 불도의 성취를 돕는 곳인데 신라 말에 피폐하여 허물어진 지 오래되었다. 중생사의 관음보살이 젖을 먹여 기른 최은함의 아들이 승로인데 승로가 숙을 낳고, 숙이 시중 제안을 낳았다. 제안이 바로 허물어진 절을 중수하여 일으켰다. 그리고 석가만일도량을 설치해 조정의 뜻을 받아들였다. 겸하여 그의 기록과 발원문을 절에 남겨 두었다. 그는 죽어서 절을 지키는 신이 되어 자못 신령스럽고 신이한 일들을 많이 나타냈다. 절에 남긴 기록의 대략은 다음과 같다.

「단월 내사시랑[8] 동 내사문하평장사[9] 주국 최제안이 글을 쓴다. 경주 고위산 천룡사가 피폐하여 허물어진 지 여러 해가 되었다. 제자가 특별히 임금님의 만수무강과 백성과 나라가 평안하고 태평하기를 발원해서 불전 · 불당 · 회랑 · 전각 · 방 · 숙소 · 주방 · 창고 등의 공사를 일으켜 다 마쳤다. 돌과 흙으로 빚어 여러 구의 부처를 만들고 석가만일도량을 개설했다. 이미 나라를 위해 중수하였으니 관청에서 주지를 임명하는 것도 좋으나 사람이 갈려 교대를 할 때에는 도량의 승려들이 안심할 수가 없다.

곁에서 보건대 시주 받은 전답으로 절의 경비를 충족한 것을 보면, 팔공산의 지장사[10] 같은 곳은 들어온 전답이 2백 결이고, 비슬산 도선사[11]는 들어온 전답이 20결이며, 서경[12]의 사면에 있는 산사들도 각각 20결씩이다. 이들 절에서는 모두 직책이 있고 없음을 막론하고 반드시 계율을 갖추고 재주가 뛰어난 사람을 뽑아서 절에서 여러 사람이 원하는 것에 따라서 여러 차례 주지를 시켜 분향의 예를 올리고 수도하는 것을 변하지 않는 규칙으로 삼았다.

제자는 이 풍습을 듣고 기뻐하여 우리 이 천룡사도 역시 절의 여러 스님 중에서 재주와 덕망이 함께 뛰어난 큰스님으로 기둥이 될 만한 사람을 뽑아 주지로 임명하여 길이 분향 수도하려 한다. 문자로 자세히 기록하여 행사 책임자[13]에게 맡기니 이번 주지부터 시행할 것이며, 유수관[14]이 문서를 받아 도량의 여러 스님에게 보일 것이니 각자 자세히 알아두어야 할 것이다. 중희[15] 9년(1040) 6월　일.」

관직을 갖추어 앞의 것과 같이 서명하였다.

살펴보면 중희는 곧 거란 흥종의 연호이니, 고려 정종 6년 경진(1040)이다.

12) 서경(西京) : 지금의 평양.
13) 행사 책임자〔剛司〕: 절에서 법회(法會)의 행사를 맡은 승려의 직명. 원문의 剛은 綱의 오기.
14) 유수관(留守官) : 고려조 때 서경(평양) · 동경(경주) · 남경(양주)에 설치한 지방관.
15) 중희(重熙) : 거란 흥종(興宗)의 연호.

境地異常助道之場. 羅季殘破久矣. 衆生寺大聖所乳崔殷諴之子承魯・魯生肅・肅生侍中齊顔・顔乃重修起廢. 仍置釋迦万日道場. 受朝旨. 兼有信書・願文留于寺. 既卒. 爲護伽藍神. 頗著靈異. 其信書略曰.

檀越內史侍郞同內史門下平章事柱國崔齊顔狀. 東京高位山天龍寺殘破有年. 弟子特爲聖壽天長. 民國安泰之願. 殿堂廊閣・房舍廚庫. 巳來興構畢具. 石造泥塑佛聖數軀. 開置釋迦万日道場. 既爲國修營. 官家差定主人亦可. 然當遆換交代之時. 道場僧衆不得安心.

側觀入田. 稠足寺院. 如公山地藏寺入田二百結・毗瑟山道仙寺入田二十結・西京之四面山寺各田二十結例. 皆勿論有職・無職. 須擇戒備才高者. 社中衆望. 連次住持焚修. 以爲恒規.

弟子聞風而悅. 我此天龍寺. 亦於社衆之中. 擇選才德雙高大德. 兼爲棟梁. 差主人鎭長焚修. 具錄文字. 付在剛司. 自當時主人爲始. 受留守官文通. 示道場諸衆. 各宜知悉. 重熙九年六月日. 具銜如前署.

按重熙乃契丹興宗年号. 本朝靖宗七年庚辰歲也.

季 : 말세 계
殘 : 쇠잔할 잔
諴 : 화할 함
肅 : 엄숙할 숙
頗 : 자못 파
著 : 나타날 저
信 : 밝힐 신
狀 : 문서 장
廊 : 행랑 랑
廚 : 주방 주
巳 : 已의 오기
差 : 뽑을 차
遆 : 遞(번갈아 체)의 異體字
稠 : 빽빽할 조
須 : 반드시 수
擇 : 가릴 택
焚 : 불사를 분
恒 : 항상 항
剛 : 綱의 오기
悉 : 모두 실
銜 : 관의직함 함
靖 : 편안할 정
七 : 六의 오기

남산 칠불암

무장사[1] 미타전[2]

서울에서 동북쪽으로 20리가량 떨어진 곳에 암곡촌이 있는데 그 북쪽에 무장사가 있다. 제38대 원성대왕의 돌아가신 아버지인 대아간 효양 즉 추봉된 명덕대왕이 그의 숙부 파진찬을 추모하여 세운 절이다. 그윽한 골짜기는 너무도 기이하여 마치 깎아서 세운 듯하다. 절이 자리한 곳은 어둡고 그윽하여 저절로 텅 비어 순박한 마음이 생길 것이니,[3] 사문[4]이 도를 즐길 수 있는 신령스런 곳이다.

절의 위쪽에는 아미타를 모신 옛 불전이 있다. 소성(昭成)(昭聖으로도 쓴다.)대왕의 비 계화왕후[5]는 대왕이 먼저 세상을 떠나자 근심에 차서[6] 마음이 안정되지 않아[7] 애통하며 슬퍼하고 피눈물을 흘리며 상심하였다.[8] 그래서 밝은 덕을 그윽하게 도와주고[9] 진심으로 명복을 빌고자 생각했다. 서쪽에 아미타라고 부르는 큰 성인이 있어 지극 정성으로 귀의하면 잘 구원하여 맞아준다는 말을 듣고 "이것이 사실일진대 어찌 나를 속이겠는가?"라 하고는 왕후가 입던 여러 가지 옷[10]을 희사하고 궁중[11]에 쌓아두었던 재물을 모두 털어서 이름난 장인을 불러들여 미타상 하나를 만들게 하였으며 아울러 신중[12]도 만들어 모셨다.

1) 무장사(鍪藏寺) : 경주시 암곡동에 있었던 절. 통일신라시대의 것으로 삼층석탑 1기와 비신이 없어진 비석받침, 석등의 기둥으로 여겨지는 석주 일부 등이 남아 있음.
2) 미타전(弥陁殿) : 미타전은 아미타전의 약칭. 아미타전은 아미타불을 주불로 모신 법당.

무장사지

鍪藏寺　弥陁殿

京城之東北二十許里. 暠谷村之北有鍪藏寺. 第三十八元聖大王之考大阿干孝讓追封明德大王之爲叔父波珎喰追崇所創也. 幽谷逈絶. 類似削成. 所寄冥奧. 自生虛白. 乃息心樂道之靈境也.

寺之上方・有弥陁古殿. 乃昭成(一作聖.)大王之妃桂花王后爲大王先逝. 中宮乃充充焉・皇皇焉. 哀戚之至. 泣血棘心. 思所以幽贊明休・光啓玄福者. 聞西方有大聖曰弥陁. 至誠歸仰. 則善救來迎. 是眞語者. 豈欺我哉. 乃捨六衣之盛服. 罄九府之貯財. 召彼名匠. 教造弥陁像一軀. 并造神衆以安之.

鍪 : 투구 무
藏 : 감출 장
北 : 北의 오기
讓 : 사양할 양
幽 : 그윽할 유
逈 : 빛날 형
削 : 깎을 삭
冥 : 어두울 명
奧 : 그윽할 오
桂 : 계수나무 계
逝 : 갈 서
充 : 어찌할줄모를 충
戚 : 슬플 척
棘 : 가시나무 극
贊 : 기릴 찬
休 : 아름다울 휴
欺 : 속일 기
罄 : 다할 경
匠 : 장인 장
軀 : 몸 구

3) 저절로 텅 비어 순박한 마음이 생길 것이니〔虛白〕 : 『장자』에 나오는 虛室生白(허실생백)의 준말. 방이 비면 절로 밝아진다는 뜻으로, 마음이 비면 절로 순백〔道〕이 일어난다는 의미.
4) 사문〔息心〕 : 원문의 息心(식심)은 산스크리트어 śrmaṇa의 음역인 사문의 고역(古譯).
5) 계화왕후(桂花王后) : 김씨로 대아찬 숙명의 딸. 왕후는 40대 애장왕이 되는 청명과 또 다른 아들 체명과 딸 장화를 낳음. 장화는 흥덕왕의 왕후가 됨.
6) 근심에 차서〔充充〕 : 원문의 充充(충충)은 마음에 근심이 가득한 모양. 『예기』 단궁상(檀弓上)에 「始死充充如有窮 (注) 充充憂悼在心之貌(마침내 죽자 근심이 극에 이른 것과 같았다. 注 → 充充이란 근심에 찬 마음의 모습.)」
7) 마음이 안정되지 않아〔皇皇〕 : 원문의 皇皇(황황)은 마음이 안정되지 않은 모양.
8) 피눈물을 흘리며 상심하였다.〔泣血棘心〕 : 원문 泣血棘心(읍혈자심)은 눈물을 흘리고 마음을 상하게 한다는 뜻. 『예기』에 「泣血三年 未嘗見幽(3년 간 피눈물을 흘렸으나 아직도 그윽한 것을 보지 못했다.)」
9) 그윽하게 도와주고〔幽贊〕 : 원문의 幽贊(유찬)은 모르는 곳에서 돕는다는 의미. 『주역』에 「幽贊於神明而生蓍(그윽히 신명을 도와주고 시초를 내시었다.)」
10) 왕후가 입던 여러 가지 옷〔六衣〕 : 원문 六衣(육의)는 주(周)나라 때 왕후가 입던 여섯 가지 옷. 여기서는 왕후가 입던 여러 가지 옷을 의미.

이보다 앞서 이 절에는 노승 한 분이 있었다. 어느 날 꿈에 부처[13]가 석탑의 동남쪽 언덕 위에 앉아 서쪽을 향해 대중을 위하여 설법하는 것을 본 뒤, 이곳은 반드시 불법이 머무를 곳이라고 생각했으나 속으로만 생각하고 남에게는 말하지 않았다. 그곳은 바위가 험준하고 계곡 물이 빠르게 부딪쳐 흐르는 곳이므로 장인들은 눈여겨보지도 않고 다들 좋지 못한 곳이라고 했다.

급기야 터를 닦자 곧 평탄한 곳을 얻어 불당을 세울 만했는데 완연히 신령스런 터와 다름없어 보는 사람마다 깜짝 놀라 좋다고 칭찬하지 않는 자가 없었다. 근래에 와서 옛날의 미타전은 허물어졌으나 절만은 남아 있다.

세간에서 전하기는 태종이 삼국을 통일한 후에 병기와 투구를 이 골짜기에 묻어버렸으므로 무장사로 이름을 붙였다고 한다.

11) 궁중〔九府〕: 원문의 九府(구부)는 주나라 때 재화(財貨)를 맡은 아홉 개의 관청. 여기서는 신라 궁중의 재화를 맡은 관청을 뜻함.
12) 신중(神衆) : 신의 무리. 탑상편 낙산 이대성 관음 정취 조신 조의 용천팔부 해설 참조.
13) 부처〔眞人〕: 원문의 眞人(진인)은 진리를 깨달은 사람이란 뜻. 여기서는 부처를 의미.

무장사지 삼층석탑

先是寺有一老僧. 忽夢眞人坐於石塔東南岡上. 向西爲大衆說法. 意謂此地必佛法所住也. 心秘之而不向人說. 嵒石巉崒·流澗激迅. 匠者不顧. 咸謂不臧.

及乎辟地. 乃得平坦之地. 可容堂宇. 宛似神基. 見者莫不愕然稱善. 近古來殿則壞圮. 而寺獨在. 諺傳太宗統三已後. 藏兵鍪於谷中. 因名之.

岡 : 언덕 강
嵒 : 바위 암
崒 : 산높을 줄
激 : 부딪칠 격
顧 : 돌아볼 고
臧 : 좋을 장
坦 : 평탄할 탄
莫 : 아닐 막
壞 : 무너질 괴
諺 : 상말 언
巉 : 가파를 참
澗 : 산골물 간
迅 : 빠를 신
咸 : 다 함
辟 : 땅갈 벽
宛 : 완연할 완
愕 : 깜짝놀랄 악
圮 : 무너질 비

무장사지에 남아 있는 비석받침

백엄사[1] 석탑사리

– 백엄사 석탑의 사리 –

개운[2] 3년 병오(946) 10월 29일에 강주 지역의 『임도대감』[3]이라는 문서[4]에 기록되기를 「선종의 백엄사는 초팔현(지금의 초계이다.)에 있으며, 절의 승려 간유상좌[5]는 나이 39세라 했으나, 절을 처음 세운 때는 알 수 없다.」고 했다.

다만 『고전』에는 다음과 같이 기록되어 있다.

「전 시대인 신라 때에 북택청 터를 희사해서 이 절을 세웠으나 중간에 오랫동안 폐사로 있었다. 지난 병인년(1026) 중에 사목곡의 양부화상이 고쳐 지어 그곳의 주지가 되었다가 정축(1037)에 세상을 떠났다.」

을유년(1045)에 희양산[6]의 긍양화상이 와서 10년 간 머물다가 을미년(1055)에 다시 희양산으로 돌아가자 때마침 신탁화상이 남원 백암수[7]에서 이 절로 와서 규정대로 주지를 했다.

또 함옹[8] 원년(1065) 11월에 이 절의 주지인 득오미정대사와 승려 수립이 절에서 항상 지켜야할 10조를 정하고, 새로이 5층 석탑을 세워서 진신 불사리 42과를 맞아 봉안했다. 사재를 털어 밑천[9]으로 적립하여 해마다 여기에 공양할 일과, 특히 이 절에서 불법을 수호하던 존경받는 승려 엄흔 · 백흔의 두 분의 명신[10]과 근악 등 세 분 앞에 제사를 모실 밑천을 모아 공양할 조항(세간에서 전하기를 엄흔 · 백흔의 두 분이 집을 희사하여 절을 만들었으므로 절 이름을 백엄이라 했으며, 이에 호법신이 되었다고 한다.)과, 금당의 약사여래 앞의 나무 주발에 매달 초하루마다 공양미를 갈아 놓는 조항을 정하였다. 이하 조항은 기록하지 않는다.

1) 백엄사(伯嚴寺) : 경상남도 합천군 초계에 있던 절.
2) 개운(開運) : 오대(五代) 후진(後晋) 출제(出帝)의 연호(944~946).
3) 임도대감(任道大監) : 임도는 무엇인지 알 수 없음. 대감은 『고려사』 성종 6년에 「改諸村大監 · 弟監 爲村長 · 村正(고을의 대감 · 제감을 고쳐 촌장 · 촌정으로 했다.)」라고 한 것에 의거 촌장으로 추정.
4) 문서〔柱貼〕 : 아유가이〔鮎貝〕는 「고려조에서는 상급관청으로부터 발송되는 포고문을 첩(貼)이라 칭하며, 주첩(柱貼)이란 기둥〔柱〕에 붙이는 공문의 성격을 지님. 그 후 의미가 변하여 지시 · 증명 등의 공문을 뜻함.」이라 주장.
5) 상좌(上座) : 절 안의 스님들을 통솔하고, 온갖 사무를 총람하는 직명.

伯嚴寺 石塔舍利

開運三年丙午十月二十九日. 康州界任道大監柱貼云. 伯嚴禪寺坐草八縣.(今草溪.) 寺僧偘遊上座・年三十九. 云寺之經始則不知.

但古傳云. 前代新羅時. 北宅廳基捨置玆寺. 中間久廢. 去丙寅年中. 沙木谷陽孚和尙. 改造住持. 丁丑遷化. 乙酉年曦陽山兢讓和尙. 來住十年. 又乙未年却返曦陽. 時有神卓和尙. 自南原白嵓藪・來入當院. 如法住持.

又咸雍元年十一月. 當院住持得奧微定大師釋秀立. 定院中常規十條. 新竪五層石塔. 眞身佛舍利四十二粒安邀. 以私財立寶・追年供養條. 弟一當寺護法敬僧嚴欣・伯欣兩明神及近岳等三位前・立寶供養條.(諺傳嚴欣伯欣二人. 捨家爲寺. 因名曰伯嚴. 仍爲護法神.) 金堂藥師前木鉢. 月朔遆米條等. 已下不錄.

貼 : 붙일 첩
嚴 : 바위 엄
偘 : 강직할 간
經 : 집짓기위해터측량할 경
玆 : 이 자
孚 : 미쁠 부
遷化 : 승려의 죽음
曦 : 햇빛 희
兢 : 조심할 긍
却 : 물러날 각
嵓 : 바위 암
藪 : 큰늪 수
咸 : 다 함
雍 : 화할 옹
奧 : 속 오
竪 : 세울 수
粒 : 낟알 립
邀 : 맞이할 요
弟 : 第의 오기
欣 : 기쁠 흔
鉢 : 주발 발
遆 : 遞(교체할 체)의 異體字
已 : 已의 오기

6) 희양산(曦陽山) : 경상북도 문경시 가은면 북쪽에 있는 해발 998m의 산.

7) 백암수(白嵓藪) : 전북 남원에 있던 절. 수(藪)는 본사와 말사를 전부 합한 의미.

8) 함옹(咸雍) : 거란(契丹) 도종(道宗)의 연호(1065~1074).

9) 밑천[寶] : 원문의 寶(보)는 공공사업을 운영하기 위하여 재단을 세우고 자금을 모아 그 이익금으로 공공사업의 운영비를 지출하는 자금원.

10) 명신(明神) : 공이 많은 스님이나 불교에 공이 많은 사람이 세상을 떠나면 명신이라 부름. 일본의 엔닌[円仁]이 장보고를 적산명신(赤山明神)이라 기록한 것이 그 예.

칠곡 송림사 금동전각형사리기

영 취 사[1)]

절의 옛 기록에 이렇게 쓰여 있다.

「신라의 진골인 제31대 임금 신문왕 대인 영순[2)] 2년(본문에 원년이라 한 것은 틀렸다.) 계미(683)에 재상 충원공이 장산국(바로 동래현이니, 또 다른 이름은 내산국이다.)의 온천에서 목욕을 하고 성으로 돌아오는 차에 굴정역 동지 들판에 도착하여 머물러 쉬고 있었다.

갑자기 어떤 사람이 매를 놓아 꿩을 쫓으니, 꿩이 날아 금악을 지나서는 자취가 사라져 버렸다. 매의 방울소리를 듣고 찾다가 굴정역 관청 북쪽 우물가에 도착했더니, 매는 나무 위에 앉아 있고 꿩은 우물 속에 있었는데 우물물이 핏빛이었다. 꿩은 날개를 펴서 새끼 두 마리를 안고 있는데 매도 측은하게 여기는 듯 함부로 덮치지 않았다. 공이 이것을 보고 측은히 여기고 감동하여 그 땅을 점쳐 물으니 절을 세울 만한 곳이라고 했다.

서울로 돌아와 왕에게 말씀드려 현청을 다른 곳으로 옮기고 그 터에 절을 세우고 영취사라 했다.」

1) 영취사(靈鷲寺) : 이홍직 저 『국사대사전』에서나 이병도는 경북 장기에 있었던 절이라고 하나 내용으로 보아 울산 부근의 절로 추정.

유 덕 사[1)]

신라의 태대각간[2)] 최유덕이 자기의 집을 희사하여 절을 만들고, 유덕사라고 이름 붙였다. 그의 먼 후손인 삼한공신 최언휘[3)]가 최유덕의 진영을 이곳에 걸어 모셨다. 또 비도 있었다고 한다.

1) 유덕사(有德寺) : 황해도 수안군 증산에 있던 절.
2) 태대각간[大夫角干] : 원문의 大夫(대부)는 신라의 관직이 아니고, 중국에서 제후의 신하를 대부라 함. 대부는 太大의 오기이거나, 중국식으로 칭한 것인 듯함.
3) 최언휘(崔彦撝) : 경주 사람. 신라 말년에 18세의 나이로 당나라에 들어가 관직에 있다가 42세에 귀국한 뒤 고려 태조에 의해 태자의 사부가 됨. 혜종 원년에 77세로 사망.

靈鷲寺

寺中古記云. 新羅眞骨第三十一主神文王代. 永淳二年癸未.(本文云元年誤.) 宰相忠元公. 萇山國.(即東萊縣. 亦名萊山國.) 溫井沐浴. 還城次. 到屈井驛桐旨野駐歇.

忽見一人放鷹而逐雉. 雉飛過金岳. 杳無蹤迹. 聞鈴尋之. 到屈井縣官北井邊. 鷹坐樹上. 雉在井中. 水渾血色. 雉開兩翅・抱二雛焉. 鷹亦如相惻隱而不敢攫也. 公見之惻然有感. 卜問此地. 云可立寺.

歸京啓於王. 移其縣於他所. 創寺於其地. 名靈鷲寺焉.

鷲 : 독수리 취
淳 : 맑을 순
萇 : 보리수 장
萊 : 명아주 래
桐 : 오동나무 동
駐 : 머무를 주
歇 : 쉴 헐
逐 : 쫓을 축
雉 : 꿩 치
杳 : 아득할 묘
蹤 : 자취 종
鈴 : 방울 령
渾 : 흐릴 혼
翅 : 떼지어날 시
翅 : 翅(날개 시)의 오기
雛 : 새새끼 추
惻 : 측은할 측
攫 : 움켜쥘 확
啓 : 여쭐 계

2) 영순(永淳) : 당나라 고종(高宗)의 연호(682). 영순은 682년에 끝나므로 영순 2년 계미(683)는 측천무후의 연호 홍도(洪道) 원년임.

有德寺

新羅大夫角干崔有德. 捨私第爲寺. 以有德名之. 遠孫三韓功臣崔彦撝. 掛安眞影. 仍有碑云.

大夫 : 太大의 오기인 듯
第 : 집 제
彦 : 선비 언
撝 : 겸손할 휘
掛 : 걸 괘

치미(鴟尾)

오대산 문수사[1] 석탑기

– 오대산 문수사의 석탑에 관한 기록 –

마당가에 있는 석탑은 아마 신라 사람이 세운 것 같다. 만든 솜씨가 비록 소박하고 정교하지 못하나 매우 영험[2]이 많아 이루 다 기록할 수 없다. 그중에서 한 가지 일에 대해 여러 옛 노인에게서 들은 이야기는 이러하다.

「옛날에 연곡현[3] 사람이 배를 타고 바닷물을 따라 고기를 잡고 있었는데 홀연히 탑 하나가 나타나 배를 따라오는 것이었다. 그러자 이 탑 그림자를 본 물속의 고기들 전부가 어지럽게 사방으로 흩어져 달아났다. 이 때문에 어부는 한 마리도 잡지 못하자 분한 마음을 참지 못하여 그림자를 찾아 가보니 이 탑인 것 같았다. 이에 도끼를 마구 휘둘러 그 탑을 찍고 가버렸다. 지금 이 탑의 네 귀퉁이가 모두 떨어진 것은 이 때문이다.」

나는 놀라 감탄해 마지않았다. 그러나 그 탑의 위치가 조금 동쪽으로 치우쳐 가운데 있지 않은 것을 괴이히 여겨, 이에 한 현판을 쳐다보니 이렇게 쓰여 있었다.

「비구 처현이 언젠가 이 절에 머무르면서 문득 탑을 뜰 가운데로 옮겼더니 20여 년 간 잠잠하여 아무런 영험의 감응이 없었다. 풍수[4]가 터를 구하려고 이곳에 와서 탄식하여 말하기를 "이 뜰 가운데는 탑을 세울 자리가 아닌데 어찌하여 동쪽으로 옮기지 않는가?"라 했다. 이에 승려들이 깨닫고 다시 옛 자리로 옮겼으니, 지금 서 있는 자리가 바로 그곳이다.」

나는 괴이한 것을 좋아하는 사람이 아니다. 그러나 부처의 신령스런 위엄이 그 자취를 나타내어 만물을 이롭게 함이 이같이 빠름을 보고 어찌 불자[5]된 사람으로 잠자코 있기만 하고 말하지 않겠는가?

때는 정륭[6] 원년 병자(1156) 10월 일 백운자[7] 씀

1) 문수사(文殊寺) : 강원도 평창군 오대산에 있던 절.
2) 영험〔靈響〕: 원문의 靈響(영향)은 영험과 같은 의미.
3) 연곡현(連谷縣) : 옛날 강릉현의 속현(屬縣).
4) 풍수〔日者〕: 원문의 日者(일자)는 일관(日官)이나, 여기서는 지관(地官) 즉 풍수를 의미.

五臺山 文殊寺 石塔記

庭畔石塔. 盖新羅人所立也. 制作雖淳朴不巧. 然甚有靈響. 不可勝記. 就中一事. 聞之諸古老云.

昔連谷縣人具舡沿海而漁. 忽見一塔隨逐舟揖. 凡水族見其影者. 皆逆散四走. 以故漁人一無所得. 不堪憤恚. 尋影而至. 盖此塔也. 於是共揮斤斫之而去. 今此塔四隅皆缺者以此也.

予驚嘆無巳. 然怪其置塔・稍東而不中. 於是仰見一懸板云.

比丘處玄曾住此院. 輒移置庭心. 則二十餘年間寂無靈應. 及日者求基抵此. 乃嘆曰. 是中庭地. 非安塔之所. 胡不移東乎. 於是衆僧乃悟. 復移舊處. 今所立者是也. 余非好怪者. 然見其佛之威神. 其急於現迹利物如此. 爲佛子者詎可默而無言耶.

時正豊元年丙子十月日. 白雲子記.

巧 : 교묘할 교
響 : 울릴 향
沿 : 물따라내려갈 연
揖 : 楫(노 즙)의 오기
揖 : 읍할 읍
逆 : 어지러울 역
堪 : 견딜 감
憤 : 노할 분
恚 : 성낼 에
揮 : 휘두를 휘
斤 : 도끼 근
斫 : 찍을 작
隅 : 귀퉁이 우
缺 : 깨어질 결
驚 : 놀랄 경
嘆 : 탄식할 탄
巳 : 已의 오기
稍 : 조금 초
懸 : 걸 현
輒 : 문득 첩
心 : 가운데 심
寂 : 고요할 적
抵 : 다다를 저
胡 : 어찌 호
余 : 나 여
詎 : 어찌 거
默 : 잠자코있을 묵
豊 : 고려 태조의 父의 이름 隆의 避諱

파괴된 장항리 절터 동탑

5) 불자(佛子) : 부처님의 교법을 신봉하는 사람. 일체중생 모두 불성을 갖추어서 부처가 될 수 있으므로 불자라 함.
6) 정륭〔正豊〕 : 원문의 正豊(정풍)은 고려 태조의 父의 이름이 隆(융)이어서 이를 피하기 위해 隆(륭)을 豊으로 쓴 것임. 정륭은 금나라 해릉왕(海陵王)의 연호.
7) 백운자(白雲子) : 여기에서만 등장하여 누구인지 알 수 없음.

탑상편의 구성과 의미

1. 탑상편의 구성

홍법편 이하는 불교 문화사를 다루는 『삼국유사』의 중심이요, 각론이며 본론이다. 불교가 처음 삼국에 전래되고 수용되는 사실을 기록한 것이 홍법편이다. 홍법에 따른 필연적인 결과로 불교신앙에서 가장 중요한 불(佛)·법(法)·승(僧)의 삼보(三寶)신앙이 전개된다. 즉 탑상편(塔象編)은 불보(佛寶)를 상징하는 불교적 조형물이 서술의 주제가 되며, 의해편(義解編)은 승보(僧寶) 즉 스님들의 이야기를, 신주편(神呪編)은 경전을 대상으로 한 법보(法寶)신앙의 종교적 전개이며, 감통·피은·효선편들은 삼보사상의 사회적 전개이다.

불탑과 불상의 건립을 의미하는 탑상편은 불보신앙을 표현한 것이다. 즉 불탑·사리·불상·불전 출현 등이 구체적인 모습으로 나타난다. 이러한 불보신앙 전개를 일연은 30개의 조목으로 나누어 기술했다. 비록 한 조목에서 불탑이나 불상 등을 동시에 언급하여 정확히 분류할 수 없으나 개략적으로 구분해보면 탑상 30조목 중에서 불탑과 사리 출현 인연은 7조목이다. 또 불상은 탑상편 전체의 절반 정도인 14조목이며 기타 불전·범종의 출현 因緣으로 편찬했다.

2. 탑상 출현의 의미

석가가 입멸(入滅)한 후 상당한 기간 동안 숭배 대상은 석가의 진신사리와 이 사리를 매장한 시설물인 탑파(塔婆)였다. 석가의 존상(尊像)을 조성하여 신앙의 대상으로 삼은 것은 알렉산더 대왕이 서인도 지방에 진출하여 그리스의 조각 문화를 전파하면서 이루어졌다. 이것은 대승불교의 새로운 발전을 도모하는 계기가 되어 불상의 조성은 급격한 발전을 가져온다. 이에 따라 존상(尊像)은 보통의 인간과는 다른 신비적이며, 비범한 인격을 상징화하여 32상(相) 80종호(種好)로 나타내었다.

우리나라에 전래된 불교의 내용은 불(佛)·법(法)·승(僧)의 삼보(三寶)에 대한 신앙이었다. 이를 당시 사회가 어떻게 수용하였는가를 『삼국유사』에서 볼 수 있다. 즉 사문 묵호자가 「향을 피우면 신성에게 정성이 통하는데 그 신성은 불·법·승 삼보보다 나은 것이 없다.」라 한 것은 삼보에 대한 중요성을 일깨워 줌과 동시에 재래의 신성 관념을 삼보에 의해 설명함으로

써 재래신앙이 불교로 수용 또는 융합되는 것을 일러주는 것이기도 하다.

우리의 재래신앙은 天神·地神·龍神으로 표현된다고 할 수 있다. 천신을 수용한 것이 하늘로부터 탑상이 출현하는 것이다. 하늘에서 떨어진 사불산의 사면불이 대표적이다. 지신을 수용한 것이 땅으로부터 탑상이 출현한 것으로 굴불산의 사면불을 비롯한 생의사 석미륵 등이 있다. 용신에 관련된 것은 황룡사 9층탑·어산불영이 있다. 이것은 재래신앙이 불교로 교체되는 것을 의미하는 것이지만 탑상에 대한 신앙 형태가 재래신앙의 패턴에서 연유한 것임을 알려주는 것이기도 하다.

또 하나의 탑상 출현 형태로 수도형(修道型)이 있다. 이 유형은 수도의 결과로 불·보살이 출현하게 되는 것이다. 이러한 수도형 탑상의 출현은 불교의 새로운 전개를 뜻한다. 즉 탑상이란 대상이 곧 영이력(靈異力)을 주는 것이 아니라 수행을 통하여 영이력의 대상인 불·보살에 이를 수 있다는 것이다. 이와 같이 수행을 통하여 영이력의 세계에 이르면 누구나 부처가 될 수 있고 또한 부처가 아닌 것이 없다는 사상의 전개는 화엄사상에 연유한 것으로 믿어진다. 천신·지신·용신으로 표현되는 불교는 재래신앙과의 융합을 위한 방편불교에 지나지 않았다. 이 같은 방편불교를 불교 본연의 경지로 승화시킨 것이 수도형 탑상 출현이다. 이러한 관계를 아래 그림에 나타내었다.

토속신앙과 불교와의 융합

↓

불보(佛寶) 신앙의 전개 →

구 분	천신+불교	지신+불교	수신(용신)+불교	修道型	기 타
불탑·사리 출현 인연	–	요동성 육왕탑·고구려 영탑사	금관성 파사석탑·황룡사 9층탑	–	전후 소장사리·백엄사 석탑사리
불상 출현 인연	사불산 굴불산 만불산·흥륜사 벽화 보현·백률사	사불산 굴불산 만불산·생의사 석미륵	황룡사 장육부처	미륵선화 미시랑 진자사·남백월 이성 노힐부득 달달박박·낙산 이대성 관음 정취 조신·대산오만진신	영묘사 장육·남월산·대산 월정사 5류성중
불전·범종 출현 인연	–	삼소관음 중생사	대산오만진신	대산오만진신·무장사 미타전	황룡사종 분황사 약사 봉덕사종·천룡사·영취사·유덕사
기 타	–	–	가섭불 연좌석·민장사·어산불영	명주 오대산 보질도 태자전기	분황사 천수대비 맹아득안

탑상편의 조목 분류도

삼국유사 권 제4
의해 제5

원광서학

– 원광이 당나라로 유학하다 –

당나라 『속고승전』 제13권에 다음과 같이 실려 있다.

「신라 황륭사[1]의 승려 원광의 속세 성은 박씨이다. 본래 삼한(변한 · 진한 · 마한)에 살았는데 원광은 바로 진한 사람이다. 집안 대대로 이 땅에 살았으며 조상의 풍습이 면면히 이어져 왔다. 또한 원광의 비범한 기량은 넓고도 컸으며[2] 글을 매우 좋아하여[3] 노장학과 유학[4]을 두루 섭렵하고 여러 학자들의 역사책[5]을 검토하고 비교 연구하였다. 그의 글은 매우 뛰어나 삼한[6]에 떨쳤으나 지식의 해박함과 풍부함에 있어서는 중국에 비하여 오히려 부끄러웠다. 드디어 친척과 벗들을 떠나 분발하여 해외에 나가기로 했다. 나이 스물 다섯 살에 배를 타고 금릉[7]으로 갔다.

이때는 진나라 시대로 문명국이라 불릴 때였다. 때문에 전에 의심스러웠던 것을 묻고 생각하여 해답을 얻고 도를 물어서 뜻을 깨달았다. 처음에는 장엄사[8] 민공[9]의 제자에게 강의를 들었으나 그는 본래 속세의 서책[10]을 익히 배웠으므로 신비의 궁구[11]만을 이치라 여겼는데 불교의 교리를 듣고는 오히려 그것을 썩은 지푸라기처럼 여겼다. 헛되이 성인의 교훈[12]을 찾는다는 것이 실제는 인생을 근심거리로 만들므로, 이에 진나라 임금에게 글을 올려 불교에 귀의할 것을 청하였더니 칙명으로 허락하였다. 이리하여 그가 처음으로 승려가 되어 곧 구족계[13]를 받고 불경을 강의하는 곳을 두루 찾아다니며 좋은 방도를 다하여 미묘한 글들을 이해하는 데 세월을 헛되이 보내지 않았다.

1) 황륭사(皇隆寺) : 황룡사의 이칭(異稱). 隆과 龍의 음이 통하여 통용한 듯함.
2) 넓고도 컸으며〔恢廓〕 : 원문의 恢(회)는 大, 廓(곽)은 空. 즉 크고 넓은 것. 『무량수경』에 「所修佛國 恢廓廣大 超勝獨妙(세우려고 한 불국토는 크고 넓어서 광대하며, 수승하여 비할 데가 없다.)」
3) 좋아하여〔愛染〕 : 원문의 愛染(애염)은 탐애(貪愛) · 염착(染着)을 줄인 말. 대상을 탐애하고 집착한다는 뜻.
4) 노장학과 유학〔玄儒〕 : 원문의 玄(현)은 노장(老壯)의 학문인 현학(玄學)이며, 儒(유)는 공맹(孔孟)의 학문인 유학.
5) 여러 학자들의 역사책〔子史〕 : 원문의 子史는 諸子(제자)의 歷史書(역사서)를 줄인 말.
6) 삼한〔韓服〕 : 원문의 服(복)은 수도에서 떨어진 지역으로 5백 리를 1복이라 함. 여기서 한복은 한의 땅 즉 삼한(三韓)을 의미.
7) 금릉(金陵) : 지금의 남경(南京).

三國遺事 卷第四
義解 第五

圓 光 西 學

唐續高僧傳第十三卷載.

新羅皇隆寺釋圓光. 俗姓朴氏. 本住三韓・卞韓辰韓馬韓. 光卽辰韓人也. 家世海東. 祖習綿遠. 而神器恢廓. 愛染篇章. 挍獵玄儒. 討讎子史. 文華騰翥於韓服. 博瞻猶愧於中原. 遂割略親朋. 發憤溟渤. 年二十五. 乘舶造于金陵.

有陳之世. 号稱文國. 故得諮考先疑・詢猷了義. 初聽莊嚴旻公弟子講. 素霑世典・謂理窮神. 及聞釋宗・反同腐芥. 虛尋名教. 實懼生涯. 乃上啓陳主. 請歸道法. 有勅許焉. 旣爰初落釆. 卽稟具戒. 遊歷講肆. 具盡嘉謀. 領牒微言. 不謝光景.

續 : 이을 속
載 : 기록할 재
隆 : 성할 륭
綿 : 이을 면
灰 : 넓을 회
廓 : 클 곽
染 : 물들 염
篇 : 글 편
獵 : 찾을 렵
玄 : 이치묘할 현
挍 : 살필 교
挍 : 校(울타리 교)의 오기
讎 : 교정할 수
華 : 빛날 화
騰 : 오를 등
翥 : 날아오를 저
博 : 넓을 박
瞻 : 넉넉할 섬
猶 : 오히려 유
愧 : 부끄러울 괴
憤 : 분발할 분
溟 : 바다 명
渤 : 바다이름 발
造 : 도착할 조
諮 : 물을 자
詢 : 물을 순
猷 : 길 유
了 : 깨달을 료
旻 : 어진하늘 민
素 : 원래 소
霑 : 젖을 점
典 : 책 전
腐 : 썩을 부
芥 : 지푸라기 개
懼 : 근심할 구
啓 : 말씀드릴 계
爰 : 이에 원
稟 : 받을 품
肆 : 베풀 사
嘉 : 아름다울 가
牒 : 서찰 첩
謝 : 끊을 사

8) 장엄사〔莊嚴〕: 동진(東晋) 때인 348년에 건립한 사찰. 양(梁)・진(陳) 시대 성실론(誠實論)의 본거지.
9) 민공(旻公) : 민공이란 승려 승민(僧旻)을 말함. 승민(467~527)은 양나라의 고승.
10) 속세의 서책〔世典〕: 원문의 世典(세전)은 속세(俗世)의 전적(典籍)을 줄인 말.
11) 신비의 궁구〔窮神〕: 신비를 깊이 파고들어 연구함. 『주역』 계사전에 「窮神知化 德之盛也(신비로움을 다하여 변화함을 아는 것은 덕을 높이려 하기 때문이다.)」
12) 성인의 교훈〔名教〕: 원문의 名教(명교)는 명분(名分)과 교화(教化)를 줄인 것. 인류에 관계되는 것으로 성인의 교훈.
13) 구족계〔具戒〕: 비구나 비구니가 지켜야 할 계율(戒律).

그리하여 성실[14]열반을 얻어 마음속에 간직해두고 삼장[15]과 석론[16]을 두루 탐구했다. 또 나중에는 오나라의 호구산[17]으로 들어가 정념과 정정[18]을 서로 따르고, 총체적이면서도 분석적으로 사고[19]하는 것을 잊어 본 적이 없었으므로 승려의 무리들이 임천(林泉)[20]으로 구름처럼 몰려들었다. 또한 『사아함경』[21]을 종합해서 섭렵하고 연구는 8정[22]에 통하여 선한 일을 밝힘은 쉽게 행해지고, 질박하고 정직함은 어그러짐이 없었다. 본래 가지고 있던 마음과 매우 잘 맞았기 때문에 드디어는 이곳에서 일생을 마칠 생각을 가지고 있었다. 이에 즉시 인간세상의 일을 끊고 성인들의 자취를 두루 찾아다니면서 세상 밖[23]에 뜻을 두고 영원히[24] 속세를 버리려 했다.

이 당시 산밑에 살고 있는 신도가 원광에게 나와 강의해 줄 것을 청하였으나 굳이 사양하고 허락하지 않았다. 그러나 간절하게 청하므로 마침내 그의 뜻에 따라 처음에 『성실론』을 강의하고 마지막에는 『반야경』[25]을 강의했다. 모든 생각과 해석이 준수하고 명철해서 좋은 질문이 오고 가며 겸하여 아름다운 말로 글의 뜻을 엮어가니 듣는 사람이 기뻐하여 마음에 꼭 들어하였다.

이로부터 옛 규칙[26]에 따라 중생을 개도하고 교화[27]함을 임무로 삼으니 법륜이 한번 움직일 때마다 문득 강물을 기울여 쏟 듯 세상[28]을 불법으로 쏠리게 하였다. 비록 다른 나라에서의 전도였지만 도에 젖어 결함을 송두리째 없애버림으로써 그의 명망은 널리 퍼져 중국 남방 일대[29]까지 펼쳐졌다. 이에 가시밭을 헤치고 바랑을 둘러메고 찾아오는 사람이 고기비늘처럼 이어졌다.

14) 성실(成實) : 성실론(成實論). 성실종의 근본성전(根本聖典)으로 인도의 가리발마(訶梨跋摩)가 편찬. 『성실론』에 의하면 우주의 모든 현상은 실재로 존재하는 것이 아니라 인연에 따라 생겼다 없어졌다 한다고 함. 이러한 인식으로 고·집·멸·도의 원리를 안 뒤 8정도에 의해 온갖 번뇌를 멸하고 무여열반(일체의 분별적 사유가 끊어진 상태)의 경지에 이른다는 것.

15) 삼장(三藏) : 경장(經藏)·율장(律藏)·논장(論藏).

16) 석론(釋論) : 불경의 종지(宗旨)를 총괄하여 그 뜻을 나타내는 것을 종론(宗論)이라 하며, 하나하나 그 문장의 뜻을 해석하는 것을 석론(釋論)이라 함.

17) 호구산(虎丘山) : 지금의 강소성 소주시에 있는 산. 오왕 합려를 장사지냈다고 전해지며, 호구탑·운암사·검지·천인석 등의 명승고적이 있음.

18) 정념과 정정〔念定〕: 팔정도(八正道) 중의 정념(正念)과 정정(正定). 정념은 일체의 사념(邪念)을 버리고 오직 수행 정진에 집중하는 것이고, 정정은 바르게 선정(禪定)하는 자세.

19) 총체적이면서도 분석적으로 사고〔覺觀〕: 원문의 覺(각)은 총체적으로 생각〔麤思〕하는 것이며, 觀(관)은 분석적으로 관찰〔細思〕하는 것.

20) 임천(林泉) : 은사(隱士)의 정원.

21) 사아함경〔四含〕: 탑상편 가섭불 연좌석 조 참조.

故得成實涅槃·薀括心府. 三藏釋論·徧所披尋. 末又杸吳之虎※山. 念定相沿. 無忘覺觀. 息心之衆. 雲結林泉. 並以綜涉四含. 功流八定. 明善易擬. 筒直難虧. 深副夙心. 遂有終焉之慮. 於卽頓絶人事. 盤遊聖迹. 攝想靑霄. 緬謝終古.

時有信士. 宅居山下. 請光出講. 固辭不許. 苦事邀延. 遂從其志. 創通成論. 末講般若. 皆思解佼徹·嘉問飛移. 兼糅以絢采. 織綜詞義. 聽者欣欣. 會其心府.

從此因循舊章. 開化成任. 每法輪一動. 輒傾注江湖. 雖是異域通傳. 而沐道頓除嫌郄. 故名望橫流. 播于嶺表. 披榛負槖而至者. 相接如鱗.

薀 : 蘊(쌓을 온)의 이체자 또는 오기
徧 : 두루 변　披 : 헤칠 피
杸 : 投의 오기　※ : 丘의 결락
沿 : 선례를따를 연
功 : 일할 공　擬 : 적용할 의
筒 : 簡(간략할 간)의 오기
虧 : 어그러질 휴
夙 : 일찍 숙　頓 : 그칠 돈
盤 : 즐거울 반　迹 : 발자취 적
攝 : 잡을 섭　霄 : 하늘 소
緬 : 멀 면　邀 : 맞을 요
延 : 맞을 연　創 : 비로소 창
佼 : 俊(준수할 준)의 오기
佼 : 예쁠 교
糅 : 색이혼란스럽게섞일 유
絢 : 문채 현　會 : 맞출 회
輒 : 문득 첩　傾 : 기울일 경
注 : 물댈 주　嫌 : 싫어할 혐
郄 : 틈 극　播 : 펼 파
榛 : 덤불 진　槖 : 자루 탁
鱗 : 비늘 린

22) 8정(八定) : 색계(色界)의 사선정(四禪定)과 무색계(無色界)의 사공정(四空定)을 말함. 정(定)이란 생각을 가라앉히는 것이고 선(禪)이란 한 마음으로 사물을 생각하는 것.

색계(色界) 사선정(四禪定)		무색계(無色界) 사공정(四空定)	
初禪定	初禪天에 생을 얻는 선정. 尋伺喜樂 존재	空無邊處定	空無邊處에 生할 수 있는 선정
二禪定	二禪天에 〃 〃 〃. 喜樂 존재	識無邊處定	識無邊處에 〃 〃 〃
三禪定	三禪天에 〃 〃 〃. 樂 존재	無所有處定	無所有處에 〃 〃 〃
四禪定	四禪天에 〃 〃 〃. 寂靜	非想非非想處定	寂靜하여 心象이 있어도 없는 것과 같음

23) 세상 밖〔靑宵〕: 원문의 靑宵(청소)는 창공 즉 세상 밖이라는 의미.
24) 영원히〔終古〕: 원문의 終古(종고)는 영원 또는 영구의 뜻.
25) 반야경〔般若〕: 의해편 원광서학 조 해설 참조.
26) 옛 규칙〔舊章〕: 원문의 舊章(구장)은 옛날의 규칙 또는 법칙. 『시경』 大雅에 「不愆不忘率由舊章(잘못도 실수도 없이 모두 옛 법도 따르네.)」
27) 개도하고 교화〔開化〕: 『무량수경』 서설(序說)에 「入衆言語 開化一切(보살은 모든 언어에 통달하여 모든 중생을 개도하고 교화해야 한다.)」
28) 세상〔江湖〕: 원문의 江湖(강호)는 세상을 뜻하나 여기서는 세상의 모든 사람을 의미.
29) 중국 남방 일대〔嶺表〕: 원문의 嶺表(영표)는 중국의 오령(五嶺) 남쪽지방으로 광동(廣東)과 광서(廣西) 지역.

때마침 수나라 임금의 세상이 되어[30] 그 위세가 남쪽 나라까지 미치니 진나라의 운명이 다하였다. 수나라 군인들이 양도[31]로 쳐들어오자 마침내 원광도 병란의 피해를 입게 되어 잡혀 죽게 될 참이었다. 수나라의 대장이 절과 탑이 불타는 것을 바라보고 달려가서 불을 끄려 하였으나 불타는 모습은 전혀 없고 다만 원광만이 탑 앞에 묶이어 막 죽임을 당하려 하는 것이 보였다. 대장은 그 이상한 일을 괴이하게 여겨 즉시 결박을 풀어 놓아주었으니 원광이 위기에 임하여 감응됨이 이와 같았다.

원광은 오나라와 월나라에서 학문이 통했으므로 문득 주나라와 진나라의 문화를 보고 싶은 마음이 생겨 개황[32] 9년(589)에 수나라 임금이 있는 서울로 와서 지냈다. 이때는 불법의 초회[33]를 맞아 섭론종[34]이 처음으로 일어나니 경전의 오묘한 말씀을 삼가 받들어 미묘한 실마리를 일으켜 세웠으며, 또한 지혜로운 해석을 신속하게 하니 그의 명성이 서울에 높이 드날렸다. 큰 업적이 이루어지고 나서 불도를 동쪽으로 전하려 했다. 멀리 본국에서 이 소문을 듣고 수나라 임금에게 글을 올려 원광을 보내줄 것을 여러 차례 청하였다. 이에 칙서를 내려 후하게 노고를 위문하고 고국으로 돌아가게 하였다.

원광이 여러 해만에 돌아오니 늙은이나 젊은이 모두가 서로 기뻐하였다. 신라왕 김씨가 그를 만나보고 거듭 공경하고 존경하여 마치 성인처럼 떠받들었다. 원광의 성품이 겸허하며 고요하고 정이 많아 모든 사람을 사랑[35]하였다. 말할 때는 항상 웃음을 머금고 노여운 기색을 절대로 나타내지 않았다. 그리고 중국과의 외교문서[36]나 왕에게 올리는 글 등의 오고 가는 국서[37]는 모두 그의 흉금에서 우러나왔다. 온 나라[38]가 그에게 쏠려 떠받들었고 나라 다스리는 방책을 모두 그에게 맡겼으며 교화하는 도리도 그에게 물었다. 실제로는 벼슬하여 일을 하는 것은 아니나 실상은 나라를 통틀어 돌아보는 것[39]과 다름이 없었다. 기회 있는 대로 교훈을 널리 펴서 지금까지도 모범으로 내려오고 있다.

30) 세상이 되어〔御宇〕: 원문의 御宇(어우)는 임금의 온 세상〔宇內〕이란 뜻.
31) 양도(揚都) : 중국의 양주(揚州)로 진(陳)나라의 수도.
32) 개황(開皇) : 수나라 문제의 연호(590~600).
33) 초회(初會) : 보살이 수행을 마치고 성불하여 처음으로 교법을 설하는 법회. 『무량수경』「彼佛初會聲聞衆數 不可稱計 菩薩亦然(저 부처님의 처음 집회 때 모인 성문들의 수를 가히 헤아릴 수 없고 보살 또한 그러했다.)」

會隋后御字・威加南國. 曆窮其數. 軍入揚都. 遂被亂兵. 將加刑戮. 有大主將. 望見寺塔火燒. 走赴救之. 了無火狀. 但見光在塔前・被縛將殺. 旣怪其異. 卽解而放之. 斯臨危達感如此也.

光學通吳越. 便欲觀化周秦. 開皇九年. 來遊帝宇. 値佛法初會. 攝論肇興. 奉佩文言. 振績微緖. 又馳慧解. 宣譽京皐. 勣業旣成. 道東須繼. 本國遠聞. 上啓頻請. 有勑厚加勞問. 放歸桑梓.

光往還累紀. 老幼相欣. 新羅王金氏面申虔敬. 仰若聖人. 光性在虛閑. 情多汎愛. 言常含笑. 慍結不形. 而牋表啓書・往還國命. 並出自胸襟. 一隅傾奉. 皆委以治方. 詢之道化. 事異錦衣. 請同觀國. 乘機敷訓. 垂範于今.

字 : 宇의 오기
窮 : 다할 궁
數 : 운명 수
戮 : 죽일 륙
赴 : 다다를 부
縛 : 묶을 박
便 : 문득 변
値 : 당할 치
肇 : 시작할 조
佩 : 찰 패
文 : 법 문
緖 : 실마리 서
宣 : 펼 선
譽 : 이름날 예
皐 : 언덕 고
勣 : 공(功) 적
須 : 반드시 수
頻 : 자주 빈
桑梓 : 뽕나무와 가래나무로 고향을 뜻함
紀 : 해 기
虔 : 경건할 건
仰 : 우러를 앙
閑 : 고요할 한
慍 : 성낼 온
牋 : 글 전
胸 : 가슴 흉
襟 : 가슴 금
隅 : 모퉁이 우
詢 : 물을 순
請 : 情의 오기
敷 : 펼 부
垂 : 미칠 수

34) 섭론종〔攝論〕 : 『섭대승론』을 근본경전으로 하는 중국 13종파 중의 하나. 『섭대승론』에서는 萬有는 唯心으로 돌아간다는 이론과 이에 의한 종교적 실천을 주장.

35) 모든 사람을 사랑〔汎愛〕 : 『논어』 학이편에 「弟子入則孝 出則弟 謹而信 汎愛衆 而親仁(젊은이들은 집에 들면 효도하고, 밖에 나가면 어른께 공손하며, 행동을 삼가고 신의를 지키며, 널리 대중을 사랑하되 인자를 가까이 해야한다.)」

36) 외교문서〔牋表〕 : 원문의 牋表(전표)는 중국의 황제에게 올리는 글월.

37) 국서〔國命〕 : 원문의 國命(국명)은 나라의 명령이라는 뜻이나 여기서는 국서의 의미.

38) 온 나라〔一隅〕 : 원문의 一隅(일우)는 한 지방을 뜻하나 여기서는 한 나라 전체를 의미.

39) 나라를 통틀어 돌아보는 것〔觀國〕 : 『주역』 상사편에 「觀國之光 尙賓也(나라의 광명을 살펴본다 함은 국빈을 숭상한다는 것이다.)」

이제는 원광이 나이가 많아져 수레를 타고 대궐로 들어가자 그의 의복 · 약 · 음식을 모두 왕이 손수 마련하고 주위의 사람들이 돕는 것을 허락하지 않음으로써 왕 혼자만 복을 받으려 하였으니, 왕이 감동하고 존경하는 것이 이와 같았다. 그가 바로 죽기 전에 왕이 친히 그의 손을 잡고 위로하며 함께 백성을 구원할 법을 남겨주기를 여러 번 부탁하자, 상서로운 조짐[40]을 이야기해 길조가 나라의 구석까지 미쳤다.

건복 58년[41](640)에 그의 몸이 좋지 않은 것을 조금씩 느끼다가 7일이 지나 간절한 계를 남기고 그가 머무르던 황룡사 안에서 단정히 앉은 채 세상을 떠났다. 그의 나이 99세이니 바로 당나라 정관 4년[42](630)이었다.(마땅히 14년이라 해야 옳을 것이다.) 임종 당시 절의 동북쪽 허공 중에 음악소리가 가득 차고 신이한 향기가 절 안에 가득하니 승려들과 속인들이 슬퍼하면서도 그의 감응으로 알고 좋은 일로 여겼다. 마침내 교외에서 장사를 지냈는데, 나라에서 의장과 모든 장례용 도구를 내려 왕의 장례와 같이 했다. 그 후 속세 사람 가운데 죽은 태아를 낳은 사람이 있었는데, 세속에서 말하기를 '복이 있는 사람의 무덤에 그것을 묻으면 후손이 끊어지지 않는다' 하여 몰래 그의 묘 옆에 묻었더니 바로 그날 죽은 태아에게 벼락이 쳐서 무덤 밖으로 내쳐졌다. 이 일로 불경스런 마음을 품었던 사람들도 모두 그를 우러러 숭배하게 되었다.

그의 제자 중에 원안은 정신이 지혜롭고 기민[43]하였는데, 천성이 두루 살펴보기를 좋아하였으며 그윽한 곳에서 도 구하기를 앙모했다. 마침내 북쪽으로는 환도[44]에 갔었고 동쪽으로는 불내[45]를, 또 서쪽으로는 연나라와 위나라를 돌아보았다. 그 후 황제가 있는 서울(장안)에 가서 각 지방의 풍속을 두루 통달하고, 불경 이론을 탐구하여 큰 줄거리를 파악하였으며 자세한 뜻까지도 밝게 알았다. 만년에는 마음의 학문[46]으로 돌아와 세속[47]의 도를 고양하였다. 처음 서울의 절에 머무를 때 도가 있는 것으로 소문이 나서 특진 소우[48]가 임금에게 청하여 남전[49]에 지은 진량사에 머무르게 하고 네 가지 공양물품[50]을 육시[51]에 변함 없이 주었다.

40) 상서로운 조짐[徵祥] : 『시경』에 「而有徵祥之端(상서로운 조짐의 실마리가 있었다.)」
41) 건복 58년(建福五八年) : 건복은 진평왕의 연호(584~633)로 건복 50년으로 끝남. 58년이라면 선덕여왕 9년을 가리키는 듯한데, 이때는 인평(仁平)이라는 연호를 사용함.
42) 정관 4년(貞觀四年) : 정관은 당나라 태종의 연호(627~649)로 정관 4년은 630년임. 원광이 죽은 해가 640년이므로 정관 14년이어야 함.
43) 정신이 지혜롭고 기민[神忘機穎] : 원문의 神忘機穎(신망기영)은 정신이 지혜롭고 근기가 총명하다는 神慧機穎(신혜기영)의 오기인 듯함.

年齒旣高. 乘輿入內. 衣服藥食. 並王手自營. 不許佐助. 用希專福. 其感敬爲此類也. 將終之前. 王親執慰. 囑累遺法. 兼濟民斯. 爲說徵祥. 被于海曲.

以彼建福五十八年. 少覺不念. 經于七日. 遺誡淸切. 端坐終于所住皇隆寺中. 春秋九十有九. 卽唐貞觀四年也.(宜云十四年.) 當終之時. 寺東北虛中. 音樂滿空. 異香充院. 道俗悲慶. 知其靈感. 遂葬于郊外. 國給羽儀葬具. 同於王禮.

後有俗人兒胎死者. 彼土諺云. 當於有福人墓埋之. 種胤不絶. 乃私瘞於墳側. 當日震此胎屍. 擲于塋外. 由此不懷敬者. 率崇仰焉.

有弟子圓安. 神忘機穎. 性希歷覽. 慕仰幽求. 遂北趣九都. 東觀不耐. 又西燕魏. 後展帝京. 備通方俗. 尋諸經論. 跨轢大綱. 洞淸纖旨. 晩歸心學. 高軌光塵. 初住京寺. 以道素有聞. 特進蕭瑀. 奏請住於藍田所造津梁寺. 四事供給・無替六時矣.

齒 : 나이 치
輿 : 수레 여
內 : 대궐안 내
營 : 지을 영
佐 : 도울 좌
希 : 바랄 희
囑 : 부탁할 촉
累 : 더할 루
徵 : 조짐 징
經 : 지날 경
道 : 승려 도
胎 : 아이밸 태
埋 : 묻을 매
胤 : 胤(이을 윤)의 異體字
瘞 : 묻을 예
震 : 벼락칠 진
擲 : 던질 척
塋 : 무덤 영
懷 : 품을 회
率 : 모두 솔
忘 : 慧의 오기인 듯함
穎 : 빼어날 영
趣 : 향하여갈 취
九 : 丸의 오기인 듯함
備 : 다할 비
跨 : 타넘을 과
轢 : 삐걱거릴 력
纖 : 가늘 섬
軌 : 법도따를 궤
塵 : 속세 진
蕭 : 쑥 소
瑀 : 옥돌 우
替 : 폐지할 체

44) 환도〔九都〕: 원문의 九都(구도)는 고구려의 수도 丸都(환도)의 오기인 듯함.
45) 불내(不耐) : 지금의 함경남도 안변지방. 동예(東濊)의 옛 땅.
46) 마음의 학문〔心學〕: 불교를 뜻함.
47) 세속〔光塵〕: 화광동진(和光同塵)에서 따온 것으로 여기서는 세속을 의미. 상세한 설명은 이혜동진조 참조.
48) 소우(蕭瑀) : 당나라 때 사람으로 태종 시대에 동중서문하(同中書門下)를 역임.
49) 남전(藍田) : 중국 협서성에 있는 산 이름.
50) 네 가지 공양물품〔四事〕: 공양하는 네 가지 물품. 의복 · 음식 · 침구 · 탕약 또는 숙소 · 의복 · 음식 · 탕약을 사사(四事)라 함.

원안이 언젠가 원광에 대해 서술하기를 '신라의 왕이 병이 들어 의원이 치료하였으나 차도가 없어 원광에게 궁궐에 들어올 것을 요청하여 옆에 따로 모셨다. 그는 왕에게 매일 밤 두 시간씩 심오한 설법을 하며 계를 받게 하여 참회하게 하였더니 왕이 그를 매우 신봉했다. 어느 날 초저녁에 왕이 원광의 머리를 보니 금빛이 찬란하고 일륜[52]의 모양이 그의 몸을 따라다니는데 왕후와 궁녀들도 함께 이것을 보았다. 이로부터 더욱더 승심을 내어 원광을 병실에 머물러 있게 했더니 얼마 안 되어 병이 나았다' 라 했다. 원광이 진한과 마한에서 정법[53]을 널리 폈다. 해마다 두 차례씩 강론하여 후진들을 양성했으며 시주 받은 재물은 모두 절을 운영하는 데 쓰니 남은 것은 오직 가사와 식기뿐이었다.」(달자함(達字函)에 실려 있다.)

또 동경(경주)의 안일호장[54]인 정효의 집에 있는 고본 『수이전』의 「원광법사전」에 다음과 같이 쓰여 있다.

「법사의 속성은 설씨로 서울 사람이다. 처음에 승려가 되어 불법을 배웠는데 나이 30이 되자 조용히 살면서 수도할 것을 생각하고 홀로 삼기산[55]에 살았다. 그 후 4년이 지나 어떤 비구가 와서 멀지 않은 곳에 따로 암자를 짓고 2년을 살았다. 그의 사람됨이 모질고 사나웠으며 주술로 수련하는 것을 좋아했다. 원광법사가 밤에 홀로 앉아 불경을 외웠더니 홀연히 신의 목소리로 그의 이름을 부르면서 "그대의 수행은 참으로 좋구나! 대체로 수행하는 자는 많으나 법대로 하는 사람은 드물다. 지금 이웃에 있는 비구는 대충 주술을 닦고 있지만 얻는 것이 없을 것이며 시끄러운 소리가 다른 사람의 고요한 사념을 뒤흔들고, 그가 머무르고 있는 곳은 내가 다니는 길에 방해가 되어 오고 갈 때마다 미운 생각이 날 지경이다. 법사께서 나를 위하여 그 사람에게 말하여 옮겨가게 해주게나. 만일 오래 머문다면 어쩌면 내가 갑자기 죄 되는 일을 저지를 것 같다"고 했다.

51) 육시(六時) : 하루를 여섯으로 나눈 것을 말함. 즉 낮은 아침 · 낮 · 해 질 녘이고 밤은 초저녁 · 밤중 · 새벽으로 나눔.

52) 일륜(日輪) : 태양을 의미. 불교에서 태양은 허공 중에서 수미산의 허리를 돌면서 수미산의 동 · 서 · 남 · 북에 있는 4대주를 차례로 비춤.

53) 정법(正法) : 부처의 교법 즉 불법. 『무량수경』 서분에 「處兜率天 弘宣正法 捨彼天宮(도솔천에 계시면서 부처님의 교법을 널리 펴시다가 저 하늘의 궁전을 버렸다.)」

安嘗叙光云. 本國王染患. 醫治不損. 請光入宮. 別省安置. 夜別二時爲說深法. 受戒懺悔. 王大信奉. 一時初夜. 王見光首・金色晃然. 有象日輪. 隨身而至. 王后宮女同共觀之. 由是重發勝心. 克留疾所. 不久遂差. 光於辰韓馬韓之間. 盛通正法. 每歲再講. 匠成後學. ※※之資. 並充營寺. 餘惟衣盋而巳.(載達函.)

損 : 덜 손
省 : 대궐안 생
懺 : 뉘우칠 참
悔 : 뉘우칠 회
晃 : 빛날 황
輪 : 바퀴 륜
克 : 마음억누를 극
差 : 병나을 차
※ : 䞋(돈 친)의 결락
※ : 施(줄 시)의 결락
盋 : 식기 발
巳 : 已의 오기

又東京安逸戶長貞孝家在・古本殊異傳. 載圓光法師傳曰.

法師俗姓薛氏. 王京人也. 初爲僧學佛法. 年三十歲. 思靜居修道. 獨居三岐山. 後四年有一比丘來. 所居不遠. 別作蘭若. 居二年. 爲人强猛. 好修呪述. 法師夜獨坐誦經. 忽有神聲呼其名. 善哉善哉. 汝之修行. 凡修者雖衆. 如法者稀有. 今見隣有比丘. 徑修呪術而無所得. 喧聲惱他靜念. 住處礙我行路. 每有去來. 幾發惡心. 法師爲我語告. 而使移遷. 若久住者. 恐我忽作罪業.

岐 : 높을 기
蘭若 : 절, 사찰(범어 āranya의 음역)
猛 : 사나울 맹
誦 : 외울 송
稀 : 드물 희
喧 : 지껄일 훤
惱 : 번뇌할 뇌
礙 : 방해할 애
恐 : 아마도 공

54) 안일호장(安逸戶長) : 호장은 향직의 우두머리. 고려 태조 때 신라의 지방세력인 성주나 호족을 포섭하여 호장이라는 향직을 주었으며, 호장으로 70세가 지나면 안일호장이라 하여 퇴역전(退役田)으로 호장직의 반을 줌.

55) 삼기산(三岐山) : 경북 경주시 안강읍 서남쪽에 있는 산.

금곡사 산신각의 산신

이튿날 법사가 가서 말하기를 "제가 어젯밤에 신의 말을 들었는데 스님은 다른 곳으로 옮기는 것이 좋을 것 같습니다. 그렇지 않으면 반드시 큰 재앙이 있을 것입니다"라 하자 그 비구가 대답하기를 "수행이 지극한 사람도 마귀에 현혹됩니까? 법사께서는 어찌하여 여우귀신의 말을 듣고 근심합니까?"라 했다. 그날 밤 신이 다시 와서 "전에 내가 한 말에 대해 비구는 무어라고 대답하던가?"라 묻자 법사는 신이 크게 화를 낼까 두려워하여 대답하기를 "아직 말을 못했으나 만약 굳이 말을 하면 어찌 감히 듣지 않겠습니까?"라 했다. 신이 말하기를 "내가 이미 다 들었는데 법사는 어째서 말을 보태는가? 그대는 단지 잠자코 내가 하는 것만 보게나" 하고는 그만 작별하고 가버렸다. 밤중에 벼락 같은 소리가 났다. 그 다음날 가서 보니 산이 무너져 비구가 거처하던 암자를 덮어버렸다.

신이 또 와서 말하기를 "법사가 보기에는 어떠하던가?"라 하니 법사가 대답하기를 "보기에 매우 놀랍고 두려웠습니다"라 했다. 신이 말하기를 "내 나이가 거의 3천 살로서 술법이 가장 왕성하다네. 이것은 하찮은 일인데 뭐 그리 놀랄 게 있겠는가? 또 장래의 일도 모르는 것이 없고 천하의 일에 통달하지 않은 것이 없네. 지금 생각해보니 법사가 오직 이곳에만 있으면 비록 자기에게는 이로운 수행을 할 수 있으나 다른 사람을 이롭게 하는 공덕은 없을 것이네. 지금 높은 명성을 드날리지 못한다면 앞으로 성불도 하지 못할 것이니 어찌하여 중국에서 불법을 취하여 이 나라의 갈 길을 못 찾는 무리를 인도하지 않는가?"라 했다. 법사가 대답하기를 "중국에 가서 도를 배우는 것이 저의 소원이나 바다와 육지가 멀고 험해서 스스로 가지 못할 뿐입니다"라 하자 신이 중국으로 갈 계책을 자세히 가르쳐 주었다. 법사가 그 말을 따라 중국에 가서 11년[56]을 머무르면서 삼장에 널리 통달하고 겸하여 유학도 배웠다.

진평왕 22년(600) 경신(『삼국사기』에는 다음 해인 신유년에 왔다고 하였다.)에 법사가 신라로 돌아올 행장을 정리하여 중국에 왔던 조빙사를 따라 본국으로 돌아왔다. 법사가 신에게 감사를 드리기 위해 전에 살던 삼기산의 절로 갔다. 밤중에 역시 신이 나타나 그의 이름을 부르면서 말하기를 "바다와 육지의 길을 다녀옴이 어떠하던가?"라 하니 법사가 대답하기를 "신의 크신 은혜를 입어 편안히 다녀왔습니다"라 했다. 신이 말하기를 "나 또한 법사에게 계율을 주겠네" 하고는 윤회하는 세상[57]에서 서로 구해 주자는 약속을 했다.

明日法師往而告曰. 吾於昨夜有聽神言. 比丘可移別處. 不然應有餘殃. 比丘對曰. 至行者爲魔所眩. 法師何憂狐鬼之言乎. 其夜神又來曰. 向我告事. 比丘有何答乎. 法師恐神瞋怒而對曰. 終未了說. 若强語者. 何敢不聽. 神曰. 吾巳具聞. 法師何須補說. 但可默然見我所爲. 遂辭而去. 夜中有聲如雷震. 明日視之. 山頹塡比丘所在蘭若.

應 : 반드시 응
餘 : 넉넉할 여
殃 : 재앙 앙
魔 : 마귀 마
眩 : 현혹할 현
狐 : 여우 호
向 : 앞설 향
瞋 : 눈부릅뜰 진
巳 : 已의 오기
須 : 사용할 수
默 : 잠잠할 묵
頹 : 무너질 퇴
塡 : 메울 전

神亦來曰. 師見如何. 法師對曰. 見甚驚懼. 神曰. 我歲幾於三千年. 神術最壯. 此是小事. 何足爲驚. 但復將來之事・無所不知. 天下之事・無所不達. 今思法師唯居此處. 雖有自利之行. 而無利他之功. 現在不揚高名. 未來不取勝果. 盍採佛法於中國・導群迷於東海. 對曰. 學道中國. 是本所願. 海陸逈阻. 不能自通而巳. 神詳誘歸中國所行之計. 法師依其言歸中國. 留十一年. 博通三藏. 兼學儒術.

驚 : 놀랄 경
懼 : 두려워할 구
復 : 다시 부
揚 : 드날릴 양
盍 : 어찌아니할 합
逈 : 멀 형
阻 : 험할 조
巳 : 已의 오기
已 : 따름・뿐 이
誘 : 가르칠 유

眞平王二十二年庚申.(三國史云明年辛酉來.) 師將理策東還. 乃隨中國朝聘使還國. 法師欲謝神. 至前住三岐山寺. 夜中神亦來呼其名曰. 海陸途間. 往還如何. 對曰. 蒙神鴻恩. 平安到訖. 神曰. 吾亦授戒於神. 仍結生生相濟之約.

將 : 가질 장
理 : 처리할 리
聘 : 사신보낼 빙
途 : 길 도
蒙 : 입을 몽
鴻 : 클 홍
訖 : 이를 흘
神 : 師의 오기

56) 11년(十一年) : 원광법사가 중국에 체류한 기간은 589~600년까지 11년간임.
57) 윤회하는 세상〔生生〕 : 원문의 生生(생생)은 생생세세(生生世世)로 몇 번이나 태어나 세상에 나온다는 말. 중생들이 나서 죽고 죽어서 다시 태어나는 윤회를 되풀이하는 현상.

그러고는 법사가 청하기를 "신의 참모습을 볼 수 있겠습니까?"라 하자 신이 말하기를 "법사가 만약 내 모습을 보려거든 내일 아침에 동쪽 하늘 끝을 보게나"라 했다. 법사가 다음날 아침 동쪽 하늘을 바라보니 커다란 팔뚝이 구름을 꿰뚫고 하늘 끝에 닿아 있었다. 그날 밤에 신이 또 와서 말하기를 "법사는 내 팔을 보았는가?"라 하니 법사가 대답하기를 "보았는데 매우 기이하고 더 할 수 없이 신이(神異)하였습니다"라 했다. 이 때문에 삼기산을 세속에서는 비장산(臂長山)이라고 불렀다.

신이 말하기를 "비록 이런 몸을 가졌다 해도 덧없는 죽음을 면할 수 없다네. 그래서 나는 얼마 안 가서 그 고개에 이 몸을 버릴 것이니 법사는 와서 멀리 떠나는 내 영혼을 전송해 주시게나"라 했다. 약속한 날을 기다려 법사가 가서 보니 옻칠한 것과 같은 검고 늙은 여우 한 마리가 헐떡거리며 숨도 제대로 쉬지 못하다가 마침내 죽었다.[58)]

법사가 처음 중국에서 돌아왔을 때 신라 조정의 왕과 신하들이 그를 매우 존경하여 스승으로 모시니 법사는 늘 대승경전을 강론했다. 이때에 고구려와 백제가 늘 변방을 침략하므로 왕이 이것을 걱정하여 수나라(마땅히 당나라로 해야 한다.)에 군사를 청하고자 법사에게 구원병을 청하는 글을 짓게 했다. 황제가 그 글을 보고 30만 명의 군사을 내어 친히 고구려를 정벌했다. 이로부터 법사가 유술까지도 두루 통달했음이 알려졌다. 나이 84세에 세상을 떠나니 명활성 서쪽에 장사지냈다.」

58) 신(神)과 원광 사이의 설화 의미

이 설화는 여우신으로 상징되는 토착신(土着神)이 불교로 수용되는 과정을 서술한 것이다. 토착신이 어떻게 불교에 복속되어 가는지를 살펴보기 위해서는 여우신의 자기인식과 위상의 변화, 그리고 원광의 위치를 점검해 보아야 한다. 여우신은 자기의 신술이 으뜸이고 미래를 예측하며 천하의 일을 통달하고 있다고 했다. 즉 자신을 神이라고 여긴다. 하지만 신은 자신의 죽음이라는 무상의 해를 극복하지 못한다고 말함으로써 그 역시 불교의 진리에 대해서 결코 자유로운 존재가 아님을 나타내고 있다.

토착신격과 불교의 관계를 좀 더 뚜렷이 하기 위해서는 각각의 위상이 어떻게 변화하는가에 초점을 맞추어야 한다. 원광은 산에서 도를 닦는 한 승려에 불과했지만 중국에 유학 가서 학덕이 높은 고승으로 돌아온다. 그러나 원광의 도가 높아짐에 따라 신이었던 여우는 반대로 죽어가는 비참한 모습으로 나타난다.

여우가 신이었던 전반부에서는 목소리와 위력으로만 현현(顯現)하는 관념적인 형태로 존재하다가

又請曰. 神之眞容. 可得見耶. 神曰. 法師若欲見我形. 平旦可望東天之際. 法師明日望之. 有大臂貫雲·接於天際. 其夜神亦來曰. 法師見我臂耶. 對曰. 見巳甚奇絶異. 因此俗号臂長山.

平旦 : 새벽
際 : 끝 제
臂 : 팔 비
貫 : 뚫을 관
巳 : 已의 오기

神曰. 雖有此身. 不免無常之害. 故吾無月日·捨身其嶺. 法師來送長逝之魂. 待約曰往看. 有一老狐黑如柒. 但吸吸無息. 俄然而死.

害 : 죽일 해
逝 : 죽을 서
曰 : 日의 오기
柒 : 漆(옻칠할 칠)과 같은 자
吸 : 숨들이쉴 흡
俄 : 갑자기 아
鄙 : 시골 비

法師始自中國來. 本朝君臣敬重爲師. 常講大乘經典. 此時高麗百濟常侵邊鄙. 王甚患之. 欲請兵於隋.(宜作唐.) 請法師作乞兵表. 皇帝見. 以三十萬兵親征高麗. 自此知法師旁通儒術也. 享年八十四入寂. 葬明活城西.

후반부에 이르러서 비로소 형체를 가진 구체적 대상으로 등장한다. 처음에 신은 원광법사에게 목소리로만 나타난다. 눈으로 볼 수 없으며 다만 소리로만 그 존재를 알 수 있다는 것은 절대 파악할 수 없는 대상인 신을 인식하는 하나의 방법이다. 그러나 원광의 도가 높아짐에 따라 신은 자신의 모습을 서서히 보이기 시작했다. 커다란 팔뚝으로 나타났다가 마침내 나중에는 숨을 가쁘게 몰아쉬며 죽어가는 검은 여우로 자신의 모습을 완전히 드러낸 것이다. 눈으로 직접 본다는 것은 그 대상의 본질을 아는 것이다. 소리 외에는 그 존재를 파악할 수 없었던 절대적인 존재였다가 차츰 원광에게 그 모습을 드러내고 마침내 나약하게 죽어가는 모습을 보인다는 데에서 그 신격의 하락을 뚜렷이 감지할 수 있다.

이 설화에서는 토착신과 불교 사이에 갈등의 요소가 전혀 보이지 않는다. 오히려 원광과 여우신은 매우 우호적인 사이로 나타난다. 하지만 원광의 도가 높아짐에 따라 여우신의 위상은 점점 낮아진다. 여우신은 절대적 신의 위치에서 무상이라는 불교적 진리 앞에는 어쩔 수 없는 존재로 되어 불교의 권위를 인정하는 결과를 가져왔다. 다시 말하면 토착신의 불교적 복속은 토착신격의 지위를 낮추어서 불교를 상대적으로 높이는 구조이다.

〈박성지, 『삼국유사 소재 불교설화 연구』〉

또 『삼국사기』 열전에 이렇게 기록되어 있다. 「귀산이라고 하는 현명한 분은 사량부 사람인데 같은 마을의 추항과 친구가 되었다. 두 사람이 서로 말하기를 "우리들이 어진 분과 사귀려고 하면서 먼저 마음을 바로잡아 처신하지 않는다면 필경 욕을 불러들일 것이다. 어찌 어진 분을 찾아가서 도를 묻지 않을 수 있겠는가?"라고 하였다. 이때 원광법사가 수나라에서 돌아와 가슬갑[59](혹은 加西(가서) 또는 嘉栖(가서)라고도 하는데 모두 방언이다. 갑(岬)은 속언에 곶(古尸)이라고 하여 혹 곶절이라 하니 마치 갑사라 하는 것과 같다. 지금의 운문사에서 동쪽으로 9천 보쯤 되는 곳에 가서(加西)고개가 있는데 혹 가슬고개라고도 한다. 고개의 북쪽 골에 있는 절터가 바로 이곳이다.)에 머물러 있다는 소문을 듣고 두 사람이 그의 처소에 나아가 말씀드리기를 "속된 사람들이라 어리석어서 아는 것이 없습니다. 바라옵건데 한 말씀 해주시면 평생의 지표로 삼겠습니다"라 하자 원광이 말하기를 "불교에는 보살계[60]가 있고 그 외에 10계가 있으나 너희들은 남의 신하와 자식된 몸이니 아마도 감당하지 못할 것이다. 여기에 세속에서 지켜야할 다섯 가지 계가 있으니 첫째가 충성으로 임금을 섬기는 것이요, 둘째는 효도로써 부모를 섬기는 것이요, 셋째는 친구를 사귐에는 믿음이 있어야 하고, 넷째는 싸움에 임하여서는 물러서지 않는 것이요, 다섯째는 살생을 가려서 해야 하니, 너희들은 이 일을 실행함에 소홀히 하지 마라"라 했다.

귀산 등이 말하기를 "다른 것은 이미 잘 알았사오나 이른바 생물을 죽이되 가려서 죽이라는 말씀만은 아직 깨닫지 못했습니다"라 하자 원광이 말하기를 "육재일[61]과 봄 · 여름에는 살생을 하지 않는데 이것은 시기를 가리는 것이요, 부리는 가축은 죽이지 말아야 하는데 이는 말 · 소 · 닭 · 개를 말하는 것이다. 미물을 죽이지 말라는 것은 고기가 한 점도 되지 못하는 것을 말함이다. 이는 대상을 가리라는 것이니, 이것도 또한 쓸 만큼만 죽이지 많이 죽이지 말라는 것이다. 이것이 세속의 좋은 계율이다"라 했다. 귀산 등이 말하기를 "지금부터 이 말씀을 받들어 행하여 감히 어기지 않겠습니다"라고 했다. 그 후 두 사람이 싸움터에 나아가 모두 국가에 특출한 공을 세웠다.」

59) 가슬갑(嘉瑟岬) : 지금의 경북 청도에 있음. 상세한 해설은 보양이목 조 참조.

60) 보살계(菩薩戒) : 보살이 지켜야할 계율. 종류로는 3취정계(三聚淨戒) · 10중금계(重禁戒) · 48경계(輕戒) · 250계 · 348계 등이 있음. 10중금계의 내용은 다음과 같음. ① 살생하지 말라〔不殺戒〕 ② 도적질하지 말라〔不偸戒〕 ③ 사음하지 말라〔不淫戒〕 ④ 거짓말하지 말라〔不妄語戒〕 ⑤ 술 마시지 말라〔不飮酒戒〕 ⑥ 남의 죄과를 말하지 말라〔不說罪過戒〕 ⑦ 자기를 자랑하고 남을 헐뜯지 말라〔不自讚毁他戒〕 ⑧ 인색하고 탐욕 하지 말라〔不慳戒〕 ⑨ 성내는 마음을 내지 말라〔不瞋戒〕 ⑩ 불법승 삼보를 비방하지 말라〔佛謗三寶戒〕

又三國史列傳云. 賢士貴山者沙梁部人也. 與同里箒項爲友. 二人相謂曰. 我等期與士君子遊. 而不先正心持身. 則恐不免於招辱. 盍問道於賢者之側乎. 時聞圓光法師入隋回・寓止嘉瑟岬(或作加西. 又嘉栖. 皆方言也. 岬・俗云古尸. 故或云古尸寺. 猶言岬寺也. 今雲門寺東九千步許. 有加西峴. 或云嘉瑟峴. 峴之北洞有寺基是也.)二人詣門進告昌. 俗士顓蒙. 無所知識. 願賜一言. 以爲終身之誡. 光曰佛敎有菩薩戒. 其別有十. 若等爲人臣子. 恐不能堪. 今有世俗五戒. 一曰. 事君以忠. 二曰. 事親以孝. 三曰. 交友有信. 四曰. 臨戰無退. 五曰. 殺生有擇. 若※行之無忽.

貴山等曰. 他則旣受命矣. 所謂殺生有擇. 特未曉也. 光曰. 六齋曰春夏月不殺. 是擇時也. 不殺使畜・謂馬牛雞犬. 不殺細物・謂肉不足一臠. 是擇物也. 此亦唯其所用. 不求多殺. 此是世俗之善戒也. 貴山等曰. 自今以後. 奉以周旋. 不敢失墜. 後二人從軍事. 皆有奇功於國家.

箒 : 빗자루 추
期 : 약속할 기
士 : 남자 사
側 : 가까울 측
寓 : 잠시머물러살 우
瑟 : 큰거문고 슬
栖 : 깃들일 서
岬 : 산기슭 갑
峴 : 고개 현
尸 : 주검 시
詣 : 나아갈 예
昌 : 日의 오기
顓 : 어리석을 전
蒙 : 어릴 몽
若 : 당신 약
等 : 무리 등
堪 : 견딜 감
擇 : 가릴 택
若 : 너 약
※ : 等의 결락
曉 : 깨달을 효
齋 : 삼갈 재
曰 : 日의 오기
臠 : 저민고기 련
旋 : 주선할 선
墜 : 떨어질 타

61) 육재일(六齋日) : 불교에서 매월 몸을 조심하고 마음을 깨끗이〔齋戒〕하는 여섯 날. 매월 8일 · 14일 · 15일 · 23일 · 29일 · 30일임. 이 날은 사천왕이 사람의 선악을 살피는 날이며, 악귀가 사람을 엿보는 날이므로 불교에서는 매사 조심하고 계를 지켜야 하는 날.

62) 건복(建福) : 신라 진평왕의 연호(584~633).

원광법사가 세속오계를 내리는 모습

또 건복[62] 30년(613) 계유(바로 진평왕이 즉위한 지 35년 되는 해이다.) 가을에 수나라의 사신 왕세의가 와서 황룡사에 백좌도량[63]을 열고 여러 고승을 청해서 불경을 강의했는데 원광이 가장 윗자리에 앉았다.

다음과 같이 논한다.

원종[64]이 불교를 일으킨 후 그 토대[65]는 비로소 이루어졌으나 아직도 깊은 경지에 이를 겨를이 없었다. 그래서 마땅히 불교에 귀의하여 일체의 번뇌를 소멸하는[66] 법으로써 어리석고 미욱한 중생을 깨우쳐 주어야할 것이다. 그 때문에 원광이 머물렀던 가서갑에 점찰보[67] 두는 것을 변하지 않는 규칙으로 삼았다. 이 때 시주하는 여승이 점찰보에 밭을 바치니 지금의 동평군의 밭 1백 결이 바로 이것이며, 옛 문서가 그대로 남아 있다.

원광은 성품이 텅 비고 허정한 것을 좋아하였으며 말할 때는 항상 미소를 머금었고 성내는 기색이 없었다. 그는 이미 나이[68]가 많아져 수레를 타고 대궐 안까지 들어가니 그 당시 덕망과 인의를 갖춘 훌륭한 분이 많았지만 그보다 나은 사람은 없었다. 그의 뛰어난 문장[69]은 한 나라를 기울일 만하였다. 나이 80여 세로 정관 연간에 세상을 뜨니 부도는 삼기산 금곡사[70](지금의 안강 서남쪽 골짜기이니 바로 명활성 서쪽에 있다.)에 있다. 『당전』[71]에서는 황륭사에서 입적하였다고 했으나 그 장소가 분명하지 못하다. 아마도 황룡사가 잘못 전해진 듯하니 이는 마치 분황사를 왕분사로 한 예와 같다.

63) 백좌도량(百座道場) : 백고좌(百高座)라고도 함. 백고좌는 진흥왕 때부터 열렸으며, 이 행사는 종래에 행해졌던 국가 가호의 신앙을 불교법회로 한 것임. 이 법회는 호국경전인 『금광명경』·『인왕경』·『법화경』 등을 독송하며, 천룡팔부신중에게 국가와 왕실의 안태를 기원하는 것.

64) 원종(原宗) : 신라 제24대 법흥왕의 이름.

65) 토대〔津梁〕 : 원문의 津梁(진량)은 강을 건너는 나루와 다리란 말. 즉 불교를 일으킬 수 있는 토대가 이루어졌다는 뜻.

66) 불교에 귀의하여 일체의 번뇌를 소멸하는〔歸戒滅懺〕 : 원문의 歸戒(귀계)는 불·법·승 삼보의 계법(戒法)에 귀의하는 것이고, 滅懺(멸참)은 번뇌를 제거하고 참회한다는 것.

67) 점찰보(占察寶) : 『점찰경(占察經)』에 의한 점찰법회를 재정적으로 뒷받침하기 위한 재단. 원광이 점찰보를 만들어 법회를 처음 개최.

68) 나이〔年臘〕 : 원문의 臘(랍)은 승려의 나이를 의미하기 때문에 승려의 年歲(연세)를 年臘(연랍)이라 함.

69) 뛰어난 문장〔文藻〕 : 원문의 文藻(문조)는 문장의 미려함을 뜻함.

又建福三十年癸酉(即眞平王卽位三十五年也.)秋. 隋使王世儀至. 於皇龍寺設百座道場. 請諸高德說經. 光最居上首.

議曰.

原宗興法巳來. 津梁始置. 而未遑堂奧. 故宜以歸戒滅懺之法. 開曉愚迷. 故光於所住嘉栖岬. 置占察寶. 以爲恒規. 時有檀越尼. 納田於占察寶. 今東平郡之田一百結是也. 古籍猶存.

光性好虛靜. 言常含笑. 形無慍色. 年臘旣邁. 乘輿入內. 當時群彥. 德義攸屬. 無敢出其右者. 文藻之贍. 一隅所傾. 年八十餘. 卒於貞觀間. 浮圖在三岐山金谷寺.(今安康之西南洞也. 亦明活之西也.) 唐傳云. 告寂皇隆寺. 未詳其地. 疑皇龍之訛也. 如芬皇作王芬寺之例也.

巳 : 已의 오기
遑 : 겨를 황
奧 : 그윽할 오
懺 : 뉘우칠 참
栖 : 栖의 오기
籍 : 문서 적
檀越 : 시주 · 보시, 시주하는 신자의 뜻으로 범어 Dana의 음역

虛靜 : 망상과 잡념이 없이 마음이 항상 평정함
慍 : 성낼 온　臘 : 햇수 랍
邁 : 늙을 매　輿 : 수레 여
彥 : 아름다운선비 언
攸 : 바 유　藻 : 글 조
寂 : 입적할 적

70) 금곡사(金谷寺) : 경북 경주시 강서면 두류리 사곡에 신라시대의 주춧돌과 탑돌이 남아 있음.
71) 당전(唐傳) : 『당고승전(唐高僧傳)』의 약칭. 『속고승전(續高僧傳)』이라고도 함.

금곡사 傳원광법사부도탑

부도탑 자리에 새로이 만든 탑

위의 『당전』과 『향전』에 나오는 두 전기에 따르면 다만 성씨가 박씨 또는 설씨이며 출가한 곳도 우리나라와 중국으로 되어 있어 마치 두 사람인 듯하므로 함부로 명확하게 결정할 수 없어 두 전기를 그대로 실었다. 그러나 여러 전기에는 모두 작갑 · 이목 · 운문사[72]의 사실이 없다. 그런데 우리나라 사람 김척명이 항간의 이야기를 그릇되게 윤색하여 원광법사 전기를 지으면서 함부로 운문사를 창건한 보양스님의 사적을 합하여 하나의 전기를 만들었다. 그 후 『해동승전』을 지은 이도 그 잘못된 것을 이어받아서 기록했기 때문에 당시 사람들이 잘못 알고 있었다. 그래서 이것을 분별하고자 한 글자도 가감하지 않고 두 전기의 글을 자세히 실었다.

진나라와 수나라 시대에 우리나라 사람으로 바다를 건너 불도를 배운 자는 드물었고, 설혹 있다 하더라도 크게 떨치지 못했다. 원광 이후에는 중국으로 유학 가는 사람들이 계속하여 이어졌으니[73] 이는 바로 원광이 길을 열었던 것이다.

다음과 같이 찬미한다.

바다 건너 처음으로 한나라 땅 구름 뚫으니,
몇 사람이 오가며 맑은 향기(불교) 품었을꼬.
옛날의 자취는 청산에 남았기에,
금곡[74]과 가서[75]의 일을 들을 수 있네.

원광국사 영탱

72) 작갑 · 이목 · 운문사〔鵲岬璃目與雲門〕 : 의해편 보양이목(寶壤梨木) 조 참조.
73) 계속하여 이어졌으니〔憧憧〕 : 원문의 憧憧(동동)은 계속적으로 왕래가 이어지는 모양.
74) 금곡(金谷) : 금곡사(金谷寺).
75) 가서(嘉西) : 가슬갑사(嘉瑟岬寺).

據如上唐鄕二傳之文. 但姓氏之朴薛. 出家之東西. 如二人焉. 不敢詳定. 故兩存之. 然彼諸傳記. 皆無鵲岬璃目與雲門之事. 而鄕人金陟明. 謬以街巷之說. 潤文作光師傳. 濫記雲門開山祖寶壤師之事迹. 合爲一傳. 後撰海東僧傳者. 承誤而錄之. 故時人多惑之. 因辨於此. 不加減一字. 載二傳之文詳矣.

陳隋之世. 海東人鮮有航海問道者. 設有. 猶未大振. 及光之後. 繼踵西學者憧憧焉. 光乃啓途矣.

陟 : 오를 척
謬 : 어긋날 류
濫 : 외람될 람
撰 : 지을 찬
辨 : 분별할 변
鮮 : 드물 선
航 : 건널 항
設 : 가령 설
振 : 떨칠 진
踵 : 이을 종
憧 : 왕래가끊이지아니하는모양 동
啓 : 열 계

讚曰.

航海初穿漢地雲.
幾人來往挹淸芬.
昔年蹤迹靑山在.
金谷嘉西事可聞.

穿 : 뚫을 천
挹 : 잡아당길 읍
蹤 : 자취 종

반야심경(般若心經) 개요

1. 개관

1-1. 『반야심경』(원 이름은 摩訶般若波羅蜜多心經)의 의미

절대적인 지혜에 의해서 부처님의 세계인 저 언덕에 도달하게 하는 핵심 경전

- 마하(摩訶) : 산스크리트어 Mahā(마하)를 음역한 것으로, 상대개념을 초월한 절대적인 위대함을 의미.
- 반야(般若) : 산스크리트어 Prajñā(프라즈냐) 또는 팔리어 Paññā(판냐)의 음역으로 **지혜**의 뜻.
- 바라밀다(波羅蜜多) : 산스크리트어 Pāramitā(파라미타)의 음역으로 **성취 · 완성** 또는 저쪽 언

덕[彼岸]에 가는 것, 혹은 간 상태를 뜻함.

● 심(心) : 산스크리트어 Hṛdaya(흐리다야)를 의역한 것으로 원뜻은 심장이나 여기서는 정수(精髓)·정요(精要)를 의미.

● 경(經) : 산스크리트어 Sūtra(수트라)를 의역한 것으로 원뜻은 선(線) 또는 실[絲]이나, 여기서는 부처님의 교설을 간략화해서 짧은 문장으로 흩어지지 않게 묶은 것.

1-2. 『반야심경』의 위치와 종류

● 반야계 경전의 불교사상사적 위치

구 분	원시불교 (석가모니~佛滅後140년)	부파[小乘]불교 (佛滅後 140년~)	대승불교 (기원전후~)
	근본 반야경전	잡부 반야경전	대승 반야경전
경명(經名)	대반야경·대품반야경·소품반야경	반야심경·금강경	유마경·화엄경·법화경

● 종류 : 현장법사가 649년에 번역한 『반야바라밀다심경』이 우리나라에서 유일하게 독송되며, 그외에 구마라집이 번역한 마하반야바라밀대명주경(摩訶般若波羅蜜大明呪經) 등이 있음

2. 반야심경의 핵심 사상과 구조

● 핵심 사상 → 空觀(공관)

- 우주만상은 인연에 따라 생긴 것이므로 실체가 없다[諸法皆空]는 것을 설함.

● 『반야심경』의 구조 : 우리들이 외우는 『반야심경』은 정종분 즉 약본반야심경(略本般若心經)임.

광본반야심경(廣本般若心經)					
서분[序論部]	정종분[本論部] : 略本般若心經				유통분[結論部]
	入義分[起]	破邪分[承]	功能分[轉]	總結分[結]	
이 경을 설하게 된 경위를 밝히는 부분	경의 핵심을 간략하게 표기	중생계의 결박을 끊기 위해 만상이 실체가 없는 인연에 의한 것임을 설함	반야바라밀이 중생계에 어떠한 작용과 이익을 주는가를 설함	반야바라밀을 주문[呪]으로 간주하여 그 효력으로 결론지음	세존이 반야바라밀행의 행함을 찬탄. 대중들이 경을 신수봉행

3. 반야심경[略本般若心經]의 전체 내용

3-1. 입의분[起] : 觀自在菩薩 行深般若波羅蜜多時 照見五蘊皆空 度一切苦厄

● 원문의 뜻 : 관세음보살이 심묘(深妙)한 반야의 불교를 몸소 실천했을 때, 우리가 인식하는 모든 것[五蘊]이 연기[空]임을 확인하고 일체의 괴로움에서 벗어났다.

- 오온(五蘊) : 물질적 현상[色]과 정신작용[受 · 想 · 行 · 識]의 총체.

3-2. 파사분[承] : 舍利子 色不異空 空不異色 色卽是空 空卽是色 受想行識 亦復如是 舍利子 是諸法空相 不生不滅 不垢不淨 不增不減 是故 空中無色 無受想行識 無眼耳鼻舌身意 無色聲香味觸法 無眼界 乃至 無意識界 無無明亦無無明盡 乃至 無老死 亦無老死盡 無苦集滅道 無智亦無得

● 원문의 뜻 : 사리자야, 우주만상[色]은 인연[空]에 의해 생긴 것이 아님이 없으니, 분별적 사유가 끊어진 상태에서 보면 여실하게 드러나지 않음이 없다. 만상은 곧 인연에 의함이나, 무분별에서는 만상이 여실히 드러난다. 감각[受]이나 표상[想]이나 의지[行]나 인식[識]도 또한 이와 같다. 사리자야, 우리가 인식하는 모든 만상[法]은 인연에 의한 현상이므로 생기는 것도 없어짐도 없으며, 더러워지지도 않으며, 청정해지지도 않는다. 늘어나는 것도 없으며 줄어드는 것도 없다. 이 까닭에 연기의 입장에서 말하면 우주만상의 실체란 없으니, 감각[受]이나 표상[想]이나 의지[行]나 인식[識]도 없으며, 눈 · 귀 · 코 · 혀 · 생각도 없으니, 보이는 것 · 소리 · 냄새 · 맛 · 감촉 · 생각의 대상도 없다. 눈으로 보는 만상[界]이 없으니 나아가 마음으로 인식하는 대상도 없다. 미혹의 근본적인 무지[無明]도 없으며, 또한 무지가 다함도 없다. 나아가 (모든 것은 인연에 의함이니) 늙고 죽음도 없으며, 늙고 죽음이 다함도 없을뿐더러 고통[苦] · 고통의 원인[集] · 고통의 제거[滅] · 고통제거를 위한 수행정진[道]도 없으며, 지혜도 없고 얻음[解脫]도 없다.

- 色不異空 空不異色 色卽是空 空卽是色→세속제[緣起論]와 승의제[性起論]에 의한 인식

세속제[緣起論] : 중생이 분별하여 현상계를 인식	승의제[性起論] : 覺者가 無分別로 현상계를 인식
色不異空, 色卽是空	空不異色, 空卽是色
번뇌 망상에 의해 인식되는 현상[色]은 실체가 없는 인연[空]에 의한 것일 뿐임	분별적 사유가 끊어진 상태[空]에서 만상을 명명백백하게 인식[色]하는 것

3-3. 공능분[轉] : 以無所得故 菩提薩埵 依般若波羅蜜多故 心無罣礙 無罣礙故 無有恐怖 遠離顚倒夢想 究竟涅槃 三世諸佛 依般若波羅蜜多故 得阿耨多羅三藐三菩提

● 원문의 뜻 : (모든 것에) 집착할 바가 없으니 보리살타는 반야바라밀다에 의지한다. 그러므로 마음에 걸림이 없고, 걸림이 없는 까닭에 공포가 없어서, 뒤바뀐 허망한 생각을 멀리 떠나니 마침내 구경열반하도다. 과거 · 현재 · 미래의 모든 부처님도 반야바라밀다에 의지함으로써 아뇩다라삼먁삼보리를 얻었느니라.

- **구경열반**(究竟涅槃) : 열반에도 머무르지 않고 생사에도 머무르지 않는 무주처열반(無住處涅槃).
- **아뇩다라삼먁삼보리**[無上正等正覺] : 더할 나위 없는 올바른 깨달음.

3-4. **총결분**[結] : 故知般若波羅蜜多 是大神呪 是大明呪 是無上呪 是無等等呪 能除一切苦眞實不虛 故說般若波羅蜜多呪 卽說呪曰 揭諦 揭諦 波羅揭諦 波羅僧揭諦 菩提娑婆訶

● 원문의 뜻 : 고로 알지어다. 반야바라밀다는 매우 신비로운 주문이며, 매우 밝은 주문이며, 위가 없는 주문이어서 견줄 바 없는 주문이니라. (이 주문은) 모든 고통을 능히 제거할 수 있으며 (이 주문의 공덕은) 진실하여 헛되지 않을 것이로다. 고로 반야바라밀다의 주문을 설하노라. 아제 아제 바라아제 바라승아제 모지사바하.

- **아제 아제 바라아제 바라승아제 모지사바하** : 다라니의 산스크리트어는 여래 구밀(口密)의 유출이므로 참된 말[眞言]이라 하는데, 미묘하며 깊고 은밀하여 알 수 없는 뜻을 머금고 있으므로 통상 번역하지 않고 그대로 암송함.

피안의 세계로 가는 반야용선도 벽화 : 통도사

보양이목

- 보양과 배나무 -

승려 보양의 전기에는 고향[1]과 족보가 실리지 않았으나 청도군에 보관된 문서를 자세히 살펴보면 이렇게 기재되어 있다.

「천복[2] 8년(943) 계묘(태조가 즉위한 지 26년이다.) 정월 어느 날에 청도군의 계리 심사[3] 순영과 대내말[4] 수문 등이 작성한 공문에 이렇게 기록되어 있다. '운문산 선원[5]의 장생[6] 표시에 의하면 남쪽은 아니점이며 동쪽은 가서현이다.(라 했다.) 절[7]의 간부 승려 중 주된 사람은 보양화상이요, 선원의 주인은 현회장로이며, 선원의 일[8]은 현량상좌가 담당하고 직세[9]는 신원선사이다.'」(위의 공문은 청도군의 토지대장에 의한 것이다.)

또 개운[10] 3년 병오(946)의 운문산 선원의 장생표탑[11]에 관한 공문 한 통에는 「장생이 11개이니 아니점 · 가서현 · 무현 · 서북매현(면지촌이라고도 한다.) · 북저족문 등이다.」라 기록되어 있다.

또 경인년(1230) 진양부[12]의 공문에는 「5도 안찰사[13]가 각 도의 선종과 교종의 사원이 창건된 연월과 모양[14]을 자세히 조사하여 장부를 만들 때 차사원[15] 직무인 동경[16]장서기 이선이 자세히 조사하여 기록했다.」고 했다.

1) 고향〔鄕井〕: 원문의 鄕(향)은 향리 · 향토의 뜻인 듯함. 井(정)을 무라가미〔村上〕는 사람들이 모이는 장소를 뜻하므로 원문의 鄕井(향정)은 시정(市井)에 대비하여 사용된 듯하다고 했으며, 노무라〔野村〕는 鄕井의 井은 姓(성)과 음이 통하므로 鄕姓(향성)으로 추정.
2) 천복(天福) : 중국 오대(五代) 후진(後晋) 고조(高祖)의 연호.
3) 계리 심사(界里審使) : 마을이나 장원의 경계를 심사(審査)하는 관리.
4) 대내말(大乃末) : 신라 17관위 중 10위인 대나마(大奈麻)인 듯함.
5) 운문산 선원(雲門山禪院) : 진흥왕 21년인 560년에 창건. 승려 보양이 중창하고 작갑사라 했으나 태조가 운문선사라 사액한 뒤 운문사라 부름.
6) 장생(長生) : 5리나 10리마다 리수(里數)를 표시하는 장승(長丞).
7) 절〔同藪〕: 원문의 藪(수)는 산림 · 산중 · 수풀의 의미로 절을 뜻한다는 설과 藪는 叢(총)과 음이 통하므로 본사와 말사를 총칭한 절을 의미한다는 설이 있음. 여기서 同藪는 운문사임.

보양법사 영탱

寶壤梨木

釋寶壤傳. 不載鄕井氏族. 謹按淸道郡司籍. 載天福八年癸酉.(大祖卽位第二十六年也.) 正月日・淸道郡界里審使順英大乃末水文等柱貼公文. 雲門山禪院長生. 南阿尼岾. 東嘉西峴.(云云.) 同藪三剛典主人寶壤和尙. 院主玄會長老. 貞座玄兩上座. 直歲信元禪師.(右公文淸道郡都田帳傳准.)

又開運三年丙辰雲門山禪院長生標塔公文一道. 長生十一. 阿尼岾・嘉西峴・畝峴・西北買峴・(一作面知村.)北猪足門等. 又庚寅年. 晋陽府貼五道按察使・各道禪敎寺院始創年月形止. 審撿成籍時. 差使員東京掌書記李僐審撿記載.

壤 : 부드러운흙 양
井 : 향리 정　**謹** : 자세할 근
司 : 문서・재물등을보관할 사
酉 : 卯의 오기　**大** : 太의 오기
柱 : 기둥 주　**貼** : 붙일 첩
尼 : 여승, 산이름 니
岾 : 고개 점　**剛** : 綱의 오기
貞 : 典의 오기로 추정
右 : 위 우　**帳** : 치부책 장
准 : 의거할 준

辰 : 午의 오기　**道** : 通의 오기
畝 : 밭이랑 무(속음은 묘)
猪 : 돼지 저　**止** : 모양 지
審 : 살필 심　**撿** : 교정할 검

8) 선원의 일〔貞座〕: 원문의 貞(정)은 典(전)의 오기로 추정. 전좌(典座)는 절에서 승려들의 침구・음식 등의 일을 담당하는 하급의 일을 하는 승려.
9) 직세(直歲) : 직(直)이란 맡는다는 뜻으로 직세는 한 해 동안의 모든 일을 맡아보는 소임.
10) 개운(開運) : 중국 오대(五代) 후진(後晋) 출제(出帝)의 연호.
11) 장생표탑(長生標塔) : 탑의 모양을 한 장승.

운문사 대웅보전과 보양법사가 올라갔던 북대

정륭[17] 6년(1161) 신사(금나라의 연호로 고려 의종이 즉위한 지 16년 되는 해이다.) 9월의 「군중고적비보기」에 의하면 이러하다.

「청도군 전 부호장 어모부위[18]의 관직에 있던 이칙정의 집에 있던 옛 사람들의 소식과 우리말로 전해 오는 기록에는 상호장 벼슬을 지낸 김양신과 호장 벼슬을 지낸 민육, 호장동정[19]인 윤응전, 기인[20] 진기 등과 당시 상호장인 용성 등의 말이 실렸다. 이때 태수[21] 이사로와 호장 김양신은 나이가 89세였고 다른 사람들은 모두 70세 이상이나 용성만 60세 이상이었다.」(云云은 다음부터는 쓰지 않는다.)

신라시대 이래로 청도군의 절로서 작갑사와 그 밖의 크고 작은 절이 있었지만 후삼국이 싸우는 동안 대작갑[22] · 소작갑[23] · 소보갑[24] · 천문갑[25] · 가서갑[26] 등 다섯 갑의 절이 모두 무너져 없어지니, 다섯 갑의 절 기둥을 모두 모아서 대작갑사에 두었다.

이 절의 시조 되는 스님인 지식(위의 글에서 보양이라고 했다.)이 중국에서 불법을 전수 받아 돌아오는 길에 서해 바다 가운데에서 용이 그를 용궁으로 맞아들이고 불경을 외우게 하더니 금빛 비단 가사 한 벌을 시주했다. 겸하여 그의 아들 이목[27]도 바치며 그를 받들어 모시고 뒤따라가게 하면서 부탁하여 말하기를 "지금 삼국이 어지럽고 난리가 일어나 아직은 불법에 귀의하는 임금이 없지만, 만일 내 아들과 함께 본국으로 돌아가 작갑에 절을 짓고 거기에 거처하면 적병을 피할 수 있을 것입니다. 또한 몇 해가 안 되어 반드시 불교를 보호하는 현명한 임금이 나와서 삼국을 평정할 것이요"라 했다.

12) 진양부(晉陽府) : 고려 고종(高宗) 때에 설치한 최우(崔瑀)의 관부(官府).
13) 5도 안찰사(五道按察使) : 고려는 전 국토를 5도 양계로 나누고, 5도에 안찰사를 설치함. 안찰사는 군사의 업무와 농업 감찰 및 빈민 구제 등의 업무를 담당하는 직책.
14) 모양〔形止〕 : 원문의 形止(형지)는 일의 시말 또는 모양. 여기서는 모양.
15) 차사원(差使員) : 각 지방의 수령이 죄인을 잡기 위해 보내는 관리.
16) 동경(東京) : 지금의 경주.
17) 정륭〔正豊〕 : 원문의 豊(풍)은 隆(륭)의 避諱代字. 정륭은 중국 금나라 해릉왕(海陵王)의 연호.
18) 어모부위(禦侮副尉) : 고려 때 무신(武臣)의 29계급 중 25위. 어모부위에게는 전지 20결이 지급됨.
19) 호장동정(戶長同正) : 치사(致仕 : 늙어 벼슬을 사양)한 호장보다 하위의 벼슬인 듯함.
20) 기인(其人) : 고려시대에 지방세력을 견제하기 위하여 향리의 자제를 뽑아 서울로 데려 와서 볼모로 삼고, 그 출신 지방에 관한 자문을 받는 제도. 신라의 상수리 제도와 유사.

正豊六年辛巳(大金年号. 本朝毅宗即位十六年也.)九月. 郡中古籍裨補記准.

豊 : 고려 태조의 祖父인 隆의 避諱代字
毅 : 굳셀 의
裨 : 도울 비
侮 : 업신여길 모

淸道郡前副戶長禦侮副尉李則楨戶在右人消息及諺傳記載. 致仕上戶長金亮辛·致仕戶長旻育·戶長同正尹應前·其人珎奇等. 與時上戶長用成等言語. 時太守李思老·戶長亮辛年八十九. 餘輩皆七十已上. 用成年六十巳上.(云云次不准.)

右 : 古의 오기
楨 : 근본 정
致 : 보낼 치
仕 : 벼슬 사
亮 : 밝을 량
旻 : 어진하늘 민
巳 : 已의 오기
巳 : 已의 오기

羅代已來. 當郡寺院. 鵲岬巳下中小寺院. 三韓亂亡間. 大鵲岬·小鵲岬·所寶岬·天門岬·嘉西岬等五岬皆亡壞. 五岬柱合在大鵲岬. 祖師知識.(上文云寶壤.) 大國傳法來還. 次西海中. 龍邀入宮中念經. 施金羅袈裟一領. 兼施一子璃目·爲侍奉而追之. 囑曰. 于時三國擾動. 未有歸依佛法之君主. 若與吾子歸本國鵲岬·創寺而居. 可以避賊. 抑亦不數年內. 必有護法賢君·出定三國矣.

鵲 : 까치 작
壞 : 무너질 괴
領 : 옷을세는단위 령
璃 : 유리 리
侍 : 모실 시
囑 : 부탁할 촉
于 : 발어사 우
擾 : 어지러울 요
動 : 난리 동
避 : 피할 피
抑 : 발어사(또한) 억

21) 태수(太守) : 군의 장관(長官).
22) 대작갑(大鵲岬) : 대작갑사. 청도군에 있는 운문사의 옛 이름.
23) 소작갑(小鵲岬) : 소작갑사. 청도군 호거산에 있던 절.
24) 소보갑(所寶岬) : 소보갑사. 청도군 운문산에 있던 절.
25) 천문갑(天門岬) : 천문갑사. 청도군에 있던 절.
26) 가서갑(嘉西岬) : 가서갑사. 청도군 운문산에 있던 절.
27) 이목(璃目) : 용이 되지 못한 이무기를 의미.

운문사 작압(鵲鴨)

용왕이 말을 마치자 서로 작별하고 돌아와 이 골짜기에 도착했을 때 홀연히 노승이 나타나 스스로 원광이라 하면서 도장이 든 상자를 안고 나와 그에게 주고는 사라졌다. (살펴보건대 원광은 진나라 말년에 중국에 들어갔다가 수나라 개황[28] 연간(581~600)에 본국으로 돌아와 가서갑에 머물다가 황룡사에서 세상을 떠났다. 연수를 계산해 보면 원광이 나타난 시점이 청태[29] 초이니 죽은 때부터 무려 300년이 된다. 이제 여러 갑사가 모두 없어진 것을 슬퍼하다가 보양이 와서 장차 일으키려고 한 것을 보고 기뻐하며, 이렇게 일러 준 것이다.)

이에 보양법사가 허물어진 절을 일으키려고 북쪽고개 위에 올라가 바라보니 뜰에 5층의 황색 탑이 있어서 내려가 찾아보았으나 흔적이 없었다. 다시 올라가 바라보자 여러 마리의 까치들이 땅을 쪼고 있었다. 그제야 서해의 용왕이 작갑이라 했던 말이 생각나 그 곳을 찾아가 땅을 파보자 과연 옛날의 벽돌들이 많이 있었다. 이것을 모아서 높이 쌓으니 탑이 완성되었는데 남은 벽돌이 하나도 없었다. 이에 이곳이 이전의 절터임을 깨닫고 절을 세우고는 거기에 머물렀다. 이로 인해 절의 이름을 작갑사라 하였다.

얼마 안 되어 태조가 삼국을 통일하고는 보양법사가 여기 와서 절을 짓고 머무른다는 말을 듣고 즉시 다섯 갑의 전체 전답 500결을 이 절에 바쳤다. 그리고 청태 4년 정유(937)에 운문선사라는 현판을 내리고[30] 가사의 신령스런 음덕을 받들게 했다.

이목이 항상 절 옆에 있는 작은 못에 살면서 불법의 교화[31]를 남몰래 도왔다. 갑자기 어느 해에 몹시 가물어 밭의 채소가 말라서 타 죽으므로 보양법사가 이목을 시켜 비를 내리게 하니 한 고을이 흡족하였다. 천제가 그의 소임이 아닌 일을 했다 하여 이목을 죽이려하자 이목이 황급히 법사에게 알렸다. 법사가 이목을 마루 밑에 숨기자 조금 뒤에 하늘의 사자가 내려와 이목을 내놓으라고 했다. 법사가 뜰 앞에 있는 배나무를 가리키니 사자는 그곳에 벼락을 친 후 하늘로 올라가 버렸다. 배나무가 시들고 부러졌으나 용이 어루만지자 곧 살아났다.(일설에는 법사가 주문을 외우자 살아났다고 한다.) 그 나무가 근년에 땅에 쓰러지니 어떤 사람이 문을 걸어 잠그는 방망이를 만들어 법당[32]과 식당에 두었는데, 그 방망이 자루에 글이 새겨져 있었다.

28) 개황(開皇) : 중국 수(隋)나라 문제(文帝)의 연호(590~600).
29) 청태(淸泰) : 오대(五代) 후당(後唐) 폐제(廢帝)의 연호(934~935).
30) 현판을 내리고[賜額] : 원문의 賜額(사액)은 임금이 이름을 지어주는 것.

言訖相別而來還. 及至玆洞. 忽有老僧. 自稱圓光. 抱印櫃而出. 授之而沒(按圓光以陳未入中國. 開皇間東還. 住嘉西岬. 而沒於皇隆. 計至淸泰之初. 無慮三百年矣. 今悲嘆諸岬皆廢. 而喜見壤來而將興. 故告之尒.)

訖 : 마칠 글
櫃 : 櫃(상자 궤)의 略體字 또는 오기
未 : 末의 오기
尒 : 爾의 약체자
爾 : 뿐 이

於是壤師將興廢寺. 而登北嶺望之. 庭有五層黃塔. 下來尋之則無跡. 再陟望之. 有群鵲啄地. 乃思海龍鵲岬之言. 尋掘之. 果有遺塼無數. 聚而蘊崇之. 塔成而無遺塼. 知是前代伽藍墟也. 畢創寺而住焉. 因名鵲岬寺.

陟 : 오를 척
啄 : 쪼을 탁
掘 : 땅팔 굴
塼 : 벽돌 전
蘊 : 쌓을 온
墟 : 터 허

未幾太祖統一三國. 聞師至此創院而居. 乃合五岬田束五百結納寺. 以淸泰四年丁酉. 賜額曰雲門禪寺. 以奉袈裟之靈蔭.

璃目常在寺側小潭. 陰鷺法化. 忽一年元旱. 田蔬焦槁. 壤勑璃目行雨. 一境告足. 天帝將誅不識. 璃目告急於師. 師藏於床下. 俄有天使到庭. 請出璃目. 師指庭前梨木. 乃震之而上天. 梨木萎權. 龍撫之卽蘇.(一云師呪之而生.) 其木近年倒地. 有人作楗椎. 安置善法堂及食堂. 其椎柄有銘.

未幾 : 얼마 안 되어
蔭 : 덕택 음
潭 : 못 담
元 : 亢(높을 항)의 오기
蔬 : 채소 소
焦 : 탈 초
槁 : 말라죽을 고
告 : 알릴 고
識 : 職의 오기
萎 : 마를 위
撫 : 어루만질 무
權 : 摧(꺾어질 최)의 오기
蘇 : 소생할 소
倒 : 쓰러질 도
楗 : 문빗장 건
椎 : 방망이 추
柄 : 자루 병
額 : 현판 액
鷺 : 이룩할 즐

31) 불법의 교화[法化] : 원문의 法化(법화)는 불법의 교화를 의미. 『법화경』 화성유품(化城喩品)에 「於佛宴寂後 宣揚助法化(부처님 열반하신 뒤에도 불법의 교화를 선양하여 도우니)」

32) 법당[善法堂] : 원문의 善法堂(선법당)은 제석천의 강당 이름.

처음 법사가 당나라에 들어갔다가 돌아와 먼저 추화군[33]에 있는 봉성사에 머물렀다. 마침 태조가 동쪽 지방을 정벌하여 청도 지역까지 진출했으나 산적들이 견성[34](산봉우리가 물가에 뾰족하게 서 있는데 오늘날의 사람들이 그것을 미워하여 이름을 고쳐서 견성〔犬城 : 개좇〕이라 했다.)에 모여 교만을 부리면서 항복하지 않았다. 태조가 산 밑에 도착하여 법사에게 산적을 쉽게 제압할 수 있는 술책을 물었다. 법사가 대답하기를 "대개 개라는 짐승은 밤에만 지키고 낮에는 지키지 않으며, 앞은 지키고 뒤는 잊어버리니 마땅히 낮에 그 뒤를 쳐야 할 것입니다"라 했다. 태조가 그의 말대로 하였더니 과연 적이 패하여 항복하였다. 태조가 법사의 신통한 계책을 가상히 여겨 해마다 주변 고을에서 세금으로 받는 벼 50석을 주어 예불하는 데 쓰게 했다. 이로써 절에 두 분 성인[35]의 초상을 모셨다. 이런 연유로 절 이름을 봉성사라 했다. 그 뒤에 법사는 작갑사로 옮겨서 절을 크게 세우고 세상을 마쳤다.

법사의 행장은 고전에 실리지 않았으나 세간에는 이런 이야기가 있다.

「석굴사의 비허사(毗虛(비허)라고도 쓴다.)와 형제가 되었다. 봉성사 · 석굴사 · 운문사의 세 절이 연접된 봉우리에 늘어서 있으므로 서로 왕래했다.」

후세 사람들이 『신라수이전』[36]을 고쳐 지으면서 작갑사의 탑과 이목의 일을 원광의 전기 속에 잘못 기록하였다. 견성의 사실을 『비허전』에 넣은 것도 이미 잘못인데 『해동고승전』을 지은 사람이 이에 따라 글을 보태거나 꾸며서 보양의 전기를 없애버려 뒷날 사람들이 의심하거나 잘못 알게 했으니 그 얼마나 무망[37]한 일인가?

33) 추화군〔推火〕: 지금의 경남 밀양.
34) 견성(犬城) : 청도군에 있는 산.
35) 두 분 성인〔二聖〕: 보양스님과 고려 태조.
36) 신라수이전〔新羅異傳〕: 『신라수이전』은 최치원 또는 김척명(金陟明)이 지었다고도 하나 고려 때 박인량(朴寅亮)이 지었다는 설이 유력함. 진기한 이야기를 모은 한문으로 된 설화집. 원본은 남아 있지 않고 일부만 여러 책에 흩어져 전해짐.
37) 무망(誣妄) : 없는 일을 있는 것처럼 말해서 남을 속이는 것.

初師入唐廻. 先止于推火之奉聖寺. 適太祖東征至淸道境. 山賊嘯聚于犬城.(有山岑臨水峭立. 今俗惡其名改云犬城.)驕傲不格. 太祖至于山下. 問師以易制之述. 師答曰. 夫犬之爲物. 司夜而不司晝. 守前而忘其後. 宜以晝擊其北. 祖從之. 果敗降. 太祖嘉乃神謀. 歲給近縣租五十碩. 以供香火. 是以寺安二聖眞容. 因名奉聖寺. 後遷至鵲岬. 而大創終焉.

師之行狀. 古傳不載. 諺云.

與石崛備虛師(一作毗虛.)爲昆弟. 奉聖・石崛・雲門三寺. 連峯櫛比. 交相往還爾.

後人改作新羅異傳. 濫記鵲塔璃目之事于圓光傳中. 系犬城事於毗虛傳. 旣謬矣. 又作海東僧傳者. 從而潤文. 使寶壤無傳而疑誤後人. 誣妄幾何.

廻 : 돌아올 회
止 : 머무를 지
推 : 밀 추
嘯 : 부르짖을 소
岑 : 산봉우리 잠
峭 : 가파를 초
惡 : 미워할 오
驕 : 교만할 교
傲 : 거만할 오
格 : 바로잡을 격
述 : 術의오기
述 : 지을 술
夫 : 발어사(대저) 부
司 : 맡을 사
晝 : 낮 주
北 : 등질 배
遷 : 옮길 천
毗 : 도울 비
昆 : 형 곤
崛 : 우뚝솟을 굴
櫛 : 즐비할 즐
濫 : 함부로할 람
謬 : 그릇될 류
潤 : 꾸밀 윤
誣 : 속일 무
妄 : 망녕될 망

견성

보양이목 조의 구성과 의미

<table>
<tr><td colspan="2">도입[起] : 청도군의 공문으로 보양이 운문사 주지였음을 확인하다.</td></tr>
<tr><td colspan="2">전개[承] : 보양이 작갑사(운문사)를 창건하게 된 緣起를 제시하다.
- 불교적 이상(理想)이 국가적 이상(理想)으로 연결 -</td></tr>
<tr><td>● 서해용이 보양에게 가사와 이목을 시주하며, 절을 지으면 호법현군(護法賢君)이 삼국을 평정한다고 하다.
● 원광이 보양에게 인궤를 준 자리인 옛 절터에 절을 짓다.
● 얼마 후 태조가 나라를 통일하고 그 절에 시주하다.</td><td>● 호법용인 동시에 호국용의 성격을 가진 서해용이 불교적 · 국가적 이상 성취에 관여. 이목은 용이 되지 못한 이무기로서 선덕여왕 때 황룡사의 호법용보다는 격이 낮음. 이는 신라 말기이며, 고려 초라는 의미 내포
● 원광이 인궤를 주었다 함은 신라 말기의 쇠퇴한 불교를 일으켜 달라는 의미
● 불교적 이상(理想)인 절을 지어 불교를 홍포하니 태조가 후삼국을 통일하여 나라가 안정</td></tr>
<tr><td colspan="2">전환[轉] : 가물 때 이목이 비를 내리니 천제가 이목을 벌주려 하다.
- 불교(보양 · 이목)와 토속신앙(천제)과의 대립 -</td></tr>
<tr><td>● 날이 가물자 보양이 법화를 돕던 이목을 시켜 한 고을에 비를 내리게 하다.
● 천제가 이목을 죽이려 하자 보양이 이목을 숨기고 배나무를 가리키다. 천사가 배나무에 벼락을 치다. 시든 배나무를 용이 어루만져 살리다.</td><td>● 몇 년간 한발이 든 것은 신라 말기 사회가 혼란하여 불법이 행해지지 않음을 상징. 이무기[璃目]는 비를 주관하는 토속신앙적 요소도 보유. 즉 이목은 불교와 재래신앙의 중간적 역할을 하며, 비가 내린 지역이 신라 전체가 아닌 한 지방이라는 것은 보양 개인적인 활동으로 추정
● 보양이 이목에게 비를 내리게 시켰으므로 천제가 보양에게 벌주어야 하나 보양 대신 이목을 벌주려 했으며 보양도 천제에게 소극적으로 대항한 것은 불교와 토속신앙의 직접적인 대결을 피한 것으로 볼 수 있음. 신라가 통일하기 전에는 불교와 토속신앙의 융합이 잘 이루어졌으나 신라 말기에 대립이 나타나는 것은 불교가 형식적이라는 것을 상징한 듯함. 배나무는 梨木(이목)으로 이목(璃目)과 음이 동일한 것을 이용한 언어적 유희</td></tr>
<tr><td colspan="2">결론[結] : 보양이 태조에게 도움을 준 뒤 작갑사를 중창했다.
- 국가적 이상을 실현한 뒤 불교적 이상 실현 -</td></tr>
</table>

운문사 전경

운문사의 처진 소나무와 북대

양지[1] 사석

– 양지가 지팡이를 부리다 –

승려 양지의 조상과 고향에 대해서는 자세히 알 수 없다. 다만 신라 선덕왕 대에 그의 행적이 나타났을 뿐이다. 지팡이[2] 머리에 포대 하나를 걸어 놓으면 지팡이가 저절로 시주하는 집으로 날아가 흔들거리며 소리를 내었다. 그 집에서 이를 알고 재에 쓸 비용을 넣어주었고 포대가 차면 날아서 되돌아온다. 이 때문에 그가 머물고 있던 절을 석장사[3] 라고 이름했다.

그의 헤아릴 수 없을 정도로 신이한 행적이 모두 이와 같았다. 그는 여러 가지 기예에도 두루 능통하여 신묘함이 비할 데가 없었다. 또 글씨와 그림을 잘 그려 영묘사의 장륙삼존 및 사천왕상[4]과 아울러 전각과 탑의 기와와 사천왕사 탑 아래의 8부신장과 법림사의 주불삼존 및 좌우 금강신[5] 등이 모두 그가 만든 것이다. 영묘사와 법림사 두 절의 현판을 썼고, 또 일찍이 벽돌을 다듬어 작은 탑 하나를 만들고, 아울러 부처 3천 불[6]을 조각하여 그 탑 안에 안치하고 그 탑을 절 가운데 모시고 예를 올렸다. 그가 영묘사의 장륙삼존을 만들 때 스스로 선정[7]에 들어가 삼매[8]에서 뵌 부처를 모형으로 하였다. 그래서 온 성안의 남녀들이 다투어 진흙을 나르면서 다음과 같은 풍요[9]를 불렀다.

1) 양지(良志) : 양지는 아치의 차자(借字)이며 아치는 공장(工匠)을 뜻하는 바치의 음전(音轉).
〈김사엽, 『완역 삼국유사』〉

2) 지팡이〔錫杖〕 : 산스크리트어 Khakkara를 뜻으로 번역하여 석장(錫杖)·성장(聲杖)·명장(鳴杖)으로 부름. 석장은 머리에 6개의 고리를 달아 흔들어 소리를 내게 하는 것. 소리가 나게 하는 이유는 비구가 걸식할 때, 석장을 두세 번 흔들어 소리를 내어 알리거나 뱀이나 짐승들을 쫓을 때 사용하기 때문임.

3) 석장사(錫杖寺) : 『동국여지승람』에 「부의 북쪽 10리」라 했는데 지금의 경주시 현곡면 금장리(동국대 경주 분교 뒤)에 절터가 있음.

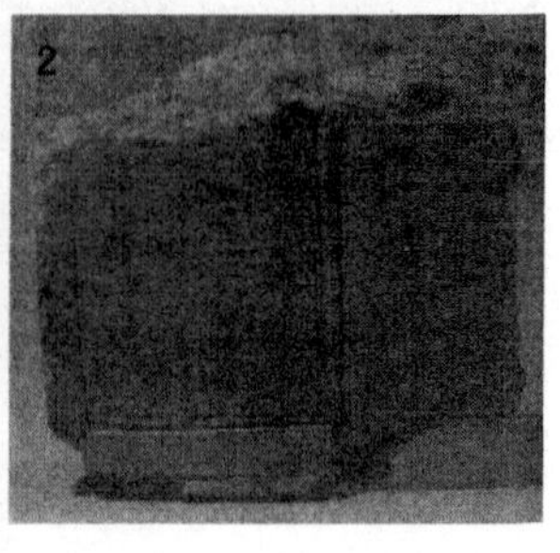

1. 황량하게 변한 석장사지
2. 석장사지에서 출토된 緣起法頌銘塔像紋塼

良志使錫

釋良志. 未詳祖考鄕邑. 唯現迹於善德王朝. 錫杖頭掛一布帒. 錫自飛至檀越家. 振拂而鳴. 戶知之納齋費. 帒滿則飛還. 故名其所住曰錫杖寺.

其神異莫測皆類此. 旁通雜譽. 神妙絶比. 又善筆扎. 靈廟丈六三尊・天王像・幷殿塔之瓦. 天王寺塔下八部神將. 法林寺主佛三尊・左右金剛神等. 皆所塑也. 書靈廟・法林二寺額. 又嘗彫磚造一小塔. 幷造三千佛. 安其塔置於寺中・致敬焉. 其塑靈廟之丈六也. 自入定以正受所對爲揉式. 故傾城士女爭運泥土. 風謠云.

錫 : 지팡이 석　唯 : 오직 유
杖 : 지팡이 장　掛 : 걸 괘
帒 : 포대 대　振 : 떨 진
拂 : 떨칠 불　齋 : 재계할 재

莫 : 없을 막　旁 : 두루 방
譽 : 藝의 오기인 듯
譽 : 이름날릴 예
扎 : 札(편지 찰)의 오기 또는 이체자
扎 : 뽑을 찰　嘗 : 일찍이 상
槊 : 塑(흙으로만들 소)의 오기
槊 : 창(무기) 삭　彫 : 새길 조
磚 : 벽돌 전
揉 : 유순하게만들 유
傾 : 기울 경　士 : 남자 사
泥 : 진흙 니　謠 : 노래 요

4) 사천왕상〔天王像〕 : 사천왕은 수미산의 중허리에 있으며, 욕계(欲界) 6천의 가장 낮은 천으로 수미산의 4방위를 수호하는 신.
5) 금강신(金剛神) : 『근본비나야잡사경(根本毘奈耶雜事經)』에 따르면 급고독장자가 기원정사를 세우니 부처님께서 문의 양쪽에 무기를 든 야차를 만들라고 한 것이 이들을 만든 동기. 절 문의 왼쪽에는 금강저를 든 야차신의 우두머리인 밀적금강(密迹金剛)을, 오른쪽에는 하늘나라의 역사인 나라연금강(那羅延金剛)을 둠. 또 입을 벌리고 공격적인 자세를 취하고 있는 왼쪽의 밀적금강을 아금강역사라 부르고, 입을 다물고 방어적인 자세를 취한 오른쪽 나라연금강을 훔금강역사라 부름. 아와 훔은 산스크리트어의 첫 글자와 마지막 글자에서 따온 것으로 처음과 끝을 연결하는 영원·통일 그리고 완성을 상징.

아금강역사상

훔금강역사상

김 완 진	신 재 홍	황 패 강
온다 온다 온다. 온다 서러운 이 많아라. 서러운 중생의 무리여. 공덕 닦으러 온다.	오다. 오다. 오다. 오다. 서러운 곳이라. 서러운 곳의 무리여! 공덕 닦으러 오다.	오다 오다 오다 오다 슬픔 많아라 슬픔 많은 우리 무리여 공덕 닦으러 오다.
생략된 말들을 추정, 보충한 풀이 ●신재홍 [우리 모두는 이 세상에] 오다. [나도] 오다. [너도] 오다. [우리 모두는 이 세상에] 오다. [이 세상은] 서러운 곳이라. 서러운 곳의 무리여! [우리 모두는] 공덕 닦으러 [이 세상에] 오다. ●이재호 왔구나. 왔구나. 아 인생이란 일장춘몽이다. 과연 서럽더라. 그래서 왕생극락하기 위해, 절로 공덕을 닦으러 모여들었다		

지금까지 이 지방 사람들이 방아를 찧을 때나 힘든 일을 할 때에 다들 이 노래를 부르는 것은 대개 이로부터 시작된 것이다. 불상을 만들 때 든 비용은 곡식 2만 3700석이었다.(혹은 금색을 다시 칠할 때 든 비용이라고 한다.)

논평해서 말한다. 「양지스님은 재주를 다 갖추었고 덕행이 충만하다고 할 수 있지만 큰 인물[10]로서 하찮은 재주만 드러내고 자기의 실력은 숨긴 것이라 하겠다.」

다음과 같이 찬미한다.

재 마친 법당 앞에 석장은 한가한데,

정적 깃든 오리 모양 향로에 홀로 향불 피우네.

남은 불경 읽고 나니 더 할 일 없어,

부처님 모습 빚어 합장하고 뵈오리.

6) 3천불(三千佛) : 불교에서 모든 것을 통틀어 삼천이라 하며, 여기서는 과거 · 현재 · 미래에 차례대로 세상에 출현한 삼천의 부처.

7) 선정〔入定〕: 원문의 入定(입정)은 선정에 드는 것을 의미. 마음을 한곳에 정하고 신(身) · 구(口) · 의(意)를 멈추고 고요히 적정(寂靜)에 드는 것.

8) 삼매〔正受〕: 원문의 正受(정수)는 삼매와 같은 뜻. 삼매(三昧)는 산스크리트어 Samādhi의 음역. 선정에 드는 것을 삼매라 함.

동국대(경주) 안에 있는 삼층석탑

來如 來如 來如. 來如 哀反多羅.
① 김완진→ 오다 오다 오다 오다 셟반하라
② 신재홍→ 〃 〃 〃 〃 셟븐다라
③ 황패강→ 〃 〃 〃 〃 셜븐해라

哀反多矣徒良. 功德 修叱 如良 來如.
① → 셟반한의 물랑 공덕 닦 곧랑 오다
② → 셟븐드의 물아 〃 닭ㅅ 곧아 〃
③ → 셜븐 한의 내여 〃 닷 ㄱ라 〃

至今土人舂相役作皆用之. 蓋始于此. 像成之費. 入穀二萬三千七百碩.(或※※金時祖.)

議曰. 師可謂才全德充. 而以大方・隱於末技者也.

土 : 고향 토
舂 : 방아찧을 용
穀 : 곡식 곡
※※ : 云改의 결락
組 : 租의 오기

讚曰.

齋罷堂前錫杖閑.

靜裝爐鴨自焚檀.

殘經讀了無餘事.

聊塑圓容合掌看.

聊 : 애오라지(마음이 부족하나마 겨우) 료
爐 : 화로 로
鴨 : 오리 압

9) 풍요(風謠) : 풍요의 의미에 관한 학설.

구 분	내 용	주장학자, 『저서』
노동요	도구질(방아 찧기) 노래의 발생 설화	지헌영, 『향가려요의 제문제』
	피지배계층의 불사와 관련된 불만 섞인 노동요	윤영옥, 『신라시가의 연구』
	신심이 두터운 사녀들이 불사에 참여하며 부른 노래	박노준, 『신라가요의 연구』
佛 歌	재에 드는 비용을 얻고자 시주의 문전에서 불렀던 불가	김종우, 『향가문학 연구』
	불사에 참여하며 불교의 영적 체험을 노래화한 것	황패강, 『향가문학의 이론과 해석』
	허망한 현실을 살면서 공덕을 쌓자는 공덕가	최철, 『향가의 문학적 연구』
	민 요	양주동, 『고가 연구』

10) 큰 인물〔大方〕: 원문의 大方(대방)은 유명한 대가(大家)란 뜻.

귀축제사

– 천축으로 간 여러 법사들 –

광자함[1]의 『구법고승전』[2]에는 이렇게 쓰여 있다.

「승려 아리나(나(那)를 야(耶)라고도 한다.)발마[3](마(摩)를 ㅁ라고도 한다.)는 신라 사람이다. 처음 불교[4]에 뜻을 두어 일찍이 중국에 들어가 성인의 자취[5]를 순례하다가 용기가 더욱 솟아올랐다. 정관 연간(627~649)에 장안을 떠나 오천축[6]에 도착하여, 나란타사[7]에 머물면서 율장과 논장을 많이 열람하고 패엽[8]에 베껴 썼다. 고국에 돌아오고 싶은 마음이 간절했으나 뜻을 이루지 못하고 갑자기 절에서 세상을 뜨니[9] 나이 70여 세였다.

그의 뒤를 이어 혜업 · 현태 · 구본 · 현각 · 혜륜 · 현유와 또 이름을 알지 못하는 두 명의 법사가 모두 몸을 바쳐 불법을 따라 부처의 교화를 보려고 중천축국에 갔다. 그러나 어떤 사람은 중도에서 일찍 죽고 더러는 생존하여 그 절에서 머물기도 했으나 끝내 신라와 당나라에 돌아오지 못하고 오직 현태법사만이 당나라로 돌아왔으나 그도 역시 어디서 죽었는지를 알지 못한다.」

천축국 사람들이 우리나라를 불러 「구구타 예설라」[10]라 한다. 구구타란 닭을 말하며, 예설라는 귀하다는 말이다. 그 나라에서 전해 오는 말로는 「신라에서는 계신(雞神)을 받들어 모시는 까닭에 닭의 날개깃을 꽂아서 장식한다.」고 했다.

다음과 같이 찬미한다.
천축 하늘 머나먼 길 만 겹이나 가려 있어,
유학 가는 가련한 스님 힘써 오르네.
몇 번이나 저 달은 떠나는 외로운 배 보냈건만,
구름 따라 돌아옴을 한 번도 못 보았네.

1) 광자함〔廣函〕: 『대장경』을 천자문의 글자 차례로 정리했을 때 廣字 차례에 해당되는 함.
2) 구법고승전(求法高僧傳) : 『대당서역구법고승전(大唐西域求法高僧傳)』의 약칭. 당나라 승려 의정(義淨)이 687년에 인도에 유학한 후 691년에 중국으로 돌아와 편찬한 책으로 중국 사람으로 인도에 가서 불법을 구한 고승 56명의 전기.
3) 아리나발마(阿離那跋摩) : 『구법고승전(求法高僧傳)』의 항목에는 「신라아리나발마법사(新羅阿離那跋摩法師)」라 했으며, 그 본문에는 「아난야발마(阿難耶跋摩)」라 기록됨.
4) 불교〔正敎〕: 성(聖)과 정(正)은 음이 비슷하므로 聖教를 正敎라 한 듯함. 성교(聖教)란 인도의 성인 불타의 가르침으로 불교를 말함. 본래는 중국에서 성인들의 가르침, 즉 유교를 의미했으나 노산의 혜원

歸竺諸師

廣函求法高僧傳云. 釋阿離那(一作耶.)跋摩(一作口.)新羅人也. 初希正教. 早入中華. 思覲聖蹤. 勇銳彌增. 以貞觀年中離長安. 到五天・住那蘭陁寺. 多閱律論. 抄寫具莢. 痛矣歸心所期不遂. 忽於寺中無常. 齡七十餘.

繼此有惠業・玄泰・求本・玄恪・惠輪・玄遊. 復有二亡名法師等. 皆忘身順法. 觀化中天. 而或夭於中途. 或生存住彼寺者. 竟未有能復雞貴與唐室者. 唯玄泰師克返歸唐. 亦莫知所終. 天竺人呼海東云矩矩吒䃜說羅. 矩矩吒言雞也. 䃜說羅言貴也. 彼土相傳云. 其國敬雞神而取尊. 故戴翎羽而表飾也.

竺 : 竺의 異體字　函 : 궤짝 함
跋 : 밟을 발　覲 : 뵐 근
蹤 : 자취 종　銳 : 날카로울 예
彌 : 더욱 미　陁 : 벼랑 타
閱 : 읽을 열　抄 : 베낄 초
寫 : 베낄 사　具 : 貝의 오기
莢 : 콩깍지 협　痛 : 심할 통
齡 : 나이 령　恪 : 법, 표준 각
夭 : 일찍죽을 요　竟 : 마침내 경
克 : 이길 극　竺 : 竺의 異體字
矩 : 법 구　吒 : 꾸짖을 타
䃜 : 아름다운검은돌 예
戴 : 머리에올려놓을 대
翎 : 새의깃 령　飾 : 꾸밀 식
竺 : 竺의 異體字

讚曰.

天竺天遙萬疊山. 可憐遊士力登攀.

幾回月送孤帆去. 未見雲隨一杖還.

遙 : 멀 요　疊 : 겹칠 첩
憐 : 가련할 련　遊 : 나그네 유
攀 : 매달릴 반　帆 : 돛대 범

(慧遠)이 불문(佛門)을 성문(聖門), 불전(佛典)을 성전(聖典)이라 부른 데서 불교를 聖敎라 함.

5) 성인의 자취〔聖蹤〕: 성인은 석가모니이므로 석가모니의 발자취.

6) 오천축〔五天〕: 원문의 五天(오천)은 五天竺(오천축)을 줄인 것. 천축은 인도이며 오천축은 인도를 편의상 동・서・남・북・중앙의 다섯으로 나눈 명칭.

7) 나란타사(那蘭陁寺) : 나란타는 산스크리트어 Nalanda의 음역. 나란타사는 중인도 마갈타국(摩竭陀國) 왕사성(王舍城) 북쪽에 있던 절. 기원 후 5세기부터 12세기까지 불교 교학(敎學)의 중심지. 용수(龍樹)를 비롯한 많은 고승들이 배출된 지역으로 인도문화사에서 가장 중요한 의미를 갖고 있는 곳.

8) 패엽〔貝莢〕: 원문의 莢(협)은 葉(엽)과 음이 통하므로 서로 통용한 듯함. 패엽은 인도에서 종이 대신 쓰던 패다라(貝多羅) 나뭇잎.

9) 세상을 뜨니〔無常〕: 세간에 인식되는 모든 것들은 생기고 변하며 없어져 잠깐도 머무름이 없는 것을 無常(무상)이라 하나 여기서는 죽음을 의미.

10) 구구타 예설라(矩矩吒䃜說羅) : 노무라〔野村〕에 의하면 구구타는 계(雞)의 산스크리트어 Kukkuta의 음역이며, 예설라는 중요하다는 의미의 산스크리트어 Issara를 음역한 것이라 함.

이혜동진[1]

– 혜숙과 혜공이 세속과 더불어 살다 –

승려 혜숙이 호세랑의 무리 중에서 자취를 감추자 호세랑은 화랑 명단에서 혜숙의 이름을 지워버렸다. 혜숙도 적선촌[2](지금의 안강현에 적곡촌이 있다.)에서 20여 년간 숨어 살았다. 이때 국선 구참공[3]이 일찍이 혜숙이 사는 교외로 가서 온종일 사냥을 했다. 혜숙이 길가[4]에 나와 그의 말고삐를 잡고 청하기를 "보잘것없는 중[5]이지만 소승도 따라가고 싶은데 좋겠습니까?"라 하니 구참공이 이를 허락했다. 이에 혜숙이 이리저리 뛰고 달리며 옷을 벗어 젖히고[6] 서로 앞을 다투니, 공이 매우 기뻐했다.

피로하여 앉아 쉬는 동안 연신 굽고 삶아서 서로 먹기를 권하니 혜숙 또한 함께 먹으면서 조금도 꺼리는 기색이 없었다. 조금 있다가 혜숙이 구참공의 앞에 나아가 말하기를 "지금 이보다 더 맛있고 신선한 고기가 있는데 더 올려도 되겠습니까?"라 하자 공이 좋다고 말했다. 혜숙이 다른 사람을 물리치고 자기의 넓적다리를 베어 소반에 담아 바치니 혜숙의 옷에 피가 베어 줄줄 흘러 내렸다. 공이 깜짝 놀라면서 말하기를 "왜 이런 짓을 하느냐?"라 하자 혜숙이 말하기를 "처음 저는 공이 어진 분이어서 자기를 헤아리는 만큼 다른 사물에도 생각이 미칠 것이라고 보아 공을 따른 것입니다. 그런데 지금 공이 좋아하는 것을 보니 오직 죽이는 것만을 몹시 즐기며 다른 것을 해쳐서 자기 몸만을 보살필 뿐이니, 어찌 이것이 어진 사람이나 군자가 할 일이겠습니까? 저희들[7]과는 뜻이 맞지 않습니다"라 하면서 마침내 옷을 떨치고 가버리자 공이 크게 부끄러워하였다. 혜숙이 먹던 곳을 보니 소반에는 신선한 고기 살점이 그대로 있었다.

1) 이혜동진(二惠同塵) : 二惠는 혜숙과 혜공. 同塵은 『노자』의 「和其光 同其塵(휘황찬란함에 티끌을 고르게 덮어 그 빛이 튐이 없이 한결같이 조화를 이룬다.)」에서 나온 말로 불교에서 화광동진(和光同塵)으로 차용. 불교에서 화광동진이란 보살이 아라한의 독선의 자리를 고집하지 않고, 자신의 재지(才智)를 숨기고 세속과 더불어 중생 속에 화동하는 삶의 자세를 의미.

〈김용옥, 『노자와 21세기』〉

2) 적선촌(赤善村) : 『동국여지승람』 안강현조에 「부의 북쪽으로 30리 되는 곳에 있다. 본래 신라 비화현이었는데 경덕왕 때 이름을 바꾸어 의창군 영현으로 했다.」라고 했으나 정확한 위치는 알 수 없음.

二 惠 同 塵

釋惠宿. 沈光於好世郎徒. 郎旣讓名黃卷. 師亦隱居赤善村(今安康縣有赤谷村.)二十餘年. 時國仙瞿旵公嘗往其郊. 縱獵一日. 宿出於道左. 攬轡而請曰. 庸僧亦願隨從可乎. 公許之. 於是縱橫馳突. 裸袒相先. 公旣悅.

塵 : 티끌 진　沈 : 잠길 침
讓 : 사양 양　瞿 : 놀라볼 구
旵 : 햇발비칠 참　縱 : 좇을 종
獵 : 사냥할 렵　攬 : 잡아당길 람
轡 : 고삐 비　庸 : 용렬할 용
縱 : 세로 종　橫 : 가로 횡
馳 : 말달릴 치　突 : 급할 돌
袒 : 웃통벗을 단　數 : 자주 삭

及休勞坐. 數炮烹相餉. 宿亦與啖囓. 略無忤色. 旣而進於前曰. 今有美鮮於此. 益薦之何. 公曰善. 宿屛人割其股. 寘盤以薦. 衣血淋漓. 公愕然曰. 何至此耶. 宿曰. 始吾謂公仁人也. 能恕已通物也. 故從之爾. 今察公所好. 唯殺戮之耽篤. 害彼自養而巳. 豈仁人君子之所爲. 非吾徒也. 遂拂衣而行. 公大慚. 視其所食. 盤中鮮胾不滅.

炮 : 구울 포　烹 : 삶을 팽
餉 : 먹일 향　啖 : 먹을 담
囓 : 씹을 설　忤 : 거스릴 오
薦 : 드릴 천　屛 : 물리칠 병
割 : 벨 할　股 : 넓적다리 고
寘 : 둘 치　盤 : 소반 반
淋 : 물떨어질 림
漓 : 스며들 리　愕 : 놀랄 악
恕 : 남의입장에서동정할 서
已 : 己의 오기
戮 : 죽일 륙　耽 : 즐겨할 탐
篤 : 두터울 독　巳 : 已의 오기
拂 : 떨칠 불　慚 : 부끄러워할 참
胾 : 고기살점 자

3) 구참공(瞿旵公) : 경주박물관회의 고현우는 「이름 중 瞿를 파자하면 目目은 독수리의 두 눈을 의미하며, 隹(추)는 새이므로 瞿는 사냥이라는 의미를 내포하여 실존 인물이라기보다는 가공의 인물인 듯하다.」고 주장함.

4) 길가〔道左〕 : 원문의 道左(도좌)는 길가란 의미로 옛날에 어진 이를 교외에서 영접할 때는 반드시 길 왼편에 서서 맞이한 데서 유래.

5) 보잘것없는 중〔庸僧〕 : 용렬한 중. 승려가 스스로를 낮추어 부르는 말.

6) 옷을 벗어 젖히고〔裸袒〕 : 『후한서』 동이열전 읍루(挹婁)에 「夏則裸袒 以尺布蔽其前後(여름에는 옷을 벗은 몸에 한 자 정도의 베 조각으로 앞뒤만 가리고 다닌다.)」

7) 저희들〔吾徒〕 : 원문의 吾徒(오도)는 우리와 이상을 같이하는 무리란 뜻. 『논어』 선진편에 「非吾徒也 小子鳴鼓 而攻之可也(우리의 문도가 아니니 제자들아 북소리를 울리면서 그를 성토하여도 좋다.)」

공이 매우 이상하게 여겨 돌아와 조정에 이를 말씀드렸다. 진평왕이 이를 듣고 사람을 보내 그를 맞이하러 갔더니 혜숙이 여자의 침상에 누워 잠을 자고 있는 것이 보였다. 대궐에서 나온 사자[8]가 이를 불결하게 여겨 7~8리쯤 되돌아오다가 길에서 혜숙을 만나게 되었다. 사자가 어디서 오시느냐고 물었더니 혜숙이 대답하기를 "성안에 있는 시주 집의 7일 재에 갔다가 끝마치고 오는 길이오"라 했다. 사자가 이 말을 왕에게 말씀드리자 또 사람을 보내어 그 시주의 집에 가서 알아보니 그것 또한 사실이었다.

얼마 후에 혜숙이 갑자기 죽자 마을 사람들이 이현(형현이라고 도 한다.)의 동쪽에 장사지냈다. 그 마을 사람 중에 이현 서쪽에서 오는 사람이 있었다. 그가 길에서 혜숙을 만나자 어디 가느냐고 물었다. 그가 대답하기를 "이곳에서 오랫동안 살았으니 다른 지방으로 가보려 한다"고 했다. 서로 인사를 나누고 헤어져서 반 리쯤 가더니 구름을 타고 가버렸다. 그 사람이 고개 동쪽에 이르러서 장사를 지내던 사람들이 아직 흩어지지 않는 것을 보고 혜숙을 만난 사유를 이야기하여 무덤을 파헤쳐 보았더니 다만 짚신 한 짝만이 있을 뿐이었다. 지금의 안강현 북쪽에 혜숙사라는 절이 있는데 그곳이 바로 혜숙이 살던 집이라 하며, 또한 부도도 여기에 있다.

승려 혜공은 천진공의 집에서 품팔이하던 노파의 아들인데 어렸을 때의 이름이 우조[9]이다.(방언인 듯하다.) 천진공이 일찍이 몹쓸 종기가 나서 거의 죽게 되자 문병하는 사람들이 길을 가득 메웠다. 이때 일곱 살이던 우조가 그의 어머니에게 묻기를 "집에 무슨 일이 있기에 손님이 이렇게 많습니까?"라 했다. 그의 어머니가 말하기를 "집안 어른[10]이 몹쓸 병에 걸려 돌아가시게 되었는데 너는 어찌 그것도 몰랐느냐?"고 했다. 우조가 말하기를 "제가 병을 고칠 수 있습니다"라 했다. 어머니가 그의 말을 이상히 여겨 천진공에게 알리니 공이 그를 불러오게 했다. 그가 침상 밑에 앉아서 한마디의 말도 하지 않았으나 얼마 후에 종기가 터져 버렸다. 공은 우연이라 여길 뿐 그렇게 이상히 여기지 않았다.

8) 대궐에서 나온 사자[中使] : 원문의 中使(중사)는 궁중에서 왕명을 전하는 내시, 또는 왕명 전달자.
9) 우조(憂助) : 김사엽은 우는 웃의 음차로 장남의 뜻이라 했으나, 憂助(우조)란 천진공의 근심을 도와준다는 의미인 듯함.

公甚異之. 歸奏於朝. 眞平王聞之. 遣使徵迎. 宿示臥婦床而寢. 中使陋焉. 返行七八里. 逢師於途. 問其所從來. 曰. 城中檀越家. 赴七日齋. 席罷而來矣. 中使以其語達於上. 又遣人撿檀越家. 其事亦實.

徵 : 부를 징
臥 : 누울 와
床 : 침상 상
陋 : 더러울 루
逢 : 만날 봉
赴 : 다다를 부
罷 : 파할 파

未幾宿忽死. 村人轝葬於耳峴(一作硎峴.)東. 其村人有自峴西來者. 逢宿於途中. 問其何往. 曰. 久居此地. 欲遊他方爾. 相揖而別. 行半許里. 躡雲而逝. 其人至峴東. 見葬者未散. 具說其由. 開塚視之. 唯芒鞋一隻而已. 今安康縣之北. 有寺名惠宿. 乃其所居云. 亦有浮圖焉.

轝 : 가마(여기서는 관을 싣는 가마) 여
峴 : 재 현
硎 : 숫돌 형
揖 : 읍할 읍
許 : 가량 허
躡 : 밟을 섭
逝 : 갈 서
芒 : 까끄라기 망
鞋 : 가죽신 혜
芒鞋 : 짚신, 미투리
隻 : 외짝 척
傭 : 품팔이할 용
嫗 : 할미 구
瘡 : 종기 창
瀕 : 임박할 빈
候 : 문안할 후
慰 : 위로할 위
塡 : 가득메울 전
右 : 도울 우
喚 : 부를 환
須 : 잠깐 수
臾 : 잠깐 유
潰 : 무너질 궤
偶 : 우연 우
偶爾 = 偶然

釋惠空. 天眞公之家傭嫗之子. 小名憂助.(盖方言也.) 公嘗患瘡瀕於死. 而候慰塡街. 憂助年七歲. 謂其母曰. 家有何事. 賓客之多也. 母曰. 家公發惡疾將死矣. 爾何不知. 助曰. 吾能右之. 母異其言. 告於公. 公使喚來. 至坐床下. 無一語. 須臾瘡潰. 公謂偶爾. 不甚異之.

10) 집안 어른〔家公〕: 원문의 家公(가공)은 아버지 또는 할아버지를 일컫는 명칭이나 여기서는 자기가 섬기는 주인을 의미함.

그가 장성해서 천진공을 위해 매를 길렀는데 매우 공의 마음에 들었다. 공의 동생이 처음으로 벼슬을 얻어 지방으로 부임하였는데 공에게 부탁하여 공이 골라 놓은 매를 얻어서 근무지[11]로 갔다. 어느 날 저녁에 공이 갑자기 그 매 생각이 나서 이튿날 새벽[12]에 우조를 보내어 찾아오려고 하였다. 우조가 이를 미리 알고 재빨리 매를 찾아 동틀 무렵에 공에게 바쳤다. 공이 크게 놀라 깨닫고 그제야 예전에 종기를 치료한 일들이 모두 측량하기 어려운 일임을 알고서 말하기를 "제가 지극한 성인이 저의 집에 계신지 모르고 망녕된 말과 예의에 어긋난 행동으로 더럽히고 욕되게 하였으니 그 죄를 어찌 씻을 수 있겠습니까? 부디 이제부터는 저를 인도하는 도사[13]가 되어 주십시오" 하고는 마침내 공이 내려가 우조에게 절을 하였다.

신령스런 이적이 알려지자 드디어는 출가하여 승려가 되어 이름을 바꾸어 혜공이라 하였다. 항상 그는 조그만 절에 살면서 늘 미치광이 행세[14]를 하면서 크게 취한 채 삼태기를 걸머지고 거리에서 노래하고 춤추니 그를 부궤화상이라 불렀다. 그가 있었던 절을 부개사라 하였으니 부개는 궤(삼태기)의 우리말이다. 매양 절의 우물 속으로 들어가면 몇 달씩 나오지 않으므로 혜공의 이름을 따서 우물 이름을 지었다. 그가 우물 속에서 나올 때마다 푸른 옷을 입은 신동이 먼저 솟아 나왔으므로 절의 스님들은 이를 그가 나올 징조로 알았다. 우물에서 나와도 옷은 물에 젖지 않았다.

만년에는 항사사[15](지금의 영일현에 있는 오어사이다. 속설에는 갠지스 강의 모래[恒沙]처럼 많은 사람들이 승려가 되었으므로 항사동이라 한다고 했다.)로 옮겨 머물렀다.

11) 근무지〔治所〕: 원문의 治所(치소)는 다스릴 장소로 부임지를 뜻함.
12) 새벽〔昧爽〕: 원문의 昧爽(매상)은 동틀 무렵 즉 새벽. 『서경』 태갑편에 「先王昧爽丕顯 坐以待旦(선왕께서는 새벽부터 크게 덕을 밝히고자 앉아서 아침을 기다리셨다.)」
13) 도사(導師) : 어리석은 중생을 인도하여 불도로 들어가게 하는 스님. 『석민요람』에 「十住斷結經云 號導師者 令衆生類 示其正道(십주단결경에서 말하기를 도사로 불리는 사람은 중생들로 하여금 불도를 보여주는 것이다.)」
14) 미치광이 행세〔猖狂〕: 원문의 猖狂(창광)은 미친 듯이 날뛰는 것. 『장자』에 「猖狂不知所往(미친 듯이 날뛰어 간 바를 알지 못한다.)」
15) 항사사(恒沙寺) : 경북 포항시 오천읍에 있는 오어사로, 신라 진평왕 때 창건하여 항사사라 하였다가 오어사로 절 이름을 고침. 창건 이후의 사적은 전래되지 않고 다만 유물 유적에 의해 자장 · 혜공 · 원효 · 의상이 오어사와 인연이 있음을 알 수 있음.

旣壯. 爲公養鷹. 甚愜公意. 初公之弟. 有得官赴外者. 請公之選鷹歸治所. 一夕公忽憶其鷹. 明晨擬遣助取之. 助已先知之. 俄頃取鷹. 昧爽獻之. 公大驚悟. 方知昔日救瘡之事. 皆叵測也. 謂曰. 僕不知至聖之托吾家. 狂言非禮汚辱之. 厥罪何雪. 而後乃今願爲導師導我也. 遂下拜.

鷹 : 매 응　愜 : 뜻에맞을 협
赴 : 다다를 부　憶 : 생각할 억
晨 : 새벽 신　擬 : 헤아릴 의
俄 : 잠깐 아　頃 : 잠깐 경
昧 : 어두울 매　爽 : 새벽 상
方 : 이제 방
叵 : 叵(어려울 파)의 오기
僕 : 나 복
托 : 의탁할 탁　辱 : 욕될 욕
厥 : 그 궐　雪 : 씻을 설

靈異旣著. 遂出家爲僧. 易名惠空. 常住一小寺. 每猖狂大醉. 負簣歌舞於街巷. 号負蕢和尙. 所居寺因名夫蓋寺. 乃簣之鄕言也. 每入寺之井中. 數月不出. 因以師名名其井. 每出有碧衣神童先湧. 故寺僧以此爲候. 旣出. 衣裳不濕. 晩年移止恒沙寺.(今迎日縣吾魚寺. 諺云恒沙人出世. 故名恒沙洞.)

著 : 널리알려질 저
猖 : 미쳐날뛸 창
狂 : 미칠 광　醉 : 술취할 취
簣 : 삼태기 궤　巷 : 거리 항
蕢 : 삼태기 궤
蓋 : 덮을 개　每 : 매양 매
碧 : 푸를 벽　湧 : 솟을 용
候 : 조짐 후　止 : 머무를 지

오어사 대웅전

이때 원효가 여러 불경들의 주석을 달면서 매번 혜공을 찾아와서 의심나는 것을 묻기도 하고 서로 만나 장난을 치기도 하였다. 하루는 두 분이 시냇가에서 물고기와 새우를 잡아먹고 바위 위에 똥을 누었다. 혜공이 이것을 가리키면서 농담하기를 "네가 싼 똥은 내가 잡은 고기로다"[16]라 했다. 이로 인해서 절 이름을 오어사라 했다. 어떤 사람은 이것이 원효대사의 말이라고 하나 잘못이다. 세간에서는 이 시내를 잘못 불러서 모의천[17]이라고 하였다.

구참공이 언젠가 산으로 놀러갔다가 산길 가운데 쓰러져 죽어 있는 혜공의 시체를 보았다. 그 시체는 부어 터지고 구더기가 들끓었다. 한참동안 슬퍼하다가 말고삐를 돌려 성으로 들어가니 혜공이 술에 몹시도 취하여 시내 한가운데서 노래하고 춤추는 것이 보였다. 또 어느 날 풀로 새끼를 꼬아 영묘사에 들어가 금당과 좌우의 경루 및 남문 회랑을 새끼로 둘러치고 절을 관리하는 스님에게 말하기를 "이 새끼는 반드시 사흘 후에 풀도록 하라"고 했다. 절을 관리하는 스님은 그 말을 이상히 여기면서도 그대로 하였다. 과연 사흘만에 선덕왕이 절에 행차했는데, 지귀의 심화[18]가 나와 그 탑을 불태웠지만 새끼줄을 맨 곳만은 화재를 면하였다.

또 신인종의 조사 명랑이 새로 금강사[19]를 창건하고 낙성회를 베풀자 뛰어난 스님들이 다 모였으나 오직 혜공만이 오지 않았다. 명랑이 향불을 피우고 경건하게 기도를 하니 잠시 후에 혜공이 왔다. 때마침 큰비가 내렸으나 그의 옷은 젖지 않았으며 발에 진흙도 묻지 않았다. 그가 명랑에게 말하기를 "하도 간곡히 불러서 여기에 왔노라"고 했다. 신령스런 이적이 무척이나 많았으며 죽을 때는 공중에 떠서 세상을 마쳤는데 사리가 얼마나 되는지 알 수 없을 정도였다.

그가 일찍이 『조론』[20]을 보고 말하기를 "이것은 옛날에 내가 지은 것이다"라 하였으니 이로써 혜공이 승조의 후신임을 알겠다.

16) 네가 싼 똥은 내가 잡은 고기로다〔汝屎吾魚〕: 원문의 汝屎吾魚(여시오어)는 불교의 선어(禪語)로 뜻은 「같은 고기 잡아먹고 너는 끙끙거리지만 나는 그것을 먹고 노래부른다.」임.
• 시(屎)→히→낑→낑낑→끙끙.
• 오어(吾魚) : 吾魚의 魚는 위나라 조식이 불교음악 범패(梵唄)를 지었다는 어산(魚山)으로 여기서는 노래를 뜻함.
〈김원주(경주박물관회 고문)〉

時元曉撰諸經疏. 每就師質疑. 或相調戱. 一日二公沿溪掇魚蝦而啖之. 放便於石上. 公指之戱曰. 汝屎吾魚. 故因名吾魚寺. 或人以此爲曉師之語濫也. 鄕俗訛呼其溪曰芼矣川.

瞿旵公嘗遊山. 見公死僵於山路中. 其屍膖脹. 爛生虫蛆. 悲嘆久之. 及廻轡入城. 見公大醉歌舞於市中. 又一日將草索綯. 入靈廟寺. 圍結於金堂・與左右經樓及南門廊廡. 告剛司. 此索須三日後取之. 剛司異焉而從之. 果三日善德王駕幸入寺. 志鬼心火出燒其塔. 唯結索處獲免.

又神印祖師明郞. 新創金剛寺. 設落成會. 龍象畢集. 唯師不赴. 朗卽焚香虔禱. 小選公至. 時方大雨. 衣袴不濕. 足不沾泥. 謂明朗曰. 辱召懃懃. 故玆來矣. 靈迹頗多. 及終. 浮空告寂. 舍利莫知其數. 嘗見肇論曰. 是吾昔所撰也. 乃知僧肇之後有也.

撰 : 지을 찬
疏 : 疏(주석 소)의 異體字
掇 : 주울 철 蝦 : 새우 하
啖 : 먹을 담 便 : 똥 변
屎 : 똥 시
濫 : 잘못된말 람
芼 : 풀 모 僵 : 쓰러질 강
脹 : 부를 창
膖 : 膨(배불룩할 팽)의 오기
爛 : 문드러질 란
蛆 : 구더기 저
索 : 새끼 삭
綯 : 새끼꼴 도
廊 : 곁채 랑
廡 : 회랑 무
剛 : 綱의 오기
須 : 모름지기 수
幸 : 거동할 행
畢 : 다 필
虔 : 경건할 건
禱 : 기도할 도
選 : 잠깐사이 선
袴 : 바지 고
沾 : 젖을 첨
辱 : 굽힐 욕
懃 : 은근할 근
頗 : 자못 파
肇 : 비로소 조
有 : 身의 오기

17) 모의천(芼矣川) : 어원에 관한 학설.

내 용	주장학자, 『저서』
• 지금의 경주시 기계면을 흐르는 기계천 - 모의(芼矣)는 모혜(芼兮)와 같은 음으로 통용. 모혜는 지금의 경주시 기계면이 모혜현이므로 모의천은 지금의 기계천	김부식, 『삼국사기』
산스크리트어로 물고기〔魚〕를 뜻하는 Mataya의 음사(音寫)	강헌규, 『국어 어원탐구의 사적 전개과정 연구』

*오어사 옆을 흐르는 개천은 항사천(恒沙川)임.

다음과 같이 찬미한다.

초원에서 종횡으로 사냥하다 침상 위에 누웠고,

저잣거리에서 술 취해 미친 듯 노래하다 우물 속에 잠을 잤네.

신 한 짝만 남기고 공중에 떠 어디 갔는고.

불길 속에 연꽃[21] 같은 한 쌍의 보배일세.

18) 지귀의 심화[志鬼心火] : 지귀는 신라 선덕여왕 때 사람으로 선덕여왕을 사모하였는데, 영묘사에 불공을 드리러 간 선덕여왕은 향을 피우고 지귀에게 알현을 허락하였음. 지귀가 탑 아래에 와서 왕을 기다리고 있다가 그만 잠이 들어버리니 여왕이 가락지를 벗어 자고 있는 지귀의 가슴에 놓고 궁으로 돌아감. 지귀는 잠에서 깨어났으나 여왕의 가락지를 보고 너무 기쁜 나머지 심중에서 불이 나와 탑을 태웠다고 함.

19) 금강사(金剛寺) : 정확한 위치는 알 수 없으나 명랑법사와 관계되는 금광사(金光寺)와 남간사(南澗寺)가 있는 경주 서남산의 속칭 식혜골의 어느 절터로 추정.

이혜동진 조의 구성과 의미

1. 혜숙(惠宿)

신라의 십성(十聖) 중의 한 사람인 혜숙이 재지(才智)를 숨기고 중생 속에서 화동(和同)
도입[起] : 혜숙이 국선 구참공과 함께 사냥하다. → 혜숙이 세속과 화동
● 국선 구참공의 살생(사냥)을 깨우치기 위한 방편으로 혜숙이 사냥에 참여 - 국선은 미륵의 화신이나 구참공은 그 이름의 의미에서 알 수 있듯이 사냥에 몰두
전개[承] : 혜숙이 그의 살을 베어 구참공에 바치다. → 살생이 살인임을 인식시킴
● 혜숙이 불살계(不殺戒)의 계율을 어기고 세속과 화동하며, 구참공에게 사냥의 의미를 인식시켜 구참공을 불법의 세계로 인도 - 혜숙이 그의 살을 베어 바친 것은 윤회에 의해 사람이 짐승으로, 짐승이 사람으로 환생하므로 살생은 곧 살인이라는 것을 인식시키기 위함
전환[轉] : 혜숙이 같은 시간에 시주의 집과 여자의 침상에 있었다. → 화광동진(和光同塵)
● 시주의 집에서 재를 지낸다는 것은 화광(和光)이며, 여자의 침상에서 잠을 잤다는 것은 세속과 더불어 동진(同塵)함을 의미 * 사자는 분별심에 빠져 성스러움과 비속함을 구별
결론[結] : 혜숙이 열반하며 삶과 죽음이 같음을 보이다. → 화광동진(和光同塵)

讚曰.

草原縱獵床頭臥.

酒肆狂歌井底眠.

隻履浮空何處去.

一雙珎重火中蓮.

肆 : 저자 사
酒肆 : 술집, 주점
履 : 신발 리
雙 : 쌍 쌍

20) 조론(肇論) : 후진(後秦)의 승려 승조(384~414)가 지은 것으로, 『반야무지론(般若無知論)』·『물불천론(物不遷論)』·『불진공론(不眞空惀)』·『반야무명론(般若無名論)』 및 『종본의(宗本義)』를 합해서 만든 책. 승조는 구마라집 문하의 4대 제자 중 한 사람으로 『열반경』과 『유마경』에 조예가 깊음.

21) 불길 속에 연꽃〔火中蓮〕 : 불 속에서 연꽃이 났다는 말. 『유마경』 불도품(佛道品)에 「火中生蓮華 是可謂希有(불 속에서 연꽃이 나는 것은 희귀한 일이라 할 수 있다.)」

2. 혜공(惠空)

혜공이 원효를 가르치고, 세속에서 노래하고 춤추며 신이한 행적을 보이다. 재능을 숨기고 중생과 생활하는 가운데 불법으로 교화 → 화광동진(和光同塵)
서론부 : 하층민 혜공이 신이한 능력을 보이다.
● 품팔이하는 노파의 아들인 혜공이 천진공도 모르는 사이에 악성 종양을 고치고, 천진공의 마음 속을 꿰뚫어 보다. - 신이한 능력을 가진 혜공이 재능을 숨기면서 아무도 모르게 능력 발휘 → 화광동진 * 혜공이 하층민 출신이라는 것은 성(聖)과 속(俗)이 동일하며, 그 자체가 화광동진
본론부 : 승려가 된 혜공이 세속에서 미치광이 행세를 하며 신이한 행적을 남기다.
● 조그만 절에 살면서 술에 취해 삼태기를 걸머지고 거리에서 노래하고 춤추다. - 세속의 거리에서 중생들과 함께 생활하며 불법교화 * 위엄과 계율에 구애되지 않은 무애인(無碍人)으로 성(聖)보다 속(俗)을 지향 ● 혜공은 우물 속에서도 살며, 신동이 나온 뒤 나오고 나와서도 물에 젖지 않음 - 신동(神童)은 혜공의 재지(才智)를 상징하며, 물에 젖지 않는다는 것은 더러운 속세에 살아도 깨끗함을 유지한다는 의미 ● 원효를 가르치며 물고기를 잡아먹고 똥을 누는 속인들의 행동을 하다. - 원효를 가르칠 정도의 비범한 혜공이 비속하게 보이는 삶을 통해 불법의 숭고함 실천 * 물고기는 성스러움을, 똥은 비속함을 뜻하나 인연에 의하여 고기가 되기도 하고 똥이 되기도 함. 즉 성과 속은 분별심에 의해 나타나는 것일 뿐임 ● 구참공이 썩고 있는 혜공의 시체를 본 뒤 혜공이 저자에서 취하여 노래하고 춤추는 것을 보다. - 죽음과 삶은 둘이 아니요, 깨끗함[聖]과 더러움[俗]도 인간의 분별심에 의한 것임 ● 지귀의 심화로 영묘사가 불탔으나 혜공이 새끼줄 친 곳은 화를 면하다. - 세속과 더불어 생활하는 혜숙의 재지(才智)와 비범함의 표현 ● 금강사 낙성회 때 큰비가 내렸으나 젖지 않다. → 세속에 물들지 않음을 표현

자장정률

– 자장이 계율을 정하다 –

대덕[1] 자장은 김씨로서 본래 진한의 진골 소판(3급의 벼슬 이름이다.) 무림의 아들이다. 그의 아버지는 요직[2]을 두루 거쳤으나 뒤를 이을 아들이 없었다. 이에 불교[3]에 귀의하여 천부관음[4]에게 가서 자식 하나 낳기를 바라며 기원하기를 "만약 아들을 낳게 되면 희사하여 불법의 바다에 진량으로 삼겠습니다"라 하였다. 자장의 어머니가 문득 별이 떨어져 품 안으로 들어오는 꿈을 꾸고, 이로 인해 태기가 있어 아이를 낳으니 석가모니의 생일과 같은 날이었다. 이름을 선종랑[5]이라 했다.

그는 정신과 뜻이 맑고도 슬기로웠으며 문장력[6]이 날로 더했으나 속세의 취미에는 물들지 않았다. 양친이 일찍 세상을 뜨자 더욱 속세의 시끄러움이 싫어 처자식을 버리고 토지와 정원을 희사하여 원녕사를 세웠다.

홀로 깊고 험한 곳에 거처하면서 이리나 호랑이도 피하지 않았다. 고골관[7]을 닦으면서 조금이라도 게을러지고 피곤한 기색이 있으면 곧바로 작은 방을 만들어 주위를 가시덤불로 둘러치고 그 속에 벌거벗고 앉아서, 움직이면 번번히 가시에 찔리도록 했으며 머리는 대들보에 매달아서 정신이 흐려짐을 막았다.

때마침 재상자리[8]가 비었는데 문벌[9]로 보아 자장이 그 직위에 타당하다 하여 조정에서 여러 번 불렀으나 그는 끝내 가지 않았다. 이에 왕이 칙명을 내려 말하기를 "나오지 않으면 목을 베겠다"라 했다. 자장이 이를 듣고 말하기를 "내가 차라리 하루라도 계율을 지키다가 죽을지언정 계율을 어기고 백년 동안 사는 것을 원치 않는다"고 했다. 왕이 이 말을 듣고 그의 출가를 허락했다.

자장율사

1) 대덕(大德) : 지혜와 덕망이 높은 승려. 본래 부처님을 일컫는 말인데, 뒤에 사문의 존칭으로 됨.
2) 요직〔淸要〕: 원문의 淸要(청요)는 녹봉에 관계없는 높고 중요한 직책.
3) 불교〔三寶〕: 원문의 三寶(삼보)는 불(佛)·법(法)·승(僧)의 삼보(三寶)를 뜻하나 여기서는 불교를 의미.
4) 천부관음(千部觀音) : 천부관음은 천수관음(千手觀音)의 별칭으로 추정. 천수관음은 천수천안관세음보살(千手千眼觀世音菩薩)

慈藏定律

大德慈藏. 金氏. 本辰韓眞骨蘇判(三級爵名.)茂林之子. 其父歷官淸要. 絶無後胤. 乃歸心三寶. 造于千部觀音. 希生一息. 祝曰. 若生男子. 捨作法海津梁. 毋忽夢星墜入懷. 因有娠. 及誕. 與釋尊同日. 名善宗郞.

神志澄睿. 文思日贍. 而無染世趣. 早喪二親. 轉猒塵譁. 捐妻息・捨田園爲元寧寺.

獨處幽險. 不避狼虎. 修枯骨觀. 微或倦弊. 乃作小室. 周障荊棘. 倮坐其中. 動輒箴刺. 頭懸在梁. 以祛昏瞑.

適台輔有闕. 門閥當議. 累徵不赴. 王乃勑曰. 不就斬之. 藏聞之曰. 吾寧一日持戒而死. 不願百年破戒而生. 事聞. 上許令出家.

茂 : 무성할 무
胤 : 胤(자식이을 윤)의 異體字
造 : 나아갈 조　捨 : 희사할 사
津梁 : 나루터의 다리. 부처님이 민중의 고뇌를 구하고 깨달음의 경지로 인도하는 일
津 : 나루 진　梁 : 다리 량
毋 : 母의 오기 또는 약체자
墜 : 떨어질 추　懷 : 품을 회
澄 : 맑을 징　睿 : 슬기로울 예
贍 : 넉넉할 섬　染 : 물들 염
趣 : 취미 취　轉 : 더욱 전
猒 : 싫을 염　譁 : 시끄러울 화
捐 : 버릴 연　枯 : 죽을 고
微 : 기미 징　倦 : 게으를 권
弊 : 피곤할 폐　障 : 막을 장
荊 : 가시 형　棘 : 가시나무 극
倮 : 裸의 오기　輒 : 문득 첩
箴 : 바늘 잠　刺 : 찌를 자
懸 : 매달 현　梁 : 들보 량
祛 : 없앨 거　瞑 : 어두울 명
適 : 마침 적　闕 : 빠뜨릴 궐
斬 : 베일 참　寧 : 차라리 녕

의 약칭. 6관음 중의 한 분으로 아귀중생의 구제자 또는 일체중생을 제도하는 큰 원력(願力)이 있음을 천수천안으로 상징.

5) 선종랑(善宗郞) : 郞字를 쓴 것으로 보아 유소년기에는 화랑이었던 것으로 추정.

6) 문장력〔文思〕 : 원문의 文思(문사)는 글짓는 구상.

7) 고골관(枯骨觀) : 죽은 사람의 뼈, 시체가 썩어서 백골이 되는 모습을 보면서 인생의 덧없음을 깨닫는 수행법.

8) 재상자리〔台輔〕 : 원문의 台輔(태보)는 재상.

9) 문벌(門閥) : 신라시대 골품제의 진골을 말함.

자장이 재상자리를 거절하는 모습

이에 바위투성이 속에 깊숙이 숨어 사니 양식 한 톨 주는 사람이 없었다. 이때 신이한 새가 과일을 물어와서 그에게 바치니 손을 내밀어 받아먹었다. 마침내 천인이 나타나 다섯 가지 계율을 주는 꿈을 꾸었다. 그제야 자장이 골짜기에서 나오니 마을의 남녀들이 다투어 와서 계를 받았다.

자장은 변방에 태어난 것을 스스로 탄식하면서 중국에서 불교의 교화 구하기를 원하였다. 그래서 인평[10] 3년(636) 병신(즉 정관 10년이다.)에 왕명을 받아 그의 제자인 승려 실 등 10여 명과 함께 서쪽의 당나라로 들어가 청량산[11]을 찾았다. 이 산에는 만수대성[12]의 소상이 있었는데 그 나라 사람들이 서로 전하여 말하기를 "제석천이 공인을 데리고 와서 조각해 만든 것이다"라 했다.

자장이 소상 앞에서 고요히 기도하자 감응이 있어 꿈에 소상이 자장의 이마를 어루만지면서 범어로 된 게를 주었다. 깨어나서 의미를 알지 못하였더니 아침이 되어 신이한 승려가 와서 해석(이미 황룡사 9층탑 조에 해석이 나와 있다.)해 주었다. 그러고는 말하기를 "비록 만 가지 가르침을 배운다 하더라도 이보다 더 나은 것은 없소" 하고는 가사와 사리 등을 주고 사라졌다.(자장공이 처음에는 이것을 숨겼으므로 『당승전』에는 실리지 않았다.)

자장이 이미 성별[13]을 받았다는 것을 알고 곧장 북대[14]에서 내려와 태화지에 갔다가 당나라 서울로 들어가니 태종이 칙사를 보내어 진심으로 위로하고 승광별원에 편안히 거처하도록 했다. 태종이 그를 총애하여 빈번히 많은 물건을 하사했다. 자장은 그 번잡스러움이 싫어서 태종에게 글을 올리고 종남산[15] 운제사 동쪽 낭떠러지의 바위에 나무를 걸쳐 방을 만들고 3년을 살았는데 사람과 신들이 계율을 받고 신령스런 감응이 나날이 행해졌으나 그 내용이 번잡스러워 여기에 싣지 않는다. 얼마 후에 다시 서울로 돌아오자 또 황제의 위문을 받았는데, 황제가 비단 200필을 내려서 의복의 비용으로 쓰도록 했다.

10) 인평(仁平) : 선덕여왕의 연호.
11) 청량산(淸凉山) : 중국 오대산의 별칭. 오대산에는 다섯 개의 봉우리 즉 동 · 서 · 남 · 북 · 중앙이 있어 오대산이라 하며, 청량산은 이 당시 불교의 중심지.

乃深隱岩叢. 粮粒不恤. 時有異禽. 含菓來供. 就手而飡. 俄夢天人來授五戒. 方始出谷. 鄉邑士女. 爭來受戒.

藏自嘆邊生. 西希大化. 以仁平三年丙申歲(即貞觀十年也.)受勑. 與門人僧實等十餘輩. 西入唐. 謁淸凉山. 山有曼殊大聖塑相. 彼國相傳云. 帝釋天將工來彫也.

藏於像前禱祈冥感. 夢像摩頂授梵偈. 覺而未解. 及旦有異僧來釋云. (已出皇龍塔篇.) 又曰雖學萬敎. 未有過此. 又以袈裟舍利等付之而滅.(藏公初匿之. 故唐僧傳不載.)

藏知已蒙聖莂. 乃下北臺. 抵大和池. 入京師. 太宗勑使慰撫. 安置勝光別院. 寵賜頻厚. 藏嫌其繁. 擁啓表入終南雲際寺之東崿. 架嵓爲室. 居三年. 人神受戒. 靈應日錯. 辭煩不載. 旣而再入京. 又蒙勑慰. 賜絹二百疋. 用資衣費.

叢 : 모일 총
粮 : 양식 량
粒 : 낟알 립
恤 : 가볍게여길 휼
禽 : 새 금
含 : 머금을 함
菓 : 과실 과
飡 : 먹을 손
士 : 남자 사

謁 : 뵈올 알
曼 : 아름다울 만

摩 : 어루만질 마
頂 : 이마 정
旦 : 아침 단
已 : 己의 오기
匿 : 숨길 닉
蒙 : 받을 몽

已 : 己의 오기
莂 : 스님의글 별
抵 : 도착할 저
大 : 太의 오기
寵 : 사랑할 총
頻 : 자주 빈
嫌 : 싫어할 염
擁 : 올릴 옹
啓 : 임금께여쭐 계
表 : 글 표
崿 : 낭떠러지 악
架 : 시렁 가
錯 : 행할 조
辭 : 글 사
煩 : 번거로울 번
絹 : 비단 견

12) 만수대성(曼殊大聖) : 문수보살의 이칭(異稱).
13) 성별(聖莂) : 문수보살의 기별(記莂). 기별이란 부처가 도 닦는 사람에게 미리 성불(成佛)할 것을 예언한 것.
14) 북대(北臺) : 오대산의 다섯 봉우리 중 북쪽에 있는 것으로 해발 3040m.
15) 종남산[終南] : 중국 협서성(陜西省) 서안시(西安市)에서 남쪽으로 25km의 위치에 있는 산.

정관 17년 계묘(643)에 본국의 선덕여왕이 글을 올려 자장을 돌려보내 줄 것을 청했다. 태종이 조서를 내려 이를 허락하고 대궐로 그를 불러들여 비단 가사 한 벌과 여러 가지 색깔이 있는 비단 500단을 하사하였으며, 태자도 또한 비단 200단을 내려 주었으며 그밖에도 많은 예물을 주었다. 자장이 본국에는 아직도 불경과 불상이 충분하지 못하므로 대장경 1부와 여러 번당 · 화개[16]에 이르기까지 복(福)과 이로움이 될 만한 것들을 구하여 모두 싣고 돌아왔다.

그가 본국에 돌아오니 온 나라가 환영했다. 왕이 그를 분황사[17](『당전』[18]에는 왕분사[19]라 했다.)에 머물게 하면서 쓸 물건과 시중드는 사람을 주어 극진하게 대했다. 어느 해 여름에 궁중으로 그를 청해 대승론[20]을 강의하게 하고 또 황룡사에서 7일 밤낮으로 『보살계본』[21]을 강연하게 하자, 하늘에서 단비가 내리고 구름과 안개가 자욱하게 피어올라 강당을 덮으니 4부대중[22]이 모두 그 신이함에 감복했다.

조정에서 의논하기를 「불교가 동쪽으로 들어온 지 비록 오래되었으나 유지하고 받드는 규범이 없으므로 이를 통괄하여 다스리지 않으면 바로잡을 수 없다.」고 했다. 이것을 말씀드리니 왕이 칙령을 내려 자장을 대국통[23]으로 삼고, 모든 승려들의 일체 규정을 전부 승통에게 맡겨 이를 주관하도록 했다.

번

16) 번당 · 화개(幡幢 · 花蓋) : 번당은 불전을 장엄하게 장식하는 데 쓰이는 번(幡)과 당(幢)으로 둘 다 깃발. 번은 긴 비단을 밑으로 달아 내린 것이며, 당은 장대에 깃발을 단 것임. 화개는 꽃으로 장식한 일산의 뚜껑.

17) 분황사(芬皇寺) : 분황(芬皇)은 분타리(芬陀利)와 각황(覺皇)의 합성어로 세상의 괴로움과 번뇌에 물들지 않은 분타리와 같은 깨달음을 얻은 부처를 뜻함.
*분타리(芬陀利) : 백련화(白蓮華)로서 그 꽃은 눈과 같이 희고 은빛과 같아서 사람의 눈을 부시게 하며, 인간세계에는 없고 깨달은 세계에만 존재. 또 다른 의미로 연꽃이 활짝 피어 가장 아름다울 때의 모양을 분타리라 함.
*각황(覺皇) : 각왕(覺王)이라고도 하며, 깨달음을 얻은 부처를 말함.
〈김영태, 『분황사와 원효의 관계사적 고찰』〉

貞觀十七年癸卯. 本國善德王上表乞還. 詔許引入宮. 賜絹一領·雜綵五百端. 東宮亦賜二百端. 又多禮貺. 藏以本朝經像未充. 乞齎藏經一部·洎諸幡幢花蓋·堪爲福利者皆載之.

綵 : 채색비단 채
乞 : 빌 걸
洎 : 미칠 계
幢 : 깃발 당
堪 : 견딜 감
貺 : 하사품 황
齎 : 가져올 재
幡 : 깃발 번
蓋 : 뚜껑 개

旣至. 洎擧國欣迎. 命住芬皇寺.(唐傳作王芬.)給侍稠渥. 一夏請至宮中. 講大乘論. 又於皇龍寺演菩薩戒本七日七夜. 天降甘澍. 雲霧暗靄. 覆所講堂. 四衆咸服其異.

稠 : 많을 조
澍 : 때맞추어오는비 주
霧 : 안개 무
靄 : 아지랑이피어오를 애
覆 : 덮을 복
渥 : 윤택할 악

朝廷議曰. 佛敎東漸. 雖百千齡. 其於住持修奉. 軌儀闕如也. 非夫綱理. 無以肅淸. 啓勅藏爲大國統. 凡僧尼一切規猷. 摠委僧統主之

漸 : 번질 점
齡 : 나이 령
闕 : 없을 궐
猷 : 길 유

18) 당전(唐傳) : 『唐高僧傳』이라고도 하는 『續高僧傳』을 말함.
19) 왕분사〔王芬〕: 『唐高僧傳』에서 분황사(芬皇寺)의 皇자를 王자로 한 것은 신라 절 이름에 皇자를 붙이기 싫어서 그랬을 것이며, 분왕사라 하지 않고 왕분사라 한 것은 당나라에서 분황사의 이름을 분타리의 왕이라는 황분타리(皇芬陀利)의 뜻으로 보았기 때문이라고 추정.
〈김영태, 『분황사와 원효의 관계사적 고찰』〉
20) 대승론(大乘論) : 대승(大乘)은 산스크리트어 Mahāyāna를 뜻으로 번역한 것. 붓다가 입멸한 후 붓다의 언행을 중심으로 한 원시불교에서부터 그 주석적연구(註釋的硏究)에 치중한 부파불교(部派佛敎)가 전개됨과 동시에 보살도를 설하는 불교가 발달됨. 보살도의 불교를 대승불교라 하며, 대승에는 『반야경』·『법화경』·『화엄경』과 같은 경전과 『중론(中論)』·『섭대승론(攝大乘論)』 등의 논(論)이 있음.
21) 보살계본(菩薩戒本) : 보살계경(菩薩戒經)이라고도 함. 『범망경(梵網經)』 하권에 있는 열 가지의 중요하게 지켜야 할 계율과 48가지의 계율을 따로 뽑아 만든 책.

(살펴보면 북제 천보[24] 연간에 나라에서 10통을 두었더니 관원이 이것은 마땅히 직위를 구별해야 된다고 말씀드렸다. 이에 선제[25]가 법상법사[26]로 대통을 삼고 나머지는 통통으로 삼았다. 또 양나라와 진나라 시대에 국통 · 주통 · 국도 · 주도 · 승도 · 승정 · 도유내 등의 명칭이 있었는데 모두 소현조에 속하였다. 소현조는 곧 승려들을 통솔하는 관직의 이름이다. 당나라 초기에는 10명의 대덕이 나올 정도로 번성했다. 신라 진흥왕 11년 경오(550)에 안장법사를 대서성으로 삼았는데 한 사람뿐이었고, 또 소서성은 두 사람이 있었다. 그 이듬해인 신미(551)에 고구려에서 혜량법사를 국통으로 삼으니 사주라고도 한다. 보량법사를 대도유나로 삼았는데, 대도유나는 한 사람이었고 주통은 9인, 군통은 18인 등이었다. 자장 때에 와서 대국통 한 사람을 두었다. 이것은 대체로 고정된 직위의 명칭이 아니니 부례랑이 대각간이 되고 김유신이 태대각간이 된 것과 같다. 후에 원성대왕 원년(785)에 이르러 다시 정법전이라는 명칭의 승관을 두고 대사(大舍) 1인과 사(史) 2인을 사(司)로 삼았다. 승려들 중에서 재능과 행실이 좋은 자를 뽑아 승관이 사고가 생기면 교체하였는데 임기는 정하지 않았다. 그러므로 지금의 자줏빛 승려 옷[27]을 입은 무리들은 또한 율종의 다른 파벌이다. 향전에서 말하기를 「자장이 당나라에 갔더니 태종이 무건전으로 맞아들여 『화엄경』의 강의를 청함에, 하늘에서 달콤한 이슬이 내리니 처음으로 국사로 삼았다.」라고 했으나 이것은 그릇된 말이다. 『당전』과 『국사』에 모두 그런 글이 없다.)

자장이 이런 좋은 기회를 만나서 용기를 내어 불교를 널리 전파했다. 승니의 5부[28]에 각기 구학을 더하여 보름마다 계율을 설법하게 하였으며, 겨울과 봄에는 이들을 모아 시험해서 계율을 지키는지 파계하는지 알게 했으며 관원을 두어 이를 관리하고 유지하게 했다. 또 순찰하는 사람을 보내 서울 밖에 있는 절들을 검사하여 승려들의 과오를 경계하고 독려했으며, 불경과 불상을 잘 관리하는 것을 일정한 법식으로 삼으니 한 시대의 불법을 보호함이 이때가 가장 성했다. 공자[29]가 위나라로부터 노나라로 돌아와 음악을 바로잡아 아와 송[30]이 각각 그 표준을 얻게 되었음과 같다 하겠다.

22) 4부대중〔四衆〕 : 사부중(四部衆) · 사중(四衆) · 사부제자(四部弟子)라고도 함. 비구 · 비구니 · 우바새(優婆塞 : 남자 신도) · 우바이(優婆夷 : 여자 신도)를 말함.
23) 대국통(大國統) : 신라 때 제일 높은 승려의 직위.
24) 북제 천보(北齊 天寶) : 북제는 중국 남북조 시대의 북조의 북제(550~577)이며, 천보는 문선제(文宣帝)의 연호(550~558).
25) 선제(宣帝) : 동위(東魏)의 제상으로 사실상의 최고 실권자.
26) 법상법사(法上法師) : 남북조 시대의 유명한 고승인 혜광(慧光)의 수제자. 동위(東魏) · 북제(北齊)의 시대 약 40년간 대통이 되어 승도 3백만 명을 통솔하며 교계에 군림.
27) 자줏빛 승려 옷〔紫衣〕 : 당나라 측천무후 때 법랑으로부터 시작됨. 『僧史畧下』에 「측천 조에 승려 법랑 등이 말하기를 측천은 미륵의 하생으로 염부제의 왕이 될 것이며, 당은 미약해질 것이다.……이에 측천이 자줏빛 가사를 하사했다.」
28) 5부(五部) : 출가한 승려를 비구 · 비구니 · 사미 · 사미니 · 식차마나 등 다섯으로 분류한 듯함.

(按北齊天寶中. 國置十統. 有司卷宜甄異之. 於是宣帝以法上法師爲大統. 餘爲通統. 又梁陳之間. 有國統・州統・國都・州都・僧都・僧止・都維乃等名・摠屬昭玄曺. 曺卽領僧尼官名. 唐初又有十大德之盛. 新羅眞興王十一年庚午. 以安藏法師爲大書省一人. 又有小書省二人. 明年辛未. 以高麗惠亮法師爲國統. 亦云寺主. 寶良法師爲大都維那一人. 及州統九人・郡統十八人等. 至藏更置大國統一人. 蓋非常職也. 亦猶夫禮郞爲大角干. 金庾信大大角干. 後至元聖大王元年. 又置僧官名政法典. 以大舍一人史二人・爲司. 揀僧中有才行者衆之. 有故卽替. 無定年限. 故今紫衣之徒. 亦律寺之別也. 鄕傳云. 藏入唐. 太宗迎至武乾殿. 請講華嚴. 天降甘露. 開爲國師云者妄矣. 唐傳與國史皆無文.)

寶 : 保의 오기
卷 : 奏의 오기
甄異 : 분명히 헤아려 그 다름을 앎
甄 : 밝힐 견
止 : 正의 오기 또는 훼자
猶 : 같을 유
大 : 太의 오기
揀 : 楝의 오기
楝 : 중임을맡을인물 동
衆 : 爲의 오기

藏値斯嘉會. 勇激弘通. 令僧尼五部各增奮學. 半月說戒. 冬春摠試. 令知持犯. 置員管維持之. 又遣巡使. 歷撿外寺. 誡礪僧失・嚴飾經像爲恒式. 一代護法. 於斯盛矣. 如夫子自衛返魯. 樂正雅頌・各淂其宜.

値 : 만날 치
激 : 邀(맞이할 요)의 오기
奮 : 舊(옛 구)의 오기
奮 : 성낼 분
礪 : 갈고닦을 려
飾 : 치장할 식
雅 : 바를 아
頌 : 기릴 송
淂 : 得의 異體字

29) 공자〔夫子〕 : 원문의 夫子(부자)는 덕행이 높은 선생으로 여기서는 공자를 가리킴. 『논어』에 「夫子 溫良恭儉讓以得之(공자께서는 온화 · 선량 · 공손 · 검소 · 겸양함으로써 그런 기회를 얻게되는 것이다.)」

30) 아와 송〔雅頌〕 : 『시경』은 크게 나누어 국풍(國風) · 아(雅) · 송(頌)으로 나누어짐. 아(雅)는 궁정의 음악 즉 정악(正樂)이며, 송(頌)은 종묘의 제사에 사용되는 음악임.

孔子立像

이 시기에 나라 안 사람으로서 계를 받고 불법을 숭상하는 자가 열 집에 여덟 아홉 집이나 되며 머리를 깎고 승려가 되기를 청하는 자가 날이 갈수록 늘어났다. 이에 통도사[31]를 세우고 계를 받는 단[32]을 만들어 사방에서 오는 사람들을 제도하였다.(계를 받는 단에 대해서는 이미 앞에 나왔다.) 또 그가 출생한 마을의 집을 고쳐 원녕사로 삼고 낙성회를 베풀어 『화엄경』[33] 1만 게송을 강론하니 52명의 여인[34]이 감응하여 몸을 드러내 강의를 들었다. 제자들에게 그들의 숫자대로 나무를 심도록 하여 그 이적을 표시하게 하고, 이 나무를 지식수라고 불렀다.

자장이 일찍이 우리나라의 복장이 중국과 같지 않다 하여 조정에 건의를 올렸더니 조정에서 윤허하여 좋다고 했다. 이에 진덕왕 3년 기유(649)에 처음으로 중국의 옷과 관모를 쓰게 했다. 이듬해인 경술(650)에 또 중국[35]의 정삭[36]을 받들어 처음으로 영휘의 연호를 사용하도록 하였다. 이후부터 매번 중국의 황제를 찾아뵐 때는 변방의 나라 중 가장 윗자리에 있었으니 이는 자장의 공이다.

만년에는 서울[37]을 떠나 강릉군(지금의 명주이다.)에 수다사를 세우고 그곳에서 거처했다. 북대에서 보았던 신이한 스님이 다시 꿈에 나타나 말하기를 "내일 대송정에서 그대를 보리라" 하였다. 자장이 깜짝 놀라 일어나 일찍 송정에 가보니 과연 문수보살이 감응하여 와 계신지라 불법의 요지를 물었더니 대답하기를 "태백산 갈반지에서 다시 만나자" 하고는 마침내 자취를 감추고 나타나지 않았다.(송정에는 지금까지도 가시나무가 나지 않으며 매나 송골매와 같은 새들도 깃들지 않는다고 한다.)

31) 통도사(通度寺) : 此山之形 通印度靈鷲山形(이 산의 형태는 인도의 영축산과 통한다.)에서 지은 이름. 자장율사가 당나라로부터 643년에 귀국할 때 가지고 온 불사리 · 가사 · 대장경을 봉안하고 창건함으로써 그 당시부터 중요하게 여긴 사찰이었음. 지금의 건물들은 임진란 이후에 건립된 것임.
32) 계를 받는 단〔戒壇〕: 계단(戒壇)은 승려가 되기 위한 사람에게 계(戒)를 주는 단.

통도사 금강계단

當此之際. 國中之人. 受戒奉佛. 十室八九. 祝髮請度·歲月增至. 乃創通度寺. 築戒壇以度四來.(戒壇事巳出上.) 又改營生緣里第元寧寺. 設落成會. 講雜花萬偈. 感五十二女現身證聽. 使門人植樹如其數. 以旌厥異. 因号知識樹.

祝 : 끊을 축
巳 : 已의 오기
使 : 하여금 사
髮 : 머리털 발
第 : 집 제
旌 : 표할 정

嘗以邦國服章不同諸夏. 擧議於朝. 簽允曰臧. 乃以眞德王三年巳酉. 始服中朝衣冠. 明年庚戌又奉正朔. 始行永徽号. 自後每有朝覲. 列在上蕃. 藏之功也. 暮年謝辭京輦. 於江陵郡.(今溟州也.) 創水多寺居焉. 復夢異僧. 狀北臺所見. 來告曰. 明日見汝於大松汀. 驚悸而起. 早行至松汀. 果感文殊來格. 諮詢法要. 乃曰. 重期於太伯葛蟠地. 遂隱不現.(松汀至今不生荊刺. 亦不棲鷹鸇之類云.)

夏 : 중국의별칭 하
允 : 허락할 윤
巳 : 已의 오기
朔 : 초하루 삭
徽 : 아름다울 휘
蕃 : 제후나라 번
辭 : 물러날 사
溟 : 바다 명
悸 : 두근거릴 계
諮 : 물을 자
期 : 만날 기
蟠 : 서릴 반
刺 : 가시 자
鷹 : 매 응
簽 : 서명할 첨
臧 : 좋을 장
覲 : 뵈올 근
暮 : 늙을 모
輦 : 궁중길 련
復 : 다시 부
格 : 다다를 격
詢 : 물을 순
葛 : 칡 갈
荊 : 가시 형
棲 : 깃들일 서
鸇 : 새매 전

33) 화엄경〔雜花〕 : 화엄경 원전의 뜻이 잡화로 장식한다는 의미여서 화엄경을 가리켜 잡화경이라고도 함.

34) 52명의 여인〔五十二女〕 : 열반회상의 52류의 중생을 의미. 붓다께서 입멸하려 할 때 사방에서 모여든 수많은 유(類)의 중생을 말함.

35) 중국〔諸夏〕 : 원문의 夏(하)는 華(화)와 통용. 중국의 고대는 여러 나라가 나누어져 있었으므로 여러 중국의 의미인 諸夏(제하)로 표현. 『논어』에 「夷狄之有君 不如諸夏之無君也(오랑캐에는 임금이 있어도 중국의 임금이 없는 것보다 못하다.)」

36) 정삭(正朔) : 정월 초하루. 의미는 그 나라의 통치권이 미치는 곳은 그 나라의 월력에 따랐다는 뜻. 우리나라는 중국과 조빙 관계에 있었으므로 중국의 달력을 썼다는 의미.

37) 서울〔京輦〕 : 원문의 京輦(경련)은 경사(京師)와 같은 말. 京(경)은 大(대)이고 師(사)는 衆(중)이므로 大衆(대중)이 됨. 즉 경련·경사는 대중이 사는 곳인 서울을 뜻함.

자장이 태백산으로 가서 찾다가 큰 구렁이가 나무 아래에 서리어 있는 것을 보고 수행하는 자에게 말하기를 "여기가 바로 갈반지이다" 하고는 석남원(지금의 정암사이다.)을 창건하고 문수보살이 내려오기를 기다렸다. 그러자 어떤 늙은 거사가 남루한 도포를 입고 칡으로 만든 삼태기에 죽은 강아지를 담아 메고 와서는 자장을 수행하는 제자에게 말하기를 "자장을 만나보려고 왔다"라 했다. 제자가 말하기를 "스승을 받들어 모신[38] 이래로 우리 스승님의 이름을 부르는 사람을 아직까지 보지 못했는데 너는 어떤 사람이기에 미친 말을 하느냐?"라 하자 거사가 말하기를 "너의 스승에게 알리기만 해라"라고 하여 마침내 들어가 고하니 자장이 깨닫지 못하고 말하기를 "아마 미친 사람인 모양이다"라 했다. 제자가 밖으로 나가 꾸짖어 내쫓자 거사가 말하기를 "돌아가리라, 돌아가리라! 아상[39]을 가진 자가 어찌 나를 볼 수 있겠는가?" 하고는 삼태기를 뒤집어 떨자 개가 변하여 사자보좌가 되니 그 위에 올라 앉아 빛을 발하며 사라졌다. 이 사실을 들은 자장이 그제야 몸가짐을 바로 갖추고 빛을 찾아 남쪽 고개 위로 달려 올라가니 벌써 까마득해서 따라가지 못하고 마침내 몸을 던져 죽었다. 시체는 화장[40]하여 유골을 돌구멍 속에 모셨다.

38) 받들어 모신〔巾箒〕: 원문의 巾箒(건추)는 수건과 빗자루. 여기서는 어른을 받들어 모신다는 의미.
39) 아상(我相) : 자기의 학문이나 지위 등을 자랑하여 다른 이를 업신여기는 마음.
40) 화장〔茶毗〕: 원문의 茶毗(다비)는 산스크리트어 Jhapita의 음역으로 그 뜻은 분소(焚燒)이며 화장과 같은 의미.

다비식

藏往太伯山尋之. 見巨蟒蟠結樹下. 謂侍者曰. 此所謂葛蟠地. 乃創石南院. (今淨岩寺.) 以候聖降. 粤有老居士. 方袍襤褸. 荷葛簣·盛死狗兒. 來謂侍者曰. 欲見慈藏來爾. 門者曰. 自奉巾箒. 未見忤犯吾師諱者. 汝何人斯. 爾狂言乎. 居士曰. 但告汝師. 遂入告. 藏不之覺曰. 殆狂者耶. 門人出詬逐之. 居士曰. 歸歟歸歟. 有我相者. 焉得見我. 乃倒拂之. 狗變爲師子寶座. 陞坐放光而去. 藏聞之. 方具威儀. 尋光而趍登南嶺. 已杳然不及. 遂殞身而卒. 茶毗安骨於石穴中.

蟒 : 구렁이 망
候 : 기다릴 후
袍 : 두루마기 포
褸 : 옷해질 루
簣 : 삼태기 궤
巾 : 수건 건
箒 : 빗자루 추
忤 : 거스릴 오
諱 : 이름 휘
逐 : 쫓을 축
殆 : 거의 태
詬 : 꾸짖을 구
歟 : 어조사 여
倒 : 거꾸로 도
拂 : 떨칠 불
陞 : 오를 승
威 : 거동 위
趍 : **趨**(달릴 추)의 속자
已 : **已**의 오기
杳 : 아득할 묘
殞 : 떨어질 운
蟠 : 서릴 반
粤 : 어조사 월
襤 : 옷남루할 람
荷 : 짐질 하
盛 : 담을 성

정암사 적멸보궁

대체로 자장이 세운 절과 탑이 10여 곳인데 하나를 세울 때마다 반드시 신이한 상서로움이 있어 우바새[41]가 많이 모여 며칠이 되지 않아 절과 탑이 완성되었다. 자장이 쓰던 도구 · 옷감 · 버선과 함께 태화지의 용이 바친 오리 모양으로 된 목침과 석가가 입었던 가사[42]들은 모두 통도사에 있다. 또 헌양현(지금의 언양이다.)에 압유사가 있는데 오리 모양의 목침이 일찍이 이곳에서 신이함을 나타냈기 때문에 붙여진 이름이다.

또 원승이라는 승려는 자장보다 먼저 중국에 유학하여 함께 고향으로 돌아와 자장을 도와 계율을 넓게 폈다고 한다.

다음과 같이 찬미한다.

일찍이 청량산으로 가 꿈 깨어 돌아와,
모든 사람 이끌 계율[43] 일시에 열었네.
승려 가사와 백성 의복[44] 부끄러이 여겨,
우리 의관 중국과 같게 했도다.

41) 우바새〔蒲塞〕: 산스크리트어 Upāsaka의 음역. 원문의 蒲塞(포색)은 구(舊) 번역인 伊蒲塞(이포색)의 약칭임. 우바새의 의미는 속가에 있으면서 불교를 믿는 남자를 뜻함.
42) 가사〔由衣〕: 원문의 由衣(유의)는 田衣(전의)의 오기. 전의는 가사의 다른 이름. 가사에 5개 또는 25개의 줄이 마치 밭이랑이 벌여 있는 것과 같아서 붙인 이름.

자장이 가져온 傳석가여래 가사(통도사)

傳자장율사 가사(통도사)

凡藏之締搆寺塔. 十有餘所. 每一興造必有異祥. 故蒲塞供塡市. 不日而成. 藏之道具布襪. 幷大和龍所獻木鴨枕・與釋尊由衣等. 合在通度寺. 又巘陽縣(今彥陽.)有鴨遊寺. 枕鴨嘗於此現異. 故名之.

又有釋圓勝者. 先藏西學. 而同還桑梓. 助弘律部云.

締 : 맺을 체
搆=構 : 얽어만들 구
蒲 : 부들 포
塞 : 변방 새
塡 : 막힐 전
襪 : 버선 말
大 : 太의 오기
鴨 : 오리 압
枕 : 베개 침
由 : 田의 오기
巘 : 산봉우리 헌

讚曰.

曾向淸凉夢破廻.
七篇三聚一時開.
欲令緇素衣慚愧.
東國衣冠上國裁.

緇 : 검을 치
慚 : 부끄러워할 참
愧 : 부끄러워할 괴
裁 : 옷재단할 재

43) 모든 사람 이끌 계율〔七篇三聚〕: 원문의 七篇(칠편)은 七衆(칠중)을 뜻하며, 三聚(삼취)는 三聚淨戒(삼취정계)를 말함.
• 칠중(七衆) : 부처의 제자를 일곱으로 나눈 것.

구 분	칠 중(七 衆)		받은 계율
	남	여	
출가제자	비구(比丘)	비구니(比丘尼)	20세 이상으로, 구족계(具足戒)
	—	식차마나(式叉摩那)	18~20세 미만으로, 6계
	사미(沙彌)	사미니(沙彌尼)	20세 미만의 사미와 18세 미만의 사미니로, 5계
속가제자	우바새(優婆塞)	우바이(優婆夷)	5계(五戒)

• 삼취정계(三聚淨戒) : 보살이 지켜야할 세 가지 계율을 말함.
① 섭율의계(攝律儀戒) : 모든 행동을 올바르게 할 것.
② 섭선법계(攝善法戒) : 모든 일을 착하게 할 것.
③ 섭중생계(攝衆生戒) : 모든 중생을 이롭게 할 것.
*대승・소승의 모든 계법(戒法)이 모두 이 가운데 소속되므로 攝(섭)이라 하고 그 계법이 청정하므로 淨(정)이라 함.

44) 승려 가사와 백성 의복〔緇素〕: 원문의 緇(치)는 물들인 옷으로 승려가 입으며, 素(소)는 물들이지 않은 흰옷으로 세속사람이 입는 옷.

원효불기[1]

– 원효는 얽매이지 않는다 –

성사 원효의 세속 성은 설씨이며, 그의 할아버지는 잉피공인데 적대공이라고도 한다. 지금의 적대라는 연못 옆에 잉피공의 사당이 있다. 그의 아버지는 담날내말[2]이다. 원효는 처음 압량군[3]의 남쪽(지금의 장산군이다.)에 있는 불지촌[4] 북쪽 밤나무골 사라수[5] 아래에서 태어났다. 마을의 이름이 불지인데 혹은 발지촌(세간에서는 불등을촌이라 한다.)이라고도 한다. 사라수에 대해 세간에서는 말하기를 「스님의 집은 본래 이 골짜기의 서남쪽에 있었다. 그의 어머니가 임신을 하여 만삭이 되었을 때 마침 이 골짜기를 지나다가 밤나무 아래에서 갑자기 해산하게 되었다. 너무 급해 집에 돌아가지 못하고 그만 남편의 옷을 나무에 걸고 그 속에서 아기를 낳았기 때문에 그 나무를 사라수로 부른다.」라고 했다. 그 나무의 열매 또한 보통의 것과 달라서 지금까지도 사라율이라고 한다. 오래 전부터 전해오는 이야기에 의하면 「옛날에 절의 주지가 절의 종 한 사람에게 하루저녁 끼니로 밤 두 알씩 주었더니 종이 관청에 소송을 제기했다. 관리가 이를 괴이하게 여겨 밤을 가져다 조사해보니 밤알 하나가 밥그릇에 가득 찼다. 이에 도리어 한 개씩만 주라고 판결했다.[6] 그래서 이름을 밤나무골이라고 했다.」고 한다.

1) 불기(不羈) : 구속을 받지 않는다는 의미로 무애(無碍)와 뜻이 동일.
2) 담날내말〔談榇乃末〕: 원문의 談榇(담내)는 『삼국사기』에 談捺(담날)로 기록되어 있는 것으로 미루어 오기 또는 오각으로 추정. 乃末(내말)은 신라 17관위 중 제12위인 柰麻(내마)일 것임.
3) 압량군(押梁郡) : 지금의 경북 경산시.
4) 불지촌(佛地村) : 원효가 출생한 지명에 대한 학설.

내 용	주장학자
○불지촌의 원 이름은 불등을촌(佛等乙村)으로 지금의 도들양지로 추정 – 원효의 본가는 『삼국유사』에 「율곡에서 서남쪽으로 본가가 있다.」의 기록과 일치되는 도들양지일 것임 *불지촌(佛地村)은 「부처님이 태어난 마을」, 발지촌(發智村)은 「지혜가 피어난 마을」이라는 뜻으로 후대에 붙여진 이름	이봉춘
○불등을촌은 버들마을로 지금의 경산시 여천동(麗川洞) – 불등을 → 브들 → 버들 → 버드내 · 버등 → 유천동(柳川洞) → 여천동	안태중
○불등을(佛等乙) : 불지(佛地 → 뿔땅) · 불등(佛等 → 불뜽)을 풀어쓴 것	이종대

元曉不羈

聖師元曉. 俗姓薛氏. 祖仍皮公. 亦云赤大公. 今赤大淵側有仍皮公廟. 父談㮈乃末. 初示生于押梁郡南・(今章山郡)佛地村北・栗谷裟羅樹下. 村名佛地. 或作發智村.(俚云弗等乙村.) 裟羅樹者. 諺云. 師之家本住此谷西南. 母旣娠而月滿. 適過此谷栗樹下. 忽分産. 而倉皇不能歸家. 且以夫衣掛樹. 而寢處其中. 因号樹曰裟羅樹. 其樹之實亦異於常. 至今稱裟羅栗. 古傳. 昔有主寺者. 給寺奴一人・一夕饌栗二枚. 奴訟于官. 官吏怪之. 取栗撿之. 一枚盈一鉢. 乃皈判給一枚. 故因名栗谷.

羈 : 말굴레 기　淵 : 연못 연
㮈 : 捺(손가락으로누를 날)의 오기
㮈 : 죽은나무 내　裟 : 娑가 타당
裟 : 娑가 타당　俚 : 속될 리
諺 : 속된말 언　栗 : 밤 률
倉 : 갑자기 창　皇 : 겨를 황
倉皇 : 갑작스러움
裟 : 娑가 타당　掛 : 걸 괘
裟 : 娑가 타당　饌 : 음식 찬
枚 : 갯수 매　盈 : 찰 영
鉢 : 주발 발　皈 : 歸의 略體字

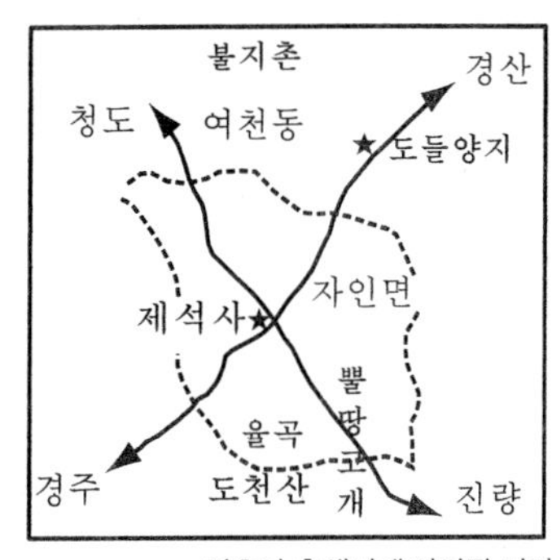

원효의 출생지에 관련된 지명

5) 사라수(裟羅樹) : 사라수와 원효의 출생설화에 관한 학설.

내　　용	주장학자, 『저서』
ㅇ석존의 탄생과 같이 승화시키고자 하는 후인들의 뜻이 투영된 이름 *석존의 탄생설화 : 마야부인이 해산을 위해 친정인 코올리성으로 가던 중 룸비니 동산에 이르러 갑자기 산기를 느껴 장막을 친 무우수(無憂樹) 아래에서 태자를 낳았고, 그때 하늘에서 상서로운 광명이 갓난아기에 뻗쳤다고 하는 내용 *무우수는 사라수의 의역. 사라수(裟羅樹)는 인도에 있는 나무이름으로 석존이 사라쌍수(娑羅雙樹) 아래에서 입멸한 것과 연관된 듯함	김지견, 『해동사문 원효상 소고』 이봉춘, 『원효의 탄생지에 관한 소고』
ㅇ사라수(裟羅樹)란 털옷〔毛衣〕을 펼쳐 걸은 나무 - 사(裟) : 가사(袈裟)란 글자이나 털옷 또는 털을 뜻함 - 라(羅) : 망라한다는 뜻으로 벌여 놓다는 의미	김영태, 『전기와 설화를 통한 원효연구』

6) 옛날에 절의 주지가 …… 한 개씩만 주라고 판결했다. : 밤나무의 열매가 장정이 한 개만 먹어도 충분할 만큼 컸다 함은, 곧 궁핍한 서민대중에게 미친 원효의 뜨거운 관심과 교화력이 컸음을 상징하는 설화로 볼 수 있음. 〈이봉춘, 『원효의 탄생지에 관한 소고』〉

스님은 출가하자 그의 집을 희사해서 절로 만들고 이름을 초개사라 하고 사라수 나무 옆에 세운 절을 사라사[7]라 했다. 스님의 행장에는 「서울 사람이다.」라 했으나 이것은 그의 할아버지를 따른 것이다. 『당승전』에는 「본래 하상주 사람이다.」라고 했다. 살펴보건대 인덕[8] 2년(665) 무렵에 문무왕이 상주(上州)와 하주(下州)의 땅을 떼어 삽량주를 설치했는데 하주는 바로 지금의 창녕군이다. 압량군은 본래 하주(下州)에 속한 현이다. 상주(上州)는 지금의 상주(尙州)로서 또한 湘州(상주)로도 쓴다. 불지촌은 지금의 자인현에 속해 있으며 이는 바로 압량군에서 나뉜 것이다.

스님의 처음 아명은 서당[9]이며 또 하나의 이름은 신당[10](당(幢)은 우리말로 돌·털이다.)이었다. 처음에 그의 어머니가 유성이 품에 들어오는 꿈을 꾸더니 이로부터 태기가 있었다. 해산할 즈음에 오색구름이 땅을 뒤덮었다. 이때가 진평왕 39년(617), 대업[11] 13년 정축이었다. 그는 태어나면서부터 총명하고 뛰어나 스승을 좇지 않고 학문을 닦았다. 스님이 여러 지방으로 다니며 수행[12]한 전체의 내력과 불교를 널리 편 많은 업적들은 『당전』과 그의 행장에 자세히 실려 있으므로 여기서는 쓰지 않기로 한다. 다만 『향전』에 실린 한두 가지의 특이한 사적만 기록한다.

스님은 언젠가 하루는 상례에서 벗어난 행동[13]을 하며 거리에서 이런 노래를 불렀다.

> 어느 누가 자루 빠진 도끼를 빌려 줄 것인가!
> 내가 하늘을 떠받칠 기둥을 찍으리라.[14]

그 누구도 노래의 뜻을 알지 못했다. 이때 태종이 이 노래를 듣고 말하기를 "이 스님은 아마 귀한 부인을 얻어 현명한 아들을 낳으려고 하는구나. 나라의 큰 현인이 있으면 이보다 더 좋은 일이 없을 것이다"라고 했다.

7) 사라사〔裟羅〕: 사라사의 위치는 지금의 경산시 자인면에 있는 제석사로 추정.
〈이종대, 『원효대사 출생지와 대사가 창건한 금당사』〉

8) 인덕(麟德) : 당나라 고종(高宗)의 연호.

師旣出家. 捨其宅爲寺. 名初開. 樹之旁置寺曰娑羅. 師之行狀云. 是京師人. 從祖考也. 唐僧傳云. 本下湘州之人. 按麟德二年間. 文武王割上州下州之地. 置歃良州. 則下州乃今之昌寧郡也. 押梁郡本下州之屬縣. 上州則今尙州. 亦作湘州也. 佛地村今屬慈仁縣. 則乃押梁之所分開也.

師生小名誓幢. 第名新幢.(幢者俗云毛也.) 初母夢流星入懷. 因而有娠. 及將産. 有五色雲覆地. 眞平王三十九年・大業十三年丁丑歲也. 生而穎異. 學不從師. 其遊方始末・弘通茂跡. 具載唐傳與行狀. 不可具載. 唯鄕傳所記有一二段異事.

師嘗一日風顚唱街云.

誰許沒柯斧.

我斫支天柱.

人皆未喩. 時太宗聞之曰. 此師殆欲得貴婦・産賢子之謂爾. 國有大賢. 利莫大焉.

旁 : 곁 방
娑 : 娑가 타당
麟 : 기린 린
割 : 나눌 할
歃 : 마실 삽
押 : 거느릴 압
湘 : 물이름 상
誓 : 맹세할 서
幢 : 깃발 당
第 : 또 제
娠 : 아이밸 신
覆 : 덮을 복
穎 : 빼어날 영
茂 : 풀무성할 무
顚 : 거꾸로설 전
誰 : 누구 수
沒 : 없을 몰
柯 : 도낏자루 가
斧 : 도끼 부
斫 : 찍을 작
喩 : 깨우칠 유
殆 : 거의 태

9) 서당(誓幢) : 서당의 의미에 관한 학설.

내 용	주장학자, 『저서』
ㅇ서당(誓幢) : 새털〔新毛〕의 음사(音寫) - 원효의 아명 새털은 사라수(털옷 펼쳐 걸은 나무) 아래에서 태어났기 때문에 지어진 이름	김영태, 『전기와 설화를 통한 원효연구』
서당화상비(誓幢和上碑)의 서당(誓幢)에 존칭인 화상(和上)이 있어 아명이 아닌 듯함	김상현, 『서당화상비의 검토』

10) 신당(新幢) : 서당(誓幢)과 동일하게 새털〔新毛〕의 음사(音寫).

11) 대업(大業) : 수나라 양제(煬帝)의 연호.

12) 여러 지방으로 다니며 수행〔遊方〕: 원문의 遊方(유방)은 승려가 사방을 돌아다니며 수행하는 것.

13) 상례에서 벗어난 행동〔風顚〕 : 원문의 風顚(풍전)은 상례에서 벗어난 것을 뜻함.

14) 어느 누가 자루 빠진 도끼를 빌려 줄 것인가! 내가 하늘을 떠받칠 기둥을 찍으리라. : 자루는 남자 성기를 비유한 말로써 자루 없는 도끼란 홀로 된 과부를 가리킴. 하늘을 떠받칠 기둥은 나라에 중요하게 쓰일 인재를 말함.

이때 요석궁[15](지금의 학원 이 이곳이다.)에 과부가 된 공주가 있었는데 왕이 궁의 관리를 시켜 원효를 찾아 데려오게 했다. 왕의 명령을 받들어 원효를 찾으러간 관리는 이미 남산에서 내려와 문천교(사천(沙川)인데 세간에는 연천 또는 문천이라 한다.[16] 또 다리 이름은 유교[17]라 한다.)를 지나고 있는 원효와 만나게 되었다. 원효는 일부러 물에 빠져 옷을 적셨다. 관리는 원효성사를 요석궁으로 인도하여 옷을 벗겨 말리고 거기에 머무르게 하였더니 공주가 그만 임신하게 되어 설총[18]을 낳았다. 설총은 나면서부터 지혜롭고 영민하여 경서와 역사에 두루 통달하니 신라의 현인 열 명[19] 중 한 사람이 되었다. 설총은 방언으로 중국과 우리나라의 지방풍속과 물건 이름에도 통달하고 사리를 깨달아[20] 6경[21]과 문학의 뜻을 풀었으니, 지금도 우리나라에서 명경[22]을 공부하는 사람들은 이를 전수하여 끊이질 않고 있다.

원효는 이미 계율을 어기고 설총을 낳은 후에는 세속의 옷으로 바꾸어 입고 스스로 소성거사라 불렀다. 우연히 광대들이 춤출 때 사용하는 큰 박을 얻었다. 그 모양이 진기하여 그 형상에 따라서 도구를 만들어 『화엄경』에 있는 「일체 무애인[23]은 한 길로 생사를 벗어난다.」[24]라는 구절에서 '무애'라 이름짓고 이에 따라 노래를 지어 세상에 퍼뜨렸다.[25]

15) 요석궁(瑤石宮) : 『동국여지승람』에 요석궁의 위치를 향교 남쪽이라 했으며, 향교는 지금의 경주시 반월성 서쪽에 위치해 있음.
16) 사천(沙川)인데 세간에는 연천 또는 문천이라 한다.〔沙川. 俗云年川. 又蚊川〕 : 남천은 모래가 유명하여 사천(沙川)으로 불린 듯하며, 모래의 사투리 몰개의 음(音)과 모기의 사투리 모개이가 유사하여 모기의 한자 문(蚊 : 모기 문)을 차용하여 문천이 됨. 연천(年川)은 사천(沙川)의 사(沙)의 음 변화(사→새→해→년)에 의해 연천(年川)이 된 듯함.
17) 유교(楡橋) : 楡(유)는 느릅나무. 이 다리가 느릅나무로 되어 유교(楡橋)라 한 듯함.
18) 설총(薛聰) : 신라 3문장의 한 사람으로 이두를 집대성. 이두를 설총이 창작했다고 전하나 560년대에 세운 진흥왕순수비에 이두가 나타나는 것으로 보아 설총은 이두를 집대성했거나 정리한 것으로 추정.
19) 신라의 현인 열 명〔新羅十賢〕 : 『삼국사기』 열전 설총편에 기록된 설총 · 최승우 · 최언위 · 김대문 · 박인범 · 원걸 · 거인 · 김운경 · 김수훈 · 최치원을 말하는 듯함.
20) 사리를 깨달아〔會〕 : 원문의 會(회)는 理會(이회)로서 사리의 이치를 깨닫는 것을 뜻함.
21) 6경(六經) : 중국 고전의 여섯 경서로 『시경』 · 『서경』 · 『역경』 · 『춘추』 · 『예기』 · 『악기』를 말함.
22) 명경(明經) : 과거시험 중에서 경서를 강론하고 외우는 강경과(講經科)에 응시하는 것.

時瑤石宮.(今學院是也.) 有寡公主. 勅宮吏覓曉引入. 宮吏奉勅將求之. 已自南山來過蚊川橋(沙川. 俗云年川. 又蚊川. 又橋名楡橋也.)遇之. 佯墮水中濕衣袴. 吏引師於宮. 褫衣曬晾. 因留宿焉. 公主果有娠. 生薛聰. 聰生而睿敏. 博通經史. 新羅十賢中一也. 以方音通會華夷方俗物名. 訓解六經文學. 至今海東業明經者. 傳受不絶.

瑤 : 아름다운옥 요
覓 : 찾을 멱
蚊 : 모기 문
遇 : 만날 우
墮 : 떨어질 추
褫 : 옷벗을 치
晾 : 햇빛쪼일 량
睿 : 지혜로울 예
博 : 넓을 박
寡 : 과부 과
已 : 已의 오기
楡 : 느릅나무 유
佯 : 거짓 양
袴 : 바지 고
曬 : 햇빛에말릴 쇄
聰 : 밝을 총
敏 : 민첩할 민

曉旣失戒生聰. 已後易俗服. 自号小姓居士. 偶得優人舞弄大瓠. 其狀瑰奇. 因其形製爲道具. 以華嚴經一切無㝵人・一道出生死・命名曰無㝵. 仍作歌流于世.

已 : 已의 오기
偶 : 우연히 우
優 : 광대 우
弄 : 가지고놀 농
瓠 : 박 호
瑰 : 진기할 괴
㝵 : 碍(礙)의 약체자
㝵=碍=礙 : 막힐, 거리낄 애

23) 무애인(無㝵人) : 無㝵(무애)는 無礙(무애)와 같은 말로 장애가 없다는 뜻. 즉 외부의 모든 것으로부터 장애를 받지 않고 자유로움에 이르는 것. 또한 무애인은 부처님의 호 중의 하나로 부처는 生死 곧 열반의 무한한 도를 증명했으므로 무애인이라 부름.
24) 일체 무애인은 한 길로 생사를 벗어난다.〔一切無㝵人・一道出生死〕: 『화엄경』 제6 보살명난품(菩薩明難品) 중 문수보살의 물음에 대한 현수보살의 답으로 「文殊法常爾 法王唯一法 一切無礙人・一道出生死(문수여, 모든 법은 항상 그러해. 법은 오직 한 법뿐이니, 일체의 걸림이 없는 사람만이 한 길로 생사에서 벗어나리라.」에 있는 게송(偈頌)임
25) '무애' 라 이름짓고 이에 따라 노래를 지어 세상에 퍼뜨렸다. : 원효는 목이 굽고 허리가 잘록한 조롱박 모양의 도구를 만들어 무애라 이름하고 이를 두드리며 노래하고 춤추었고, 이로부터 비롯된 무애무는 조선시대까지도 전승됨. 고려의 계응(戒膺)・관휴(貫休)・이인로(李仁老) 등이 무애무를 구경하고 쓴 시에 「무애무는 자라처럼 움츠리기도 하고 곱사처럼 등을 굽히기도 하며, 두 소매를 휘젓기도 하고 다리를 들었다 놓았다 하며 추는 춤이었다. 그리고 이 춤의 춤사위에는 여러 상징적 의미가 내포되어 있기도 했다. 두 소매를 흔드는 것은 이장(二障)을 끊어야 한다는 손짓이고, 다리를 세 번 들었다 놓는 것은 삼계(三界)로부터 벗어나야 한다는 발짓이었으며, 몸을 움츠린 것은 사람을 따른다는 시늉이고, 그리고 등을 굽히는 것은 모든 것을 다 포섭한다는 표현이었다.」로 기록됨.
〈김상현, 『삼국유사 원효 기록의 검토』〉

일찍이 이 도구를 가지고 수많은 마을에서 노래하고 춤추며 교화하고 읊으며 돌아오니 가난뱅이[26]는 물론 산골에 사는 무지몽매한 무리들도 모두 부처님의 이름을 알게 되었고, 그들 모두 나무아미타불[27]을 읊게 되었으니 원효의 교화는 참으로 큰 것이었다.

그가 태어난 마을 이름을 불지촌이라 하고, 절 이름을 초개사라 했다. 스스로의 이름을 새벽[28](원효)이라 한 것은 아마 부처님[29] 광명을 처음으로 빛나게 하였다는 것을 의미한다. 새벽(원효)이라는 이름도 역시 방언인데, 그때의 사람들은 모두 우리말로 원효를 새벽이라고 불렀다.

그는 일찍이 분황사에 머물면서 『화엄경소』를 편찬하던 중 제40 회향품[30]에 이르러 마침내 붓을 놓았다. 또 일찍이 송사로 인하여 몸을 1백 소나무에 나뉘었으므로 모든 사람이 이를 위계의 초지라고 말했다.[31]

또한 바다용의 권유와 임금의 조서로 길가에서 『삼매경소』[32]를 지었다. 그때 붓과 벼루를 소의 두 뿔 사이에 놓은 연유로 각승[33]이라 했는데, 이 또한 본각과 시각의 오묘한 뜻을 나타낸 것이다. 대안법사가 펄럭이며 와서 종이를 붙여 (순서를) 바로잡았는데,[34] 원효의 마음을 알아 서로 뜻이 맞았던 것이다.[35]

26) 가난뱅이〔桑樞瓮牖〕 : 원문의 桑樞瓮牖(상추옹유)는 뽕나무 지게문과 헌 독 주둥이로 한 봉창. 여기서는 가난한 사람의 집을 뜻함. 『장자』에 「原憲蓬戶不完 桑以爲樞 瓮以爲牖 上漏下濕(원헌의 집은 완전하지 못했다. 뽕나무 지게문과 헌 독 주둥이로 한 봉창이고, 위로는 비가 새고 아래로는 습기가 찼다.)」

27) 나무아미타불〔南無〕 : 나무〔南舞〕는 산스크리트어 Namo의 음역으로 뜻은 귀의(歸依) 즉 돌아가 의지한다는 의미. 나무아미타불은 아미타부처님께 귀의한다는 뜻.

28) 새벽〔元曉〕 : 원문의 元曉(원효)는 우리말로 된 이름 새벽을 한자로 표시한 것이며, 원효의 우리말 표기는 원효가 쓴 『대승기신론 소 · 별기』의 맨 끄트머리에 기록된 塞部(새부)로 추정.
〈김영태, 『원효의 신라말 이름 塞部에 대하여』〉

29) 부처님〔佛日〕 : 해가 어두움을 없애 주는 것이 마치 부처님의 덕이 무명을 깨뜨리는 것과 같으므로 부처님을 태양에 비유한 것. 『관무량수경』 발기서(發起序) 편에 「唯願佛日 敎我觀於淸淨業處(원하옵건대 부처님이시여, 저로 하여금 청정한 업으로 이루어진 곳을 보게 가르쳐 주시옵소서.)」

30) 제40 회향품(第四十廻向品) : 회향품은 보살이 수행하는 52단계 중에서 제31단계에서 제40단계까지 마치고 지금까지 닦은 모든 행을 중생에게 돌려주는 것.
*보살의 자리(自利) · 이타(利他)행의 단계

*10信부터 10地까지는 각각 10단계

嘗持此. 千村萬落且歌且舞. 化詠而歸. 使桑樞瓮牖玃猴之輩. 皆識佛陁之号. 咸作南無之稱. 曉之化大矣哉.

落 : 마을 락
詠 : 읊을 영
樞 : 지도리 추
瓮 : 독 옹
牖 : 창 유
玃 : 원숭이 확
猴 : 원숭이 후
玃猴 : 원숭이
咸 : 모두 함
輝 : 빛날 휘
且 : 旦(새벽 단)의 오기

其生緣之村名佛地・寺名初開・自稱元曉者. 蓋初輝佛日之意爾. 元曉亦是方言也. 當時人皆以鄕言稱之始且也.

曾住芬皇寺. 纂華嚴䟽. 至第四十廻向品. 終乃絶筆. 又嘗因訟. 分軀於百松. 故皆謂位階初地矣.

纂 : 편찬할 찬
䟽 : 疏(주석달 소)의 異體字
軀 : 몸 구

亦因海龍之誘. 承詔於路上・撰三昧經䟽. 置筆硯於牛之兩角工. 因謂之角乘. 亦表本始二覺之微旨也. 大安法師排來而粘紙. 亦知音唱和也.

硯 : 벼루 연
工 : 上의 오기
微 : 오묘할 미
排 : 벌여놓을 배
粘 : 붙을 점

31) 몸을 1백 소나무에 나눠었으므로 모든 사람이 이를 위계의 초지라고 말했다. : 보살수행의 단계에서 제41위에서 50위까지를 10地라고 하며, 10地 중의 첫 번째인 환희지(歡喜地)를 초지(初地)라 함. 10信에서 10회향까지는 범부이며, 초지 이상부터 성자의 위치에 들어감. 『화엄경』 십지품에 「이 보살이 …… 가정과 처자와 오욕(五欲)을 버리고 출가하여 근행정진하면 ……능히 백법문(百法門)에 들어갈 수 있으며, 능히 몸을 100으로 변화시킬 수 있으니, …… 」라 기록됨. 그중 맨 끝에 보이는 능히 몸을 100으로 변화시킨다라고 한 것이 『삼국유사』에 언급된 내용임. 즉 초지인 환희지의 보살은 그 몸을 100개의 몸으로 변화시킬 수 있으므로 원효는 초지의 보살 즉 성자의 경지에 올랐다는 의미.
〈김영태, 『전기와 설화를 통해 본 원효연구』〉

32) 삼매경소(三昧經䟽) : 삼매경이란 『금강삼매경』을 의미. 『금강삼매경』의 내용은 부처님이 영축산에서 금강삼매에 들어 일승(一乘)의 진실한 법을 설한 것. 『금강삼매경소』는 원효가 『금강삼매경』을 해석한 것으로 원효의 사상은 크게 다음과 같이 세 가지로 대별됨. 첫째는 중관(中觀)과 유식사상의 화쟁적 종합이며, 둘째는 대승선사상(大乘禪思想)의 천명이고, 셋째는 진속불이(眞俗不二)의 대중불교 지향임. 이 세 가지의 근본 원리는 본각(本覺)・시각(始覺)을 중심으로 하는 각(覺)사상임.

그가 세상을 떠나자 설총이 그의 유해를 부수어 그의 진용(모습)을 소상으로 만들어 분황사에 모시고 공경하고 흠모하여 극도의 슬픈 뜻[36]을 표하였다. 설총이 곁에서 예배할 때 소상이 갑자기 돌아다보았는데 지금까지도 돌아본 그대로 있다. 원효가 일찍이 거처하던 혈사 근처에 설총이 살던 집터가 있다고 한다.

다음과 같이 찬미한다.
각승은 처음으로 삼매경의 축을 열고,
춤추는 호로병은 마침내 온 길거리에 바람 타며 걸려 있네.
달 밝은 요석궁에 봄 잠 깊더니,
문 닫힌 분황사 돌아보는 소상 허망도 하여라.
廻顧至.[37]

33) 붓과 벼루를 소의 두 뿔 사이에 놓은 연유로 각승 : 원효가 『금강삼매경소』를 찬술할 때 소 수레〔牛車〕를 탔는데 이는 대승(大乘)을 의미하며, 두 뿔 사이에 붓과 벼루를 놓았다는 것은 『금강삼매경』이 본각(本覺)과 시각(始覺)의 양각(兩覺)을 종(宗)으로 삼고 있음을 상징. 따라서 각승(角僧)이란 본각과 시각을 종으로 하는 대승의 뜻.

34) 바다용의 권유와 ……대안법사가 펄럭이며 와서 종이를 붙여 (순서를) 바로잡았는데 : 이 설화는 『송고승전』에 있는 원효전에 보이는데 그 내용은 다음과 같음.

「신라왕의 부인이 심한 종기를 앓아 아무런 의약도 효험이 없었다. 왕과 왕자와 신하들이 산천의 영사(靈祠)에 빌었으나 조금도 차도가 없었다. 어떤 무격(巫覡)이 말하기를 '사람을 타국으로 보내어 약을 구해 와야 병을 고칠 수 있다' 고 했으므로 왕이 곧 사자를 보내 바다를 건너 당으로 가서 의약을 구해 오게 했다.

홀연히 한 노옹이 바닷물결을 박차고 나오는 것을 사자가 보았다. 그 노인은 사자를 안내하여 바다 속으로 들어갔다. 거기에는 장엄 화려한 궁전이 있었다. 이름을 검해(鈐海)라고 하는 용왕이 신라사자에게 말하기를 '그대 나라 부인은 청제의 셋째 딸이다. 우리 궁전에는 전부터 『금강삼매경』이 있는데, 이는 이각(二覺) 원통(圓通)의 보살행을 보인 경이다. 지금 그대 나라 왕후의 병에 의탁해서 상승(上乘)의 인연을 짓고자 함이니, 이 경을 내놓아 그대 나라에 유포하려고 한다' 라고 말하고는 한 30장 되는 뒤섞여 흩어진 경을 사신에게 주면서 '이 경이 바다를 건너다가 마사(魔事)에 걸릴 지도 모른다' 고 하여 용왕은 칼로써 사자의 장딴지를 찢고는 그 속에 경을 넣고 봉하여 약을 바르니 장딴지가 감쪽같았다. 용왕이 말하기를 '대안성자로 하여금 이 흩어진 경의 차례를 바로잡아 책을 철하도록 하고 원효법사를 청하여 경소를 짓고 강역(講譯)하게 하면 부인의 병은 틀림없이 낫게 된다. 가령 설산의 영약이 있다 하더라도 이보다는 못하다' 라고 하였다. 용왕의 전송을 받고 사신이 다시 배를 타고 귀국하여 왕에게 보고하였다.

既入寂. 聽碎遺骸・塑眞容. 安芬皇寺. 以表敬慕終天之志. 聽時旁禮. 像忽廻顧. 至今猶顧矣. 曉嘗所居穴寺旁. 有聽家之墟云.

碎 : 부술 쇄
骸 : 뼈 해
慕 : 흠모할 모
顧 : 돌아볼 고
墟 : 터 허

讚曰.

角乘初開三昧軸.
舞壺終掛萬街風.
月明瑤石春眠去.
門掩芬皇顧影空.

軸 : 굴대 축
壺 : 병 호
眠 : 잠잘 면
掩 : 닫을 엄

廻顧至.

자세한 보고를 들은 왕이 기뻐하며 먼저 대안성자를 불러들여 경의 차례를 정하여 책을 만들도록 했다. 그러나 대안이란 헤아릴 수 없는 인물이었다. 특이한 차림새로 항상 저자에 있으면서 동으로 된 주발을 치며 '대안, 대안'이라 외쳤으므로 사람들이 그를 대안이라 하였다. 왕의 부름을 받은 대안은 '왕의 궁궐에 가고 싶지 않으니 경만 가져 오라'고 하여 가져온 흩어진 경을 차례대로 배정하여 8품을 만들었는데 모두가 불의(佛意)에 합당하였다. 그러고 나서 대안은 "빨리 가져가서 원효로 하여금 강역(講譯)하게 하라. 다른 사람은 아니 된다"라 했다. 원효가 그 경을 받은 것은 바로 그가 고향에 있을 때였다. 그는 사신에게 '이 경은 본각과 시각의 두 각을 종으로 삼고 있다. 내가 각승을 지을 수 있도록 안궤(案几)를 마련해 달라'라고 하고는 두 뿔〔兩角〕의 사이에 붓과 벼루를 두고 처음부터 끝까지 소 수레에서 경소(經疏) 5권을 완성했다.」

35) 원효의 마음을 알아 서로 뜻이 맞았던 것이다.〔知音唱和也〕: 원문의 知音(지음)은 자기를 알아준다는 지기(知己)의 뜻. 고대 중국에서 종자기(鐘子期)가 백아(伯牙)의 거문고 소리가 훌륭함을 알아들었다는 데에서 유래한 말.
36) 극도의 슬픈 뜻〔終天〕: 종천포한(終天抱恨)이라는 말에서 유래. 한평생 슬픔을 가진다는 말로 부모상에 대한 말.
37) 廻顧至(회고지) : 잘못 들어간 쓸데없는 말.

사라사의 자리에 세워진 제석사

의상전교

– 의상이 화엄종을 전하다 –

의상법사의 아버지는 한신이며, 성은 김씨이다. 나이 스물 아홉에 서울(지금의 경주)의 황복사[1]에서 머리를 깎고 승려가 되었다. 얼마 안 되어 중국으로 가 부처의 교화를 보고자 하여, 마침내 원효와 함께 길을 나서 요동으로 가다가 국경의 수비군이 간첩으로 오인하여 수십 일 동안 갇혀 있다가 간신히 풀려나 돌아왔다.(이 사실은 최치원이 지은 「의상본전」과 원효대사의 행장에 실려 있다.)

영휘[2] 초년(650)에 때마침 당나라 사신의 배가 본국으로 돌아가자 그 배에 편승하여 중국으로 들어갔다. 처음에 양주[3]에 있었는데 양주의 장군 유지인이 청하여 의상을 관청 안에 머무르게 하며 융숭하게 대접했다. 의상은 종남산 지상사를 찾아가서 지엄[4]을 뵈었다. 지엄이 전날 밤 꿈에, 큰 나무 한 그루가 신라 지역에 나서 가지와 잎이 널리 퍼져와 중국[5]까지 덮었는데 나무 위에는 봉황의 둥지가 있어 올라가 보니 한 개의 마니보주[6]에서 나온 빛이 멀리까지 비치는 것이었다. 꿈에서 깨자 놀랍고 이상하여 청소를 하고 기다리니 의상이 바로 도착하는 것이었다. 극진한 예절로 그를 맞이하면서 조용히 말하기를 "내가 어제 꾼 꿈은 그대가 내게 올 징조였구려" 하면서 방으로 들어올 것을[7] 허락했다. 의상이 『화엄경』의 오묘한 뜻을 그윽하고 미묘한 데까지 해석하니, 지엄은 학문을 서로 이야기할 동반자[8]를 만나 기뻐하며 새로운 이치를 터득했다. 의상이 심오하고 은미한 이치를 찾아내니 이것은 마치 쪽빛과 꼭두서니빛이 그 본색을 잃은 것과 같다[9] 하겠다.

1) 황복사(皇福寺) : 경주시 배반동에 있었던 절로 지금은 삼층석탑과 비석받침〔龜趺〕이 남아 있음.
2) 영휘(永徽) : 중국 당나라 고종의 연호(650~655).
3) 양주(揚州) : 강소성(江蘇省)에 있으며 대운하 제1의 요충지로 수륙교통의 중심지. 또 당나라 때에는 국제 무역항으로 크게 발전하여 수도에 준하는 지위를 부여받음.
4) 지엄(智儼) : 602~668. 당나라 화엄종의 개조(開祖).
5) 중국〔神州〕 : 원문의 神州(신주)는 중국을 의미. 『사기』에 「中國名曰赤縣神州(중국의 이름을 적현신주라 한다.)」

의상대사 영탱(부석사)

義湘傳教

湘 : 물이름 상

法師義湘. 考曰韓信. 金氏. 年二十九依京師皇福寺落髮. 未幾西圖觀化. 遂與元曉道出遼東. 邊戍邏之爲諜者. 囚閉者累旬. 僅免而還.(事在崔侯本傳, 及曉師行狀等.)

永徽初. 會唐使舡有西還者. 寓載入中國. 初止揚州. 州將劉至仁請留衙內. 供養豊贍. 尋往終南山至相寺・謁智儼. 儼前夕夢一大樹生海東. 枝葉溥布. 來蔭神州. 上有鳳巢. 登視之. 有一摩尼寶珠. 光明屬遠. 覺而驚異. 洒掃而待. 湘乃至. 殊禮迎際. 從容謂曰. 吾昨者之夢. 子來投我之兆. 許爲入室. 雜花妙旨. 剖析幽微. 儼喜逢郢質. 克發新致. 可謂鉤深索隱. 藍茜沮本色.

戍 : 변방지킬 수
邏 : 순라돌 라
諜 : 염탐할 첩
累 : 여러 루
旬 : 십일 순
僅 : 겨우 근

徽 : 아름다울 휘
會 : 때마침 회
寓 : 붙여살 우
衙 : 관청 아
贍 : 풍부할 섬
儼 : 공경할 엄
溥 : 넓을 보, 펼 부
蔭 : 덮을 음
鳳 : 봉황새 봉
巢 : 둥지 소
屬 : 닿을 촉
洒 : 물뿌릴 쇄
掃 : 쓸 소
際 : 접할 제
郢 : 땅이름 영
克 : 이루어낼 극
鉤 : 낚을 구
索 : 찾을 색
隱 : 숨을 은
藍 : 쪽(푸른물감이나오는풀) 람
茜 : 꼭두서니(붉은물감이나오는풀) 천
沮 : 잃을 저

6) 마니보주(摩尼寶珠) : 마니는 산스크리트어 Maṇi의 음역이며, 구슬 · 보석〔珠 · 寶珠〕을 의미. 즉 마니는 구슬이나 보석을 총칭하며 불전에서는 불가사의한 공력(功力)을 갖춘 보주로 자주 언급됨.

7) 방으로 들어올 것을〔入室〕 : 원문의 入室(입실)은 불교에서 제자가 스승의 방에 들어가 법을 계승함을 의미함.

8) 이야기할 동반자〔郢質〕 : 내 마음을 자기 마음처럼 알아주는 사람을 가리킬 때 사용하는 것으로 『장자』에서 인용. 『장자』에 「장자가 친구였던 혜자의 무덤 곁을 지나면서 말하였다. "옛날에 영인(郢人)이 자기 코에다가 흙을 얇게 바르고 장석(匠石)에게 자귀로 깎아내게 하였는데 장석이 눈을 지긋이 감고 날렵하게 바람소리를 내며 자귀를 휘둘러 영인의 코에서 흙을 깎아내었다네. 다 깎아내도록 코는 전혀 다치지 않았으며 영인도 전혀 겁내지 않고 태연하였다네. …… 송나라 元君이 이 소식을 듣고 장석을 불러 부탁하기를 '과인을 위해서도 한번 시험해 보지 않겠는가?' 라 하자 장석이 답하기를 '신이 예전에는 잘 깎아낼 수 있었으나 이제 신의 質(실력을 발휘할 바탕 또는 대상)이 죽은 지 오래되었습니다' 라 했다네. 夫子〔혜자〕가 죽은 뒤로 나도 이야기할 바탕〔質〕이 없어져 버렸어……"」

이때 이미 본국의 승상 김흠순(인문이라고 도 한다.)과 양도 등이 당나라에 갔다가 갇혀 있었는데 당 고종이 군사를 크게 일으켜 신라를 정벌하려 하자 흠순 등이 남몰래 의상에게 권유하여 먼저 돌아가게 했다. 함형[10] 원년 경오(670)에 귀국하여 이 일을 조정에 알리자 신인종의 고승 명랑을 시켜 임시로 밀교의식을 행할 단을 세우고 비법으로 기도하니, 국란을 벗어날 수 있었다.

의봉[11] 원년(676)에 의상이 태백산으로 가서 조정의 뜻을 받들어 부석사[12]를 창건하고 대승을 널리 펴자 영험스런 감응이 뚜렷이 나타났다. 종남산 지엄의 제자였던 현수[13]가 『수현소』[14]를 지어 그 부본을 의상에게 보내면서 은근한 뜻이 담긴 편지도 함께 보냈는데 글은 이러하다.

「서경의 숭복사 중 법장이 해동 신라의 화엄법사[15]님의 시종을 드는 분〔侍者〕[16]에게 글을 올립니다. 한번 작별한 지 20년이 되었으나 사모하는 정이 어찌 마음과 머리에서 떠나겠습니까? 더욱이 연기와 구름이 1만 리나 되고 바다와 육지가 천 겹이나 막혀 이 한 몸이 다시는 만나볼 수 없음을 한스럽게 여기오니 그리운 회포[17]를 어찌 말로 다하리까? 전생[18]에 인연이 같았고 이생에서도 함께 학업을 닦은 탓으로 이 과보를 얻어서 『화엄경〔大經〕』에 함께 목욕하며, 특별히 스승으로부터 이 오묘한 경전을 배우게 되었습니다.

우러러 받들건대 스님께서는 고향으로 돌아가신 후 『화엄경』을 강연해서 법계의 끝없는 연기[19]를 드날리시고 겹겹의 제망[20]으로 불국을 새롭게 하여 중생을 널리 이롭게 한다고 하니 기쁨이 뛸 듯이 깊어집니다.

9) 쪽빛과 꼭두서니빛이 그 본색을 잃은 것과 같다〔藍茜沮本色〕: 쪽빛 람(藍)은 푸른 물감이 나오는 풀이고, 꼭두서니빛 천(茜)은 붉은 물감이 나오는 풀. 쪽빛과 꼭두서니빛이 본색을 잃었다 함은 청색은 쪽빛에서 나오나 쪽빛보다 푸르다〔靑出於藍而碧於藍〕는 글귀와 같은 뜻으로 제자 의상이 지엄보다 낫다는 의미.

10) 함형(咸亨): 당나라 고종(高宗)의 연호.

11) 의봉(儀鳳): 〃 〃 〃

12) 부석사(浮石寺): 경북 영주시 부석면에 있는 절로 신라시대의 유물로는 당간지주 · 삼층석탑 · 석등이 남아 있으며 고려 말인 1376에 세워진 무량수전은 우리나라에서 가장 아름다운 건축물 중의 하나.

13) 현수(賢首): 643~712. 화엄종의 3대조(三代祖). 이름은 법장(法藏), 호가 현수. 17,8세 때 지엄의 문하로 들어간 뒤 태원사에 머물면서 화엄교학을 확립. 측천무후 시대 불교의 제일인자. 그는 종래의 불교학의 모든 성과를 통합하여 『화엄경』을 정점으로 한 여러 경론(經論)의 위치를 체계적으로 정리하면서 화엄교학의 절대적 우위를 주장.

既而本國承相金欽純一作仁問・良圖等. 往囚於唐. 高宗將大擧東征. 欽純等密遣湘誘而先之. 以咸享元年庚午還國. 聞事於朝. 命神印大德明朗. 假設密壇法禳之. 國乃免.

儀鳳元年. 湘歸大伯山. 奉朝旨創浮石寺. 敷敞大乘. 靈感頗著. 終南門人賢首撰搜玄䟽. 送副本於湘處. 幷奉書慇懇. 曰.

西京崇福寺僧法藏. 致書於海東新羅華嚴法師侍者. 一從分別二十餘年. 傾望之誠・豈離心首. 加以烟雲萬里・海陸千重. 恨此一身不復再面. 抱懷戀戀. 夫何可言. 故由夙世同因・今生同業. 得於此報. 俱沐大經. 特蒙先師授玆奥典. 仰承上人歸鄉之後. 開演華嚴. 宣揚法界無㝵緣起. 重重帝網. 新新佛國. 利益弘廣. 喜躍增深.

囚 : 갇힐 수
誘 : 권유할 유
享 : 亨의 오기
禳 : 푸닥거리할 양
大 : 太의 오기
敷 : 펼 부
敞 : 드러날 창
頗 : 자못 파
著 : 드러날 저
搜 : 찾을 수
䟽 : 疏(주낼 소)의 異體字
慇 : 은근할 근
懇 : 간절할 간
從 : 부터 종
烟 : 연기 연
復 : 다시 부
夫 : 발어사(대저) 부
戀 : 사모할 련
夙 : 이를 숙
俱 : 함께 구
蒙 : 깨우칠 몽
奥 : 깊을 오
承 : 받들 승
㝵 : 盡의 오기
㝵 : 碍(礙)의 약체자
躍 : 뛸 약

14) 수현소(搜玄疏) : 『화엄경탐현기』를 말함. 법장이 지은 것으로 『화엄경』을 해석한 것.
15) 화엄법사(華嚴法師) : 의상을 일컬음.
16) 시종을 드는 분〔侍者〕 : 서신을 시종을 드는 시자(侍者)에게 올린다는 것은 상대를 존경하는 뜻으로 쓰는 예의적인 문구.
17) 그리운 회포〔抱懷戀戀〕 : 그립고 애틋하여 잊지 못하는 모양.

부석사 무량수전과 석등
(자료원 : 경상북도 문화재 도록)

이로써 여래가 돌아가신 후 불교를 빛내고 법륜을 다시 굴려 불법을 오래 머물게 할 분은 오로지 법사뿐이라는 것을 알았습니다. 저 법장은 앞으로 나가기는 하였으나 이루어 놓은 것이 없고 활동함은 더욱 모자라서 우러러 이 경전을 생각하면 선사에게 더욱 부끄러울 뿐입니다.

분수에 따라 전수 받아 가진 것을 버려 둘 수도 없어서 이 공부에 의지해 내세의 인연을 맺게 되기를 원할 뿐입니다. 다만 스님의 주해가 뜻은 풍부하나 글이 간결하여 후세 사람들로서는 이해하기 어려울 것 같습니다. 그래서 스님의 은미한 말씀과 미묘한 뜻을 기록하여 「의기」[21]를 만들었습니다. 근래에 승전법사[22]가 옮겨 써 가지고 고향으로 돌아가 그곳 사람들에게 전할 것이오니 스님께서는 좋고 나쁜 점[23]을 상세히 검토하시어 경계해야 할 바와 깨우쳐야 할 바를 가르쳐 주시면 다행으로 여기겠습니다.

엎드려 바라옵건대 마땅히 내세에서는 이 몸을 버리고 새 몸을 받아[24] 함께 노사나불께 이와 같은 무진한 묘법을 듣고 이 같은 무량광대한 보현보살의 원행을 닦고 싶습니다. 그러나 저에게 악업이 남아 있어 하루아침에 지옥에 떨어지더라도 엎드려 바라옵건대 스님께서는 옛일을 잊지 마시고 제취[25] 중에도 바른 길을 가르쳐 주시기 바랍니다. 인편과 서신이 있을 때마다 안부를 물어주시기 바랍니다. 제대로 쓰지 못하였습니다.」(이 글은 대문류[26]에 실려 있다.)

18) 전생〔夙生〕: 숙세(宿世)와 같은 말로 태어나기 이전의 삶.
19) 법계의 끝없는 연기〔法界無尋緣起〕: 법계무진연기(法界無盡緣起) 또는 법계연기라고도 함. 법계 곧 우주만유를 연기로 보는 학설로 법계의 사물이 천차만별하나 서로가 인과관계를 가져 단독으로는 존재하는 것이 없음. 그러므로 만유를 동등한 것이라고 볼 때 번뇌가 곧 깨달음이며, 생사가 곧 열반이어서 만유는 원융무애(圓融無礙)한 것임. 그래서 화엄종에서는 한 사물이 단독의 하나가 아니요 그대로 전 우주라는 뜻에서 우주 성립의 체(體)이며 용(用)인 동시에 그 사물은 전 우주로 말미암아 성립된 것이라고 봄. 이러한 우주의 만물은 각기 하나와 일체가 서로 연유하여 있는 중중무진(重重無盡)한 관계이므로 법계무진연기(法界無盡緣起)라 함.
20) 겹겹의 제망〔重重帝網〕: 중중(重重)이란 중중무진(重重無盡)으로 『화엄경』에 의하면, 거울을 열 개 만들어 중앙에 촛불을 놓으면 그 빛이 거울에 비치고 또 다른 거울에 비쳐 복잡하게 몇 겹이 되는 것을 말함. 즉 일체 만유가 서로 뒤섞여 상즉융합(相卽融合)하고 있는 모양을 의미. 제망(帝網)이란 제석천의 그물을 말하며, 마디마다 있는 구슬에 사물의 모습이 겹겹이 비치는 것을 중중제망이라 함.
21) 의기(義記): 『기신론의기(起信論義記)』를 말함.

是知如來滅後．光輝佛日．再轉法輪．令法久住者．其唯法師矣．藏進趣無成．周旋寡況．仰念玆典．愧荷先師．

輝 : 빛날 휘
旋 : 돌아다닐 선　寡 : 부족할 과
愧 : 부끄러울 괴　荷 : 더욱 하

隨分受持．不能捨離．希憑此業．用結來因．但以和尚章疏・義豊文簡．致令後人多難趣入．是以錄和尚微言妙旨．勒成義記．近因勝詮法師抄寫還鄕．傳之彼土．請上人詳撿臧否．幸示箴誨．

憑 : 의지할 빙　勒 : 새길 륵
抄 : 베낄 초　寫 : 베낄 사
臧 : 좋을 장　箴 : 경계할 잠
誨 : 깨우칠 회

伏願當當來世・捨身受身．相與同於盧舍那．聽受如此無盡妙法．修行如此無量普賢願行．儻餘惡業．一朝顚墜．伏希上人不遺宿昔．在諸趣中．示以正道．人信之次．時訪存沒．不具．(文載大文類.)

儻 : 진실로그러할 당　顚 : 엎드러질 전
墜 : 떨어질 추　遺 : 잊을 유
宿 : 본디 숙　夙昔 : 오래 전
趣 : 뜻 취　信 : 편지 신
次 : 다다를 차
訪 : 물을 방

22) 승전법사(勝詮法師) : 신라의 승려로 당나라에 가서 현수의 강연을 듣고 효소왕 원년(692)에 귀국. 그때 『화엄초소(華嚴草疏)』 등을 써 가지고 와서 의상에게 전함.
23) 좋고 나쁜 점〔臧否〕 : 원문의 臧否(장부)는 선악(善惡)을 뜻하나 여기서는 잘잘못을 의미. 『시경』 대아편에 「於乎小子 未知臧否(아아! 젊은이들은 선하고 악함을 알지 못하네.)」
24) 이 몸을 버리고 새 몸을 받아〔捨身受身〕 : 원문의 捨身(사신)은 보살의 자비를 실행하기 위하여 자기 몸을 버려서 남을 돕는 일. 受身(수신)은 다른 사람의 몸을 받아서 새로이 태어나는 것.
25) 제취(諸趣) : 중생이 선악으로 인한 업에 따라 떨어지는 것으로 6곳이 있으며, 그것을 6취(六趣)라 함. 6취는 지옥취 · 아귀취 · 축생취 · 아수라취 · 인취(人趣) · 천취(天趣).
26) 대문류(大文類) : 미상.
27) 10여 곳의 사찰〔十刹〕 : 최치원의 『법장화상전(法藏和尙傳)』에 의상의 교학이 열 개의 산에 퍼졌다고 하여 다음과 같이 10여 곳의 장소를 들고 있음. ① 공산 미리사 ② 지리산 화엄사 ③ 태백산 부석사 ④ 가야산 해인사 ⑤ 웅주 강협 보원사 ⑥ 계룡산 갑사 · 화산사 ⑦ 금정산 범어사 ⑧ 비슬산 옥천사 ⑨ 전주 모산 국신사 ⑩ 한주 부아산 청담사 등으로 이러한 화엄십찰은 신라 하대(802~904)에 성립된 것으로, 의상 화엄교학이 신라사회에 널리 유포되었던 사실을 강조하기 위한 것으로 볼 수 있음.

의상은 이에 10여 곳의 사찰[27]로 불법을 전하게 하니 태백산의 부석사, 원주의 비마라사, 가야산의 해인사,[28] 비슬산의 옥천사,[29] 금정산의 범어사,[30] 남악의 화엄사[31] 등이 이것이다.

또 『법계도서인』[32]과 『약소』[33]를 지으니 일승[34]의 중추가 되는 요점을 모두 실어 천년의 귀감이 되게 하였으므로 여러 사람이 다투어 보배로 여기어 지니었다. 이 밖에는 저술이 없지만 솥 안의 고기 맛을 보는데는 한 점의 고기로도 충분할 것이다. 『법계도서인』은 총장 원년 무진(668)에 완성되었으며 이 해에 지엄도 입적했으니 이는 공자가 「기린을 잡았다.」[35]는 구절에서 붓을 놓은 것과 같다.

세간에 전해지기로는 의상은 바로 부처[36]의 화신[37]이라 한다. 그의 제자인 오진 · 지통 · 표훈 · 진정 · 진장 · 도융 · 양원 · 상원 · 능인 · 의적 등 열 명의 높은 경지에 도달한 승려들이 우두머리가 되었다. 그들 모두가 성인과 버금가며 각자 전기가 남아있다.

28) 해인사〔海印〕: 신라 제40대 애장왕 3년(802)에 순응(順應)스님이 짓기 시작하여 이정(利貞)스님이 완성.
29) 옥천사〔玉泉〕: 위치 불명.
30) 범어사〔梵魚〕: 신라시대에 창건된 후 범어사가 어떻게 변천했는가에 대한 기록이 없으며, 임진란 때 불탄 것을 선조 35년(1602)에 중건했으나 화재로 소실됨. 그 후 광해군 5년(1613)에 지금의 사찰로 중창됨.
31) 화엄사(華嚴寺) : 지리산 기슭에 자리잡은 화엄사는 신라 진흥왕 5년(544)에 연기조사가 창건한 것으로 전해짐. 임진왜란 때 불탄 것을 17세기에 중창함.
32) 법계도서인(法界圖書印) : 『화엄일승법계도(華嚴一乘法界圖)』를 말함.
33) 약소(略疏) : 『법계약소(法界略疏)』로 추정.
34) 일승(一乘) : 부처에 이르는 유일한 교법(敎法). 승(乘)은 타는 것으로 수레와 배를 불의 교법에 비유한 것. 교법은 능히 사람을 실어서 깨닫는 경지인 열반에 이르게 하므로 승(乘)이라 함. 여기서는 『화엄경』인 듯함.

해인사 대적광전

湘乃令十剎傳敎. 太伯山浮石寺. 原州毗摩羅. 伽耶之海印. 毗瑟之玉泉. 金井之梵魚. 南嶽華嚴寺等是也.

又著法界圖書印幷略疏. 括盡一乘樞要. 千載龜鏡・競所珎佩. 餘無撰述. 嘗鼎味一臠足矣. 圖成総章元年戊辰. 是年儼亦歸寂. 如孔氏之絶筆於獲麟矣.

世傳湘乃金山寶蓋之幻有也. 徒弟悟眞・智通・表訓・眞定・眞藏・道融・良圓・相源・能仁・義寂等十大德爲領首. 皆亞聖也. 各有傳.

剎 : 사찰 찰
括 : 묶을 괄
佩 : 차고다닐 패
嘗 : 맛볼 상
鼎 : 솥 정
臠 : 고기점 연
総 : 總의 오기
総 : 비단푸른빛 총
獲 : 잡을 획
麟 : 기린 린
有 : 身의 오기
亞 : 버금 아

35) 기린을 잡았다.〔獲麟〕 : 공자가 저술한 『춘추』 公羊傳 노나라 애공 14년의 기록에 있는 「……기린은 어진 동물이다. 왕자(堯舜과 같은 어진 왕)가 있을 때 나타나고 왕자가 없을 때는 나타나지 않는다. 어떤 이가 말씀드리기를 "노루인데 뿔이 있습니다" 하니 공자가 그것이 기린이라는 것을 알아보고 "누구를 위하여 왔는가? 누구를 위하여 왔는가?"라 했다. ……서쪽으로 사냥 나가 기린을 잡자〔獲麟〕 공자가 "나의 도가 이제 다 하였다"라고 하였다.……」는 구절을 인용한 것. 공자는 주공의 뒤를 이어 주나라의 법통을 잇는 상징으로 『춘추』를 쓰기 시작했으나 기린이 잡히자 천도가 주나라와 공자를 떠난 것으로 인식. 따라서 춘추 기술의 의미가 없어짐에 따라 공자는 붓을 놓은 것임〔絶筆〕. 『법계도서인』이 완성된 해에 지엄이 입적한 것과 공자가 획린절필한 것과 같다는 것은 지엄의 화엄법통이 중국을 떠나 『법계도서인』 즉 의상에게 이어진다는 의미로 추정.

36) 부처〔金山寶蓋〕 : 금산은 불신(佛身)을 비유한 말이고 보개는 옥으로 꾸민 일산으로 부처나 보살 등의 자리 위에 달아 놓은 것. 여기서 금산 보개는 부처를 의미.

37) 부처의 화신〔金山寶蓋之幻有〕 : 의상을 부처의 화신이라 한 것은 그의 생애가 부처님처럼 거룩했다는 의미일 것임.

화엄일승법계도의 형태(해인사)

오진은 일찍이 하가산[38]의 골암사[39]에 거처하면서 매일 밤 팔을 뻗쳐 부석사의 석등[40]에 불을 켰다.[41] 지통이 『추동기』[42]를 지었는데 직접 의상의 가르침을 받았으므로 그의 글에는 오묘한 경지에 이른 말이 많다.

표훈은 일찍이 불국사에 머물면서 항상 천궁을 오갔다. 의상이 황복사에 있을 때 여러 사람들이 함께 탑[43]을 돌면서 항상 허공을 밟고 올라갔으며 층계를 밟지 않았기 때문에 그 탑에는 사다리와 돌계단을 설치하지 않았다. 그 무리들도 계단에서 3자나 떨어져서 허공을 밟고 돌았다. 의상이 그들을 돌아보며 말하기를 "세상 사람들이 이것을 본다면 필시 괴이하다고 여길 터이니 세상에 가르칠 것은 못된다"라고 했다.[44]

나머지는 최치원이 지은 「의상본전」과 같다.

다음과 같이 찬미한다.

가시덤불 헤치고 바다 건너 연진을 무릅쓰니,
지상사 문 열려 서기 어린 귀한 손님 맞이하네.
화엄사상 습득[45]하여 우리나라에 심었으니,
종남산과 태백산[46]이 똑같은 봄빛일세.

부석사 석등

38) 하가산(下柯山) : 경북 안동시에 있는 지금의 학가산(鶴駕山).
39) 골암사(鶻嵒寺) : 안동시 학가산에 있었던 절. 위치 불명.
40) 석등〔燈〕 : 거의 완전한 형태로 남아 있는 전형적인 팔각석등. 통일신라시대에 조성된 유물. 국보 제17호.
41) 오진은 …… 매일 밤 팔을 뻗쳐 부석사의 석등에 불을 켰다. : 오진은 의상대사의 10대 제자 중 한 명으로, 약 50km 떨어진 곳에서 팔을 뻗쳐 석등에 불을 켠다는 것은 스승을 지극히 섬긴다는 의미의 표현인 듯함.
42) 추동기(錐洞記) : 지통이 소백산 추동(錐洞) 90일회(九十日會)에서 의상이 강의한 내용을 기록한 것. 2권이나 현존하지 않음.
43) 탑(塔) : 지금의 황복사 3층탑이 아닌 또 다른 목탑으로 추정. 지금의 탑은 신라석탑의 전형적인 형태로 효소왕 원년인 692년에 건립.

眞・嘗處下柯山鶻嵓寺. 每夜伸臂點浮石室燈. 通・著錐洞記. 蓋承親訓. 故辭多詣妙. 訓・曾住佛國寺. 常往來天宮. 湘住皇福寺時. 與徒衆繞塔. 每步虛而工. 不以階升. 故其塔不設梯磴. 其徒離階三尺. 履空而旋. 湘乃顧謂曰. 世人見此. 必以爲怪. 不可以訓世. 餘如崔侯所撰本傳.

柯 : 도낏자루 가
鶻 : 송골매 골
伸 : 펼 신
臂 : 팔 비
點 : 등불켤 점
燈 : 등잔 등
錐 : 송곳 추
辭 : 글 사
詣 : 이를 예
曾 : 일찍이 증
繞 : 두를 요
階 : 계단 계
升 : 오를 승
工 : 上의 오기
梯 : 사다리 제
磴 : 돌계단 등
履 : 밟을 리

讚曰.

披榛跨海冒烟塵.
至相門開接瑞珎.
采采雜花我故國.
終南太伯一般春.

披 : 헤칠 피
榛 : 개암나무 진
跨 : 넘을 과
烟塵 : 연기와 먼지
冒 : 무릅쓸 모
采采 : 采采의 오기
采 : 딸 채
我 : 栽(심을 재)의 오기

44) 그 무리들도 계단에서 …… 세상에 가르칠 것은 못된다"라고 했다. : 신라에서 화엄사상이 재래신앙을 수용하면서 화엄밀교(華嚴密敎)로 발전함. 화엄밀교는 다즉일(多卽一)의 측면에서 보지 않고 일즉다(一卽多)의 입장에서 본 것으로 『삼국유사』 곳곳에 화엄밀교적 수행이 기록됨. 의상의 제자들이 허공을 밟고 돌았다는 것은 밀교적 수행과 의식을 뜻하는 것으로 볼 수 있음. 의상이 그러한 것은 세상에 가르칠 것이 못된다고 한 것은 의상은 화엄사상의 거대한 체계 자체를 중요시하고 화엄밀교에 대해서는 달갑게 여기지 않았음을 의미한 것으로 추정.

45) 습득[采采] : 원문의 采采(채채)는 采采의 오기. 采采는 채취함을 뜻하나 여기서는 『화엄경』을 수입해 왔다는 의미. 『시경』 국풍편에 「采采卷耳 不盈頃筐(캐고 캐어도 도꼬마리는 납작바구니에도 차지 못하네.)」

46) 종남산과 태백산[終南太伯] : 종남은 당나라를, 태백은 신라를 의미.

황복사지 삼층석탑

화엄사상 개요

1. 성립과 발전

● 인도와 중국 화엄의 계보

인 도		중 국				
初祖	2代祖	初祖(3代祖)	2代祖(4代祖)	3代祖(5代祖)	4代祖(6代祖)	5代祖(7代祖)
마명(馬鳴)	용수(龍樹)	帝心 **杜順**	雲華 **智儼**	賢首 **法藏** *의상법사	淸凉 **澄觀**	圭峰 宗密
—	—	理事無碍觀 周遍含容觀	法界緣起	六相 · 十玄	一心思想	敎禪一致論

*화엄종의 初祖는 7祖說에 의하면 馬鳴이 되지만 학문의 입장에서는 7祖說의 3祖인 杜順.

● 신라화엄종의 계보 : 의상(海東華嚴初祖) → 表訓 등 의상의 十大弟子 → 神琳 → 法融 · 順應 등 → 梵體(범체) · 利貞 등 → 潤玄 · 眞秀 · 順梵 등

2. 화엄경(원명 : 大方廣佛華嚴經)

● **大方廣佛華嚴經** : 成道하신 붓다가 깨달은 세계[法]를 표명한 경전.

- **大方廣** : **大**는 **體**가 포함됨을 의미하며, **大方廣**은 깨달은 자가 인식하는 세계[法]
- **佛** : **眞理**를 깨달은 붓다
- **華嚴** : 붓다의 꽃과 같은 덕행[華]으로 이 세상을 장엄[嚴]하게 하는 것.
- **經** : 붓다가 깨달은 세상의 이치를 말이나 문자로 표현한 것.

● 현존 화엄경전의 종류(현존 『화엄경』은 중국에서 유포된 「화엄경전류」를 편집한 것)

구 분	60 화엄경	80 화엄경
번역 · 편집자	東晋의 불타발타라(佛駄跋陀羅)	唐나라의 실차난타(實叉難陀)
설법 장소	마갈타국 적멸도량 등 7처	좌 동
설법 횟수	8회(보광법당에서 2회)	9회(보광명전에서 3회)
품의 구성	34 품	39 품

*현존 『화엄경』 중 티베트어로 된 『藏譯華嚴』이 있으며, 『40 화엄경』은 이 경의 마지막 품인 「入法界品」만으로 편성한 것.

● 『화엄경』의 내용(60 화엄경)

① 寂滅道場會(1 · 2품) : 『화엄경』의 서분으로 보현보살이 설함.

- 정각을 이룬 석가모니불이 34종류의 華嚴神衆을 비롯한 수많은 대중 앞에 앉으시자, 모두들 노래로써 붓다를 찬탄한 뒤, 보현보살이 설법을 함.
- 비로자나불(노사나불)이 自利行과 利他行으로 정각을 이룸과 화엄장 세계 설명.

② 普光法堂會(3~8품) : 보살이 닦아야 할 10信에 대해 문수보살이 설법.

③ 忉利天宮會(9~14품) : 보살이 실천해야 할 10住에 대해 법혜보살이 설법.

④ 夜摩天宮會(15~18품) : 보살이 법계에 들어가기 위해 닦아야 할 10行을 공덕림보살이 설법.

⑤ 兜率天宮會(19~21품) : 보살이 닦은 공덕을 회향해서 중생들을 교화하기 위한 10가지의 마음가짐[10廻向]을 金剛幢菩薩이 설법.

⑥ 他化自在天宮會(22~32품) : 보살이 정각을 향해 수행할 단계인 10지를 金剛藏菩薩이 설함.

⑦ 普光法堂會(33품) : 보살의 行法에 관해 보현보살이 설함.

⑧ 逝多園林會(34入法界品) : 善財童子의 求法行記. 설주는 문수보살 · 보현보살을 위시한 선지식.

3. 화엄사상의 요지

● 화엄사상의 구성

구 분	화엄의 우주관(총설)	우주의 관찰법	우주만물의 相關的 妙理
내 용	一心法界觀	四法界觀	事事無碍法界觀
	• 性起論 • 海印三昧	事法界觀 · 理法界觀 · 理事無碍法界觀 · 事事無碍法界觀	六相 · 十玄 相卽相入 · 重重無盡

● 宇宙觀 : 一心法界觀

화엄철학의 총설이요 골자로 一心法界觀을 들 수 있다.

죽음이 멀지 않은 문둥병 환자가 세상을 보는 것에 의해서 一心法界觀을 설명하여 보자.

문둥병 환자는 피부가 문드러지고 손가락 · 발가락이 떨어져나가며 그 얼마 후 죽음을 맞게 된다. 그러한 실상을 바르게 깨달아 알고 있는 현명한 그는 아름다움 · 추함 · 더러움 · 깨끗함, 그리고 삶과 죽음에 대한 번뇌망상에서 벗어날 수 있다. 즉 我로부터 벗어난 것이니 깨달음의 상태 즉 부처가 된 것이다. 깨달은 그가 세상을 바라보는 대상은 인연에 따라 변하는 아름다움과 추함[緣起論]이 아니다. 산도 그냥 산이요, 물도 그냥 물이다. 그가 바라보는 우주만상은 어떤 가식도 없는 본체[性起論]이다. 그가 보는 세상은 마치 파도가 없는 맑은 바다에 도장이 찍히듯이 그 본체가 선명하게 각인된다[海印三昧]. 여기서 중생으로서의 문둥병 환자나 부처가 된 환자나 실제의 부처는 본질상에서 아무런 구별도 차별도 없다[一心].

一心法界에서 心이라는 것은 깨달은 문둥이라 할 수 있다. 法界는 깨달은 문둥이가 바라보는 삼라만상이다. 삼라만상과 문둥이는 본질상에서 조금의 차별과 위반됨도 없이 '한가지로 同一하게' 된다. 一個로 同一하게 된다는 것은 결국 無明이 없어질 때 나타나는바 이 세계가 一心法界이다. 『화엄경』에서 석가모니불이 成道하여 처음 설법하는 寂滅道場會에서 세존이 바라보는 세계가 一心法界이다.

●宇宙의 觀察法 : 四法界觀

四法界觀은 화엄철학에서 우주를 관찰하는 四段의 방법이다. 四法界觀은 事法界觀, 理法界觀, 理事無碍法界觀, 事事無碍法界觀이다. 事法界觀이라는 것은 우주만상을 차별된 그대로 보는 관찰로 우리가 보는 경험계 · 현상계이다. 즉 물건은 물건으로, 사람은 사람으로, 꽃은 꽃으로 보는 것이다. 理法界觀은 차별로 보이는 현상계의 본질 · 본체는 동일하다고 보는 관찰법이다. 즉 개와 사람은 동일한 동물이고 개와 꽃은 동일한 생물이라고 보는 것이 理法界觀이다. 理事無碍法界觀은 事法界의 현상과 理法界의 본체가 고립된 것이 아니라 장애 없이 서로 圓融하는 것으로, 현상이 본체요 본체가 현상이라고 보는 관찰법이다. 바다[本體]에 파도[現象]가 칠 때 바다와 파도는 동일한 물일뿐더러, 파도가 다시 바다로 되며, 바다가 다시 파도로 된다. 즉 바다와 파도는 아무런 장애 없이 서로 圓融하는 것이다. 事事無碍法界觀은 현상과 본체가 圓融無碍할 뿐 아니라 차별이 있는 現象界도 서로 圓融無碍하다고 보는 관찰방법이다. 바다와 파도가 無碍한 것과 같이 파도와 파도도 서로 圓融無碍한 것으로 보는 事事無碍法界觀은 우주만상의 相關的 妙理를 설하는 화엄사상의 핵심이다.

●우주만물의 相關的 妙理 : 事事無碍法界觀

• 事事無碍法界觀(法界緣起) 의 체계

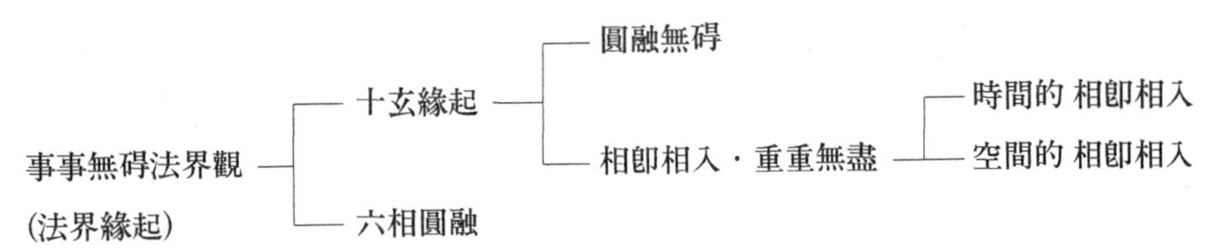

*우주만물은 상호 연결되어 서로 의존한다는 사실을 『화엄경』에서는 相卽相入이라는 말로써 설명하고 있다. 相卽이라는 것은 바다와 파도가 상호일체의 관계인 것과 같은 것을 말하며, 相入이라는 것은 바다와 파도의 작용이 서로 의지하는 관계와 같은 것을 말한다. 이에 관한 설명이 十玄緣起와 六相圓融이다.

• 十玄緣起

- 일체의 사물 · 현상이 시간과 공간의 연기관계[相卽相入]에 의하여 生滅變化하는 것을 十玄緣起라 한다. 十玄緣起 중에서 圓融無碍는 一과 一切와의 상호관계를 설명하며, 相卽相入 · 重重無盡은 모든 현상이 물질적 · 생물적 · 심리적 · 문화적으로 상호연결 · 상호의존 관계임을 설명한다.

- 圓融無碍

일체의 자연현상[一切諸法]은 그 작용에 있어서 하나가 전체[一卽一切]이며, 전체가 하나[一切卽一]이다. 예를 들면 수많은 강물이 흘러서 모인 바닷물의 한 방울 맛은 수많은 강물의 맛을 모두 가지고 있으며, 모든 바닷물의 맛도 가지고 있다. 즉 한 방울의 맛은 모든 강물의 맛이며 바닷물 전체의 맛이다[一卽一切]. 또 일체인 바닷물의 맛은 한 방울의 물맛이다[一切卽一]. 따라서 한 방울의 물[一塵]로 바닷물[一切法]을 볼 수 있다. 즉 一切法에 一塵이 들어가고 一塵에 一切法이 들어가니 이것이 곧 圓融無碍이다.

- 相卽相入 · 重重無盡

一切諸法은 相卽相入하여 重重無盡의 관계를 맺고 있다. 즉 만상은 시간적 · 공간적으로 상호관련[相卽]을 가짐과 동시에 상호의존[相入]하여 중첩되고 끝없는[重重無盡] 법계연기로 구성되어 있다. 예를 들면 사방이 작은 거울로 채워진 이발소에 들어갔다고 하자. 그러면 나의 모습은 모든 거울에서 볼 수 있으며, 또 거울에서 비친 허상은 또 다른 거울들에 비치어 무수한 영상을 만들어 낸다. 거울이 만들어 낸 중첩된 허상은 상호관련[相卽]을 가지며, 상호의존[相入]하는 **重重無盡緣起**이다. 즉 이 우주에는 어느 하나도 고립된 것이 없다. 그들은 서로 의지할 뿐만 아니라 서로를 포함하고 있다. 모든 것은 동시에 한 이미지이며 다른 모든 것의 반사물이다.

• **六相圓融**

十玄思想은 본질과 현상의 관계에서 종축과 횡축의 쌍방에 의한 無碍한 연기를 밝히는 것이었다. **六相**은 횡축 즉 전체와 부분과의 無碍한 관계를 밝히는 것으로 모든 존재 하나하나가 갖고 있는 여섯가지 相을 말하는데, 十玄과 함께 화엄종의 중요한 교의이다. 그래서 十玄六相이라고도 하는데 이는 모든 존재가 시간적 · 공간적으로 緣起로 연결되어 우주전체가 하나의 통일적 화합체라는 것을 설명하고 있다. 지엄의 견해를 이은 賢首法藏은 이를 건물에 비유하여 설파하였다.

六相의 첫째는 **總相**으로 만유의 모든 法을 體로 잡아 평등적으로 관찰하는 것으로, 건물에서 대들보 · 서까래 · 기둥 · 기와 등이 총합된 전체를 하나의 건물이라 함과 같다. 둘째 **別相**은 부분적 · 차별적으로 관찰하는 것으로, 가옥을 구성하는 대들보 · 서까래 · 기둥 · 기와 등을 낱낱이 떼어서 별개로 보는 것이다. 셋째 **同相**은 낱낱의 차별이 동일한 목적을 위하여 서로서로 협력 조화한 모습을 통일적으로 관찰하는 것이다. 대들보 · 서까래 · 기둥 · 기와 등이 협력, 조화하여 건축물을 구성하는 것과 같다. 넷째 **異相**은 모든 법이 제자리를 지키고 피차의 고유한 상태를 잃지 않고 서로 다른 모습을 가지고 있는 것이다. 마치 대들보는 횡으로, 기둥은 수직으로 제각기 본분을 지키어 서로 다른 것과 같은 것이다. 다섯째 **成相**은 모든 존재가 낱낱이 서로 의지하여 동일체의 관계를 이루는 것으로 대들보 · 서까래 · 기둥 · 기와 등이 서로 의지하여 건물을 이루는 力用과 같다. 여섯째 **壞相**은 모든 것이 同一體이면서도 각자의 본위를 잃지 않는 것이다. 마치 기둥과 대들보가 서로 의지하여 한 집을 이루면서도 각각 자신의 本位를 잃지 않는 것과 같다. 육상원융은 이러한 여섯 상이 서로 원만하게 융화되어 있는 상태를 말한다.

十玄은 만상이 상호 연결되어 상호의지 하는 것을 말하며[相卽相入], **六相**은 전체와 부분의 **圓融無碍**함을 관찰하는 것이다. 이 六相 중에 **總相**과 **別相**이 一對를 이루고 **同相**과 **異相**이 一對를 이루며, **成相**과 **壞相**이 一對를 이루어 세 쌍이 된다. 세 쌍 중에서 總相 · 同相 · 成相은 平等上으로 본 것이며, 別相 · 異相 · 壞相은 差別上으로 본 것이다. 가옥의 예에서 보듯이 만유는 평등과 차별이 **圓融無碍**한 바, 이것이 바로 **事事無碍**의 **妙理**라 하겠다.

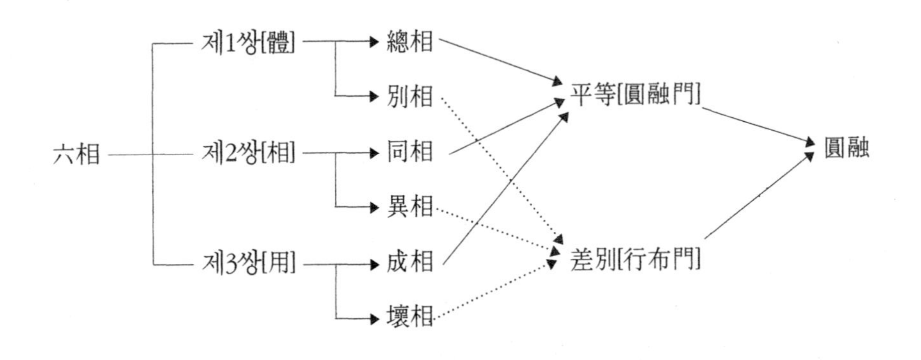

사복불언

– 사복이 말을 하지 않다 –

서울 만선북리에 사는 한 과부가 남편도 없이 임신하여 아이를 낳았다. 그 아이는 열두 살이 되도록 말도 못하고 일어나지도 못했다. 그래서 사동[1](아래에서는 혹 사복(蛇卜) 또는 사파(蛇巴)·사복(蛇伏) 등으로 썼으나, 모두 사동을 말한다.)이라 불렀다.

어느 날 그의 어머니가 죽었다. 그때 원효는 고선사[2]에 있었다. 원효가 그를 보고 예로 맞이했으나 사복은 답례도 하지 않고 말하기를 "그대와 내가 옛날에 경을 싣고 다니던 암소가 지금 죽었으니 함께 장사를 지내는 것이 어떠한가?"라 했다. 원효가 "좋습니다"라 말하고 함께 사복의 집으로 갔다.

사복이 원효에게 참회토록 하는 계[3]를 주라 하자 원효가 시체 앞에 가서 빌기를 "태어나지 말라, 죽는 것이 괴롭다. 죽지 말라, 태어나는 것이 괴롭다"라 했다. 사복이 말하기를 "말이 너무 번거롭다"라 하자 원효가 고쳐 말하기를 "죽고 태어나는 것이 괴롭다"라고 했다.

두 분이 상여를 메고 활리산[4] 동쪽 기슭으로 갔다. 원효가 "지혜 있는 범은 지혜의 숲 속에 장사 지냄이 마땅하지 않겠습니까?"[5]라 했다. 사복이 게송을 지어 불렀다.

옛날 석가모니 부처님이 사라수 사이에서 열반하셨네.
지금 또한 그와 같은 이가 있어 연화장 세계[6]로 편히 들어가려 하네.

1) 사동(蛇童) : 사동·사복(蛇福)·사복(蛇卜)·사파(蛇巴)·사복(蛇伏)의 어원에 관한 학설.

내 용	주장학자, 『저서』
• 뱀〔蛇〕+아이〔童〕의 다른 표기 福·卜·巴·伏→童(동)의 음차	이기문, 『신라어 福에 대하여』
• ᄇᆞ얌〔蛇〕+보〔福·卜·巴·伏〕 보 : 인명접미사	양주동, 『고가연구』

2) 고선사(高仙寺) : 고선사지는 경주시 암곡리에 있었으나 덕동댐으로 수몰되고 그 절의 유물인 삼층석탑은 국립경주박물관에 옮겨져 있음.

蛇福不言

京師萬善北里有寡女. 不夫而孕. 旣産. 年至十二歲. 不語亦不起. 因号蛇童.(下或作蛇卜又巴又伏等. 皆言童也.)

一日其母死. 時元曉住高仙寺. 曉見之迎禮. 福不答拜而曰. 君我昔日馱經牸牛. 今已亡矣. 偕葬何如. 曉曰諾. 遂與到家. 令曉布薩授戒. 臨尸祝曰. 莫生兮其死也苦. 莫死兮其生也苦. 福曰詞煩. 更之曰. 死生苦兮.

二公轝歸活里山東麓. 曉曰. 葬智惠虎於智惠林中. 不亦宜乎. 福乃作偈曰.

往昔釋迦牟尼佛. 裟羅樹間入涅槃.
于今亦有如彼者. 欲入蓮花藏界寬.

蛇 : 뱀 사
孕 : 임신할 잉
童 : 아이 동
巴 : 뱀 파
馱 : 짐실을 태
牸 : 암소 자
偕 : 모두 해
諾 : 허락할 락
兮 : 어조사 혜
詞 : 말씀 사
煩 : 번거로울 번
轝 : 가마(여기서는 관을 싣는, 즉 상여) 여
麓 : 산기슭 록

裟 : 娑의 오기

3) 참회토록 하는 계〔布薩〕: 원문의 布薩(포살)은 산스크리트어 Upavasatha의 음역 布薩陀婆(포살타파)의 약칭. 포살은 불교의식 중의 하나로 출가한 사람들에게 보름마다 승려들이 모여 계율에 관한 경을 들려주어 보름 동안에 지은 죄가 있으면 참회하게 하고 선을 기르고 악을 없애주는 의식. 속인에게는 6齋日에 8계를 지니게 하여 선을 기르고 악을 없애주는 의식을 말함. 『대지도론』 13권에 「今日誠心懺悔身淸淨 口淸淨 義淸淨 受行八戒 是則布薩 奏言善宿(오늘 지극한 마음으로 참회하여 몸이 청정하고 입이 청정하고 뜻이 청정하오매 여덟 가지 계법을 받들어 행한다. 이것을 포살이라 하는데 포살은 함께 산다는 것을 말한다.)」

4) 활리산(活里山) : 의미 또는 위치에 관한 학설.

내 용	주장학자, 『저서』
활리(活里) : 카타르시스적 낙토(樂土)	황패강, 『사복설화 연구』
• 실제 있었던 산명으로 추정 – 『大東韻府群玉』에 「志鬼新羅活里驛人(지귀는 신라 활리역 사람이다.」라 되어 있음	김상현, 『신라화엄사상사 연구』

말을 마치고 띠풀의 줄기를 뽑으니 그 밑에 찬란하고 청허한 세계가 나타났다. 칠보로 장식된 난간에 장엄한 누각은 인간의 세상이 아닌 것만 같았다. 사복이 시체를 업고 함께 그 속으로 들어가자 갑자기 그 땅이 합쳐져버리니 원효는 그만 돌아왔다.

후세 사람들이 금강산 동남쪽에 절을 세우고 절 이름을 도량사라 했다. 해마다 3월 14일이 되면 항상 점찰회[7]를 행하는 것을 일정한 규칙으로 삼았다. 사복이 세상에 영험함을 나타낸 것은 오직 이것뿐인데 세간에서는 많은 황당한 이야기를 덧붙였으니 가소로운 일이다.

다음과 같이 찬미한다.

용이 잠잠히 자고 있다고 해서 어찌 등한했으랴!
떠나면서 읊은 한 곡조 간단도 해라.
괴로운 생사가 원래는 괴로움이 아니니,
연화장과 생사[8]의 세계는 넓기도 하네.

5) 지혜 있는 범은 지혜의 숲 속에 장사 지냄이 마땅하지 않겠습니까? : 지혜 있는 범이란 무상(無常)을 깨우쳤다는 것이며, 지혜의 숲[智惠林]이란 연화장 세계의 또 다른 표현임. 즉 무상을 깨우친 사복의 어머니를 연화장 세계로 보내 줌을 의미.

6) 연화장 세계[蓮華藏界] : 우주는 크게 둘로 나눌 수 있는데, 하나는 무릉도원의 세계, 즉 연화장엄의 세계로 그 세계는 비로자나불의 보살행에 의해 만들어진 세계임. 또 다른 하나는 연화장 세계와는 정반대인 어둠의 세계 · 생존경쟁의 세계 · 갈등의 세계인데, 그것은 중생들의 업력이 만들어 낸 우리들의 현실세계임. 『화엄경』에 의하면 중생의 생각이 흐려지면 지옥세상이요, 중생의 한 생각이 청정해지면 지옥세상이 연화장 세계로 됨. 따라서 지옥과 극락이 따로 있는 것이 아니라 생각에 따라 지옥도 되고 연화장 세계도 됨.

7) 점찰회(占察會) : 『점찰경(占察經)』에 의한 법회. 『점찰경』은 점찰선악업보경(占察善惡業報經)의 준말로서 지장보살이 나무 조각을 던져 길흉과 선악을 점치는 법과 참회하는 법을 적은 경전.

8) 생사[浮休] : 원문의 浮休(부휴)는 생(生)과 사(死), 즉 이승과 저승.

연화장세계의 주불인 비로자나불

言訖拔茅莖. 下有世界. 晃朗淸虛. 七寶欄楯. 樓閣莊嚴. 殆非人間世. 福負尸共入. 其地奄然而合. 曉乃還.

後人爲創寺於金剛山東南. 額曰道場寺. 每年三月十四日. 行占察會爲恒規. 福之應世. 唯示此爾. 俚諺多以荒唐之說托焉可笑.

訖 : 마칠 글
拔 : 뽑을 발
茅 : 띠풀 모
莖 : 줄기 경
晃 : 빛날 황
朗 : 달밝을 랑
欄 : 난간 난
楯 : 난간 순
奄 : 문득 엄
托 : 맡길 탁

讚曰.

淵默龍眠豈等閑.
臨行一曲沒多般.
苦兮生死元非苦.
華藏浮休世界寬.

默 : 잠잠할 묵
沒 : 없을 몰
般 : 많을 반
多般 : 많음
寬 : 넓을 관

경주국립박물관으로 옮기기 전의 고선사지 삼층석탑

사복불언 조의 구성과 의미

도입[起] : 相에 얽매이지 않는 모습의 성자 사복이 태어나다.	
●서울 만선북리에 사는 과부가 남편 없이 아이를 낳았다.	●아버지 없이 아이가 태어났다는 것은 부모의 쾌락에 의해 우연히 태어나지 않고, 이 세상을 구하고자 하는 원(願)에 의하여 성자가 태어났다는 상징적 의미. 그러나 과부가 낳은 사생아여서 비속하다는 의미일 수 있으니, 이는 영웅탄생과 비속한 출생은 차이가 없다는 의미로 해석할 수도 있음.
●그 아이는 12세가 되도록 말도 못하고 일어나지도 못했다. 그래서 사동(蛇童)이라 불렀다.	●말도 못하고 일어나지도 못했다는 것은 겉으로는 미숙아이고 바보라는 것임. 그러나 말을 못했다고 하는 것은 사복불언이 의미하듯 말을 하지 않았다는 것이니, 원효의 말 많음을 사복이 나무란 것만 보아도 말을 안 한 것임. 말은 언설(言說)이라는 상(相)에 집착하여 진정한 의미의 전달을 막으므로 사복불언은 쓸데없는 말을 하지 않았다는 의미. 또 일어나지 못했다는 것은 사복이 자기를 높이지 않고 낮추기만 했다는 뜻으로도 볼 수 있으니 일어나지 못한 것이 아니라 일어나지 않았다는 것임. 원효를 꾸짖을 정도의 높은 경지인 사복이 겉으로는 미숙아로 행동했다는 것은 곧 영웅과 비속한 인간이 다른 것이 아니라 같다는 뜻일 수도 있음. *이 설화의 주제를 생사와 열반으로 본다면 12라는 숫자는 불교의 12연기의 상징으로 볼 수 있음.
전개[承] : 사복이 그의 어머니가 생사윤회의 괴로움에서 벗어나길 기원하다.	
●원효가 예를 갖추었으나 사복이 인사도 하지 않다. ●사복이 옛날에 원효와 함께 경을 싣고 다니던 암소가 죽었으니 함께 장사지내기를 청하다. ●'나지 말라, 죽는 것이 괴롭다. 죽지 말라, 나는 것이 괴롭다' 고 하자, 사복이 말이 너무 길다 하다.	●원효가 대단한 인물인데도 원효의 예를 받아들이지 않은 것은 숨어 있던 은자인 사복이 잘 알려진 현자 원효를 제압하는 것을 표현. ●사복의 어머니는 경을 실어 나른 공덕에 의해 사람으로 태어났으며 사복은 경을 실어 소를 괴롭힌 악업으로 인해 나쁜 과보를 받아 소의 아들로 태어났다는 의미로 추정. 이는 한 여인의 생사윤회(生死輪廻) 모습을 나타내고 있는데, 이것은 고집멸도(苦集滅道)의 4체 중 고(苦)에 해당함. 生死가 곧 苦이기 때문. ●생(生)과 사(死)를 되풀이하는 것이 윤회로서, 번뇌와 망상이 있으면 윤회를 하게 되고 분별적 사유가 끊어져 의식세계가 청정하면 윤회가 없는 연화장 세계로 들어가게 됨. 원효의 계는 사복의 어머니가 윤회를 끊고 정토인 연화장으로 들어가기를 기원한 것임. ●사복이 원효의 말 많음을 꾸짖은 것은 사복불언이라는 제목에서 알 수 있듯이 쓸데없는 말을 하지 말란 의미. 즉 문자와 언어가 없어야 차별이 없는 깨달음의 경지로 갈 수 있으니 언어에 집착해서 본뜻은 잊은 채로 쓸데없는 말을 하지 말라는 것임.

<table>
<tr><td colspan="2">전환[轉] : 생사윤회에서 벗어나 연화장 세계에 들어가려 하다.</td></tr>
<tr><td>● 두 사람은 시체를 메고 활리산 동쪽으로 갔다. 원효가 '지혜 있는 범은 지혜의 숲 속에 장사지내야 한다' 고 말하자, 사복이 '옛날 부처님이 사라수 사이에서 열반하셨네. 지금 또한 그와 같은 이가 있어 연화장 세계로 들어가려 하네' 라고 하다.</td><td>● 활리산(活里山)은 카타르시스적인 낙토(樂土)라는 설과 경주에 실존했던 산이라는 견해가 있음

'범[虎]' 이란 불교에서 무상(無常)의 비유이니, 곧 '지혜 있는 범' 이란 무상을 깨쳤다는 뜻임. 또 '지혜의 숲[智慧林]'이란 연화장 세계의 또 다른 표현으로 무상을 깨친 사복의 어머니를 연화장 세계로 보내주며 사복도 따라 가려는 것임</td></tr>
<tr><td colspan="2">결론[結] : 생사와 열반이 같은 것이라는 화엄사상을 제시하다.</td></tr>
<tr><td>● 그리고 띠풀의 줄기를 뽑으니 지하의 장엄세계가 열렸다.
● 사복이 시체를 업고 그 속으로 들어 가니 갑자기 그 땅이 합쳐져버렸다.</td><td>● '띠풀의 줄기를 뽑는다' 는 것은 무명(無明)을 제거하여 깨닫게 한다는 의미로 추정

● '사복이 시체를 업었다' 는 것은 승(僧 : 사복)과 속(俗 : 사복의 어머니)이 둘이 아니라 하나라는 뜻이며, '살아있는 아들이 죽은 어머니의 시체를 업고 연화장 세계로 함께 들어갔다' 는 것은 삶과 죽음이 둘이 아님을 보여준 것임
또 전생(前生)의 암소가 금생(今生)에는 과부로서 인과응보에 의한 굴레를 벗고 불국토인 연화장 세계로 열반했다는 의미를 내포하고 있으며, '갑자기 그 땅이 합쳐졌다' 는 것은 미혹과 깨달음이 별개의 것이 아니고 생사와 열반이 서로 다른 것이 아니라, 깨닫지 못하면 생사요 깨달으면 열반이라는 것임
그래서 일본의 승려 엔닌(円仁)은 본무생사론(本無生死論)에서
「삶과 죽음 두 존재는 한마음의 미묘한 작용
살아있을 때도 오는 것이 없으며
죽을 때도 가는 것이 없다.
오는 것이 없이 미묘하게 오며
가는 것이 없이 원만하게 간다.
삶과 죽음의 본질은 하나이며,
공(空)과 유(有)는 둘이 아니다.」라 했던가?</td></tr>
</table>

진표 전간

– 진표가 간자를 전하다 –

승려 진표는 완산주(지금의 전주목이다.) 만경현(혹은 두내산현 또는 나산현이라고도 하는데 지금의 만경으로 옛 이름은 두내산현이다. 「관령전」에 승려 진표의 고향으로서 금산현 사람이라 한 것은 절 이름(금산사)과 현 이름을 혼동한 것이다.)사람이다. 아버지는 진내말이며 어머니는 길보랑이고 성은 정씨[1]이다. 나이 열두 살에 금산사[2] 숭제법사 문하에 들어가 머리를 깎고 승려가 되어 배우기를 청했다.

그의 스승이 어느 때 말하기를 "내가 일찍이 당나라에 들어가 선도삼장[3]스님에게서 가르침을 받았다. 그 후 오대산에 들어가 문수보살의 현신에게 감응되어 다섯 가지 계율을 받았다"라 했다. 진표가 여쭙기를 "얼마나 부지런히 수행해야 계를 얻게 됩니까?"라 하자 숭제가 말하기를 "정성이 지극하다면 1년을 넘기지 않을 것이다"라 했다.

진표가 스승의 말을 듣고 이름난 산들을 두루 다니다가 선계산 불사의암[4]에 머물면서 삼업[5]을 수련하며 망신참법[6]으로 계를 얻으려고, 처음 7일 밤을 기한으로 온몸[7]을 돌에 쳐서 무릎과 팔이 모두 부서지니 바위 낭떠러지로 피가 비 오듯 하였으나 보살의 감응이 없는 것 같았다. 몸을 버릴 것을 결심하고 다시 7일을 더 기약했는데, 14일째가 되는 날 마침내 지장보살을 뵙고 정계를 받았다.[8] 바로 개원[9] 28년 경진(740) 3월 15일 진시였으니, 이때 그의 나이 23세였다.

1) 성은 정씨〔姓井氏〕 : 진표의 성씨가 정(井)이라는 설도 있으며, 진표의 성은 진(眞)이며, 그의 어머니 길보랑의 성이 정(井)씨라는 학설도 있음.
2) 금산사(金山寺) : 전북 김제군 금산면에 있는 절로 백제 법왕 1년(599)에 창건. 혜공왕 2년(766)에 진표율사가 중건했으나 임진왜란 때 불타고 현재의 건물은 1626년에 재건된 것임.
3) 선도삼장(善道三藏) : 善道는 善導이나 道와 導는 음이 같아서 통용된 듯함. 선도는 정토(淨土)의 교의를 대성한 당나라 때 승려이며, 삼장은 경 · 율 · 논의 삼장을 잘 안다는 의미.
4) 불사의암(不思議庵) : 지금의 전북 부안군 변산면에 있는 동굴.

불사의암
(자료원 : 증산도의 「道典」)

眞表傳簡

釋眞表. 完山州(今全州牧.)萬頃縣人(或作豆乃山縣. 或作那山縣. 今萬頃. 古名亘乃山縣也. 貫寧傳釋※之鄕里. 云金山縣人. 以寺名及縣名混之也.)父曰眞乃末. 母吉寶娘. 姓井氏. 年至十二歲. 投金山寺崇濟法師講下. 落彩請業.

其師嘗謂曰. 吾曾入唐. 受業於善道三藏. 然後入五臺. 感文殊菩薩現受五戒. 表啓曰. 勤修幾何得戒耶. 濟曰. 精至則不過一年.

表聞師之言. 遍遊名岳. 止錫仙溪山不思議庵. 該錬三業. 以亡身懺※※※. 初以七宵爲期. 五輪撲石. 膝腕俱碎. 雨血嵓崖. 若無聖應. 決志捐捨. 更期七日. 二七日. 終見地藏菩薩. 現受淨戒. 卽開元二十八年庚辰三月十五日辰時也. 時齡二十餘三矣.

亘 : 豆의 오기
亘 : 걸칠 긍, 펼 선
※ : 表의 결락
混 : 섞일 혼

啓 : 여쭈어볼 계
遍 : 두루돌아볼 편
岳 : 산 악
該 : 모조리 해
懺 : 뉘우칠 참
※※※ : 得戒法의 결락인 듯함
宵 : 밤 소
撲 : 칠 박
膝 : 무릎 슬
腕 : 팔뚝 완
碎 : 부서질 쇄
嵓 : 바위 암
崖 : 벼랑 애
捐 : 버릴 연
捨 : 버릴 사
終 : 마침내 종

5) 삼업(三業) : 업(業)이란 선(善)과 악(惡)을 행하는 것을 말함. 삼업이란 ①신체의 동작으로 짓는 업인 신업(身業), ②말에 의해 짓는 구업(口業) ③의지의 작용에 의해 짓는 의업(意業)을 말함.

6) 망신참법(亡身懺法) : 몸을 희생시키는 참회법.

7) 온몸〔五輪〕: 원문의 五輪(오륜)은 오체(五體) 즉 머리 · 두 손 · 두 무릎을 말함. 오체가 모두 둥글기 때문에 오륜(五輪)이라고도 함.

8) 처음 7일 밤을 ……14일째가 되는 날 마침내 지장보살을 뵙고 정계를 받았다. : 『점찰경』의 「……만일 전세에 잠시 나쁜 인연을 만나 악법을 지었으나 죄가 경미하고 그 마음이 선하고 의지가 강한 자는 7일을 지난 뒤에 모든 장애를 없애고 청정을 얻게 된다. 지은 죄의 경중에 따라 2 · 7일 후에 청정(淸淨)을 얻으며, 혹은 3 · 7일 내지 7 · 7일 지난 뒤에 청정을 얻게 된다.……」는 내용임. 여기서 정계(淨戒)는 『점찰경』에서의 청정묘계(淸淨妙戒)이며, 청정묘계는 보살십계〔根本重戒〕와 삼취정계(三聚淨戒)를 뜻함.

9) 개원(開元) : 당나라 현종(玄宗)의 연호.

그러나 그의 뜻은 미륵보살〔慈氏〕[10]에 있었으므로 수련을 구태여 중지하지 않고 즉시 영산사[11](다른 이름은 변산, 또는 능가산이라 한다.)로 옮겨 처음과 같이 부지런하고 용감하게 수행하였다. 과연 미륵보살이 감응하여 나타나 『점찰경』[12] 두 권(이 경전은 진나라와 수나라 사이에 중국에서 번역된 것으로 지금 처음 나타난 것이 아니다. 미륵보살이 이 경전을 진표에게 주었을 뿐이다.)과 증과[13]의 간자 189개[14]를 주면서 말하기를 "그중에서 여덟째 간자는 새로 얻은 오묘한 계율을 의미하는 것이고 아홉째 간자는 구족계를 더 얻은 것을 뜻하는 것이다.[15] 이 두 개의 간자는 내 손가락뼈이다. 나머지는 모두 침단목으로 만들었으니 이것들은 여러 가지 번뇌를 의미한다. 너는 이것으로 세상에 불법을 전하여 사람들을 구제하는 방편으로 삼아라"라고 했다.

진표가 이미 미륵보살의 기별을 받고 금산사로 와서 머물면서 해마다 강단을 열어 널리 불법을 전하였다. 불법을 베푼 강단의 정결함과 엄숙함이 말세[16]에는 볼 수 없었던 일이었다. 불법의 교화가 두루 미치게 되자 여러 곳을 돌아다니다가 하슬라주에 도착하였더니 섬과 섬 사이의 물고기와 자라들이 다리를 놓아 그를 물속으로 맞아들여 불법을 강의토록 하고 계를 받았다. 그때가 바로 천보[17] 11년 임진(752) 2월 보름날이었다. 어떤 책에는 원화[18] 6년(811)이라 하였으나 틀린 것이다. 원화는 헌덕왕 대이다.(성덕왕 때로부터 거의 70년 정도 후이다.)

10) 미륵보살〔慈氏〕: 미륵은 산스크리트어 Maitreya의 음역이며, 번역하여 자(慈)라 하고 그것이 성이 되어 자씨(慈氏)라 함.
11) 영산사(靈山寺) : 전북 부안군 변산에 있는 절.
12) 점찰경(占察經) : 『점찰선악업보경(占察善惡業報經)』 또는 『지장보살업보경(地藏菩薩業報經)』을 줄여서 『점찰경』이라 함. 상하 두 권으로 된 이 경은 지장보살이 설주(說主)가 되어 말법시(末法時)에 중생을 개화시도(開化示導)하는 방편으로 점찰법(占察法)에 대하여 설하고(상권), 또 대승에 향하려는 중생을 위하여 대승의 심묘한 법을 설하고(하권) 있음.
13) 증과(證果) : 수행의 결과로 얻은 과보(果報). 최종의 증과는 부처가 되는 것.
14) 간자 189개(簡子一百八十九介) : 간자는 나무를 작은 손가락 크기로 만든 점대. 189개란 『점찰경』에서 삼세(三世)의 과보(果報)를 점쳐서 나타나게 된다는 189종의 선악과보차별상(善惡果報差別相)을 의미함. 차별상의 예로 '173은 이 몸을 버리게 될 때 축생이 되게 되리라', '183은 이 몸을 버린 뒤에 도솔천에 나게 되리라', '189는 이 몸을 버린 뒤에 상승법(上乘法)에 머물게 되리라' 等과 같이 기록됨.

然志存慈氏. 故不敢中止. 乃移靈山寺.(一名邊山. 又楞伽山.) 又懃勇如初. 果感弥力現授占察經兩卷.(此經乃陳隋間外國所譯. 非今始出也. 慈氏以經授之耳.)幷證果簡子一百八十九介. 謂曰. 於中第八簡子喩新得妙戒. 第九簡子喩增得具戒. 斯二簡子是我手指骨. 餘皆沉檀木造. 喩諸煩惱. 汝以此傳法於世. 作濟人津筏.

表旣受聖莂. 來住金山. 每歲開壇恢張法施. 壇席精嚴. 末季未之有也. 風化旣周. 遊涉到阿瑟羅州. 島嶼間魚鼈成橋. 迎入水中. 講法受戒. 卽天寶十一載壬辰二月望日也. 或本云元和六年. 誤矣. 元和在憲德王代.(去聖德幾七十年矣.)

楞 : 중의글 릉
懃 : 부지런히일할 근
力 : 勒의 오기

喩 : 비유할 유

沉檀木 : 인도 원산의 향나무
津 : 나루 진
筏 : 뗏목 벌
津筏 : **津梁**과 같은 말
莂 : 중의글 별
恢 : 넓을 회
張 : 베풀 장
涉 : 건널 섭
嶼 : 섬 서
鼈 : 자라 별
望 : 보름 망

15) 여덟째 간자는 새로 얻은 오묘한 계율을 의미하는 것이고 아홉째 간자는 구족계를 더 얻은 것을 뜻하는 것이다. : 8 · 9간자의 의미를 요약하면 아래 표와 같음.

구 분	『송고승전』	『점찰경』
제8간자	신훈(新熏) · 시각(始覺)	소욕수득묘계(所欲受得妙戒 : 얻으려고 하는 묘계)
제9간자	본유(本有) · 본각(本覺)	소증수득계구(所曾受得戒具 : 이미 얻어져 완전히 갖춘 계)

189개의 간자의 내용인 189종의 선악과보상(善惡果報相) 중에서 계(戒)에 관한 부분은 8 · 9간자뿐임. 8 · 9간자를 중요시한다는 의미는 진표가 교화하는 데 있어서 계법을 주로 했다는 의미로 추정.

16) 말세〔末季〕 : 원문의 末季(말계)는 말세와 같은 뜻. 불교에서 석가가 입멸한 후 500년을 정법시(正法時)라 하고 그 뒤 일천 년을 상법시(像法時)라 하고, 그 뒤 만년(萬年)을 말법시(末法時)라 함. 말세는 말법시를 말함.

17) 천보(天寶) : 당나라 현종(玄宗)의 연호.

18) 원화(元和) : 당나라 헌종(憲宗)의 연호.

경덕왕이 이 말을 듣고 궁중으로 맞이하여 보살계[19]를 받고 벼 77,000석을 내렸다. 왕비[20]와 임금의 외척[21]들도 모두 계율[22]을 받고 비단 500단과 황금 50냥을 시주하니 이것을 모두 받아서 여러 절에 나누어 주어 널리 불사를 일으켰다. 그의 사리는 지금도 발연사[23]에 있으니, 바로 바다의 물고기와 자라들을 위해 강연하고 계를 주던 자리이다.

불법을 받은 제자 중에 가장 뛰어난 분[24]들로는 영심 · 보종 · 신방 · 체진 · 진해 · 진선 · 석충 등이니, 모두 큰절들의 창시자이다. 영심은 진표에게 간자를 받아 속리산에 머무르며 그의 법통[25]을 이어갔으나 단을 만드는 법은 점찰육륜[26]과 약간 달랐다. 그러나 수행하는 법은 절에서 전하는 본래의 규정과 같았다.

『당승전』을 살펴보면 이러하다.

「개황[27] 13년(593)에 광주[28]에 참법[29]을 행하는 승려가 있었다. 그는 가죽으로 첩자 두 장을 만들고 선과 악 두 글자를 써서 사람에게 던지게 하여 '선' 자를 얻으면 길하다고 하였다. 또 스스로 박참법[30]을 행하여 죄를 없앤다 하여 여러 남녀가 함께 어울리면서 함부로 그 법을 받아들여 비밀히 의식을 행하였다. 청주에까지 이 일이 알려지자 이 의식에 갔던 관리가 조사하여 보고 요망스런 일이라 하였다. 참법을 하는 자들이 말하기를 "이 탑참법[31]은 『점찰경』에 의한 것이고, 박참법은 여러 불경에 의한 것인데 온몸을 땅바닥에 던져〔五體投地〕 마치 큰산이 무너지는 것처럼 하는 것이다"라 하였다.

19) 보살계(菩薩戒) : 대승의 보살들이 받아 지키는 계율. 이 계는 삼취정계(三聚淨戒)로서 악한 행동을 삼가는 섭률의계(攝律儀戒), 선을 닦는 섭선법계(攝善法戒), 중생들을 이롭게 하는 섭중생계(攝衆生戒)를 말함.

20) 왕비〔椒庭〕 : 원문의 椒庭(초정)은 왕비가 거주하는 궁궐을 뜻하나 여기서는 왕비를 의미.

21) 임금의 외척〔列岳〕 : 원문의 列岳(열악)은 아내의 큰아버지와 작은아버지. 여기에서는 왕의 외척.

22) 계율〔戒品〕 : 원문의 戒品(계품)은 오계(五戒) · 십선계(十善戒) 등 계의 품류(品類)와 종별을 뜻하나 여기서는 계율을 의미.

23) 발연사(鉢淵寺) : 강원도 고성군 금강산에 있던 절로 신라 혜공왕 10년(770)에 진표율사가 창건.

24) 가장 뛰어난 분〔袖領〕 : 원문 袖領(수령)의 뜻은 옷깃과 소매. 가장 뛰어난 사람 또는 우두머리를 사람의 눈에 가장 잘 띄는 곳인 옷깃과 소매에 비유.

景德王聞之. 迎入宮闥. 受菩薩戒. 嚫租七萬七千石. 椒庭列岳皆受戒品. 施絹五百端·黃金五十兩. 皆容受之. 分施諸山. 廣興佛事. 其骨石今在鉢淵寺. 卽爲海族演戒之地.

闥 : 대궐문 달
嚫 : 시주할 친
租 : 벼 조
椒 : 향기로울 초
絹 : 비단 견
端 : 길이의단위 단
鉢 : 바리때(주발) 발

得法之袖領. 曰永深·寶宗·信芳·体珎·珎海·眞善·釋忠等. 皆爲山門祖. 深則眞傳簡子. 住俗離山. 爲克家子. 作壇之法. 與占察六輪稍異修. 如山中所傳本規.

克 : 다스릴 극
稍 : 작을 초

按唐僧傳云.

開皇十三年. 廣州有僧行懺法. 以皮作帖子二枚. 書善惡兩字. 令人擲之. 得善者吉. 又行自撲懺法. 以爲滅罪而男女合匝. 妄承密行. 靑州接響. 同行官司撿察. 謂是妖妄. 彼云. 此搭懺法依占察經. 撲懺法依諸經中. 五體投地. 如大山崩.

帖 : 장부 첩
擲 : 던질 척
撲 : 칠 박
匝 : 두를 잡
響 : 소식, 울릴 향
妖 : 요사스러울 요
妄 : 망녕될 망
搭 : 실을 탑
崩 : 무너질 붕

25) 법통〔克家〕: 원문의 克家(극가)는 가사를 능히 다스린다는 뜻으로, 자식이 능히 아버지의 가업을 계승하는 것. 여기서는 법통을 계승한다는 의미. 『주역』 몽괘(蒙卦)에 「納婦吉 子克家(며느리를 맞아도 좋으니 아들이 집안을 잘 다스릴 것이다.」
26) 점찰육륜(占察六輪) : 여섯 개의 나무로 된 간자를 던져 선악(善惡)을 결정하는 점찰법.
27) 개황(開皇) : 수나라 문제(文帝)의 연호.
28) 광주(廣州) : 지금의 중국 광동성(廣東省) 광주(廣州).
29) 참법(懺法) : 경전을 읽어 죄를 뉘우치는 법.
30) 박참법(撲懺法) : 몸을 학대하면서 뉘우치는 법.
31) 탑참법(搭懺法) : 가죽으로 된 조각에 선(善)과 악(惡) 두 글자를 적어 던져서 길흉(吉凶)을 점치는 법.
32) 내사시랑(內史侍郎) : 수나라 때 중서성(中書省)을 내사성이라 했으며, 그 대신을 내사시랑이라 함.
33) 대흥사(大興寺) : 수나라 문제가 불교진흥 정책을 쓰면서 수도인 장안에 세웠던 큰 사찰로 지금의 흥선사(興善寺).
34) 사문(沙門) : 흥법편 아도기라 조 참조.

그때 이 사실을 임금께 보고하였더니 즉시 내사시랑[32] 이원찬으로 하여금 대흥사[33]로 가서 여러 큰스님에게 문의하도록 했다. 대사문[34]인 법경과 언종 등이 대답하기를 "『점찰경』은 두 권으로 되어 있습니다. 책머리에 보리 등이 외국에서 번역한 글이라 하였으니 근래에 나온 것 같습니다. 또 베껴서 전해 온 것도 있는데 여러 기록을 검사해 보았으나 어느 것도 『점찰경』의 바른 이름과 번역한 사람 · 시간 · 장소가 없습니다. 탑참법은 여러 경전과는 다르므로 여기에 따라 행할 것은 못 됩니다"라고 했다. 이리하여 칙명으로 이것을 금지시켰다.」

이제 이것을 탐구하여 논한다.

「청주거사 등이 행한 탑참 등의 일은 마치 훌륭한 선비가 시서를 읽고도 무덤까지 파헤치는 것[35]과 같으며, 호랑이를 그리려다 이루지 못하고 개 모양처럼 되었다[36]고 할 수 있다. 부처님이 미리 방비한 것도 바로 이러한 것 때문이다. 만약에 『점찰경』을 번역한 사람과 시간 · 장소가 없다 하여 의심한다면 이야말로 삼〔麻〕을 취하기 위하여 금을 버리는 것과 같은 것[37]이 된다. 왜냐하면 그 경문을 자세히 보면 부처님이 중생을 교화하는 설법[38]이 깊으며 빈틈이 없고, 더러움과 흠을 깨끗이 씻어주고 게으른 자들을 분발시키는 데는 이 경전만한 것이 없다. 그래서 또한 이름을 대승참[39]이라고도 하였으며, 또 육근[40]이 모인 가운 데서 나왔다고도 했다. 개원 · 정원[41]에 나온 두 『석교록』[42]에 정식 경전으로 편입되었다. 비록 법성종[43]은 아니나 법상종[44]의 대승경전으로 또한 훌륭한 것이니, 어찌 탑참과 박참의 두 참과 동일하게 말할 수 있겠는가?

35) 선비가 시서를 읽고도 무덤까지 파헤치는 것〔儒以詩書發塚〕: 『장자』에 「儒以詩書發塚」이란 말이 있는데, 이것은 말세의 유학자가 학문을 이용하여 무덤을 파는 악행까지 행한다고 풍자한 것.

36) 호랑이를 그리려다 이루지 못하고 개 모양처럼 되었다〔畫虎不成 · 類狗者矣〕: 『후한서』 마원열전(馬援列傳)에 있는 고사를 인용한 것으로 소질이 없는 자가 우수한 사람을 흉내 내다가 오히려 경박하게 됨을 경계하는 의미.

37) 삼〔麻〕을 취하기 위하여 금을 버리는 것과 같은 것〔擔麻棄金也〕: 『중아함경』에 「두 사람이 여행을 하다가 길옆에 무성히 자란 삼을 보고 두 사람 모두 삼을 베어 짊어지고 갔다. 가다가 또 은이 있었고 또 금이 있었다. 한 사람은 삼 대신 은을, 또 은을 버리고 금을 가지고 갔으나 또 한 사람은 처음에 짊어진 삼을 고집하여 집으로 갔다.」는 이야기가 있음. 이 우화에서 값싼 삼을 취하고 비싼 금을 버렸다는 것으로 어리석은 자를 비유한 것.

時以奏聞. 乃勅內史侍郞李元撰. 就大興寺問諸大德. 有大沙門法經・彥琮等對曰. 占察經見有兩卷. 首題菩提登在外國譯文. 似近代所出. 亦有寫而傳者. 撿勘群錄. 並無正名譯人時處. 搭懺與衆經復異. 不可依行. 因勅禁之.

奏 : 아뢸 주
撰 : 갖출 찬
寫 : 베낄 사
勘 : 조사할 감

今試論之.

青州居士等搭懺等事. 如大儒以詩書發塚. 可謂畫虎不成・類狗者矣. 佛所預防. 正爲此爾. 若曰占察經無譯人時處. 爲可疑也. 是亦擔麻棄金也. 何則. 詳彼經文. 乃悉壇深密. 洗滌穢瑕・激昂懶夫者. 莫如玆典. 故亦名大乘懺. 又云出六根聚中. 開元貞元二釋教錄中. 編入正藏. 雖外乎性宗. 其相教大乘殆亦優矣. 豈與搭撲二懺. 同日而語哉.

試 : 비교할 시
儒 : 선비 유
塚 : 무덤 총
預 : 미리 예
擔 : 짐짊어질 담
麻 : 삼 마
棄 : 버릴 기
悉 : 궁구할 실
洗 : 씻을 세
滌 : 씻을 척
穢 : 더러울 예
瑕 : 흠 하
昂 : 높을 앙
懶 : 게으를 라
玆 : 이 자
聚 : 모을 취
殆 : 거의 태
優 : 뛰어날 우
日 : 一의 오기

38) 부처님이 중생을 교화하는 설법〔悉壇〕: 원문의 悉壇(실단)은 산스크리트어 Siddhānta의 음역으로 가르치는 법(法)・종의(宗義)・정설(定說)을 의미.

39) 대승참(大乘懺) : 대승참법으로 대승보살계(大乘菩薩戒)에 의한 참법이란 뜻.

40) 육근(六根) : 대상을 인식하게 하는 6개의 근원으로 안근(眼根)・이근(耳根)・비근(鼻根)・설근(舌根)・신근(身根)・의근(意根)을 뜻함. 여기서 근(根)은 능력 또는 능력을 가진 기관(器官)의 뜻.

41) 정원(貞元) : 당나라 덕종(德宗)의 연호.

42) 두 『석교록』〔二釋教錄〕: 『개원석교록』은 당나라 개원 18년(730)에 지승(智昇)이 저술한 것이며, 『정원석교록』은 당나라 정원 16년(800)에 원조(円照)가 서술한 것임.

43) 법성종〔性宗〕: 신라 5교(五教)의 한 종파로 일명 분황종(芬皇宗). 법성은 불성의 뜻으로 우주만물은 모두 법성을 가지고 있으므로 부처가 될 수 있다는 것을 종지로 한 종파. 신라에서는 원효가 분황사에서 시작함. 이것을 연구하는 학파를 삼론학파(三論學派)라 함.

『사리불문경』[45]에 보면 부처님이 장자의 아들인 빈야다라에게 말하기를 "네가 이레 동안 밤낮으로 전에 지은 죄를 뉘우쳐서 모두 맑고 깨끗하게 하라" 하니 빈야다라가 가르침을 받들어 밤낮으로 정성을 다했다. 5일째 저녁이 되자 그 방 안에 여러 물건들, 이를테면 수건 · 두건 · 먼지떨이[46] · 칼 · 송곳 · 도끼와 같은 것들이 비 오듯 그의 눈앞으로 떨어져 내렸다. 빈야다라가 크게 기뻐하면서 부처에게 물으니 부처님이 말하기를 "이 물건들은 네가 속세를 벗어나는 것을 뜻하니 베어내고 터는 물건이다"라 했다.

이 말로써 미루어 본다면 『점찰경』에서 윤(輪)을 던져 상을 얻는 것과 무엇이 다르랴. 이것으로 진표공이 참회를 일으켜서 간자를 얻었으며, 불법을 듣고 부처를 본 것은 거짓이 아니라고 말할 수 있을 것이다. 더구나 이것이 거짓이며 헛된 것이라면 미륵보살이 어찌 진표법사에게 친히 간자를 전해 주었겠는가? 또 이 경문을 금지한다면 『사리불문경』 또한 금해도 좋을 것인가? 언종의 무리야말로 금을 훔칠 때 사람은 보이지 않는 것[47]과 같다고 할 수 있으니 글을 읽는 자들은 자세히 알아야 할 것이다.」

다음과 같이 찬미한다.

어지러운 세상[48]에 나타나서 어리석은 사람[49] 일깨우니
신령스런 산과 신선의 계곡에 감응이 통하였네.
정성 다해 탑참만 전하였다 말하지 말라,
동해에 다리 놓은 고기와 용마저도 감화시켰네.

44) 법상종〔相敎〕 : 우주만물의 상(相) 즉 모든 현상과 모양을 규명한다 해서 相敎라고도 함. 『해심밀경(解深密經)』의 「일체법상품(一切法相品)」에서 법상을 따옴. 유식종(唯識宗)이라고도 함.
45) 사리불문경(舍利佛問經) : 『보살문유(菩薩問喩)』라고도 함. 석가모니가 일시 왕사성(王舍城) 음악수하(音樂樹下)에 계실 때 사리불(舍利佛)의 물음에 답한 것.
46) 먼지떨이〔拂箒〕 : 삼이나 짐승의 털을 묶어서 자루 끝에 매단 기구. 원래 인도에서 승려가 모기나 파리를 쫓는 데 사용한 것인데, 지금은 승려가 번뇌를 물리치는 표식으로 사용.
47) 금을 훔칠 때 사람은 보이지 않는 것〔攫金不見人〕 : 금을 훔칠 때 금만 보이고 사람은 보이지 않았다는 고사로 『열자』에서 인용.

如舍利佛問經. 佛告長者子邠若多羅曰. 汝可七日七夜悔汝先罪. 皆使淸淨. 多羅奉教. 日夜懇惻. 至第五夕. 於其室中. 雨種種物. 若巾若帊若拂箒若刀錐斧等. 墮其目前. 多羅歡喜. 問於佛. 佛言是離塵之相・割拂之物也.

據此. 則與占察經擲輪得相之事. 奚以異哉. 乃知表公翹懺得簡・聞法見佛. 可謂不誣. 況此經若僞妄. 則慈氏何以親授表師. 又此經如可禁. 舍利問經亦可禁乎. 琮輩可謂攫金不見人. 讀者詳焉.

讚曰.

現身澆季激慵聾.

靈岳仙溪感應通.

莫謂翹懃傳搭懺.

作橋東海化魚龍.

邠 : 나라이름 빈
懇 : 정성스러울 간
惻 : 간절할 측
巾 : 수건 건
帊 : 머리수건 파
拂 : 먼지털 불
箒 : 빗자루 추
錐 : 송곳 추
斧 : 도끼 부
墜 : 떨어질 추
割 : 벨 할
奚 : 어찌 해
翹 : 들어올릴 교
誣 : 속일 무
況 : 하물며 황
輩 : 무리 배
攫 : 움켜잡을 확
澆 : 경박할 요
季 : 말세 계
激 : 부딪칠 격
慵 : 게으를 용
聾 : 귀먹을 롱

48) 어지러운 세상〔澆季〕 : 원문의 澆季(요계)는 세상의 풍습과 인정이 경박한 말세를 뜻함.
49) 어리석은 사람〔慵聾〕 : 원문의 慵聾(용롱)은 게으르고 귀먹은 사람을 뜻하는 말로, 어리석은 사람을 의미.

진표율사 영탱

관동 풍악 발연수[1] 석기[2] (이 기록은 바로 절의 주지 영잠이 지은 것으로 승안[3] 4년 기미(1199)에 비석을 세웠다.)

– 관동 풍악의 발연수 돌에 새긴 기록 –

진표율사는 전주 벽골군[4] 도나산촌[5] 대정리 사람이다. 나이 열두 살이 되어 승려가 될 뜻을 가지자 그의 아버지가 이를 허락하였다. 진표율사는 순제법사가 머물고 있는 금산의 절로 가서 세속을 떠나 승려가 되었다.[6] 순제가 사미계법을 주고 『공양차제비법』 한 권과 『점찰선악업보경』 두 권을 주면서 말하기를 "네가 이 계법을 가지고 미륵과 지장 두 보살 앞에서 간절히 법을 구하고 참회하여 직접 계법을 받아 세상에 펴도록 하라"고 했다.

율사가 가르침을 받들고 작별하여 물러 나와 이름 있는 산을 두루 돌아다녔다. 나이 27세 되던 상원[7] 원년 경자(760)에 쌀 20말을 쪄서 말려 양식을 만들어 보안현[8]에 가서 변산에 있는 불사의방으로 들어갔다. 쌀 다섯 홉을 하루 양식으로 삼되 한 홉의 쌀은 덜어서 쥐를 길렀다.

율사가 미륵상 앞에서 부지런히 계법을 구했으나 3년이 되어도 수기를 받지 못하자, 결단을 내려 바위 아래로 몸을 던지니 홀연히 푸른 옷을 입은 동자가 율사를 손으로 받들어 바위 위에 모셔 놓았다. 율사가 다시 뜻을 내어 원하는 바를 구하여 21일간을 기약하고 밤낮으로 부지런히 수행하였다. 돌로 오체를 두드리면서 참회하였더니 사흘이 되자 손과 팔뚝이 부러져 떨어져 나갔다. 이레째 되던 밤에 지장보살이 손에 쇠로 된 지팡이를 흔들며 와서 가호하니 손과 팔이 전과 같이 되었다. 보살이 드디어 가사와 바리때를 주었다.

1) 관동 풍악 발연수(關東楓岳鉢淵藪) : 관동은 지금의 강원도이며, 풍악은 가을철에 부르는 금강산의 별칭. 발연수의 수(藪)는 발연사의 본사와 말사를 합한 사찰.
2) 석기(石記) : 발연사지(鉢淵寺趾)에 남아 있는 「발연사진표율사진신골장입석비명(鉢淵寺眞表律師眞身骨藏立石碑銘)」을 말함.
3) 승안(承安) : 금나라 6대 장종(章宗)의 연호(1196~1208).
4) 벽골군(碧骨郡) : 지금의 전라북도 김제군.
5) 도나산촌(都那山村) : 의해편 진표전간 조에 나온 두내산현(豆乃山縣)의 이표기(異表記).
6) 세속을 떠나 승려가 되었다.〔零染〕: 염(染)은 염심(染心)으로 더러워진 마음. 원문의 零染(영염)은 더러운 마음을 없애는 것이니 세속을 떠나 승려가 되는 것을 의미.
7) 상원(上元) : 당나라 7대 숙종(肅宗)의 연호(760~761).

關東 楓岳 鉢淵藪 石記

(此記乃寺主瑩岑所撰. 承安四年巳未立石.)

眞表律師. 全州碧骨郡都那山村大井里人也. 年至十二. 志求出家. 父許之. 師往金山藪順濟法師處零染. 濟授沙弥戒法・傳敎供養次第秘法一卷・占察善惡業報經二卷曰. 汝持此戒法. 於彌勒地藏兩聖前. 懇求懺悔. 親受戒法. 流傳於世.

師奉敎辭退. 遍歷名山. 年巳二十七歲. 於上元元年庚子. 蒸二十斗米. 乃乾爲粮. 詣保安縣. 入邊山不思議房. 以五合米爲一日費. 除一合米養鼠.

師勤求戒法於弥勒像前. 三年而未淂授記. 發憤捨身嵓下. 忽有靑衣童. 手捧而置石上. 師更發志願. 約三七日. 日夜勤修. 扣石懺悔. 至三日手臂折落. 至七日夜. 地藏菩薩手搖金錫. 來爲加持. 手臂如舊. 菩薩遂與袈裟及鉢.

楓 : 단풍나무 풍
鉢 : 바리때 발
淵 : 연못 연
藪 : 큰늪 수
瑩 : 아름다운옥 영
岑 : 산봉우리 잠
巳 : 己의 오기
碧 : 짙게푸를 벽
零 : 떨어질 령
懇 : 지성스러울 간
懺 : 뉘우칠 참
巳 : 己의 오기
蒸 : 찔 증
粮 : 양식 량
詣 : 나아갈 예
縣 : 고을 현
鼠 : 쥐 서
憤 : 분발할 분
除 : 열 제
捨 : 버릴 사
淂 : 得의 이체자
嵓 : 바위 암
捧 : 받들 봉
扣 : 두드릴 구
臂 : 팔뚝 비
搖 : 흔들 요

8) 보안현(保安縣) : 지금의 전북 부안군 보안면.

9) 천안(天眼) : 선정(禪定)을 닦아서 얻게 되는 눈. 작은 사물까지 멀리 널리 볼 수 있으며 일체중생의 마음까지도 미리 알 수 있는 것. 즉 자유자재한 지혜를 의미하는바 진표는 자유로운 경지, 제약된 생존에서 제약 없는 존재 양식에 도달했음을 뜻함.

10) 도솔천(兜率天) : 산스크리트어 Tuṣita-Deva의 음역. 수미산 꼭대기에서 12만 유순(由旬)되는 곳에 있는 천계로서 7보로 된 궁전이 있고 수많은 天人이 살고 있음. 여기에는 내원과 외원이 있으며, 외원은 천중(天衆)의 욕락처(欲樂處)이고 내원은 미륵보살의 정토임. 도솔천 아래에 있는 사천왕・도리천・야마천이 욕정에 잠겨 있고 위에 있는 화락천(化樂天)・타화자재천(他化自在天)이 들뜬 마음이 많은 데 대하여 잠기지도 들뜨지도 않으면서 오욕락(五欲樂)에 만족한 마음을 내므로 미륵보살의 주처(住處)가 있음.

율사는 영험이 따르는 것에 감복하여 더욱더 정진했다. 21일이 되자 바로 천안(天眼)[9]을 얻어 도솔천[10]의 무리들이 오는 광경을 보게 되었다. 이때 지장보살과 미륵보살이 율사의 앞에 현신하였는데, 미륵보살은 율사의 이마를 어루만지면서[11] 말하기를 "훌륭하여라, 대장부여! 이처럼 계를 구하기 위해 몸과 목숨까지도 아끼지 않고 간절히 참회하는구나"라 하였고, 지장보살은 『계본』[12]을 주었다.

미륵보살도 다시 간자 두 개를 주었는데 하나는 9라고 쓰여 있는 것이고 하나는 8이라고 쓰여 있었다. 미륵이 율사에게 말하기를 "이 두 간자는 내 손가락뼈이다. 이것은 시각(始覺)과 본각(本覺)의 두 각(覺)을 비유한 것이다. 또 아홉 번째 간자는 법이고 여덟 번째 간자는 신훈성불종자[13]이다. 이것으로써 마땅히 인과응보를 알 것이다. 너는 현세의 육신을 버리고 대국왕의 몸을 받아 뒤에 도솔천에 태어날 것이다"라 하였다. 이렇게 말을 마치자 두 보살은 곧 사라지니 때는 임인(762) 4월 27일이었다.

율사가 교법을 받은 후 금산사를 세우고자 산에서 내려왔다. 대연진에 도착했을 때 홀연히 용왕[14]이 나오더니 옥가사를 바치고 8만 권속[15]을 거느리고 금산수로 모시고 가자 사람들이 사방에서 모여들어[16] 며칠 되지 않아 절이 완성되었다. 다시 감응이 있어 미륵보살이 도솔천에서 구름을 타고 내려와 율사에게 계법을 주었다. 율사는 신도들에게 시주[17]를 권유하여 쇳물을 부어 미륵장륙상을 만들었다. 또 미륵보살이 내려와 계율을 주는 장엄한 모습을 금당의 남쪽 벽에 그렸다. 갑진(764) 6월 9일에 장륙상이 완성되었고 병오(766) 5월 1일에 금당에 모시니 이 해가 대력[18] 원년이었다.

11) 율사의 이마를 어루만지면서[摩師頂] : 부처님이 대승불법을 세상에 전하게 하기 위하여 제자의 이마를 어루만지면서 수기(授記 : 미래에 부처가 된다고 미리 알리는 것)를 주는 것. 『법화경』 촉루품에 「釋迦牟尼佛 從法坐起 現大神力 以右手 摩無量菩薩摩訶薩頂(석가모니불이 법상에서 일어나 큰 신통력을 나타내시어, 오른손으로 한량없는 보살마하살의 정수리를 만지셨다.)」

12) 계본(戒本) : 상세하게 기록한 계율 중 비구와 비구니가 지켜야 할 계율만 뽑은 것.

13) 신훈성불종자(新熏成佛種子) : 향기가 의복에 스며들듯이 온갖 경험이 축적되는 것을 훈습(熏習)이라 하고, 축적되어 가는 경험을 종자라 함. 종자에는 신훈종자와 본유종자(本有種子)가 있는데 경험에 의해 얻어지는 것을 신유종자라 하고, 선천적으로 가지고 있는 것을 본유종자라 함. 진표는 그의 수행에서 보여주듯 후천적인 노력과 관계되는 신훈종자를 강조한 듯함.

〈김상현, 『진표의 미륵사상』〉

師感其靈應. 倍加精進. 滿三七日. 即淂天眼. 見兜率天衆來儀之相. 於是地藏慈氏現前慈氏摩師頂曰. 善哉大丈夫. 求戒如是. 不惜身命. 懇求懺悔. 地藏授與戒本.

慈氏復與二栍. 一題曰九者. 一題八者. 告師曰. 此二簡子者. 是吾手指骨. 此喩始本二覺. 又九者法尒. 八者新熏成佛種子. 以此當知果報. 汝捨此身. 受大國王身. 後生於兜率. 如是語巳. 兩聖卽隱. 時壬寅四月二十七日也.

師受敎法已. 欲創金山寺. 下山而來. 至大淵津. 忽有龍王. 出獻玉袈裟. 將八萬眷屬・侍往金山藪. 四方子來. 不日成之. 復感玆氏從兜率・駕雲而下. 與師受戒法. 師勸檀緣. 鑄成弥勒丈六像. 復畫下降受戒威儀之相於金堂南壁. □於甲辰六月九日鑄成. 丙午五月一日. 安置金堂. 是歲大曆元年也.

淂 : 得의 異體字
兜 : 투구 두(도)
儀 : 모양 의
摩 : 문지를 마
頂 : 이마 정
惜 : 아낄 석

復 : 다시 부
栍 : 점대 생
題 : 글쓸 제
簡 : 대쪽 간
喩 : 비유할 유
熏 : 향기 훈
巳 : 已의 오기

津 : 나루 진
眷 : 무리, 일가 권
眷屬(권속) : 친척, 가족
子 : 사람 자
鑄 : 부어만들 주

14) 용왕(龍王) : 용왕이 진표를 금산사로 안내했다는 의미는 금산사의 터를 진표가 선택한 것이 아니라 용이 계시한 것임을 의미. 즉 종교적 성소는 인간이 선택하는 것이 아니고 단지 인간에게 계시되고 발견되는 것이라는 점에서 금산사야말로 수행에 적합한 성스러운 곳이라는 뜻을 내포함.

15) 8만 권속(八萬眷屬) : 인도에서 많은 수를 말할 때 8만4천이라 하며, 이를 줄여서 8만이라 함. 권속은 처자 · 제자 · 노비 등을 통틀어 말함.

16) 모여들어[子來] : 원문의 子來(자래)는 백성이 나라의 일에 오는 것이 자식이 부모의 일에 오는 것과 같다는 말. 『시경』 대아편에 「經始勿亟 庶民子來(이룩하기 시작할 적에 급히 말라 하셨으나 백성들은 자식이 어버이 일 돕듯 모여들었네.」

17) 시주[檀緣] : 원문의 檀(단)은 물건을 남에게 보답 없이 주는 보시. 緣(연)은 멀리서 도와주는 것을 의미.

율사가 금산을 떠나 속리산으로 향하는 길에 소달구지 탄 사람을 만났다. 그 소들은 율사 앞에 무릎을 꿇고 울었다. 소달구지를 탔던 사람이 내려와 묻기를 "무슨 연유로 이 소들이 스님을 보고 우는 것입니까? 스님은 어디에서 오십니까?"라 하니 율사가 말했다. "나는 금산수에 있는 진표라는 중이외다. 나는 일찍이 변산의 불사의방에 들어가 미륵 · 지장의 두 대성 앞에서 두 보살이 주는 계법과 진생(眞栍)[19]을 직접 받고 절을 세워 오래도록 마음을 가다듬고 수도할 곳을 찾아다니는 길입니다. 이 소들이 겉으로는 어리석은 듯하나 속은 현명하여 내가 계법을 받은 줄 알고 불법을 소중하게 여기기 때문에 무릎을 꿇고 우는 것입니다"라 했다. 그 사람이 말을 다 듣고 나서 말하기를 "축생도 이같이 불법을 믿는 마음이 있는데 더구나 저는 사람으로서 어찌 무심할 수 있겠습니까?" 하고는 즉시 손으로 낫을 잡아 스스로 머리카락을 잘라 버렸다.

율사가 자비심으로 다시 머리를 깎아 주고 계를 내려 준 다음, 길을 떠나 속리산 골짜기 안에 도착하였다. 길상초[20]가 난 곳을 보고 표를 해둔 후 명주 해변으로 돌아와 천천히 가는 도중에 물고기와 자라 등이 바다에서 나와 율사의 앞을 향하여 몸을 잇대어 엮어 육지처럼 만들어 주었다. 율사가 그들을 밟고 바다 속으로 들어가 계법을 외워 주고 되돌아왔다. 그가 고성군으로 와서는 개골산에 들어가 처음으로 발연수를 세우고 점찰 법회를 열었다.

그곳에 머무른 지 7년 되는 때에 명주지방에 흉년이 들어 사람들이 굶주렸다. 율사가 이들을 위하여 계법을 설하니 사람마다 받들어 지니면서 삼보에 극진히 공경했다. 얼마 후 갑자기 고성해변에 수없이 많은 물고기들이 저절로 죽어서 나왔다. 사람들이 이것을 팔아서 먹을 것을 마련하여 죽음을 면할 수 있었다.

18) 대력(大曆) : 당나라 8대 대종(代宗)의 연호(766~779).
19) 진생(眞栍) : 간자(簡子).
20) 길상초(吉祥草) : 산스크리트어 Kuśa로 고사(姑奢) · 구시(矩尸) 등으로 음역. 습기가 있는 땅에서 자라며 띠풀이나 박하와 유사. 길상(吉祥)이란 이름은 석존이 이 풀을 깔고 보리수 밑에 앉아 득도한 데서 연유. 또 이 풀을 석존에게 바친 이가 길상동자(吉祥童子)라는 데서 연유했다고도 함.

길상초

師出金山. 向俗離山. 路逢駕牛乘車者. 其牛等向師前. 跪膝而泣. 乘車人下問. 何故此牛等見和尙泣耶. 和尙從何而來. 師曰. 我是金山藪眞表僧. 予曾入邊山不思議房. 於弥勒地藏兩聖前. 親受戒法眞性. 欲覓創寺鎭長修道之處. 故來爾. 此牛等外愚內明. 知我受戒法. 爲重法故. 跪膝而泣. 其人聞已. 乃曰. 畜生尙有如是信心. 況我爲人. 豈無心乎. 卽以手執鎌・自斷頭髮.

師以悲心. 更爲祝髮受戒. 行至俗離山洞裏. 見吉祥草所生處而識之. 還向溟州海邊・徐行次. 有魚鼈黿鼉等類. 出海向師前. 綴身如陸. 師踏而入海. 唱念戒法還出. 行至高城郡. 入皆骨山. 始創鉢淵藪. 開占察法會.

住七年. 時溟州界年穀不登. 人民飢饉. 師爲說戒法. 人人奉持. 致敬三寶. 俄於高城海邊. 有無數魚類. 自死而出. 人民賣此爲食. 得免死.

逢 : 만날 봉
駕 : 수레 가
跪 : 무릎꿇을 궤
膝 : 무릎 슬
泣 : 울 읍

執 : 잡을 집
鎌 : 낫 겸
祝 : 끊을 축
祝髮(축발) : 머리를 깎음
裏 : 속 리
鼈 : 자라 별
黿 : 큰자라 원
鼉 : 악어 타
綴 : 연이을 체
踏 : 밟을 답
念 : 소리내어읽을 념
登 : 익을 등
飢 : 굶주릴 기
饉 : 흉년들 근
俄 : 이윽고 아

법주사 청동미륵대불

율사가 발연수를 떠나 다시 불사의방으로 갔다. 그 후에 집이 있는 고을에 가서 아버지를 찾아뵙기도 하고 진문대덕의 처소에 가서 머물기도 했다. 이때 속리산의 큰스님인 영심대덕이 융종대덕 · 불타 등과 함께 율사가 있는 곳에 와서 청하기를 "우리들이 천리를 멀다 않고 와서 계법을 구하오니 법문[21]을 주소서"라 했다. 율사가 잠자코 아무런 대답도 하지 아니하자 세 사람은 복숭아나무 위로 올라가 거꾸로 땅에 떨어지며 용맹스럽게 참회[22]하였다. 율사가 그제야 교를 전하여 관정[23]을 해주며, 드디어 가사와 바리때, 『공양차제비법』 한 권과 『점찰선악업보경』 두 권, 간자 189개를 주었다. 다시 미륵진생의 아홉 번째 간자와 여덟 번째 간자를 주면서 경계하여 말하기를 "아홉 번째 간자는 불법이요, 여덟 번째 간자는 신훈성불종자이다. 내가 너희들에게 이제 주었으니 이것을 가지고 속리산으로 돌아가면 길상초가 난 곳이 있을 것이다. 그곳에 절을 세우고 이 교법에 의하여 널리 인간계와 천상계의 중생들을 제도하고 후세에 전파하라"고 하였다. 영심 등이 가르침을 받들어 즉시 속리산으로 가서 길상초 난 곳을 찾아 절을 세우고 길상사[24]라 하였다. 영심이 여기서 처음으로 점찰법회를 열었다.

21) 법문(法門) : 법은 교법(敎法)이며, 문은 드나드는 곳. 즉 법문이란 부처님의 교법으로 중생들이 나고 죽고 하는 고통의 세계를 벗어나 열반에 들게 하는 문이라는 뜻.

22) 용맹스럽게 참회〔勇猛懺悔〕 : 참회하는 방법은 『열반경』 성행품에 「설산바라문의 고사」를 모방한 듯함. 성행품에 「…… '나는 이렇게 세간의 부귀영화, 전륜성왕, 모든 천상락을 원치 않고 오직 일체중생을 이익되게 하려고 이 몸을 버리려 합니다.' 라 하며 아래로 뛰어내리니, 땅에 닿기 전에 공중에서 소리가 나서 하늘나라를 울리며 나찰은 제석천으로 변하여 공손히 설산바라문을 받아 모시고 모든 천신들과 함께 공경 공양하며 예배하고 무수히 찬탄하였다.……」라 기록됨.

23) 관정(灌頂) : 원래 인도에서 왕이 즉위하였을 때 사해(四海)의 물을 정수리에 부어 축하하는 뜻을 표시하던 것이 변하여 불법을 전수하거나 계율을 줄 때 행하는 의식으로 됨. 관정에는 정수리를 만져 수기하는 마정관정(摩頂灌頂), 말로 수기하는 수기관정(授記灌頂), 광명을 쏘아 수계하는 방광관정(放光灌頂)의 세 종류가 있으며, 밀교에서는 정수리에 향수를 부어 수기를 줌.

길상사 즉 법주사 팔상전

師出鉢淵. 復到不思議房. 然後往詣家邑謁父. 或到眞門大德房居住. 時俗離山大德永深與大德融宗佛陁等. 同詣律師所. 伸請曰. 我等不遠千里. 來求戒法. 願授法門. 師默然不答. 三人者乘桃樹上. 倒墮於地. 勇猛懺悔. 師乃傳敎灌頂. 遂與袈裟・及鉢・供養次第秘法一卷・日察善惡業報經二卷・一百八十九栍. 復與弥勒眞栍九者八者. 誡曰. 九者法尒. 八者新熏成佛種子. 我巳付囑汝等. 持此還歸俗離山. 山有吉祥草生處. 於此創立精舍. 依此敎法. 廣度人天. 流布後世. 永深等奉敎. 直往俗離. 尋吉祥草生處. 創寺名曰吉祥. 永深於此始設占察法會.

詣 : 나아갈 예
謁 : 뵈올 알
倒 : 거꾸러질 도
墮 : 떨어질 타
灌 : 물 따를 관
日 : 占의 오기
誡 : 경계할 계
巳 : 已의 오기
囑 : 부탁할 촉
持 : 가질 지

24) 길상사〔吉祥〕: 충북 보은군 속리산에 있는 지금의 법주사. 진표율사의 제자 영심이 창건한 길상사가 어느 때인가 법주사로 이름이 바뀜. 이 절은 정유재란 때 모두 불탄 것을 사명대사가 주도하여 인조 4년(1626)에 재건하여 오늘에 이름.

법주사 대웅보전

율사는 그의 아버지와 함께 다시 발연수에 가서 같이 도를 닦으며 끝까지 효도하였다. 율사는 세상을 떠날[25] 때 절의 동쪽에 있는 큰 바위 위에 올라가 입적했다. 제자들이 진표의 유해를 옮기지 않고 공양하다가 해골이 되어 흩어져 떨어질 때[26]가 되어서야 흙으로 덮어 묻고 이로써 무덤[27]을 만드니 곧 푸른 소나무가 났다. 세월이 오래 지나자 말라 죽고 다시 나무 하나가 나고, 그 후 또 한 그루가 자라났는데 두 그루의 뿌리는 하나였다. 지금까지도 두 그루의 나무가 쌍으로 서 있다.[28] 무릇 진표를 지극히 공경하는 사람들이 소나무 밑에서 뼈를 찾았는데 얻은 사람도 있고 얻지 못한 사람도 있었다. 나는 율사의 뼈가 없어질까 염려되어 정사(1197) 9월에 일부러 소나무 밑에 가서 뼈들을 주워 통 속에 담았는데 세 홉가량 되었다. 이에 큰 바위 위에 쌍으로 선 나무 밑에 돌을 세우고 뼈를 안치했다고 하였다.

이 기록[29]에 실린 진표의 발자취는 「발연석기」와 서로 같지 않는 것이 있다. 그렇기 때문에 영잠의 기록만 간추려서 싣는다. 후세의 현명한 사람은 마땅히 이를 고려해야 할 것이다.

무극[30]이 쓰다.

25) 세상을 떠날〔遷化〕 : 원문의 遷化(천화)는 이승세계에서 중생을 교화할 인연이 끝나서 다른 곳으로 중생을 교화하기 위해 가는 것. 곧 스님의 죽음을 뜻함.

26) 해골이 되어 흩어져 떨어질 때〔骸骨散落〕 : 풍장(風葬)을 의미하는 듯함.

27) 무덤〔幽宮〕 : 원문의 幽宮(유궁)은 유령의 궁이므로 무덤이라는 뜻.

28) 나무가 쌍으로 서 있다.〔雙樹〕 : 석가모니가 입멸할 때의 사라쌍수 고사에서 따온 듯함.

29) 이 기록〔此錄〕 : 의해편 진표전간 조의 기록을 말함.

30) 무극(無極) : 1251~1322. 일연의 제자. 『삼국유사』가 일연의 만년에 쓰여진 후 간행이 안 된 상태에서 일연이 입적하자 무극이 보완한 것으로 추정.

석존이 입멸하신 사라쌍수 유적지

律師與父復到鉢淵. 同修道業而終孝之. 師遷化時. 登於寺東大巖上示滅. 弟子等不動眞体而供養. 至于骸骨散落. 於是以土覆藏. 乃爲幽宮. 有靑松卽出. 歲月久遠而枯. 復生一樹. 後更生一樹. 其根一也. 至今雙樹存焉. 凡有致敬者. 松下覓骨. 或得或不得. 予恐聖骨堙滅. 丁巳九月. 特詣松下. 拾骨盛筒. 有三合許. 於大嵓上雙樹下. 立石安骨焉云云.

此錄所載眞表事跡. 與鉢淵石記. 互有不同. 故刪取瑩岑所記而載之. 後賢宜考之. 無極記.

遷 : 오를 천
骸 : 해골 해
覆 : 덮을 부
藏 : 감출 장
枯 : 마를 고
覓 : 찾을 멱
恐 : 겁낼 공
堙 : 묻힐 인
拾 : 주울 습
盛 : 담을 성
許 : 가량 허
刪 : 깎을 산
載 : 실을 재

승전 촉루[1]

– 승전과 돌무더기 –

승려 승전은 그 내력이 자세하지 않다. 일찍이 배를 타고 중국에 가서 현수국사의 강석에 나아갔다. 현묘한 말[2]을 받아 미묘한 것을 연구하여 사색을 쌓았다. 보는 것이 슬기롭고 매우 빼어나 숨은 것을 깊이 음미[3]하여 찾고, 그 묘함과 깊음을 구하는 데 구석구석까지 진력을 다 하였다. 그는 인연 있는 곳으로 가 감응을 받고자 고국으로 돌아올 생각을 하였다.

처음에는 현수가 의상과 함께 공부하면서 지엄화상의 자애로운 가르침을 모두 받았다. 현수는 스승의 학설에 따라 뜻을 여러 부분으로 기술하였던 바 승전법사가 고향으로 돌아오는 편에 이를 보내어 주었다. 의상도 곧 바로 답장을 보냈다 한다.

별도로 봉한 서신[4]은 이러하다.

「『탐현기』 20권 중에 두 권은 미완성입니다. 『교분기』 세 권, 『현의장』 등 잡의 한 권, 『화엄범어』 한 권, 『기신소』 두 권, 『십이문소』 한 권, 『법계무차별론소』 한 권, 이렇게 모두를 승전법사가 간추려 베껴서 고향으로 돌아갔습니다. 지난번에 신라의 승려 효충이 금 9푼을 갖다 주면서 이것은 스님께서 보낸 것이라 하였는데 비록 편지는 받지 못하였으나 고맙기 이를 데 없습니다. 지금 서쪽 나라의 물병[5]과 대야[6] 한 개를 올려 작은 정성을 표하오니 받아 주시기 바랍니다. 삼가 올립니다.」

1) 촉루(髑髏) : 석촉루(石髑髏)를 줄인 말임. 촉루는 해골이므로 석촉루는 돌해골 즉 돌무더기를 의미.
2) 현묘한 말〔玄言〕 : 불법(佛法)을 뜻함.
3) 숨은 것을 깊이 음미〔探賾〕 : 원문의 探賾(탐이)는 더듬어 찾고 턱으로 씹어 음미함. 즉 사물을 깊이 탐구함.
4) 별도로 봉한 서신〔別幅〕 : 현수국사가 의상대사에게 보낸, 별도로 봉한 서신.
5) 물병〔軍持〕 : 원문의 軍持(군지)는 산스크리트어 Kuṇḍi의 음역으로 병(甁) 또는 물병. 천수관음의 40개의 손에 들려 있는 물병.
6) 대야〔澡灌〕 : 원문의 澡灌(조관)은 澡罐의 오기. 澡罐은 세수용 대야.

勝詮髑髏

詮 : 진리 전　髑 : 해골 촉
髏 : 해골 루

釋勝詮. 未詳其所自也. 常附舶指中國. 詣賢首國師講下. 領受玄言. 研微積慮. 惠鑒超穎. 探賾索隱. 妙盡隅粵. 思欲赴感有緣. 當還國里.

始賢首與義湘同學. 俱稟儼和尙慈訓. 首就於師說. 演述義科. 因詮法師還鄉寄示. 湘仍寓書云云.

別幅云.

探玄記二十卷. 兩卷未成. 敎分記三卷. 玄義章等雜義一卷. 華嚴梵語一卷. 起信疏兩卷. 十二門疏一卷. 法界無差別論疏一卷. 並因勝詮法師抄寫還鄉. 頃新羅僧孝忠遺金九分. 云是上人所寄. 雖不得書. 頂荷無盡. 今附西國軍特・澡灌一口. 用表微誠. 幸願撿領. 謹宣.

常 : 일찍이 상　附 : 의지할 부
指 : 나아갈 지　領 : 받을 령
慮 : 생각할 려　惠 : 슬기로울 혜
鑒(鑑) : 살필 감
穎 : 빼어날 영　賾 : 깊을 이
索 : 찾을 색　隅 : 모퉁이 우
粵 : 奧(깊을 오)의 오기
俱 : 두루 구　稟 : 받을 품
就 : 좇을 취　寄 : 부칠 기
寓 : 부칠 우　書 : 편지 서
幅 : 걷치장할 폭
抄 : 필요한것만뽑아서기록할 초
寫 : 베낄 사　頃 : 요즈음 경
分 : 무게단위 푼
頂 : 소중히받들 정
荷 : 짐 하
特 : 持의오기　澡 : 씻을 조
灌 : 손씻을 관
灌 : 罐(물동이 관)의 오기
謹 : 삼갈 근　宣 : 베풀 선

정병

승전법사가 돌아와 편지를 의상에게 전했다. 의상이 즉시 법장의 글을 펴보니 마치 지엄의 가르침을 귀로 듣는 것만 같았다. 수십 일 동안 탐구하고 검토하여 문하의 제자들에게 주었으며, 이 글을 널리 펴게 하였다. 이 말은 의상의 전기에 실려 있다.

이 글을 살펴보면 원만하고 융통[7]한 가르침이 우리나라에 널리 퍼진 것은 진실로 승전법사의 공로이다. 그 후 승려 범수가 멀리 당나라로 가서 새로이 번역된[8] 『후분화엄경』[9] · 『관사의소』[10]를 구해 가지고 돌아와 퍼뜨리고 가르쳤다. 이때가 정원 기묘년(799)이었다. 이 또한 불법을 구하여 널리 드날리며 유포시킨 것이라 하겠다.

승전은 바로 상주 영내에 있는 개령군[11] 지역에 절을 짓고 돌들을 제자[12]로 삼아 화엄경의 강의를 열었다. 신라 승려 가귀가 자못 총명하고 불법의 이치를 알아 법통을 이어 『심원장』을 저술하니 그 개략은 이러하다.

「승전법사가 돌무더기를 데리고 불경을 논의하고 강연을 하였으니 지금의 갈항사[13]였다. 그 돌 80여 개를 지금까지도 절의 주지가 전하여 주고 있는데 자못 신령스러움과 신이함이 있었다.」

그 밖의 사적들은 비문에 자세히 실려 있는데 『대각국사실록』 속에 있는 것과 같다.

7) 원만하고 융통〔圓融〕 : 원문의 圓融(원융)은 우주의 모든 것들이 각각의 차별적 현상이 인정되고, 이법(理法)과 사법(事法)이 두루 융통하여 서로 장애가 없는 것을 말함.
8) 새로이 번역된〔新譯〕 : 동진(東晋)의 불타발타라(佛馱跋陀羅)가 번역한 『화엄경』 60권에 대해 당나라 실차난타(實叉難陀)가 새로이 번역한 『화엄경』 80권을 말함.
9) 후분화엄경(後分華嚴經) : 석가모니가 도를 연 후에 처음 21일 동안의 설법을 전분화엄(前分華嚴)이라 하고, 그 이후 21일 동안의 설법을 후분화엄(後分華嚴)이라 함.
10) 관사의소(觀師義疏) : 중국 화엄종의 제4조 징관(澄觀)이 저술한 화엄 관련 의소(義疏)로 추정.
11) 개령군(開寧郡) : 지금의 경북 김천시 지역.
12) 제자〔官屬〕 : 원문의 官屬(관속)은 관청에 소속된 관리를 뜻하나 여기서는 승전의 제자를 의미함.
13) 갈항사(葛項寺) : 경북 김천시 남면 오봉리에 있었던 절. 절터에 남아 있던 3층석탑(국보 98호) 2기는 1916년 일본이 반출을 기도하다 실패하고 경복궁에 안치됨. 갈항사 동탑 기단부에 이두로 새겨진 명문을 보면 「영묘사 언적법사 3남매에 의하여 신라 경덕왕 17년(758)에 쌍탑이 건립되었다.」라고 기록되어 있음.

師既還. 寄信于義湘. 湘乃目閱藏文. 如耳聆儼訓. 探討數旬. 而授門弟子. 廣演斯文. 語在湘傳.

按此圓融之敎誨. 遍洽于靑丘者. 寔師之功也. 厥後有僧梵修. 遠適彼國. 求得新譯後分華嚴經觀師義疏. 言還流演. 時當貞元巳卯. 斯亦求法洪揚之流乎.

詮乃於尙州領內開寧郡境. 開創精廬. 以石髑髏爲官屬. 開講華嚴. 新羅沙門可歸. 頗聰明識道理. 有傳燈之續. 乃撰心源章. 其略云.

勝詮法師領石徒衆. 論議講演. 今葛頃寺也. 其髑髏八十餘枚. 至今爲網司所傳. 頗有靈異.

其他事迹具載碑文. 如大覺國師實錄中.

聆 : 들을 령
旬 : 십일 순
演 : 널리펼 연
誨 : 가르칠 회
遍 : 두루 편
洽 : 젖을 흡
寔 : 진실로 식
厥 : 그 궐
巳 : 己의 오기
斯 : 이 사
揚 : 드날릴 양
流 : 펼 류
廬 : 풀로만든집 려
精廬(정려) : 절
葛 : 칡 갈
頃 : 項의 오기
網 : 綱의 오기

갈항사서삼층석탑

갈항사동삼층석탑

심지계조[1)]

– 심지가 진표조사를 계승하다 –

승려 심지는 진한[2)] 제41대 임금인 헌덕대왕 김씨의 아들이다. 나면서부터 효성과 우애가 있고 천성이 온화하고 슬기로웠다. 나이 15세[3)]에 세속의 옷을 벗고 스승을 따라 부지런히 불도를 닦으며 중악[4)](지금의 공산이다.)에 머물렀다. 마침 속리산에 있던 영심공이 진표율사의 부처님 뼈로 된 간자를 전해 받아 과증법회(果證法會)[5)]를 연다는 소문을 들었다. 심지는 뜻을 결정하여 찾아갔으나 이미 날짜가 지났기 때문에 참례가 허락되지 않았다. 이에 땅에 자리를 펴고 마당을 치면서 여러 무리들을 따라 예배하고 참회하였다.

이레가 지나자 하늘에서 비와 눈이 몹시 내렸으나 심지가 서 있는 자리에서 사방 열자 가량은 눈이 휘날리면서도 내리지는 않았다. 여러 사람들이 그 신기함과 기이함을 보고 불당 안으로 들어오도록 허락하였다. 심지가 병이 있다고 사양하고 방 안으로 물러가 당을 향해 조용히 예배하니 팔꿈치와 이마 모두에서 피가 흐르는데 진표율사가 선계산에서 피를 흘리던 일과 같았다.

지장보살이 날마다 와서 위문했다. 법회가 끝나고 산으로 돌아가는 도중에 두 개의 간자가 옷깃 사이에 붙어있는 것을 보았다. 그것을 가지고 돌아와 영심에게 고하니 영심이 말하기를 "간자가 함 속에 있는데 어찌 여기에 있겠소?" 하면서 검사해보니 함을 봉한 표시는 예전과 다름없는데 열어보니 간자가 없었다. 영심이 매우 이상히 여겨 간자를 겹겹이 싸서 보관했다. 심지가 다시 가는데 먼저와 같았다. 다시 돌아가 고하자 영심이 말하기를 "부처님의 뜻이 그대에게 있으니 그대가 받들어 봉행할지어다"라고 하면서 곧바로 간자를 주었다.

1) 심지계조(心地繼祖) : 간자가 진표에서 영심으로, 영심에서 심지로 전해지므로 진표는 심지의 사조(師祖) 즉 조(祖)에 해당됨.
2) 진한(辰韓) : 신라를 의미.
3) 15세〔志學之年〕 : 원문의 志學之年(지학지년)은 『논어』 학이편의 「子曰 十五有而志於學(공자가 말씀하시기를 나는 15세에 학문에 뜻을 두었다.)」에서 인용.
4) 중악(中岳) : 신라 오악(五岳) 중 중악인 부악(父岳)을 뜻하며 지금의 대구시 인근에 있는 팔공산을 말함.
5) 과증법회〔果訂法會〕 : 원문의 訂(정)은 證(증)의 오기인 듯함. 과증(果證)은 부처가 되기 위해 수행으로 도(道)를 여는 경지에 들어가 진리를 깨우치는 것을 뜻함.

心地繼祖

釋心地. 辰韓第四十一主憲德大王金氏之子也. 生而孝悌. 天性冲睿. 志學之年. 落采從師. 拳懃于道. 寓止中岳.(今公山.) 適聞俗離山深公傳表律師佛骨簡子. 設果訂法會. 決意披尋. 旣至後期. 不許条例. 乃席地扣庭. 隨衆禮懺.

經七日. 天大雨雪. 所立地方十尺許. 雪飄不下. 衆見其神異. 許引入堂地. 撝謙稱恙. 退處房中. 向堂潛禮. 肘顙俱血. 類表公之仙溪山也.

地藏菩薩日來問慰. 洎席罷還山. 途中見二簡子貼在衣褶間. 持廻告於深. 深曰. 簡在函中. 那得至此. 撿之封題依舊. 開視亡矣. 深深異之. 重襲而藏之. 又行如初. 再廻告之. 深曰. 佛意在子. 子其奉行. 乃授簡子.

悌 : 우애로울 제
冲 : 화할 충
睿 : 슬기로울 예
拳 : 부지런할 권
懃 : 부지런히일할 근
寓 : 구석진곳 우
適 : 때마침 적
訂 : 證의 오기
披 : 헤칠 피
扣 : 두드릴 구
飄 : 나부낄 표
撝 : 겸손할 휘
謙 : 사양할 겸
恙 : 병 양
潛 : 숨을 잠
肘 : 팔꿈치 주
顙 : 이마 상
洎 : 미칠 계
罷 : 파할 파
貼 : 붙일 첩
褶 : 주름 습
那 : 어찌 나
襲 : 껴입을 습

팔공산

심지가 간자를 머리에 이고 산으로 돌아오자 산신이 두 선자를 데리고 산꼭대기[6]에서 맞아 심지를 인도하여 바위 위에 앉히고 그들은 바위 아래로 내려가 엎드려 공손히 정계를 받았다.

심지가 말하기를 "이제 터를 골라 불타의 간자를 모시려 하는데 우리들로서는 터를 정할 수가 없소이다. 청컨대 세 분[7]과 함께 높은 곳에서 간자를 던져 점을 칩시다" 하고는 즉시 산신들과 함께 봉우리 꼭대기로 올라가 서쪽으로 간자를 던졌다. 간자는 곧 바람에 날려갔다. 이때 신선이 노래를 이렇게 지어 불렀다.

막힌 바위 저 멀리 물러가니 편편해지고,
낙엽 날아 흩어지니 나타나는 선명함이여.
부처님 뼈로 된 간자 찾아 얻어서,
정결한 곳 맞이하여 정성을 바치리라.

노래를 부르고 나서 숲 속에 있는 우물 안에서 간자를 찾아, 즉시 그 자리에 불당을 지어 간자를 모셨으니 지금의 동화사[8] 참당 북쪽에 있는 작은 우물이 이곳이다. 고려조의 예종이 일찍이 부처의 간자를 대궐로 맞아 들여 우러러보며 경배하였으나 갑자기 아홉 번째 간자 한 개를 잃어버리고 상아로 대신 만들어 본래 두었던 절로 보냈다. 지금은 점점 변하여 같은 빛깔이 되어 새것과 옛것을 분간하기 어려우며 그 바탕은 상아도 아니고 옥도 아니다.

간자가 떨어진 곳이라고 전해지는 극락전

6) 산꼭대기〔山椒〕: 원문의 山椒(산초)는 산꼭대기를 뜻함. 『송사』 장릉전(張淩傳)에 「淩遣步兵間道 直趨山椒(장릉이 보병을 간도로 보내니 보병은 바로 산꼭대기로 올라갔다.」
7) 세 분〔三君〕: 산신과 두 선자.
8) 동화사(桐華寺) : 지금의 대구시 팔공산 산자락에 있는 절.

地頂戴皈山．岳神率二仙子．迎至山椒．引地坐於嵓上．皈伏嵓下．謹受正戒．

戴：머리에일 대
率：거느릴 솔
椒：산꼭대기 초

地曰．今將擇地奉安聖簡．非吾輩所能指定．請與三君・憑高擲簡以卜之．乃與神等陟峰巓・向西擲之．簡乃風颺而飛．時神作歌曰．

憑：기댈 빙
擲：던질 척
陟：오를 척
巓：산꼭대기 전
颺：날릴 양
礙：막을 애
砥：평평할 지
兮：어조사 혜
邀：맞을 요

礙嵓遠退砥平兮．
落葉飛散生明兮．
覓得佛骨簡子兮．
邀於淨處投誠兮．

既唱而得簡於林泉中．即其地構堂安之．今桐華寺籤堂北有小井是也．本朝睿王嘗取迎聖簡．致內瞻敬．忽失九者一簡．以牙代之．送還本寺．今則漸變同一色．難卞新古．其質乃非牙非玉．

致：이를 치
內：대궐 내
瞻：우러러볼 첨
卞：분별할 변

동화사 산신각의 산신

『점찰경』 상권을 살펴보면 189개의 간자 이름이 기록되어 있는데 1은 상승(上乘)[9]을 구해서 불퇴위[10]를 얻음이요, 2는 구하는 과(果)가 마땅한 증(證)[11]을 보이는 것이다. 제3과 제4는 중승과 하승[12]을 구하여 불퇴위를 얻는 것이며, 5는 신통을 구해서 성취하는 것이다. 6은 사범(四梵)[13]을 닦아서 성취하는 것이요, 7은 세간의 선[14]을 닦아 성취하는 것이다. 8은 받고 싶던 묘계[15]를 얻음이요, 9는 일찍이 받은 계(戒)[16]를 다시 얻음이고(이 글을 가지고 살펴보면 미륵보살이 말한바 '새로 계를 얻는다는 것'은 이생에서 처음으로 계를 얻는 것을 말함이요, '옛날에 계를 얻었다는 것'은 전생에서 이미 받았다가 이생에서 또 다시 받은 것을 말하는 것이며 수생(修生)[17] 본유(本有)[18]의 신구를 말하는 것이 아님을 알겠다.) 10은 하승을 구하여 신앙을 확보하지 못함이요, 그 다음은 중승을 구하여 신앙을 얻지 못함이다. 이렇게 하여 172까지는 모두 전생과 이생 사이에 더러는 착하기도 하고 더러는 악하기도 하며, 얻기도 하며 잃기도 하는 일들이다.

제173은 몸을 버려 이미 지옥에 들어간 것이요(이상은 모두 미래에 닥칠 과보이다), 174는 죽어서 이미 축생[19]이 된 것이다. 이렇게 하여 아귀[20] · 아수라[21] · 인(人)[22] · 인왕[23] · 천[24] · 천왕[25] · 문법 · 출가 · 성승을 만나 보는 것 · 도솔천에 태어나는 것 · 정토에 태어나는 것 · 부처를 찾음 · 하승에 머무름 · 중승에 머무름 · 상승에 머무름 · 해탈을 얻음에 이르기까지 제189 등이 이것이다.(위에서는 하승의 삶에서 상승에 이르기까지 물러서지 않는다는 것을 말하였고 지금은 상승에서 해탈 등을 말함으로써 구별하고자 한 것이다.) 이들은 모두가 3세의 선악 과보를 차별하는 모습이다.

9) 상승(上乘) : 대승(大乘)과 동일.
10) 불퇴위〔不退〕 : 불법수행의 과정에서 이미 도달한 지위에서 뒤로 물러나거나 잃어버리지 않는 지위.
11) 증(證) : 수행의 결과로 얻은 과보(果報)로 각지(覺知) 즉 깨달음.
12) 중승과 하승〔中下乘〕 : 중승(中乘)은 연각승(緣覺僧)의 다른 이름. 삼승(三乘) 즉 성문, 연각, 보살의 중위에 있어서 중승(中僧)이라 함. 하승(下乘)은 성문승(聲聞僧).
13) 사범(四梵) : 사범행(四梵行)을 의미. 사범행이란 자(慈) · 비(悲) · 희(喜) · 사(捨)로서 남을 이롭게 하는 네 가지의 광대한 마음. 자(慈)란 우애의 마음, 비(悲)란 다른 사람의 고통에 대해 동정하는 마음, 희(喜)란 다른 사람을 행복하게 하는 기쁨, 사(捨)란 모든 것을 버리는 것.
14) 세간의 선〔世禪〕 : 세간의 범부(凡夫)들이 닦는 선.
15) 묘계(妙戒) : 대승 보살의 대계(大戒). 소승(小乘)의 추계(麤戒)에 대하여 묘계(妙戒)라 말함.
16) 계(戒) : 구족계(具足戒)를 말하며, 대계(大戒) · 비구계 · 비구니계라고도 함. 비구 · 비구니가 받아 지켜야할 계법(戒法)으로 비구의 250계, 비구니의 348계를 말함.
17) 수생(修生) : 수행하여 얻는 것으로, 자연적으로 법을 얻는 것과 구별한 것.
18) 본유(本有) : 아무런 수양을 하지 않고도 선천적으로 본래부터 가지고 있는 덕성.
19) 축생(畜生) : 남에게 길러지는 생물. 이 생물은 고통이 많고 기쁨이 적으며 성질이 무지하여 식욕 · 음욕만 강하고, 부자(父子) · 형제의 차별이 없이 서로 잡아먹고 싸우는 특성이 있음.

按占察經上卷. 叙一百八十九簡之名. 一者求上乘得不退. 二者所求果現當證. 第三第四求中下乘得不退. 五者求神通得成就. 六者修四梵得成就. 七者修世禪得成就. 八者所欲受得妙戒. 九者所曾受得戒具.(以此文訂. 知慈氏所言新得戒者. 謂今生始得戒也. 舊得戒者. 謂過去曾受・今生又增受也. 非謂修生本有之・新舊也.) 十者求下乘未住信・次求中乘未住信. 如是乃至一百七十二. 皆過現世中. 或善或惡得失事也.

叙 : 敍(지을 서)의 속자

訂 : 바로잡을 정

第一百七十三者. 捨身已入地獄.(巳上皆未來之果也.) 一百七十四者. 死巳作畜生. 如是乃至餓鬼・修羅・人・人王・天・天王・聞法・出家・値聖僧・生兜率・生淨土・尋見佛・住下乘・住中乘・住上乘・得解脫第一百八十九等是也.(上言住下乘至上乘得不退. 今言上乘得解脫等. 以此爲別爾) 皆三世善惡果報差別之相.

巳 : 已의 오기
餓 : 굶을 아
値 : 만날 치

20) 아귀(餓鬼) : 본래는 죽은 자의 의미. 여기서는 굶주려 죽은 자. 항상 굶고 허하므로 아(餓)라 하고 두려움이 많아 귀(鬼)라 함.
21) 아수라[修羅] : 산스크리트어 Asura의 음역. 원문의 修羅(수라)는 아수라의 약칭. 용모가 추하며, 항상 제석(帝釋)과 싸우는 신으로 인도에서 가장 오래된 신.
22) 인(人) : 사람을 말하며, 욕계(欲界)에 살고 있는 정이 있고 가장 사려 깊은 생물. 과거세에 선(善)한 계율의 인과(因果)로 사람이 됨.
23) 인왕(人王) : 불법을 수호하는 금강신(金剛神).
24) 천(天) : 산스크리트어 Deva이며, 광명(光明)이란 뜻으로 천지 만물을 주재하는 조물주의 의미.

아귀

아수라

이것으로 점을 쳐보아서 마음이 행하려고 하는 것과 간자가 서로 맞아떨어지는 것을 얻게 되면 감응이 되는 것이요, 그렇지 못하면 지극하지 못한 마음이니 이름하여 허류(虛謬)라고 한다. 그렇다면 8과 9의 두 개의 간자는 단지 189개의 간자에서 나온 것이다. 그러나 『송전』[26]에는 다만 108개의 점대라고 말했는데 무슨 까닭일까. 아마도 저 108번뇌[27]라는 명칭으로 알고 말했을 뿐, 불경을 잘 헤아려 보지도 않은 것 같다.

또 살펴보건대, 고려 때의 문사 김관의[28]가 편찬한 『왕대종록』 2권에서 말하기를 「신라 말기에 신라의 큰스님 석충이 고려 태조에게 진표율사의 가사 한 벌과 계간자 189개를 바쳤다.」고 하였다. 지금 동화사에 전해오는 간자와 같은 것인지 다른 것인지 확실히 알 수 없다.

다음과 같이 찬미한다.

궁중에서 자랐건만 세속 일찍 떠남이여,
근검함과 슬기로움 하늘이 주었도다.
눈 가득 쌓인 뜰에서 간자가 뽑혀지니,
동화산 가장 높은 봉우리에 가져다 놓았도다.

25) 천왕(天王) : 사천왕.

*사천왕의 특징

방 위	천 왕 명	지물(持物)	거느리는 신(神)	역 할
동 방	지국천왕	비 파	건달바 · 부단나	선한 이에게 복을, 악한 자에게 벌을 줌
남 방	증장천왕	칼	구반다 · 폐려다	만물을 소생시키는 덕을 베풂
서 방	광목천왕	용 · 여의주	용 · 비사사	악인에게 고통을 주어 구도심을 일으킴
북 방	다문천왕	탑	야차 · 나찰	어둠속을 방황하는 중생 구제

26) 송전(宋傳) : 『송고승전』.

27) 108번뇌(百八煩惱) : 『대지도론』 제7권에 「번뇌를 온갖 결사(結使)라 하는데 결(結 : 매듭)과 사(使 : 시달림, 부림)를 합치면 98결사가 된다. 가전연자(迦旃延子) 아비담(阿毘曇)이 말하기를 10개의 전(纏 : 얽매임)과 98의 결사가 합하여 108번뇌가 된다.」라 함.

28) 김관의(金寬毅) : 고려 예종(睿宗) 때 사람으로 징사랑(徵士郎) · 검교(檢校) · 군기감(軍器監) 等의 하급 관직을 역임. 그가 편찬한 『편년통록(編年通錄)』은 『고려사』 편찬에 있어서 중요한 원전으로 사용됨.

以此占看. 得與心所行事相當. 則爲感應. 否則爲不至心. 名爲虛謬. 則此八九二簡. 但從百八十九中而來者也. 而宋傳但云百八籤子. 何也. 恐認彼百八煩惱之名而稱之. 不揆尋經文爾.

又按本朝文士金寬毅所撰王代宗錄二卷云. 羅末. 新羅大德釋冲. 獻太祖以表律師袈裟一領·戒簡百八十九枚. 今與桐華寺所傳簡子·未詳同異.

謬 : 그릇될 류
籤 : 점대 첨
揆 : 헤아릴 규
毅 : 굳셀 의
領 : 옷을세는단위 령

讚曰.

生長金閨早脫籠.
儉懃聰惠自天鍾.
滿庭積雪偸神簡.
來放桐華最上峰.

閨 : 궁중의작은문 규
籠 : 새장 롱
偸 : 훔칠 투

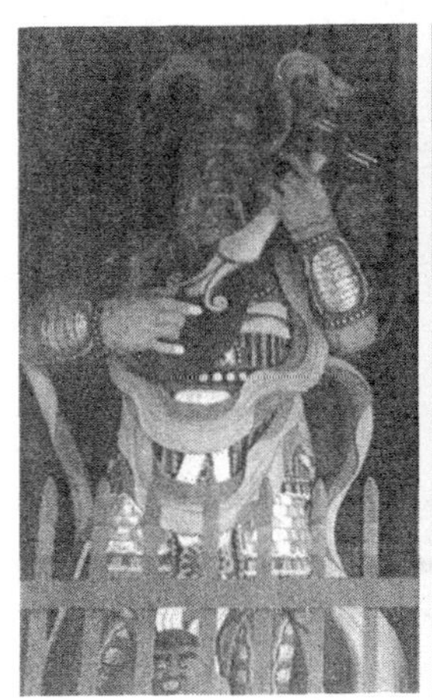
지국천왕

증장천왕

광목천왕

다문천왕

현유가 해화엄

– 유가종의 대현과 화엄종의 법해 –

유가종[1]의 조사인 대현[2]대덕은 남산 용장사[3]에 머무르고 있었는데, 이 절에는 돌로 된 높이 1장 6척인 미륵부처상이 있었다. 대현이 언제나 부처상의 주위를 돌면 부처상도 역시 대현을 따라 얼굴을 돌렸다.[4] 대현은 슬기롭고 분별이 있었으며 정밀하고 영민하여 판단이 분명하였다. 대저 법상종의 경론은 그 뜻과 이치가 그윽하고 심오하여 해석하기가 어려워서 중국의 이름 있는 선비인 백거이[5]도 일찍이 이것을 연구하였으나 알아내지 못하고는 말하기를 "유식은 그 뜻이 그윽하여 알기 어렵고 그 논리[6]는 분석해도 열리지 않는다"고 했다. 이 때문에 학자들이 배우기가 어렵게 된 것이 오래되었으나, 대현은 혼자서 잘못된 것을 가려내어 바로잡고, 잠시 동안에 그윽하고 깊은 뜻을 터득하여 모든 사물의 이치를 통달하여 여유 있게 이치를 분석[7]하였으니, 우리나라의 후진들 모두가 그의 가르침을 따랐고 중국의 학자들도 간혹 이것을 얻어 요점으로 삼았다.

경덕왕 천보[8] 12년 계사(753) 여름에 가뭄이 심하여 대현을 대궐 내전으로 불러들여 『금광경』[9]을 강독하여 단비가 내리도록 기도를 하게 했다. 하루는 재를 지내는데 그릇들을 펴놓고 한참이 지났으나 정수 올리는 것이 늦어지므로 감독하는 관리가 심부름하는 사람을 나무라니 그 사람이 말했다.

1) 유가종〔瑜伽〕: 산스크리트어 Yoga의 음역으로 물질들이 서로 상응(相應)한다는 뜻. 유가종을 법상종(法相宗)이라고도 하는데, 우주만유의 원리보다 존재하는 현상을 구체적으로 분류하여 논리적으로 규명하는 것을 종지로 하는 종파.

2) 대현(大賢) : 생몰 연대와 출생지를 알 수 없음. 유식학과 화엄학에 뛰어난 식견을 가진 대가로서 55부 120여 권의 책을 저술했으나 현존하는 것은 5부 15권뿐임.

3) 용장사(茸長寺) : 경주시 남산의 서쪽 용장계곡에 있었던 절. 지금은 삼층석탑과 삼륜대좌불이 남아 있음.

4) 부처상의 주위를 돌면 부처상도 역시 대현을 따라 얼굴을 돌렸다. : 이 당시 신라는 미륵신앙이 성행하였으며, 대현도 미래불인 미륵불을 존숭하여 미륵상의 주위를 돌았음. 유가종은 만유의 현상을 규명하는 현세중심이나, 대현이 미래불을 받들었다는 것은 현세와 내세가 하나의 마음에서 만나는 것을 실증한 것으로 볼 수 있음. 대현이 주위를 돌 때 미륵상도 따라서 돌았다는 것은 현실과 미래가 하나라는 의미로 추정.

賢瑜珈 海華嚴

瑜珈祖大德大賢. 住南山茸長寺. 寺有慈氏石丈六. 賢常旋繞. 像亦隨賢轉面. 賢惠辯精敏. 決擇了然. 大抵相宗銓量. 旨理幽深. 難爲剖折. 中國名士白居易. 嘗窮之未能. 乃曰. 唯識幽難破・因明擘不開. 是以學者難承稟者尙矣. 賢獨刊定邪謬. 暫開幽奧. 恢恢游刃. 東國後進・咸遵其訓. 中華學士・往往得此爲眼目.

景德王天寶十二年癸巳. 夏大旱. 詔入內殿・講金光經. 以祈甘霔. 一日齊次. 展鉢良久. 而淨水獻遲. 監吏詰之. 供者曰.

瑜 : 아름다운옥 유
珈 : 머리꾸미개 가
旋 : 돌 선
繞 : 둘러쌀 요
惠 : 슬기로울 혜
辯 : 분별할 변

銓 : 詮(도리 전)의 오기
折 : 析의 오기

擘 : 나눌 벽
尙 : 오랠 상
稟 : 받을 품

刊 : 判의 오기
邪 : 사악할 사
謬 : 그릇될 류
暫 : 잠시 잠
奧 : 깊을 오
恢 : 클 회
咸 : 모두 함
遵 : 좇을 준
內 : 대궐안 내
霔 : 때맞추어오는비 주
齋 : 재계할 재

齊 : 齋의 오기
遲 : 늦을 지
詰 : 꾸짖을 힐

5) 백거이(白居易) : 중국 당나라의 대표적 시인. 자는 낙천(樂天).
6) 논리〔因明〕 : 산스크리트어 Hetuvidyā로 Hetu는 인(因) 즉 원인이며, vidyā는 명(明)으로 밝힌다는 뜻이므로, 원문 因明(인명)은 원인을 밝힌다는 것으로, 논리를 의미.
7) 모든 사물의 이치를 통달하여 여유 있게 이치를 분석〔恢恢游刃〕 : 원문의 恢恢游刃(회회유인)은 자유스럽게 칼을 놀린다는 말로 모든 사리에 통달하여 쉽게 이치를 분석한다는 의미.
8) 천보(天寶) : 당나라 현종(玄宗)의 연호.
9) 금광경(金光經) : 『금광명경』을 말함. 경의 이름 금광명이 이 경의 내용 전체를 나타내는바 金은 법신〔體〕으로 법성(法性)을 나타내며, 光은 응신〔相〕으로 지혜를, 明은 보신〔用〕으로 공덕의 의미를 나타냄. 즉 금(金)이 빛〔光〕을 발해 주위의 어둠을 밝히는 공덕을 갖고 있는 것.

〈김상현, 『사천왕사의 창건과 의의』〉

"궁중의 우물이 말라 멀리서 물을 떠오느라 늦었습니다"라 하자 대현이 듣고 말하기를 "왜 진작 말하지 않았느냐?" 하고는 낮에 강독할 때 향로를 묵묵히 받들고 조금 있으니 우물물이 솟아올랐는데 그 높이가 일곱 길 남짓 되어 절의 당간지주와 나란하게 되자, 온 궁중이 깜짝 놀랐다. 그래서 이 우물을 금광정이라 부르게 되었다. 대현이 언젠가 스스로 청구사문이라 했다.

다음과 같이 찬미한다.

남산의 불상 돌자 불상도 따라서 얼굴 돌리니,
이 나라의 불교가 다시 중천에 떠올랐어라.
가르침 베풀어 궁중 우물에 맑은 물 솟게 하니,
그 누가 알리, 금향로 한 줄기 연기임을.

그 이듬해 갑오년(754) 여름에 왕이 또 법해대덕을 황룡사로 청하여 『화엄경』을 강독하게 하고, 왕이 친히 행차하여 향을 피우면서 조용히 말하기를 "지난해 여름에 대현법사가 『금광경』을 강독하자 우물물이 일곱 길이나 솟았는데 그대의 법도는 어떠하오?"라고 하자 법해가 말하기를 "매우 작은 일을 가지고 무얼 그렇게 칭찬하십니까? 당장 바다를 기울여 동쪽의 큰 산을 잠기게 하고 서울을 떠내려가게 하는 것 또한 어렵지 않습니다"라 했다. 왕은 이 말을 믿지 않고 농담으로만 여겼다.

오시에 강독시간이 되어 향로를 안고 고요히 있으니 잠시 후에 궁중에서 갑자기 울부짖는 소리가 났다. 궁중의 관리가 달려와서 보고하기를 "동쪽 연못이 벌써 넘쳐서 내전 50여 칸이 떠내려갔습니다"라 하자 왕은 정신이 나간 듯 멍하니 있었다. 법해가 웃으면서 말하기를 "동해를 기울이고자 수맥을 먼저 불린 것뿐입니다"라 하였다. 왕은 자기도 모르는 사이에 일어나 절을 하였다. 이튿날 감은사에서 아뢰기를 "어제 오시에 바닷물이 넘쳐서 불전의 계단 앞까지 밀려왔다가 저녁 무렵이 되어 물러갔습니다"라 하니 왕이 더욱 믿고 공경하였다.

宮井枯涸. 汲遠故遲爾. 賢聞之曰. 何不早云. 及晝講時. 捧爐默然. 斯須井水湧出. 高七丈許. 與刹幢齊. 闔宮驚駭. 因名其井曰金光井. 賢嘗自号靑丘沙門.

讚曰.

遶佛南山像逐旋.
靑丘佛日再中懸.
解敎宮井淸波湧.
誰識金爐一炷烟.

枯 : 마를 고
涸 : 물마를 학
汲 : 물길을 급
捧 : 받들 봉
爐 : 향로 로
默 : 잠잠할 묵
須 : 잠깐 수
湧(涌의 속자) : 물솟을 용
幢 : 깃대 당
齊 : 나란히 제
闔 : 모두 합
闔宮 : 궁궐 전체
驚 : 놀랄 경
駭 : 놀랄 해
遶(繞와 동일) : 두를 요
逐 : 좇을 축
懸 : 매달 현
炷 : 심지 주
烟(煙의 속자) : 연기 연

明年甲午夏. 王又請大德法海於皇龍寺. 講華嚴經. 駕幸行香. 從容謂曰. 前夏大賢法師講金光經. 井水湧七丈. 此公法道如何. 海曰. 特爲事. 何足稱乎. 直使傾滄海·襄東岳·流京師. 亦非所難. 王未之信. 謂戱言爾.

至午講. 引爐沉寂. 須臾內禁忽有哭泣聲. 宮吏走報曰. 東池已溢. 漂流內殿五十餘間. 王罔然自失. 海笑謂之曰. 東海欲傾. 水脉 先漲爾. 王不覺興拜. 翌日感恩寺奏. 昨日午時海水漲溢. 至佛殿階前. 晡時而還. 王益信敬之.

從容 : 조용한 모양
滄 : 큰바다 창
襄 : 편편할 양
戱 : 장난할 희
引 : 짐질 인
沉(沈의 속자) : 잠길 침
寂 : 고요할 적
臾 : 잠깐 유
須臾(수유) : 잠깐
溢 : 넘칠 일
漂 : 떠돌 표
罔 : 실심할 망
脉 : 줄기 맥
漲 : 물불을 창
翌 : 다음날 익
晡 : 신시(19 : 00~21 : 00) 포
益 : 더욱 익

다음과 같이 찬미한다.

법해의 물결 보니 법계는 넓기도 하여
사해의 차고 줆 어렵지 않네.
백억의 수미산이 크다고 말하지 마라.
모든 것은 우리 스님 한 손끝에 달렸네.
(석해가 말했다.)

용장사지 삼층석탑

讚曰.

法海波瀾法界寬.

四海盈縮未爲難.

莫言百億須彌大.

都在吾師一指端.

(石海云.)

瀾 : 큰물결 란
寬 : 넓은 관
盈 : 찰 영
縮 : 줄어들 축
都 : 모두 도
端 : 끝 단

용장사지 삼륜대좌불

삼국유사 권 제5

국존 조계종 가지산하 인각사 주지 원경충조 대선사 일연 지음[1)]

신주[2)] 제6

밀본[3)] 최사

– 밀본 법사가 요사한 귀신을 물리치다 –

선덕왕 덕만이 병에 걸려 오랫동안 낫지 않자 흥륜사 승려 법척이 임금의 부름을 받아 병의 치료를 맡은 지 오래 되었으나 효험이 없었다. 이때 밀본법사의 덕행이 온 나라에 소문나 있으므로 측근 신하들이 법척을 밀본법사와 바꾸기를 왕에게 청하였다. 왕이 조서를 내려 그를 궁중으로 맞아들였다. 밀본은 왕의 침실[4)] 밖에서 『약사경』[5)]을 읽었다. 경을 다 읽자마자 가지고 있던 육환장(고리가 여섯 개인 지팡이)이 왕의 침실 안으로 날아 들어가 늙은 여우 한 마리와 법척을 찔러 뜰 아래로 던져 거꾸러뜨리니 왕의 병이 씻은듯이 나아버렸다. 이때에 밀본의 머리 위로 다섯 색깔[6)]의 신비로운 빛이 뻗치니 보는 사람들이 모두 놀랐다.

또 승상 김양도[7)]가 어렸을 때 갑자기 입이 붙고 몸이 굳어져 말도 못하고 움직이지도 못했다. 김양도가 늘 보니 큰 귀신 하나가 작은 귀신을 거느리고 와서 집안의 상 위에 있는 음식들을 맛보고 먹으면서, 무당이 와서 제사 지내면 떼를 지어 모여들어 저마다 욕했다. 양도는 귀신들에게 물러가라고 명령하고 싶었으나 입으로 말을 할 수가 없었다. 그의 부친이 법류사[8)]의 이름이 전해지지 않은 승려를 청하여 경을 읽게 하자 큰 귀신이 작은 귀신을 시켜 쇠몽둥이로 승려의 머리를 쳐 땅에 넘어뜨리니 승려는 피를 토하고 죽어 버렸다.

1) 국존 조계종 가지산하 인각사 주지 원경충조 대선사 일연 지음 : 국존은 국사와 같은 말이며, 조계종은 선종을 합친 종단의 이름이며, 가지산파는 고려시대 아홉 개 산문 중 하나로 일연이 속해 있던 산문임. 인각사는 일연이 마지막 머물렀던 절이고 원경충조는 일연이 죽은 다음 내려준 시호이며, 대선사는 고려시대 가장 높은 승려의 직급. 현존하는 『삼국유사』에는 제1권에서 제4권까지 찬자(撰者) 일연의 지위와 이름이 없으나 가장 마지막 권인 제5권에만 있음. 이것에 의해 『삼국유사』가 일연에 의해 저술된 것으로 봄.

2) 신주(神呪) : 신비스런 주문이란 뜻의 신주는 밀교의 세 가지 의식 중 주문 또는 진언을 하는 구밀(口密)을 의미하는 듯함.

三國遺事 卷 第五

國尊曹溪宗迦智山下麟角寺住持圓鏡冲照大禪師一然撰

神呪 第六

密本摧邪

善德王德曼. 遘疾弥留. 有興輪寺僧法惕・應詔侍疾. 久而無效. 時有密本法師・以德行聞於國. 左右請代之. 王詔迎入內. 本在宸仗外. 讀藥師經. 卷軸纔周. 所持六環・飛入寢內. 刺一老狐與法惕. 倒擲庭下. 王疾乃瘳. 時本頂上發五色神光. 覩者皆驚.

摧 : 꺾을 최
邪 : 간사할 사
曼 : 아름다울 만
遘 : 만날 구
弥 : 오랠 미
惕 : 공경할 척
內 : 대궐 내
宸 : 대궐 신
仗 : 의장 장
纔 : 잠깐 재
刺 : 찌를 자
倒 : 거꾸러질 도
擲 : 던질 척
瘳 : 나을 추
覩 : 볼 도
孩 : 어린아이 해

又承相金良圖爲阿孩時. 忽口噤體硬・不言不遂. 每見一大鬼率群小鬼來. 家中几有盤肴・皆啖嘗之. 巫覡來祭. 則群聚而爭侮之. 圖雖欲命撤. 而口不能言. 家親請法流寺僧亡名來轉經. 大鬼命小鬼. 以鐵槌打僧頭仆地. 嘔血而死.

噤 : 입다물 금
硬 : 굳을 경
遂 : 나아갈 수
几 : 책상 궤
盤 : 소반 반
肴 : 안주 효
啖 : 먹을 담
嘗 : 맛볼 상
覡 : 남자무당 격
群 : 무리 군
聚 : 모일 취
侮 : 업신여길 모
撤 : 물러갈 철
轉 : 옮길 전
槌 : 칠 추・퇴
仆 : 자빠질 부
嘔 : 토할 구

3) 밀본(密本) : 밀본은 이 조목에서만 등장함. 밀본의 의미가 밀교의 본질이라는 뜻이 되어 실존의 인물이 아니라 만들어진 이름인 듯함.

4) 침실〔宸仗〕: 원문의 宸仗(신장)은 왕을 호위하는 것을 뜻하나 여기서는 왕이 거처하는 곳으로 썼음.

5) 약사경(藥師經) : 『약사여래본원경(藥師如來本願經)』의 준말. 약사여래가 동방에 불국을 건설하여 정유리국(淨瑠璃國)이라 하고, 그 세계의 교주가 되어 12개의 대원(大願)을 세우고 일체 중생의 질병을 치료하며 다시 무명(無明)의 고질(痼疾)까지도 치료하기를 서원(誓願)한 경전.

며칠 후에 사람을 보내 밀본법사를 맞아오게 했다. 그 사람이 돌아와서 말하기를 "밀본법사가 우리 청을 받아들여 곧 올 것입니다"라 하자 귀신의 무리들은 이 말을 듣고 모두 얼굴색이 변하였다. 작은 귀신이 말하기를 "법사가 오면 이로울 것이 없으니 그를 피하는 것이 어쩌면 다행한 일일 것입니다"라 했다. 큰 귀신은 거만을 부리며 태연하게 말하기를 "무슨 해로운 일이 있겠는가?"라 했다.

조금 뒤에 사방에서 모두 쇠로 된 갑옷과 긴 창으로 무장한 대력신이 와서 귀신의 무리들을 잡아 묶어 가지고 갔다. 그 다음에는 수많은 천신들이 둘러서서 기다렸다. 조금 후에 밀본이 도착하여 경을 펼 사이도 없이 양도의 병은 즉시 나아서 말을 하고 몸도 움직일 수 있게 되니 지난 일들을 자세히 이야기하였다. 이로 인해 양도는 불교를 독실하게 믿어서 한평생 게으르지 않았으니 흥륜사 법당의 주불[9]인 미타부처상과 좌우보살을 빚어 만들었으며 아울러 법당 안에 금빛으로 벽화를 가득 그렸다.

밀본은 일찍이 금곡사에 머물렀다. 또한 김유신은 연배가 높은 거사 한 분과 교분이 두터웠는데 세상 사람들은 그가 어떤 사람인지 몰랐다. 이때 유신공의 친척 되는 수천이 나쁜 병에 걸린 지 오래 되어 공이 거사를 보내어 진찰해 보도록 했다. 마침 수천의 친구인 인혜라는 이름의 승려가 중악[10]에서 찾아 왔다가 거사를 보더니 업신여기면서 말했다. "그대의 형상과 거동을 보니 간사하고 아첨하는 사람인데 어찌 다른 사람의 병을 고칠 수 있겠는가?" 하니 거사가 말하기를 "나는 김유신 공의 명을 받고 부득이 왔을 뿐이외다"라 했다. 인혜가 말하기를 "그대는 나의 신통력을 보라" 하고는 즉시 향로를 받들어 향을 피우고 주문을 외우자 조금 뒤 오색 구름이 그의 머리 위를 빙빙 돌고 천화가 흩어져 떨어졌다.

6) 다섯 색깔[五色] : 밀교에서 색채는 중요한 요소 중의 하나로서 순도를 극대화하여 우리의 잠든 영혼을 일깨워줌. 밀교에서 의밀(意密)에 사용되는 만다라의 색채는 5색, 즉 청 · 황 · 적 · 백 · 흑색이 기본임. 밀교에서 오색의 의미는 아래 표와 같음.

색 깔	특 징
청 (靑)	밖에서 안으로 귀의하는 정신적 힘을 가진 색
적 (赤)	악을 연소시키는 색이며, 남성적 열정이며, 현시욕이 강한 현실적인 색
황 (黃)	우주의 중심에서 주변으로 광원(光源)을 방사하는 색
백 (白)	청정(淸淨)과 영(靈)의 색으로 대일여래의 근본색
흑 (黑)	죽음의 색

隔數日. 遣使邀本. 使還言・本法師受我請將來矣. 衆鬼聞之. 皆失色. 小鬼曰. 法師至將不利. 避之何幸. 大鬼侮慢自若曰. 何害之有.

俄而有四方大力神. 皆屬金甲長戟. 來捉群鬼而縛去. 次有無數天神. 環拱而待. 須臾本至. 不待開經. 其疾乃治. 語通身解. 具說件事.

良圖因此篤信釋氏. 一生無怠. 塑成興輪寺吳堂主・彌陁尊像・左右菩薩. 并滿金畫其堂.

本嘗住金谷寺. 又金庾信嘗與一老居士交厚. 世人不知其何人. 于時公之戚秀天. 久染惡疾. 公遣居士診衛. 適有秀天之舊・名因惠師者. 自中岳來訪之. 見居士而慢侮之曰. 相汝形儀・邪佞人也. 何得理人之疾. 居士曰. 我受金公命. 不獲已爾. 惠曰. 汝見我神通. 乃奉爐呪香. 俄頃五色雲旋遶頂上. 天花散落.

隔 : 사이뜰 격

慢 : 업신여길 만
侮慢(모만) : 업신여김

俄 : 갑자기 아
屬 : 붙을 속
甲 : 갑옷 갑
戟 : 갈래진창 극
捉 : 잡을 착
縛 : 묶을 박
拱 : 맞잡을 공
具 : 자세할 구
篤 : 돈독할 독
怠 : 게으를 태
塑 : 흙으로만들 소

戚 : 친척 척
適 : 때마침 적
舊 : 친구 구

佞 : 아첨할 녕

俄頃 : 잠깐동안
旋 : 돌아다닐 선
遶 : 둘릴 요

7) 김양도(金良圖) : 신라 무열왕 때의 장군으로 백제를 멸망시킨 후 대당총관이 되어 김유신과 함께 고구려를 쳐 삼국통일에 크게 기여.
8) 법류사(法流寺) : 『삼국사기』와 『삼국유사』에 효성왕을 법류사 남쪽 또는 법류사에 화장하고 뼈는 동해에 뿌렸다고 했으니 법류사가 효성왕과 특별한 관계가 있는 절로 보이나 지금은 절터를 알 수 없음.
9) 법당의 주불〔吳堂主〕 : 원문의 吳堂(오당)은 법당인 듯함. 主는 주불로 그 법당의 중심부처.
10) 중악(中岳) : 지금의 대구시 인근에 있는 팔공산.

거사가 말하기를 "스님의 신통력은 참으로 불가사의합니다. 제자도 또한 변변찮은 재주가 있으니 시험해 보고자 합니다. 스님께서는 잠깐만 제 앞에 서 계십시오"라 하니 인혜는 그의 말에 따랐다. 거사가 손가락을 한 번 튀기는 소리를 내자 인혜가 공중으로 한 길 높이가량 거꾸로 떠오르더니, 한참 후에야 천천히 거꾸로 내려와 머리가 땅에 박혀 말뚝을 박은 것처럼 우뚝 섰다. 옆에 사람이 밀거나 당겨도 꼼짝하지 않았다. 거사가 떠나가니 인혜는 거꾸로 박힌 채로 밤을 새웠다. 이튿날 수천이 사람을 시켜 유신공에게 알리자 유신공이 거사를 보내 그를 풀어 구해 주었다. 인혜는 다시는 재주부리는 짓을 하지 않았다.

다음과 같이 찬미한다.

붉은빛 자줏빛[11]이 분분하여 몇 번이나 주색(朱色)을 어지럽혔나.
슬프도다! 고기 눈알이 구슬이라고 어리석은 사람 속였네.
거사가 손가락 가벼이 튕기지 않았다면,
상자 속에 옥 닮은 돌[12] 얼마나 담았으랴.

지장보살과 육환장

11) 붉은빛 자줏빛[紅紫] : 홍색(紅色)과 자주색[紫色]은 정색(正色)인 주색(朱色)의 간색(間色).
12) 옥 닮은 돌[碔砆] : 붉은 바탕에 흰 무늬가 있어 옥과 비슷하나 옥이 아닌 돌.

士曰. 和尙通力不可思議. 弟子亦有拙技. 請試之. 願師乍立於前. 惠從之. 士彈指一聲. 惠倒迸於空. 高一丈許. 良久徐徐倒下. 頭卓地. 屹然如植橛. 旁人推挽之不勤. 士出去. 惠猶倒卓達曙. 明日秀天使扣於金公. 公遣居士往救乃解. 因惠不復賣技.

拙 : 못생길 졸
乍 : 잠깐 사
迸 : 내뿜을 병
卓 : 세울 탁
屹 : 우뚝솟을 흘
橛 : 말뚝 궐
旁 : 옆 방
推 : 밀 퇴
挽 : 당길 만
猶 : 같을 유
曙 : 동틀 서
扣 : 두드릴 구

讚曰.

紅紫紛紛幾亂朱.
堪嗟魚目誑愚夫.
不因居士輕彈指.
多小巾箱襲碔砆.

嗟 : 탄식할 차
誑 : 속일 광
彈 : 튕길 탄
襲 : 껴입을 습
碔 : 옥돌 무
砆 : 옥돌 부

밀본이 머물렀던 금곡사

혜통[1] 항룡

– 혜통이 용을 항복시키다 –

승려 혜통은 그의 가족 내력을 자세히 알 수 없다. 속인[2]으로 있을 때, 집은 남산의 서쪽 기슭 은천동[3] 어귀(지금의 남간사[4] 동쪽 마을이다.)에 있었다. 하루는 집의 동쪽 시냇가에서 놀다가 수달 한 마리를 잡아죽이고 뼈를 동산 안에 버렸다. 이튿날 새벽에 그 뼈가 없어졌으므로 핏자국을 따라 찾아가 보니 뼈는 옛날에 살던 굴속으로 돌아가 다섯 마리의 새끼를 끌어안은 채 웅크리고 있었다. 그가 바라보고 한참이나 놀라고 이상히 여기며 감탄하고 망설이다가 문득 속세를 버리고 승려가 되어 이름을 혜통으로 바꾸었다.

당나라에 가서 무외삼장[5]을 찾아뵙고 배우기를 청하니 삼장이 말하기를 "신라 사람[6]이 어찌 감히 불법을 닦을 그릇[7]이 되겠느냐" 하고는 끝내 가르쳐 주지 않았다. 혜통이 쉽사리 물러나지 않고 3년 동안 열심히 섬겼으나[8] 끝내 허락하지 않았다. 이에 혜통이 알고 싶어 애가 타서[9] 뜰에 서서 머리에 화로를 이고 있으니 조금 후에 이마가 터지면서 우레와 같은 소리가 났다. 무외삼장이 이 소리를 듣고 와서 보고는 화로를 치우고 터진 곳을 손으로 어루만지면서 신비스런 주문을 외우자 상처가 아물어 전과 같이 되었으나 왕 자 무늬의 흉터가 생겼다. 이로 인하여 왕화상으로 불렸다. 혜통의 재질이 뛰어나므로 삼장이 심법의 비결[10]을 전해 주었다.

1) 혜통(惠通) : 당나라에서 총지종(總持宗)의 지통(智通)에게 배움. 혜통이 귀국하여 김흠돌의 난(681)을 평정한 공적으로 총지종 개종과 더불어 국사로 추대되었다고 종석은 주장함.
〈종석, 『한국에서의 밀교의 수행과 전개』〉

2) 속인〔白衣〕 : 원문의 흰옷을 의미하는 白衣(백의)는 승려가 입는 검은 옷을 뜻하는 치의(緇衣)의 반대로 속인을 의미.

3) 은천동(銀川洞) : 지금의 경주시 탑동으로 추정.

4) 남간사(南澗寺) : 나정에서 500m 정도 올라가면 논 가운데 당간지주가 있는데 이곳이 남간사 터임. 남간사는 그 당시 남산의 여러 절 중에서 이름 높은 절 중의 하나로 이곳에 살던 일념이라는 스님이 9세기 초에 촉향분예불결사문(髑香墳禮佛結社文)을 지어 이차돈의 순교를 알렸다는 기록이 원종흥법 염촉멸신 조에 기록됨.

5) 무외삼장(無畏三藏) : 대체로 인도에서 당나라 현종 4년(716)에 중국으로 온 선무외삼장(善無畏三藏)이라고 하나 혜통이 당나라에서 665년에 신라로 돌아왔으므로 선무외삼장이 될 수 없음. 이 조목에 기

惠通降龍

釋惠通. 氏族未詳. 白衣之時. 家在南山西麓・銀川洞之口.(今南澗寺東里.) 一日遊舍東溪上. 捕一獺屠之. 弃骨園中. 詰旦亡其骨. 跡血尋之. 骨還舊穴. 抱五兒而蹲. 郎望見. 驚異久之. 感嘆躕躇. 便弃俗出家. 易名惠通.

往唐謁無畏三藏請業. 藏曰. 嵎夷之人豈堪法器. 遂不開授. 通不堪輕謝去. 服勤三載. 猶不許. 通乃憤悱立於庭. 頭戴火盆. 須臾頂裂聲如雷. 藏聞來視之. 撤火盆. 以指按裂處・誦神呪. 瘡合如平日. 有瑕如王字文. 因号王和尚. 深器之. 傳印訣.

麓 : 산기슭 록　　**澗** : 산골물 간
獺 : 수달 달　　**屠** : 죽일 도
詰 : 이튿날아침 힐

蹲 : 쭈구릴 준　　**郎** : **郞**의 오기
躕 : 머뭇거릴 주　　**躇** : 머뭇거릴 저
便 : 문득 변　　**弃** : 버릴 기
易 : 바꿀 역　　**謁** : 뵈올 알
嵎 : 모퉁이 우　　**豈** : 어찌 기
服 : 행할 복　　**載** : 해〔年〕 재
猶 : 조차 유　　**悱** : 분할 비
憤悱 : 분해하고 원통하게 여김
戴 : 머리에일 대　　**盆** : 동이 분
撤 : 치울 철　　**瘡** : 상처 창
瑕 : 티 · 흠 하　　**訣** : 비결 결

록된 혜통이 선무외삼장에게서 배웠다는 것은 선무외삼장으로부터 직접 전수 받은 현초(玄超)와 혜일(惠日) 등의 총지종(總持宗) 승려들에 의해 꾸며진 허위조작. 이러한 조작은 총지종이 중국의 선무외 계통의 밀교를 계승했음을 입증하려는 의도에서 이루어진 것으로 추정.

〈종석, 『한국에서의 밀교의 수행과 전개』〉

6) 신라 사람〔嵎夷〕: 원문의 嵎夷(우이)는 동이(東夷)의 땅이란 뜻으로 신라를 가리킴. 『서경』 요전(堯典)에 「分命羲仲 宅嵎夷 曰暘谷(따로 희중에게는 우이 땅에 살게 하니 곧 양곡이라는 곳이었다.)」

7) 불법을 닦을 그릇〔法器〕: 『법화경』 제파달다품(提婆達多品)에 「女身垢穢 非是法器 云何能得無上菩堤(여자의 몸은 때 묻고 더러워서 불법을 닦을 그릇이 아니거늘, 어떻게 최고의 깨달음을 얻겠는가?」

남간사 터 당간지주

이때 당나라 황실의 공주가 병이 나서 고종이 무외삼장에게 치료를 청하니 삼장은 자기 대신 혜통을 천거했다. 혜통이 고종의 명을 받고 별실에 거처하면서 흰콩 한 말을 은그릇에 담고 주문을 외우자 흰 갑옷을 입은 신병으로 변하여 병마를 쫓으려 했으나 이기지 못하였다. 또다시 검은콩 한 말을 금으로 된 그릇에 담고 주문을 외우자 검은 갑옷을 입은 신병으로 변했다. 흰색과 검은색의 병사들이 힘을 합쳐 병마를 쫓으니 갑자기 교룡이 뛰쳐나오고 마침내 병이 나았다.

용은 혜통이 자기를 쫓아낸 것을 원망하여 신라의 문잉림으로 가서 매우 심하게 사람을 해쳤다. 이때에 정공이 사신으로 당나라에 갔다가 혜통을 보고 말하기를 "스님이 쫓아낸 독룡이 우리나라로 와서 심한 해를 끼치니 속히 가셔서 없애 주십시오"라 했다. 이에 혜통은 정공과 함께 인덕[11] 2년 을축(665)에 본국으로 돌아와 용을 내쫓았다.

용이 또 정공을 원망하여 이번에는 정씨의 문밖에 있는 버드나무에 의탁하여 살고 있었으나 정공은 그것을 알지 못하고 다만 그 나무가 무성한 것만 좋아하여 매우 소중히 여겼다. 신문왕이 세상을 뜨니 효소왕이 즉위하여 신문왕의 무덤을 만들고자 장사지낼 길을 내는데 정씨의 버드나무가 길을 막고 있으므로 관원이 그 나무를 베어 버리려고 하였다. 정공이 성을 내어 말하기를 "차라리 내 목을 벨지언정 이 나무는 못 벤다"고 하자 관원이 이를 왕에게 보고했다. 왕이 크게 노하여 법을 집행하는 관원에게 명령하기를 "정공이 왕화상의 신비스런 술법을 믿고 장차 불손한 일을 꾸미려고 왕명을 업신여겨 거역하며 제 목을 베라 하니 마땅히 제 좋아하는 대로 해주어라"고 했다. 이리하여 그를 목베어 죽이고 그의 집을 흙으로 묻어버렸다.

조정에서 의논하기를 「왕화상이 정공과 매우 친하므로 필시 꺼리고 싫어함이 있을 것이니 마땅히 그를 먼저 없애야 한다.」 하고는 즉시 병사를 소집하여 그를 찾아 잡게 하였다.

8) 열심히 섬겼으나〔服勤〕: 원문의 服勤(복근)은 노력을 다한다는 뜻. 『예기』 단궁(檀弓)에 「服勤至死(죽음에 이르도록 노력하다.)」라는 글이 있음.
9) 알고 싶어 애가 타서〔憤悱〕: 원문의 憤悱(분비)는 알고 싶어서 애태움의 뜻. 『논어』 술이편에 「不憤不啓 不悱不發(배우겠다고 분발하지 않으면 아는 것이 열리지 않으며, 말하려고 애가 타지 않으면 발표하지 못한다.)」라는 글이 있음.

時唐室有公主疾病. 高宗請救於三藏. 擧通自代. 通受敎別處. 以白豆一斗・呪銀器中・變白甲神兵. 逐祟不克. 又以黑豆一斗・呪金器中・變黑甲神兵. 令二色合逐之. 忽有蛟龍走出. 疾遂瘳.

龍怨通之逐已也. 來本國文仍林. 害命尤毒. 是時鄭恭奉使於唐. 見通而謂曰. 師所逐毒龍. 歸本國害甚. 速去除之. 乃與恭. 以麟德二年乙丑還國而黜之.

龍又怨恭. 乃托之柳・生鄭氏門外. 恭不之覺. 但賞其蔥密. 酷愛之. 及神文王崩・孝昭卽位. 修山陵・除葬路. 鄭氏之柳當道. 有司欲伐之. 恭恚曰. 寧斬我頭. 莫伐此樹. 有司奏聞. 王大怒. 命司寇曰. 鄭恭恃王和尙神術. 將謀不遜. 侮逆王命. 言斬我頭. 宜從所好. 乃誅之. 坑其家.

朝議. 王和尙與恭甚厚. 應有忌嫌. 宜先圖之. 乃徵甲尋捕.

敎 : 왕이명령내릴 교
逐 : 물리칠 축
祟 : 신이 사람에게 경계하기 위해 내려보이는 화, 즉 빌미
崇 : 祟(빌미 수)의오기
蛟龍 : 모양이 뱀과 같고 길이가 한 발이 넘으며 네 개의 넓적한 발이 있음
蛟 : 도롱뇽 교
瘳 : 병나을 추
已 : 己의 오기
尤 : 더욱 우
黜 : 물리칠 출

托 : 맡길 탁
蔥 : 푸를 총
酷 : 심할 혹
當 : 막을 당
伐 : 벨 벌
恚 : 성낼 에
寧 : 차라리 녕
斬 : 목베일 참
寇 : 벼슬이름 구
恃 : 의지할 시
誅 : 목베일 주
坑 : 묻을 갱

忌 : 꺼릴 기
徵 : 부를 징
嫌 : 싫어할 혐
捕 : 잡을 포

10) 심법의 비결〔印訣〕: 이심전심(以心傳心)하는 심법의 비결.
11) 인덕(麟德) : 당나라 고종의 연호.

혜통은 왕망사에 있다가 갑옷을 입은 병사들이 오는 것을 보고 지붕으로 올라가 사기병과 붉은색 먹을 묻힌 붓을 들고 그들에게 소리치기를 "내가 하는 것을 보라"고 하며, 즉시 병의 목에 한 획을 긋고 말하기를 "너희들은 각자의 목을 보거라"라고 했다. 그들이 목을 보니 모두 붉은 획이 그어져 있으므로 서로 보고 깜짝 놀랐다. 혜통이 또 호통치기를 "만약 병목을 자르면 응당 너희들의 목도 잘릴 것이다. 어떻게 하겠느냐?"고 했다. 병사들이 황망히 달아나 붉은 줄이 그어진 목을 한 채 왕 앞으로 달려 나아가자 왕이 말하기를 "화상의 신통력을 어찌 사람의 힘으로 도모할 수 있겠느냐?"라 하고 그대로 내버려두었다.

왕녀가 갑자기 병이 나자 혜통을 불러 치료하게 했더니 병이 나았으므로 왕이 크게 기뻐했다. 그러자 혜통이 말하기를 "정공이 독룡의 해를 입어 나라의 형벌에 억울하게 당하였습니다"라고 했다. 왕이 이 말을 듣고 마음속으로 후회하여 즉시 정공의 처자에게는 죄를 면하게 하고 혜통을 국사[12]로 삼았다.

용은 정공에게 원한을 갚고 기장산[13]으로 가서 곰신이 되어 해독을 심하게 끼치니 백성들이 매우 괴로워했다. 혜통이 그 산속으로 들어가 용을 타이르고 살생하지 말라는 계율을 주었더니 곰신이 된 용의 해가 그제야 없어졌다.

처음에 신문왕이 등에 종기가 생겨 혜통에게 치료해 주기를 청하였다. 혜통이 와서 주문을 외니 그 자리에서 나았다. 그러자 혜통이 말하기를 "폐하께서는 전생에 재상의 지위에 있으면서 양민인 신충을 잘못 판결하여 종으로 하였으므로 신충이 원한을 품어 윤회환생할 때마다 보복을 하는 것이옵니다. 지금의 몹쓸 종기도 신충 탓입니다. 마땅히 신충을 위하여 절을 짓고 명복을 빌어 그의 원한을 풀어야 합니다"라 하니, 왕이 매우 옳게 여겨 절을 세우고 이름을 신충봉성사라 했다. 절이 완성되자 공중에서 외치기를 "임금께서 절을 세워 주셨기 때문에 괴로움에서 벗어나 하늘에 태어나게 되었으므로 원한은 이미 풀렸습니다"라 했다.(어떤 책에는 이 사실이 진표의 전기에 실려 있다고 했으나 잘못이다.) 또 외치는 소리가 났던 곳에는 절원당을 세우니 절원당과 절이 지금도 남아 있다.

通在王望寺. 見甲徒至. 登屋. 携砂瓶·研朱筆而呼曰. 見我所爲. 乃於瓶項. 抹一畫曰. 爾輩宜各見項. 視之皆朱畫. 相視愕然. 又呼曰. 若斷瓶項. 應斷爾項. 如何. 其徒奔走. 以朱項赴王. 王曰和尙神通. 豈人力所能圖. 乃捨之.

屋 : 지붕 옥 携 : 가질 휴
砂 : 모래 사 瓶 : 물병 병
研 : 문지를 연 項 : 목 항
抹 : 바를 말 愕 : 놀랄 악
奔 : 달아날 분 赴 : 다다를 부

王女忽有疾. 詔通治之. 疾愈. 王大悅. 通因言恭被毒龍之汚·濫膺國刑. 王聞之心悔. 乃免恭妻孥. 拜通爲國師.

愈 : 병나을 유 汚 : 더러울 오
濫 : 함부로쓸 람 膺 : 당할 응
孥 : 자식 노

龍旣報寃於恭. 往機張山爲熊神. 慘毒滋甚. 民多梗之. 通到山中. 諭龍授不殺戒. 神害乃息.

寃 : 원한 원 熊 : 곰 웅
慘 : 혹독할 참 滋 : 더할 자
梗 : 해로울 경 諭 : 타이를 유

初神文王發疽背. 請候於通. 通至. 呪之立活. 乃曰. 陛下曩昔爲宰官身. 誤決臧人信忠爲隸. 信忠有怨. 生生作報. 今玆惡疽亦信忠所祟. 宜爲忠創伽藍·奉冥祐以解之. 王深然之. 創寺号信忠奉聖寺. 寺成. 空中唱云. 因王創寺. 脫苦生天. 怨已解矣(或本載此事於眞表傳中. 誤.) 因其唱地·置折怨堂. 堂與寺今存.

疽 : 종기 저
候 : 살필 후
曩 : 전에 낭
臧 : 착할 장
隸 : 노예 례
祐 : 복 우
唱 : 소리내어외칠 창
折 : 꺾을 절

12) 국사(國師) : 국가나 왕의 사표가 되는 고승에게 임금이 내리는 칭호. 우리나라에서는 고려 때에 국사의 호를 주기 시작함.
13) 기장산(機張山) : 지금의 경남 양산시의 진산인 기장산을 말함.

이보다 앞서 밀본법사의 뒤에 고승 명랑이 용궁에 들어가서 신인(산스크리트어로는 문두루라 하는데 여기서는 신인이라 하였다.)을 얻어 처음으로 신유림에 절(지금의 천왕사이다.)을 세우고 여러 번 이웃나라의 침입을 기도로 막았다. 이후 명랑스님이 무외삼장법사의 핵심 사상을 전하고 속세를 두루 돌아다니며 사람들을 구원하고 만물을 감화시켰다. 겸하여 타고난 총명함으로 절을 세워 원한을 풀게 해 주니 밀교의 교화가 이때에 크게 떨쳤다. 천마산의 총지암[14]과 모악[15]의 주석원 등이 모두 거기에서 갈라져 나온 후예들이다.

어떤 사람들은 말하기를 혜통의 속세 이름은 존승각간이라고 했다. 각간은 바로 신라 재상급의 높은 자리이나 혜통이 벼슬을 지냈다는 이야기를 들은 적이 없다. 더러는 말하기를 혜통이 승냥이와 이리를 쏘아 잡았다고 하나 모두 자세하지 않다.

다음과 같이 찬미한다.

산속의 복숭아와 냇가의 살구나무가 울타리에 비쳤는데,
오솔길에 봄날 깊어지니 양쪽 언덕이 꽃밭이로세.
그대가 한가로이 수달 잡은 인연으로,
멀리 서울 밖으로 달아난 악마 모두 교화 시켰네.

모악산 전경

先是密本之後. 有高僧明朗. 入龍宮得神印.(梵云文豆婁 此云神印.)祖創神遊林.(今天王寺.) 屢禳隣國之寇. 今和尙傳無畏之髓. 遍歷塵寰. 救人化物. 兼以宿命之明. 創寺雪怨. 密教之風. 於是乎大振. 天磨之總持嵓・母岳之呪錫院等. 皆其流裔也. 或云. 通俗名尊勝角干. 角干乃新羅之宰相峻級. 未聞通歷仕之迹. 或云. 射得犲狼. 皆未詳.

屢 : 여러 루
禳 : 푸닥거리할 양
寇 : 도적 구
髓 : 사물의중심 수
塵 : 티끌 진
寰 : 인간세상 환
塵寰(=塵世) : 속세, 티끌 세상
振 : 떨칠 진
嵓 : 바위 암
裔 : 후예 예
峻 : 높을 준
犲 : 豺(늑대 시)와 동일로 추정
狼 : 이리 랑

讚曰.

山桃溪杏映籬斜.
一徑春深兩岸花.
賴淂郎君閑捕獺.
盡敎魔外遠京華.

杏 : 살구나무 행
籬 : 울타리 리
斜 : 비스듬할 사
賴 : 믿을 뢰
淂 : 得의 異體字
閑 : 한가로울 한
捕 : 잡을 포
獺 : 수달 달

14) 총지암(總持嵓) : 경기도 개성에 있던 총지사(總持寺)로 밀교의 유명한 도량.
15) 모악(母岳) : 전북 김제에 있는 해발 793m의 모악산.

선무외삼장

명랑 신인[1)]

– 명랑법사의 신인종 –

『금광사본기』의 기록을 살펴보면 이러하다.

「신라에서 걸출하게 태어난 명랑법사는 당나라로 건너가 불도를 배웠다. 돌아오는 길에 바다 용의 요청으로 용궁에 들어가 비법을 전하고 황금 천 냥(혹은 천 근이라고도 한다.)을 시주받아 땅 밑으로 잠행하여 자기 집 우물[2)] 밑에서 솟아 나왔다. 곧 자기 집을 희사하여 절을 만들고 용왕이 시주한 황금으로 탑과 불상을 꾸미니 번쩍이는 광채가 빼어나게 특이해서 절 이름을 금광사[3)]라 하였다.」(승전에 금우사라 한 것은 틀렸다.)

법사의 이름은 명랑이고 자는 국육이며 신라에서 벼슬이 사간인 재량의 아들이다. 어머니는 남간부인으로, 혹 법승랑이라고도 하는데 벼슬이 소판인 무림의 딸 김씨이니 바로 자장의 누이동생이다. 아들 셋이 있으니 맏아들은 국교대덕이고 그 다음이 의안대덕이며 명랑법사가 막내아들이다. 처음에 그의 어머니가 푸른색 구슬을 삼키는 꿈을 꾸고 아이를 갖게 되었다.

선덕왕 원년(632)에 당나라에 들어갔다가 정관[4)] 9년 을미(635)에 돌아왔다.[5)] 총장[6)] 원년 무진(668)에 당나라 장수 이적이 대군을 거느리고 신라군과 합세하여 고구려를 멸망시켰다. 그 후에 남은 군사가 백제에 머물면서 장차 신라를 습격하여 멸망시키려 하는 것을 신라 사람들이 알고 군사를 내어 이를 막았다. 고종이 이를 듣고 크게 화가 나서 설방에게 명하여 군사를 일으켜 신라를 치려고 하였다.

1) 신인(神印) : 신인종은 용(龍) · 바다〔海〕 · 사천왕과 깊은 관계를 가진 밀교로 명랑에 의해 성립되었다는 설과 고려 초 광학(廣學) · 대연(大緣)에 이르러 확립되었다는 두 설이 있음. 신인종은 과거세의 죄를 없애고 깨달음을 이루게 하는 십이신왕결원신주법(十二神王結願神呪法)인 무드라 신인비법을 위주로 하며, 삼밀 중 신밀(身密)을 중시함. 소의 경전은 『관정경(灌頂經)』 · 『금광명경(金光明經)』 등 호국을 설하는 다라니경이며, 8세기 이후에 또 하나의 밀교 종파인 총지종과 선무외 · 금강지 · 불공 등의 밀교를 흡수하여 발전함.

2) 우물〔井〕 : 위치 불명.

남간 마을의 우물

明朗神印

按金光寺本記云.

師挺生新羅. 入唐學道. 將還・因海龍之請. 入龍宮傳秘法. 施黃金千兩.(一云千斤.) 潛行地下. 湧出本宅井底. 乃捨爲寺. 以龍王所施黃金飾塔像. 光曜殊特. 因名金光焉.(僧傳作金羽寺. 誤.)

師諱明朗. 字國育. 新羅沙干才良之子. 母曰南澗夫人. 或云法乖娘. 蘇判茂林之子金氏. 則慈藏之妹也. 三息. 長曰國教大德. 次曰義安大德. 師其季也. 初母夢呑青色珠而有娠.

善德王元年入唐. 貞觀九年乙未來歸. 總章元年戊辰. 唐將李勣統大兵. 合新羅・滅高麗. 後餘軍留百濟. 將襲滅新羅. 羅人覺之. 發兵拒之. 高宗聞之赫怒. 命薛邦興師將討之.

挺 : 뛰어날 정
將 : 행할 장
潛 : 잠길 잠
湧 : 솟을 용
飾 : 꾸밀 식
曜 : 빛날 요
殊 : 빼어날 수

乖 : 어그러질 괴
乖 : **乘**의 오기
茂 : 풀무성할 무
息 : 자식 식
季 : 막내 계
呑 : 삼킬 탄
勣 : 공있을 적
襲 : 엄습할 습
赫 : 벌컥성낼 혁
師 : 군사 수

3) 금광사[金光] : 경주시 서남산 탑동에 있는 금광못이 금광사의 절터임.
4) 정관(貞觀) : 당나라 태종의 연호.
5) 선덕왕 원년(632)에 당나라에 들어갔다가 정관 9년 을미(635)에 돌아왔다. : 『삼국유사』 기이편 문무왕 법민 조에 「김천존이 말씀드리기를 "근래에 명랑법사가 용궁에 들어가 비법을 전수 받아……"」라는 기록이 있음. 김천존이 말한 시기가 670년이니 명랑법사가 돌아온 시기와 35년의 큰 차이가 있으나 근래라고 표현. 이로 미루어 보면 명랑의 귀국시기는 660년대가 타당한 것으로 보임.
6) 총장(總章) : 당나라 고종의 연호.

문무왕이 이것을 듣고 두려워하여 법사를 청해 비법을 써서 이를 물리치게 했다. (이 사실은 문무왕 전기 중에 있다.) 이로 인해서 그는 신인종의 시조가 되었다.

고려 태조가 나라를 세울 즈음에 또한 해적이 나타나 소란을 피우므로 즉시 안해와 낭융의 후예인 광학과 대연 두 큰스님을 청해 비법으로 빌어서 진압하니 모두 명랑법사의 계통을 이어받은 것이다. 이 때문에 명랑법사와 아울러 위로 용수[7]에 이르기까지를 9조로 삼았다.(『본사기』에 3명의 법사가 율조가 되었다 하나 자세히 알 수 없다.) 또 태조가 이들을 위해 현성사[8]를 창건하여 한 종파의 토대로 삼았다.

또 신라 서울 동남쪽 20여 리 되는 곳에 원원사[9]가 있었는데 세간에서는 다음과 같이 전한다.

「안해 등 네 분의 큰스님[10]이 김유신 · 김의원 · 김술종 등과 함께 발원하여 세운 것이며 네 분의 큰스님 유골도 모두 이 절 동쪽 봉우리에 묻혔다. 그래서 사령산[11] 조사암이라고 부른다.」

그러하다면 네 분의 큰스님은 모두 신라 때의 고승이었다 하겠다.

7) 용수(龍樹) : 인도의 나가르쥬나(Nāḡrjuna)로 용수(龍樹)는 나가르쥬나의 의역(意譯). 대승불교를 크게 일으킨 사람으로 기원전 2~3세기 때의 남인도 사람. 궁녀들과 사통하다 발각되어 위험에 처하자 욕락은 괴로움의 근본임을 깨닫고 불교에 귀의하여 대승경전에 통달함. 또 용궁에 들어가 『화엄경』을 가져오고 남천축의 철탑을 열고 『금강정경』을 얻었다 함. 대승불교가 이로부터 발흥하니 그를 제2의 석가라 하기도 함. 『대지도론』 · 『중론』 등의 저서가 있음. 『대지도론』 4에 「불법에 2종이 있다. 하나는 비밀, 또 하나는 현시(顯示)이다.」라 하여 용수가 밀교에 대해 처음 언급했기 때문에 밀교의 조사로 삼는 듯함.

8) 현성사(現聖寺) : 경기도 개성의 동쪽에 있던 절.

9) 원원사(遠源寺) : 경주와 울산의 중간인 모화리에서 동북쪽에 위치한 봉서산 기슭에 있었던 절. 지금은 빈 터에 십이지신상을 조각한 신라석탑이 남아 있음. 탑은 파괴가 심하나 예술성이 극히 높은 통일신라석탑임.

원원사석탑

文缶王聞之懼. 請師開秘法禳之.(事在文武王傳中.)
因玆爲神印宗祖.

及我太祖創業之時. 亦有海賊來擾. 乃請安惠朗融之裔・廣學大緣等二大德・作法禳鎭. 皆朗之傳系也. 故幷師而上至龍樹爲九祖.(本寺記三師爲律祖. 未詳.) 又太祖爲創現聖寺. 爲一宗根柢焉.

又新羅京城東南二十餘里. 有遠源寺.

諺傳.

安惠等四大德・與金庾信金義元金述宗等. 同願所創也. 四大德之遺骨. 皆藏寺之東峰・因号四靈山祖師嵒云. 則四大德皆羅時高德.

缶 : 고려 혜종의 이름 武의 避諱缺劃
禳 : 푸닥거리하여물리칠 양
及 : 미칠 급

擾 : 어지러울 요
幷 : 합할 병

柢 : 뿌리 저

皆 : 모두 개

10) 네 분의 큰스님〔四大德〕: 안해 · 낭융 · 광학 · 대연을 가리킴.
11) 사령산(四靈山) : 『동경잡기』에 「경주부의 동쪽 50리에 있으며, 신라시대에 네 분의 성승(聖僧)이 남쪽 봉우리에 머물렀으며, 북쪽 봉우리에는 봉황이 머물러서, 남쪽 봉우리를 사성산(四聖山), 북쪽 봉우리를 봉서산(鳳棲山)이라고 부르게 되었다는 속설이 있다.」라 기록됨. 사성산이 사령산이며, 현재는 삼태봉(三台峰)이라 부름. 그 서쪽 기슭에 원원사가 있음.

사령산과 봉서산 줄기

돌백사 문서의 주석에 실려 있는 것을 살펴보면 이러하다.

「경주 호장[12] 거천의 어머니는 아지녀이고 아지녀의 어머니는 명주녀이며, 명주녀의 어머니는 적리녀이다. 적리녀의 아들[13]로 광학대덕과 대연삼중(옛 이름은 선회이다.)이 있었는데 두 형제가 신인종에 귀의했다. 장흥[14] 2년 신묘(931)에 태조를 따라 서울로 올라와 임금의 행차를 따라다니며 분향 수도하였다. 그 노고를 포상하기 위해 두 사람의 부모를 제사 지내는 밑천으로 전답 몇 결을 돌백사에 주었다라고 한다.」

그렇다면 광학 · 대연 두 사람은 거룩한 태조를 따라 서울로 들어온 사람이다. 안혜법사 등은 바로 김유신 등과 함께 원원사를 세운 사람이다. 광학 등 두 사람의 뼈는 여기에 가져다 안치하였을 뿐이지, 네 분의 큰스님이 모두 원원사를 세웠다거나 모두 거룩한 태조를 따라간 것이 아니다. 자세히 살펴야 할 것이다.

12) 호장(戶長) : 고려 · 조선조 때 지방 관직의 장. 983년에 고려의 성종이 지방호족을 통제하여 중앙집권체제에 넣으려 하였으나 지방호족의 세력이 너무 강해 자치적인 성격의 호장제도를 도입함.
13) 거천의 어머니는 아지녀이고 …… 적리녀의 아들 : 이 기록은 우리나라 고대의 모계에 의한 가계표시의 실례를 제시해 준 것으로 매우 가치가 높은 자료임.
14) 장흥(長興) : 중국 오대(五代)의 후당(後唐) 명종(明宗)의 연호.

원원사석탑에 조각된 십이지상

按堗白寺柱貼注脚載.

慶州戶長巨川母阿之女・女母明珠女・女母積利女之子・廣學大德・大緣三重(古名善會.)昆季二人皆投神印宗. 以長興二年辛卯. 隨太祖上京. 隨駕焚修. 賞其勞. 給二人父母忌日寶于堗白寺・田畓若干結云云.

堗 : 굴뚝 돌
貼 : 붙일 첩
脚 : 각주 각
昆 : 맏형 곤
忌日寶 : 기일의 제사와 공양을 위한 재
寶는 일종의 재단
焚 : 불사를 분
修 : 닦을 수
寶 : 화폐 보

則廣學大緣二人・隨聖祖入京者. 安師等・乃與金庾信等創遠源寺者也. 廣學等二人骨. 亦來安干茲爾. 非四德皆創遠源・皆隨聖祖也. 詳之.

干 : 于의 오기

최근에 건립된 원원사

밀교(密敎)의 개요와 신라밀교의 전개

1. 밀교란?

● 成佛思想의 극치인 卽身成佛을 목표로 하는 철학적이고도 실천적 불교.

- 불교는 현교(顯敎)와 밀교로 구분. 현교는 드러나 있는 부처의 가르침이며, 밀교는 쉽게 이해할 수 없는 현묘하고도 비밀스런 부처의 가르침.

● 卽身成佛을 위한 세 가지의 비밀스런 방법.

- 구밀(口密) : 부처가 사용한 언어[梵語]로 된 진언 · 다라니를 지송하여 부처와 일체화.
- 의밀(意密) : 불보살이 그려진 만다라를 보며 명상으로 불보살과 일체화.
- 신밀(身密) : 깨달음과 서원을 뜻하는 부처의 형상[手印]과 동일하게 하여 부처와 합일.

2. 밀교의 전개와 전래

● 잡밀(雜密) · 순밀(純密) · 탄트라

구 분	인도에서의 성립과 내용	중국의 전래	신라의 전래
잡 밀 (초기 밀교)	• 성립시기 : 3~5세기 • 인간의 고난구제에 관한 현세적 이익 목적 - 치병 · 장수기원 · 초복양재(招福禳災) • 삼밀(三密) 중 구밀(口密)만 확립 • 경전 : 舍頭諫太子二十八宿經 · 大吉義神呪經 · 금광명경 · 관불삼매해경 · 다라니집경 *관불삼매해경은 四方四佛을 설하여 만다라 성립에 기여 • 불상 : 본존의 좌우에 관음과 금강수를 배치 - 변화관음 성립 : 십일면관음 · 천수관음	• 전래시기 3세기~7세기 전반 • 지겸(支謙) · 축법호(竺法護) · 지통(智通) · 가범달마(伽梵達摩)에 의해 밀교경전 번역 • 중국의 신선술 · 음양오행설 등과 동질인 밀교가 쉽게 중국에 수용	• 전래 : 7세기 • 밀본 · 혜통 · 명랑의 밀교 - 치병 · 고난구제를 위한 진언 중심[口密]
순 밀 (중기 밀교)	• 성립시기 : 6~7세기 • 현세적 이익+부처를 체현하는 즉신성불(卽身成佛) • 口 · 意 · 身 삼밀(三密)의 전신적(全身的) 행법 완성 • 경전 : 대일경 · 금강정경 • 불상 : 비로자나불[大日如來] 성립 - 태장계 : 선정인(禪定印) 비로자나불 - 금강계 : 지권인(智拳印) 〃	• 전래 : 8세기 초 - 선무외삼장이 대일경 번역(716) - 금강지삼장이 금강정경 번역(720)	• 전래 : 8세기 • 의림(義林) · 불가사의(不可思議)가 선무외로부터 대일경 사상 도입

탄트라 (후기 밀교)	• 성립시기 : 8세기 후반~9세기 • 순밀+성적행법(性的行法)에 의한 깨달음 - 반야[女]와 방편[男]의 합일에 의한 금강살타(탄트라의 법신불)의 실현	• 경전번역은 이루어졌으나 유교문화권의 성적행위 기피로 좌도로 전락	–

3. 신라 밀교사상의 전개

가. 밀교 전래 이전의 무속신앙과 불교

무속신앙
• 무속신앙은 경전이나 교의(敎義)가 없는 주술적인 것 - 치병 · 양재초복(禳災招福) 등의 현세이익 추구 - 오악(五嶽) · 대천(大川) · 용신(龍神) 등의 토속신을 섬기고 제사 주관

불 교
• 묵호자가 전한 불교사상 - 치병 · 신이하고 영험한 이적 중심 • 그 후 경과 율의 진보된 불교 전래 - 불교 공인 이후 전륜성왕 · 미륵신앙 중심의 합리적인 업설 전래 • 대승불교는 주술적 신앙이 포함된 경전(經典) 도입

불교와 무속신앙의 융합→현세이익을 추구하는 잡밀이 성장할 기반이 조성됨
• 무속이 불교에 흡수 · 융합되면서 재래신앙은 불교신앙으로 대체 - 무속이 담당하던 치병 · 자식을 구하는 것 등의 현세적 이익을 기원하는 것은 불승(佛僧)으로 대체 - 호국법회인 백고좌회(百高座會)의 주관도 종래의 제사장에서 佛僧이 주관 • 무속들의 주가(呪歌) 대신 승려들이 향가를 지어 주술적 기능을 담당 • 불교가 무속과 융합하면서 밀교적 색채가 짙은 불교로 전개 - 무속의 천신은 제석천 · 사천왕으로 대체 - 무속의 신앙의례인 제사 · 점술 · 주술 등은 불교의 점찰 · 문두루 등으로 대체

나. 신라밀교의 전개

●초기 잡밀(雜密) : 『삼국유사』 신주편→주술 즉 구밀(口密) 중심

조 목	내 용	경 전
밀본최사 (密本摧邪)	• 원광법사와 밀본의 밀교는 밀접한 관련이 있는 듯함 *원광서학 조의 설화는 밀교와 관련된 것이며, 밀본이 원광이 있었던 삼기산에 머물렀다는 것은 원광의 밀교를 계승했다는 의미가 내포된 듯함 • 선덕왕의 병을 고쳤다는 밀본의 밀교는 무속의 주술신앙을 대치한 구밀(口密)	• 원광 : 『점찰경』의 참법신앙과 『관정경』에 의한 신주신앙 • 밀본 : 『관정경』에 있는 약사경의 주술신앙
혜통항룡 (惠通降龍)	• 설화에 등장하는 화로는 밀교의 호마법 *호마법(護摩法) : 호마는 태운다는 뜻으로 밀교에서는 화로에 나무를 태우는데 이는 지혜의 불로 번뇌를 태우는 의식 • 혜통의 치병과 갑병을 물리친 주술은 밀교경전인 『다라니집경(陀羅尼集經)』에 등장하는 모방주술(模倣呪術)로 추정 • 혜통의 주술은 과거세의 원한을 푸는 것으로 이는 무속의 해원주술(解怨呪術)과 불교의 인과응보가 결합된 것으로 추정 • 총지암 즉 총지종은 혜통 → 명효(明曉) → 불가사의(不可思議) → 의림(義林) → 현초(玄超) → 혜일(惠日) 등으로 이어짐	• 총지종의 소의 경전으로 『다라니집경』·『불공견삭다라니경(不空絹索陀羅尼經)』·『천전다라니관세음보살주(千轉陀羅尼觀世音菩薩呪)』·『청정관세음보현다라니(淸淨觀世音普賢陀羅尼)』·『천안천비관세음보살다라니신주경(天眼千臂觀世音菩薩陀羅尼神呪經)』 등이 있음
명랑신인 (明朗神印)	• 명랑의 문두루비법 - 『관정경』에 나오는 문두루비법을 말함이며, 이는 사천왕의 주술적인 호국력이 전제 - 『금광명경』 사천왕품에 「그들 호세왕(護世王)은 28부 귀신중(鬼神衆)을 거느리고 금광명경이 유포되는 국토는 어느 곳이나 외적의 침공과 기근 및 질병 등의 어려움으로부터 수호하겠다.」고 다짐 - 명랑이 유가승려 12명으로 비법을 썼다 함은(기이편) 유가유식(瑜伽唯識)도 밀교와 밀접한 관계가 있다는 것을 뜻함 • 신인종 - 현성사는 고려조의 신이군국(神異軍國)의 근본도량으로 신이군국 사상의 원류는 불공삼장임. 신인종은 이러한 불공삼장의 교리를 목표로 했던 종파	• 호국을 설하는 경 - 『관정경』 - 『금광명경』 - 『대방광십륜경(大方廣十輪經)』

● 후기 순밀(純密)의 전개

• 현교(顯敎)인 화엄종과 밀교(密敎)의 융합

현교(顯敎) → 화엄종	밀교(密敎)
• 주불(主佛) : 석가모니불(비로자나불) - 응신(법신) 중심 • 성불관(成佛觀) : 점수(漸修)의 현신성불론(現身成佛論) • 종지(宗旨) : 일체(一體)·일심(一心) • 교리론 : 유심론(唯心論)→철학적·관념적 - 체(體)·상(相)·용(用) • 우주관 : 무진연기(無盡緣起) • 경전의 구성 : 관념적 이론으로 신앙의례는 없음	• 주불 : 대일여래(대비로자나불) - 법신 중심 • 성불관 : 즉신성불론(卽身成佛論) • 종지 : 법신인 우주와 일체 • 교리론 : 마음과 사물의 융합→종교적 - 6대체(六大體)·4만상(四曼相)·3밀용(三密用) • 우주관 : 무진연기+만다라 • 경전 : 교리보다 신앙의례 중심

현교와 밀교의 융합 : 철학적·관념적 현교에 밀교의 종교성 부여
• 현교의 문제점 : 종교성 부족 - 관념 체계가 심오하여 전문적인 학승 외에는 대중 신봉 곤란. • 순밀과 화엄은 사상원리가 유사하여 밀교의 신앙의례를 화엄이 채용할 수 있음 *불상·불탑·불화 등에 밀교양식 도입→사방불·비로자나불·사방불탑

● 순밀의 전래 계보

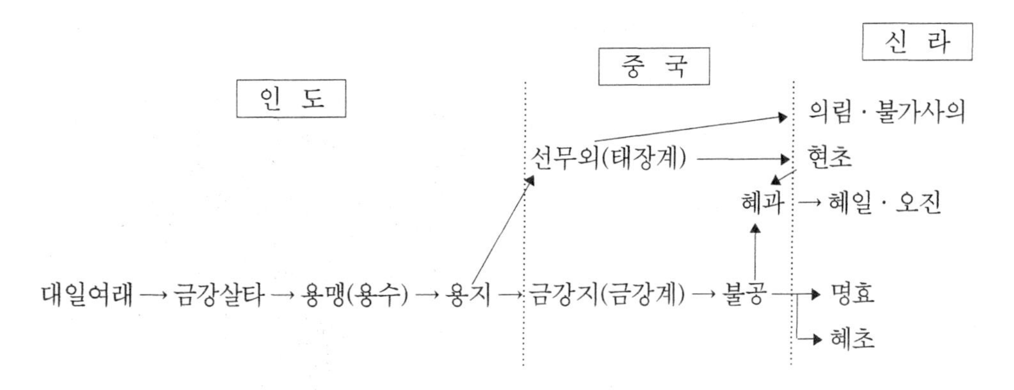

● 순밀사상의 전개 : 『삼국유사』 대산 오만진신 조목과 명주 오대산 보질도 태자 전기 조목은 순밀사상을 전개한 것임.

감통 제7

선도성모 수희[1]불사

– 선도성모가 불사를 좋아하다 –

진평왕 대에 지혜라는 이름의 여승이 있었는데 어진 행실이 많았다. 안흥사[2]에 머무르며 불전을 새로이 수리하고자 하였으나 힘이 모자랐다. 꿈에 비취옥으로 머리를 장식한 예쁜 모습[3]의 선녀가 와서 위로하며 말하기를 "나는 선도산 신모[4]이다. 네가 불전을 수리하려는 것이 기뻐서 금 열 근을 시주하여 돕고자 하니 그대가 앉아 있는 자리 밑에서 금을 찾아다가 주존 부처님 세 분을 장식하고 벽 위에는 53명의 부처[5]와 6류성중[6] 및 여러 천신과 오악의 신들(신라시대의 오악은 동은 토함산이고 남은 지리산이며 서는 계룡산이고 북은 태백산이며 중앙은 부악 또는 공산이다.)을 그려라. 해마다 봄 · 가을에 열흘 동안 남녀 신도들을 많이 모아 널리 일체중생[7]을 위하여 점찰법회를 베푸는 것을 변하지 않는 규칙으로 삼아라"라 했다.(고려조에서 굴불지[8]의 용이 황제의 꿈에 나타나 영취산[9]에 약사도량을 항상 열어 바닷길이 편안할 것을 청하였으니 그 일이 또한 이와 같다.)

지혜가 놀라 꿈에서 깨어 여러 사람들을 데리고 신을 모시는 사당[10]으로 가 좌석 밑을 파서 황금 160냥을 찾아 불전 수리를 이루었으니 이러한 공적은 모두 신모가 일러주는 대로 따랐기 때문이다. 그 사적만은 아직도 남아 있지만 불법의 행사는 없어져 버렸다.

1) 수희(隨喜) : 남의 좋은 일을 보고 덩달아 좋아하기를 마치 자기의 좋은 일처럼 기뻐한다는 뜻.
2) 안흥사(安興寺) : 현재 선도산에는 영경사지(永敬寺址) · 애공사지 및 마애삼존불상이 남아 있는 절터만 있을 뿐 불교유적이라고는 없음. 따라서 선도산 정상 부근의 마애삼존불이 있는 장소가 안흥사인 듯함.
3) 예쁜 모습[綽約] : 원문의 綽約(작약)은 살결이 매우 부드럽고 고운 모양.
4) 선도산 신모(仙桃山神母) : 선도산은 경주 시가지 서쪽에 있는 해발 390m의 산으로 서산 · 서술산 · 서연산 · 서형산 등으로 불림. 신모는 산신임.

안흥사로 추정되는 곳에 있는 마애삼존불상

感通第七

仙桃聖母 隨喜佛事

隨 : 따를 수

眞平王朝. 有比丘尼名智惠. 多賢行. 住安興寺. 擬新修佛殿而力未也. 夢一女仙風儀綽約・珠翠飾鬟. 來慰曰. 我是仙桃山神母也. 喜汝欲修佛殿. 願施金十斤以助之. 宜取金於予座下. 粧點主尊三像. 壁上繪五十三佛. 六類聖衆・及諸天神・五岳神君.(羅時五岳. 謂東吐含山. 南智異山. 西雞龍. 北太伯. 中父岳. 亦云公山也.) 每春秋二季之十日. 叢會善男善女. 廣爲一切含靈・設占察法會以爲恒規.(本朝屈弗池龍. 託夢於帝. 請於靈鷲山長開藥師道場. 平海途. 其事亦同.)

惠乃驚覺. 率徒往神祠座下. 堀得黃金一百六十兩. 克就乃功. 皆依神母所諭. 其事唯存. 而法事廢矣.

擬 : 헤아릴 의
殿 : 집 전
儀 : 모양 의
綽 : 예쁠 작
珠 : 진주 주
翠 : 비취옥 취
飾 : 꾸밀 식
鬟 : 쪽진머리 환
粧 : 단장할 장
繪 : 그릴 회
叢 : 모두 총
屈 : 땅이름 굴
鷲 : 독수리 취
祠 : 사당 사
堀 : 파낼 굴

5) 53명의 부처〔五十三佛〕 : 『관약왕약상이보살경(觀藥王藥上二菩薩經)』에 나오는 과거세의 53명의 부처. 이 경의 내용은 다음과 같음. 「부처님이 청련화지정사(青蓮華池精舍)에 계실 때 미간에 광명을 놓아 두 보살의 이마를 비추며 시방(十方)의 불사를 시현하는데 두 보살이 각각 주문을 외우며 부처님에게 영락을 바쳤다. 부처님은 두 보살에게 불기를 주고 53명의 부처님의 명호를 설하셨다. (하략)」
6) 6류성중(六類聖衆) : 여섯 분의 성인인 듯함.
7) 일체중생〔一切含靈〕 : 원문의 含靈(함령)은 영혼을 가진 모든 것을 뜻하니 인류 즉 일체중생이 됨.
8) 굴불지(屈弗池) : 지금의 울산시 부근에 있었던 못인 듯함.
9) 영취산(靈鷲山) : 지금의 울산시에 있는 산. 기이편 처용랑 망해사 조 참조.
10) 사당〔祠〕 : 정확한 위치는 알 수 없고 지금은 선도산 정상에서 동쪽으로 200m쯤에 성모사 유허비가 있음.

성모사 유허비

신모는 본래 중국 황실의 딸로 이름은 사소였다. 일찍이 신선[11]의 술법을 배워 신라에 와서 오랫동안 머물면서 돌아가지 않으니 그의 아버지인 황제가 솔개 발에 편지를 매달아 보내 말하기를 "솔개[12]를 따라 가다가 멈추는 곳에 집을 지어라"고 했다. 사소가 편지를 받고 솔개를 날려보내자 이 선도산으로 날아와 멈추므로 마침내 여기에 와서 집을 짓고 지선이 되었다. 그래서 산 이름을 서연산[13]이라고 했다. 신모가 오랫동안 이 산에 머무르며 나라가 평안토록 도우니 신령스럽고 신이한 일들이 매우 많았다. 나라가 세워진 이래로 삼사[14] 중의 하나로 삼았으며 등급으로는 여러 명산대천(名山大川) 제사[15]의 윗자리를 차지하였다.

신라 제54대 경명왕이 매를 이용한 사냥을 좋아하였는데 어느 때 이 산에 올라가 매를 놓았다가 잃어버리고 신모에게 기도하여 말하기를 "만약에 매를 찾게 되면 꼭 작위를 봉해 드리겠습니다"라 했다. 얼마 안 되어 매가 날아와 책상 위에 앉으므로 신모를 대왕의 작위에 봉하였다.

신모가 처음 진한에 와서 신성한 아들을 낳아 신라의 처음 임금이 되었으니 아마 혁거세와 알영의 두 성인이 태어난 근본이었을 것이다. 그러므로 계룡 · 계림 · 백마[16] 등으로 일컬으니 닭은 서쪽에 속해[17] 있기 때문이다. 신모가 일찍이 하늘나라의 여러 선녀들에게 비단을 짜게 해서 붉은 물감을 들여 관복을 만들어 그의 남편에게 주었다. 이로 인하여 나라 사람들이 비로소 그의 신비스런 영험을 알게 되었다.

11) 신선(神仙) : 신라의 신선신앙은 중국의 것을 부분적으로 받아들인 것임. 예를 들면 선도산 성모 신앙은 중국의 신선설(神仙說) 중에서 서왕모 신앙의 영향을 받았을 것임. 또 신선사상이 국가제도로 받들어져 풍류도가 되고, 불교의 미륵신앙과 결합하여 미륵선화(彌勒仙花)로 발전함.

12) 솔개〔鳶〕 : 새는 땅〔地神 · 人間〕과 하늘〔天神〕을 연결하는 영매(靈媒)임. 여기의 솔개도 신과 인간을 연결해주는 영매의 역할인 듯함. 또 선도산은 서악(西岳) 혹은 서술(西述)이라고도 하는바 술은 봉우리를 뜻하는 술 · 수리로, 솔개는 이와 연관이 있는 듯함.

13) 서연산(西鳶山) : 서악(西岳)으로 일명 서술(西述 : 술 · 수리는 고어로 高 · 上 · 神을 의미). 서연(西鳶)의 연(鳶)은 솔개 또는 수리로서 서연(西鳶)은 서수리의 훈차(訓借).

〈이병도, 『역주 삼국유사』〉

14) 삼사(三祀) : 『삼국사기』에 「삼산(三山) · 오악(五岳) 이하의 명산대천을 대 · 중 · 소사로 한다.」에서 소사의 24곳 중에 서술이 포함됨.

神母本中國帝室之女. 名娑蘇. 早得神仙之術. 歸止海東. 久而不還. 父皇寄書繫足云. 隨鳶所止爲家. 蘇得書放鳶. 飛到此山而止. 遂來宅爲地仙. 故名西鳶山. 神母久據玆山. 鎭祐邦國. 靈異甚多. 有國已來. 常爲三祀之一. 秩在群望之山.

寄 : 부칠 기
繫 : 묶을 계
鳶 : 솔개 연
遂 : 마침내 수
據 : 웅거할 거
鎭 : 진정시킬 진
祀 : 제사 사
秩 : 순서매길 질

第五十四景明王好使鷹. 嘗登此放鷹而失之. 禱於神母曰. 若得鷹・當封爵. 俄而鷹飛來止机上. 因封爵大王焉.

其始到辰韓也. 生聖子爲東國始君. 蓋赫居閼英二聖之所自也. 故稱雞龍雞林白馬等. 雞屬西故也. 嘗使諸天仙織羅. 緋染作朝衣. 贈其夫. 國人因此始知神驗.

鷹 : 매 응
禱 : 기도할 도
俄 : 잠깐 아
机 : 책상 궤
織 : 짤 직
緋 : 붉을 비
贈 : 증여할 증

15) 제사〔望〕 : 원문의 望(망)은 망제(望祭)로 명산대천에 제사지내는 것을 말함. 『서경』에 「望于山川(산천에 제사 지내다.)」

16) 백마(白馬) : 흰색은 오행에서 서쪽을 가리킴.

17) 닭은 서쪽에 속해〔雞屬西〕 : 닭〔雞〕은 12지의 제10위의 유(酉)로 방위는 서쪽임.

서연산 또는 선도산

또 『국사』에서 김부식이 다음과 같이 말했다.

「김부식이 정화[18] 연간(1111~1117) 어느 때에 사신의 임무를 받들어 송나라에 들어가 우신관[19]에 갔더니 한 사당에 여자 신선의 상이 모셔져 있었다. 접대임무를 맡은 학사[20] 왕보가 말하기를 "이분은 귀국의 신인데 공은 아시는지요?"라 했다. 이어서 말하기를 "옛날에 중국 황실의 딸이 바다를 건너 진한으로 가서 아들을 낳았는데 그가 해동의 시조가 되었습니다. 황실의 딸은 땅의 신선이 되어 오랫동안 선도산에 있었는데 이것이 그분의 상입니다"라 했다.」

또 송나라 사신 왕양이 우리나라에 와서 동신성모에게 제사를 지냈는데, 그 제문에 '어진 사람을 낳아 처음으로 나라를 세웠다'[21]라는 구절이 있었다.

지금 신모가 금을 시주하여 부처를 받들게 하고 중생[22]을 위하여 불법을 열어 부처의 가르침에 이르는 길을 열었으니 어찌 한갓 오래 사는 술법만 배워 몽롱한 것에만 얽매일 것이랴!

다음과 같이 찬미한다.

서연산에 와 있은 지 몇 십 년 되었던가,
선녀들 불러다 신선의 옷[23] 짜게 했네.
오래 사는 신선술도 오묘함이 없지 않으나,
부처님[24] 찾아뵙고 옥황상제 되었다네.

18) 정화(政和) : 송나라 휘종(徽宗)의 연호.
19) 우신관(佑神館) : 궁중 내의 제사를 모시는 장소인 듯함.
20) 접대임무를 맡은 학사〔館伴學士〕 : 학사직(學士職)에 있는 문관으로 외국사신의 접대관(接待官).
21) 처음으로 나라를 세웠다.〔肇邦〕 : 원문의 肇邦(조방)은 나라를 처음으로 세우는 것.
22) 중생〔含生〕 : 원문의 含生(함생)은 함령(含靈)과 같은 뜻으로 영혼을 가진 일체의 중생.

又國史. 史臣曰.

軾政和中. 嘗奉使入宋. 詣佑神館. 有一堂. 設女仙像. 館伴學士王黼曰. 此是貴國之神. 公知之乎. 遂言曰. 古有中國帝室之女. 泛海抵辰韓. 生子爲海東始祖. 女爲地仙. 長在仙桃山. 此其像也.

軾 : 수레앞턱가로나무 식
詣 : 나아갈 예
黼 : 고대의예복에놓은수 보

泛 : 뜰 범
抵 : 다다를 저

又大宋國使王襄到我朝. 祭東神聖母. 女有娠賢肇邦之句.

襄 : 도울 양
女 : 文의 오기
肇 : 비롯할 조

今能施金奉佛. 爲含生開香火・作津梁. 豈徒學長生而囿於溟濛者哉.

津 : 나루 진
梁 : 다리 량
囿 : 얽매일 유
溟 : 어두울 명
濛 : 분명하지않을 몽

讚曰.

來宅西鳶幾十霜.
招呼帝子織霓裳.
長生未必無生異.
故謁金仙作玉皇.

霜 : 해지낼 상
招 : 불러올 초
霓 : 무지개 예
謁 : 뵈올 알

23) 신선의 옷〔霓裳〕: 원문의 霓裳(예상)은 신선의 옷을 의미. 『초사』 구가(九歌)에 「靑雲衣兮白霓裳 擧長失兮射天狼(청운의 옷 신선의 옷으로 긴 화살을 들어서 천랑이라는 별을 쏘았네.)」
24) 부처님〔金仙〕: 원문의 金仙(금선)은 부처님을 아름답게 부르는 말. 『계고략사(稽古略四)』에 「송휘종 선화 원년(1119)에 조서를 내려 부처님을 대각금선(大覺金仙)이라 했다.」

선도성모 수희불사 조의 구성과 의미

• 승려 지혜의 정성이 통[感通]하여 불사가 이루어지다. - 무(巫) · 불(佛) · 도(道)의 융합으로 새로운 세계 창조 -	
도입[起] : 토착신앙의 산신이 불전(佛殿) 수리를 돕다. - 무(巫) · 불(佛) 융합 -	
• 선도산 신모가 비구니 지혜로 하여금 불전을 수리하게 하다.	• 선도산 신모는 산신으로 볼 수 있음. 고대인들은 산신을 산에 강림하고 산에 은거한 하느님의 아들 즉 천신(天神)으로, 우리나라 무교(巫教)의 대표적인 신위(神位)로 생각함. 무교를 대표하는 산신인 선도산 성모가 불전을 수리하게 하였다는 것은 무교와 불교가 융합함을 의미. 산신이 치술신모(鵄述神母)나 운제성모(雲梯聖母)처럼 여성인 것은 모계사회의 유풍으로 추정
• 주존삼불 · 53불 · 천신 · 오악의 신군을 그려서 점찰 법회를 베풀게 하다.	• 주존삼불(主尊三佛)은 현교의 부처이며, 53불은 『관약왕약상이보살경(觀藥王藥上二菩薩經)』에 나오는 부처로 밀교의 성격을 가지며, 천신(天神)과 오악(五岳)의 신들은 무속을 대표함. 점찰법회는 『점찰경』에 의한 법회로 현교와 무속을 융합시킬 수 있는 밀교적인 성격이 강함. 따라서 이 내용은 현교와 무속을 점찰법회의 방법으로 융합함을 의미한 듯함
전개[承] : 중국에서 신술을 닦은 선도산의 산신 신모에게 망제를 지내다. - 노장사상(老莊思想)과 무속의 융합 -	
• 신모는 중국 황실의 딸이었는데 신선의 술법을 배웠다.	• 신모가 중국 황실의 딸이란 것은 선도산 신모 세력은 중국계의 이주민이란 의미로 표현한 듯함 - 신선의 술법이란 노장사상인 도교(道教)를 의미함. 진시황이 삼신산(三神山)의 불사약을 구하기 위해 보낸 사람 중의 하나인 한종(韓終)이 우리나라에 머물렀다는 전설은 신선사상이 우리나라에 있었다는 설을 뒷받침함
• 솔개를 따라가다 멈추는 곳에 살다.	• 신모는 하늘과 땅을 오가는 영매인 솔개의 인도로 서악 즉 서연산의 산신이 됨. 서연산은 솔개의 훈차(訓借)
• 선도산을 삼사 중의 하나로 삼고 명산대천 제사의 윗자리로 했다.	• 신라인들은 명산대천(名山大川) 특히 산신에 제사지내는 산신제(山神祭)에 치중되어 있는데, 산신제란 산에 깃들인 천신에 제사지냄을 의미. 신선의 술법을 닦은 신모에게 무속의 산신제를 드린다 함은 도교와 무속의 융합을 의미
• 경명왕이 신모에게 기도하여 매를 찾다.	• 신모의 영험함을 나타낸 듯함

전환[轉] : 무(巫) · 불(佛) · 도(道)가 융합된 후 영험이 나타나다.	
• 성모가 혁거세와 알영을 낳았다.	• 신라시조 혁거세왕 조에 「지금의 풍속에 중흥부를 어머니로 삼고 장복부를 아버지로 삼으며 임천부를 아들, 가덕부를 딸로 삼았다.」라 한 데서 알 수 있듯이 각부의 선후관계나 우열관계를 따져 가족적 칭호를 붙였듯이 성모와 혁거세 및 알영의 관계도 혈연적이라기보다 정치적 또는 문화적 모자관계로 보여짐
• 성모가 선녀들에게 비단을 짜게 하고 조복을 만들다.	• 비단을 짜게 했다는 것은 비단 짜는 기술을 전해주었다는 뜻인 듯하며, 조복을 만들었다는 것은 관료제를 비롯한 발전된 정치제도를 전해준 의미로 볼 수 있음
결론[結] : 찬시로 요약 정리하다.	
• 성모가 술법에만 얽매이지 않고 불타를 만들고 법회를 열게 하다.	• 성모가 중국의 노장사상을 배웠으나 신라에 와서는 불교와 도교를 융합하여 세속의 중생을 구제했다는 의미
• 부처님 찾아 뵙고 옥황상제 되었다.	• 옥황상제는 도교에 등장하는 용어로 역시 도교와 불교의 융합을 의미

선도산에 있는 선도성모 사당

욱면비 염불서승

– 계집종 욱면이 염불하여 극락가다 –

경덕왕 대에 강주[1](지금의 진주인데 剛州라고도 한다. 그렇다면 지금의 순안이다.)[2]의 남자 신도 수십 명이 극락으로 가고 싶은 뜻을 가지고 강주 지역에 미타사라는 절을 세우고 1만 일을 기약하여 계[3]를 만들었다. 이때 벼슬이 아간인 귀진의 집에 이름이 욱면이라는 한 계집종이 있었다.

욱면은 그의 주인을 모시고 절에 가 마당에 서서 스님을 따라 염불을 했다. 주인이 그녀의 직분에 맞지 않는 행동을 미워하여 늘 곡식 두 섬을 하룻밤 동안에 다 찧으라고 하였다. 계집종은 초저녁[4]에 다 찧어 버리고 절에 가서 염불을 했다.(속담에 '내 일이 바빠서 주인집 방아를 서두른다'는 말은 여기서 나온 듯하다.) 밤낮으로 조금도 게으르지 않아 마당의 좌우에 긴 말뚝을 세우고 두 손바닥을 뚫어 노끈으로 꿰어 말뚝 위에 매어 합장을 하고 양쪽에서 이를 흔들어 자신을 격려하였다.[5] 이때 하늘에서 공중으로 외치기를 "욱면랑은 법당으로 들어가 염불하라" 하였다. 절의 승려들이 이를 듣고 계집종 욱면을 권해서 법당으로 들어가게 하여 예에 따라 정진토록 했다.

얼마 안 되어 하늘의 음악 소리가 서쪽으로부터 들려오면서 계집종의 몸이 솟구쳐 올라 집 대들보를 뚫고 나가[6] 서쪽 교외로 가더니 본래의 몸을 버리고 부처의 몸으로 변하여 연화대에 앉아 큰 빛을 발하면서 천천히 가 버렸는데 음악 소리는 하늘에서 그치지 않았다. 그 법당에는 지금도 구멍 뚫린 자리가 있다고 한다.(이상은 향전에 있다.)

1) 강주(康州) : 지금의 경남 진주(晉州).
2) 강주(剛州)·순안(順安) : 지금의 경북 영주시로 추정. 『신증동국여지승람』 영주군 조에 「경덕왕 대에 나령군(奈靈郡)으로 하였으며, 고려 성종왕 대(982~997)에 강주(剛州)로 개명했으며, 인종왕 대(1123~1146)에 순안현(順安縣)으로 바꾸었다.」라는 기록이 있음. 注에서 진주라 했으나 이는 康州와 剛州가 음이 같아서 혼돈한 듯함.
3) 1만 일을 기약하여 계〔約萬日爲契〕: 신자들에 의해 민간에서 결사된 것으로 욱면비 염불서승 조에 처음 나타났으며, 우리나라에서만 보임. 萬日念佛 결사는 교단의 부패와 승려의 기강 문란 등에 대한 자각과 반성으로 조직되어 평생동안 신앙의 동지로 서원을 하고, 가입하여 결성된 신앙공동체임.

郁面婢 念佛西昇

景德王代康州(今晉州. 一作剛州. 則今順安.) 善士數十人. 志求西方. 於州境創彌陀寺. 約万日爲契. 時有阿干貴珎家一婢名郁面.

隨其主歸寺. 立中庭. 隨僧念佛. 主憎其不職. 每給穀二碩・一夕舂之. 婢一更舂畢. 歸寺念佛(俚言巳事之忙. 大家之舂促. 蓋出乎此.) 日夕微怠. 庭之左右. 竪立長橛. 以繩穿貫兩掌. 繫於橛上合掌. 左右遊之激勵焉. 時有天唱於空. 郁面娘入堂念佛. 寺衆聞之. 勸婢入堂. 隨例精進.

未幾天樂從西來. 婢湧透屋樑而出. 西行至郊外. 捐骸變現眞身. 坐蓮臺・放大光明. 緩緩而逝. 樂聲不撤空中. 其堂至今有透穴處云.(巳上鄕傳.)

郁 : 성할 욱 婢 : 계집종 비
士 : 남자 사 憎 : 미워할 증

舂 : 절구질할 용 畢 : 마칠 필
俚 : 속될 리

巳 : 己의 오기 微 : 아닐 미
怠 : 게으를 태 竪 : 세울 수
橛 : 말뚝 궐 繩 : 노끈 승
穿 : 뚫을 천 貫 : 꿸 관
掌 : 손바닥 장 繫 : 이을 계
激 : 북돋을 격 勵 : 힘쓸 려
未幾 : 얼마되지않아
湧 : 솟구칠 용 透 : 통할 투
樑 : 대들보 량 捐 : 버릴 연
骸 : 몸 해 緩 : 느릴 완
逝 : 갈 서
撤 : 거두어들일 철

巳 : 己의 오기

4) 초저녁〔一更〕: 밤을 다섯으로 나눈 오경(五更) 중에서 첫번째인 초저녁.
5) 두 손바닥을 뚫어 …… 이를 흔들어 자신을 격려하였다. : 어떠한 난관이라도 극복하겠다는 갸륵한 정성을 의미.
6) 솟구쳐 올라 집 대들보를 뚫고 나가〔湧透屋樑而出〕: 제약이 없는 자유로운 존재로 다시 태어남을 의미. 엘리아데(Eliade)는 「근본적인 신비적 경험, 즉 인간조건을 초월하는 일은 지붕의 파괴와 비상(飛翔)이라는 이중의 이미지로 표현된다. 불교의 문헌을 보면 공기를 통해 날고, 궁성의 지붕을 부수며, 그 자신의 의지에 의하여 날며, 남의 지붕을 부수고 빠져나가 허공을 여행하는 아라한들이 언급되어 있다. …… 아라한의 비상이 갖는 두 가지 의미는 모두 존재론적 지평에서의 돌파를, 그리고 하나의 존재양식에서 다른 존재양식에로, 더 정확히 말하자면 제약된 존재에서 제약 없는 존재양식, 즉 완전한 자유에로의 이행을 표현하고 있는 것이다.」라고 주장.

『승전』을 살펴보면 이러하다.

「관음보살의 현신인 동량팔진이 천 명의 무리들을 모아 그들을 두 패로 나누어 한 패는 힘쓰는 일을 하게 하고 한 패는 정성껏 도를 닦게 했다.[7] 힘써 일하던 패의 우두머리[8]가 계를 얻지 못하고 축생도[9]에 떨어져 부석사의 소가 되었다. 그 소가 일찍이 불경을 싣고 가다가 불경의 힘으로 아간 귀진의 계집종으로 태어났는데 이름을 욱면이라 하였다. 욱면이 일이 있어 하가산[10]에 갔다가 꿈에 감응을 받고 드디어 불도를 닦을 마음이 생겼다. 아간의 집은 혜숙법사가 세운 미타사에서 그리 멀지 않으므로 아간이 언제나 그 절에 가서 염불을 하니 계집종도 따라가 마당에서 염불을 하였다라고 했다.

이러하기 9년 되는 을미(755) 정월 21일에 예불을 올리다가 집의 대들보를 뚫고 나갔다. 소백산에 이르러 신발 한 짝[11]을 떨어뜨리니 바로 그 자리에 보리사를 세우고 산 밑에 이르러서는 그의 육신을 버렸으므로 그곳에는 제2보리사를 짓고 그 전각에 표시하기를 「욱면[12]등천지전」(勗面登天之殿 : 욱면이 하늘로 올라간 전각)이라 했다. 지붕의 용마루에 뚫린 구멍이 10위가량[13] 되었는데도 폭우나 세찬 눈이 내려도 젖지를 않았다. 그 뒤에 일 벌이기를 좋아하는 자가 금탑 한 개를 본떠 만들어 구멍에 맞추어서 소란반자[14] 위에 모시고 그 이적을 기록하였으니 지금까지도 방과 탑이 그대로 남아 있다.

7) 두 패로 나누어 한 패는 힘쓰는 일을 하게 하고 한 패는 정성껏 도를 닦게 했다. : 이판승(理判僧)과 사판승(事判僧)으로 나누었다는 의미. 이판승이란 불교의 조계종에서 종정 계열, 즉 불법의 궁극적 목적을 위해 수행하는 승려를 말하며, 사판승은 총무원장 · 주지 등으로 모든 행정 및 재정 업무를 담당하는 승려를 말함. 여기서 이(理)와 사(事)는 화엄철학의 우주관으로 우주만유의 표면적 · 차별적 현상계를 사(事)라 하며, 현상계 이면의 무차별성 · 보편성 · 평등성 즉 진여법성(眞如法性)의 평등일리(平等一理)의 세계가 이(理)임.

8) 우두머리〔知事者〕: 원문의 知事者(지사자)는 일을 맡은 사람. 책임자. 무리의 우두머리.

9) 축생도(畜生道) : 지옥 · 아귀 · 축생 · 아수라 · 인간 · 천상을 육도(六道)라 하는바 축생도는 축생의 업인(業因)이 있는 자가 사후에 가는 길. 여기서 축생이란 주인에 의해서 길러진 것을, 도(道)란 업(業)을 받게 된 원인을 말함.

10) 하가산(下柯山) : 지금의 경북 안동시에 있는 학가산.

按僧傳.

棟梁八珎者觀音應現也. 結徒有一千. 分明爲二. 一勞力・一精修. 彼勞力中知事者不獲戒. 墮畜生道. 爲浮石寺牛. 嘗馱經而行. 賴經力・轉爲阿干貴珎家婢. 名郁面. 因事至下柯山. 感夢遂發道心. 阿于家距惠宿法師所創彌陀寺不遠. 阿干每至其寺念佛. 婢隨往. 在庭念佛云云.

明 : 朋의 오기
墮 : 떨어질 타

馱 : 駄(짐실을 태)와 통용
柯 : 도낏자루 가
遂 : 마침내 수
于 : 干의 오기

如是九年. 歲在乙未正月二十一日. 禮佛撥屋梁而去. 至小伯山・墮一隻履. 就期地爲菩提寺. 至山下弃其身. 卽其地爲二菩提寺. 榜其殿曰勗面登天之殿. 屋脊穴成十許圍. 雖暴雨密雪不霑濕. 後有好事者範金塔一座. 直其穴・安承塵上. 以誌其異. 今榜塔尙存.

撥 : 없앨 발
屋 : 지붕 옥
履 : 신발 리
榜 : 방붙일 방
勗(勖의 속자) : 힘쓸 욱
脊 : 등마루 척
圍 : 둘레 위
霑 : 젖을 점
濕 : 젖을 습
範 : 본보기 범
塵 : 티끌 진

11) 신발 한 짝〔一隻履〕 : 이 설화는 중국의 「달마척리(達磨隻履)」의 설화를 수용한 것인 듯함. 설화에 「달마는 중국에서 세상을 뜨자 매장했는데, 그 후 오공(悟空)이 불전을 구하기 위해 인도로 가는 도중에 한 쪽 발에만 풀로 만든 신을 신은 달마가 있었다. 오공은 이것은 생각지도 못할 일이라 생각하고 귀국 후 달마의 무덤을 파보니 유체는 없고 단지 신발만 있었다.」라는 내용이 있음. 이러한 종류의 설화는 고승을 사후까지 추모하며, 그의 활약을 기대하는 민중심리를 반영한 것으로 봄.
〈무라가미〔村上〕, 『三國遺事考證』〉

12) 욱면(勗面) : 원문의 勗面(욱면)은 郁面을 다르게 표현한 것.

13) 10위가량〔十許圍〕 : 원문의 圍(위)는 5촌(寸) 또는 한 아름〔抱〕을 말하는데 여기서는 5촌을 뜻함.

14) 소란반자〔承塵〕 : 원문의 承塵(승진)은 소란반자를 의미. 소란반자란 천장의 반자틀에 소란(小欄)을 박고 그 구멍을 井자 모양의 살로 된 벽장문처럼 만들어 덮은 반자.

욱면이 떠난 후 귀진도 또한 그의 집이 신이한 사람이 의탁했던 곳이라 하여 집을 희사하여 절을 만들고 그 절 이름을 법왕사라 불렀으며 전답과 일할 사람을 바쳤다. 오랜 뒤에 절은 허물어지고 빈 터만 남았다.

대사 회경이 승선[15] 유석 및 소경[16] 이원장과 함께 발원하여 절을 중창하는데 회경이 몸소 토목 일을 하였다. 처음 재목을 나르던 날 꿈에 노인이 삼으로 만든 신과 칡으로 만든 신발을 각각 한 켤레씩 주고는 옛 신사로 데리고 가서 불법의 이치를 깨우쳐주었다. 사당 옆의 재목을 베어다가 거의 5년만에 공사를 마치고 노비를 더 두니 이 절은 매우 번창하여 동남 지역의 이름 있는 사찰이 되었다. 사람들은 회경을 귀진의 후신(後身)이라 하였다.」

논평해서 말한다.

「고을 안에 있는 「고전」을 살펴보면 욱면의 일은 바로 경덕왕 대의 사건인데, 징(徵)(徵자는 珍자인 듯하다. 아래에서도 같다.)의 「본전」에 의하면 원화[17] 3년 무자(808)로서 애장왕 때의 일이라고 했다. 경덕왕 이후의 왕의 계통은 혜공 · 선덕 · 원성 · 소성 · 애장 등이니 이 5대까지를 합하면 60여 년이나 된다. 귀징(진)이 먼저이고 욱면이 뒤가 되어 향전과는 틀리다. 그러므로 여기에 두 가지를 다 실어 의심을 없앤다.」

아래와 같이 찬미한다.

서편 이웃 옛 절에는 불등이 밝은데,
방아 찧고 절로 가면 밤 깊어 이경이네.
한마디 염불마다 성불을 스스로 기약하매,
손바닥 뚫어 노끈 꿰니 그 몸 바로 잊음이네.

郋面去後. 貴珎亦以其家異人托生之地. 捨爲寺曰法王. 納田民. 久後廢爲丘墟. 有大師懷鏡. 與承宣劉碩小卿李元長·同願重營之. 鏡躬事土木. 始輸材. 夢老父遺麻葛屨各一. 又就古神社. 諭以佛理. 斫出祠側材木. 九五載告畢. 又加臧獲. 蔚爲東南名藍. 人以鏡爲貴珎後身.

托 : 의탁할 탁
廢 : 없앨 폐
躬 : 몸(신체) 궁
諭 : 깨우칠 유
屨 : 신 리
斫 : 쪼갤 작
祠 : 사당 사
墟 : 옛터 허
懷 : 생각할 회
九 : 凡의 오기
臧 : 노비 장
獲 : 노비 획
蔚 : 무성할 위
藍 : 절 람

議曰.

按鄕中古傳. 郁面乃景德王代事也. 據徵(徵字疑作珎. 下亦同.)本傳. 則元和三年戊子·哀莊王時也. 景德後歷惠恭·宣德·元聖·昭聖·哀莊等五代. 共六十餘年也. 徵先面後. 與鄕傳乖違. 然兩存之闕疑.

據 : 의거할 거
疑 : 그럴듯할 의
乖 : 어그러질 괴
闕 : 없을 궐
疑 : 의심할 의

讚曰.

西隣古寺佛燈明.
舂罷歸來夜二更.
自許一聲成一佛.
掌穿繩子直忘形.

罷 : 끝날 파
許 : 기약할 허

15) 승선(承宣) : 왕명을 전달하는 승정원(承政院)의 관직명.
16) 소경(小卿) : 약(藥)이나 의료를 담당하는 대의원(太醫院) 및 토지의 개간이나 어업 등의 업무를 관장하는 어공원(御供院)의 차관직.
17) 원화(元和) : 당나라 헌종(憲宗)의 연호.

광덕 엄장

– 광덕과 엄장–

문무왕 대에 광덕과 엄장이라는 승려 두 명이 서로 친하여 밤낮으로 약속하기를 "극락[1]으로 먼저 가는 사람은 반드시 서로 알리도록 하자"고 하였다. 광덕은 분황사 서쪽 마을(혹은 황룡사에 서거방이 있다고 하는데 어느 것이 옳은지는 알 수 없다.)에 숨어 살면서 신 만드는 것을 생업[2]으로 처자와 함께 살고 있었다. 엄장은 남악[3]에 암자를 짓고 화전농사[4]를 지었다.

어느 날 해 그림자가 붉게 노을지고 소나무 숲 그늘에 어둠이 깔릴 무렵에 창 밖에서 소리가 들려 오기를 "나는 이제 극락으로 가네. 자네는 잘 있다가 속히 나를 따라 오게나"라 하자 엄장이 문을 밀치고 나가서 쳐다보니 구름 위에서 하늘의 음악 소리가 들려오고 밝은 빛은 땅까지 뻗쳤다. 이튿날 광덕의 처소로 찾아갔더니 광덕은 과연 죽어 있었다. 이에 즉시 광덕의 처와 함께 유해를 수습하여 장사[5]를 지냈다.

1) 극락〔安養〕: 원문의 安養은 서방 극락정토의 다른 이름. 『무량수경』에 「往生安養國 橫截五惡趣(안양국에 왕생하여 오악취를 여의다.)」

2) 신 만드는 것을 생업〔蒲鞋爲業〕: 일연선사가 진존숙(陳尊宿)을 흠모하여 진존숙의 생애와 비슷한 형태를 설정한 듯함. 인각사에 있는 일연의 비문에 기록된 황벽(黃蘗)의 제자 진존숙은 그의 어머니를 봉양하기 위해 고향으로 내려가 짚신을 삼아 생업을 유지.

3) 남악(南岳): 남악이 언급된 사서의 기록.

사 서	내 용
삼국사기	오악 중 남악의 지리산
동국여지승람	경주부의 동쪽으로 45리에 있는 함월산을 신라시대에 남악이라 함.
동경잡기	경주부의 동쪽으로 50리에 있는 기림사의 주봉을 말함.
경주시지	남악은 신라 도성의 남방에 있는 남산일 것임.

*설화의 내용으로 보면 남악은 지금의 남산으로 추정.

4) 화전농사〔大種刀耕〕: 원문의 大種(대종)은 火種(화종)의 오기. 화종도경(火種刀耕)은 숲의 나무를 베어 불살라 재가 된 후에 씨를 뿌린다는 뜻. 『동재기사(東齋記事)』에 「沅湘多山 布種時 先伐林木之 候成灰布種 謂之刀耕火種(원상에는 산이 많은데 파종할 때는 먼저 풀과 나무를 벤 뒤 기다렸다가 재가 되면 파종을 한다. 이것을 화전농사라 한다.)」

5) 장사〔蒿里〕: 원문의 蒿里(호리)는 중국의 태산(泰山) 남쪽에 있는 땅 이름. 사람이 죽으면 혼백이 모두 이곳으로 간다고 해서 무덤을 가리킴.

廣德 嚴莊

文武王代. 有沙門名廣德・嚴莊二人友善. 日夕約曰. 先歸安養者須告之. 德隱居芬皇西里.(成云. 皇龍寺有西去房. 未知孰是.) 蒲鞋爲業. 挾妻子而居. 莊庵栖南岳. 大種刀耕.

一日・日影拖紅. 松陰靜暮. 窓外有聲・報云. 某巳西往矣. 惟君好住. 速從我來. 莊排闥而出顧之. 雲外有天樂聲. 光明屬地. 明日歸訪其居. 德果亡矣. 於是乃與其婦收骸. 同營蒿里.

蒲 : 부들 포
挾 : 낄 협
栖 : 깃들 서
耕 : 밭갈 경
鞋 : 신발 혜
庵 : 암자 암
大 : **火**의 오기

拖 : 끌 타
暮 : 해저물 모
巳 : **已**의 오기
排 : 밀칠 배
闥 : 문 달
顧 : 돌아볼 고
營 : 지을 영
蒿 : 쑥 호

6) 남편〔夫子〕 : 원문의 夫子는 아내가 자기 남편을 부르는 말.
7) 마치 나무에 올라가 물고기를 구하는 것〔求魚緣木〕 : 『맹자』 양혜왕(梁惠王) 上에 「以若所爲 求若所欲 猶緣木而求魚也(그와 같은 방법으로 큰 욕망을 달성하시려는 것은 마치 나무에 올라가 고기를 잡는 것과 같습니다.)」
8) 16관(十六觀) : 탑상편 남백월 이성 노힐부득 달달박박 조의 정토삼부경 참조.(16관=13관+산선9품의 3관)
9) 관(觀) : 미망(迷妄)을 깨치고 진리를 달관(達觀)하는 것. 즉 선에 들어가 지혜로써 상대되는 경계를 식별하는 것.
10) 빛 위로 올라가 그 위에서 가부좌를 하였습니다. : 달은 부처의 상징으로 나타나는데 광덕이 달빛 위에 가부좌를 했다는 것은 광덕과 달의 동질화를 시사. 이때의 달은 단순한 달이 아니라 각자(覺者)의 달이며, 이 형상을 통하여 광덕은 관상(觀想)이 원숙되어 왕생(往生)이 예시되고 있음.
〈황패강, 『향가문학의 이론과 해석』〉
11) 도 닦는 요점〔津要〕 : 원문의 津要(진요)는 요충(要衝)의 땅 또는 추요(樞要)의 지위를 뜻함. 여기서는 도 닦는 요점.

장사를 다 치르고 광덕의 부인에게 말하기를 "남편[6]이 죽었으니 나와 함께 지내는 것이 어떠하오?" 하였더니 부인이 "좋습니다"라 했다. 드디어 머물러 밤에 자면서 정을 통하려고 하자 부인이 응하지 않으면서 말하기를 "스님께서 서방정토를 구하는 것은 마치 나무에 올라가 물고기를 구하는 것[7]과 같습니다"라 했다. 엄장이 놀라면서 괴이하게 여겨 묻기를 "광덕도 이미 그랬는데 나 또한 어찌 안 되겠소?"라 하니 그 부인이 말하기를 "남편은 저와 10년을 살아도 아직까지 하룻밤도 한자리에 잔 적이 없는데 하물며 몸을 더럽혔겠소. 오로지 매일 밤마다 몸을 단정히 하고 반듯이 앉아서 한결같이 아미타불을 부르면서 혹은 16관[8]을 짓고 관[9]에 익숙하자 달빛이 창문 안으로 들어오면 때로는 빛 위로 올라가 그 위에서 가부좌를 하였습니다.[10] 정성을 다함이 이와 같았으니 비록 서방정토에 가려고 아니한들 어디로 가겠습니까? 무릇 천 리 길을 가고자 하는 사람은 첫걸음부터 알 수 있는 것이니 지금 스님의 관은 동쪽으로 간다고는 할 수 있지만 서방으로 갈지는 알 수 없습니다"라 했다.

엄장은 부끄럽고 무안하여 물러나와 그 길로 원효법사의 처소로 가서 도 닦는 요점[11]을 간곡하게 청했다. 원효는 정관법[12]을 만들어 그를 지도했다. 엄장은 이에 자기 몸을 깨끗이 하고 잘못을 뉘우쳐 스스로 꾸짖고 한마음으로 도를 닦으니 그 또한 서방정토로 올라가게 되었다.

정관법은 『원효법사본전』[13]과 『해동고승전』[14]에 실려 있다.

광덕의 부인은 바로 분황사의 계집종이니 대개 관음보살의 19응신[15] 중의 한 분이다.

12) 정관법〔錚觀法〕: 원문의 錚觀法(삽관법)은 淨觀法(정관법)의 오기인 듯함. 정관법이란 청정한 관법(觀法)으로, 정토의 16관법을 말함.
13) 원효법사본전〔曉師本傳〕: 『송고승전(宋高僧傳)』 권4 원효전을 말함.
14) 해동고승전〔海東僧傳〕: 고려 때 승려 각훈이 편찬한 해동고승전.
15) 관음보살의 19응신〔十九應身〕: 관음보살이 세상을 교화함에는 중생의 근기에 맞추어 여러 가지 형태로 나타남. 이를 보문시현(普門示現)이라 하며 33신이 있는데 광덕처의 19응신은 33신 중 거토부녀신(居士婦女身)에 해당하며, 19응신 중의 하나라 함은 『법화경』 관세음보살보문품에서 관음응신의 33신에 대한 19설법상의 일신(一身)으로 해석됨.

旣事. 乃謂婦曰. 夫子逝矣. 偕處何如. 婦曰可. 遂留. 夜宿將欲通焉. 婦靳之曰. 師求淨土. 可謂求魚緣木. 莊驚恠問曰. 德旣乃爾. 予又何妨. 婦曰. 夫子與我. 同居十餘載. 未嘗一夕同床而枕. 況觸汚乎. 但每夜瑞身正坐. 一聲念阿彌陁佛号. 或作十六觀. 觀旣熟. 明月入戶. 時昇其光. 加趺於上. 竭誠若此. 雖欲勿西奚往. 夫適千里者·一步可規. 今師之觀可云東矣. 西則未可知也.

莊愧赧而退. 便詣元曉法師處. 懇求津要. 曉作鍤觀法誘之. 藏於是潔巳悔責. 一意修觀. 亦得西昇.

鍤觀在曉師本傳·與海東僧傳中. 其婦乃芬皇寺之婢. 蓋十九應身之一.

逝 : 죽을 서
偕 : 함께 해
靳 : 아낄 근
恠 : 傀의 속자
妨 : 거리낄 방
枕 : 베개 침
但 : 단지 단
觸 : 범할 촉
戶 : 출입구 호
加 : 跏(책상다리할 가)의 오기
趺 : 책상다리할 부
竭 : 힘다할 갈
奚 : 어찌 해
夫 : 무릇 부
愧 : 부끄러울 괴
赧 : 무안할 난
便 : 문득 변
津 : 나루 진
鍤 : 淨의 오기
鍤 : 가래 삽
藏 : 莊의 오기
巳 : 己의 오기
誘 : 가르칠 유
鍤 : 淨의 오기인 듯
責 : 꾸짖을 책

16) 광덕이 언젠가 다음과 같은 노래를 지었다.〔德嘗有歌云〕: 원왕생가의 작자가 누구인가에 대한 논쟁은 마지막 문장인 蓋十九應身之一德嘗有歌云을 어떻게 끊어서 해석하느냐 하는 문제임. 蓋十九應身之一德 / 嘗有歌云으로 끊으면 一德은 관음응신을 지칭해서 광덕처가 되며, 蓋十九應身之一 / 德嘗有歌云으로 끊으면 德은 광덕을 지칭. 근래에는 광덕설이 더 지지를 얻고 있음. 또한 有歌가 作歌와 의미가 틀리다는 입장에서 원효설과 작자실명설(作者失名說)이 주장되기도 함. 아래 표는 원왕생가 작자에 관한 학설을 요약한 것임.

*원왕생가 작자에 관한 학설

구 분	주장학자
광덕처	오꾸라〔小倉〕· 양주동 · 김종우 · 김선기
광 덕	김동욱 · 박노준 · 황패강 · 조동일
원 효	김사엽
작자 실명(失名)	최철 · 윤영옥 · 김승찬 · 성기옥

광덕이 언젠가 다음과 같은 노래를 지었다.[16)]

김 완 진	신 재 홍	황 패 강
달이 어째서 西方까지 가시겠습니까? 無量壽佛前에 보고의 말씀 빠짐없이 사뢰소서 誓願 깊으신 부처님을 우러러 바라보며 願往生願往生 두 손 곧추 모아 그리는 이 있다 사뢰소서. 아아, 이 몸 남겨 두고 四十八大願 이루실까.	달이 애오라지(아예) 西方[만을] 염원하면서 가시리오? 無量壽佛 前에 되뇌임 가져가서 사뢰소서. "다짐 깊은 佛尊에 우러러 두 손 모아 곧추어 '願往生 願往生' 그리는 사람 있다"[고] 사뢰소서 아아, 이 몸 버려두고 四十八大願 이루실까?	달하 이제 西方 거쳐 가시리꼬 無量壽佛前에 알리는 말씀[?] 사뢰소서 다짐 깊으신 尊에 우럴어 두 손 모두고 곶하오시어 願往生 願往生 그리는 사람 있다 사뢰소서. 아야 이 몸 남겨두고 四十八大願 이루실까.

달이시여 이제
서방 극락세계에 가시거든
무량수부처님 앞에
드릴 말씀 사뢰어 주소서.
"중생을 구원하실 서원 깊으신 부처님
우러러 바라보며
'극락세계에 왕생하기를 원하옵니다. 극락세계에 왕생하기를 원하옵니다' 하며
두 손 합장하여 극락세계를 그리워하는 사람이 있다고 사뢰어 주소서"
아아! 이 몸을 버려 두고
부처님이 서원하신 48대원 어떻게 이루실 수 있겠습니까?

〈필자 해석〉

부석사 무량수부처상

德嘗有歌云.

月 下伊底亦. 西方 念丁 去賜里遣.

① 김완진→ᄃᆞ랄 아래 이 엇데 역 西方 ᄭᆞ장 장(?) 가 시 리 고

② 신재홍→ᄃᆞ랄 알 이 아/애 여 西方 외오 뎌 가 시 리 고

③ 황패강→달 하 이 뎨 西方 거 쳐[?] 가 샤 리 고

無量壽佛前乃. 惱叱古音(鄕言云報言也). 多可 支 白遣賜立.

①→ 無量 壽佛前ᄂᆡ ᄀᆞᆺㅅ고음 하음ᄌᆞᆨ攴 ᄉᆞᆲ고시셔

②→ 無量 壽佛前ᄂᆡ 뇌ㅅ고ㅁ 다ㄱ 기 ᄉᆞᆲ고시셔

③→ 無量 壽佛前애 닏 곰[?] 다가 ᄉᆞᆲ고샤셔

誓音 深史隱 尊衣希 仰支. 兩手集刀 花乎白良

①→다디음 깊시은 ᄆᆞᄅᆞ옷ᄇᆞ라 울월攴 두 손 몯 도 곶오ᄉᆞᆲ랑

②→다딤ㅁ 깂ᄉᆞㄴ 尊 의 ᄒᆡ 울월기 두볼손 모도도 곶오ᄉᆞᆲ아

③→다딤 기프샨 尊 어 ᄒᆡ 우뤄러 두 손 모 도 곶호ᄉᆞᆲ아

願往生 願往生. 慕 人 有如 白遣賜立

①→願往生 願往生 그릴 이 잇다 ᄉᆞᆲ고시셔

②→願往生 願往生 그린 사ᄅᆞᆷ 잇다 ᄉᆞᆲ고시셔

③→願往生 願往生 그릴 사ᄅᆞᆷ 잇다 ᄉᆞᆲ고샤셔

阿邪. 此 身 遺 也 置遣. 四十八大願 成遣賜去.

①→아야 이 모마 기티여 두고 四十八大願 일고시가

②→아야 이 몸 ᄇᆞ리야 두고 四十八大願 일고실가

③→아야 이 몸 기텨 두고 四十八大願 일고샬가

경흥 우성[1)]

– 경흥이 문수보살을 만나다 –

신문왕 대의 경흥대덕의 성은 수씨이며 웅천주[2)] 사람이다. 나이 열여덟에 승려가 되어 모든 불경[3)]에 통달[4)]하니 그 시대에 명망이 높았다. 개요[5)] 원년(681)에 문무왕이 세상을 떠나려 할 때 신문왕에게 뒷일을 부탁[6)]하기를 "경흥법사는 국사가 될 만하니 내 명을 잊지 말라"고 하였다. 신문왕이 왕위에 올라 국로[7)]로 책봉하여 삼랑사[8)]에 머물게 했다.

경흥이 갑자기 병이 들어 한 달이나 아팠다. 한 여승이 와서 그에게 문후를 드리면서 『화엄경』 중에 「착한 벗[9)]이 병을 고쳐준다.」는 이야기를 했다. 그러면서 말하기를 "지금 법사님의 병은 근심으로 생긴 것이니 즐겁게 웃으면 치유될 것입니다"라 하고는 곧 열한 가지 모습의 익살스런 춤을 추는 광대를 만들었다. 뾰족하기도 하고 깎은 듯도 하여 그 변하는 모습은 이루 다 말할 수가 없었다. 모두가 너무 우스워 턱이 빠질 지경이었다. 법사의 병은 자신도 모르는 사이에 씻은 듯이 나았다. 그러자 여승은 문을 나서서 바로 남항사[10)]로(절은 삼랑사 남쪽에 있다.) 들어가 사라지고 여승이 가졌던 지팡이는 십일면원통상[11)]을 그린 불화[12)] 앞에 있었다.

어느 날 경흥이 왕궁으로 들어가고자 했다. 시종하는 이들이 동문 밖에서 먼저 준비를 하는데 말과 안장은 매우 화려하고 신발과 갓 또한 제대로 갖추었으므로 길 가던 사람들이 모두 길을 비켰다.[13)] 이때 행색이 초라한 한 거사[14)](혹은 승려라고도 한다.)가 지팡이를 짚고 등에 광주리를 지고 와서는 말에서 내릴 때 밟는 디딤돌[15)] 위에서 쉬고 있었다. 광주리 속에는 마른 물고기가 보였다.

1) 성(聖) : 성자·성인의 뜻이나 본문에 문수보살이 등장함으로 성자는 문수보살이 됨.
2) 웅천주(熊川州) : 지금의 충남 공주.
3) 모든 불경〔三藏〕: 원문의 三藏(삼장)은 경장(經藏)·율장(律藏)·논장(論藏)의 삼장으로 모든 불경을 의미.
4) 통달〔遊刃〕: 원문의 遊刃(유인)은 遊刃有餘之(유인유여지)의 준말. 칼을 자유로이 놀린다는 뜻으로 일을 처리하는 데 여유가 있을 정도로 통달했다는 의미.
5) 개요(開耀) : 당나라 고종(高宗)의 연호 중 하나. 개요는 681년뿐임.
6) 뒷일을 부탁〔顧命〕: 원문의 顧命(고명)은 왕이 임종할 때 유언으로 뒷일을 부탁하는 것.

憬興遇聖

神文王代. 大德憬興. 姓水氏. 熊川州人也. 年十八出家. 遊刃三藏. 望重一時. 開耀元年. 文武王將昇遐. 顧命於神文曰. 憬興法師可爲國師. 不忘朕命. 神文卽位. 曲爲國老·住三郞寺.

忽寢疾彌月. 有一尼來謁候之. 以華嚴經中善友原病之說爲言曰. 今師之疾. 憂勞所致. 喜笑可治. 乃作十一樣面貌. 各作俳諧之舞. 巉巖戍削. 變熊不可勝言. 皆可脫頤. 師之病不覺洒然. 尼遂出門. 乃入南巷寺(寺在三郞寺南.)而隱. 所將杖子·在幀畫十一面圓通像前.

一日將入王宮. 從者先備於東門之外. 鞍騎甚都. 靴笠斯陳. 行路爲之辟易. 一居士(一云沙門.)形儀踈率. 手杖背筐. 來憩于下馬臺上. 視筐中乾魚也.

憬 : 깨달을 경　遇 : 만날 우
刃 : 칼날 인　耀 : 빛날 요
遐 : 멀 하　顧 : 돌보아줄 고
曲 : 간절할 곡
曲 : 冊(책봉할 책)의 오기
尼 : 여승 니　候 : 문안드릴 후
俳 : 광대 배　諧 : 익살 해
原 : 살필 원　巉 : 가파를 참
巖 : 낭떠러지 암
巉巖 : 산이나 바위가 높고 험한 모양
戌 : 깎을 술　戍 : 戌의 오기
削 : 깎을 삭　戌削 : 깎아 냄
熊 : 態의 오기　頤 : 턱 이
洒 : 씻을 쇄

幀 : 그림족자 정 → 본래 음은 탱
鞍 : 안장 안　騎 : 말탈 기
都 : 성할 도　靴 : 구두 화
笠 : 삿갓 립
辟 : 피할 벽
辟易 : 놀라서 뒤로 물러섬
踈 : 疎의 異體字
率 : 소탈할 솔
筐 : 광주리 광
憩 : 쉴 게

7) 국로(國老) : 국가[國]의 원로[老]란 뜻으로 여기서는 국사(國師)를 가리킴.
8) 삼랑사(三郞寺) : 경주시 성건동 서천변에 있었던 절. 지금은 당간지주와 비편이 남아 있음.
9) 착한 벗[善友] : 원문의 善友(선우)는 불법을 가르쳐 이익이 되게 하는 스승이나 친구.

1. 삼랑사 당간지주
2. 삼랑사 비석 파편

시종하는 자가 그를 꾸짖기를 "너는 스님의 옷을 입고 어찌 더러운 물건을 짊어지고 있느냐?"라 했다. 승려가 말하기를 "두 다리 사이에 산 고기를 끼고 있는 자도 있는데 시장의 마른 물고기를 지고 있는 것이 무슨 흉이 되랴?" 하고 말을 마치자 일어나 가버렸다. 경흥이 막 대문을 나오다가 그 말을 듣고 사람을 시켜 그의 뒤를 쫓게 했다. 그는 남산 문수사의 문밖에 와서 광주리를 버리고 사라졌다. 그의 지팡이는 문수보살상 앞에 세워져 있었으며 마른 고기는 바로 소나무 껍질이었다. 따라갔던 사람이 와서 이 사실을 보고했다. 경흥은 이를 듣고 탄식하며 말하기를 "문수보살이 와서 내가 말 타는 것을 경계한 것이었구나" 하고는 그 후 죽을 때까지 다시는 말을 타지 않았다.

경흥의 아름다운 덕행과 그가 남긴 뜻은 승려 현본이 지은 삼랑사비문에 자세히 실려 있다. 언젠가 『보현장경』을 보았더니 거기에서 미륵보살이 말하기를 "내가 내세에는 마땅히 염부제[16]에 태어나 먼저 석가의 말법[17] 제자들을 득도시킬 것이다. 다만 말 탄 승려만은 제외시켜서 부처님을 보지 못하게 할 것이다"라 하였으니 어찌 경계하지 아니할 것인가!

다음과 같이 찬미한다.

옛 성현이 남긴 교훈 뜻이 더욱 많은데,
어찌하여 후손들은 갈고 닦지[18] 아니 하는가!
마른고기 등에 진 건 오히려 괜찮으나,
(말 탄 사람) 후일에 미륵불[19] 문책 어찌 감당할까!

10) 남항사(南巷寺) : 지금의 경주시 노서동 시외버스 터미널 북쪽에 있는 절터를 남항사지로 추정.
11) 십일면원통상(十一面圓通像) : 원통이란 불 · 보살이 두루 깨달아〔圓〕 장애 없이 사용함〔通〕을 말함. 원통을 이루는 데는 귀로 듣는 것이 최상인바 세상의 소리를 듣는 관세음보살을 원통대사(圓通大士)라 함. 따라서 11면원통상이란 11면관음보살상을 의미.
12) 불화〔幀畫〕 : 원문의 幀畫(탱화)는 불교의 이념과 교리에 입각하여 중생교화를 목적으로 제작하며 경전의 내용을 시각적인 형상으로 나타낸 것.
13) 길을 비켰다.〔辟易〕 : 원문의 辟易(벽역)은 길을 피해 비킨다는 뜻.
14) 거사(居士) : 출가하지 않고 가정에 있으면서 불문(佛門)에 귀의한 남자.
15) 말에서 내릴 때 밟는 디딤돌〔下馬臺〕 : 원문의 下馬臺(하마대)는 말을 타거나 내릴 때에 발돋움으로 쓰기 위해 대문 앞에 놓은 돌. 하마대에서 말을 내려 집무실 등에 들어갈 때까지 잠시 나누는 말을 하마평(下馬評)이라고도 함.

從者呵之曰. 爾着緇. 奚負觸物耶. 僧曰. 與其挾生肉於兩股間. 背䐹三市之枯魚. 有何所嫌. 言訖起去. 興方出門. 聞其言. 使人追之. 至南山文殊寺之門外. 抛筐而隱. 杖在文殊像前. 枯魚乃松皮也. 使來告. 興聞之嘆曰. 大聖來戒我騎畜爾. 終身不復騎.

興之德馨遺味·備載釋玄本所撰三郎寺碑. 嘗見晋賢章經. 彌勒菩薩言. 我當來世. 生閻浮提. 先度釋迦末法弟子. 唯除騎馬比丘不得見佛. 可不警哉.

呵 : 꾸지람할 가
着 : 著(입을 착)의 속자
緇 : 검은옷 치 觸 : 범할 촉
挾 : 낄 협
䐹 : 負의 오기
股 : 넓적다리 고
枯 : 마를 고
嫌 : 싫어할 염
訖 : 마칠 글 抛 : 버릴 포
嘆 : 탄식할 탄 馨 : 향내 형
味 : 뜻 미 備 : 갖출 비
閻 : 땅이름 염 垂 : 남길 수

讚曰.

昔賢垂範意彌多.

胡乃兒孫莫切瑳.

背底枯魚猶可事.

那堪他日負龍華.

垂範 : 남에게 모범을 보임
彌 : 더할 미
胡 : 어찌 호
瑳 : 옥빛깨끗할 차
瑳 : 磋(연마할 차)의 오기
底 : 이를 저
猶 : 오히려 유
堪 : 견딜 감
負 : 저버릴 부

16) 염부제(閻浮提) : 산스크리트어 Jambudvipa의 음역 염부제비파(閻浮提鞞波)의 약칭. 염부(閻浮)는 나무 이름이며, 제(提)는 제비파(提鞞波)의 줄인 말로 주(州)의 의미. 실제로는 인간이 사는 전 세계를 말하기도 하고, 수미산의 남쪽에 있는 4대주(四大州) 중 하나의 주(州)로 인도를 말하기도 함.

17) 말법(末法) : 혼탁한 세상. 부처님이 입멸한 후 최초의 천년(오백년 설도 있음)을 정법(正法), 다음 천년을 상법(像法), 그 후 만년(萬年)까지를 말법이라 함. 말법시대에는 불법이 멸하여 구제를 받을 수 없는 세상이 됨.

18) 갈고 닦지〔切磋〕 : 『시경』 국풍의 「有匪君子 如切如磋 如琢如磨(깨끗하신 우리 님이여! 깎고 다듬고 쪼고 간 듯하시네.)」에서 인용.

19) 미륵불〔龍華〕 : 원문의 龍華(용화)는 용화수(龍華樹)를 뜻함. 미륵불이 도를 이룰 때에 이 나무 밑에 앉는다고 함. 여기서는 미륵불을 의미.

남항사지(추정) 불상

진신[1] 수공[2]

– 진신석가가 공양을 받다 –

장수[3] 원년 임진(692)에 효소왕이 왕위에 올라 망덕사[4]를 세워 당나라 황실의 복을 빌고자 하였다. 그 후 경덕왕 14년(755)에 망덕사의 탑이 매우 흔들리더니 이 해에 안사의 난[5]이 있었다. 신라 사람들이 말하기를 "당나라 황실을 위해 이 절을 세웠으니 그 감응이 있는 것은 당연하다"라 했다.

효소왕 6년 정유[6](697)에 낙성회를 열자, 왕이 친히 행차하여 공양하는데 행색이 누추한 어떤 비구가 몸을 움츠리고 뜰에 서 있다가 왕에게 청하기를 "소승[7]도 재에 참여하기를 원합니다"라 하니 왕이 그에게 맨 끝자리에 앉기를 허락했다. 재가 끝나갈 즈음 왕이 희롱하는 투로 말하기를 "그대는 어디에 살고 있는가?"라 하자 비구가 "비파암[8]입니다"라 했다. 왕이 말하기를 "이제 가거든 누구에게도 국왕이 직접 불공하는 재에 참여했다고 이야기하지 말라"라 했다. 비구가 웃으면서 대답하기를 "폐하도 마찬가지로 다른 사람에게 진신석가에게 공양했다고 이야기하지 마시오" 하고 말을 마치자 몸을 솟구쳐 하늘로 올라 남쪽으로 향하여 가버렸다.

왕은 놀랍고 부끄러웠으나 급히 말을 달려 동쪽 언덕 위에 올라가 그가 간 방향을 향해 멀리서 절하고 사람을 시켜 찾아보게 했다. 그 비구는 남산 삼성곡 혹 대적천원[9]이라는 바위 위에 도착해서 지팡이와 바리때를 두고 사라졌다. 심부름 갔던 사람이 돌아와 보고를 드리니 왕이 마침내 비파암 아래에 석가사[10]를 세우고 그의 자취가 사라진 곳에 불무사[11]를 세워 지팡이와 바리때를 나누어 모셨다. 두 절은 지금까지 있으나 지팡이와 바리때는 없어졌다.

1) 진신(眞身) : 보신(報身)·법신(法身)을 지칭하는 말. 『대지도론』 30권에 「불신에 2종이 있으니 진신(眞身)과 화신(化身)이다.」라고 함.
2) 수공(受供) : 공양을 받는다는 뜻. 공양이란 삼보에 대하여 공경하는 마음으로 물품 등을 드리는 일로 세 종류가 있음. 즉 불전·불당을 장엄하게 하는 경공양(敬供養)과 불경을 읽는 행공양(行供養)과 음식을 공양하는 이공양(利供養)의 세 가지 공양임.
3) 장수(長壽) : 당나라 측천무후(則天武后 : 684~704)의 연호.
4) 망덕사(望德寺) : 기이편 문무왕 법민 조 및 감통편 선율환생 조 참조.

眞身受供

長壽元年壬辰. 孝昭卽位. 始創望德寺. 將以奉福唐室. 後景德王十四年. 望德寺塔戰動. 是年有安史之亂. 羅人云爲唐室立玆寺. 宜其應也.

八年丁酉. 設落成會. 王親駕辦供. 有一比丘・儀彩踈陋. 局束立於庭. 請曰. 貧道亦望齋. 王許赴床杪. 將罷. 王戲調之曰. 住錫何所. 僧曰琵琶嵓. 王曰. 此去. 莫向人言・赴國王親供之齋. 僧笑答曰. 陛下亦莫與人言・供養眞身釋迦. 言訖. 湧身淩空・向南而行.

王驚愧. 馳上東罡. 向方遙禮. 使往尋之. 到南山參星谷. 或云. 大磧川源石上. 置錫鉢而隱. 使來復命. 遂創釋迦寺於琵琶嵓下. 創佛無事於滅影處. 分置錫鉢焉. 二寺至今存. 錫鉢亡矣.

昭 : 밝을 소
戰 : 흔들릴 전

八 : 六의 오기
辦 : 힘쓸 판
踈 : 疎의 異體字
陋 : 누추할 루
局 : 웅크릴 국
束 : 묶을 속
杪 : 끝 초
錫 : 錫의 오기
琵 : 비파 비
琶 : 비파 파
淩 : 오를 릉
馳 : 달릴 치
罡 : 岡(언덕 강)의 오기
遙 : 멀 요 參 : 석 삼
磧 : 모래벌 적
鉢 : 바리때(밥그릇) 발
事 : 寺의 오기

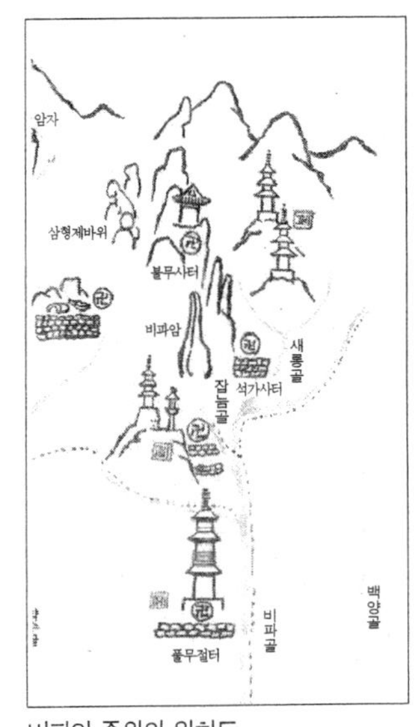

비파암 주위의 위치도
(자료원 : 윤경렬, 『겨레의 땅 부처의 땅』)

5) 안사의 난〔安史之亂〕: 당나라 현종(玄宗) 14년인 755년에 안록산(安祿山)과 사사명(史思明)이 일으킨 반란. 반란의 직접적인 원인은 변경의 절도사인 안록산과 중앙의 재상 양국충(楊國忠)과의 권력 쟁탈전이었음. 그 이후 당나라는 쇠락의 길을 걸음.

6) 6년 정유〔八年丁酉〕: 간지가 정유(697년)이면 원문의 효소왕 8년은 효소왕 6년이 되어야 맞음.

7) 소승〔貧道〕: 원문의 貧道(빈도)는 산스크리트어 슈라마나(Śrmaṇa)의 음역(音譯)인 사문나(沙門那 : 약하여 사문)의 고역(古譯). 정도(正道)를 닦아 빈핍(貧乏)을 끊는다는 뜻. 여기서는 성도(聖道)가 결핍되었다는 뜻으로 사문이 자기 자신을 낮추어 이르는 말.

8) 비파암(琵琶嵓) : 경주시 내남면 비파골에 있는 바위. 『동경잡기』에 의하면 바위의 모양이 비파같이 생겨서 비파암이 되었다고 함.

『지론』[12] 제4에 이런 말이 있다.

「옛날 계빈국[13]의 삼장법사[14]가 아란야법[15]을 행하여 일왕사에 도착했더니 절에서 큰 법회가 열리고 있었다. 문지기가 그의 옷차림이 남루한 것을 보고, 문을 막고 들어오지 못하게 했다. 이렇게 여러 번 들어가려 했으나 옷이 누추했기 때문에 번번이 들어가지 못했다. 임시 방편을 써서 좋은 옷을 빌려 입고 갔더니 문지기가 이것을 보고 들어가는 것을 허락하고 막지 않았다. 자리에 참석하자 갖가지 좋은 음식을 받아 그것을 먼저 옷에 주니 여러 사람들이 어째서 그렇게 하느냐고 물었다. 그가 대답하기를 "내가 여러 번 왔으나 매번 들어가지 못했는데 이번에는 옷 때문에 이 자리에 들어와 여러 가지 음식을 얻게 되었으니 옷에 음식을 주는 것은 당연한 것이외다"라 했다.」

이번 일도 같은 사례인 것 같다.

다음과 같이 찬미한다.

향 사르고 부처님께 예배하며 새 불화를 볼 제,

공양하는 재승들은 옛 친구나 부르네.

이로부터 비파암 위의 달은,

때때로 구름에 가려 못에 더디 비추네.

9) 삼성곡 혹 대적천원〔參星谷. 或云. 大磧川源〕: 이 지역을 새롱골이라고 부르는데 새롱은 모래가 많이 쌓여 있다는 뜻으로 사롱(沙籠)으로 풀이될 수 있으니, 그 뜻은 대적(大磧)과 같이 모래가 많이 쌓인다는 뜻임. 이곳은 산기슭의 경사가 급하고 나무가 그다지 없으므로 비가 오면 모래가 많이 흘러 쌓이는 곳임. 또 북쪽 산등성이에는 높이 4~5m쯤 되는 바위 셋이 나란히 있는데 마을 사람들이 삼형제(三兄弟)바위라 부름. 지금도 이곳에서는 형(兄)을 성이라 발음하고 있으니 옛 시절에는 삼성바위〔三星岩〕라 부르던 것이 삼성제(三星弟) 바위가 된 것으로 추정.

〈윤경렬, 『겨레의 땅 부처의 땅』〉

10) 석가사(釋迦寺), 11) 불무사(佛無事) : 위치는 앞쪽의 그림 참조.

12) 지론(智論) : 용수(龍樹)가 지은 『대지도론(大智度論)』의 준말.

13) 계빈국〔罽賓〕: 지금의 북인도 즉 카슈미르 지방에 있던 국가.

14) 삼장법사〔三藏〕: 경장 · 율장 · 논장의 삼장에 능통한 승려의 통칭.

15) 아란야법(阿蘭若法) : 아란야는 Āriṇya의 음역으로 사원 또는 비구가 거주하는 곳. 아란야법(阿蘭若法)은 『화엄경』에서 보리도량(菩提道場)이라 하였음.

*진신수공 조의 구성과 의미는 해제 참조.

智論第四云.

昔有罽賓三藏. 行阿蘭若法. 至一王寺. 寺設大會. 守門人見其衣服麤弊. 遮門不前. 如是數數. 以衣弊故・每不得前. 便作方便. 假借好衣而來. 門人見之. 聽前不禁. 旣獲詣坐. 得種種好食. 先以與衣. 衆人問言何以爾乎. 答曰. 我比數來. 每不淂入. 今以衣故淂此座. 得種種食. 宜以與衣爾. 事可同按.

讃曰.

燃香擇佛看新繪.
辦供齋僧喚舊知.
從此琵琶嵓上月.
時時雲掩到潭遲.

罽 : 모직 계
麤 : 거칠 추
弊 : (옷)해질 폐
遮 : 막을 차
數 : 자주 삭
數數 : 여러 번
便 : 문득 변
便 : 방편 편
假 : 잠깐 가
借 : 빌릴 차
聽 : 받을 청
前 : 나아갈 전
淂 : 得의 異體字
比 : 자주 비
淂 : 得의 異體字
擇 : 拜의 오기인 듯함
繪 : 그릴 회
喚 : 부를 환
此 : 자주 비
掩 : 가릴 엄
遲 : 늦을 지

傳불무사지 · 傳비파암 · 傳석가사지

월명사 도솔가[1]

– 월명스님의 도솔가 –

경덕왕 19년 경자(760) 4월 초하루에 해 두 개가 나란히 나타나[2] 열흘 동안이나 사라지지 않았다. 일관이 말씀드리기를 "인연 있는 승려를 청해서 산화공덕[3]을 베풀면 재앙을 물리칠 수 있을 것입니다"라 했다. 이에 조원전[4]에 정결한 단을 만들고 청양루에 행차하여 인연 있는 승려를 기다렸다.

이때 월명사가 밭두둑으로 난 남쪽 길을 가고 있는데 왕이 사람을 보내 그를 불러서 단을 열고 기도문을 짓게 했다. 월명이 말씀드리기를 "소승은 그저 국선의 무리에 속해 있을 따름이라 안다는 것이 향가뿐이오며, 불교노래[5]는 익숙하지 못하옵니다"라 했다. 왕이 말하기를 "이미 인연 있는 스님으로 지목되었으니 향가를 짓는다 해도 좋소이다"라 했다. 월명이 이에 도솔가를 지어 드렸는데 그 가사는 이러하다.

김 완 진	신 재 홍	황 패 강
오늘 이에 散花 불러 솟아나게 한 꽃[6]아 너는, 곧은 마음의 命에 부리워져 彌勒座主[7] 뫼셔 羅立하라.	오늘 이에 散花[歌를] 불러 날려 보내는 꽃아, 너는, 곧은 마음의 命에 부리워져 彌勒 座主 모셔라.	오늘 이에 散花[-歌] 불러 뿌리온 꽃이여 너는 곧은 마음의 命 하이시니 彌勒座主 모시어라.

1) 도솔가(兜率歌) : 의미 및 어원에 관한 학설.

내 용	주장학자
도솔은 불교의 미륵정토인 도솔천(兜率天)에서 온 것.	양주동 · 정열모
신령을 제사지내는 노래로 노래의 세력을 달래는 덧소리	최남선
인민을 다스리는 노래의 뜻인 다슬노래〔治理歌〕	조지훈
남부지역의 둥글다는 의미인 두리 · 두레에서 왔으며, 민중의 원만 · 화합 의미	홍기문

2) 해 두 개가 나란히 나타나〔二日並現〕 : 의미에 관한 학설.

내 용	주장학자
해가 왕을 상징하므로 왕권에 도전하는 세력 또는 인물 상징	최철
• 개벽신화의 일부로 해를 쏘아 떨어뜨렸다는 射陽說話의 변형. – 夏季豐農季節祭에서 천후질서의 조절을 위해 태양을 떨어뜨리는 의식.	김승찬 현용준
• 신라를 침략한 일본을 상징 – 혜성가를 불러 혜성이 없어지듯이 도솔가에 의해 일본침략 극복.	장진호

月明師 兜率歌

景德王十九年庚子四月朔. 二日並現. 挾旬不滅. 日官奏請緣僧作散花功德則可攘. 於是潔壇於朝元殿. 駕幸靑陽樓. 望緣僧.

挾 : 품을 협
旬 : 열흘 순
攘 : 禳(푸닥거리할 양)의 오기

時有月明師・行于阡陌時之南路. 王使召之. 命開壇作啓. 明奏云. 臣僧但屬於國仙之徒. 只解鄕歌. 不閑聲梵. 王曰. 旣卜緣僧. 雖用鄕歌可也. 明乃作兜率歌賦之. 其詞曰.

阡 : 세로로난밭두둑 천
陌 : 가로로난밭두둑 맥
啓 : 인도할 계
聲梵 : 梵聲이 거꾸로 된 것
卜 : 가릴 복　賦 : 줄 부

今日 此矣 散花 唱良　巴寶白乎隱 花良 汝隱

① 김완진 → 오ᄂᆞᆯ 이의 散花 블랑　보보숣오은 곶랑 너은,

② 신재홍 → 오ᄂᆞᆯ 이ᄋᆡ 散花 블러　ᄇᆞ보숣오ᄂ 곶아 너은

③ 황패강 → 오ᄂᆞᆯ 이의 散花 블러　보ᄉᆞᆯ ᄫᆞᆫ 곶아 너는

直等隱 心 音矣命叱 使 以惡只. 彌勒座主 陪 立羅良.

① → 곧 둥은ᄆᆞᄉᆞᆷ 음의命ㅅ 브리 이악ㄱ　彌勒座主 모리 셔벌랑.

② → 곧 ᄃᆞᆫ ᄆᆞᄉᆞᆷ ㅁᄋᆡ命ㅅ 브리 이악ㄱ　彌勒座主 뫼 셔어라.

㉺ → 고 ᄃᆞᆫ ᄆᆞᄉᆞᆷ ᄋᆡ 命ㅅ ᄒᆞ 이옵기　彌勒座主 뫼 셔라.

3) 산화공덕(散花功德) : 산화는 꽃을 뿌려 부처에게 공양하는 것. 공덕은 산화 등의 공양으로 덕이 나에게 돌아옴을 의미.
4) 조원전(朝元殿) : 신라 왕궁의 정전(正殿)으로 주요한 행사를 행하는 장소.
5) 불교노래〔聲梵〕: 원문의 聲梵(성범)은 梵聲(범성)이 거꾸로 된 듯함. 범음성(梵音聲)이라고도 하며, 맑고 깨끗한 음성 또는 불·보살의 음성이나 경 읽는 소리. 여기서는 불교 음악으로 추정.
6) 꽃〔花〕: 의미에 관한 학설.

내　　용	주장학자, 『저서』
인간과 부처의 매개체	김열규, 『향가의 문학적 일반』
二日並現의 이상 현상을 원상회복 시킨 마력적인 꽃	박노준, 『신라가요의 연구』
생명을 창조·소생시키는 주화(呪花)	현용준, 『도솔가』

그 시를 해석하면 다음과 같다.

용루[8]에서 오늘 산화가를 불러,
청운에 한 송이 꽃을 날려보낸다.
은근하며 정중한 곧은 마음이 시킨 것이니,
멀리 도솔천의 부처님[9]을 맞이하라.

지금 세간에서는 이를 가리켜 산화가라 하나 틀린 것이다. 마땅히 도솔가라 해야 한다. 따로 산화가가 있으나 글이 길어서 싣지 않는다.

이러고 나니 해의 변괴가 즉시 사라졌다. 왕이 이를 가상히 여겨 좋은 차[10] 1봉지와 수정염주 108개를 내려주었더니 난데없이 깨끗한 몸차림을 한 어떤 동자가 공손히 꿇어 앉아 차와 염주를 받아 궁전의 서쪽 작은 문으로 나가버렸다. 월명은 이 동자가 대궐 안에서 심부름하는 아이라고 여겼고, 왕은 스님의 시종이라 생각했다. 서로 알아보니 모두 아니었다. 왕이 이를 매우 괴이하게 여겨 사람을 시켜 뒤쫓게 했더니, 동자는 내원의 탑 안으로 사라지고 차와 염주는 남쪽 벽에 그려져 있는 미륵보살상 앞에 있었다.

월명의 지극한 덕과 정성이 미륵보살을 강림[11]시킬 수 있음을 알았다. 조정에서나 민간에서 이 일을 모르는 이가 없었다. 왕이 더욱 그를 공경하여 다시 비단 100필을 주어 큰 정성을 나타내었다.

월명이 일찍이 죽은 누이동생을 위하여 재[12]를 올리면서 향가를 지어 제사를 지내자, 홀연히 회오리바람이 일어나더니 종이돈[13]이 날려 올라가 서쪽으로 사라졌다.

7) 미륵좌주(彌勒座主) : 의미에 관한 학설.

내 용	주장학자, 『저서』
미륵불의 속칭	양주동, 『고가연구』
낭(郎) · 불(佛) 융합 → 화랑의 신(神) 개념에 미륵사상 융합	김종우, 『향가문학연구』

8) 용루(龍樓) : 중국의 한(漢)나라 때부터 당나라 때까지 태자가 거처하는 궁문(宮門)의 명칭. 용루(龍樓)라고 한 유래는 누문(樓門)의 대들보 위에 동으로 만든 용을 부쳐 놓은 것에서 명칭이 생김. 여기서는 궁중 누문(樓門)의 명칭 또는 궁중을 의미.

9) 도솔천의 부처님〔兜率大僊家〕: 도솔천의 미륵보살이 계시는 집〔家〕 즉 내원(內院)을 의미하나 여기서는 도솔천의 미륵보살을 뜻함. 大僊(대선)은 大仙과 같은 뜻으로 산스크리트어 Mahārṣi에서 Mahā는 大의 의미이며, ṛṣi는 仙으로 大仙은 仙人 중에서 가장 높은 부처를 의미.

解曰.

龍樓此日散花歌.

挑送青雲一片花.

殷重直心之所使.

遠邀兜率大僊家.

挑 : 끌어낼 도
邀 : 맞을 요
僊 : 신선 선

今俗謂此爲散花歌. 誤矣. 宜云兜率歌. 別有散花歌. 文多不載.

旣而日恠卽滅. 王嘉之. 賜品茶一襲·水精念珠百八箇. 忽有一童子. 儀形鮮潔. 跪奉茶珠. 從殿西小門而出. 明謂是內宮之使. 王謂師之從者. 及玄徵而俱非. 王甚異之. 使人追之. 童入內院塔中而隱. 茶珠在南壁畫慈氏像前.

恠 : 怪의 異體字
賜 : 내릴 사
箇 : 개수 개
跪 : 무릎구부릴 궤
玄 : 互의 오기
徵 : 밝힐 징

知明之至德與至誠·能昭假于至聖也如此. 朝野莫不聞知. 王益敬之. 更賷絹一百疋. 以表鴻誠.

明又嘗爲亡妹營齊. 作鄕歌祭之. 忽有驚飈吹紙錢·飛擧向西而沒.

假 : 이를〔至〕 격
更 : 다시 갱
賷 : 노자 신
絹 : 비단 견
鴻 : 클 홍
齊 : 齋의 오기
飈 : 회오리바람 표
吹 : 불 취

10) 좋은 차〔品茶〕 : 원문 品茶(품차)의 의미는 차를 마시며 이것을 품평(品評)하는 것이나, 여기서는 좋은 차를 뜻하는 듯함.

11) 강림〔昭假〕 : 원문의 昭假(소격)은 밝게 강림한다는 뜻. 『시경』 송편(頌篇)에 「允文允武 昭假烈祖(진실로 문과 무를 함께 갖추어 공 많은 조상들이 밝게 강림하시네.)」

12) 재(齋) : 『구사론기(俱舍論記)』에 의하면 「욕계, 색계의 有情이 탄생하고 나서 다음의 탄생 때까지의 과정을 生有·本有·死有·中有의 4종으로 분류하는바, 탄생하는 찰나를 生有, 탄생부터 죽음까지를 本有, 죽음의 찰나를 死有, 죽음으로부터 다음의 생을 얻을 때까지를 中有라 한다. 사람의 중유는 사후 49일간이다.」라 하였음. 77일齋 즉 49齋는 사람이 죽은 뒤 첫 7일에서부터 일곱 번째 7일 사이에 7일마다 죽은 이를 위한 추선수복(追善修福)을 행하는 법회임. 이 49일간을 中有라 하는데 극히 착하거나, 극히 악한 이를 제하고는 보통 다음 生에 태어나기까지 中陰의 몸을 받게 되는 것으로, 그 명복을 빌어서 좋은 곳에 태어나게 하려고 행하는 불사를 재(齋)라 함.

그 향가는 다음과 같다.

김 완 진	신 재 홍	황 패 강
生死 길은	生死[의] 길은	生死路는
예 있으매 머뭇거리고	이에 있으매 애끓이거늘(-는데),	예 있으매 저어하고
나는 간다는 말도	'나는 간다' [는] 말을	나는 간다 말도
몯다 이르고 어찌 갑니까	어떻다[고](어떻게) 이르고 갑니까?	못다 이르고 갑니까.
어느 가을 이른 바람에	어느 가을 이른 바람에	어느 가을 이른 바람에
이에 저에 떨어질 잎처럼	여기 저기에 떨어질 [나무]잎같이	이에 저에 떨어질 잎인 양,
한가지에 나고	한 가지에 나고	한 가지에 나고
가는 곳 모르온저	가는 곳[은] 모든 곳(사방팔방)이로다!	가는 곳 모르온저.
아아, 彌陀刹[14]에서 만날 나	아아, 彌陀刹에서 만날 나[는]	아아, 彌陀刹에서 만날 나,
道 닦아 기다리겠노라.	道 닦으며 기다리겠노라.	道 닦아 기다리겠노라.

삶과 죽음의 갈림길은
이 世上에 있으매 저어하고
너는 "나는 갑니다"라는 말도
하지 못하고 어찌하여 가버렸느냐?
어느 가을 이른 바람에
여기 저기에 떨어지는 나뭇잎처럼
한 가지에 나고서도
떨어져 가는 곳은 모르는구나.
아아! 서방 극락세계로 간 누이를 만날 것이니 나는
도 닦아 기다리리라.

〈필자 해석〉

13) 종이돈〔紙錢〕: 중국에서는 장례식 때 지신(地神) 등에게 바치기 위해 돈 모양으로 종이를 잘라 관 속에 넣음. 이러한 풍습이 전해져 신라에서는 돈 모양의 종이를 기도나 법요(法要) 등을 행할 때 불전(佛殿)의 기둥 등에 붙여 귀신에게 바침. 이때 종이돈을 음전(陰錢)이라 함. 여기에서 홀연히 바람이 종이돈을 서방으로 날려보냈다는 것은 죽은 누이가 서방정토에 갔다는 것을 나타낸 것임.

14) 미타찰(彌陀刹) : 미타는 아미타불(阿彌陀佛)의 약칭. 찰(刹)은 산스크리트어 Kṣa로 장소〔處〕· 나라〔國〕· 땅〔地〕 등을 의미. 따라서 미타찰이란 아미타부처가 계시는 곳을 뜻함.

歌曰.

生死路隱. 此矣 有 阿米 次 肹伊遣.
① 김완진→ 生死길은 이의 잇 아ᄆᆡ 머믓 흘이고
② 신재홍→ 生死긿은 이ᄋᆡ 이시 아ᄆᆡ ᄌᆞ 글이고
③ 황패강→ 生死路ᄂᆞᆫ 이의 잇 아ᄆᆡ 저 히 고

吾隱 去內如 辭叱 都. 毛如 云 遣 去內 尼叱 古.
①→나은 가ᄂᆡ다 말ㅅ 도 몯다 니르 고 가ᄂᆡ 니ㅅ 고
②→나ᄋᆞᆫ 가ᄂᆞ다 말ㅅ 아모 모다 니ᄅᆞ 고 가ᄂᆞ 니ㅅ 고
③→나ᄂᆞᆫ 가ᄂᆞ다 말ㅅ 도 몯다 니르 고 가ᄂᆞ 닛 고

於內 秋 察 早 隱 風 未. 此矣彼矣 浮良落尸 葉 如
①→어ᄂᆡ ᄀᆞᄉᆞᆯ 찰 이르 은 ᄇᆞᄅᆞᆷ ᄆᆡ 이의뎌의 ᄠᅳ랑디ㄹ 닢 ᄀᆞᆮ
②→어ᄂᆡ ᄀᆞᄉᆞᆯ 졸 일 은 ᄇᆞᄅᆞᆷ ᄆᆡ 이ᄋᆡ뎌ᄋᆡ ᄠᅳ어디ㄹ 닙 ᄀᆞᆮ
③→어ᄂᆡ ᄀᆞᄉᆞᆯ 이른 ᄇᆞᄅᆞᆷ ᄆᆡ 이의뎌의 ᄠᅥ러 딜 닙 다이

一 等隱 枝 良 出古. 去 奴隱 處 毛冬乎丁.
①→ᄒᆞᄃᆞᆫ 등은 가지랑나고 가 노은 곧 몯ᄃᆞᆯ오뎡
②→ᄒᆞᄃᆞᆫ ᄃᆞㄴ 가ᄌᆞ아나고 가 노ㄴ 곧 모다온뎌
③→ ᄒᆞ ᄃᆞᆫ 가지ᄋᆡ나고 가 논 곧 모ᄅᆞ온뎌

阿也. 彌陀刹良 逢 乎 吾 道 修良 待 是古如.
①→아야 彌陀刹랑 맛보오나 道 닷랑 기드리이고다
②→아야 彌陀刹아 맛보올나 道 닷아 기드리ㅣ고다
③→아야 彌陀刹애 맛보올나 道 닷가 기드 리고다

월명은 언제나 사천왕사에 살았는데 피리를 잘 불었다. 언젠가 달밤에 피리를 불면서 문 앞의 큰길을 지나가니 달이 그를 위해 가는 것을 멈추었다. 이로 인해 그 길을 월명리라 했으며 월명사란 이름도 이 일로 해서 불리우게 되었다. 스님은 바로 능준대사의 제자이다.

신라 사람들은 향가를 숭상한 지 오래되었다. 대개 시가와 송[15]과 같은 것이 아니겠는가? 그래서 이따금 천지와 귀신을 감동시킨 경우가 한두 번이 아니었다.

다음과 같이 찬미한다.

바람은 종이돈 날려 저승 가는 누이 노자로 하고,
피리소리는 밝은 달을 흔들어 항아[16]의 걸음 멈추게 하네.
도솔천이 하늘처럼 멀다고 말하지 말라,
만덕화[17] 한 곡조로 너의 넋을 맞으리라.

15) 송(頌) : 송(頌)이란 원래 제사를 지낼 때 그 덕성을 기리고 이루어 놓은 공을 신명(神明)에게 고(告)하는 것.
16) 항아(姮娥) : 『회남자(淮南子)』나 『후한서』에 의하면 항아는 원래 궁(弓)의 명수 예(羿)의 처로, 예가 서왕모(西王母)에게 부탁해서 얻은 불사약을 훔쳐 먹고 신선이 되어 달로 도망가서 달의 요정이 되었다고 함.
17) 만덕화(萬德花) : 부처님의 모든 덕을 꽃에 비유한 것.

도솔천의 불보살

明常居四天王寺. 善吹笛. 嘗月夜吹過門前大路. 月馭爲之停輪. 因名其路日月明里. 師亦以是著名. 師郞能俊大師之門人也.

善 : 잘할 선
馭 : 말부릴 어

日 : 曰의 오기
郞 : 卽의 오기
著 : 붙일 착

羅人尙鄕歌者尙矣. 盖詩頌之類歟. 故往往能感動天地鬼神者非一.

歟 : 어조사(의문, 감탄 뜻을 나타내는 종결사) 여

讚曰.

風送飛錢資逝妹.
笛搖明月住姮娥.
莫言兜率連天遠.
萬德花迎一曲歌.

逝 : 죽을 서
笛 : 피리 적
搖 : 흔들 요
姮 : 항아 항
娥 : 예쁠 아

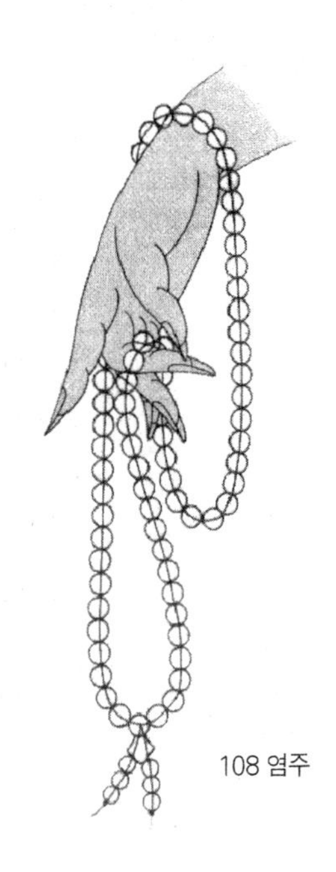

108 염주

선율 환생

– 선율이 다시 살아오다 –

망덕사[1]의 승려 선율은 시주 받은 돈으로 『6백반야경』[2]을 이루고자 했다. 일이 다 끝나기도 전에 갑자기 저승[3]으로 잡혀갔다. 저승의 관리가 묻기를 "너는 인간세상에서 어떤 일을 하였느냐?"라 했다. 선율이 답하기를 "소승은 만년에 『대품경』[4]을 만들려고 했으나 일을 다 마치지도 못하고 왔습니다"라 하자 관리가 말하기를 "너의 수명을 적은 장부[5]에 의하면 네 수명은 비록 다 되었지만 좋은 발원을 마치지 못하였으니 마땅히 다시 인간세상으로 돌아가 귀중한 불전의 일을 마칠지어다"라 하고는 즉시 돌려보냈다.

돌아오는 도중에 어떤 여자가 울며 그의 앞에서 절을 하면서 말하기를 "저 역시 남염주[6]의 신라 사람입니다. 부모가 금강사[7]의 논 1묘를 몰래 빼앗은 죄에 연좌되어 저승에 잡혀와 조사를 받아 오랫동안 몹시 괴로움을 받고 있습니다. 이제 법사께서 고향으로 돌아가시거든 저의 부모에게 빨리 그 논을 돌려 드리라고 말하여 주십시오. 제가 인간세상에 있을 때 참기름을 침상 밑에 묻어 두었고 또 이부자리 속에 곱게 짠 베도 감추어 두었습니다. 부디 법사께서는 저의 기름으로 불등에 불을 켜고 그 베는 팔아 불경 베끼는 비용으로 써 주신다면 황천에서도 또한 은혜를 입어 거의 제 고뇌를 벗을 수 있을 것이옵니다"라 했다.

1) 망덕사(望德寺) : 불국사로 가는 문무로와 통일전으로 들어가는 삼거리에서 동쪽 부근에 있었던 절로 지금은 당간지주만 남아 있음. 건립된 시기는 『삼국사기』에는 신문왕 5년(685)으로 되어 있으나 『삼국유사』 진신수공 조에는 효소왕 원년(692)에 건립에 착수하여 6년(697)에 완성했다고 기록됨.

망덕사 당간지주

善律還生

望德寺僧善律. 施錢欲成六百船若. 功未周. 忽被陰府所追. 至冥司. 問曰. 汝在人間作何業. 律曰. 貧道暮年欲成大品經. 功未就而來. 司曰. 汝之壽籙雖盡. 勝願※※. 宜復人間. 畢成寶典. 乃放還.

被 : 당할 피
暮 : 늙을 모
籙 : 호적 록
※※ : 未終의 결락
哭 : 소리내어울 곡

逡中有一女子. 哭泣拜前曰. 我亦南閻州新羅人. 坐父母陰取金剛寺水田一畝. 被冥府追檢. 久受重苦. 今師若還古里. 告我父母. 速還厥田. 妾之在世. 胡麻油埋於床下. 幷藏緻密布於寢褥間. 願師取吾油點佛燈. 貨其布爲經幅. 則黃川亦恩. 庶幾脫我苦惱矣.

泣 : 泣(소리없이울 읍)의 오기
坐 : 죄입을 좌
畝 : 이랑 묘·무
厥 : 그 궐
胡麻油(호마유) : 참기름
緻 : 섬세할 치
褥 : 요(까는 침구) 욕
點 : 불붙일 점
川 : 泉의 오기
庶 : 바랄 서
庶幾 : 바라건대

2) 6백반야경〔六百般若〕: 『반야경』은 반야를 주제로 한 여러 경전을 총칭. 반야는 산스크리트어 Prajnā의 음역으로 피안(彼岸)에 이르는 최고무상(最高無上)의 지혜를 뜻함. 『6백반야경』은 반야계 경전의 일종으로 당나라 현장(玄奘)이 번역한 6백 권으로 된 반야경. 일명 『대반야바라밀다경(大般若波羅蜜多經)』이라고도 함.
3) 저승〔陰府〕: 지옥의 염라대왕(閻羅大王)이 있는 장소로 명부(冥府)·명토(冥土)·음부(陰府) 등으로 불림.

■ **명부전의 지장보살과 지옥시왕(地獄十王)**

인도 고대신화에 나오는 사후세계의 지배자인 야마왕이 불교에 들어와 지옥을 다스리는 염마왕 즉 염라대왕이 됨. 그것이 중국으로 와서는 도교의 영향을 받아 10가지 지옥과 그곳을 지배하는 시왕사상으로 발전하면서 염마왕은 시왕 중의 한 분으로 변모함. 특히 『불설예수시왕생칠경』이 엮어지면서 지장보살과 시왕은 한 몸이라 하여 지장신앙이 종래의 현세이익 신앙에서 내세구원적 신앙으로 바뀌게 되었고 시왕상이 지장보살과 함께 모셔지게 된 것임.

선율이 말하기를 "너의 집은 어디냐?" 하니 대답하기를 "사량부에 있는 구원사의 서남쪽 동네입니다"라 했다. 선율이 이 말을 듣고서 가다가 죽음에서 깨어났을 때에는 선율이 죽은 지 이미 열흘이나 되어 남산 동쪽 기슭에 장사를 지낸 후였다. 환생한 선율이 무덤 속에서 사흘 동안 소리를 치니 목동이 이 소리를 듣고 달려가 절에 알리자 절의 승려가 가서 무덤을 파고 그를 꺼냈다.

선율이 지난 일을 자세히 말하고는 다시 그 여자의 집을 찾아갔다. 여자가 죽은 지 15년이 지났는데도 기름과 베는 예전 그대로 있었다. 선율이 그 여자의 부탁대로 명복을 빌었더니 여자의 영혼이 와서 보답의 말을 하기를 "법사의 은혜를 입어 저는 이미 고뇌를 벗어났습니다"라 했다.

당시 사람들이 이 소문을 듣고 놀라워하며 감동하지 않은 사람이 없었으니 불경 만드는 일을 서로 도와 완성하였다. 그 경은 지금 경주의 '승려 업무를 담당하는 관청'의 창고 안에 있다. 해마다 봄, 가을에 그 경을 펴서 돌려 읽어 재앙이 물러가기를 빈다고 한다.

다음과 같이 찬미한다.

부럽구려 우리 스님 인연 좋아서,
떠난 영혼 옛 산천에 돌아오네.
우리 부모[8] 저의 안부 물으시면,
날 위해 그 논 한 묘 돌려 주라 하소서.

4) 대품경(大品經) : 『6백반야경』 즉 『대반야바라밀다경(大般若波羅蜜多經)』의 준말.
5) 수명을 적은 장부〔壽籙〕 : 원문의 壽籙(수록)은 사람의 수명을 적은 장부.
6) 남염주(南閻州) : 남염부주의 약칭. 불교의 우주관에 의하면 우주의 중심에 수미산이 있고 그 남쪽에 우리들이 살고 있는 섬이 있으니 이것을 염부제, 염부주 또는 남염부주라 부름.
7) 금강사(金剛寺) : 정확한 위치는 알 수 없으나 명랑법사와 관계되는 금광사(金光寺)와 남간사(南澗寺)가 있는 경주 서남산의 속칭 식혜골의 어느 절터로 추정.
8) 부모〔爺孃〕 : 원문의 爺孃(야양)은 아버지〔爺〕와 어머니〔孃〕를 친근하게 부르는 말.

律曰. 汝家何在. 曰. 沙梁部久遠寺西南里也. 律聞之. 方行乃蘇. 時律死巳十日. 葬于南山東麓. 在塚中呼三日. 牧童聞之. 來告於本寺. 寺僧歸發塚出之.

具說前事. 又訪女家. 女死隔十五年. 油布宛然. 律依其諭作冥福. 女來魂報云. 賴師之恩. 妾巳難苦得脫矣.

時人聞之. 莫不驚感. 助成寶典. 其經秩今在東都僧司藏中. 每年春秋. 披轉禳災焉.

巳 : 已의 오기
麓 : 산기슭 록
塚 : 무덤 총
隔 : 사이 격
宛 : 뚜렷할 완
宛然 : 뚜렷하게 나타남
賴 : 입을 뢰
巳 : 已의 오기
秩 : 帙(책 질)의 오기
披 : 펼 피
災 : 재앙 재

讚曰.

堪羨吾師仗勝緣.
魂遊却返舊林泉.
爺孃若問兒安否.
爲我催還一畝田.

堪 : 뛰어날 감
羨 : 부러울 선
仗 : 의거할 장
勝 : 훌륭할 승
却 : 물러날 각
返 : 돌아올 반
爺 : 아비 야
孃 : 어미 양
催 : 재촉할 최

명부전의 시왕상들

김현감호

– 김현이 호랑이에 의해 감동되다 –

신라 풍속에 해마다 2월이 되면 초여드렛날부터 보름까지 서울의 남자와 여자들이 다투어 홍륜사의 전각과 탑을 돌며 복을 비는 모임을 행했다.

원성왕 대에 김현이라는 청년이 있었다. 그는 밤이 깊도록 홀로 쉬지 않고 탑돌이를 했는데, 한 처녀도 염불을 하면서 따라 돌다가 서로 마음이 맞아 눈길을 주고받았다. 탑돌이가 끝나자 으슥한 곳[1]으로 처녀를 데리고 가 정을 통했다. 처녀가 돌아가려 하자 김현이 따라 나서니 처녀는 사양하고 거절했으나 김현은 억지로 따라갔다. 서산 기슭에 와서 한 초가집으로 들어가니 늙은 할머니가 처녀에게 묻기를 "따라온 사람이 누구냐?"고 했다. 처녀가 그간의 사정을 다 이야기하니 할머니가 말하기를 "비록 좋은 일이기는 하나 없었던 것만 못하다. 그러나 이미 저질러진 일이므로 말릴 수도 없구나. 은밀한 곳에 숨기기야 하겠지만 네 형제들이 나쁜 짓을 할까 염려된다"라고 말했다. 처녀는 김현을 이끌어 깊숙한 곳에 숨겼다. 얼마 후 범 세 마리가 으르렁거리며 들어오더니 사람과 같이 말하기를 "집에 누린내가 나는구나. 주린 배를 채울 수 있어 얼마나 다행한 일이냐!"고 했다. 할머니와 처녀가 꾸짖으며 말하기를 "너희 코가 썩었느냐? 무슨 미친 소리냐?"고 하였다.

이때 하늘에서 외치는 소리가 들리기를 "너희 놈들이 생물 해치기를 좋아함이 너무 심하니 마땅히 한 놈을 죽여 악행을 징계해야겠다"라 하자 세 마리 짐승이 이를 듣고 모두 걱정하는 기색이었다. 처녀가 말하기를 "만약 세 분 오빠들이 멀리 피하여 스스로 자숙하신다면 제가 대신 그 벌을 받겠습니다"라 하니 모두 기뻐하며 고개를 숙이고 꼬리를 늘어뜨리면서 달아나 버렸다.

처녀가 들어와 김현에게 말하기를 "처음에 저는 낭군[2]이 저의 족속에게 욕스럽게 오시는 것[3]이 부끄러워 사양하고 거절하였으나 이제는 더 감출 것이 없으니 감히 속에 품은 마음을 말씀드리겠습니다. 또 천첩이 낭군과 비록 같은 종족은 아니지만 하루저녁의 즐거움을 함께했으니 그 의리가 부부의 정[4]만큼 소중한 것입니다.

金現 感虎

新羅俗. 每當仲春. 初八至十五日. 都人士女. 競遶興輪寺之殿塔爲福會.

士 : 사내 사
遶 : 두를 요
屛 : 울타리 병
通 : 정통할 통
麓 : 산기슭 록
茅 : 띠풀 모
嫗 : 할미 노
把 : 잡을 파
匿 : 숨길 닉
選 : 잠깐사이 선
遶 : 選의 오기
咆 : 범의성낸소리 포
哮 : 성낼 효
腥 : 비릴 성
膻 : 누린내 전
療 : 고칠 료
飢 : 굶주릴 기
爽 : 썩을 상

元聖王代. 有郞君金現者. 夜深獨遶不息. 有一處女・念佛隨遶. 相感而目送之. 遶畢. 引入屛處通焉. 女將還. 現從之. 女辭拒而强隨之. 行至西山之麓. 入一茅店. 有老嫗問女曰. 附率者何人. 女陳其情. 嫗曰. 雖好事不如無也. 然遂事不可諫也. 且藏於密. 恐汝弟兄之惡也. 把郞而匿之奥. 小遶有三虎咆哮而至. 作人語曰. 家有腥膻之氣. 療飢何幸. 嫗與女叱曰. 爾鼻之爽乎. 何言之狂也.

時有天唱. 爾輩嗜害物命尤多. 宜誅一以徵惡. 三獸聞之. 皆有憂色. 女謂曰. 三兄若能遠避而自懲. 我能代受其罰. 皆喜俛首妥尾而遁去.

女入謂郞曰. 始吾耻君子之辱臨弊族. 故辭禁爾. 今旣無隱. 敢布腹心. 且賤妾之於郞君. 雖曰非類. 得陪一夕之歡. 義重結褵之好.

嗜 : 좋아할 기　尤 : 더욱 우
誅 : 목벨 주
徵 : 懲(징계할 징)의 오기
俛 : 굽힐 면
妥 : 떨어질 타　遁 : 달아날 둔
耻(恥의 속자) : 부끄러울 치
辱 : 욕될 욕　弊 : 해질 폐
陪 : 모실 배
褵 : 향주머니 리
猒 : 미워할 염

1) 으슥한 곳〔屛處〕: 원문의 屛處(병처)는 가려져서 사람이 잘 볼 수 없는 곳.
2) 낭군〔君子〕: 원문의 君子(군자)는 아내가 자기 남편을 가리키는 말.
3) 저의 족속에게 욕스럽게 오시는 것〔辱臨弊族〕: 원문의 弊族(폐족)은 자기 집안을 낮추는 말. 즉 보잘것없는 집에 욕되게 오셨다는 뜻으로 겸손한 말.

세 오빠의 악행을 하늘이 이미 미워하니 온 가족의 재앙을 제가 지려고 합니다만 다른 사람[5]의 손에 죽는 것이 어찌 낭군의 칼날에 죽어 은덕을 갚는 것만 하겠습니까? 제가 내일 저자에 들어가 심하게 사람을 해치면 사람들이 저를 어찌할 수 없으므로 대왕께서 반드시 높은 벼슬을 걸고 저를 잡을 사람을 모집할 것입니다. 당신은 겁내지 말고 저를 좇아 성의 북쪽 숲 속까지 오시면 제가 거기서 기다리겠습니다"라 했다.

김현이 말하기를 "사람과 사람의 사귐은 떳떳한 인륜의 이치이지만 다른 류와의 사귐은 대체로 떳떳한 일이 아닙니다. 일이 이렇게 무난하게 된 것만으로도 진실로 하늘이 준 다행함인데 어찌 차마 배필[6]의 죽음을 팔아 요행으로 한때의 벼슬을 바랄 수 있겠습니까?"라 하였다. 처녀가 말하기를 "낭군님 그런 말씀하지 마오. 이제 저의 목숨이 짧은 것은 바로 하늘의 명령이며 또한 제 소원이기도 합니다. 낭군께는 경사요 저희 족속의 복이며 나라 사람들의 기쁨입니다. 한 번 죽어 다섯 가지 이득이 있게 되는 것이니 그것을 어길 수 있겠습니까? 다만 저를 위하여 절을 세우고 불도를 강론하여 좋은 과보를 얻는데 도움이 되어 주신다면 낭군의 은혜 이보다 더 큰 것이 없을 것이옵니다" 하고는 마침내 그들은 서로 울면서 작별했다.

다음날 과연 사나운 호랑이가 성안으로 들어와 매우 심하게 날뛰니 감당할 수가 없었다. 원성왕이 이를 듣고 명을 내리기를 "호랑이를 잡는 자는 2급의 벼슬을 주겠다"라 했다. 김현이 대궐로 나아가 말씀드리기를 "소신이 호랑이를 잡을 수 있습니다"라 하니 왕은 즉시 벼슬부터 먼저 주면서 그를 격려했다.

김현이 짧은 칼을 들고 숲 속으로 들어가자 호랑이가 낭자로 변하여 반가이 웃으면서[7] 말하기를 "어젯밤에 낭군과 함께 정으로 하나된 일[8]을 절대로 가벼이 여기지 마소서. 오늘 내 발톱에 상처를 입은 사람들은 모두 홍륜사의 장을 바르고 그 절의 나발 소리를 들으면 나을 것이옵니다" 하고는 즉시 김현이 차고 있던 칼을 뽑아 스스로 목을 찔러 넘어지니 곧 호랑이로 변했다. 김현이 숲에서 나가 거짓으로 말하기를 "지금 여기서 호랑이를 쉽게 잡았다"고 하였다. 그리고 그 사유는 숨긴 채 말하지 않고 다만 그가 일러 준 대로 치료했더니 상처가 다 나았다. 지금도 세간에서는 이 방법을 쓰고 있다.

三兄之惡・天既猒之. 一家之殃・予欲當之. 與其死於等閑人之手. 曷若伏於郎君刃下. 以報之德乎. 妾以明日入市爲害劇. 則國人無如我何. 大王必募以重爵而捉我矣. 君其無㤼. 追我乎城北林中. 吾將待之.

殃 : 재앙 앙 曷 : 어찌 갈
曷若 : 어찌~와 같으랴
刃 : 칼날 인 劇 : 심할 극
捉 : 잡을 착 㤼 : 겁낼 겁

現曰. 人交人・彝倫之道. 異類而交・盖非常也. 旣得從容. 固多天幸. 何可忍賣於伉儷之死・僥倖一世之爵祿乎. 女曰. 郎君無有此言. 今妾之壽夭. 盖天命也. 亦吾願也. 郎君之慶也. 予族之福也. 國人之喜也. 一死而五利備. 其可違乎. 但爲妾創寺. 講眞詮・資勝報. 則郎君之惠莫大焉. 遂相泣而別.

彝 : 떳떳할 이 常 : 떳떳할 상
伉 : 짝 항 儷 : 짝 려
僥 : 바랄 요 倖 : 요행 행
夭 : 일찍죽을 요

次日果有猛虎入城中. 剽甚無敢當. 元聖王聞之. 申令曰. 戡虎者爵二級. 現詣闕奏曰. 小臣能之. 乃先賜爵以激之.

詮 : 도리 전, 법칙 전
剽 : 표독할 표 戡 : 죽일 감
詣 : 나아갈 예 激 : 격려할 격

現持短兵・入林中. 虎變爲娘子. 熙怡而笑曰. 昨夜共郎君繾綣之事. 惟君無忽. 今日被爪傷者. 皆塗興輪寺醬. 聆其寺之螺鉢聲. 則可治. 乃取現所佩刀. 自頸而仆. 乃虎也. 現出林而託曰. 今玆虎易博矣. 匿其由不洩. 但依諭而治之. 其瘡皆效. 今俗亦用其方.

兵 : 무기 병 熙 : 빛날 희
怡 : 기쁠 이 繾 : 곡진할 견
綣 : 정다울 권 被 : 미칠 피
忽 : 소홀히할 홀
爪 : 손톱 조 塗 : 바를 도
醬 : 간장 장 聆 : 들을 령
螺 : 소라 라 佩 : 찰 패
頸 : 목 경 仆 : 엎어질 부
託 : 핑계할 탁 博 : 잡을 박
匿 : 숨길 닉 洩 : 새어날 설
瘡 : 종기 창, 상할 창

4) 부부의 정〔結褵〕: 원문의 結褵(결리)는 여자가 시집갈 때 그녀의 어머니가 매어주는 향주머니란 뜻으로 결혼과 같은 말. 『시경』 국풍에 「親結其褵 九十其儀(장모는 아내에게 향주머니 매주며 온갖 의식 갖추어 시집보냈네.)」

5) 다른 사람〔等閑人〕: 원문의 等閑人(등한인)은 원래 보통사람이나 여기서는 다른 사람의 뜻.

6) 배필〔伉儷〕: 원문 伉儷(항려)의 뜻은 남편과 아내.

7) 반가이 웃으면서〔熙怡〕: 원문의 熙怡(희이)는 좋아서 기뻐하는 것.

김현이 벼슬길에 오르자 서천 가에 절을 세우고 호원사[9]라 하였으며 항상 『범망경』[10]을 강론하여 호랑이의 저승길을 인도함으로써 호랑이가 제 몸을 희생하여 자기를 성공하게 한 은혜에 보답하였다.

김현이 죽음을 앞두고 지난날의 신이함에 깊이 감동하여 붓을 들어 그 전기를 써 완성함으로써 비로소 세상에 알려지게 되었다. 이로 인하여 글 이름을 「논호림」이라 했는데 지금도 그렇게 부른다.

정원[11] 9년(793)에 신도징이 평민으로 있다가 한주의 십방현[12]이라는 곳에 위[13]의 벼슬을 임명받고, 진부현의 동쪽 10리가량 되는 곳까지 갔을 때 눈보라와 지독한 추위를 만나 말이 앞으로 나아가지 못했다. 길옆에 초가집이 있고 그 안에는 불을 피워 매우 따뜻한지라 등잔불이 비치는 데로 가보니 늙은 부모와 처녀가 화롯가에 둘러앉아 있었다. 그 처녀는 나이가 바야흐로 열 네댓 살쯤 되었다. 비록 머리는 헝클어지고 때묻은 옷을 입었지만 눈같이 흰 살결에 꽃 같은 얼굴로 몸가짐이 곱고 아름다웠다. 늙은 부부는 신도징이 오는 것을 보고 급히 일어나 말하기를 "손님께서는 추위와 눈을 무릅쓰고 오셨으니 불 앞으로 오시지요" 하였다.

8) 정으로 하나된 일〔繾綣〕: 원문의 繾綣(견권)은 인정이 서로 굳게 결합된다는 뜻.
9) 호원사(虎願寺) : 경주시 황성공원의 김유신 장군 동상 뒤쪽 가정집에 유적이 남아 있음.
10) 범망경(梵網經) : 노사나불이 설한 『보살심지계품제10(菩薩心地戒品第十)』의 약칭. 범망(梵網)이라는 것은 부처가 중생의 근기에 맞추어 하나도 새어나가는 것이 없는 것이 대범천왕의 인타라망(因陀羅網)과 같다는 뜻. 이 경은 보살의 위계와 계율에 관해 기록한 것으로 구마라집이 번역했다하나 실제는 중국에서 만든 위경(僞經).
11) 정원(貞元) : 당나라 덕종(德宗)의 연호.
12) 한주의 십방현〔漢州什邡縣〕: 지금의 중국 사천성(四川省) 성도(成都) 부근.
13) 위(尉) : 현(縣)의 군사(軍事) · 경찰 · 형벌을 담당하는 관리.

傳호원사 유적

現既登庯. 創寺於西川邊. 号虎願寺. 常講梵網經. 以導虎之冥遊. 亦報其殺身成巳之恩.

庯 : 쓸 용
冥 : 저승 명
巳 : 己의 오기

現臨卒. 深感前事之異. 乃筆成傳. 俗姑聞知. 因名論虎林・稱于今.

姑 : 始의 오기

貞元九年. 申屠澄自黃冠. 調補漢州什邡縣之尉. 至眞符縣之東十里許. 遇風雪大寒. 馬不能前. 路旁有茅舍. 中有煙火甚溫. 照燈下就之. 有老父嫗及處子・環火而坐. 其女年方十四五. 雖蓬髮垢衣. 雪膚花臉・擧止姸媚. 父嫗見澄來. 遽起曰. 客甚衝寒雪. 請前就火.

邡 : 고을이름 방
茅 : 띠풀 모
煙 : 연기 연
嫗 : 할미 구
蓬 : 쑥흐트러질 봉
髮 : 머리털 발
蓬髮 : 쑥처럼 흐트러진 머리털
垢 : 더러울 구
膚 : 피부 부
臉 : 뺨 검
姸 : 고울 연
媚 : 예쁠 미
遽 : 급할 거
衝 : 맞부딪칠 충

가정집 장독대로
사용되는 傳호원사 유적

신도징이 한참 앉아 있으니 날은 이미 저물었으나 눈보라는 그치지 않았다. 신도징이 말하기를 "서쪽의 현까지 가기에는 아직도 멀리 떨어져 있으니 부디 여기서 묵도록 해 주십시오"라 하니 노부부가 말하기를 "오막살이 집[14]이라도 누추하게 여기지 않는다면 감히 말씀대로 하겠습니다"라 했다. 신도징이 드디어 말안장을 풀고 이부자리를 폈다. 그 처녀는 손님이 바야흐로 유숙하려는 것을 보자 얼굴을 다듬고 곱게 단장하여 장막 사이로 나오는데 얌전한 자태가 처음 봤을 때보다 훨씬 좋았다. 신도징이 말하기를 "어린 낭자의 총명함과 슬기로움이 다른 사람보다 아주 뛰어납니다. 다행히 결혼을 하지 않았다면 감히 제 스스로 결혼을 청하오니 어떠하신지요?"라 하자 그 아버지가 대답하기를 "뜻밖에 귀한 손님께서 거두어 주신다 하니 어찌 천생연분이 아니겠습니까?"라 했다.

드디어 신도징은 사위로서의 예절을 치르고 타고 온 말에 즉시 부인을 태우고 갔다. 임지로 가보니 봉록이 너무 적었으나 아내가 힘써 집안일을 돌보았으므로 모든 것이 마음에 즐거움이 아닌 것이 없었다. 그 후 임기가 끝나[15] 돌아가려 할 때는 이미 1남 1녀를 두었다. 그들 또한 매우 총명하고 슬기로워 신도징은 더욱더 그의 아내를 존경하고 사랑했다.

언젠가 그의 아내에게 주는 시를 지었는데 이러하다.

> 한번 벼슬하니 매복[16]에게 면목 없고,
> 3년을 살고 나니 맹광[17]에게 부끄럽네.
> 이내 정을 어디에나 비유할꼬,
> 시내 위에 원앙새라 할까나.

그의 아내는 하루종일 시를 읊으면서 묵묵히 화답하는 듯하였으나 입 밖에 내지는 않았다. 신도징이 벼슬을 그만두고 모든 살림살이를 가지고 본가로 돌아가려 하자 그의 아내가 갑자기 슬픈 기색으로 신도징에게 말하기를 "전번에 주신 시 한 편에 뒤따라 화답한 것이 있습니다"라 하면서 시를 읊었다.

澄坐良久. 天色巳暝. 風雪不止. 澄曰. 西去縣尙遠. 請宿于此. 父嫗曰. 苟不以蓬蓽爲陋. 敢承命. 澄遂解鞍施衾幃. 其女見客方止. 修容靘粧. 自帷箔間出. 有閑雅之態. 猶過初時. 澄曰. 小娘子明惠過人甚. 幸未婚. 敢請自媒如何. 翁曰. 不期貴客欲採拾. 豈定分也.

澄遂修子婿之禮. 澄乃以所乘馬・載之而行. 旣至官. 俸祿甚薄. 妻力以成家. 無不歡心. 後秩滿將歸. 已生一男一女. 亦甚明惠. 澄尤加敬愛.

嘗作贈內詩云.

一宦慚梅福. 三年愧孟光.
此情何所喩. 川上有鴛鴦.

其妻終日吟諷. 似默有和者. 未嘗出口. 澄罷官. 罄室歸本家. 妻忽悵然謂澄曰. 見贈一篇. 尋卽有和.

乃吟曰.

暝 : 해질 명
巳 : 已의 오기
苟 : 만약 구
蓽 : 사립문 필
陋 : 더러울 루
鞍 : 말안장 안
施 : 펼 시
衾 : 이부자리 금
幃 : 장막 위
靘 : 치장환히할 정
粧 : 단장할 장
帷 : 장막 유
箔 : 발 박
採 : 거둘 채
拾 : 주울 습
婿 : 사위 서
薄 : 엷을 박
秩 : 벼슬 질

宦 : 벼슬 환
慚 : 부끄러울 참
愧 : 부끄러울 괴
喩 : 비유할 유
鴛 : 수놈원앙새 원
鴦 : 원앙새 앙
吟 : 읊을 음
諷 : 외울 풍
默 : 말없을 묵
罄 : 모두 경
悵 : 슬퍼할 창
贈 : 드릴 증
尋 : 이을 심

14) 오막살이 집〔蓬蓽〕: 원문의 蓬蓽(봉필)은 봉호(蓬戶)와 필문(蓽門). 봉호란 쑥으로 만든 집이며, 필문이란 나뭇가지로 엮어서 만든 문으로 가난한 집을 말함.
15) 임기가 끝나〔秩滿〕: 원문의 秩滿(질만)은 관직의 임기가 찼다는 말.
16) 매복(梅福) : 한나라 성제(成帝)와 애제(哀帝) 때 사람. 관직에 있을 때 대장군 왕봉(王鳳)이 조정을 전횡하자 그의 세력을 제거하기 위한 상소를 올렸으며, 왕망(王莽)이 집권하자 처자를 버리고 세상을 유람하다 신선이 되었다는 사람.
17) 맹광(孟光) : 어진 아내의 대표적인 사람. 맹광은 동한(東漢)시대 양홍(梁鴻)의 아내로 가난하나 어진 선비인 양홍의 뜻을 잘 받들어 함께 산속에 들어가 농사짓고 옷감 짜며 평생의 고락을 같이함.

금실의 정이 비록 중하나,
산림에 뜻이 저절로 깊어지네.
시절이 변할까 언제나 근심하며,
백년해로 저버릴까 걱정만 드네.

드디어 함께 아내의 옛집을 방문하였더니 사람이라고는 없었다. 그의 아내는 몹시 그리운 생각에 하루종일 울다가 별안간 벽 모서리에 있는 호랑이 가죽을 보고는 크게 웃으면서 말하기를 "이 물건이 아직도 여기에 있는 것을 몰랐구나" 하더니 이내 뒤집어쓰자 즉시 호랑이로 변하여 으르렁거리며 할퀴더니 문을 박차고 나가버렸다. 신도징이 놀라 피했다가 두 아이를 데리고 아내가 간 길을 찾아 산림을 바라보며 여러 날 동안을 울었으나 끝내 간 곳을 알지 못했다.

오호라! 신도징과 김현이 사람과 다른 종을 접했을 때 사람으로 변하여 사람의 아내가 된 것은 같으나, 신도징의 호랑이가 사람을 배반하는 시를 준 후에 으르렁거리며 할퀴다가 달아난 점이 김현의 호랑이와 다르다. 김현의 호랑이는 마지못해 사람을 상하게 했으나 좋은 처방을 일러주어 사람들을 구했다. 짐승도 어질기가 저와 같은데 지금 사람으로서 짐승만도 못한 자가 있으니 어찌된 일인가. 이 사건의 처음과 끝을 자세히 살펴보면, 절을 돌 때 사람을 감동시켰고, 하늘이 악을 징벌하겠다고 외치자 자신이 대신 벌을 받겠다 했다. 용한 처방을 주어 사람을 구했으며 절을 세우게 하고 불법의 계율을 강론하게 했다. 이는 짐승의 본질이 어진 탓에 그런 것뿐만이 아니라 대개 부처가 사물에 감응함이 여러 방면이기 때문일 것이다. 김현이 온 정성을 다하여 탑을 돌자 이에 감응하여 몰래 이로움을 주고자 한 것뿐이다. 그 당시에 복을 받음은 당연하다 할 것이다.

다음과 같이 찬미한다.

산골 집의 세 오라비 악행이 너무 많지만,
고운 입에 한 번 맺은 백년가약 어이하리.
겹쳐진 의로움에 만 번 죽음 가벼우니,
숲 속에 몸 던져 낙화마냥 져갔구나.

琴瑟情雖重.
山林志自深.
常憂時節變.
辜負百年心.

琴 : 거문고 금
瑟 : 비파 슬
辜 : 허물 고
負 : 저버릴 부

遂與訪其家. 不復有人矣. 妻思慕之甚. 盡日涕泣. 忽壁角見一虎皮. 妻大笑曰. 不知此物尙在耶. 遂取披之. 卽變爲虎. 哮吼拏欔. 突門而出. 澄驚避之. 携二子・尋其路. 望山林・大哭數日. 竟不知所之.

披 : (옷 등을)입을 피
哮 : 큰소리낼 효
吼 : 범성낸소리 후
拏 : 잡을 나
欔 : 攫(움킬 확)의 오기
欔 : 보습 곽
突 : 부딪칠 돌
携 : 이끌 휴
竟 : 마침내 경

噫. 澄現二公之接異物也. 變爲人妾則同矣. 而贈背人詩. 然後哮吼拏欔而走. 與現之虎異矣. 現之虎不得巳而傷人. 然善誘良方以救人. 獸有爲仁如彼者. 今有人而不如獸者. 何哉. 詳觀事之終始. 感人於旋遶佛寺中. 天唱徵惡. 以自代之. 傳神方以救人. 置精廬講佛戒. 非徒獸之性仁者也. 盖大聖應物之多方. 感現公之能致精於旋遶. 欲報冥益耳. 宜其當時能受禧佑乎.

噫 : 탄식할 희
背 : 皆의 오기
欔 : 攫의 오기
巳 : 已의 오기
徵 : 懲의 오기
廬 : 집 려
禧 : 복 희
佑 : 도움 우

讚曰.

山家不耐三兄惡.
蘭吐那堪一諾芳.
義重數條輕萬死.
許身林下落花忙.

蘭 : 난초 난
吐 : 토할 토
那 : 어찌 나
堪 : 견딜 감
諾 : 허락할 낙
芳 : 향기 방

융천사[1] 혜성가[2] 진평왕대

- 융천스님이 혜성가를 짓다(진평왕대) -

제5 거열랑[3]과 제6 실처랑(돌처랑이라 고도 한다.) 및 제7 보동랑 등 세 화랑의 무리가 금강산에 놀러 가려는데 혜성이 나타나 심대성을 범했다.[4] 낭도들이 의아스럽게 생각하여 그 여행을 그만두려 했다. 이때 융천사가 노래를 지어 부르자 혜성의 변괴가 즉시 사라지고 일본 군사도 자기 나라로 돌아가니[5] 도리어 경사가 되었다. 대왕이 크게 기뻐하여 화랑들을 금강산에 보내어 놀게 했다.

1) 융천사(融天師) : 융천사 직분에 관한 학설.

구 분	내 용	주장학자, 『저서』
승려낭도	1대의 국선에 한 사람의 승려낭도로서 국선을 보좌하면서 낭도들을 지도하는 낭도 중의 제1인자	김영태, 『승려낭도고』 김승찬, 『혜성가』
승 려	향가가 불교문학에 속하므로 융천사는 승려	김동욱, 『신라향가의 불교문학적 고찰』
낭 도	승려는 이름 앞에 釋자를 부쳐야 하나 융천사는 師자만 들어가서 國仙之徒 즉 낭도임	조지훈, 『신라가요고』
呪術師	혜성가는 불교용어가 차용된 무격(巫覡)의 주가로 융천사는 주술사	허영순, 『고대사회의 무격사상과 그 가요의 연구』

*융천(融天)이라는 이름은 천기나 천체의 운행을 조절하고 융화한다는 의미인 듯함.

2) 혜성가(彗星歌) : 혜성가의 성격에 관한 학설.

구 분	내 용	주장학자
주가(呪歌)	혜성과 일본 군사의 퇴치를 위한 주원가요(呪願歌謠)	김동욱 · 김열규
찬가(讚歌)	조국을 왜적의 침노에서 구한 업적을 기린 것.	김선기
呪歌 · 治理歌	주술적인 언어로 혜성의 폐해를 예방하고 왜적침략이라는 국가적 위기극복을 위한 노래	박노준
축문(祝文)	제사란 神에게 고해 神을 움직여 원하는 바를 성취하는바, 神에게 고하는 말은 祝의 형식으로 혜성가가 여기에 속함.	윤영옥

3) 제5 거열랑(第五居烈郎) : 풍악의 유람은 여러 부대의 단체유람으로, 제5의 숫자는 화랑 무리의 단위부대명(單位部隊名)을 지칭한 것으로 추정.

4) 혜성이 나타나 심대성을 범했다.〔有彗星犯心大星〕: 혜성은 고대인들에게 있어서 꺼리는 별로서 재앙의 별 · 불길한 별로 여겨져, 이 별이 천공에 나타나게 되면 전쟁, 국운의 쇠미, 왕권이 위축될 조짐으로 보았음. 심대성(心大星)이란 우주전체의 9방위(중앙과 8방위) 중 동방 즉 창천(蒼天)의 방성(房星) · 심성(心星) · 미성(尾星)의 세 별 중 하나로 천왕(天王)이라 불리는 별. 즉 심대성은 동방에서 가장 중요한 별임.

融天師 彗星歌 眞平王代

第五居烈郞・第六實處郞・(一作突處郞.)第七寶同郞等三花之徒. 欲遊楓岳. 有彗星犯心大星. 郎徒疑之. 欲罷其行. 時天師作歌歌之. 星恠卽滅. 日本兵還國. 反成福慶. 大王歡喜. 遣郞遊岳焉.

楓 : 단풍나무 풍
恠 : 怪의 異體字
歌 : 노래할 가
肹 : 클 힐
燒 : 불사를 소
掃 : 비로쓸 소
彗 : 꼬리별(혜성) 혜
汀 : 물가 정
烽 : 봉화 봉
藪 : 큰늪 수

신라는 중국의 동쪽에 자리한 나라로 창천 밑에 위치한 국가임. 그래서 신라인들은 동궁의 가장 중심적인 심대성을 신라의 상징 또는 국왕의 상징으로 여겨, 심대성에 어떤 징후가 나타나면 이는 국가의 안위나 국왕의 신변에 직결된다고 생각함. 따라서 재앙의 별인 혜성이 국가와 왕을 상징하는 심대성을 범했다는 것은 중대한 국가적 변고의 조짐으로 보아 화랑들의 풍악 유람을 중지시킨 것임.

5) 혜성의 변괴가 즉시 사라지고 일본 군사도 자기 나라로 돌아가니 : 고대인들은 혜성이 나타나면 신하의 모반이나 적의 침공을 받게 된다고 믿음. 이때 나타난 혜성은 일본을, 심대성은 신라를 상징하므로 혜성이 심대성을 범했다는 것은 일본이 신라를 침범했다는 것을 뜻함. 따라서 혜성의 퇴치는 일본 군사의 퇴치로 해석할 수 있음.

6) 건달바(乾達婆) : 팔부신중(八部神衆)의 하나로 제석을 시종하면서 음악을 맡은 神인데, 지상의 보산(寶山) 중에 있으면서 술과 고기는 먹지 않고 향기만 맡아 음신(陰身)을 도우며, 또 음신에서 향기가 남으로써 향신(香神)이라는 이름을 얻음. 항상 부처님이 설법하는 자리에 나타나 정법을 찬탄하고 불교를 수호하는 임무를 가짐. 이 건달바를 혜성가의 가사에 등장시킨 것은 신라인의 호국사상과 불연국토사상에 연유된 듯함. 즉 건달바는 사천왕천의 동쪽의 지국천 밑에 있는 신장으로 낭산을 건달바가 살고 있는 수미산으로 생각한 것임. 건달바는 낭산에 살면서 지국천을 도와 동주(東州)를 수호하면서 불법을 파괴하는 반문명적 야만민족인 일본의 침입을 막고 있다고 봄. 〈김승찬, 『혜성가』〉

석굴암 건달바상

융천사가 지은 노래는 다음과 같다.

김 완 진	신 재 홍	황 패 강
옛날 東쪽 물가	옛날이 새려는 물가[에서]	옛날 동쪽 물가의
乾達婆[6]의 논 城[7]을랑 바라고,	'乾達婆의 논 성'을 바라보고,	乾達婆의 놀았던 성을 바라고
倭軍도 왔다	"왜군도 온다,	倭軍도 왔다, 홰를 사룬 邊方의 荒林이라
횃불 올린 어여 수플이여.	횃불 사르라"는 변방의 무리여!	
세 花郎의 山 보신다는 말씀 듣고,	세 화랑의 산 보시려 함을 듣고	세 화랑의 산행감을 듣고
달도 갈라 그어 잦아들려 하는데	달도 다좇아(바싹 다가와) 헤아리려는 바에,	달도 밝게 불 켜는 터에
길 쓸 별 바라고,	'길 쓸 별'을 바라보고	길 쓸 별 바라고
彗星이여 하고 사뢴 사람이 있다.	"혜성이야[라고] 사뢰라"[는] 사람이 있다.	彗星이여! 사뢰는 사람이 있다.
아아, 달은 떠가 버렸더라.	아아, 사뭇쳐서(거리낌없이) 떠나가리로다.	달아라(왜군은 바다에) 떠 가고 있더라.
이에 어울릴 무슨 彗星을 함께 하였읍니까.	이야 떨이인바--의 혜성 따위가 있는 탓.	어와, 그 무슨 彗(星)ㅅ 기이꼬

옛날 동쪽 물가에서
왜군이 침략하는 듯한 신기루인 건달바가 놀았던 성을 바라보고
(건달바가 놀았던 성을 바라보고 왜군이 침략하니)
"왜군이 온다.
봉홧불을 올려라"라는 변방의 무리가 있었다.
세 화랑이 풍악으로 유람을 떠나려 함을 듣고
달도 부지런히 빛을 내는데
산 구경 안내를 위해 길을 쓰는 혜성을 바라보고
"혜성이야" 하고 아뢴 사람이 있다.
아아! 달이 저 아래로 지누나.
이러한데 무슨 혜성이 있었겠는가?

〈필자 해석〉

歌曰.

舊 理東尸 汀 叱. 乾達婆矣遊烏隱 城叱肹良 望 良古.
① 김완진 → 녀리리싈ㄹ 믌ᄀᆞᆺ ㅅ 乾達婆의놀오은 잣ㅅ흘랑 ᄇᆞ라 랑고
② 신재홍 → 녀리리새ㄹ 믌ᄀᆞᆺ ㅅ 乾達婆ᄋᆡ놀오ㄴ 잣ㅅ흘라 ᄇᆞ라 아고
③ 황패강 → 네 싓 믓ᄀᆞᆺ 乾達婆 의노 론 잣 흘란 ᄇᆞ 라고

倭 理叱 軍 置來叱 多 烽 燒 邪隱 邊 也 藪 耶.
① → 여리 리ㅅ 軍 두오ㅅ 다 홰 틔 야은 어여 여 수플 야
② → 여리 리ㅅ 軍 두오ㅅ 다 홰 ᄉᆞ르라ㄴ ᄀᆞ시야 숑 야
③ → 옛 軍 두왓 다 홰 ᄉᆞ 란 ᄀᆞᅀᅢ 수 뱌

三花矣 岳 音 見賜烏尸聞古. 月 置 八 切 爾 數 於 將 來尸波衣.
① → 三花의 오롬음보시오ㄹ듣고 ᄃᆞ라라두 ᄀᆞᄅᆞ그ᇫ이 잣 어 려ㄹ바ᄋᆡ
② → 三花ᄋᆡ 오롬ㅁ보시오ㄹ듣고 ᄃᆞᆯ 두 반 딜이 혜 어 오 려ㄹ바ᄋᆡ
③ → 三花의 오롬 보샤 올듣고 ᄃᆞᆯ 두 블 기 혀 렬 바애

道尸掃尸 星 利 望 良古. 彗星也白反也 人 是有叱多.
① → 길ㄹ쓸ㄹ 벼리 리 ᄇᆞ라 랑고 彗星여ᄉᆞᆲ반여 사ᄅᆞᆷ 이잇ㅅ다
② → 길ㄹ쓸ㄹ 벼리 리 ᄇᆞ라 아고 彗星야ᄉᆞᆲᄇᆞ란 사ᄅᆞᆷ 이잇ㅅ다
③ → 길 쓸 벼 리 ᄇᆞ라 고 彗星여ᄉᆞᆯᄫᆞ녀 사ᄅᆞ 미 잇 다.

後句 達 阿羅浮去伊叱等邪. 此也 友 物 北 所音叱彗叱 只 有叱故.
① → 아야 달 아라ᄠᅥ가이ㅅ둥야 이여 버믈 믈므슴 소음ㅅ彗ㅅ다믄 잇ㅅ고
② → 아야 ᄉᆞ몬ᄋᆞ라ᄠᅥ가이ㅅᄃᆞ라 이야 덜 갓 ㅅ 바--ㅅ 彗ㅅ 기 잇ㅅ닷
③ → 달 아라ᄠᅥ가 잇 더라. 이어 우 므 슴 彗ㅅ 기 잇 고.

7) 건달바의 논 성〔乾達婆矣遊烏隱城〕: 건달바의 성은『대지도론』제6권에「건달바의 성 같다 함은 해가 처음 뜰 때 성의 문루나 궁전 그리고 행인들의 오고 감이 보이다가 해가 차츰 높아지면 보이지 않는다.」고 기록됨. 이는 마치 몸과 마음이 건달바와 같이 실체가 없음에도 범부는 몸과 마음이 있다고 믿는 것을 뜻하는 듯함.

정수사 구빙녀 正秀師 救氷女

– 정수사가 얼어 죽게 된 여인을 구하다 –

제40대 애장왕 대에 승려 정수는 황룡사에 머물러 있었다. 눈이 많이 쌓인 어느 겨울이었다. 날이 저물어 삼랑사[1]에서 돌아오는 길에 천엄사 문밖을 지나는데 한 여자거지가 아이를 낳고 얼어 누워 거의 죽게 되었다. 스님이 보고 이를 불쌍히 여겨 다가가서 그녀를 안고 한참동안 있었더니 깨어났다. 이에 옷을 벗어 덮어주고 벌거벗은 채 절로 달려가 거적으로 몸을 덮고 밤을 새웠다.

한밤중에 하늘에서 대궐 뜰에 소리쳐 외치기를 "황룡사의 승려 정수를 왕사로 봉하는 것이 마땅할 것이다"라 하였다. 급히 사람을 보내 알아보게 하니 모든 사실이 왕에게 알려졌다. 왕은 위의를 갖추어 그를 대궐로 맞아들여 국사로 책봉했다.

第四十哀莊王代. 有沙門正秀. 寓止皇龍寺. 冬日雪深. 旣暮. 自三郎寺還. 經由天嚴寺門外. 有一乞女産兒. 凍臥瀕死. 師見而憫之. 就抱・良久氣蘇. 乃脫衣以覆之. 裸走本寺. 苫草覆身過夜.

夜半有天唱於王庭曰. 皇龍寺沙門正秀・宜封王師. 急使人撿之. 具事升聞. 上備威儀・迎入大內. 册爲國師.

寓 : 잠시살 우
止 : 거처할 지
暮 : 어두울 모
經 : 지날 경
瀕 : 거의 빈
憫 : 불쌍할 민
抱 : 안을 포

覆 : 덮을 부
撿 : 거적 점
宜 : 마땅 의
册 : 봉할 책

1) 삼랑사(三郎寺) : 경주시 성건동 西川 강가에 있었던 절. 지금은 당간지주만 남아 있음. 삼랑(三郎)이라는 이름은 3인의 화랑이라는 뜻에서 온 듯함. 『삼국사기』에는 진평왕 19년(597)에 이 절이 창건되었다고 기록됨.

〈감통편 경흥우성 조 참조〉

감통편(感通篇)의 의의

●감통(感通)이란?

윤주필은 『삼국유사의 체재와 주제』에서 감통의 의미를 다음과 같이 기록했다.

「감통의 일반적 의미는 『주역』 계사편에 '고요히 움직이지 않다가 감응하여 드디어 천하의 일에 통한다. 천하의 지극한 신령스러움이 아니면 그 누가 이 일에 참여할 수 있겠는가?[寂然不動 感而遂通天下之故 非天下之至神 其孰能與於此']라는 글이 있는데, 이는 역(易)의 성격을 묘사한 것이다. 즉, 아무런 조짐도 없이 고요한 일상에 머물다가 돌연히 그 상황을 뛰어 넘어 모든 일에 통할 수 있는 지신(至神)의 성격을 말한다. 그런데 감통이란 구체적으로 이것에 통하여 저것에 통할 수 있는 것[有感於此而能通於彼也]을 의미한다. 결국 감통이란 신비 현상을 체험하고 상식을 넘어선 세계에 참여하는 현상을 말한다.」

●감통의 방법

삼국에 불교가 전래된 이래 불교가 흥함에 따라 사탑과 불상이 널리 조성되어 불보(佛寶)가 방방곡곡으로 전파되니 신라는 불국토라 할만했다. 이에 따라 배출된 고승들의 행적을 통해 신앙심이 고취되었으며, 무속과 불교의 융합으로 귀족불교에서 서서히 민중불교 · 서민불교로 확산하기 시작했다. 탑상이나 의해 및 신주편에서는 왕과 귀족 그리고 고승들의 이야기를 통해서 불법의 영험을 보여 주었다. 그러나 감통편에서는 일반백성의 삶 속으로 불교가 들어가 하층민에게까지 부처의 손길이 미치고 있으며, 불법이 그들 속에 깃들어 있음을 보이는 것이다.

감통편에서는 두 가지 다른 양상의 설화를 다루고 있다. 첫 번째는 보잘것없는 사람들이 간절히 부처를 구함에 따라 부처가 감응하고 현현되는 이적을 다룬다. 이 경우 감응은 부처를 찾는 간절한 기도에 의해 일어난다. 욱면이 서승을 구하는 간절한 기도에 의해서 감응이 일어났으며 이러한 것은 광덕 엄장이나 김현감호 조에서도 나타난다. 두 번째는 화려한 의례와 형식 속에 부처가 함께하리라는, 국왕과 국사의 허상을 깨뜨리는 설화이다. 경흥우성이나 진신수공 조의 이야기를 통해 부처는 형식과 의례에 얽매이지 않으며, 진실된 믿음으로 부처를 찾는 사람과 함께한다는 것을 밝혔다. 일연선사는 이 두 유형의 설화를 통해 믿음의 문제를 제기하고 있다. 즉 어떻게 믿을 것이고 그 결과는 어떤 것인가에 답하고 있는 것이다.

피은 제8

낭지 승운 보현수

– 낭지가 구름을 탄 것과 보현보살 나무 –

삽량주 아곡현[1]의 영취산[2](삽량은 지금의 양주이다. 아곡은 아서라고도 하고, 또 구불이나 굴불이라고도 한다. 지금의 울주에 굴불역을 두었으니 지금도 그 이름이 남아 있다.)에 신비롭고 기이한 승려가 있었다. 암자에 오랫동안 머물렀지만 그 고을에서는 아무도 그를 알지 못했다. 스님도 또한 성과 이름을 말하지 않았다. 언제나 『법화경』을 강론하니 그로 인해 신통력이 있었다.

용삭[3] 초년(661)에 지통이란 승려가 있었는데 이량공 집의 종이었다. 일곱 살에 출가하니 그때 까마귀가 와서 울면서 말하기를 "영취산으로 가서 낭지의 제자가 되라"라고 했다. 지통이 이 말을 듣고 이 산을 찾아가서 골짜기의 나무 밑에서 쉬고 있는데 별안간 신이한 사람이 나타나서 말하기를 "나는 보현보살[4]인데 너에게 계율을 주려고 왔노라"라고 했다. 이에 계를 베풀고는 그만 사라졌다. 지통은 신비스럽게도 마음이 넓어지고 지증[5]이 일시에 두루 통했다.

이리하여 앞으로 나아가는데 길에서 한 승려를 만나서 낭지스님이 어디에 계시느냐고 묻자 그 스님이 말하기를 "어찌하여 낭지를 찾는가?"라 했다. 지통이 신비스런 까마귀의 이야기를 자세히 이야기하였더니 그 스님이 빙그레 웃으면서 말하기를 "내가 바로 낭지인데 지금 막 법당 앞에 또한 까마귀가 와서 알리기를 '성스런 아이가 스님에게로 올 터이니 마땅히 나가 영접하라' 고 하여 이렇게 나와 맞이하는 것이다" 하고는 손을 잡고 감탄하며 하는 말이 "신령스런 까마귀가 너를 깨우쳐 나에게 오도록 하고 나에게 알려 너를 맞이하게 하니 이 얼마나 상서로운 일이냐! 아마도 산신령이 몰래 도우신 듯하다"라 했다. 전해오는 말에 산신령은 변재천녀[6]라고 한다.

1) 아곡현(阿曲縣) : 지금의 울산시.
2) 영취산(靈鷲山) : 영취산은 울산시의 망해사지가 있는 산과, 통도사가 있는 양산시 북쪽에 있는 산으로 두 곳이 있으나 여기서는 아곡현이라는 지명으로 보아 울산의 영취산으로 추정됨.

避隱 第八

朗智 乘雲 普賢樹

歃良州阿曲縣之靈鷲山(歃良. 今梁州. 阿曲一作西. 又云求弗又屈佛. 今蔚州置屈弗驛. 今存其名.) 有異僧. 庵居累紀. 而鄕邑皆不識. 師亦不言名氏. 常講法華. 仍有通力. 龍朔初. 有沙彌智通. 伊亮公之家奴也. 出家年七歲時. 有烏來鳴云. 靈鷲去投朗智爲弟子. 通聞之. 尋訪此山. 來憩於洞中樹下. 忽見異人出. 曰我是普大士. 欲授汝戒品. 故來爾. 因宣戒訖乃隱. 通神心豁爾. 智證頓圓.

歃 : 마실 삽
鷲 : 독수리 취
驛 : 驛의 오기
紀 : 해 기
憩 : 쉴 게
洞 : 골짜기 동
宣 : 베풀 선
豁 : 열릴 활
頓 : 갑자기 돈

遂前行. 路逢一僧. 乃問朗智師何所住. 僧曰. 奚問朗智乎. 通具陳神烏之事. 僧宛爾而笑曰. 我是朗智. 今玆堂前亦有烏來報. 有聖兒投師將至矣. 宜出迎. 故來迎爾. 乃執手而嘆曰. 靈烏驚爾投吾・報予迎汝. 是何祥也. 殆山靈之陰助也. 傳云山主乃辦才天女.

宛 : 완연할 완
宛 : 莞(빙그레웃을 완)의 오기
莞爾 : 빙그레 웃는 모양
奚 : 어찌 해 **執** : 잡을 집
投 : 나아갈 투
殆 : 거의 태 **辨** : 분별할 변
辨 : 辯(말잘할 변)의 오기 또는 略體字

3) 용삭(龍朔) : 당나라 고종(高宗)의 연호.
4) 보현보살〔普大士〕: 석가모니부처의 우협시보살로 행원(行願)을 상징. 흔히 연꽃(연꽃 위에 경을 얹기도 함.)을 들고 흰 코끼리를 탄 모습으로 조성.
5) 지증(智證) : 진실한 지혜로써 열반을 깨닫는 것.
6) 변재천녀(辯才天女) : 불교에서 음악 · 지혜 · 변재(辯才)를 다스리며 2개 또는 8개의 팔을 가지고 비파를 연주하며 중생을 기쁘게 하는 신. 유창한 말재주가 있어 불법을 넓게 펴고, 수명을 더하게 하고, 원한 있는 적을 물리치고, 재보를 만족시켜 주는 등의 이익을 베푸는 신.
7) 만분계〔滿分之戒〕: 구족계(具足戒)의 다른 이름. 비구와 비구니가 지켜야할 모든 계율. 비구에게 250계, 비구니에게 348계가 있음.

지통이 이 말을 듣고 울며 감사 드리면서 스님에게 예를 올렸다. 이윽고 계를 주려 하자 지통이 말하기를 "저는 골짜기 입구에 있는 나무 아래서 이미 보현보살의 은혜를 입어 정계를 받았습니다"라 하였다. 낭지가 감탄하면서 말하기를 "훌륭하도다. 너는 이미 보현보살이 친히 주는 만분계[7]를 받았구나. 나는 태어난 후 매일 삼가면서 절실하게 보현보살님 만나기를 염원했지만 아직도 정성이 통하지 못하였는데 너는 벌써 계를 받았으니 내가 너에게 아득히 미치지 못하는구나" 하면서 도리어 지통에게 예를 갖추었다. 이로 인해 그 나무를 보현수라고 이름지었다.

지통이 말하기를 "법사님은 이곳에 머무신 지 오래 된 듯 합니다"라 하니 낭지가 말하기를 "법흥왕 정미(527)에 처음으로 발을 붙였으니 지금 얼마나 되는지 모르겠다"고 했다. 지통이 이 산에 왔을 때는 바로 문무왕 즉위 원년인 신유(661)이니 계산해 보면 이미 135년이 된다.

지통은 그 후에 의상의 처소로 가서 오묘한 이치를 깨달아 심오한 경지[8]까지 올랐으며 불교의 교화[9]에 커다란 도움이 되었다. 이 분이 바로 『추동기』의 저자이다.

원효가 반고사에 있을 때 늘 낭지를 찾아가 뵈니 원효에게 『초장관문』과 『안신사심론』을 저술하게 했다. 원효가 저술을 끝마치자 은사(隱士) 문선을 시켜 책을 받들어 보냈다.

그 편 끝에 게를 적었는데 그 내용은 다음과 같다.

> 서쪽 골짜기의 사미가 머리 조아려
> 동쪽 봉우리 높고 높은 큰스님 앞에
> 예 올리나이다.(반고사는 영취산의 서북쪽이므로 서쪽 골짜기의 사미는 곧 원효 자신을 말한다.)
> 가는 티끌[10] 불어 영취산에 보태고
> 작은 물방울 날려 용연[11]에 더하나이다. (등으로 기록되어 있다.)

8) 심오한 경지〔升堂〕: 원문의 升堂(승당)은 승당입실(升堂入室)의 준말. 마루에 올라 방으로 들어간다는 의미로 순서를 밟아 차근차근 학문을 닦아 심오한 경지에 이르게 된다는 뜻.

9) 불교의 교화〔玄化〕: 원문의 玄(현)은 오묘하고 깊은 경지 즉 불교를 말하며, 化는 敎化의 준말.

10) 가는 티끌〔細塵〕: 원문의 細塵(세진)은 물방울을 뜻하는 微滴(미적)과 같은 의미로 원효가 자신이 지은 저서를 낮추는 겸양어로 쓴 말.

通聞之泣謝. 投禮於師. 旣而將與手戒. 通曰. 予於洞口樹下已蒙普賢大士乃授正戒. 智嘆曰. 善哉汝巳親稟大士滿分之戒. 我自生年來. 夕愓慇懃. 念遇至聖. 而猶未能昭格. 今汝已受. 吾不及汝遠矣. 反禮智通. 因名其樹曰普賢.

通曰. 法師住此其巳久如. 曰法興王丁未之歲. 始寓足焉. 不知今幾. 通到山之時. 乃文武王卽位元年辛酉歲也. 計已一百三十五年矣.

通後詣義湘之室. 升堂覩奧. 頗資玄化. 寔爲錐洞記主也.

元曉住磻高寺時. 常住謁智. 令著初章觀文及安身事心論. 曉撰訖. 使隱士文善奉書馳達.

其篇尾述偈云.

西谷沙弥稽首禮.

東岳上德高巖前.(磻高在靈鷲之西北故. 西谷沙弥乃自謂也.)

吹以細塵補鷲岳.

飛以微滴投龍淵. (云云.)

投 : 드릴 투
予 : 나 여
蒙 : 입을 몽
巳 : 已의 오기
稟 : 받을 품
愓 : 삼갈 척
慇 : 은근할 은
懃 : 일에힘쓸 근
昭 : 밝을 소
格 : 감동하여통할 격
汝 : 너 여
巳 : 已의 오기

覩 : 볼 도
奧 : 깊을 오
頗 : 자못 파
資 : 도울 자
寔 : 이것 식
錐 : 송곳 추
磻 : 시내이름 반
謁 : 뵈올 알
著 : 편찬할 저
訖 : 마칠 글
馳 : 전할 치
稽 : 머리숙일 계
補 : 도울 보
微 : 작을 미
滴 : 물방울 적
投 : 보낼 투
淵 : 못 연

11) 용연(龍淵) : 『신증동국여지승람』 울산군 조에 태화강 하구의 경관을 소개하면서 「태화강은 큰 하천으로 남쪽으로 흐르다가 동쪽으로 꺾여 바다로 들어간다. 동쪽으로 꺾이는 지점에 물이 깊고 넓은 곳이 있는데 이를 황용연(黃龍淵)이라 한다.」로 기록됨.

12) 공경하여 스승으로 섬겼으니〔摳衣〕: 원문의 摳衣(구의)는 옷자락을 걷어올리고 당(堂)에 올라간다는 의미로 경의를 표한다는 뜻. 즉 스승의 예로 섬긴다는 의미.

13) 제10 법운지(第十法雲地) : 보살이 수행하는 52단계 중 41단계부터 50단계까지를 십지(十地)라 함. 십지의 열 번째인 50위를 법운지(法雲地)라 하며, 이곳은 지혜의 구름이 감로(甘露)의 비를 내리는 곳. 즉 진리의 비인 설법이 내리는 구름이 있는 곳을 법운지라 함.

산의 동쪽에 태화강이 있으니 이는 곧 중국 태화지 용의 복을 옮겨오기 위해 만든 것이므로 용연이라 했다.

지통과 원효는 모두 큰 성인이다. 두 성인도 그를 공경하여 스승으로 섬겼으니[12] 낭지스님의 도가 고매함을 알 수 있다. 스님은 일찍이 구름을 타고 중국의 청량산으로 가서 청중과 함께 강의를 듣고 삽시간에 돌아왔으므로 그곳 중국의 승려들은 그가 이웃에 사는 사람으로 여겼다. 그러나 어디에 사는지는 아무도 몰랐다. 하루는 여러 승려들에게 지시하기를 "이 절에 상주하는 사람들은 제외하고 다른 절에서 온 스님들은 각자 자기가 사는 곳의 이름난 꽃과 진귀한 식물을 가져다 도량에 바쳐라"라고 했다. 낭지가 이튿날 산중에 있는 이상한 나뭇가지 하나를 꺾어 와 바쳤다. 그곳 승려들이 그것을 보고 바로 말하기를 "이 나무는 범어로 달제가라 하며 여기서는 혁이라 하는데 오직 서천축과 신라의 영취산 두 곳에만 있다. 그 두 산은 모두 제10 법운지[13]로서 보살이 머무는 곳이니 이는 필시 성자일 것이다"라 했다.

마침내 그의 행색을 살펴보고는 그제야 신라의 영취산에 머물고 있음을 알게 되었다. 이로 인하여 낭지를 다시 보게 되고 그의 이름이 온 세상에 드러났다. 신라 사람들이 그 암자를 혁목이라 부르니 지금 혁목사의 북쪽 등성이에 있는 옛터가 바로 그 절이 있던 자리이다.

『영취사기』에 기록되어 있기를 「낭지가 언젠가 말하기를 "이 암자 터는 바로 가섭불 당시의 절터다"라 하여 땅을 파서 등잔 기름병 두 개를 얻었다. 원성왕 때에는 연회대덕이 이 절에 와서 머물면서 스님의 전기를 지어 세상에 전했다.」고 했다. 『화엄경』을 살펴보면 제10은 법운지라고 했으니 지금 스님이 구름을 탄 것은 대개 부처님이 세 손가락을 구부리고 원효가 몸을 100개로 나누는 것과 같을 것이다.

다음과 같이 찬미한다.

생각건대 암자에 100년 동안 숨어 살아,
높은 이름 한 번도 세상에 드러내지 않았는데,
산새의 한가로운 지저귐 금할 길 없어,
구름 타고 오가는 것 속절없이 누설되었네.

山之東有大和江. 乃爲中國大和池龍植福所創. 故云龍淵.

大 : 太의 오기

通與曉皆大聖也. 二聖而摳衣師之. 道邁可知. 師嘗乘雲往中國之淸凉山・隋衆聽講. 俄項卽還. 彼中僧・謂是隣居者. 然罔知攸止. 一日令於衆曰. 除常住外. 別院來僧. 各持所居名花異植. 來獻道場. 智明日折山中異木一枝歸呈之. 彼僧見之. 乃曰. 此木梵号怛提伽. 此云赫. 唯西竺海東二靈鷲山有之. 彼二山皆弟十法雲地菩薩所居. 斯必聖者也.

遂察其行色. 乃知住海東靈鷲也. 因此改觀. 名著中外. 鄕人乃號其庵曰赫木. 今赫木寺之北崗有古基. 乃其遺趾.

摳 : 옷자락 구
邁 : 고매할 매
項 : 頃의 오기
攸 : 장소 유
止 : 머무를 지
獻 : 드릴 헌
呈 : 증정할 정
折 : 꺾을 절
怛 : 슬퍼할 달
赫 : 빛날 혁
竺 : 竺의 異體字
察 : 살필 찰
著 : 널리알려질 저
崗〔岡의 속자〕 : 등성이 강
趾 : 터 지

靈鷲寺記云. 朗智嘗云此庵址乃迦葉佛時寺基也. 堀地得燈缸二. 隔元聖王代. 有大德緣會來居山中. 撰師之傳行于世. 按華嚴經. 第十名法雲地. 今師之馭雲. 蓋佛陀屈三指・元曉分百身之類也歟.

堀 : 땅팔 굴
缸 : 항아리 항
馭 : 부릴 어
歟 : 그런가할 여

讚曰.

想料嵒藏百歲間.
高各曾未落人寰.
不禁山鳥閑饒舌.
雲馭無端洩往還.

料 : 헤아릴 요
各 : 名의 오기
寰 : 인간세상 환
饒 : 넉넉할 요
饒舌 : 잘 지껄임
洩 : 샐 설

연회 도명 문수점[1)]

– 연회가 명예를 피해 달아나다가 문수점에서 도를 얻다 –

고승 연회는 일찍이 영취산에 숨어 살면서 늘 『법화경』을 읽고 보현보살의 관행법[2)]을 닦았다. 정원의 연못에는 항상 연꽃 몇 송이가 있어 사시사철 시들지 않았다.(지금의 영취사 용장전이 바로 연회가 옛날 살던 곳이다.) 나라의 임금인 원성왕이 상서롭고 신이한 소문을 듣고 그를 불러 국사로 삼으려 했다. 스님이 그 소식을 듣자 즉시 암자를 버리고 달아났다.

서쪽고개 바위 사이를 넘고 있는데 한 노인이 마침 밭을 갈다가 스님에게 어딜 가느냐고 묻자 스님이 말하기를 "내 듣자니 나라에서 잘못 알고 벼슬로써 나를 매어두려고 하여 피해 가는 길입니다"라 했다. 노인이 듣고 하는 말이 "여기서 팔 일이지 무엇 하러 고생스럽게 멀리 가서 팔려 합니까? 스님이야말로 이름 팔기를 싫어하지 않는구려!"라 했다. 연회는 그가 자기를 조롱하는 줄로만 여기고 그 말을 듣지 않았다. 마침내 몇 리쯤 더 가다가 개울가에서 한 노파를 만났다. 그 노파가 "스님은 어디로 가시오?"라고 물어서 조금 전과 같이 대답했다. 노파가 말하기를 "앞에서 사람을 만났습니까?"하자 연회가 대답하기를 "한 노인이 나를 몹시 업신여기기에 화를 내고 와버렸습니다"라 했다. 노파가 말하기를 "그분은 문수보살인데 그의 말씀을 어찌 듣지 않았소?" 하였다.

1) 문수점(文殊岾) : 문수는 영취산의 서쪽에 있는 문수산이며, 점(岾)은 고개〔峙 · 嶺 · 峴〕를 뜻하므로 문수점은 문수산에 있는 고개를 의미.

2) 보현보살의 관행법〔普賢觀行〕 : 원문의 普賢觀行(보현관행)이란 『관보현보살행법경(觀普賢菩薩行法經)』의 준말. 여래가 입멸하기 석 달 전에 설한 것으로 보현보살을 관념하여 6근(六根)의 죄를 참회하는 법과 참회한 뒤의 공덕에 대해서 기록한 것. 이 경은 법화삼부경의 결론 부분임. 천태종에서 정토삼부경에 영향 받아 법화삼부경을 만들었으니, 『무량의경(無量義經)』은 서론, 『법화경』은 본론, 『관보현보살행법경』은 결론부.

緣會 逃名 文殊岾

高僧緣會. 嘗隱居靈鷲. 每讀蓮經. 修普賢觀行. 庭池常有蓮數朶・四時不萎.(今靈鷲寺龍藏殿是緣會舊居.) 國主元聖王. 聞其瑞異. 欲徵拜爲國師. 師聞之. 乃棄庵而遁.

逃 : 달아날 도
岾 : 절이름 점, 고개 재
朶 : 꽃송이 타　萎 : 마를 위
徵 : 부를 징　棄 : 버릴 기
遁 : 달아날 둔

行跨西嶺嵓間. 有一老叟今爾耕. 問師奚適. 曰. 吾聞邦家濫聽. 縻我以爵. 故避之爾. 叟聽曰. 於此可賈. 何勞遠售. 師之謂賣名無猒乎. 會謂其慢已. 不聽. 遂行數里許. 溪邊遇一媼. 問師何往. 答如初. 媼曰. 前遇人乎. 曰. 有一老叟侮予之甚. 慍且來矣. 媼曰. 文殊大聖也. 夫言之不聽何.

跨 : 넘을 과　叟 : 늙은이 수
奚 : 어찌 해　適 : 갈 적
濫 : 잘못된 람
縻 : 얽을 미　賈 : 팔 고
售 : 팔 수
已 : 己의 오기
慢 : 업신여길 만
溪 : 시내 계　媼 : 할미 온
遇 : 만날 우　侮 : 업신여길 모
慍 : 성낼 온
夫 : 발어사 부

문수산

연회가 듣고는 놀랍고 송구스러워 급하게 노인에게로 되돌아가서 머리를 수그리고[3] 후회하면서 말하기를 "성인의 말씀을 어찌 감히 듣지 않겠습니까? 이제 다시 되돌아 왔습니다만, 개울가의 그 노파는 누구입니까?"라 하니 노인이 말하기를 "변재천녀이네" 하고 말을 마치자 그만 사라졌다.

이에 연회가 암자로 돌아오자 조금 후 왕의 사자가 조서를 받들고 와서 그를 불렀다. 연회는 이미 마땅히 받아야 하는 일임을 알고 곧 임금의 뜻에 응하여 대궐로 가니 왕은 연회를 국사로 봉했다.(『승전』[4]에는 헌안왕이 봉하여 2대에 걸쳐서 왕사로 삼고 호를 '조'라 했는데 함통[5] 4년(863)에 죽었다 하니 원성왕의 연대와는 서로 다르다. 어느 것이 옳은지 알 수 없다.)

이로 인해 연회스님이 노인에게 감응 받은 곳을 문수점이라 이름하고 여인을 만나본 곳은 아니점이라 했다.

다음과 같이 찬미한다.

저잣거리[6]에선 어진 이가 오래 숨기[7] 어렵고,
주머니 속의 송곳[8]은 이미 삐져나와 감추기 어렵네.
연회 스스로 뜰 아래 푸른 연꽃 됨이 잘못이지,
이는 운산이 깊지 않아 그런 것은 아니라오.

3) 머리를 수그리고〔扣顙〕: 원문의 扣(구)는 두드린다 · 친다의 의미이므로 扣顙(구상)은 이마가 상(床)이나 지면에 부딪치도록 예를 올리는 것.
4) 승전(僧傳) : 현존 고승전(高僧傳)에는 이 내용이 없어 어떤 승전인지 알 수 없음.
5) 함통(咸通) : 당나라 의종(懿宗)의 연호.
6) 저잣거리〔倚市〕: 원문의 倚(의)는 의지한다 · 기댄다는 뜻이므로 倚市(의시)는 시장에 의지하여 생활한다는 의미. 여기서는 저잣거리.
7) 숨기〔陸沈〕: 원문의 陸沈(육침)은 세상을 피하려다가 이루지 못하고 속세에 머무르면서 세상사람들과 어울려 사는 것.
8) 주머니 속의 송곳〔囊錐〕: 원문의 囊錐(낭추)는 囊中之錐(낭중지추)의 준말. 사마천이 지은 『사기』에 나오는 말로 주머니 속에 든 송곳은 끝이 뾰족하여 밖으로 나오는 것처럼 재능이 뛰어난 사람은 많은 사람 중에 섞여 있을지라도 눈에 드러난다는 뜻.

會聞卽驚悚. 遽還翁所. 扣顙陳悔曰. 聖者之言. 敢不聞命乎. 今且還矣. 溪邊嫗彼何人斯. 叟曰. 辯才天女也. 言訖遂隱. 乃還庵中. 俄有天使賫詔徵之. 會知業已當受. 乃應詔赴闕. 封爲國師.(僧傳云. 憲安王封爲二朝王師. 号照. 咸通四年卒. 與元聖年代相木. 未知孰是.) 師之感老叟處 因名文殊岾. 見女處曰阿尼岾.

悚 : 송구할 송
遽 : 급할 거
扣 : 두드릴 구
顙 : 이마 상
陳 : 말할 진
悔 : 뉘우칠 회
賫(齎와 동일) : 가져올 재
木 : 左(다를 좌)의 오기
倚 : 의지할 의

讚曰.

倚市難藏久陸沉.
囊錐旣露括難禁.
自緣庭下靑蓮誤.
不是雲山固未深.

沉(沈의 속자) : 잠길 침
囊 : 주머니 낭
錐 : 송곳 추
露 : 드러날 로
括 : 보자기로쌀 괄
固 : 진실로 고

변재천녀

혜현구정

- 혜현이 고요함을 구하다 -

승려 혜현은 백제 사람이다. 어려서 출가하여 힘써 뜻을 모아 『법화경』 외우는 것을 일과로 삼았다. 기도로 재앙을 물리치고 복을 구하니 신령스런 감응이 참으로 많았다. 또한 삼론[1]을 배우고 수도를 시작하니[2] 신과 통하였다.

처음에는 북쪽에 있는 수덕사[3]에 머물면서 신도가 있으면 강론을 하고 없으면 불경 외우기에 열중하니 사방의 먼 곳에서도 그의 풍도를 흠모하여 문 밖에는 신발이 가득했다. 차차 번거롭게 모여드는 것을 싫어해 드디어는 강남 달라산[4]으로 가서 머물렀다. 그 산은 매우 험준하며 내왕이 힘들어 사람이 없었다. 혜현은 고요히 앉아 번뇌 잊기를 구하다가 산중에서 생을 마쳤다.

같이 공부하던 분이 시체를 운구하여 석실에 모셨다. 호랑이가 유해를 다 먹어 버리고 오직 해골과 혀만 남겨 두었는데,[5] 3년이 지나도 혀는 오히려 붉고 연하였다.[6] 그 후 점점 변하여 검붉고 단단하여 돌과 같이 되었다. 도를 닦는 승려들과 속인들이 그것을 공경하여 석탑에 간직했다. 혜현의 세속 나이는 58세로서 바로 정관[7] 초년(627)이었다. 혜현은 중국에 유학하지 않고 조용히 물러나 일생을 마쳤으나 그 이름이 중국[8]의 여러 사람들에게 알려지고 전기도 쓰여져 당나라에서도 그 명성이 높았다.

1) 삼론(三論) : 삼론종(三論宗)의 근본 경전.
2) 수도를 시작하니〔染指〕 : 원문의 染指(염지)는 손으로 국물 맛을 본다는 뜻. 여기서는 수도한다는 의미.
3) 수덕사(修德寺) : 충남 예산군 덕산면 덕숭산에 있는 절로 백제 법왕 원년(599)에 지명법사가 세운 절. 지금의 대웅전은 고려 충렬왕 34년(1308)에 세워진 것으로 봉정사 극락전 · 부석사 무량수전과 함께 우리나라에서 가장 오래된 건축물 중의 하나.
4) 강남 달라산(江南達拏山) : 강남은 금강 남쪽을 의미하는 듯하며, 달라산은 이병도에 의하면 전라북도 고산(高山) 또는 진산(珍山) 부근으로 추정.

수덕사 대웅전

惠現求靜

釋惠現. 百濟人. 小出家. 苦心專志. 誦蓮經爲業. 祈欀請福. 靈應良稠. 兼攻三論. 染指通神.

初住北部修德寺. 有衆則講. 無則持誦. 四遠欽風. 戶外之履滿矣. 稍猒煩擁. 遂往江南達拏山居焉. 山極嵓險. 來往艱稀. 現靜坐求忘. 終于山中.

同學轝尸置石室中. 虎啖盡遺骸. 唯髏舌存焉. 三周寒暑. 舌猶紅軟. 過後方變. 紫硬如石. 道俗敬之. 藏于石塔. 俗齡五十八. 卽貞觀之初.

現不西學. 靜退以終. 而乃名流諸夏. 立傳在唐聲著矣.

小 : 少의 오기
誦 : 외울 송
欀 : 양나무 양
欀 : 禳(기도할 양)의 오기 또는 異體字
良 : 진실로 량
稠 : 많을 조
攻 : 닦을 공
部 : 지경 부
欽 : 흠모할 흠
稍 : 점점 초
猒 : 싫을 염
煩 : 번잡할 번
擁 : 군중번잡할 옹
拏 : 잡을 나
艱 : 어려울 간
稀 : 드물 희

轝 : 관을실는가마 여
尸 : 주검 시
啖 : 씹을 담
骸 : 몸 해
髏 : 해골 루
猶 : 오히려 유
軟 : 부드러울 연
紫 : 검붉을 자
硬 : 딱딱할 경

5) 호랑이가 유해를 …… 혀만 남겨 두었는데 : 풍장으로 추정.
6) 혀는 오히려 붉고 연하였다.〔舌猶紅軟〕: 혀는 말을 하는 기관으로 일평생 경전을 읽고 수행함으로써 높아진 그의 존재를 혀의 이적으로 상징.
7) 정관(貞觀) : 당나라 태종(太宗)의 연호.
8) 중국〔諸夏〕: 옛날부터 중국민족은 황하의 중류지역에 거주하면서 화려한 문화를 꽃피웠으니 이것이 서주(西周)임. 이에 따라 주위의 여러 민족에 대해 문화적인 우월감으로 중화사상을 형성하여 그들은 자기 주변의 이민족과 구별하기 위해 화(華) 또는 하(夏)로 칭하고 그들의 국토를 자랑하는 의미로 제하(諸夏)·화하(華夏)·중하(中夏)·중화(中華)·중원(中原)이라 칭함.
9) 파약(波若) : 고구려의 스님. 천태지자(天台智者)의 제자로 고구려 영양왕 7년(596)에 중국에 건너가 지자의 교법을 배움. 우리나라에서 천태교관을 처음 받았다고 전해짐.
10) 지자(智者) : 수나라의 고승이며, 천태종의 개조(開祖)인 천태대사(天台大師) 지의(智顗). 생몰 538~597.
11) 교관(敎觀) : 교상(敎相)과 관심(觀心)의 약칭. 교상은 석가 일대의 교설을 자기네 종파의 입장에서 분류한 교리(敎理)이며, 관심은 종파가 세운 진리의 본성을 관찰하는 것.

또 고구려의 승려 파약[9]이 중국 천태산에 들어가 지자[10]의 교관[11]을 받았으며 신이하다고 소문이 났는데 산중에서 죽었다. 『당승전』에도 실려 있는데 자못 영험한 가르침이 많았다.

다음과 같이 찬미한다.

녹미(주미)[12]로 경을 전함에도 한바탕 수고로움 느껴,
지난 세월 맑은 독경 구름 속에 숨었네.
세간[13]의 청사에 이름 멀리 날리니,
죽어서도 혀는 붉은 연꽃의 꽃다움이어라.

12) 녹미(鹿尾) 또는 주미(麈尾) : 원문의 鹿尾(녹미)는 혜현의 혀라는 설과 원문의 鹿(녹)은 麈(주)의 오기로서 총채인 주미불자(麈尾拂子)라는 설이 있음.

구 분	내 용	주장학자
녹 미 (鹿尾)	찬시의 결구(結句)에 혀가 나오며, 혜현이 『법화경』을 암송한 점으로 보면 鹿은 『법화경』에서 독각승을 피안으로 인도하는 사슴수레를 의미. 여기서는 독각승의 성격을 지닌 혜현을 상징. 尾는 말단으로 혀를 의미. 결국 鹿尾는 혜현의 혀를 말함	—
주미불자 (麈尾拂子)	원문의 鹿尾는 麈尾의 오자인 듯. 麈尾는 총채를 말함. 麈는 큰 사슴이니 사슴은 그 꼬리로써 뭇 사슴을 지휘하므로, 이것을 본떠서 강설하는 이가 주미불자를 쥐고 청중을 지수(指授)함	이재호, 『삼국유사』

13) 세간〔風前〕: 원문의 風前(풍전)은 바람 앞의 촛불을 뜻하는 風前燭(풍전촉)의 준말. 풍전촉은 세상의 무상을 비유한 말로 여기서는 세간을 의미함.

삼론종(三論宗)과 중관사상(中觀思想)

1. 삼론종의 개요

1-1. 삼론종의 근본 경전인 『중론(中論)』·『백론(百論)』·『12문론(十二門論)』의 연구를 중심으로 형성된 학파.

- 『중론(中論)』: 용수(龍樹)가 지은 것으로 중관사상(中觀思想)의 이치를 설함.
- 『백론(百論)』: 용수의 제자 제파(提婆)가 지은 것으로 집착을 파하고 소승·대승의 진리를 설함.
- 『12문론(十二門論)』: 용수가 지은 것으로 미혹·집착을 파하고 대승의 진리를 설함

夫又高麗釋波若. 入中國天台山. 受智者敎觀. 以神異聞山中而滅. 唐僧傳亦有章. 頗多靈範.

夫 : 발어사 부
間 : 聞의 오기

讚曰.

鹿尾傳經倦一場. 去年淸誦倚雲藏.
風前靑史名流遠. 火後紅蓮舌帶芳.

鹿 : 麈(큰사슴, 먼지떨이 주)의 오기라고도 함
倦 : 수고로울 권
一場 : 한바탕
芳 : 꽃다울 방

1-2. 삼론학의 계통

● 인도 · 중국 : 용수→제파…구마라집…도생(道生)→담제(曇濟)→도랑(道郞)→승전(僧詮)→법랑(法郞)→길장(吉藏)

● 고구려 · 백제는 삼론종 성행, 신라는 원효가 삼론종요를 지었다는 기록이 있음.

2. 중관사상(中觀思想)의 개요

공관사상(空觀思想)
• 소승(小乘) : 우주의 만상은 色 · 受 · 想 · 行 · 識의 五蘊에 의해서 잠시 화합하여 생기는 허상 - 非有非無의 非를 고정하여 空을 無로 인식→實在觀의 배제 • 대승(大乘) : 차별적으로 나타나는 세속의 만상을 긍정하며, 差別界를 평등한 本體面에서 부정해서 관찰하는 방법 - 非有非無의 非를 고정하지 않고 고정적 · 한정적 實體觀만 배제
夫婦一體에서 夫婦 두 사람이 지아비도 아니고 지어미도 아니다라는 것은 小乘空觀이며, 지아비는 지아비로서 지어미는 지어미로서 각각의 역할을 발휘하면서 둘이 아니라는 것이 大乘空觀임

유관사상(有觀思想)
• 눈앞에 전개된 森羅萬象은 부정할 수 없는 實存的인 대상 - 萬象은 本體가 있으며[圓成實性] - 이 本體가 因緣에 의해서 우리에게 인식되며[依他起性] - 因緣에 의한 現象界를 주관적인 妄念妄想에 의해 허상을 실재로 인식[遍計所執性] *물체의 의미 내용이 無爲界 · 有爲界 · 主觀界가 서로 다르더라도 모두 有
여인이 밤중에 두려운 마음으로 길을 가다가 새끼줄을 보고 뱀으로 착각[遍計所執性] 했으나 잘 보니 뱀이 아니라 새끼줄이었음[依他起性]. 새끼줄을 분석해 보니 새끼줄이 아니라 麻였음[圓成實性].

중관사상(中觀思想)
• 瑜伽 · 唯識의 中觀思想 : 大乘의 空觀思想 • 天台學의 中觀思想 : 諸法實相論 - 俱舍學이 有를 주장하고, 成實 · 中論이 空을 주장하고, 唯識이 空이 있는 中道를 주장한 다음 다시 有의 입장으로 돌아가는 것이 諸法實相思想. - 有情無情의 森羅萬象은 그대로 진리를 드러낸 것이니, 有는 有로서 無는 無로서 일면에서 관찰하는 것이 아니고, 有라 해도 無를 포섭하고 無라 해도 有를 버리지 않는, 둥글어 걸림이 없고 相卽相入의 입장에서 보는 종교적 실천생활을 행하는 것

신충[1] 괘관

– 신충이 벼슬을 버리다 –

효성왕이 아직 왕위에 오르지 않았을 때 현명한 인물인 신충과 대궐 정원의 잣나무[2] 아래서 바둑[3]을 두었는데, 언젠가 신충에게 말하기를 "이 다음에 그대를 잊는다면 저 잣나무가 증거가 될 것이다"[4] 하자 신충이 일어나 절을 했다.

몇 달 후에 왕이 즉위하여 공신[5]들에게 상을 주면서 신충을 잊어버리고 등급에 넣지 않았다. 신충이 원망하여 노래를 지어[6] 잣나무에 붙이자 나무가 갑자기 누렇게 시들어 버렸다. 왕이 이상히 여겨 사람을 시켜 알아보도록 했더니 신충이 지은 노래를 찾아 바쳤다. 왕이 크게 놀라 말하기를 "정무가 너무 바빠 하마터면 공신[7]을 잊을 뻔했구나" 하며, 즉시 그를 불러 벼슬을 주자 잣나무는 그제야 소생했다.[8]

1) 신충(信忠) : 신충과 관련된 『삼국사기』의 기록.

왕 대(王代)	기 록 내 용
성덕왕 36년(737) 2월	성덕왕 죽음〔薨〕. 태자 승경(承慶) 즉위(효성왕 15~16세)
효성왕 3년(739) 정월	신충이 중시(中侍)가 됨. 왕의 아우 헌영이 태자(경덕왕)가 됨
〃 6년(742) 5월	효성왕 죽음〔薨〕. 왕의 동모제(同母弟) 헌영태자 즉위
경덕왕 3년(744) 정월	유정(惟正)이 중시가 됨(신충이 중시를 면한 듯함)
〃 16년(757) 〃	이찬 신충이 상대등이 됨
〃 22년(763) 8월	신충이 상대등을 면하고, 시중 김옹(金邕)도 시중을 면함

2) 잣나무〔栢樹〕 : 잣나무의 의미에 관한 학설.

내 용	주장학자, 『저서』
성스런 왕권의 흔들림 없는 질서와 권위를 상징	황패강, 『향가문학의 이론과 해석』
소도(蘇塗)의 대목(大木)과 신단수(神檀樹)인 단목(檀木)과 관련된 종교적 상징	김열규, 『원가의 수목상징』

3) 바둑〔圍碁〕 : 신전(神殿)이나 성수(聖樹)에서 지냈던 비밀스런 제사 또는 이에 관련된 상징. 풍요와 재생을 상징하는 성수 아래에서의 바둑은 그 놀이 자체의 성격으로 보아 우주의 질서를 모사한 소우주적 실수행위(實修行爲)로 이해됨. 반고에 의하면 「바둑판은 땅을 상징하고 두는 행위는 신명한 덕을 나타내는 것이다. 흑백의 바둑돌은 음양의 이치이며, 바둑판에 돌을 포석함은 천문을 본뜬 것이요, 사상(四象)이 인간 세상에 나타나는 것이 대개 왕정(王政)이니, 바둑은 천원지방(天圓地方)과 음양사상(陰陽思想)을 위시하여 제왕의 치(治), 오패(五覇)의 권(權) 등이 재현되는 것이다.」라 함.

〈황패강, 『향가문학의 이론과 해석』〉

信忠掛冠

孝成王潛邸時. 與賢士信忠. 圍碁於宮庭栢樹下. 嘗謂曰. 他日若忘卿. 有如栢樹. 信忠興拜.

隔數月. 王卽位賞功臣. 忘忠而不第之. 忠怨而作歌. 帖於栢樹. 樹忽黃悴. 王佐使審之. 得歌獻之. 大驚曰. 萬機鞅掌. 幾忘乎角弓. 乃召之賜爵祿. 栢樹乃蘇.

掛 : 걸어놓을 괘　　冠 : 벼슬 관
潛邸 : 임금이 아직 왕위에 오르기 전에 살던 집 또는 그 동안
潛 : 잠길 잠　　邸 : 집 저
碁 : 바둑 기　　栢 : 잣나무 백
隔 : 건너뛸 격　　帖 : 붙일 첩
悴 : 마를 췌
佐 : 怪의 異體字
鞅 : 짊어질 앙　　掌 : 떠받칠 장
鞅掌 : 매우 바쁘고 번거로움

4) 이 다음에 그대를 잊는다면 저 잣나무가 증거가 될 것이다 : 왕과의 약속에 대한 의미는 신충에게 자신을 옹립해 줄 것을 요청하고 신충은 이를 받아들여 끝까지 왕과의 협약을 지켰다는 뜻으로 추정.
〈박노준, 『신라가요의 연구』〉

5) 공신(功臣) : 왕이 즉위하는 데 공이 있었던 신하.

6) 노래를 지어〔作歌〕 : 원가의 지은 시기와 성격에 대한 학설.

내　　용	주장학자, 『저서』
• 경덕왕 22년 뒤에 지은 것으로, • 왕당파의 거두였던 신충이 김양상을 정상으로 하는 반대파에 밀려 경덕왕 22년 상대등에서 해임 당하자, 왕을 바라볼 수 없는 심정을 노래한 것.	이기백, 『경덕왕과 단속사 · 원가』
• 효성왕 때 만들어진 것으로, • 실권이 없는 왕은 등극 이후에 순원(順元) 등의 외척세력의 간섭으로 신충을 등용할 수 없게 되자 신충이 무정한 세상사와 각박한 인정세태를 탄식하며 부른 것.	박노준, 『신라향가의 연구』
• 주가(呪歌)로 욕구충족을 위한 상징적 祭儀	김열규, 『원가의 수목 상징』

7) 공신〔角弓〕 : 원문의 角弓(각궁)은 『시경』 「소아(小雅)」의 편명. 각궁의 시는 주나라 유왕(幽王)이 간사하고 아첨을 일삼는 신하를 가까이하고 골육지친을 멀리하자 혈육간의 원망과 불만을 노래한 시. 여기서는 공신을 의미함.

8) 잣나무에 붙이자 …… 잣나무는 그제야 소생했다. : 잣나무는 우주의 나무이다. 우주의 나무는 세계의 이미지로, 또 세계의 軸으로 인정된다. 우주의 주기적 재생의 기능이나, 세계의 중심으로서의 우주나무의 작용은 이 경우 왕권과 긴밀히 연결되어 있다. 따라서 신충의 帖歌栢樹는 우주나무의 이와 같은 기능을 정지, 또는 손상시키는 주술이 되었다. 우주 중심에 있는 성수에 가해진 어떠한 저주도 우주의 질서에 결정적인 타격이 되는 것이다. 왕권과 동일시된 잣나무에 대한 가해는 곧 왕권에 대한 가해로 나타난다. 이는 類感呪術로 보인다. 〈양주동, 『국학연구논고』〉
또 나무의 소생은 나무로 상징된 왕권의 재생, 왕권의 회복, 우주질서의 재생이다.
〈황패강, 『향가문학의 이론과 해석』〉

그 노래는 다음과 같다.

<table>
<tr><th>김 완 진</th><th>신 재 홍</th><th>황 패 강</th></tr>
<tr><td>質좋은 잣이
가을에 말라 떨어지지 아니하매,
너를 重히 여겨 가겠다 하신 것과는 달리
낯이 변해 버리신 겨울에여.
달이 그림자 내린 연못 갓
지나가는 물결에 대한 모래로다.
모습이야 바라보지만
세상 모든 것 여희여 버린 處地여.</td><td>물 좋은 잣이
가을에 아니 이르러 떨어지매,
'너하고 같이 다니고 싶구나' 하신,
우러르던 얼굴이 변하신 데에야.
달이 그림자져서 닿은 연못에
오고가는 물결에서 새어나감 같이,
모습이야 바라보나
세상 아무데에 숨은 적에야.</td><td>질 좋은 잣나무는
가을에 아니 그릇 떨어지되
너 어찌 잊으랴 말씀하신
우럴던 낯은 변하셨도다.
달 그림자 진 옛 못엣
흐르는 물결엣 모래인양
모습이사 바라나
세상 모두 잃은 처지여라.</td></tr>
<tr><td colspan="3">물색 좋은 잣나무는
가을에도 떨어지지 아니하매,
'잣나무 너처럼 살아가자' 하셨는데
우러러보던 그때 그 얼굴이 변하셨도다.
달 그림자 비친 옛 연못에
지나가는 물결의 모래처럼
임의 모습이야 바라볼 수 있어도
세상의 모든 것 잃어버린 처지로다.
〈필자 해석〉</td></tr>
</table>

뒷구절은 없어졌다.

이리하여 두 왕으로부터 총애를 받았다. 경덕왕(왕은 바로 효성왕의 동생이다.) 22년 계묘(763)에 신충은 두 친구와 서로 약속하고 벼슬을 버린 뒤 남악[9]으로 들어갔다.

단속사 삼층석탑

9) 남악(南岳) : 신라시대 오악(五岳) 중 하나로 지금의 지리산.
10) 단속사(斷俗寺) : 경남 산청군 단성면에 있었던 절로 지금은 석탑과 당간지주만 있음.

歌曰.

物叱 好支 栢 史. 秋 察尸 不冬爾 屋 支墮米.
① 김완진 → 갓ㅅ 둏기 자시 시 ᄀᆞ술 찰ㄹ 안돌곰 ᄆᆞᄅᆞ 攴디ᄆᆡ
② 신재홍 → 갓ㅅ 둏히 자시 시 ᄀᆞ술 즐ㄹ 안돌니 르 기디ᄆᆡ
③ 황패강 → 갓 됴히 자 시 ᄀᆞ 술 안돌글 오 히디매

汝於多支行齊 敎 因 隱. 仰 頓隱面矣. 改 衣賜乎隱 冬 矣也.
① 너를하 니져 ᄒᆞ시ᄆᆞ로 은 울월 돈 ᄂᆞᆾ의 가ᄉᆡ ᄋᆡ시오은 겨슬 의여
② 너어다히널져 ᄒᆞ시 인 ㄴ 울월 든ㄴ ᄂᆞᆾᄋᆡ 가ᄉᆡ ᄋᆡ시오ㄴ ᄃᆞ ᄋᆡ야
③ 너 엇데 니저 ᄀᆞᄅᆞ치 신 울월 던 ᄂᆞ치 ᄀᆞᄉᆡ 샤 온 ᄃᆡ 여

月 羅 理 影 支古理因淵之叱. 行尸 浪. 阿叱 沙 矣以支如支.
① ᄃᆞ 랄 리 그르매 攴ᄂᆞᆰ리인못가ㅅ 녀ㄹ 믌결(ㄹ) 아ㅅ 몰애 의로攴다攴
② ᄃᆞ랄라 리 그르 기고리인못ᄋᆡㅅ 녈ㄹ 믌결 아ㅅ ᄉᆞ ᄋᆡ이기다히
③ ᄃᆞ 리 그림제 녯 못앳 녈 믓결 잇 몰 앳 ᄃᆞ이

皃史沙叱 望 阿乃. 世 理 都. 之叱 逸 烏隱第也.
① ᄌᆞᇫ시사ㅅ ᄇᆞ라 아나 누리 리 몯(ᄋᆞᆫ) 가ㅅ 여히 오은ᄃᆡ여
② ᄌᆞᇫ시사ㅅ ᄇᆞ라 아나 누리 리 아모 ᄋᆡㅅ 숨 오ㄴ데야
③ ᄌᆞᇫ 샷 ᄇᆞ라 나 누 리 모돗 일 혼 데여

後句亡.

由是寵現於兩朝. 景德王(王卽孝成之弟也.) 二十二年癸卯. 忠與二友相約. 掛冠入南岳.

寵 : 총애할 총

11) 속세를 떠나[丘壑] : 원문의 丘壑(구학)은 언덕과 구렁. 즉 은자(隱者)가 숨어사는 곳을 말함.

12) 대왕(大王) : 경덕왕을 가리킴.

13) 신충봉성사(信忠奉聖寺) : 『삼국사기』에 '신문왕 5년에 봉성사를 세웠다' 라는 것으로 보아 신충봉성사는 신문왕 때 세운 봉성사인 듯함.

왕이 두 번이나 불렀으나 나오지 않고 머리를 깎고 승려가 되어 왕을 위하여 단속사[10]를 세우고, 거기에 머물면서 평생 속세를 떠나[11] 대왕[12]의 복을 빌겠다고 원하니 왕이 이를 허락하였다. 금당 뒷벽에 남아 있는 진영이 바로 신충이다. 남쪽에는 속휴라는 이름의 마을이 있었는데 지금은 잘못 전달되어 소화리라 한다.(『삼화상전』을 살펴보면 신충봉성사[13]가 있었는데 여기 이 절과 서로 혼동된다. 그러나 따져보면 신문왕 때는 경덕왕과 100여 년의 차이가 있다. 하물며 신문왕과 신충은 그 때에는 전생에나 있을 일인즉 여기의 신충이 아님이 분명하다. 자세히 살핌이 마땅하다.)

또 『별기』에는 이런 말이 있다.

「경덕왕 시대에 벼슬이 직장인 이준[14](『고승전』에서는 이순이라 하였다.)이 일찍부터 나이 50[15]이 되면 반드시 출가하여 절을 세우겠다고 발원하였다. 천보[16] 7년 무자(748)에 나이 50이 되자 조연에 있던 작은 절을 고쳐 큰절로 만들고 절 이름을 단속사라 했다. 자신도 또한 머리를 깎고 법명을 공굉장로라 하여 절에 20년간 머물다가 죽었다.」

앞의 『삼국사』[17]에 실린 것과 같지 않으므로 두 가지를 다 기록하여 의심을 없앤다.

다음과 같이 찬미한다.

공명은 다 이루지 못했는데 귀밑털이 먼저 세고,
임금 총애 비록 많으나 한평생이 바쁘도다.
언덕 저편 산이 자주 꿈속에 찾아오니,
내 가서 향불 피워 우리 임금 복 비오리.

14) 이준(李俊) : 주(注)에서 이순(李純)의 순과 준은 음이 통함. 신충이 단속사를 세웠다고 했으나 『삼국사기』의 경덕왕 22년의 「… 上大等信忠 侍中金邕免 大奈麻李純爲王寵臣 忽一旦 避世入山 累徵不就 剃髮爲僧 爲王創立斷俗寺居之…(…상대등 신충과 시중 김옹이 벼슬을 면하였다. 대나마 이순이 왕의 총신으로 문득 하루아침에 세상을 피하여 산에 들어갔다. 여러 차례 불렀으나 나아가지 않고 머리를 깎고 중이 되어 왕을 위해 단속사를 세웠다.…)」는 기록에서 일연선사는 免자를 간과하여 신충·김옹·이순 3인을 함께 爲王寵臣 忽一旦 避世入山한 것으로 읽었기 때문에 『삼국유사』에 인용하면서 忠與二友相約, 掛冠入南岳으로 쓰게 된 것임.

〈양주동, 『고가연구』〉

再徵不就. 落髮爲沙門. 爲王創斷俗寺居焉. 願終身立壑. 以奉福大王. 王許之. 留眞在金堂後壁是也. 南有村名俗休. 今訛云小花里(按三和尙傳. 有信忠奉聖寺. 與此相混. 然計其神文之世. 距景德巳百餘年. 况神文與信忠乃宿世之事. 則非此信忠明矣. 宜詳之.)

徵 : 부를 징
立 : 丘의 오기
壑 : 구렁 학
訛 : 잘못전해질 와
巳 : 已의 오기
况 : 況(하물며 황)의 속자

又別記云.

景德王代. 有直長李俊.(高僧傳作李純.) 早曾發願. 年至知命. 須出家創佛寺. 天寶七年戊子. 年登五十矣. 改創槽淵小寺爲大刹. 名斷俗寺. 身亦削髮. 法名孔宏長老. 住寺二十年乃卒.

與前三國史所載不同. 兩存之闕疑.

槽 : 말구유통 조
宏 : 클, 넓을 굉
闕 : 없앨 궐

讚曰.

功名未巳鬢先霜.
君寵雖多百歲忙.
隔岸有山頻入夢.
逝將香火祝吾皇.

巳 : 已의 오기
鬢 : 귀밑털 빈
忙 : 바쁠 망
頻 : 자주 빈
逝 : 갈 서

15) 나이 50〔知命〕: 원문의 知命(지명)은 『논어』 위정편(爲政篇)에 「五十而知天命(쉰 살에 천명을 알게 되었고」의 知天命(지천명)의 준말.
16) 천보(天寶) : 당나라 현종(玄宗)의 연호.
17) 앞의 삼국사〔前三國史〕: 『전삼국사』로 볼 수도 있으나, 앞의 내용이 『삼국사기』를 인용했으므로 삼국사는 『삼국사기』인 듯함.

포산2성

– 포산의 두 성사 –

신라시대에 관기와 도성이라는 두 분의 성사가 있었는데 어떤 사람인지 알지 못하나, 함께 포산[1](나라 사람들이 소슬산이라 했는데 이는 바로 산스크리트어의 音으로 싸다(包)는 뜻이다.)에 숨어 살았다. 관기는 남쪽 고개의 암자에, 도성은 북쪽 굴에 살았다. 서로 10여 리쯤 되는 거리였으나 구름을 헤치고 달을 노래하며 늘 서로 왕래했다. 도성이 관기를 부르고자 하면 산중의 나무들이 모두 남쪽을 향해 굽혀 상대를 영접하는 것 같으므로 관기는 이것을 보고 도성에게로 갔다. 관기가 도성을 맞이하고자 하면 역시 마찬가지로 모든 나무가 북쪽으로 쓰러졌다. 그러면 도성이 곧 관기에게로 왔다. 이렇게 여러 해를 지냈다.

도성은 그가 거처하는 곳의 뒤에 있는 높은 바위 위에서 언제나 좌선하고 있었다. 하루는 바위틈으로부터 빠져나와 온몸이 허공으로 올라 가버렸는데 간 곳을 알 수 없었다. 어떤 사람들은 말하기를 수창군[2](지금의 수성군 이다.)에 가서 세상을 떠났다고 했다. 관기 또한 그 뒤를 따라 세상을 떠났다.[3] 두 성사의 이름으로써 살던 곳의 이름을 붙였는데 지금도 그 터 모두가 남아 있다. 도성암[4]은 높이가 몇 길로서 뒷날 사람들이 그 굴 아래에 절을 지었다.

1) 포산(包山) : 경북 현풍에 있는 비슬산으로 『신증동국여지승람』에는 비슬산을 일명 포산(苞山)이라 함. 包山의 包와 苞山의 苞는 음이 통하여 같이 썼을 것임. 김사엽은 『완역삼국유사』에서 '소슬산은 쌀포(包 : 둘러싸다)와 뫼〔山〕로 包山은 그 대역이다.(소슬 → 쌀 → 包). 이것은 본문 후단의 내용 중 「두 분은 모두 나뭇잎을 엮어 옷으로 입고 추위와 더위를 넘기며 습기를 막고 부끄러운 부분을 가렸을 뿐이다.」에서 유래한 명명이다. 일연선사가 注에서 「고대 인도 말의 음으로 싸다(包)는 뜻이다.」라 한 것은 잘못 인식한 것이다.' 라 주장.

포산 즉 비슬산

대견사지에서 바라본 傳관기봉

包山二聖

羅時有觀機·道成二聖師. 不知何許人. 同隱包山(鄕云所瑟山. 乃梵音. 此云包也.) 機庵南嶺. 成處北穴. 相去十許里. 披雲嘯月. 每相過從. 成欲致機. 則山中樹木皆向南而俯·如相迎者. 機見之而往. 機欲邀成也. 則亦如之. 皆北偃. 成乃至. 如是有年. 成於所居之後·高嵓之上. 常宴坐. 一日自嵓縫間透身而出. 全身騰空而逝. 莫知所至. 或云. 至壽昌郡(今壽城郡.)指骸焉. 機亦繼踵歸眞. 今以二師名命其墟. 皆有遺趾. 道成嵓高數丈. 後人置寺穴下.

許 : 곳〔處〕 허

嘯 : 읊조릴 소
致 : 불러올 치
俯 : 구부릴 부
邀 : 맞을 요
偃 : 누울 언
縫 : 꿰맬 봉
透 : 지나칠 투
騰 : 오를 등
指 : 捐(버릴 연)의 오기
踵 : 발뒤꿈치 종

2) 수창군(壽昌郡) : 이 지역은 지금의 대구직할시와 달성군을 포함한 지역.
3) 세상을 떠났다.〔歸眞〕 : 원문의 **歸眞**(귀진)은 진여(眞如)의 세계로 돌아감을 뜻함. 여기서 세상을 떠났다 함은 죽었다는 의미보다는 진여의 세계 즉 무여열반(無如涅槃)의 세계로 갔다는 의미. 무여열반은 모든 감각과 그것을 받아들이는 기관이 없어지므로 인식 작용의 주체가 없어진 즉 적멸(寂滅)의 상태.
4) 도성암(道成嵓) : 지금의 달성군 비슬산에 있는 암자인 도성암 위에 있는 바위.

도성암의 대웅보전과
그 위의 道成巖

태평흥국[5] 7년 임오(982)에 승려 성범이 처음으로 이 절에 와 머물면서 만일미타도량[6]을 열어 50여 년 동안 부지런히 노력하니 여러 번 특이한 상서가 있었다. 이때 현풍[7]의 남자 신도 20여 명이 해마다 모임을 만들어 향나무를 채취하여 절에 바쳤다. 매번 산에 들어가 향나무를 채취해서 쪼개고 물에 씻어서 발 위에 펼쳐두면 그 향나무가 밤에 촛불처럼 빛을 발했다. 이로 인해 고을 사람들은 향을 크게 시주한 무리들이 빛을 얻은 해라고 축하했다. 이는 바로 두 성인의 영감이거나 산신령의 도움일 것이다. 산신의 이름은 정성천왕[8]으로 일찍이 가섭불[9] 시대에 부처님의 부탁을 받아 발원맹세하기를 「산중에서 1천 명의 출가를 기다린 후에 남은 과보를 돌려 받겠습니다.」라고 했다.

지금 산중에는 일찍이 아홉 성인의 행적이 기록되어 있는데 자세하지는 않으나 아홉 성인은 관기 · 도성 · 반사 · 첩사 · 도의(백암사에 기단(또는 기초)이 있다.) · 자양 · 성범 · 금물녀 · 백우사들이다.

다음과 같이 찬미한다.

달빛[10] 밟고 왕래하며 운천(雲泉)을 희롱하던,
두 늙은이의 풍류 몇 백 년이 흘렀나.
연하(煙霞) 가득한 골짜기에 고목만이 남았는데,
누운 듯 일어선 듯 찬 그림자 서로 맞는 모양일세.

반(檄)의 음은 반(般)인데 우리말로 비〔雨〕나무라고 하며 첩(櫟)은 음이 첩(牒)으로 우리말로는 갈나무라 한다. 반사 · 첩사 두 분 스님은 오랫동안 바위투성이 사이에 숨어 지냈을 뿐 인간세상과는 교분이 없었다. 두 분은 모두 나뭇잎을 엮어 옷으로 입고 추위와 더위를 다스리며 습기를 막고 부끄러운 부분을 가렸을 뿐이다. 그래서 반사 · 첩사로 호를 삼았던 것이다. 일찍이 풍악(금강산)에도 또한 이런 이름이 있다는 것을 들었다. 이는 곧 옛날 세속을 떠나 숨어 사는 사람[11]들의 뛰어난 운치가 이와 같이 많았음을 알겠으나 따라 하기는 어려운 일이다.

5) 태평흥국(太平興國) : 송나라 태종(太宗)의 연호.
6) 만일미타도량(萬日彌陀道場) : 萬日이란 정토종에서 행하는 불교의식의 하나. 아미타불이 주관하는 극락세계에 왕생하기를 기원하여 萬日間 나무아미타불을 외우는 것.
7) 현풍(玄風) : 지금의 경북 달성군 현풍면.
8) 정성천왕(靜聖天王) : 『신증동국여지승람』 현풍현의 사묘(祠廟) 조(條)에 「세속에 전하기를 비슬산의 정성대왕의 神은 수해나 가뭄 및 질병에 기도를 하면 문득 감응이 있다.」라 기록되어 있으나 정성대왕이 누구인가는 불명.

大平興國七年壬午. 有釋成梵. 始來住寺. 敞萬日彌陀道場. 精懃五十餘年. 屢有殊祥. 時玄風信士二十餘人歲結社. 拾香木納寺. 每入山採香. 劈析淘洗. 灘置箔上. 其木至夜放光如燭. 由是郡人項施其香徒. 以得光之歲爲賀. 乃二聖之靈感. 或岳神攸助也. 神名靜聖天王. 嘗於迦葉佛時受佛囑. 有本誓. 待山中一千人出世. 轉受餘報.

今山中嘗記九聖遺事. 則未祥. 曰. 觀機・道成・搬師・楪師・道義(有栢岩基.)・子陽・成梵・今勿女・白牛師.

讚曰.

相過踏月弄雲泉.

二老風流幾百年.

滿壑烟霞餘古木.

偃昂寒影尙如迎.

搬音般・鄕云雨木・楪音牒・鄕云加乙木. 此二師久隱嵓叢. 不交人世. 皆編木葉爲衣. 以度寒署. 掩濕遮羞而已. 因以爲號. 嘗聞楓岳亦有斯名. 乃知古之隱倫之士. 例多逸韻如此. 但難爲蹈襲.

大 : 太의 오기
敞 : 드러낼 창
屢 : 자주 루
劈 : 쪼갤 벽
析 : 나눌 석
淘 : 씻을 도
灘 : 물가 탄
箔 : 발 박
燭 : 촛불 촉
項 : 클〔大〕 항
賀 : 축하할 하
囑 : 부탁할 촉
誓 : 맹세할 서
搬 : 즐거울 반
楪 : 판대기 첩
踏 : 밟을 답
壑 : 골짜기 학
烟 : 연기 연
霞 : 노을 하
偃 : 누울 언
昂 : 머리들 앙
楪 : 널빤지 첩
牒 : 편지 첩
叢 : 떨기 총
編 : 엮을 편
度 : 다스릴 도
掩 : 가릴 엄
遮 : 막을 차
羞 : 부끄러울 수
逸 : 뛰어날 일
蹈 : 밟을 도
襲 : 이어받을 습
蹈襲 : 옛것을 좇아 그대로 함

9) 가섭불(迦葉佛) : 산스크리트어 Kāśyāpa의 한역. 현세인의 수명이 2만 세 때에 출세하여 깨달음을 얻은 석가불 이전인 과거 7불의 한 분.
10) 달빛〔月〕 : 월인(月印)으로 진리의 세계를 상징.
11) 숨어사는 사람〔隱倫〕 : 원문의 隱倫(은륜)은 隱淪(은륜)으로 은자(隱者)를 뜻함.
12) 자모와 황정〔紫茅黃精〕 : 자모는 자색을 띤 풀 이름, 황정은 약초 이름.
13) 돌은 험한데〔犖确〕 : 원문의 犖确(낙학)은 산에 돌이 많아 험한 모양.
14) 부들자리〔蒲〕 : 원문의 蒲(포)는 蒲團으로 부들로 둥글게 틀어 만들어서 깔고 앉는 방석.

내가 일찍이 포산에 머무르면서 두 스님이 남긴 아름다운 일들을 기록하여 두었는데 이제 그것을 함께 적는다.

자모와 황정[12]으로 배를 채우고,
가린 옷은 나뭇잎, 누에 치고 베짠 것 아니네.
찬 솔바람 쏴쏴 불고 돌은 험한데,[13]
해 저문 숲에서 나무꾼 돌아오네.
깊은 밤 헤치고 달빛 향해 앉으니,
반신은 시원히 바람 따라 나는 듯.
떨어진 부들자리[14] 가로누워 단잠 들면,
꿈속의 혼도 세속에 얽매이지 않네.
구름 놀다 가버린 두 암자의 빈 터에는,
산 사슴만 뛰놀 뿐 인적은 드물어라.

무불융합(巫佛融合)과 삼신신앙(三神信仰)

1. 사찰에 반영된 민중의 신앙 형태

산신의 이름은 정성천왕으로 일찍이 가섭불 시대에 부처님의 부탁을 받아 발원맹세하기를 「산중에서 1천 명의 출가를 기다린 후에 남은 과보를 돌려 받겠습니다.」라 한 것은 불교와 무속에 속하는 산신신앙의 융합을 보여주는 것이다. 이러한 巫佛融合을 상징적으로 보여주는 것은 山神·七星·獨聖을 神位로 모신 三聖閣이다.

사찰이나 암자에 있는 삼성각은 언제부터 사찰 안에 설치되었는지 분명하지 않으나 삼국시대부터라고 추정할 수 있다. 왜냐하면 우리나라 불교의 특색이 호국기도였고, 기도의 대상인 고대의 민족신인 三神은 불교가 도입되면서 사찰에 모셔진 것으로 추정되기 때문이다.

또한 사찰에서 행하는 민중들의 기도는 현세에서 복을 구하고 병마나 재액의 퇴치 그리고 재물과 오래 사는 것에 집중되어 있다. 이것은 모든 민간신앙과 함께 巫敎의 기도내용과 일치한다. 여기에서 민중을 통한 불교와 巫敎와의 혼합현상의 일부를 보는 것이다. 이것을 분명히 드러내고 있는 것이 三聖閣과 三神信仰이다.

2. 三神信仰과 三聖의 성격

사찰의 三聖閣에 있는 삼신은 불교 본래의 것이 아니나 불교신앙에서 뺄 수 없는 존재로 되

子嘗寓包山. 有記二師之遺美. 今幷錄之.

紫茅黃精塑肚皮. 蔽衣木葉非蚕機.
寒松颼颼石犖确. 日暮林下樵蘇歸.
夜深披向月明坐. 一半颯颯隨風飛.
敗蒲橫臥於憨眠. 夢魂不到紅塵羈.
雲遊逝兮二庵墟. 山鹿恣登人迹稀.

子 : 予의 오기
肚 : 밥통 · 배〔腹〕 두
蔽 : 가릴 폐
蚕 : **蠶**(누에 잠)의 俗字
機 : 베틀 기
颼 : 바람소리 수
犖 : 뛰어날 락
确 : 자갈땅 학
樵 : 나무꾼 초
蘇 : 나무할, 풀벨 소
颯 : 바람소리 삽
敗 : 떨어질, 헐 패
蒲 : 부들 포
憨 : 푹잠잘 감
眠 : 잠잘 면
羈 : 얽매일 기
恣 : 마음대로 자
稀 : 드물 희

어 있다. 우리나라 불교에만 있는 이 삼성신 신앙이 우리의 고유한 전통신앙과 밀접한 관계가 있다는 것을 짐작할 수 있다. 이것을 뒷받침하는 것이 삼신의 표현 양식이다. 삼성각의 삼신은 삼차원의 현실세계를 초월한 차원의 존재로 신령의 세계를 표현하기 위해 탱화 또는 화상으로만 표현한다. 우리의 무교에서 신령은 그림으로써, 神衆은 탱화로써 표현했다. 불상을 그대로 받아들이긴 했지만 佛 · 菩薩을 신적 존재로 이해한 우리 민족은 불상 뒤에 후불탱화를 배치함으로써 우리의 이해를 표현해 왔다. 삼성당에 모신 삼신의 경우에는 반드시 재래의 巫敎的인 神靈表現樣式을 그대로 채택하여 탱화로 표현하고 있다. 그러면 삼신은 어떤 분인가?

● **山神** : 삼성각을 때로는 산신각이라 할 정도로 산신은 七星과 함께 민중의 중심적인 신앙대상이다. 삼국시대에 三山五岳의 산신에게 지냈던 제사나 부락제 등의 산신신앙은 우리의 巫敎史를 일관해온 신앙대상이다. 호랑이를 거느린 山神圖 역시 무당의 巫神圖와 동일한 것이다. 삼성각의 산신은 무교의 산신을 그대로 받아들여서 모신 것이요, 이것은 단군신화가 말해주듯이 단군천왕으로 이해되는 존재이다.

● **七星神** : 삼신을 모실 때 칠성을 중앙에 모시는데 이는 삼신의 대표적인 신이기 때문이다. 불로장생을 추구하는 도교에 의하면 인간의 수명을 좌우하는 太一眞君은 왼손에 북두칠성을, 오른손에 북극성을 쥐고 있다 한다. 이러한 도교와 접촉한 중국의 불교에 의해 태일진군을 약사여래의 垂迹으로 보고 이를 七星如來佛이라 한 데서 연유한다.

● **獨聖** : 獨聖은 대체로 칠성이나 산신과는 달리 불교적 성자의 한 분인 天臺山의 那般尊者라고 한다. 나반존자는 열반에 들도록 허락되지 않아 홀로 천대산에서 미륵이 오기까지 기다리는 독수성자가 되었다. 그러므로 말세에 사람들이 그에게 빌면 성도가 빠르다는 것이다.

* 이상에서 道敎的 七星과 巫敎的 山神과 佛敎的 獨聖을 한 곳에 모신 삼성각은 巫佛仙 三敎融合이라는 한국적 신앙의 표현이다.

〈유동식의 『巫佛融合과 三神信仰』을 참고하여 작성〉

영재[1] 우적

– 영재가 도적을 만나다 –

승려 영재는 성품이 익살스럽고 재물에 얽매이지 않았으며 향가를 잘했다. 만년에 장차 남악[2]에 은거하려고 대현령에 이르렀을 때 60여 명의 도적[3]을 만났다. 도적들이 해치려고 했으나 영재는 칼날 앞에서도 두려운 기색 없이 태연스럽게 그들을 대했다. 도둑들이 이상히 여겨 그의 이름을 물으니 영재라고 답하였다. 도둑들이 평소 그의 이름을 들었으므로 □□□로 노래를 지으라고 했다.

그 가사[4]는 이러하다.

김 완 진	신 재 홍	황 패 강
제 마음의 모습이 볼 수 없는 것인데, 日遠鳥逸 달이 난 것을 알고 지금은 수플을 가고 있습니다. 다만 잘못된 것은 强豪님, 머물게 하신들 놀라겠읍니까. 兵器를 마다하고 즐길 法을랑 듣고 있는데, 아아, 조만한 善業은 아직 턱도 없습니다.	제 마음의 모습 구하려거든 해 멀리 숨은 잘못을 알고 이제는 숲에서 떠나갈 것이다. 다만 그릇됨은, 해치는(후리는) 님, 채비 없이 들여도 환생할 승랑이 이 병장기야 지나치련? 좋을 것이라야 들이다니 아아, 오직 나--의 한은 아스라한 조용한 시골집 아무니라.	제 마음의 모습 모르던 날 멀리 새 달아나듯 지나서 알고 이제란 숲에 가고 있노라. 다만 不義한 破戒主의 두려운 상에 다시 다 돌아가게 될 사내들아, 이 흉기를 허물할 날 샐 터이니 아아, 오직 이 내 몸의 恨은 善業은 아니, 바라는 집으로 모아짐입니다.

내 마음의
참모습을 모르고 살았던
날들이 멀리 새 달아나듯 지나서야 깨달아 알고
이제는 남악에 가고 있노라.
다만 그릇된 너희들[破戒主]을 만나
두려운 세상으로 다시 돌아가라.
이런 무기야 아무렇지도 않은데,
좋은 세월을 바라 살아감이 어떨까.
비록 죽지만 아아! 오직 한 가지 한은
아스라한 은둔처에서 도 닦기 전에 죽는 것이로다.

〈필자 해석〉

永才 遇賊

遇 : 만날 우　賊 : 도적 적

釋永才性滑稽. 不累於物. 善鄕歌. 暮歲將隱于南岳. 至大峴嶺. 遇賊六十餘人. 將加害. 才臨刃無懼色. 怡然當之. 賊恠而問其名. 曰永才. 賊素聞其名. 乃命□□□作歌.

滑 : 익살스러울 골
稽 : 익살부릴 계
累 : 얽매일 루　峴 : 고개 현
刃 : 칼날 인　懼 : 두려울 구
怡 : 화할 이　恠 : 怪의 異體字
素 : 평소 소　皃 : 모양 모
呑 : 삼킬 탄

其辭曰.

自矣 心 米. 皃史 毛達只 將來 呑隱
① 김완진→저의 ᄆᆞᅀᆞᆷ ᄆᆡ 즛시 몯달보 려 ᄃᆞᆫ은
② 신재홍→저의 ᄆᆞᅀᆞᆷ ᄆᆡ 즈ᇫ시 모ᄃᆞ기 려 ᄃᆞᆫㄴ
③ 황패강→저의 ᄆᆞᅀᆞᆷ ᄆᆡ 즛 모돌기 려 ᄃᆞᆫ

日 遠 鳥逸 □ □ 過 出知遣. 今 呑 藪 未去遣省如.
① 日 遠 鳥逸 ᄃᆞ랄 의 過 나알고 연 ᄃᆞᆫ 수플 末가고셩다. □□→月矣
② 히 멀 오숨 오 ㄴ 디나 츌알고 연 ᄃᆞᆫ 덤 믜가고소다. □□→烏隱
③ 날 머리 새ᄃᆞᆫ ᄃᆞ 히 디 나알고 이제ᄃᆞᆫ 수 폐가고쇼다. □□→如攴

但 非乎隱焉 破 □ 主 次 弗□史 內 於都還於尸朗也.
① 다ᄆᆞᆫ 외오은ᄋᆞᆫ 破 家 니림 머믈 믈오시ᄂᆞ 늘도 돌어ㄹ랑여 □→家 □→乎
② 다ᄆᆞᆫ 외오ㄴᄋᆞᆫ 헐/후리ㄴ 님 ᄌᆞ 비업시들이어도돌오ㄹ랑야 □→隱 □→无/亡
③ 다ᄆᆞᆫ 외 온 파 계 주 저 플즈세ᄂᆞ 외다 돌 올 郞여 □→戒 □→皃

此 兵 物叱 沙 過 乎 好 尸曰沙也 內 乎呑尼.
① 이 자ᄇᆞᆫ 갓 사 말 오 즐기 ㄹ法사듣 ᄂᆞ 오ᄃᆞᆫ니
② 이 잠 갓ㅅ 사 디나 온 돟 을이사야 들이 오ᄃᆞᆫ니
③ 이 잠 갯 사 허믈 오 홀 날새 누 오ᄶᅡ니

阿耶. 唯 只 伊吾 音 之叱恨隱 潽陵隱 安 支 尙 宅 都 乎隱以多.
① 아야 오직 뎌오 음 의ㅅ혼은 ᄆᆞᆰ 릉은 앉 攴 尙 ᄐᆡᆨ 도 없은이다.
② 아야 오직ㄱ 이나 ㅡ ᄋᆡㅅ혼은 아술 ᄅᆞㄴ 앓/ᄌᆞ옥 히/기 스 집 아모 오ㄴ이다.
③ 아야 오 직이내 모 밋 恨ᄋᆞᆫ 善 은 안 디ᄇᆞ라ᄂᆞᆫ집 모도 호니이다.

도둑들이 그 뜻에 감동되어 그에게 비단 두 단을 선물하니 영재는 웃으며 앞으로 나아가 사양하면서 말하기를 "재물이란 지옥의 근본임을 알고 장차 깊은 산으로 피하여 일생을 보내려고 하는데 어찌 감히 받겠는가?" 하며 땅에 던져버렸다. 도적들이 또 그 말에 감동되어 모두 검과 창을 버린 후 머리를 깎고 그의 제자가 되어 함께 지리산에 은거하여 다시는 세상에 나오지 않았다. 영재의 나이는 거의 90이었으니 원성대왕 때의 일이다.

다음과 같이 찬미한다.

지팡이 짚고 산으로 들어가니 뜻 더욱 깊은데,
비단과 구슬로 어찌 마음 움직일까.
녹림의 군자[5]들아 그런 선물 주지 마라,
지옥의 근본은 다름 아닌 단 몇 푼의 재물일세.

1) 영재(永才) : 영재(永才)의 어원에 관한 학설.

내　　용	주장학자, 『저서』
• 영재(永才)의 원래 이름은 길치 또는 길째, 뜻은 長命 – 영(永) → 길〔長〕, 재(才) → 치(인명접미어), 또는 째 → 順次	양주동, 『고가연구』
• 善鄕歌, 곧 향가를 잘 짓는 인물이란 뜻의 永言之才	최철, 『신라향가』

2) 남악(南岳) : 지금의 지리산.
3) 60여 명의 도적〔賊六十餘人〕 : 도적의 성격에 관한 학설.

내　　용	주장학자, 『저서』
화랑단의 잔비로서 권력쟁탈에서 실패한 일단의 반체제세력	박노준, 『신라가요의 연구』
지성과 감성을 갖춘 조직적 집단으로 차원 높은 목표를 지닌 도둑	최성호, 『우적가의 현대적 배경고』
정치권에서 소외된 周元系, 특히 憲昌系의 일파	이웅제, 『우적가설화의 연구』
영재가 聖俗境界에서 일으킨 갈등과 같은 모든 마음을 도적 60인에 비유	김승찬, 『우적가 연구』
신라의 병리적 현상으로 변방에서 출몰하는 단순한 도적	황패강, 『향가문학의 이론과 해석』

賊感其意. 贈之綾二端. 才笑而前謝曰. 知財賄之爲地獄根本. 將避於窮山. 以餞一生. 何敢受焉. 乃投之地. 賊又感其言. 皆釋釰投戈. 落髮爲徒. 同隱智異. 不復蹈世. 才年僅九十矣. 在元聖大王之世.

綾 : 비단 릉
賄 : 재물 회
餞 : 보낼 전
釋 : 놓을 석
釰 : 劍(칼 검)의 오기
戈 : 창 극
徒 : 제자 도
蹈 : 밟을 도
僅 : 거의 근

讚曰.

策杖歸山意轉深.
綺紈珠玉豈治心.
綠林君子休相贈.
地獄無根只寸金.

策 : 짚을 책
杖 : 의지할 장, 지팡이 장
綺 : 비단 기
紈 : 흰비단 환
休 : 그만둘 휴
只 : 다만 지

4) 가사[辭] : 우적가의 성격에 관한 학설.

구 분	내 용	주장학자, 『저서』
불교가요	우적가의 첫 절은 無明 · 아알라야識을 상징, 둘째 절은 精進 · 死生의 경계를 방황하는 마음의 신화적 비약을, 終結句에서 도적을 깨닫도록 한 법열에 사무친 정각의 심경을 노래	지헌영, 『향가려요 신역』
	• 칼부림하는 신라사회를 불교로 교화하기 위한 방편의 노래 – 도적 60명은 붓다가 성도 후 처음으로 교화한 제자의 수와 일치	장진호, 『신라향가의 연구』
	미륵정토에의 희구를 읊은 노래	김동욱, 『향가와 불교문화』
서정시	도적까지 연민(憐憫)하는 고도의 인간적 서정시	윤영옥, 『신라시가의 연구』

5) 녹림의 군자[綠林君子] : 도적을 미화한 말.

물계자[1]

제10대 내해왕이 왕위에 오른 지 17년 되는 임진(212)에 보라국 · 고자국(지금의 고성이다.) · 사물국(지금의 사주 이다.) 등 여덟 나라가 힘을 합쳐 변경을 침범했다. 왕이 태자 내음과 장군 일벌 등에게 명하여 군사를 거느리고 가서 이를 막게 하니 여덟 나라가 모두 항복했다.[2]

이 당시에 물계자의 군공이 으뜸이었으나 태자가 미워하여 그 공을 포상하지 않았다. 어떤 사람이 물계자에게 말하기를 "이번 전쟁에서의 공은 오직 그대뿐인데 상이 그대에게 미치지 않은 것은 태자가 그대를 미워함인데 원망스럽지 않은가?"라 하니 물계자가 말하기를 "나라의 임금이 위에 계신데 신하로서 어찌 원망이 있을 것인가?"라 했다. 그 사람이 말하기를 "그러면 임금께 말씀드리는 것이 좋을 것이오"라 하니, 물계자가 대답하기를 "공로를 자랑하고 이름을 다투며 자기를 추켜세우고 다른 사람을 덮어 묻는 것은 뜻 있는 사람이 행할 바가 아니다. 힘써 때를 기다릴 뿐이다"라 했다.

내해왕 20년 을미(215)에 골포국[3](지금의 합포이다.) 등 세 나라의 왕이 각각 군사들을 거느리고 와서 갈화[4](굴불인 듯하니 지금의 울주이다.)를 쳤다. 왕이 친히 군사를 거느리고 이를 막으니 세 나라가 모두 패했다. 물계자가 수십 급을 베었으나 사람들은 물계자의 공을 말하지 않았다.

1) 물계자(勿稽子) : 『삼국사기』 권48에 물계자 열전이 있는데 그 내용을 여기서 그대로 인용한 것임. 물계자란 이름이 그 당시의 이름인지 후세에 붙여진 이름인지 알 수 없으나 경주박물관회의 고현우 씨에 의하면 勿稽의 뜻이 뒤를 돌아보지 않는다는 것으로 군자의 의미를 내포하여 이 조목의 내용을 함축한다고 함.

2) 보라국 · 고자국 …… 여덟 나라가 모두 항복했다. : 이 전쟁은 포상팔국(浦上八國)의 전쟁으로 『삼국사기』와 『삼국유사』로 그 경과를 살펴보면 다음과 같음. 「신라 내해왕 6년(201)에 가야국이 사신을 보내 화친을 청하였다. 그 8년 후인 내해왕 14년(209)에 보라국 · 고자국 · 사물국 등 포상팔국이 가야국을 공격하였으며, 이에 가야국은 신라에 구원을 요청하였다. 신라 내해왕은 군대를 보내 구원케 하여 8국 장군을 죽이고 포로가 되었던 6,000인을 빼앗아 돌려주었다. 그 3년 후인 내해왕 17년(212)에 골포 · 고사포 등 삼국의 군대가 신라 갈화성을 공격하였다. 신라 내해왕은 친히 군대를 거느리고 이를 물리쳤다. 가야는 그 보답으로 신라에 왕자를 보내 볼모로 삼게 했다.」

〈김태식, 『미완의 문명 700년 가야사』〉

勿稽子

第十奈解王即位十七年壬辰. 保羅國古自國(今固城.)·史勿國(今泗州.)等八國. 併力來侵邊境. 王命大子㮈音·將軍一伐等. 率兵拒之. 八國皆降.

併 : 아우를 병
大 : 太의 오기
㮈 : 죽은나무 내

時勿稽子軍功第一. 然爲大子所嫌. 不賞其功. 或謂勿稽曰. 此戰之功·唯子而巳. 而賞不及子. 大子之嫌君其怨乎. 稽曰. 國君在上. 何怨人臣. 或曰. 然則奏聞于王幸矣. 稽曰. 伐功爭命·揚已掩人. 志士之所不爲也. 勵之待時而己.

大 : 太의 오기
嫌 : 싫어할 염
巳 : 已의 오기
大 : 太의 오기
伐 : 자랑할 벌
命 : 名의 오기인 듯
已 : 己의 오기
勵 : 힘쓸 려

十年乙未. 骨浦國(今合浦也.)等三國王. 各率兵來攻竭火.(疑屈弗也今蔚州.) 王親率禦之. 三國皆敗. 稽所獲數十級. 而人不言稽之功.

己 : 已의 오기
十 : 二十의 오기
竭 : 다할 갈
禦 : 막을 어

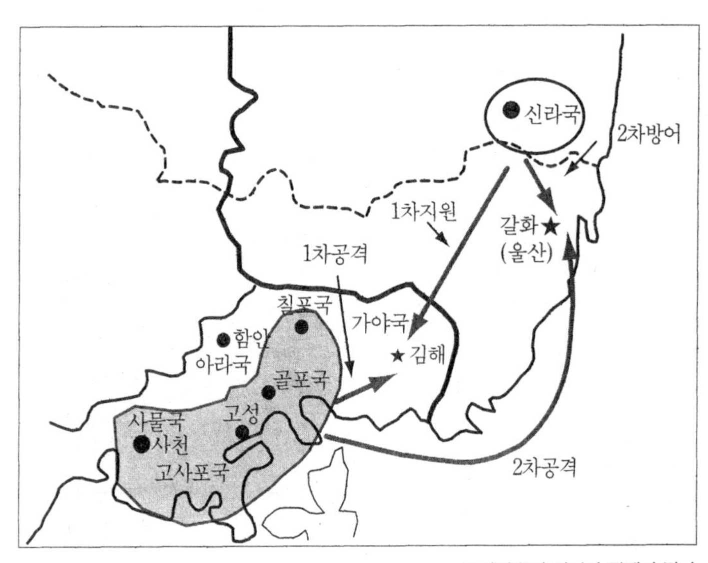

포상팔국의 위치와 전쟁의 경과
(자료원 : 김태식, 『미완의 문명 700년 가야사』)

물계자가 그의 아내에게 말하기를 "내가 듣기로는 임금을 섬기는 도리는 임금이 위기를 만나면 목숨을 바치고 임금이 어려움에 처하면 몸을 잊어버리며, 절의를 지켜 생사를 돌보지 않음을 충이라고 했소. 보라(발라[5]인 듯하니 지금의 나주이다.)·갈화의 싸움은 진실로 이 나라의 환란이었고 임금이 위태로웠소. 그런데도 나는 내 몸을 잊고 목숨을 바치는 용기가 없었으니 이것은 바로 매우 충성스럽지 못한 일이었소. 이미 불충으로써 임금을 섬겨 누가 선조까지 미쳤는데 이것을 효라 할 수 있겠소. 이미 충과 효를 잃었는데 무슨 낯으로 다시 조정과 시정에 나설 수 있겠소?"라 했다.

이에 머리를 풀어헤치고 거문고를 메고 사체산(알 수 없다.)으로 들어갔다. 대나무의 곧은 성벽을 슬퍼하며 그것에 빗대어 노래를 짓기도 하고 계곡물의 흐르는 소리에 맞추어 거문고를 타며 곡조를 붙이기[6]도 했다. 그는 그곳에 숨어서 다시는 세상에 나오지 않았다.

3) 골포국(骨浦國) : 지금의 경남 마산시.
4) 갈화(竭火) : 지금의 울산시.
*울산의 명칭 변경

신라 파사왕	통일신라 경덕왕	조선조 태종
굴아화(屈阿火)	울주(蔚州)	울산(蔚山)

*갈화를 주에서 굴불(屈弗)이라 한 것은 울산의 옛 이름이 굴아화(屈阿火)로 竭火(갈화)의 竭과 屈은 음이 통하며, 火(화)는 訓借에 의해 弗〔불→화〕로 되기 때문임.
5) 발라(發羅) : 『삼국사기』 지리지에 「본래 백제 발라군은 경덕왕 때 개명하여 지금의 나주목으로 했다.」는 기록에 의해 보라를 지금의 전남 나주인 발라로 비정(比定)했으나 타당하지 않음.
6) 곡조를 붙이기〔制曲〕 : 원문의 制(제)는 製와 음이 통하여 製의 뜻으로 사용한 듯함.

서원정도(겸제 정선 작)

稽謂其妻曰. 吾聞仕君之道. 見危致命. 臨難忘身. 仗於節義・不顧死生之謂忠也. 夫保羅.(疑發羅. 今羅州.) 竭火之役. 誠是國之難・君之危. 而吾未曾有忘身致命之勇. 此乃不忠甚也. 旣以不忠而仕君. 累及於先人. 可謂孝乎. 旣失忠孝. 何顏復遊朝市之中乎.

乃被髮荷琴・入師彘山.(未詳.) 悲竹樹之性病・寄托作歌. 擬溪澗之咽響. 扣琴制曲. 隱居不復現世.

仕 : 섬길 사

役 : 전쟁 역
未曾有(미증유) : 일찍이 없었던
累 : 폐끼칠 루

荷 : 짐질 하
彘 : 돼지 체
擬 : 흉내낼 의
澗 : 산골물 간
咽 : 목멜 열
制 : 製의 오기인 듯

月下彈琴圖(이경윤 작)

영 여 사　　迎如師

– 승려 영여 –

실제사[1)]의 승려 영여의 가족내력은 자세히 알 수 없다. 덕과 행실이 모두 높았다. 경덕왕이 그를 맞아 공양을 드리려고 칙사를 보내 그를 불렀다. 영여가 대궐로 들어와 재를 마치고 돌아 가려하자 왕이 사람을 보내 절까지 모셔 드리도록 했다. 그가 절의 문에 들어서자마자 사라져 어디에 있는 지 알 수 없었다. 모셨던 사람이 돌아와 왕에게 보고하니 왕이 신이하게 여겨 그를 국사로 추봉했다. 그 후로는 다시 세상에 나타나지 않았다. 지금도 그 절을 국사방[2)]이라 부른다.

實際寺釋迎如. 未詳族氏. 德行雙高.

景德王將邀致供養. 遣使徵之. 如詣內. 齋罷將還. 王遣使陪送至寺. 入門卽隱. 不知所在. 使來奏. 王異之. 追封國師. 後亦不復現世. 至今稱曰國師房.

齋 : 재계할 재

復 : 다시 부

1) 실제사(實際寺) : 『삼국사기』의 진흥왕 27년 춘 2월 조에 「기원사와 실제사의 두 절이 이룩되었는데 이때 황룡사의 공역도 끝났다.」는 기록이 있음. 그 위치는 정확히 알 수 없으나 포석정 근처로 추정됨. 그 이유는 경애왕이 견훤의 습격을 받기 직전 포석정의 곡수(曲水)에 술잔을 띄우고 풍류를 즐기면서 불렀다고 전해지는 포석정가(鮑石亭歌)에 다음과 같은 구절이 있기 때문임.

祇園實際兮二寺東西
松栢相倚兮蘿蔓洞中

기원사와 실제사여, 두 절이 마주하였네.
송백의 울창함이여, 담쟁이 넝쿨만 골 안에 엉켜 있구나.

2) 국사방(國師房) : 포석정의 동북쪽에 있는 남산의 계곡을 국사골〔國師谷〕이라 하는바, 국사골은 국사방과 연관된 이름인 듯함.

포천산 5비구 경덕왕대 布川山 五比丘 景德王代

- 포천산의 다섯 비구(경덕왕대) -

삽량주[1]의 동북쪽 2십 리가량 되는 곳에 포천산이 있다. 그곳의 석굴은 모양이 기이하고 빼어나서 완연하게 사람이 깎아 놓은 것과 같았다. 여기에 이름과 성이 자세하지 않은 다섯 비구가 와 머물면서 아미타불을 염불하며 서방정토를 구한 지 몇 십 년만에 홀연히 서방으로부터 성자들이 와서 그들을 맞이하였다.

이에 다섯 비구는 각자 연화대에 앉아 하늘을 날아 가다가 통도사의 절 문 밖에 이르러 함께 머무르고 있는데 하늘에서 음악소리가 간간이 들리고 있었다. 절의 승려들이 나와 보니 다섯 비구가 무상고공(無常苦空)[2]의 이치를 설명하고 유해를 벗어 던지고 큰 빛을 내뿜으면서 서쪽을 향하여 가버렸다. 그들의 유해가 버려진 곳에 그 절의 승려들이 도량[3]을 세우고 이름을 치루라고 하였는데 지금도 남아 있다.

歃良州東北二十許里. 有布山川. 石窟奇秀. 宛如人斲. 有五比丘. 未詳名氏. 來寓而念弥陁. 求西方幾十年. 忽有聖衆・自西來迎.

於是五比丘各坐蓮臺・乘空而逝. 至通度寺門外留連而天樂間奏. 寺僧出觀. 五比丘爲說無常若空之理. 蛻棄遺骸. 放大光明. 向西而去. 其捐舍處. 寺僧起亭榭. 名置樓. 至今存焉.

山川 : 川山의 오기
窟 : 구멍 굴
宛 : 완연할 완
斲 : 깎을 착
寓 : 부쳐살 우
奏 : 연주할 주
若 : 苦의 오기
蛻 : 허물벗을 세, 허물벗을 태
捐 : 버릴 연
榭 : 정자・사당 사

1) 삽량주(歃良州) : 지금의 경남 양산시.
2) 무상고공(無常苦空) : 비상고공비아(非常苦空非我)에서 나온 말. 중생의 과보가 모두 고(苦)라는 이치인 고제(苦諦)를 관찰하면서 일어나는 4종류의 觀. 무상(無常) 즉 비상(非常)과 괴로움〔苦〕・공(空) 등을 말함.
3) 도량〔亭榭〕 : 원문의 亭榭(정사)는 도량(道場)의 의미.

지금의 통도사 절문

염불사 念佛師

남산 동쪽 기슭에 피리촌[1]이라는 마을이 있다. 마을에는 절이 있어 마을 이름을 따서 피리사라고 이름지었다. 절에는 신이한 승려가 있었는데 성명을 말하지 아니하고 항상 아미타불을 염불하였다. 그 소리가 성안에까지 들려 360방 17만 호에서 염불 소리를 듣지 않은 사람이 없었다. 그 소리는 높고 낮음이 없으며 한결같이 낭랑하였다. 이것을 神異하게 여겨 공경하지 않은 사람이 없었으며 모두 그를 염불사라고 이름지었다. 그가 죽은 후에 진흙으로 그의 형상을 빚어 민장사 안에 모셨다. 그가 본래 머물렀던 피리사는 염불사[2]로 이름을 고쳤다. 이 절 옆에 또 절이 있었는데 이름을 양피사라 했으니 마을 이름에서 취한 것이다.

南山東麓有避里村. 村有寺. 因名避里寺. 寺有異僧. 不言名氏. 常念弥陁. 聲聞于城中. 三百六十坊・十七萬戶・無不聞聲. 聲無高下. 琅琅一様. 以此異之. 莫不致敬. 皆以念佛師爲名. 死後泥塑眞儀. 安于敏藏寺中. 其本住避里寺. 改名念佛寺. 寺旁亦有寺. 名讓避. 因村得名.

琅 : 옥소리 랑
泥 : 진흙 니
塑 : 인형 소
讓 : 사양할 양

1) 피리촌(避里村) : 避里村의 避里는 은둔의 마을이라는 의미를 내포. 里와 村은 같은 의미.
2) 염불사(念佛寺) : 경주시 남산 동쪽 기슭 남산리에 쌍탑이 있는 절터가 있으며, 그 절터에서 조금 위쪽에 있는 남리(南里)사지를 염불사지로 추정.

傳염불사 터의 폐탑재

피은편(避隱篇)의 의의

『삼국유사』는 9편으로 구성되었으나 내용과 성격으로 나누면 세 부분이다. 첫째 부분은 역사적 기록이라 할 수 있는 왕력과 기이편이며, 두 번째는 불교의 전래와 그에 따라 전개되는 불·법·승 사상과 불교적 영험의 세계를 드러내는 기록으로 홍법·탑상·의해·신주·감통편이다. 세 번째는 구체적인 삶 속에 불법이 어떻게 윤리적으로 구현되어 불국토를 실현하는가를 나타낸 것으로 피은과 효선편이다.

피은(避隱)이란 세속을 피하여 은둔한다는 뜻이다. 이때의 은둔은 세속에서 영원한 가치를 기대하기 어려워 현실을 피하여 도를 구한다는 의미이다. 즉 현실참여에 의한 대중교화를 부정하고 자기 자신의 깨달음만을 구하는 소승적 불교이다. 그러나 피은편에 기록된 10개의 조목은 인간세상과 인연을 끊고 은둔하는 소승보다는 드러내지 않고 불법으로 중생을 교화시키는 대승적 불교가 주류를 이루고 있다.

피은편은 뛰어난 고승들이 세상에 깊이 숨어 사는 이야기이다. 깊이 숨어 산다고 해서 세속을 멀리한다는 이야기가 아니다. 낭지승운 보현수 조에서 낭지는 감추어진 불력의 힘으로 지통을 만나고 지통을 통해 불교의 교화에 이바지하도록 하였다. 또 대중에게 불교를 널리 전파한 원효를 시켜 경전을 만들게 하였으니 숨어 살면서도 중생의 감화라는 결과를 낳았다. 혜현구정·포산 이성·영여사·포천산 5비구·염불사 등도 숨어 살면서 도를 구하고 그들에게 내재되어 있는 능력에 의해 신이로운 사건이 발생한다. 그들은 스스로 자신을 드러내지 않아도 그들에 의해 나타나는 신이는 중생들에게 불법을 교화시키는 역할을 한다. 연희도명 문수점 조에서 연희는 숨어 살고자 했으나 문수보살에 의해 세속에 출현하게 된다. 숨음과 드러남이 연희에게는 자유와 부자유로 생각되지만, 이런 것은 모두 이름을 파는 일에 불과하다는 것을 알고 적극적으로 중생을 구원하는 참여의 길로 나선 것이다.

신충계관과 물계자 조목은 유교의 현실인식과 일치한다. 신충은 현실정치에 참여하여 충성을 다했고 은퇴하여서도 승려가 되어 절을 짓고 임금을 위해 복을 빌었다. 물계자는 죽음을 무릅쓰고 싸우고도 공을 다투지 아니했으나 인간사의 모든 것이 무상함을 깨달았다. 그래서 자신의 결백을 간접적으로 표시하는 방법으로 종교 이상의 신성하고도 숭고한 의미를 지닌 자연에 귀의한 것이다. 신충계관과 물계자는 충을 주제로 한 것으로 효를 주제로 하는 효선편과 함께 불교 신앙의 윤리적 실천과 생활화라 할 수 있다. 즉 구체적 도덕가치의 완성을 통해 불국토를 실현하는 것이다.

효 선 제9

진정사 효선쌍미

– 진정법사의 효도와 佛法信奉 모두가 아름답다 –

법사 진정[1]은 신라 사람이다. 속인[2]으로 있을 때 군대[3]에 예속되어 있었다. 장가를 들지 못할 정도로 가난하여 부역[4]하는 여가에 품을 팔아 곡식을 얻어 홀어머니를 봉양하였다. 집안에 재산이라고는 다리가 부러진 솥 하나가 있을 뿐이었다.

하루는 승려가 문간에 와서 절 지을 쇠붙이를 구하자 어머니가 솥을 그에게 시주하였다. 얼마 후 진정이 밖에서 돌아오자 그의 어머니는 그 까닭을 말하면서 아들의 뜻이 어떨까 염려하였다. 진정이 기뻐하는 낯빛을 나타내면서 말하기를 "불사에 시주하는 그와 같은 일이 얼마나 다행한 것입니까? 솥이 없다 한들 또 무슨 걱정될 것이 있겠습니까?" 하고는 질그릇 물동이로 솥을 삼아 밥을 지어 어머니를 봉양하였다.

일찍이 그가 군대[5]에 가 있을 때 사람들로부터 의상법사가 태백산에서 불법을 강설하여 사람을 이롭게 한다는 이야기를 듣고 곧바로 사모하는 마음이 일었다. 그의 어머니에게 말하기를 "효도를 다한 후[6]에 꼭 의상법사에게 의탁하여 머리를 깎고 불도를 배우겠습니다"라 하자 그의 어머니가 말하기를 "불법은 만나기 어렵고, 인생은 몹시도 빠르단다. 그러니 네가 말하는 '효도를 마친 후'라 하는 것은 너무 늦지 않겠느냐? 어찌 내 생전에 불도를 들었다는 말을 듣는 것만 하겠느냐? 삼가서 머뭇거리지[7] 말고 빨리 가는 것이 좋을 것이다"라 했다.

진정이 말하기를 "어머니 만년에 옆에 있어야 할 사람은 저뿐인데 어머님을 버리고 어찌 차마 출가할 수 있겠습니까?"라 하자 그의 어머니가 말하기를 "아! 이 어미 때문에 출가하지 못한다면 나로 하여금 지옥[8]에 빠뜨림이니 비록 살아있을 때 풍성한 음식[9]으로 떠받든들 어찌 효도가 되겠느냐? 내가 남의 집 문에서 옷과 음식을 얻더라도 역시 내 명대로 살 수 있을 것이니 네가 꼭 효도를 하려 한다면 그런 말을 말아라"고 하였다.

孝善 第九

眞定師 孝善雙美

法師眞定羅人也. 白衣時隷名卒伍. 而家貧不娶. 部役之餘. 傭作受粟. 以養孀母. 家中計産. 唯折脚一鐺而已. 一日有僧到門. 求化營寺鐵物. 母以鐺施之. 旣而定從外皈. 母告之故. 且虞子意何如尒. 定喜現於色曰. 施於佛事. 何幸如之. 雖無鐺又何患. 乃以瓦盆爲釜. 熟食而養之.

隷 : 더부살이 례　　**伍** : 군대행렬 오
娶 : 장가들 취
傭 : 고용살이할 용
粟 : 겉곡식 속　　**孀** : 홀어미 상
脚 : 다리 각
鐺 : 솥 쟁, 쇠사슬 당
皈 : 歸의 略體字　　**且** : 旦의 오기
虞 : 염려할 우　　**尒** : 爾의 略體字
瓦 : 기와 와　　**盆** : 동이 분
釜 : 솥 부　　**熟** : 익을 숙

嘗在行伍間. 聞人說義湘法師. 在大伯山說法利人. 卽有嚮慕之志. 告於母曰. 畢孝之後. 當投於湘法師・落髮學道矣. 母曰. 佛法難遇. 人生大速. 乃曰畢孝. 不亦晩乎. 曷若趂予不死. 以聞道聞. 愼勿因循. 速斯可矣.

定曰. 萱堂晩景. 唯我在側. 弃而出家. 豈敢忍乎. 母曰. 噫爲我防出家. 令我便墮泥黎也. 雖生養以三牢七鼎. 豈可爲孝. 予其衣食於人之門. 亦可守其天年. 必欲孝我. 莫作爾言.

大 : 太의 오기
行 : 줄・대열(군대의25인) 항
嚮 : 향할 향　　**曷** : 어찌 갈
曷若 : 어떠하냐?
趂 : 다다를・좇을 진
愼 : 삼갈 신　　**循** : 주저할 순
萱 : 원추리 훤
堂 : 가까운친척 당
萱堂 : 남의 어머니에 대한 높임말
噫 : 아(감탄・탄식・한탄등의소리) 희
便 : 문득 변　　**墮** : 떨어질 타
泥 : 수렁 니
牢 : 희생(소・양・돼지) 뢰
黎 : 검을 려

1) 진정(眞定) : 의상대사의 10대 제자 중 한 사람.
2) 속인〔白衣〕 : 인도에서는 승려들은 색이 있는 옷〔緇衣〕을 입고 世俗人은 흰옷〔白衣〕을 입으므로 원문의 白衣(백의)는 世俗人을 뜻함.
3) 군대〔卒伍〕 : 중국 주나라의 군사제도에서 5인 1조를 오(伍)라 하며, 100인 1조를 졸(卒)이라 하므로 원문의 卒伍(졸오)는 군대를 의미.
4) 부역(部役) : 신라 왕경의 6부 중 그가 소속된 부에 부역(賦役)과 요역(徭役)을 하는 것.

진정이 오랫동안 생각에 잠기자 그의 어머니가 즉시 일어나 마련해 둔 자루를 거꾸로 터니 쌀 일곱 되가 나왔다. 그 날로 밥을 다 짓고 말하기를 "네가 밥을 지어먹으면서 가면 길이 더딜까 두렵다. 마땅히 내 보는 앞에서 한 되의 밥은 먹고 나머지 여섯 되 밥은 싸서 어서 떠나거라"라 했다.

진정이 눈물을 삼키고 굳이 사양하며 말하기를 "어머니를 버리고 출가하는 것만도 자식된 도리로서 차마 하기 어려운 일인데 하물며 며칠 간의 끼니마저 모두 싸 가지고 간다면 세상의 모든 사람들이 저를 무어라 하겠습니까?" 하며 세 번 사양하자 어머니는 세 번 권했다. 진정이 어머니 뜻을 어기기 어려워 길을 떠나 밤낮으로 길을 가서 3일만에 태백산에 도착했다. 의상에게 의탁하여 머리를 깎고 승려의 옷을 입고 제자가 되어 이름을 진정이라 하였다. 그곳에 머무른 지 3년이 되었을 때 어머니의 부음이 전해졌다. 진정은 가부좌[10]를 하고 선정에 들었다가 7일만에 일어났다.

이를 설명하는 자가 말하기를 「추모와 애통한 슬픔이 지극하여 거의 견딜 수 없었으므로 정수[11]로써 슬픔을 씻은 것이다.」라고 했다. 어떤 사람은 말하기를 「선정으로 그의 어머니가 환생하신 곳을 본 것이다.」 하기도 하고, 어떤 사람은 「이와 같이 선정에 들어가 명복을 빈 것이다.」라 말하기도 했다. 이미 선정을 마친 후에는 그 일을 의상에게 알려 드렸다.

의상이 그의 제자들을 데리고 소백산의 추동으로 가서 풀을 엮어 초막을 짓고 3천 명의 제자들을 모아 약 90일 동안 『화엄대전』을 강의하였다. 의상 문하의 지통이 의상이 강의하는 대로 요지[12]를 뽑아 두 권의 책으로 만들고 이름을 『추동기』라 하여 세상에 널리 폈다. 강의를 마치자 진정의 어머니가 꿈에 나타나 말하기를 "나는 이미 하늘에 환생했다"고 하였다.

5) 군대〔行伍〕 : 원문의 行伍(항오)는 고대의 군대 조직으로 25인을 1조로 항(行)이라 하며, 5인을 1조로 오(伍)라 함.
6) 효도를 다한 후〔畢孝〕 : 원문의 畢孝(필효)는 부모가 별세한다는 의미.
7) 머뭇거리지〔因循〕 : 원문의 因循(인순)은 진취의 기력이 없다는 말로, 여기서는 머뭇거린다는 뜻.
8) 지옥〔泥黎〕 : 원문의 泥黎(이려)는 진흙구덩이로 여기서는 지옥을 뜻함.
9) 풍성한 음식〔三牢七鼎〕 : 소〔牛〕 · 양(羊) · 돼지〔豕〕를 삼뢰(三牢) · 대뢰(大牢)라 하며, 정(鼎)은 솥으로 종묘(宗廟)에 비치하는 보물. 여기서 三牢七鼎(삼뢰칠정)은 매우 풍성한 음식물을 뜻함.

定沉思久之. 母卽起罄倒囊儲. 有米七升. 卽日畢炊. 且曰. 恐汝因熟食經營而行慢也. 宜在予目下. 喰其一・橐其六・速行速行.

定飮泣固辭曰. 弃母出家. 其亦人子所難忍也. 況其杯漿數日之資. 盡裹而行. 天地其謂我何. 三辭三勸之. 定重違其志. 進途宵征. 三日達于大伯山. 投湘公剃染爲弟子. 名曰眞定. 居三年. 母之訃音至. 定跏趺入定. 七日乃起.

說者曰. 追傷哀毁之至. 殆不能堪. 故以定水滌之爾. 或曰. 以定觀察母之所生處也. 或曰. 斯乃如實理薦冥福也. 旣出定. 以後事告於湘.

湘率門徒歸于小伯山之錐洞. 結草爲廬. 會徒三千. 約九十日. 講華嚴大典. 門人智通隨講・撮其樞要・成兩卷. 名錐洞記. 流通於世. 講畢. 其母現於夢曰. 我已生天矣.

沉 : 沈의 異體字
罄 : 비어없어질 경
倒 : 거꾸로 도
囊 : 주머니 낭
升 : 되 승
儲 : 마련해둘 저
炊 : 밥지을 취
喰 : 먹을 손
橐 : 자루 탁
杯 : 밥그릇 배
漿 : 미음 장
資 : 밑천 자
裹 : 보따리쌀 과
違 : 어길 위
宵 : 밤 소
大 : 太의 오기
剃 : 머리깎을 체
染 : 물들일 염
訃 : 부음 부
跏 : 책상다리할 과
趺 : 책상다리할 부
毁 : 무너질 훼
滌 : 씻을 척
薦 : 받을 천
冥 : 저승 명
錐 : 송곳 추
撮 : 뽑을 촬
樞 : 중추 추

10) 가부좌〔跏趺〕: 결가부좌(結跏趺坐)의 준말. 승려들이 앉는 방법의 한가지로 먼저 오른발을 왼편 넓적다리 위에 놓고, 왼발을 오른편 넓적다리 위에 놓고 앉는 방법.
11) 정수(定水) : 정심(定心)의 맑고 고요함을 조용한 물에 비유한 것.
12) 요지〔樞要〕: 원문의 樞要(추요)는 가장 요긴하고 중요한 것을 뜻함.

결가부좌한 석굴암 본존상

대성 효 이세 부모 신문왕대

– 대성이 전생과 현세의 부모에게 효도하다(신문왕대) –

모량리(부운촌이라 고도 한다.)의 가난한 여인 경조에게 아이가 있었는데 머리가 크고 이마가 평평한 것이 마치 성(城)과 같아서 이름을 대성이라 하였다. 집이 가난하여 생활할 수가 없어서 부자[1]인 복안의 집에 품팔이를 하였는데 그 집에서 나누어 준 약간의 밭으로 옷과 먹을 것을 마련했다.

이때 덕망 있는 승려[2] 점개가 홍륜사에서 육륜회[3]를 베풀고자 복안의 집에 와서 시주를 권하니[4] 복안이 베 50필을 시주하였다. 점개가 주문으로 축원하기를 "신도께서 보시를 좋아하시니 천신이 항상 보호하고 지키시라. 하나를 보시하면 만 배를 얻으리라. 편안함과 즐거움을 누리고 오래도록 사시라"고 했다 대성이 이 소리를 듣고 급히 뛰어들어가 그의 어머니에게 말하기를 "제가 문간에서 스님이 외우는 소리를 들으니 한번 보시하면 만 배를 얻는다고 말씀하더이다. 생각해보니 저에겐 전생에 좋은 일을 하지 않아서 지금 이렇게 곤궁한데 지금 또 보시하지 않는다면 내세에는 더욱 어려울 것입니다. 제가 고용살이로 얻은 밭을 법회에 시주해서 후일의 과보를 도모함이 어떻겠습니까?"라 하자 그의 어머니가 좋다고 하여 점개에게 밭을 보시하였다.

얼마 안 되어 대성이 죽었다.[5] 이날 밤 나라의 재상 김문량[6]의 집에 하늘의 외침이 들리기를 "모량리의 대성이란 아이를 네 집에 맡기겠다"고 했다. 집안 사람들이 깜짝 놀라서 사람을 모량리에 보내 알아보니 대성이 과연 죽었는데 죽은 그날이 하늘에서 외치던 날과 같은 때였다. 그 때부터 태기가 있어 아이를 낳았다. 아이가 왼손을 쥐고 펴지 않다가 7일 만에야 폈는데 대성이라는 두 글자가 새겨진 금간자[7]가 있어서 이름을 또 대성이라 짓고 그의 예전 어머니를 이 집에 모셔와 함께 봉양하였다.

1) 부자〔貨殖〕: 원문의 貨殖(화식)은 재산을 늘린다는 말. 여기서는 재산가 즉 부자라는 의미.
2) 덕망 있는 승려〔開士〕: 원문의 開士(개사)는 부처에의 정도(正道)를 열어〔開〕 중생을 인도하는 사부(士夫)란 뜻이니 고승을 의미.
3) 육륜회(六輪會): 『보살영락본업경(菩薩瓔珞本業經)』에 의해 법회를 여는 것.
4) 시주를 권하니〔勸化〕: 원문의 勸化(권화)는 남에게 권하여 시주를 하게 하는 것.
5) 죽었다〔物故〕: 원문의 物故(물고)는 사람이 죽는 것을 말함.

大城 孝 二世父母 神文代

牟梁里(一作浮雲村)之貧女慶祖有兒. 頭大頂平如城. 因名大城. 家窘不能生育. 因役傭於貨殖福安家. 其家俵田數畝. 以備衣食之資.

窘 : 군색할 군
傭 : 품팔이할 용
俵 : 나누어줄 표
畝 : 이랑 묘

時有開士漸開. 欲設六輪會於興輪寺. 勸化至福安家. 安施布五十疋. 開呪願曰. 檀越好布施. 天神常護持. 施一得萬倍. 安樂壽命長. 大城聞之. 跳踉而入. 謂其母曰. 予聽門僧誦倡. 云施一得萬倍. 念我定無宿善. 今茲因匱矣. 今又不施. 來世益艱. 施我傭田於法會. 以圖後報何如. 母曰善. 乃施田於開.

布 : 베풀 포
跳 : 뛸 도
踉 : 뛸 량
倡 : 외칠 창(唱과 동일)
匱 : 결핍될 궤
艱 : 어려울 간
報 : 응보 보

未幾城物故. 是日夜. 國宰金文亮家. 有天唱云. 牟梁里大城兒. 今托汝家. 家人震驚. 使檢牟梁里. 城果亡. 其日與唱同時. 有娠生兒. 左手握不發. 七日乃開. 有金簡子彫大城二字. 又以名之. 迎其母於第中兼養之.

未幾 : 얼마 되지 않아
亮 : 밝을 량
故 : 죽을 고
托 : 託(맡길 탁)과 동일
震 : 진동할 진
握 : 쥘 악
第 : 집 제
兼 : 함께 겸

6) 김문량(金文亮) : 『삼국사기』에 기록된 金文良(김문량)과 동일 인물로 추정. 金文良은 성덕왕 5년(706)에 대아찬으로 중시에 올랐다가 성덕왕 10년(711)에 세상을 떠남.
7) 금간자(金簡子) : 간자는 문자를 기록하기 위해 대나무 또는 나무로 만든 패쪽을 말함. 금간자는 금으로 만든 패쪽을 뜻함.

다 자라서는 사냥을 좋아했다. 어느 날 토함산에 올라가 곰 한 마리를 잡아서 산 아래 마을에서 유숙하게 되었다. 꿈에 곰이 귀신으로 변하여 시비를 걸어 말하기를 "너는 어찌하여 나를 죽였느냐? 내가 도리어 너를 잡아 먹으리라"고 했다. 대성이 두려워 떨면서 용서를 빌었다. 귀신이 말하기를 "나를 위하여 절을 지어 줄 수 있느냐?"하자 대성이 그러하겠다고 맹세했다. 꿈에서 깨어 보니 땀이 흘러 이부자리를 적셨다. 이로부터 사냥을 하지 않고 곰을 잡았던 자리에 곰을 위하여 장수사[8]를 세웠다.

이로 인해 마음에 감동되는 바가 있어 자비로운 발원이 더욱 독실해졌다. 이에 현생의 양친을 위해 불국사[9]를 세우고 전생의 부모를 위해 석불사[10]를 창건하여 신림과 표훈 두 성사를 청해서 머무르게 했다. 아름답고 큰 불상을 세워 부모가 길러 준 노고에 보답했으니 한 몸으로 현생과 전생의 부모에 효도한 것은 옛날에도 또한 듣기 힘든 것이었다. 착한 보시의 영험을 어찌 믿지 않겠는가?

8) 장수사(長壽寺) : 위치가 확실하지 않으나 불국사 부근 코오롱호텔 북쪽에 마동이 있는데 이곳의 한 절터를 이곳 사람들은 장수사 절터라고 부르며, 웅수사(熊壽寺)라고도 함.

9) 불국사(佛國寺) : 경덕왕 10년(751)에 불국사를 짓기 시작해 774년 이후에 완공. 그 후 수차의 중수를 거쳐 조선시대까지 화려한 모습을 전해오다 임진왜란 때인 1593년 전소됨. 인조 8년(1630)부터 영조 47년(1771)까지 다시 세워져 변천을 거듭한 후 1973년에 지금의 모습으로 복원됨.

傳장수사지 삼층석탑

불국사 전경

既壯・好遊獵. 一日登吐含山. 捕一熊. 宿山下村. 夢熊變爲鬼. 訟曰. 汝何殺我. 我還啖汝. 城怖懅請容赦. 鬼曰. 能爲我創佛寺乎. 城誓之曰喏. 既覺. 汗流被蓐. 自後禁原野. 爲熊創長壽寺於其捕地.

獵 : 사냥할 렵　捕 : 잡을 포
熊 : 곰 웅　訟 : 시비할 송
還 : 도리어 환　啖 : 먹을 담
怖 : 두려워할 포　懅 : 두려워할 거
赦 : 용서할 사　誓 : 맹세 서
喏 : 공손히대답할 야
汗 : 땀 한　被 : 이불 피
蓐 : 자리 욕

因而情有所感. 悲願增篤. 乃爲現生二親・創佛國寺. 爲前世爺孃創石佛寺. 請神琳・表訓二聖師各住焉. 茂張像設. 且酬鞠養之勞. 以一身孝二世父母. 古亦罕聞. 善施之驗・可不信乎.

篤 : 두터울 독
爺 : 아버지 야　孃 : 어머니 양
茂 : 아름다울 무　酬 : 갚을 수
鞠 : 기를 국　罕 : 드물 한

10) 석불사(石佛寺) : 김대성에 의해 만들어진 이래 그 원형을 보존해 오다 일제통치시대에 보수가 이루어졌으나 결로현상(結露現象)으로 1961년 이후 수 차례의 보수를 거듭한 후 지금의 모습이 됨.

석굴암 전경

석굴암 본존불

장차 석불을 조각하고 하나의 큰 돌을 다듬어 감실의 뚜껑을 만드는데 돌이 갑자기 세 조각으로 갈라졌다.[11] 대성이 분하게 여기다가 얼핏 잠이 들었는데 밤중에 천신이 내려와 다 만들어 놓고 돌아갔다. 대성이 막 잠자리에서 일어나자마자 남쪽 고개로 급히 올라가서 향나무를 사르면서 천신을 공양하였다. 그래서 그곳 이름을 향고개라 하였다. 그 불국사의 운제[12]와 석탑[13] 그리고 돌과 나무에 조각한 솜씨는 경주의 여러 절 중에서 이보다 더 나은 곳이 없다.

옛 향전에 실린 것은 이상과 같으나 절 안의 기록에 의하면 「경덕왕대에 대상 대성이 천보 10년 신묘(751)에 불국사를 짓기 시작했다. 혜공왕대인 대력 9년 갑인(774) 12월 2일에 대성이 세상을 뜨자 나라에서 이를 완공시켰다. 처음에 유가대덕 항마를 청해 이 절에 머무르게 하니 이를 계승해서 지금에 이르고 있다.

고전과는 같지 않으니 어느 것이 옳은지는 알 수 없다.

다음과 같이 찬미한다.

모량에 봄 지나 3묘 전답 시주하니,
향고개에 가을 와 만금이 얻어지네.
어머님[14] 한평생에 가난과 부귀 겪고,
대성[15]은 한 꿈에 전생 이승 오고 갔네.

11) 감실의 뚜껑을 만드는데 돌이 갑자기 세 조각으로 갈라졌다. : 사진참조.

12) 운제(雲梯) : 불국사의 정면에서 부처님의 세계인 대웅전으로 올라가는 돌다리를 말함. 이 돌다리는 2단으로 놓여 있는데, 위의 것이 백운교(白雲橋)이고 아래의 것이 청운교(靑雲橋)임.(위의 것이 청운교이고, 아래의 것이 백운교라는 설도 있음)

◀ 세 조각으로 갈라진 감실 뚜껑

백운교 · 청운교 · 자하문 ▶

將彫石佛也. 欲鍊一大石爲龕盖. 石忽三裂. 憤恚而假寐. 夜中天神來降. 畢造而還. 城方枕起. 走跋南嶺爇香木. 以供天神. 故名其地爲香嶺. 其佛國寺雲梯石塔・彫鏤石木之功. 東都諸刹未有加也.

古鄕傳所載如上. 而寺中有記云. 景德王代. 大相大城以天寶十年辛卯始創佛國寺. 歷惠恭世. 以大歷九年甲寅十二月二日大城卒. 國家乃畢成之. 初請瑜伽大德降魔住此寺. 繼之至于今.

與古傳不同. 未詳孰是.

讚曰.

牟梁春後施三畝.

香嶺秋來獲萬金.

萱室百年貧富貴.

槐庭一夢去來今.

龕 : 감실 감
盖(蓋의 속자) : 뚜껑 개
憤 : 분할 분
恚 : 분할 애
寐 : 잠잘 매
跋 : 뛸 발
爇 : 불사를 설
梯 : 사다리 제
鏤 : 새길 루
孰 : 누구 숙
槐 : 삼공(三公) 괴, 홰나무 괴

13) 석탑(石塔) : 다보탑과 석가탑을 말함. 다보탑은 다보여래상주증명탑(多寶如來常住證明塔)의 약칭이며, 석가탑은 석가여래상주설법탑(釋迦如來常住說法塔)의 약칭으로 일명 무영탑이라고도 함. 무영탑이라는 것은 석가여래가 상주하여 설법하고 있으나 현상적으로는 무영(無影)이며, 마주보는 다보여래에 의해서 증명될 뿐이라는 불교의 철학적 표현.
14) 어머님〔萱室〕 : 원문 萱室(훤실)은 어머니의 높임말. 즉 김대성의 어머니를 가리킴.
15) 대성〔槐庭〕 : 원문의 괴(槐)는 홰나무이나 여기서는 삼공(三公)을 의미함. 주대(周代)에 조정(朝廷)의 뜰에 홰나무 세 그루를 세워 삼공의 좌석을 표시하는 데서 연유. 여기서 괴정(槐庭)은 대성을 의미함.

불국사 전경

석굴암의 조각상
1. 마하가섭
2. 사리불
3. 가전연

향득[1]사지[2] 할고공친 경덕왕대

– 향득사지가 다리살을 베어

부모를 공양하다(경덕왕대) –

向得舍知割股供親景德王代

웅천주[3]에 벼슬이 사지인 향득이란 사람이 있었다. 흉년으로 그의 아버지가 거의 굶어 죽게 되자 향득이 그의 넓적다리 살을 베어 봉양하였다. 고을 사람들이 이 사실을 자세히 왕에게 말씀드리니 경덕왕이 벼 500석을 하사했다.

能川州有向得舍知者. 年凶. 其父幾於餒死. 向得割股以給養. 州人具事奏聞. 景德王賞賜租五百碩.

股 : 넓적다리 고
能 : 熊의 오기
餒 : 주릴 뇌
租 : 벼 조

1) 향득(向得) : 향득은 『삼국사기』 열전 제8에 나오는 향덕(向德)과 동일 인물. 『삼국사기』에 다음과 같이 기록됨. 「향덕은 웅천주 판적향 사람이다. 父의 이름은 선이요 자는 반길(潘吉)인데 천성이 온량하여 향리에서 그의 행실을 떠받들었다. 그의 어머니 이름은 모른다. 향덕도 역시 효순으로서 세상에 칭찬을 받았다. 천보 14년 을미(755)에 농사가 흉년이 들어 백성이 굶주렸는데, 역병까지 겹쳤다. 부모가 주리고 병들고, 더욱이 어머니는 종기가 나서 거의 죽게 되었다. 향덕이 밤낮으로 옷깃을 풀지 않고 정성을 다하여 위안하였으나 봉양할 수 없었다. 이에 자기의 넓적다리 살을 베어 먹이고 또 어머니의 종처를 빨아내어 모두 평안하게 되었다. 지방관청에서 이 일을 주에 보고하고 주에서는 왕에게 아뢰니, 왕이 하교하여 벼 300각(斛)과 집 한 채와 전지 약간을 내리고 당해 관리에게 명하여 石碑를 세우고 이 사실을 적어 표시하였는데, 지금까지 사람들이 그 곳을 孝家라고 이름한다.」

2) 사지(舍知) : 신라의 17관등 중 제13위인 소사(小舍)의 별칭.

3) 웅천주(熊川州) : 지금의 충남 공주.

손순 매아 흥덕왕대

– 손순이 자식을 땅에 묻다(흥덕왕대) –

손순(『고본』에는 손순(孫舜)이라고 했다.)은 모량리 사람으로 아버지는 학산이다. 아버지가 세상을 뜨자 처와 함께 남의 집에 품을 팔아 양식을 얻어 늙은 어머니를 봉양하였다. 어머니의 이름은 운오였다. 손순에게는 어린아이가 있었는데 언제나 어머니가 잡숫는 것을 빼앗아 먹었다. 손순이 이를 민망히 여겨 그의 아내에게 말하기를 "아이는 다시 얻을 수 있으나 어머니는 다시 모시기 어려운데 애가 어머니 드시는 것을 빼앗으니 어머님의 굶주림이 얼마나 심하겠소. 그러니 이 아이를 묻어서 어머니를 배부르게 해 드려야겠소"라 했다.

이어 아이를 업고 취산(산은 모량리 서북쪽에 있다.) 북쪽 들로 가서 땅을 파다가 난데없이 돌로 된 종을 얻었는데 너무나 신기했다. 부부는 놀라고 괴이하게 여겨 잠시 나무 위에 걸고 두드려 보았더니 그 소리가 은은하여 들을 만하였다. 아내가 말하기를 "신이한 물건을 얻은 것은 아마도 이 아이의 복인 듯합니다. 아이를 묻어서는 안 되겠습니다"라 했다. 아버지 또한 그렇게 여겨 아이를 업고 그 종을 가지고 집으로 돌아왔다.

종을 대들보에 매달고 쳤더니 그 소리가 대궐까지 들렸다. 흥덕왕이 이를 듣고 주위의 신하들에게 말하기를 "서쪽 들판에서 이상한 종소리가 나는데 멀리서 들려오는 맑은 소리가 보통 종소리와는 비길 바가 아니다. 속히 조사해 보라"고 하였다. 임금의 명을 받은 사람이 그 집에 와서 조사하여 모든 사실을 왕에게 보고 드리니 왕이 말하기를 "옛날에 곽거[1)]가 아들을 묻자 하늘이 금으로 된 솥을 내렸고 지금 손순이 아이를 묻으니 땅에서 석종이 솟았구나. 전대의 효와 후대의 효가 천지[2)]에서 같은 본보기가 되었도다" 하고는 집 한 채를 주고 해마다 메벼 50석을 주어 지극한 효를 숭상하게 했다.

1) 곽거(郭巨) : 중국 한나라 사람. 몽구(蒙求)가 쓴 『곽거장갱(郭巨將坑)』에 「……곽거의 어머니가 세 살된 손자에게 늘 음식을 나누어 주니 곽거가 그의 처와 의논하여 자식을 땅에 묻기로 하였다. 그래서 땅을 석자쯤 팠을 때 그 속에서 황금 솥 한 개가 나왔는데 붉은 글씨로 솥 위에 '하늘이 효자 곽거에게 이것을 준다'」고 기록됨.

2) 천지〔覆載〕 : 원문의 覆(부)는 덮는다는 뜻이니 하늘〔天〕을 의미하고, 載(재)는 싣는다는 뜻이니 땅〔地〕을 의미함.

孫順 埋兒 興德王代

埋 : 묻을 매

孫順者(古<u>今</u>作孫舜.) 牟梁里人. 父鶴山. 父沒. 與妻同<u>但傳</u>人家. 得米穀養老孃. 孃名運烏. 順有小兒. 每奪孃食. 順難之. 謂其妻曰. 兒可得. 母難再求. 而奪其食. 母飢何甚. 且埋此兒. 以圖母腹之盈.

乃負兒<u>皈</u>醉山(山在牟梁西北)北郊. 堀地忽得石鐘甚奇. 夫婦驚恠. 乍懸林木上・試擊之. 舂容可愛. 妻曰. 得異物・殆兒之福. 不可埋也. 夫亦以爲然. 乃負兒與鐘而還家.

懸鍾於梁扣之. 聲聞于闕. 興德王聞之. 謂左右曰. 西郊有異鐘聲. 淸遠不類. 速檢之. 王人來檢其家. 具事奏王. 王曰. 昔郭巨瘞子・天賜金釜. 今孫順埋兒・地湧石鐘. 前孝後孝. 覆載同鑑. 乃賜屋一區. 歲給粳五十碩. 以尙純孝焉.

今 : **本**의 오기
但傳 : **傭作** 또는 **作傭**의 오기
孃 : 어미 양
奪 : 빼앗을 탈
且 : 어조사 차
飢 : 주릴 기
盈 : 가득찰 영
醉 : 술취할 취
皈 : **歸**의 略體字
堀 : 팔 굴
乍 : 잠깐 사
懸 : 매달 현
擊 : 칠 격
舂 : 북소리 용
舂容 : 종 따위를 침
梁 : 대들보 양
扣 : 두드릴 구
瘞 : 묻을 예
覆 : 덮을 부
載 : 실을 재
鑑 : 본뜰 감
粳 : 메벼 경

문효사에 걸려있는 석종

손순이 살던 옛집을 희사하여 절로 만들고 이름을 홍효사[3]라 하였으며 석종을 모셔 두었다. 진성왕 시대에 후백제의 사나운 도적들이 그 마을에 쳐들어와 종은 없어지고 절만 남았다. 그 종을 얻은 곳의 지명이 완호평이라 했는데 지금은 잘못 전달되어 지량평[4]이라 부른다.

3) 홍효사(弘孝寺) : 지금의 경주시 현곡면 남사리 종동(鐘洞)에 위치한 폐사지가 홍효사 절터로 추정됨. 현재 폐사지에는 석축대 · 초석 · 기와조각 등이 흩어져 있음. 이 전설로 인해 마을 이름도 종동(鐘洞)으로 되고 절의 이름까지 종동사(鐘洞寺)로 불려지기도 함.

효자 손순 유허비

4) 완호평(完乎坪) · 지량평(枝良坪) : 가잿벌. 가재ㅅ벌의 원 뜻은 ᄀᆞᅀᆡㅅ벌로 변두리 마을(辺村)의 의미.
〈김사엽, 『완역삼국유사』〉

順捨舊居爲寺. 號弘孝寺. 安置石鐘. 眞聖王代. 百濟橫賊入其里. 鍾亡寺存. 其得鍾之地. 名完乎坪. 今訛云枝良坪.

橫 : 사나울 횡
鍾 : 鐘(종 종)과 동일

손순 사당 문효사(文孝祠)

빈녀 양모[1]

– 가난한 여인이 어머니를 봉양하다 –

효종랑이 남산의 포석정(혹은 삼화술이라고도 한다.)에서 놀고 있을 때 문객들이 급히 달려왔는데[2] 두 사람만이 뒤늦게 왔다. 효종랑이 그 까닭을 물었더니 그들이 말하기를 "분황사 동쪽 마을에 나이 20 전후의 여자가 눈 먼 어머니를 껴안은 채 서로 목놓아 슬피 울고 있었습니다. 마을 사람들에게 물어보니 그들이 말하기를 '이 여자는 집이 가난하여 먹을 것을 구걸하여 돌아와 어머니를 봉양한[3] 지가 몇 년이 되었습니다. 마침 흉년이 들어 문전걸식으로 살아가기 어렵게 되자[4] 다른 사람에게 몸을 팔고 곡식 30석을 얻어 주인집에 맡겨 놓고 일해 왔습니다. 날이 저물면 자루에 쌀을 넣어 집으로 와서 어머니께 밥을 지어드리고 어머니와 잠을 잔 뒤 새벽이면 주인집에 가서 일을 했습니다. 이렇게 한 지 며칠만에 그의 어머니가 말하기를 「지난날에는 거친 음식[5]도 마음이 편안하더니 요사이는 좋은 쌀밥[6]을 먹어도 마음 속[7]을 찌르는 것 같아 마음이 편치 못하다. 어찌된 일이냐?」하니 여인이 그 사실을 이야기하자 그의 모친이 통곡했습니다. 여인이 자신은 다만 먹는 것만 봉양할 줄 알았지 부모의 마음을 편안하게 해 주지 못했음[8]을 한탄하며 서로 껴안고 울고 있는 것입니다' 라 하더이다. 이걸 보느라고 늦었습니다"라 했다.

효종랑이 이 말을 듣고 눈물을 흘리며 곡식 100곡[9]을 보냈다. 효종랑의 부모 또한 옷 한 벌을 보냈으며 효종랑을 따르는 많은 무리들도 벼 1,000곡을 거두어 보내 주었다. 이 일이 대궐에 알려지자 당시의 진성왕이 곡식 500석과 아울러 집 한 채를 하사하고 병사들을 보내어 그 집을 지켜 약탈당하는 것을 막게 했다. 그 마을을 표창하여 효양리라 했다. 그 뒤에 집을 희사하여 절로 삼고 양존사라고 했다.

1) 빈녀 양모(貧女養母) : 『삼국사기』 열전 제8에 나오는 효녀 지은의 내용을 인용한 것.
2) 급히 달려왔는데〔星馳〕: 원문의 星馳(성치)는 별똥별이 떨어지듯 아주 빨리 달린다는 의미.
3) 어머니를 봉양한〔反哺〕: 원문의 反哺(반포)는 까마귀 새끼가 자란 뒤에 늙은 어미에게 먹을 것을 물어준다는 뜻으로, 부모의 은혜를 갚는다는 의미.
4) 문전걸식으로 살아가기 어렵게 되자〔倚門難以藉手〕: 원문의 倚門(의문)은 걸식을 뜻하며, 藉手(자수)는 빙자(憑藉), 즉 남의 힘을 빌려서 의지할 바를 얻는다는 의미.

貧女養母

孝宗郎遊南山鮑石亭.(或云三花述.) 門客星馳. 有二客獨後. 郎問其故. 曰芬皇寺之東里有女. 年二十左右. 抱盲母相號而哭. 問同里. 曰. 此女家貧. 乞啜而反哺有年矣. 適歲荒. 倚門難以藉手. 贖賃他家. 得穀三十石. 寄置大家服役. 日暮橐米而來家. 炊餉伴宿. 晨則皈役大家. 如是者數日矣. 母曰. 昔日之糠粃・心和且平. 近日之香秔・膈肝若剌・而心未安. 何哉. 女言其實. 母痛哭. 女嘆巳之但能口腹之養. 而失於色難也. 故相持而泣. 見此而遲留尒.

鮑 : 전복 포　故 : 연고 고
哭 : 큰소리로울 곡　乞 : 빌 걸
啜 : 먹을것 철　反 : 돌아올 반
哺 : 먹일 포　適 : 마침 적
倚 : 의지할 의　藉 : 빙자할 자
贖 : 팔 속　炊 : 불땔 취
餉 : 먹일 향
橐 : 槖(자루 탁)의 오기
橐 : 활집 고　晨 : 새벽 신
糠 : 곡식껍질 강　粃 : 쭉정이 비
秔 : 매벼 갱　剌 : 刺의 오기
剌 : 어그러질 랄　刺 : 찌를 자
膈 : 횡격막 격　巳 : 己의 오기
尒 : 爾(뿐 이)의 略體字

郎聞之潸然. 送穀一百斛. 郎之二親亦送衣袴一襲. 郎之千徒・斂租一千石遺之. 事達宸聰. 時眞聖王賜穀五百石・幷宅一廛. 遣卒徒衛其家. 以儆劫掠. 旌其坊爲孝養之里. 後拾其家爲寺・名兩尊寺.

潸 : 潸(눈물흐를 산)의 오기
潸然 : 눈물을 하염없이 흘리는 모양
斛 : 열말들이 곡　袴 : 바지 고
襲 : 옷을세는단위 습
斂 : 거둘 감　宸 : 대궐 신
聰 : 귀밝을 총　廛 : 집 전
儆 : 경계할 경　劫 : 위협할 겁
掠 : 노략질 략　旌 : 표할 정
坊 : 골이름 방　拾 : 捨의 오기

5) 거친 음식〔糠粃〕: 원문의 糠粃(강비)는 겨로 만든 음식. 즉 몹시 거친 음식을 뜻함.
6) 좋은 쌀밥〔香秔〕: 원문의 香秔(향갱)은 메벼의 일종으로 향기가 좋은 중국산 벼. 여기서는 좋은 쌀밥이라는 뜻.
7) 마음 속〔膈肝〕: 원문의 膈肝(격간)은 肝膈(간격)과 같은 말로 마음 속을 뜻함.
8) 편안하게 해 주지 못했음〔色難〕: 원문의 色難(색란)이란 色養(색양)을 하지 못했다는 뜻으로, 색양이란 부모의 마음을 편안하게 해 주는 것.
9) 곡(斛) : 열 말〔斗〕의 용량. 『의례(儀禮)』에 「十斗曰斛(열 말을 곡이라 한다.)」

효선편(孝善篇)의 의의

1. 세속적 윤리[孝]와 종교적 신앙[善]과의 관계

『삼국유사』의 마지막이 효선편이다. 효선(孝善)의 의미에 대해서 두 가지 주장이 있다. 하나는 효도[孝]하는 선행[善] 즉 부모에게 정성을 다하고 순명하는 도를 효선이라고 한다는 것이다. 따라서 불교문화사를 주제로 하는 『삼국유사』와는 성격이 다른 부록과도 같은 것이라고 하는 주장이다. 또 하나는 孝는 부모에 대한 효도[孝]를 말하며, 善은 佛에 대한 선행[善] 즉 불교에 대한 신앙을 의미한다는 것이다. 『삼국유사』의 각 편이 부분의 독자성을 유지하면서 유기적으로 구성되었다. 따라서 효선편을 부록으로 취급하기보다는 불교적 윤리실천 즉 세속적 윤리인 孝와 종교적 신앙인 善과의 관계를 정립하기 위한 것이라고 보는 것이 더 설득력이 있다.

「진정사 효선쌍미」에서 보듯이 윤리적인 효와 불교의 선은 쌍미(雙美)라 했다. 둘 다 아름답다는 의미이다. 그러나 현실에서는 어느 한쪽을 희생해야만 한다. 부모를 모시고 봉양하며 결혼하여 자식을 낳아 가계가 이어지는 것이 세속적인 효의 근본이다. 그러나 불교에서의 지극한 신앙[善]은 부모와 가족과 인연을 끊고 불법에 귀의하는 것이다. 여기에서 효와 선은 갈등과 충돌이 일어난다. 또 하나는 보시(布施)의 문제이다. 보시를 하기 위해서는 실생활의 어려움을 무릅써야 한다. 특히 가난한 백성들의 보시[善]는 부모의 봉양[孝]을 일정부분 희생하지 않을 수 없다. 이러한 효와 선의 갈등문제를 해결하고 조화시켜 주기 위한 것이 효선편이다.

2. 조목별 효와 선의 충돌과 조화

- 眞定師 孝善雙美 : 어머니의 願에 의해 하나 있는 재산인 다리 부러진 솥을 보시하고, 또 홀어머니를 두고 출가했다. 이 조목은 효의 근본을 주제로 했다. 즉 부모의 입장에서 효란 살아 있을 때 풍성한 음식으로 떠받드는 것이 아니라 부모가 원하는 바를 충족시켜 주는 것이다. 부모의 입장에서는 자식이 득도하여 성불하도록 하는 것이다. 결국 효와 선의 충돌을 불교신앙으로 해결한 것이다.
- 大城 孝 二世父母 : 김대성이 닦았던 전생의 공덕은 보시였다. 가난한 김대성은 고용살

이로 받은 얼마의 밭을 보시했다. 보시의 공덕으로 대성은 재상의 집에 태어나 석불사와 불국사를 창건한다. 여기에도 효도와 신앙 사이에는 갈등이 개재하고 있는데, 그 갈등이 신앙의 입장에서 해결되고 있다.

● 向得舍知 割股供親 : 향득사지가 다리살을 베어 부모를 공양한다는 이 설화는 불교적인 색채가 전혀 없다. 순전히 효를 기리는 성격으로 불교와 관련이 전혀 없는 유일한 조이다.

● 孫順 埋兒 : 손순이 어머니를 위해 자식을 묻으려 한 것은 지극한 효이다. 그 결과 종을 얻게 되고 그 종소리로 포상을 받게 되었다. 이때 종은 불교를 상징한다. 따라서 효는 공덕사상[善]과 연결되어 선과 충돌하는 것이 아니라 조화를 이루고 있다.

● 貧女 養母 : 몸을 팔아서 어머니를 봉양한 것이 貧女 養母이다. 여기에서 빈녀는 육체적인 효양보다는 부모의 마음을 편안하게 하는 것이 진실한 효라고 말하고 있다. 빈녀인 지은이 몸을 판 효녀이지만 결국 불교에 귀의하게 되니 부모의 마음이 편해졌을 것이다. 이 조목에서도 효와 선은 충돌하지 않고 조화를 이루었다.

이러한 관계를 표로 만들면 아래와 같다.

조 목	효와 선의 갈등 · 충돌 · 조화	갈등 · 충돌의 해결 방법
진정사 효선쌍미	• 하나뿐인 재산인 솥[孝] 보시[善] • 늙은 홀어머니를 봉양[孝]하지 않고 출가[善]	• 효와 선의 충돌을 불교신앙으로 해결 - 孝 : 부모가 원하는 바를 충족 - 善 : 자식이 득도하여 성불
대성 효 이세부모	생활의 터전[孝]인 밭의 보시[善]	• 孝와 善의 갈등을 신앙으로 해결 - 보시의 공덕으로 재상의 집에 태어나 석불사와 불국사 창건
향득사지 할고공친	효를 기리는 내용으로 예외적인 조목	—
손순 매아	孝를 위해 자식을 묻으려다 종[善]을 얻음	孝와 善의 조화
빈녀 양모	몸을 파는 孝로 불교에 귀의[善]	孝와 善의 조화

발 문

우리 동방에서 『삼국본사』와 『삼국유사』 두 책이 있으나, 다른 곳에서는 간행되지 않고 단지 본부[1]에서만 간행되었으나 세월이 오래되자 자획이 닳아 없어져 한 줄에 해독할 수 있는 것이 겨우 네댓 자였다.

내가 생각하건대 선비가 이 세상에 나서 여러 사적들을 두루 보고 천하의 치란(治亂)과 흥망, 그리고 여러 이적을 살펴 널리 알고자 하는데 하물며 이 나라에 살면서 우리나라의 사적을 알지 못해서야 되겠는가? 그래서 다시 간행하고자 완전한 대본을 널리 구한 지 몇 해가 되었건만 얻지 못하였다. 그것은 일찍부터 이 책이 세상에서 드물어 사람들이 쉽게 구해 볼 수 없었음을 알았다. 만약 지금 다시 간행하지 않는다면 장차 실전되어 동방의 지난 날 사적을 후세의 사람들이 들어서 알 수 없게 될까 한탄스럽다.

다행히 우리의 유학도[2]인 성주목사 권주[3]께서 내가 책을 구한다는 소문을 듣고 완전한 책을 얻어서 나에게 보냈다. 나는 기쁘게 받아서 감사 상국 안당[4]과 도사 박전 후에게 자세히 알렸더니 모두가 좋다고 말했다. 그래서 여러 고을에 나누어 간행하도록 하여 본부에 가지고 와서 간직하게 한 것이다.

아아! 물건이란 오래되면 반드시 없어지게 되고, 없어지면 반드시 생기는 것이다. 일어났다 없어지고 없어졌다 일어나는 것은 당연한 이치이다. 이러한 이치를 알아서 시기에 맞게 발간하여 길이 전해지기를 도모하며, 또한 후세 학자들에게 도움이 있기를 바라는 바이다.

황명[5] 정덕[6] 임신(1512) 12월

부윤 추성정난공신 가선대부 경주진 병마절제사 전평군	이계복 삼가 씀
생 원	이산보
교정생원	최기동
중훈대부 행경주부판관 경주진 병마절제도위	이 류
봉직랑 수경상도 도사	박 전
추성정난공신 가정대부 경상도관찰사 겸 병마수군절도사	안 당

1) 본부(本府) : 경주부
2) 유학도〔斯文〕: 원문의 斯文(사문)은 유학자를 높여 부르는 말.
3) 권주〔權公輳〕: 조선조 성종 11년(1480)에 사마시를 합격하여 벼슬이 장령(掌令)에 이르렀던 권주(權輳)로서, 공주목사를 끝으로 세상을 떠남.

吾東方三國, 本史遺事兩本. 他無所刊. 而只在本府. 歲久刓缺. 一行可解, 僅四五字.

余惟士生斯世. 歷觀諸史. 其於天下治亂興亡與諸異跡. 尙欲博識. 況居是邦. 不知其國事. 可乎. 因欲改刊. 廣求完本. 閱數載不得焉. 其曾罕行于世. 人未易得見. 可知. 若今不改. 則將爲失傳. 東方往事. 後學竟莫聞知. 可嘆也已.

幸吾斯文星州牧使權公輳, 聞余之求. 求得完本送余. 余喜受. 具告監司安相國瑭, 都事朴候佺. 僉曰善. 於是分刊列邑. 令還藏于本府.

噫物久則必有廢. 廢則必有興. 興而廢. 廢而興. 是理之常. 知理之常. 而有時興. 以永其傳. 亦有望於後來之惠學者云.

皇明正德壬申 季冬.

刓 : 깎일 완
缺 : 이지러질 결
僅 : 겨우 근
余 : 나 여
博 : 넓을 박

罕 : 드물 한
輳 : 몰려들 주
瑭 : 옥이름 당
候 : 벼슬이름 후
佺 : 신선이름 전
僉 : 모두 첨

噫 : 아!(감탄 · 탄식 · 한탄 등의 소리) 희
跋 : 글이름 발
潼 : 물이름 동
瑠 : 유리 류
靖 : 편안할 정

府尹推誠定難功臣嘉善大夫慶州鎭兵馬節制使全平君 李繼福 謹跋
生員 李山甫
校正生員 崔起潼
中訓大夫行慶州府判官慶州鎭兵馬節制都尉 李瑠
奉直郎守慶尙道都事 朴佺
推誠定難功臣嘉靖大夫慶尙道觀察使兼兵馬水軍節度使 安瑭

4) 안당(安瑭) : 조선조 중종 때의 정치가.
5) 황명(皇明) : 명나라를 높인 말.
6) 정덕(正德) : 명나라 무종(武宗)의 연호. 때때로 이계복이 발간한 『삼국유사』를 정덕본(正德本)이라 하나 이는 명나라 연호에 의한 것이므로 적합한 명칭이 아님. 임신년에 발간했으므로 임신본(壬申本)이라 함이 타당.

이범교

경북 봉화 출생. 경동고 졸업. 한양대학교 전자과 졸업.

현재 신라문화원 전문위원 겸 경주박물관회 부회장.

E-mail//bk77678@hanmir.com

삼국유사의 종합적 해석(하)

— 흥법 · 탑상 · 의해 · 신주 · 감통 · 피은 · 효선 —

2015년 3월 25일 초판 4쇄 발행
2019년 1월 5일 초판 5쇄 발행

감 수 김원주 · 오향스님 · 송금매
발행자 윤 재 승

발행처 민 족 사
등록 제1-149. 1980. 5. 9.
서울 종로구 청진동 208-1 금강빌딩 2층
전화 (02)732-2403~4, 팩스 (02)739-7565
E-mail//minjoksa@chol.com

값 35,000원 ISBN 978-89-7009-562-2 04910
ISBN 978-89-7009-560-8 (전2권)